Deutschland: Geologie

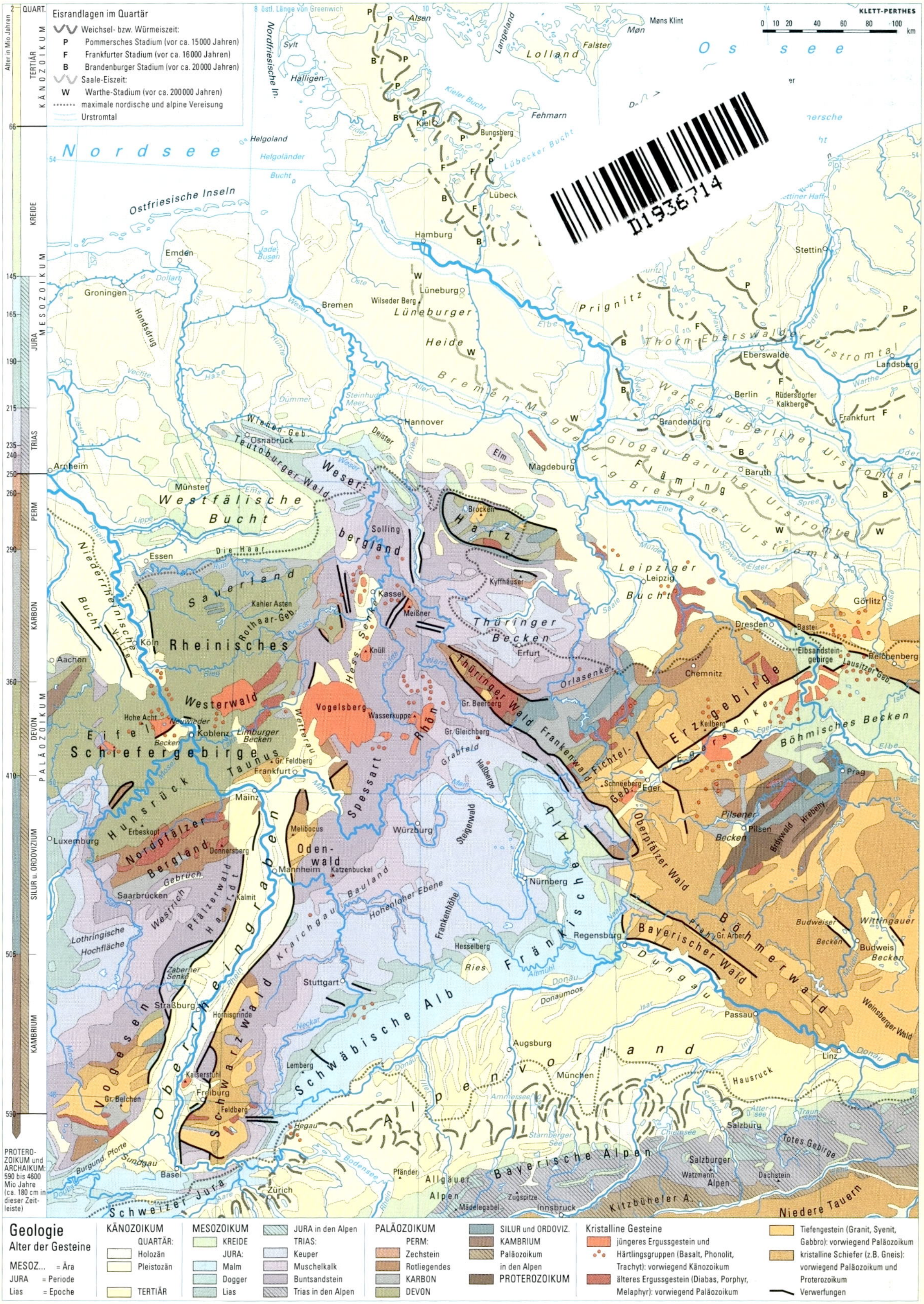

Perthes
Länderprofile

Geographische Strukturen, Entwicklungen, Probleme
(vormals Klett/Länderprofile)

Wissenschaftliche Beratung:
Prof. Dr. Gerhard Fuchs, Universität-Gesamthochschule Paderborn

Karl Eckart (Hrsg.)

Deutschland

143 Karten und Abbildungen sowie 18 Übersichten und
166 Tabellen,
im Anhang ein farbiger Bildteil mit Kommentaren

KLETT-PERTHES
Gotha und Stuttgart

Die Deutsche Bibliothek – CIP-Einheitsaufnahme
Deutschland / Karl Eckart (Hrsg.). – Gotha ; Stuttgart :
Klett-Perthes, 2000
ISBN 3-623-00690-4

Anschrift des Herausgebers und der Autoren:
Prof. Dr. Karl Eckart, Institut für Geographie der Gerhard-Mercator-Universität Duisburg,
Lotharstraße 1, 47048 Duisburg;
Prof. Dr. Bruno Benthien, Gerdingstraße 18, 17489 Greifswald;
Prof. Dr. Klaus-Achim Boesler, Institut für Wirtschaftsgeographie der Universität Bonn,
Meckenheimer Allee 166, 53115 Bonn;
Prof. Dr. Gerhard Stiens, Bundesamt für Bauwesen und Raumordnung, Am Michaelshof, 53177 Bonn;
Doz. Dr. Hans Viehrig, Universität Potsdam, Institut für Geographie und Geoökologie,
Postfach 60 15 53, 14415 Potsdam;
Dr. Hartmut Wendt, Bundesamt für die Anerkennung ausländischer Flüchtlinge,
Frankenstraße 210, 90461 Nürnberg

Titelfoto: Berlin-Mitte, Blick nach Süden über das im Bau befindliche Regierungsviertel mit Baustelle Lehrter Bahnhof, Reichstagsgebäude und Brandenburger Tor über den Tiergarten zum Potsdamer Platz (Foto: OR, Oltmann Reuter, Fotograf AGD, Berlin)

Quellennachweis: Karten:
Vorderes Vorsatz, links – Alexander (Schulatlas), Gesamtausgabe, Justus Perthes Verlag Gotha 2000, S. 17;
Hinteres Vorsatz, linke Seite unten – ders. , S. 185; Hinteres Vorsatz, rechte Seite – ders. , S. 33;
Vorderes Vorsatz, rechts – Alexander Pro (Schulatlas), Justus Perthes Verlag Gotha 1996, S. 19;
Hinteres Vorsatz, linke Seite oben – Hrsg. / H. Krähe, Duisburg

Fotos:
Foto1 – dpa (Giehr) , Frankfurt am Main; Foto 2 u. 9 – Studio Volker Schadach, Goslar;
Foto 3 – Bundesbildstelle Bonn; Foto 4 – Muuß, Altenholz; Foto 5 – Mauritius (Mehling), Stuttgart;
Foto 6 – Niedersächsisches Landesamt für Bodenforschung, Außenstelle Windischeschenbach;
Foto 7 – ZEFA (Weir), Düsseldorf; Foto 8 u. 23 – H.-J. Schubert, Zwickau; Foto 10 u. 11 – Stuttgarter Luftbild Elsäßer GmbH, (für 10: Reg.-Präs. Stuttgart 9 / 59241); Foto 16 – R. Enkelmann, Filderstadt
Foto 12 u. 18 – LOOK (Raach, Johaentges); Foto 13 – F. Altemüller, Simmozheim; Foto 14 – GEODIA (W. Wallert), Göttingen; Foto 15 – UFZ-Umweltforschungszentrum Leipzig-Halle Gmbh, Leipzig;
Foto 17 – J. Langefeld, Stadtmedienstelle Hoyerswerda; Foto 19 – M. Bulang, Bautzen;
Foto 20 – Weisflog, Cottbus; Foto 21 – SKN Druck & Verlag GmbH & Co., Norden;
Foto 22 – Thyssen Stahl AG; Foto 24 – Luftbildverlag H. Bertram, Haar; Foto 25 – Visum (Steche), Hamburg; Foto 26 – G. Herold, Dippoldiswalde; Foto 27 – IBA Emscher Park GmbH, Gelsenkirchen;
Foto 28 – FAG Foto (Skaryd), Frankfurt am Main; Foto 29 – Kommunalverband Großraum Hannover / Luftbilddienst Niedersachsen; Foto 30 – R. Beyer, Klingenthal;
Foto 31 – Bildarchiv Huber, Garmisch Partenkirchen

ISBN 3-623-00690-4
1. Auflage

Druck und buchbinderische Verarbeitung: Druckhaus „Thomas Müntzer“ GmbH, Bad Langensalza
Einbandgestaltung: Kerstin Brüning, Gotha
Vignetten im Anhang: Katrin Kuhr, Gotha

http://www.klett-verlag.de/klett-perthes

Inhalt

Vorwort des Verlages und des Wissenschaftlichen Beraters

Zu den Stärken der Bände der Reihe Perthes-LÄNDERPROFILE zählte bisher: Ein Autor – ein Konzept – ein Länderprofil. Das sicherte die Schlüssigkeit der Perspektive und die Verzahnung der Sachverhalte.

Es forderte den Autor aber auch in allen seinen sachlich-wissenschaftlichen und zeitlichen Möglichkeiten.

Mittlerweile kennzeichnen veränderte Verhältnisse auch die Arbeitsorganisation im Wissenschaftsbetrieb. Dazu gehören die steigende Fülle an Informationen sowie die Spezialisierung des einzelnen und sein Rückzug auf die Teilgebiete seiner "Kernkompetenz". Dazu gehört aber auch der zunehmende Respekt vor dem Anspruch, allen Aspekten allein gerecht werden zu wollen.

Der Blick auf das Ganze wird deshalb zunehmend in anderer Form organisiert: durch Team-Work, durch Kooperation in arbeitsteiligem Umgang mit einer Aufgabe unter Federführung eines oder mehrerer Herausgeber. In Zukunft werden folglich immer häufiger auch Autorengruppen Manuskripte gestalten.

Das hat Rückwirkungen auf das, was von einem Band erwartet wird:

Wir werden nicht mehr von einem Autor "an die Hand genommen" und mit seiner alleinigen Perspektive durch das Länderbeispiel geführt. Verschiedene Autoren "kreisen nunmehr das Beispiel ein"; jeder dem Ganzen und doch auch seiner Sicht verpflichtet und seine eigene Handschrift nicht verleugnend.

Was mit dem Band über die Kleinen Golfstaaten erfolgreich erprobt wurde und mit den Bänden Bayern, Mecklenburg-Vorpommern, Sachsen-Anhalt und Sachsen vorliegt, findet nun in diesem Band seine Fortsetzung.

In Zukunft werden wohl beide Formen der Autorenschaft in der Reihe LÄNDERPROFILE nebeneinander bestehen, jede mit ihren individuellen Stärken.

Vorwort des Herausgebers

In der Reihe "Länderprofile" ist im Jahre 1992 der Band "Bundesrepublik Deutschland" von Gerhard Fuchs in der 5. Auflage erschienen. Über die DDR wurde in eben dieser Reihe von Karl Eckart der Band "Die DDR" in der 3. Auflage noch 1989 kurz vor der Vereinigung publiziert. Für die beiden deutschen Staaten waren das die aktuellsten zusammenfassenden landeskundlichen Darstellungen zum damaligen Zeitpunkt.

Am 3. Oktober 2000 jährt sich zum 10. Male der Tag, an dem die äußere Einheit Deutschlands wiederhergestellt wurde. Anläßlich dieses historischen Datums sollen mit der vorliegenden Publikation ausgewählte Strukturen und Entwicklungen in einem vereinigten Deutschland vorgestellt werden.

Die alten politischen, gesellschaftlichen und ökonomischen Strukturen in der ehemaligen DDR wurden zerschlagen, neue Strukturen aufgebaut. Damit setzten Übertragungsmechanismen ein, die man insgesamt unter dem Begriff Systemtransformation zusammenfaßt.

Es vollzogen sich radikale Veränderungen und Angleichungsvorgänge in den neuen Bundesländern, während die Auswirkungen auf die alten Bundesländer relativ gering waren. Die raumstrukturellen Veränderungen vollzogen sich fast nur in den neuen Bundesländern. Sie fanden dort in sehr viel kürzeren Zeiträumen statt als vorher in den alten Bundesländern. Es war eine hektische Entwicklung, die z. T. auch jetzt – zehn Jahre nach der deutschen Vereinigung – noch nicht abgeschlossen ist.

Neben dieser Entwicklung ist der politische, wirtschaftliche und gesellschaftliche Umbruch in den Ländern des ehemaligen Rates für gegenseitige Wirtschaftshilfe, den Staaten Osteuropas, zu nennen. Auch die dortigen radikalen Veränderungen wirkten sich auf die Entwicklungen in Deutschland im letzten Jahrzehnt aus.

Die Erweiterung der Europäischen Union in den nächsten Jahren um Polen, Tschechien, Ungarn u. a. wird zur Folge haben, daß Deutschland dann nicht mehr am östlichen Rand der EU liegt, sondern – auch räumlich – mehr ins Zentrum rücken wird. Konsequenzen für sozioökonomische Entwicklungen sind damit vorprogrammiert.

Es bleibt zu wünschen, daß durch diese notwendig gewordenen außenwirtschaftlichen Aktivitäten die Bemühungen um die Erreichung der inneren Einheit Deutschlands nicht vergessen werden.

Die vorliegende Publikation enthält sehr viele kartographische Darstellungen. Für die Anfertigung dieser Karten bin ich besonders Herrn Dipl.-Ing. Harald Krähe und Frau Dipl.-Ing. Ulrike Overbeck zu großem Dank verpflichtet. Wie bereits in der Vergangenheit bei zahlreichen Veröffentlichungen, so haben sie auch hier wieder in äußerst zuverlässiger und kollegialer Weise zum Gelingen der Arbeit beigetragen. Hervorheben möchte ich aber auch noch meinen Mitarbeiter Oliver Neuhoff. Er hat – ebenfalls in bewährter Weise wie bei anderen Publikationen – das komplette Layout erstellt und somit ebenfalls dazu beigetragen, daß nun die erste Gesamtdarstellung über das vereinigte Deutschland in der Reihe "Länderprofile" erscheinen kann.

Bottrop im Oktober 1999
Karl Eckart

1 Das Deutschland der 1980er und 1990er Jahre: Eine Übergangssituation – Kontinuität und Umbruch

1.1 Veränderte politische, soziale und wirtschaftliche Rahmenbedingungen für Veränderungen in Deutschland

Von 1949 bis 1990, also 41 Jahre lang, gab es zwei deutsche Staaten: Die Bundesrepublik Deutschland (BRD) und die Deutsche Demokratische Republik (DDR). Sie waren durch eine zumeist von Nord nach Süd verlaufende Grenze von etwa 1 400 km Länge fast unüberwindbar getrennt (Abb. 1.1).

Diese beiden Teile Deutschlands gehörten unterschiedlichen Wirtschafts- und Gesellschaftssystem an. Während das Wirtschaftssystem in der BRD durch die soziale Marktwirtschaft geprägt ist, war das Wirtschaftssystem der DDR ein System der Zentralverwaltungswirtschaft. Die BRD ist ein Teil der Europäischen Union (EU), die DDR war Teil des Comecon, des Rates für gegenseitige Wirtschaftshilfe (RGW).

Auch die Einbindung in die Verteidigungsbündnisse war unterschiedlich: die BRD ist Mitglied in der NATO, die DDR war Mitglied im Warschauer Pakt. Diese unterschiedlichen Orientierungen und gegenläufigen Entwicklungsprozesse machten Deutschland zum Zentrum des Ost-West-Konfliktes.

Abb. 1.1:
Die Bundesländer der BRD 1957 – 90 und die Bezirke der DDR 1952 – 90

1.1.1 Die deutsche Vereinigung und der Wandlungsprozeß in Deutschland

Nachdem am 9. November 1989 die Grenze zwischen den beiden deutschen Staaten – die innerdeutsche Grenze – gefallen war, setzte ein unvorhergesehener Entwicklungsprozeß ein. Es wurde der Weg frei für die staatlich-rechtliche Vereinigung Deutschlands. Am 3. Oktober 1990 trat die DDR der Bundesrepublik bei. Grundlage für diesen Beitritt war der Vertrag zwischen der Bundesrepublik Deutschland und der Deutschen Demokratischen Republik" (Einigungsvertrag) vom 31. August 1990 (vgl. Kap. 1.2.1).

Dieser politische Akt hat zu zahlreichen Umbrüchen geführt. Es setzten Veränderungen ein, wie sie wohl nicht in allen Einzelheiten vorhersehbar waren. An die Stelle des Systems der Zentralverwaltungswirtschaft in der ehemaligen DDR trat nun die soziale Marktwirtschaft. Mit beachtlicher personeller und finanzieller Unterstützung begann der Umbau der gesamten Wirtschaft (vgl. Kap. 4.2.1). Die Kombinate wurden der bereits Anfang 1990 gebildeten Treuhandanstalt unterstellt, die für Privatisierung, Sanierung und / oder Liquidierung zuständig wurde. Privatbetriebe entstanden nun wieder und Betriebe des Mittelstandes, die man bis Anfang der 1970er Jahre fast völlig beseitigt hatte. Auch das private Handwerk, in der DDR stark unterrepräsentiert, wurde wieder aufgebaut.

Der Umbau führte z. T. zur Deindustrialisierung ganzer Räume und zur Beseitigung ganzer Wirtschaftsbranchen. In engem Zusammenhang mit diesem totalen Umbau der Wirtschaft in den fünf neuen Bundesländern entstand ein bis dahin dort völlig unbekanntes Phänomen: die Arbeitslosigkeit. Die nun unter rein ökonomischen Gesichtspunkten wirtschaftenden Unternehmen konnten den Überbesatz an Arbeitskräften nicht tragen. Die Arbeits-

Abb. 1.2: Europa in den Grenzen von 1989

losenzahlen nahmen rasch zu. Besonders betroffen von der Arbeitslosigkeit waren die Frauen. Ihr Anteil war in einigen Branchen der DDR-Wirtschaft besonders hoch.

Der Umbruch im Osten Deutschlands hatte eine enorme Migration der Bevölkerung von Ost nach West zur Folge. Von Oktober 1989 bis Februar 1993 verlor das Gebiet der neuen Bundesländer nach Schätzung des Deutschen Instituts für Wirtschaftsforschung rd. 700 000 Bürger, die im Westen der Bundesrepublik Deutschland ihr Glück suchten. Bei diesen Abwanderern handelte es sich hauptsächlich um junge Menschen, dazu noch Spezialisten, wie z. B. Ingenieure, Facharbeiter, Forscher, die jedoch dringend für den Umbau der Wirtschaft in den

Abb. 1.3: Europa in den Grenzen von 1997

neuen Ländern gebraucht wurden (vgl. Kap. 2.4.2).

Zu den weiteren Folgen dieser Entwicklung zählt die Tatsache, daß man im Osten Deutschlands einen starken Rückgang bei Geburten und Eheschließungen feststellen kann. Für viele Menschen wirken sich offensichtlich die ungewissen wirtschaftlichen Perspektiven aus. So gibt es also auch in demographischer Hinsicht beachtliche Veränderungen (vgl. Kap. 2.3.2).

So ist festzustellen, daß sich innerhalb von Deutschland ein Angleichungsprozeß vollzieht. Zum großen Teil handelt es sich dabei um die Übertragung von Mechanismen und Strukturen Westdeutschlands auf Ostdeutschland. Dieser Transformationsprozeß ist keineswegs beendet.

1.1.2 Die Veränderungen in Osteuropa und der Wandlungsprozeß in Deutschland

Teilweise eher, teilweise später oder auch fast gleichzeitig wie in der DDR vollzogen sich demokratische Revolutionen in den anderen osteuropäischen Ländern. Innerhalb weniger Jahre veränderte sich die politische Landkarte Europas (Abb. 1.2 und 1.3). Die Implosion des Sowjetsystems und der Zerfall der Ordnung von Jalta hat u. a. zur Wiedergeburt nationalistischen Denkens und zum Zerfall multinationaler Staatsgebilde geführt (PLATZER 1992, S. 21).

In Polen kam es zu Reformvereinbarungen am 5.4.1989 am "Runden Tisch". Am 4.6.1989 wurden teilweise freie Wahlen durchgeführt. Ab 12.8.1989 bestand eine Allparteien-Regierung unter der Führung der Gewerkschaftsbewegung "Solidarität". In der Tschechoslowakei gab es ab dem 17.11.1989 Demonstrationen. Am 24.11. trat die KP-Führung zurück. Die führende Rolle der KP wurde am 29.11. gestrichen. Es entstand am 10.12. die Regierung der "Nationalen Verständigung", und Vaclav Havel wurde der erste Präsident (29.12.89). In Ungarn gab es am 24.6.89 eine Reform-Mehrheit in der Führung der herrschenden USAP. Am 7.10.89 wurde die Partei aufgelöst. Am 10.9.1989 war bereits die Westgrenze geöffnet worden. Nun wurden Verfassungsänderungen vorgenommen und die Marktwirtschaft eingeführt. In Jugoslawien entstand eine Krise der jugoslawischen Föderation. In Slowenien kam es zu Verfassungsänderungen (Selbstbestimmung der Teilrepubliken, Aufgabe des Führungsanspruchs der KP, freie Wahlen). Am 27.9.1989 trat der Konflikt mit Serbien offen zutage. In Rumänien kam es nach Massakern in Temesvar am 16.12.1989 zur Volkserhebung. Nach blutigen Kämpfen von Armee und Bürgern wurden die Sicherheitstruppen überwunden, am 25.12.1989 Ceausescu hingerichtet. Am 26.12.1989 übernahm die "Front der nationalen Rettung" die Regierung. In Bulgarien zeigten sich zaghafte Reformansätze nach dem KP-Führungswechsel am 10.11.1989. Nach Massendemonstrationen wurden Zusagen für freie Wahlen am 11.12.1989 gemacht und der Führungsanspruch der KP aufgegeben.

Zu diesen revolutionären Veränderungen des Jahres 1989 kamen in den folgenden Jahren weitere Veränderungen, die auch andere Länder im Osten betrafen. Im Osten Europas gibt es seit 1991 mehrere neue Staaten. Dies ist das Ergebnis der Aufsplitterung von drei föderativen Gebilden: der Sowjetunion, Jugoslawiens und der Tschechoslowakei.

– Rußland (Russische Förderation):

Diese ehemalige Sowjetrepublik hat den Anspruch erhoben, Rechtsnachfolger der Sowjetunion zu sein. Sie hat deshalb auch keine Unabhängigkeitserklärung abgegeben. Rußlands Westgrenzen liegen etwa dort, wo sie z. Z. des Zarenreiches Peters des Großen im 17. Jahrhundert lagen.

– *Ukraine:*
Sie gab am 24. August 1991 eine Unabhängigkeitserklärung ab. Diese wurde im Dezember 1991 durch eine Volksabstimmung bestätigt. In der Vergangenheit gehörten Teile der Ukraine zu Polen, Rußland und Österreich-Ungarn. Einen unabhängigen ukrainischen Staat in den heutigen Grenzen gab es bis dahin nie.

– *Weißrußland (Belarus):*
Auch solch einen Staat gab es bisher nicht. Diese Republik erklärte am 24. August 1991 ihre Unabhängigkeit. Weißrußland war lange Bestandteil des litauisch-polnischen Großreichs. Infolge der polnischen Teilungen kam es Ende des 18. Jahrhunderts an Rußland. In der Zeit zwischen den Kriegen war es wieder Teil Polens. Nach dem Zweiten Weltkrieg wurde es abermals von der Sowjetunion in Besitz genommen.

– *Moldau (Moldowa):*
Am 27. August 1991 erfolgte die Unabhängigkeitserklärung. Diese Region gehörte ehemals zum rumänischen Fürstentum Moldau, kam dann 1812 an Rußland und wechselte in der ersten Hälfte des 20. Jahrhunderts im Streit zwischen Moskau und Bukarest ständig den Besitzer.

– *Estland. Lettland, Litauen:*
Im Verlauf des 18. Jahrhunderts kamen diese drei baltischen Republiken unter die Herrschaft Moskaus. Nach dem Moskauer Putschversuch anerkannte Rußland am 6. September 1991 die Unabhängigkeit dieser drei Republiken.

– *Georgien, Armenien, Aserbeidschan:*
Am 9. April 1991 wurde die georgische, am 23. August 1991 die armenische und am 30. August 1991 die aserbeidschanische Unabhängigkeitserklärung verabschiedet.

– *Tschechoslowakei und Jugoslawien:*
In diesen Staaten, wo es schon 1989 zu revolutionären Veränderungen gekommen war, vollzogen sich nun weitere Schritte. In Jugoslawien verkündete am 25. Juni 1991 die Teilrepublik Slowenien ihre Unabhängigkeit, Kroatien ebenfalls am 25. Juni 1991, und setzte sie im Oktober 1991 in Kraft. Bosnien-Herzegowina führte am 29. Februar und 1. März 1992 eine Volksabstimmung durch. Die Unabhängigkeit dieser Teilrepublik wurde dann am 7. April 1992 von der EG anerkannt. Mazedonien konstituierte sich am 19. November 1991 als selbständiger Staat. Am 1. März 1992 stimmten die Einwohner Montenegros für den Verbleib bei Jugoslawien. Am 27. April 1992 verkündete das jugoslawische Rumpfparlament eine neue Verfassung. Es proklamierte das "Dritte Jugoslawien".

Die jüngsten Veränderungen in der Staatenneubildung vollzogen sich am 1. Januar 1993, als die zwei Staaten, die Tschechische Republik und die Slowakische Republik, die Nachfolge der 1918 gegründeten Tschechoslowakei antraten (Neue Staaten... 1993, S. 184).

Die Demokratisierung in Ost-, Mittel- und Südosteuropa, die Auflösung der kommunistischen Gesellschaftsordnungen und die Ablösung der Zentralverwaltungswirtschaften durch freie Marktwirtschaften sowie das Entstehen neuer Staaten hat auch Deutschland nicht unbeeinflußt gelassen.

Zu den unmittelbaren Auswirkungen der Veränderungen in Ost- und Südosteuropa auf die Bundesrepublik zählt die Zunahme der Zahl der Aussiedler. Zwischen 1987 und 1990 hat sich die Zahl verfünffacht. Sie stieg von 79 000 (1987) auf 397 000 (1990) an. Dem Rekordhoch von 1990 folgte ein starker Rückgang. 1992 kamen aber immerhin noch 231 000 Aussiedler (196 000 aus der Sowjetunion bzw. ihren Nachfolgestaaten, 18 000 aus Polen und 16 000 aus Rumänien). Das Hauptkontingent lieferten die Rußlanddeutschen. Ein großer Teil der Aussiedler war weder in Deutschland geboren noch aufgewachsen. Daß die Integration für einige nicht einfach war bzw. ist, versteht sich von selbst (vgl. Kap. 2.4.1).

Nicht nur die DDR, sondern auch alle anderen osteuropäischen und südosteuropäischen Länder mußten sich für den größten Teil ihrer Produkte neue Auslandsmärkte suchen. Diese Märkte waren zu einem großen Teil in Westdeutschland und für sehr viele Erzeugnisse übervoll. Mit Dumpingpreisen versuchten trotzdem einige Länder Osteuropas nun ihre Erzeugnisse im Westen abzusetzen. Das wurde besonders im Stahlwerksbereich 1990 und 1991 bei Polen, der damaligen Tschechoslowakei und Rumänien deutlich, aus dem die EG nur mit Kontingentierungen einen Teil der östlichen Waren der Eisen- und Stahlindustrie in den Westen lassen konnte (nach Angaben der VdEH).

1.1.3 Die Integrationsbestrebungen der EG in Westeuropa

Bis zum Jahre 1989 war Deutschland Westdeutschland, wirtschaftlich stark, aber politisch eingebunden und austariert durch die übrigen EG-Länder. Dieses bis zur Wende gültige Koordinatensystem der EG-Integration geriet dann durch die gesamteuropäischen Veränderungen in Bewegung. Die neuen Herausforderungen fielen mit einem internen Reformprozeß zusammen, eine Anpassung an die globalen technologisch-ökonomischen und politischen Entwicklungen wurde notwendig (PLATZER 1992, S. 20).

Seit Mitte der 1980er Jahre wurde die EG weitgehend bestimmt durch das Ziel der Verwirklichung des EG-Binnenmarktes zum 31.12. 1992. Nach Artikel 8 a, Abs. 2 des EWG-Vertrages wird unter dem EG-Binnenmarkt ein "Raum ohne Binnengrenzen" verstanden. In ihm ist der freie Verkehr von Waren, Personen, Dienstleistungen und Kapital gewährleistet. Im Weißbuch der EG–Kommission vom Juni 1985 wurden die Zielsetzungen zur Verwirklichung des Binnenmarktes festgelegt. In diesem Fahrplan gibt es Texte zu den Zielen und Maßnahmen, außerdem einen umfangreichen Anhang mit insgesamt 276 konkreten Rechtsakten zur Verwirklichung des Binnenmarktes mit dem Zeitpunkt ihrer Umsetzung in Gemeinschaftsrecht.

Die Maßnahmen zur Realisierung des Binnenmarktes kann man drei verschiedenen Bereichen zuordnen. Erstens sollten die materiellen Schranken in der EG abgebaut werden. Es ging darum, die Waren- und Personenkontrollen an den innergemeinschaftlichen Grenzen abzuschaffen.

Zweitens sollten die technischen Schranken abgebaut, Normen, Standards und Vorschriften in der EG schrittweise harmonisiert werden. Abbau der technischen Schranken bedeutet aber auch Liberalisierung der öffentlichen Auftragsvergabe. Das heißt z. B. EG-weite Ausschreibung von größeren Bauvorhaben für öffentliche Gebäude oder Straßen. Das bedeutet auch Herstellung der Freizügigkeit für Arbeitnehmer und Selbständige, gemeinsamer Dienstleistungsmarkt, Freiheit des Kapitalverkehrs und Förderung der industriellen Zusammenarbeit.

Drittens sollten die Steuerschranken abgebaut werden. Dabei geht es um die Einführung begrenzter Bandbreiten zur Annäherung der nationalen Mehrwertsteuersätze und um die Harmonisierung spezifischer Verbrauchssteuern (z. B. für Mineralölprodukte, Alkohol, Tabakwaren) (PLATZER 1992, S. 111 – 113). Gerade die Harmonisierung der Mehrwertsteuersätze war lange Zeit ein großes Problem. Bis Ende 1992 galt z. B. in der BRD ein Mehrwertsteuersatz von 14 %, z. T. auch 7 %. Die Schwankungen zwischen den Ländern waren beträchtlich. So betrug der Mehrwertsteuersatz in Luxemburg nur 12 %, in Irland dagegen 25 %. Seit dem 1.1.1993 gilt EG-weit ein Mindestsatz von 15 %. Erhebliche Unterschiede zwischen den EG-Staaten gab bzw. gibt es auch bei den Verbrauchssteuern.

Bei der Diskussion um den EG-Binnenmarkt wurden einige Defizite immer deutlicher. Sie betrafen in erster Linie das demokratische Defizit aber auch die außenpolitische Handlungsschwäche der EG. Diese massive Kritik führte Anfang der 1990er Jahre zu einem neuen Reformvorstoß, der am 7. Februar 1992 mit der Unterzeichnung des "Vertrages über die Europäische Union" in Maastrich abgeschlossen wurde.

Der Vertrag geht über alle bisherigen vertraglichen Vereinbarungen weit hinaus. Danach stützt sich die europäische Einigung künftig auf drei Säulen:

- Die *erste Säule* ist die bestehende EG. Ihre Kompetenzen wurden wesentlich erweitert, u. a. auf den Gebieten
  - des Verbraucherschutzes,
  - der Gesundheitspolitik,
  - der transeuropäischen Verkehrs-, Fernmelde- und Energienetze,
  - der Industriepolitik,
  - der Entwicklungszusammenarbeit,
  - der Bildungs- und Kulturpolitik,
  - der Forschung,
  - des Umweltschutzes,
  - des wirtschaftlichen und sozialen Zusammenhalts und
  - der Sozialpolitik.

Die wichtigste Ergänzung besteht darin, daß ein Stufenplan aufgestellt wurde, nach dem bis Ende der 1990er Jahre der Übergang zu einer Wirtschafts- und Währungsunion erfolgen sollte.

- Die *zweite Säule* des Einigungswerkes ist die Gemeinsame Außen- und Sicherheitspolitik. Diese ist von den Regierungen außerhalb des EG-Vertrages beschlossen worden.
- Auch die *dritte Säule* enthält außerhalb des EG-Vertrages einen gemeinsam behandelten Bereich. Es ist die von den 12 EG-Staaten vereinbarte Zusammenarbeit im Bereich der Innen- und Rechtspolitik, z. B. in Fragen der Einwanderungs- und Asylpolitik sowie Fragen bei der Bekämpfung der organisierten Kriminalität (Europa im Schaubild 1993, S. 51).

Die verschiedenen Teile des Unionsvertrages sind durch gemeinsame Institutionen und einen übergreifenden Zielkatalog miteinander verbunden.

Die Ratifizierung des Vertrages verlief keineswegs so problemlos, wie man das im Februar 1992 erwartet hatte. In drei Ländern gab es dazu Volksbefragungen. In Dänemark wurde mit knapper Mehrheit der Vertrag abgelehnt. In Irland gab es mit zwei Dritteln der abgegebenen Stimmen eine weitreichende Unterstützung. In Frankreich war mit 51 % nur knapp eine Mehrheit zustande gekommen. Der Deutsche Bundestag stimmte am 2.12.1992 mit einer sehr großen Mehrheit (95 %) zu.

Mit der Vollendung des Binnenmarktes und dem Inkrafttreten des Maastrichter Vertrages war die europäische Einigung nicht abgeschlossen. Am 1.1.1995 traten Österreich, Schweden und Finnland der EU bei. Es gibt weitere Beitrittskandidaten, auch unter den mittel- und osteuropäischen Reformstaaten. Die Perspektive einer Europäischen Union mit 20 bis 25 Mitgliedsstaaten für das Jahr 2010 wird als durchaus realistisch angesehen.

Alle diese Entwicklungen wirken sich auch auf Deutschland aus. Die nationale Souveränität Deutschlands – wie die aller anderen Staaten – wird zunehmend ausgehöhlt. Die modernen ökonomischen Verflechtungen lassen den Nationalstaat hinter sich. Neue überstaatliche Integrationsebenen – wie die EG – bilden sich heraus und gewinnen an Bedeutung. Auch die großen ökologischen Probleme mißachten den Nationalstaat. Smog, nukleare Strahlung u. a. kennen keine Landesgrenzen. Die moderne Risikogesellschaft in Deutschland erzwingt eine internationale Orientierung.

1.1.4 Die Bedeutung der EG und westlicher Hilfe für den Umwandlungsprozeß in Osteuropa

Die Umstellung der zentral gesteuerten Planwirtschaften in Osteuropa zu einer offenen sozialen Marktwirtschaft brachte vielfältige Probleme mit sich (Stillegung von zahlreichen Produktionsstätten, Zusammenbruch der landwirtschaftlichen Produktion, hohe Arbeitslosigkeit u. a.). Deshalb beschloß die EG-Kommission für die neuen Bundesländer ein gemeinsames Förderkonzept.

Für das europäische Revolutionsjahr 1989 kann man auch feststellen, daß in einigen westlichen Ländern großes Interesse am wirtschaftlichen und gesellschaftlichen Umbau in Osteuropa bestand. Dieses schlug sich nieder in einem ersten konkreten Projekt. Es wurde auf dem Pariser Weltwirtschaftsgipfel im Juli 1989 das Hilfsprogramm PHARE (Poland and Hungary Assistance for Restructuring the Economies) beschlossen (Brandstetter 1996, S. 152). Vorgesehen war es zunächst nur für Polen und Ungarn, wurde jedoch sehr schnell auf alle anderen osteuropäischen Staaten (außer Nachfolgestaaten der Sowjetunion) ausgedehnt. Aus dem ehemaligen Verbund der Sowjetunion wurden nur die baltischen Staaten vom PHARE-Programm bedient. Für die Nachfolgestaaten der Sowjetunion gilt das TACIS-Programm der EU. Die Gruppe der 24 OECD-Staaten (G-24) beschloß einen Aktionsplan mit Zielperspektiven für die 1990er Jahre. Für das Jahr 1992 wurden für die Umgestaltung der neuen östlichen Demokratien Hilfen von rd. 1 Mrd. ECU (ca. 2,4 Mrd. DM) bereitgestellt. Die EG ist Koordinator dieses Komplexprogramms.

Im Dezember 1991 schloß die EG mit den östlichen Reformstaaten Ungarn, Polen und der damaligen Tschechoslowakei sog. "Europa-Abkommen" ab (Brandstetter 1996, S. 189). Diese gehen in wirtschaftlicher Hinsicht über die bis dahin üblichen "Assoziierungsabkommen mit Drittstaaten" weit hinaus. Sie sind zugleich ein politisches Signal der künftigen Ein- und Anbindung.

Wichtigstes Element ist die Einrichtung einer Freihandelszone für Industrieprodukte in einem Zeitraum von 10 Jahren. Für den Warenaustausch gibt es eine sog. "Asymmetrische Liberalisierung". Das bedeutet, daß die drei Reformländer mehr Zeit haben als die EG, ihre Schutzmaßnahmen zur Absicherung der eigenen Wirtschaft abzubauen (Platzer 1992, S. 59).

Von enormer regionaler Bedeutung sind die Euroregionen, die im Integrationsprozeß Europas eine große Rolle spielen. Sie werden mit erheblichen finanziellen Mitteln der EU über die INTERREG- und INTERREG II-Programme unterstützt (vgl. Kap. 12.8).

In nicht allzu ferner Zukunft wird es eine beträchtliche Ausdehnung der EU mit der Aufnahme der Länder Polen, Tschechien, Ungarn u. a. geben (Abb. 1.4).

1.2 Einheit durch "Beitritt": Organisationsstrukturen der Vereinigung Deutschlands

1.2.1 Vertragliche Grundlagen des Beitritts

Die vertraglichen Grundlagen des Beitritts der ehemaligen DDR zur Bundesrepublik Deutschland sind in drei Verträgen festgelegt:

- dem Vertrag über die Schaffung der Wirtschafts-, Währungs- und Sozialunion,
- dem Einigungsvertrag und
- dem Zwei-Plus-Vier-Vertrag.

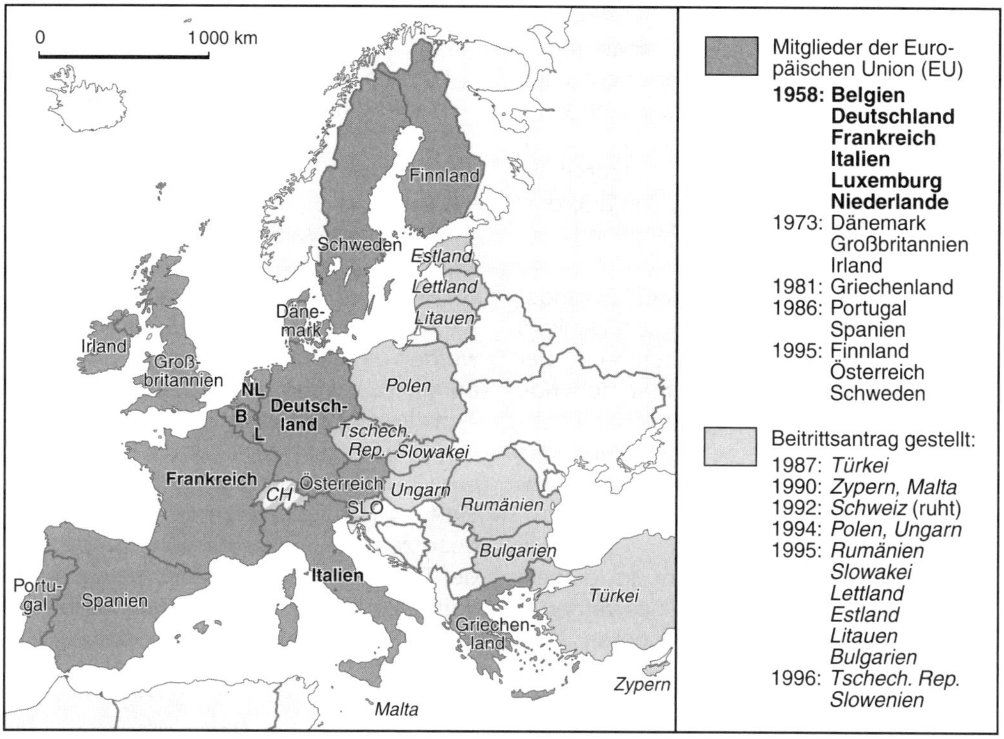

Abb. 1.4: Die geplante Osterweiterung der Europäischen Union (EU)
Quelle: Das Parlament, Nr. 32, 1. Aug. 1997, S. 2

Der Vertrag über die Schaffung der Wirtschafts-, Währungs- und Sozialunion

Der erste bedeutsame Schritt in Richtung auf die Herstellung der staatlichen Einheit nach Artikel 23 des Grundgesetzes (GG) der Bundesrepublik Deutschland wurde Mitte Mai 1990 getan, und zwar mit dem "Vertrag vom 18. Mai 1990 über die Schaffung einer Wirtschafts-, Währungs- und Sozialunion zwischen der Bundesrepublik Deutschland und der Deutschen Demokratischen Republik". Damals unterzeichneten Bundesfinanzminister Dr. Theo Waigel und DDR-Finanzminister Dr. Walter Romberg diesen ersten Staatsvertrag.

Die Wirtschafts-, Währungs- und Sozialunion trat am 1. Juli 1990 in Kraft. In Kapitel I des Vertrages sind in neun Artikeln die Grundlagen behandelt.

– Artikel 1 (2)

"Die Vertragsparteien bilden beginnend mit dem 1. Juli 1990 eine Währungsunion mit einem einheitlichen Währungsgebiet und der Deutschen Mark als gemeinsamer Währung. Die Deutsche Bundesbank ist die Währungs- und Notenbank dieses Währungsgebietes. Die auf Mark der Deutschen Demokratischen Republik lautenden Verbindlichkeiten und Forderungen werden nach Maßgabe dieses Vertrages auf Deutsche Mark umgestellt."

– Artikel 1 (3)

"Grundlage der Wirtschaftsunion ist die Soziale Marktwirtschaft als gemeinsame Wirtschaftsordnung beider Vertragsparteien. Sie wird insbesondere bestimmt durch Privateigentum, Leistungswettbewerb, freie Preisbildung und grundsätzlich volle Freizügigkeit von Arbeit, Kapital, Gütern und Dienstleistungen; besondere Eigentumsformen für die Beteiligung der öffentlichen Hand oder anderer Rechtsträger am Wirtschaftsverkehr sind nicht ausgeschlossen, soweit private Rechtsträger dadurch nicht diskriminiert werden. Sie trägt den Erfordernissen des Umweltschutzes Rechnung."

– *Artikel 1 (4)*

"Die Sozialunion bildet mit der Währungs- und Wirtschaftsunion eine Einheit. Sie wird insbesondere bestimmt durch eine der Sozialen Marktwirtschaft entsprechende Arbeitsrechtsordnung und ein auf den Prinzipien der Leistungsgerechtigkeit und des sozialen Ausgleichs beruhendes umfassendes System der sozialen Sicherung".

– *Artikel 2 (1)*

"... Zur Gewährleistung der in diesem Vertrag oder in Ausführung dieses Vertrages begründeten Rechte garantieren [die Vertragsparteien] insbesondere die Vertragsfreiheit, Gewerbe-, Niederlassungs- und Berufsfreiheit, die Freizügigkeit von Deutschen in dem gesamten Währungsgebiet, die Freiheit, zur Wahrung und Förderung der Arbeits- und Wirtschaftsbedingungen Vereinigungen zu bilden ..." (Die Vereinigung ... 1991, S. 14–15).

Der Einigungsvertrag

Nur etwa drei Monate nach Unterzeichnung des Vertrages über die Schaffung einer Wirtschafts-, Währungs- und Sozialunion wurde dann der Einigungsvertrag signiert.

Am 31. August 1990 unterschrieben in Ost-Berlin Bundesinnenminister Dr. Wolfgang Schäuble und DDR-Staatssekretär Dr. Günther Krause den Einigungsvertrag: "Vertrag zwischen der Bundesrepublik Deutschland und der Deutschen Demokratischen Republik über die Herstellung der Einheit Deutschlands – Einigungsvertrag – vom 31. August 1990".

Mit dem Beitritt der DDR am 3. Oktober 1990 trat der Vertrag in Kraft. Dieses Datum wurde von der DDR-Volkskammer in einer Sondersitzung am 23. August 1990 festgelegt.

In neun Kapiteln mit insgesamt 45 Artikeln sind Einzelheiten angegeben. Kapitel I enthält Ausführungen über die Wirkung des Beitritts:

– *Artikel 1 (1)*

"Mit dem Wirksamwerden des Beitritts der Deutschen Demokratischen Republik zur Bundesrepublik Deutschland gemäß Artikel 23 des Grundgesetzes am 3. Oktober 1990 werden die Länder Brandenburg, Mecklenburg-Vorpommern, Sachsen, Sachsen-Anhalt und Thüringen Länder der Bundesrepublik Deutschland. Für die Bildung und die Grenzen dieser Länder untereinander sind die Bestimmungen des Verfassungsgesetzes zur Bildung von Ländern in der Deutschen Demokratischen Republik vom 22. Juli 1990 – Ländereinführungsgesetz – (GBL. I Nr. 51 S. 955) ... maßgebend."

– *Artikel 1 (2)*

"Die 23 Bezirke von Berlin bilden das Land Berlin."

– *Artikel 2 (1)*

"Hauptstadt Deutschlands ist Berlin ..."

Kapitel III, Artikel 10 (1)

"Mit dem Wirksamwerden des Beitritts gelten in dem in Artikel 3 genannten Gebiet die Verträge über die Europäischen Gemeinschaften nebst Änderungen und Ergänzungen sowie die internationalen Vereinbarungen, Verträge und Beschlüsse, die in Verbindung mit diesen Verträgen in Kraft getreten sind."

Kapitel VI, Artikel 25 (1)

"Die Treuhandanstalt ist auch künftig damit beauftragt, gemäß den Bestimmungen des Treuhandgesetzes die früheren volkseigenen Betriebe wettbewerbsfähig zu strukturieren und zu privatisieren. Sie wird rechtsfähige bundesunmittelbare Anstalt des öffentlichen Rechts. Die Fach- und Rechtsaufsicht obliegt dem Bundesminister für Finanzen, der die Fachaufsicht im Einvernehmen mit dem Bundesminister für Wirtschaft und dem jeweils zuständigen Bundesminister wahrnimmt."

– Artikel 27 (1)

"Das Eigentum und alle sonstigen Vermögensrechte, die zum Sondervermögen Deutsche Post gehören, werden Vermögen der Bundesrepublik Deutschland. Sie werden mit dem Sondervermögen Deutsche Bundespost vereinigt."

– Artikel 28 (2)

"Die zuständigen Ressorts bereiten konkrete Maßnahmenprogramme zur Beschleunigung des wirtschaftlichen Wachstums und des Strukturwandels... vor. Die Programme erstrecken sich auf folgende Bereiche:

- Maßnahmen der regionalen Wirtschaftsförderung unter Schaffung eines besonderen Programms...
- Maßnahmen zur Verbesserung der wirtschaftlichen Rahmenbedingungen in den Gemeinden mit besonderem Schwerpunkt in der wirtschaftsnahen Infrastruktur,
- Maßnahmen zur raschen Entwicklung des Mittelstandes,
- Maßnahmen zur verstärkten Modernisierung und strukturellen Neuordnung der Wirtschaft auf der Grundlage von in Eigenverantwortung der Industrie erstellten Restrukturierungskonzepten (z. B. Sanierungsprogramme auch für RGW-Exportproduktion),
- Entschuldung von Unternehmen nach Einzelfallprüfung."

– Artikel 29 (1)

"Die gewachsenen außenwirtschaftlichen Beziehungen der Deutschen Demokratischen Republik, insbesondere die bestehenden vertraglichen Verpflichtungen gegenüber den Ländern des Rates für Gegenseitige Wirtschaftshilfe, genießen Vertrauensschutz. Sie werden unter Berücksichtigung der Interessen aller Beteiligten und unter Beachtung marktwirtschaftlicher Grundsätze sowie der Zuständigkeit der Europäischen Gemeinschaften fortentwickelt und ausgebaut. Die gesamtdeutsche Regierung wird dafür Sorge tragen, daß diese Beziehungen im Rahmen der fachlichen Zuständigkeit organisatorisch angemessen geregelt werden."

Kapitel VII, Artikel 34 (1)

"Ausgehend von der in Artikel 16 des Vertrages vom 18. Mai 1990 in Verbindung mit dem Umweltrahmenprogramm der Deutschen Demokratischen Republik vom 29. Juni 1990 (GBL I Nr. 42 S. 649) begründeten deutschen Umweltunion ist es Aufgabe der Gesetzgeber, die natürlichen Lebensgrundlagen des Menschen unter Beachtung des Vorsorge-, Verursacher- und Kooperationsprinzips zu schützen und die Einheitlichkeit der ökologischen Lebensverhältnisse auf hohem, mindestens jedoch dem in der Bundesrepublik Deutschland erreichten Niveau zu fördern."

– Artikel 34 (2)

"Zur Förderung des in Absatz 1 genannten Zieles sind im Rahmen der grundgesetzlichen Zuständigkeitsregelungen ökologische Sanierungs- und Entwicklungsprogramme ... aufzustellen. Vorrangig sind Maßnahmen zur Abwehr von Gefahren für die Gesundheit der Bevölkerung vorzusehen." (Die Vereinigung ... 1991, S. 102 – 125).

Der Zwei-Plus-Vier-Vertrag

Zu den vertraglichen Grundlagen gehört auch "Die Zwei-plus-Vier-Regelung".

Die außenpolitische Absicherung der deutschen Einheit wurde in den "Zwei-plus-Vier-Gesprächen" zwischen den Außenministern der beiden deutschen Staaten und ihren Kollegen aus den USA, Großbritannien, Frankreich und der UdSSR erreicht. Der Zwei-plus-Vier-Vertrag wurde am 12. September 1990 unterzeichnet.

– Artikel 1 (1)

"Das vereinte Deutschland wird die Gebiete der Bundesrepublik Deutschland, der Deutschen Demokratischen Republik und ganz Berlin umfassen. Seine Außengrenzen werden die Grenzen der Deutschen Demokratischen Republik und der Bundesrepublik Deutschland sein und werden

am Tage des Inkrafttretens dieses Vertrages endgültig sein. Die Bestätigung des endgültigen Charakters der Grenzen des vereinten Deutschland ist ein wesentlicher Bestandteil der Friedensordnung in Europa."
- Artikel 1 (2)
"Das vereinte Deutschland und die Republik Polen bestätigen die zwischen ihnen bestehende Grenze in einem völkerrechtlich verbindlichen Vertrag."
- Artikel 1 (3)
"Das vereinte Deutschland hat keinerlei Gebietsansprüche gegen andere Staaten und wird solche auch in Zukunft nicht erheben."
- Artikel 3 (1)
"Die Regierungen der Bundesrepublik Deutschland und der Deutschen Demokratischen Republik bekräftigen ihren Verzicht auf Herstellung und Besitz von und auf Verfügungsgewalt über atomare, biologische und chemische Waffen ..." (Die Vereinigung... 1991, S. 168 – 169).

1.2.2 Länderbildung und Landesregierungen

Am 3. 10. 1990 war das Gebiet der ehemaligen DDR (einschl. Ostberlin) gemäß Artikel 23 GG dem Bundesgebiet beigetreten. Auf der Grundlage des von der Volkskammer der DDR gebilligten Ländereinführungsgesetzes vom 22. Juli 1990 sind die fünf neuen Länder Mecklenburg-Vorpommern, Brandenburg, Sachsen-Anhalt, Sachsen und Thüringen im Ergebnis der Landtagswahlen vom 14. Oktober 1990 konstituiert worden (Abb. 1.5). Die politisch-administrative Wiedervereinigung von West- und Ostberlin zum neuen Land Berlin erfolgte im Ergebnis der Wahlen zum Gesamtberliner Abgeordnetenhaus. Diese waren mit den ersten gemeinsamen Wahlen zum Bundestag am 2. Dezember 1990 gekoppelt. Im Juni 1990 erfolgte die Wahl Berlins zur Bundeshauptstadt.

Abb. 1.5: Deutschland ab 1990

Ohne großen Widerstand verlief die Entscheidung für die Landeshauptstädte Dresden (Sachsen), Erfurt (Thüringen) und Potsdam (Brandenburg). In Sachsen-Anhalt konnte sich nach heftigen Auseinandersetzungen Magdeburg gegen Halle durchsetzen. In Mecklenburg-Vorpommern wurde Schwerin gegenüber Rostock favorisiert.

Mit dem Einigungsvertrag übernahmen am 3.10.1990 die neuen Länder das föderalistische Staatssystem, dessen verfassungsrechtliche Strukturen im Grundgesetz festgelegt sind. Am 14.10.1990 wurden in allen neuen Bundesländern die ersten Landtage gewählt und die ersten Länderparlamente und Landesregierungen gebildet.

In den folgenden Jahren entstanden in einigen neuen Bundesländern auch noch Regierungsbezirke (Abb. 1.6). Und schließlich gilt es noch zu erwähnen, daß in allen neuen Bundesländern in der ersten Hälfte der 1990er Jahre auch noch Kreisreformen durchgeführt wurden (Abb. 1.7 und 1.8), die besonders die Zahl der Landkreise stark reduzierten (Tab. 1.2). Das verdeutlichen auch noch einmal die Abbildungen 1.9 und 1.10.

1.2.3 Probleme durch Systemwandel: Der Umbruch der Gesellschafts- und Wirtschaftsordnung in den neuen Ländern

Von der staatlichen Kommandowirtschaft zur sozialen Marktwirtschaft

Von November 1989 bis Februar 1990 versuchte die Modrow-Regierung, die zum größten Teil von SED-Funktionären geführt wurde, die aus dem Gleichgewicht geratene DDR-Volkswirtschaft durch Not- und Reparaturmaßnahmen zu stabilisieren. Es begannen aber auch gleichzeitig Arbeiten an einem wirtschaftlichen Reformprogramm, mit dem das ganze Wirtschaftssystem der DDR umgestaltet werden sollte. Angestrebt wurde eine "sozialistische Marktwirtschaft". Vorgesehen war eine staatliche Rahmenplanung mit dirigistischen Eingriffen in das Marktgeschehen.

Das wirtschaftspolitische Reform- und Sanierungsprogramm umriß Ministerpräsident Modrow in seiner Regierungserklärung am 18. November 1989 mit den Worten:

"Die Wirtschaftsreform muß zu einer grundlegenden Erneuerung der sozialistischen Planwirtschaft führen ... Sie erfordert eine neue Stellung der Betriebe im Wirt-

Tab.1.1: Sitzverteilung der Parteien in den Länderparlamenten der neuen Bundesländer 1990
Quelle: Stat. Jahrbuch f. d. vereinte Deutschland 1991, S. 104

* Partei des Demokratischen Sozialismus

Land	Abgeordnete insgesamt	SPD	CDU	FDP	PDS*	Sonstige
Brandenburg	88	36	27	6	13	6
Mecklenburg-Vorpommern	66	21	29	4	12	0
Sachsen	160	32	92	9	17	10
Sachsen-Anhalt	106	27	48	14	12	5
Thüringen	89	21	44	9	9	6
Berlin (2.12.1990)	241	76	101	18	23	23

Tab. 1.2: Daten zu den Kreisreformen in den neuen Bundesländern
Quelle: Wirtschaftsatlas Neue Bundesländer 1994, S. 16–21

	Anzahl der ... vor der Reform			Anzahl der ... nach der Reform		
Bundesland	Gemeinden	Landkreise	Kreisfreien Städte	Gemeinden	Landkreise	Kreisfreien Städte
Mecklenburg-Vorpommern	1 124	37	6	1 080	12	6
Brandenburg	1 793	38	6	1 700	14	4
Sachsen-Anhalt	1 367	37	3	1 326	21	3
Sachsen	1 626	48	6	971	23	7
Thüringen	1 710	35	5	1 247	17	5

Abb. 1.6: Deutschland: Länder und Regierungsbezirke (1.1.1998)
Quelle: Stat. Jahrbuch 1998 der BRD, S. 47

schaftssystem, nämlich so gestaltet, daß sie sich als sozialistische Warenproduzenten voll entfalten, ihre Verantwortung auf dem Markt voll wahrnehmen können und die wirtschaftliche Rechnungsführung voll durchgesetzt ist." (MODROW 1989, S. 4).

Bis zu den ersten freien Wahlen in der DDR am 18. März 1990 gab es dann auch eine Reihe von Maßnahmen zur Umgestaltung der zentral gelenkten Staatswirtschaft in eine sozialistische Marktwirtschaft mit begrenzter Staatsregulation:

1. Aufhebung der Planbindung
Mit dieser Einleitung der ökonomischen Verselbständigung der Betriebe erfolgte die formelle Entlassung der Unternehmen aus der Planbindung.

2. Einstellung der staatlichen Materialbewirtschaftung
Die Kontingentierung der staatlichen Materialwirtschaft und der Materialverteilung wurde aufgehoben. Es erging ein Appell an die Betriebe, ihre Vorprodukte durch Selbstversorgungsaktivitäten und Kompensationsgeschäfte selbst zu beschaffen.

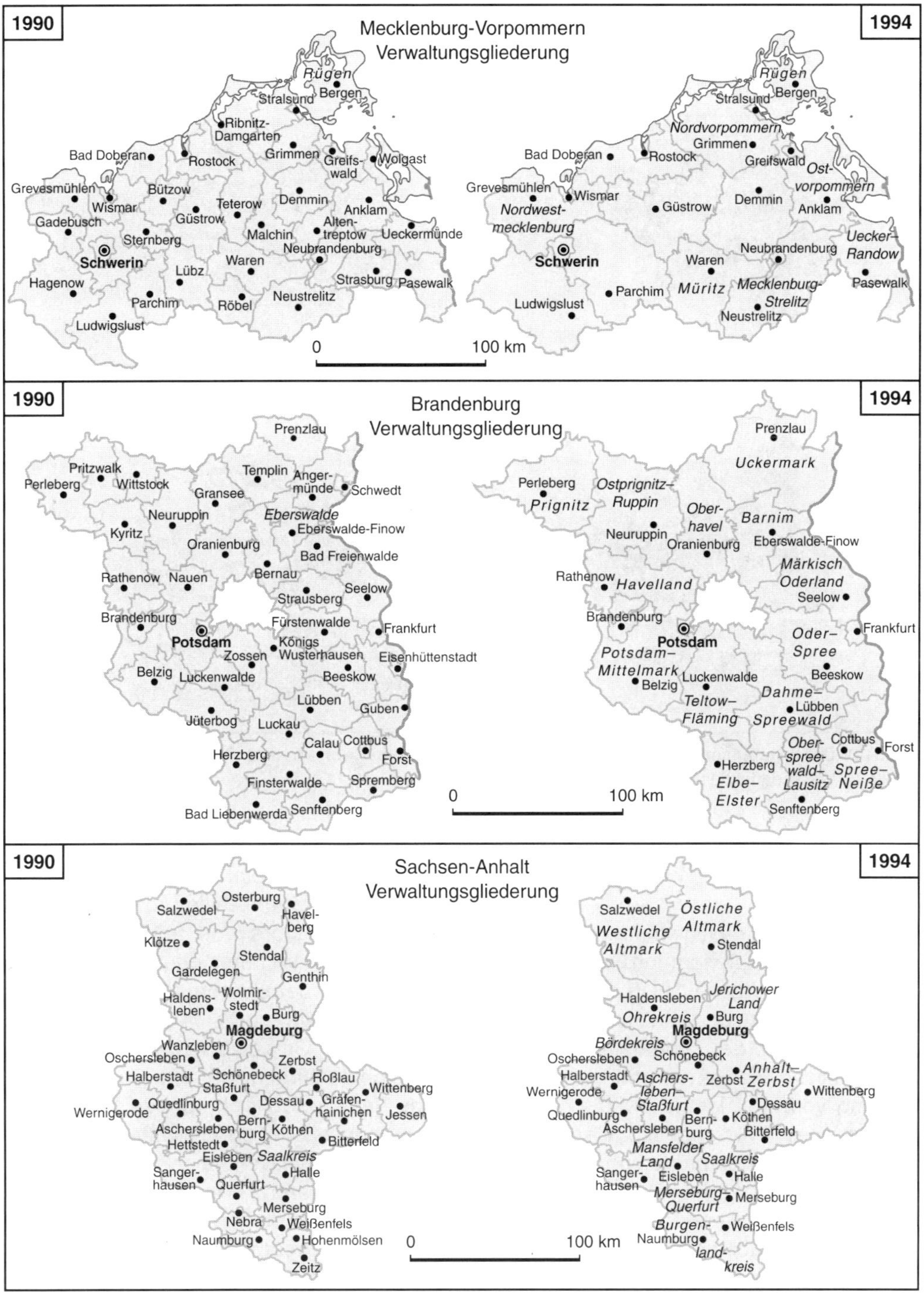

Abb. 1.7: Die Ergebnisse der Verwaltungsneugliederungen in Mecklenburg-Vorpommern, Brandenburg und Sachsen-Anhalt

Quelle: Wirtschaftsatlas Neue Bundesländer 1994, S. 16–18

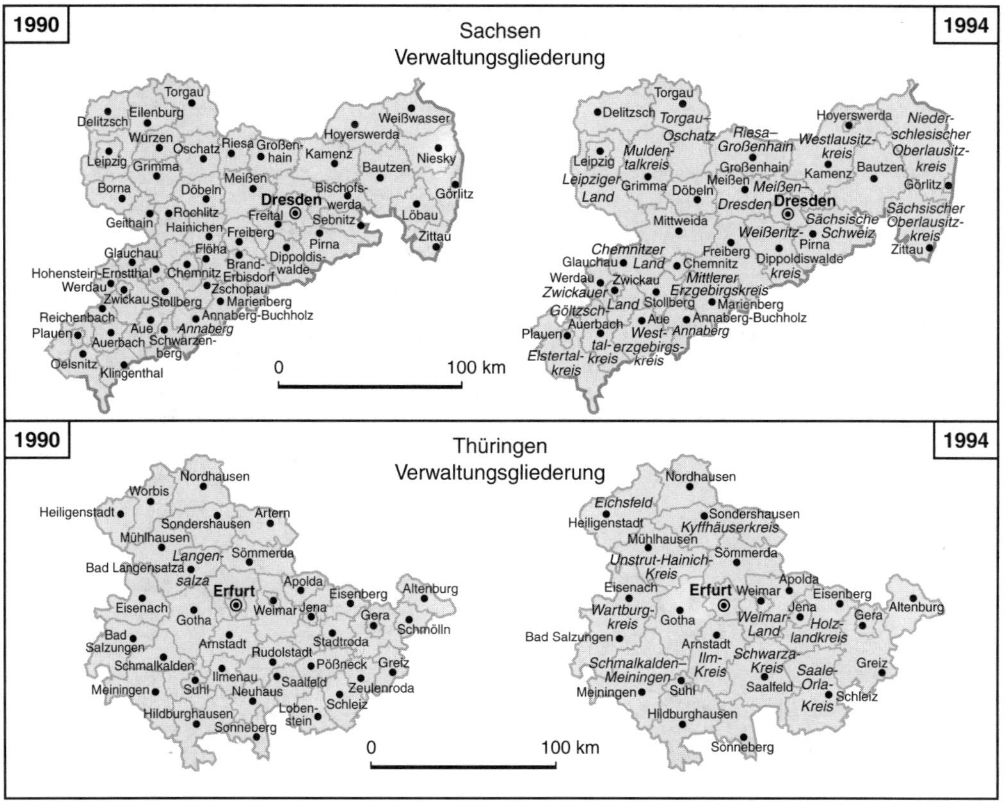

Abb. 1.8: Die Ergebnisse der Verwaltungsneugliederungen in Sachsen und Thüringen
Quelle: Wirtschaftsatlas Neue Bundesländer 1994, S. 20– 21

3. Neuorganisation der Wirtschaftsverwaltung

Aus zehn Industrieministerien und einem Fachressort (Ministerium für Geologie) entstanden drei Industrieministerien: Schwerindustrie, Maschinenbau und Leichtindustrie. Der Generalstab der Zentralplanwirtschaft, die Staatliche Plankommission, wurde mit Wirkung vom 18. Januar 1990 in ein neu geschaffenes "Wirtschaftskomitee" gegliedert. Dieses Komitee prüfte und genehmigte seitdem alle Anträge und Unterlagen zur Gründung neuer Unternehmen, auch die Errichtung von Joint Ventures ab dem 25. Januar 1990. Diese Genehmigungsinstanz erhielt von der Regierung umfassende Leitungs-, Lenkungs- und Kontrollbefugnisse.

4. Zulassung von Joint ventures

Mit einer Kapitalbeteiligung des ausländischen Investors von höchstens 49 % konnten Joint Ventures gegründet werden. Die Mindestbeteiligung am Grund- und Stammkapital belief sich auf mindestens 20 %. Jeder Gemeinschaftsbetrieb mußte staatlich genehmigt werden. Da z. T. staatliche Fest- und Höchstpreise für Waren- und Dienstleistungen, die Unternehmen im Inland ein- oder verkaufen wollten, vorgeschrieben waren, war eine freie Preisgestaltung den Joint ventures von Anfang an nicht zugestanden. Außerdem gab es gesetzliche Verpflichtungen, einen Teil der Devisenerlöse an den Staat abzuliefern.

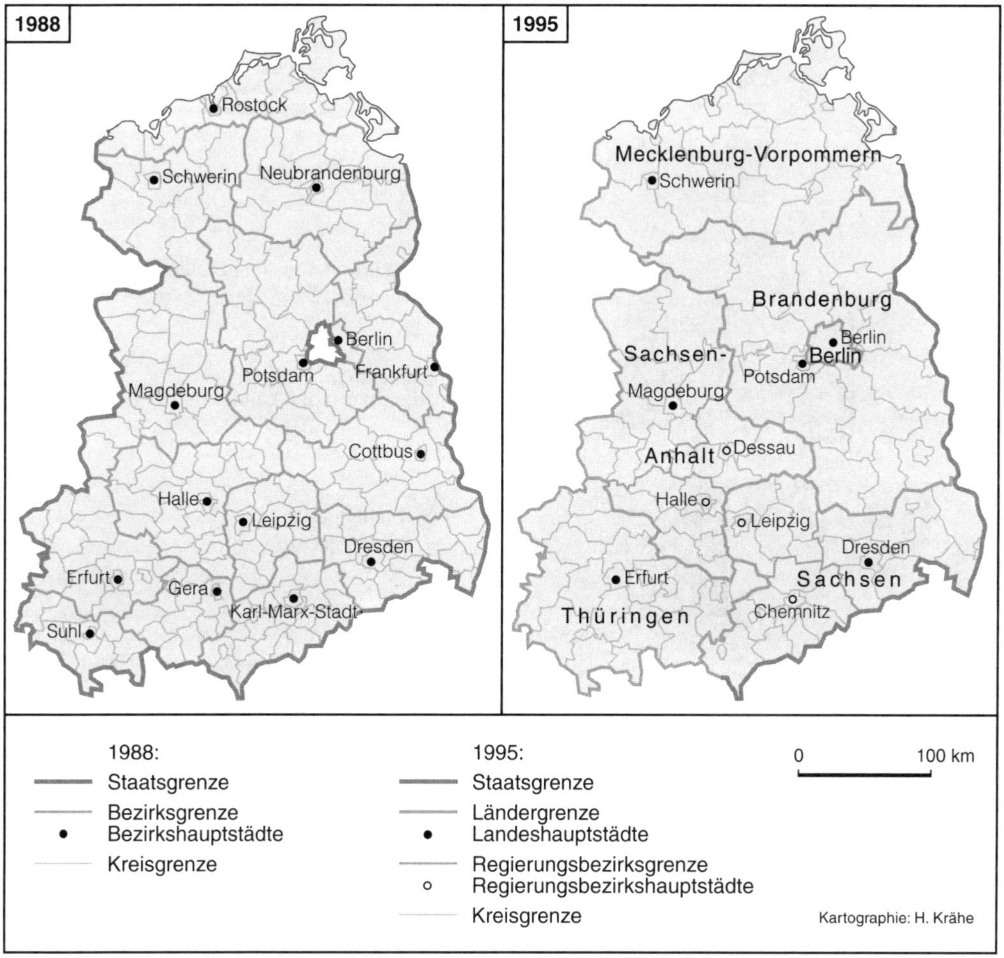

Abb. 1.9: Die Bezirke und Kreise der DDR 1988 und die Kreise der neuen Bundesländer 1995
Quelle: Wirtschaftsatlas Neue Bundesländer 1994, S. 15– 21

5. Gewerbefreiheit
Diese galt nur für DDR-Bürger, DDR-Unternehmen und Joint ventures. Westdeutsche und ausländische Interessenten wurden ausgeschlossen.

6. Zulassung örtlicher Wochenmärkte

7. Drastische Steuersenkungen
Die Einkommens-, Körperschafts- und Vermögenssteuern wurden stark gesenkt. Bis März 1990 betrug der Spitzensteuersatz von Privatpersonen bei der Einkommenssteuer 90 % bei einem Jahreseinkommen von über 500 000 Mark (Ost). Nun wurde der neue Höchstsatz für Einkommenssteuern auf 60 % festgesetzt.

8. Reprivatisierung ausgewählter Staatsbetriebe
Im Rahmen dieser einzigen Reprivatisierungsaktion der Modrow-Regierung im Produktionssektor wurden rd. 5 600 mittelständische Betriebe den ehemaligen Eigentümern oder ihren Erben zur Rücknahme angeboten. Diese Aktion betraf aller-

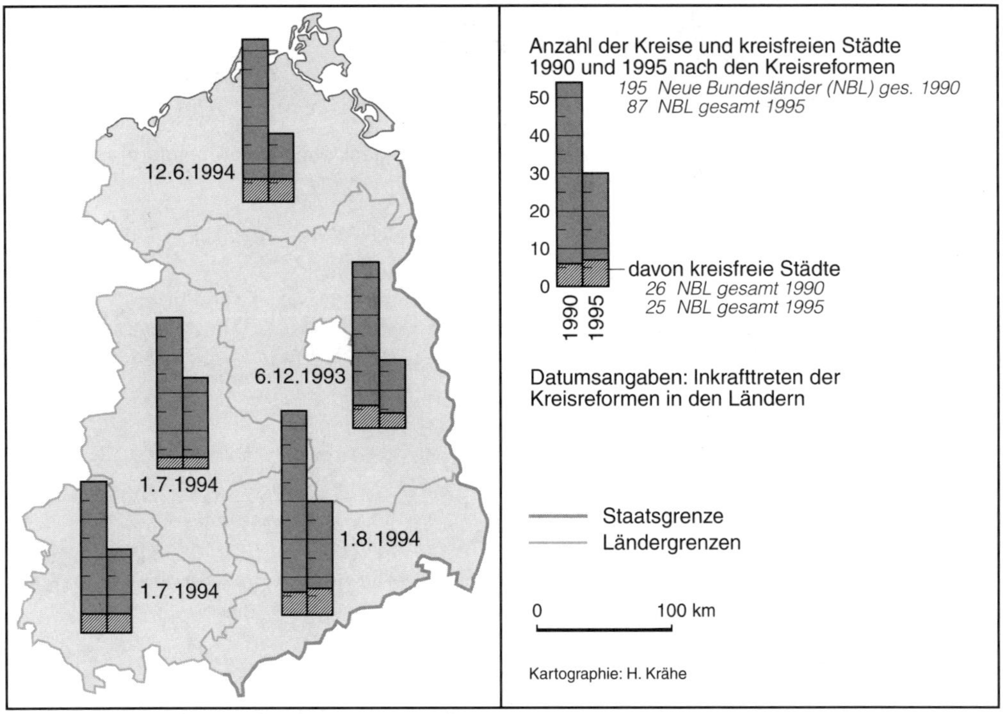

Abb.1.10: Kreisreform in den neuen Bundesländern zwischen 1990 und 1995
Quelle: Wirtschaftsatlas Neue Bundesländer 1994, S. 16– 21

dings nur die 1972 in Staatseigentum überführten Privatunternehmen. Dazu kamen die "halbstaatlichen Betriebe" (Kommanditgesellschaften). Im Rahmen der letzten Sozialisierungskampagne der SED 1972 waren diese in staatseigene Betriebe umgewandelt und zwangsweise in Kombinate eingegliedert worden.

9. Neuordnung des Bankwesens
Die in der DDR-Staatsbank zusammengefaßten Zentralbankfunktionen und Geschäftsbank-Aufgaben wurden mit Wirkung vom 1. April 1990 in zwei getrennte selbständige Bankinstitute gegliedert. Dieses zweistufige Bankensystem trat nun an die Stelle der zentralplanwirtschaftlichen Organisation der DDR-Staatsbank. In einem neuen Notenbankgesetz wurde die Unabhängigkeit bei der Gestaltung von Währungs- und Geldpolitik verankert.

10. Wiederzulassung von Kommunalkrediten
In der SED-Zentralplanwirtschaft war es den Kommunen verboten, Kredite aufzunehmen. Seit dem 1. März 1990 wurde es ihnen allerdings erlaubt, um kommunalpolitische Vorhaben zur Sanierung und Modernisierung der Infrastruktur zu finanzieren (BUCK 1991, S. 14–17).

All diese Reformmaßnahmen haben allerdings nicht dazu geführt, die Zentralplanwirtschaft in eine funktionstüchtige Marktwirtschaft zu transformieren. Durch diese wenigen Reparaturmaßnahmen war die sozialistische Zentralplanwirtschaft nicht reformierbar.

Die neu geschaffenen Wirtschaftsbedingungen waren nicht anziehend genug, um westliches Kapital ins Land zu holen. Völlig unberücksichtigt ließ die Regierung Modrow das Grundstücks- und Immobilienrecht. Doch die Verkehrsfreiheit für Immobilien ist unabdingbare Voraussetzung für einen Transformations- und Systemwandlungsprozeß.

Die Regierung Modrow verteidigte bis in den März des Jahres 1990 auch ein modifiziertes Außenhandelsmonopol. Die staatliche Devisenbewirtschaftung war nur leicht gelockert worden. Mit diesen Maßnahmen sollte die außenwirtschaftliche Unabhängigkeit und die staatliche Eigenständigkeit der DDR erhalten bleiben. Außerdem wollte man den Importbedarf staatlicherseits regulieren, größere Zahlungsdefizite vermeiden und die Auslandsverschuldung eindämmen.

Die zentral regulierten Importschleusen der Regierung mußten jedoch schon bald immer weiter geöffnet werden, nachdem schon ab Januar 1990 bei Rohstoffen, Halbwaren, Ersatzteilen, Investitionsgütern und Konsumwaren immer größere Versorgungsprobleme auftraten. Dazu kamen häufige Produktionsstockungen. Der volkswirtschaftliche Kreislauf geriet durcheinander. Es konnten zwar die schlimmsten Versorgungslücken geschlossen werden, aber es kam sehr schnell zum harten Wettbewerb zwischen Ost- und Westwaren. DDR-Anbieter wurden vom Markt gedrängt. In dieser Situation des noch staatlich abgeschirmten Marktes bildeten westliche Unternehmen mit DDR-Partnern Joint Ventures. Diese Gemeinschaftsunternehmen hatten besondere Importerleichterungen. DDR-Waren gerieten schnell in eine Absatzkrise. Es kam zu ersten größeren Entlassungen von Arbeitskräften und zur Schließung von Betriebsteilen.

Am 18. März 1990 fanden in der DDR seit mehr als 40 Jahren die ersten freien, allgemeinen, gleichen und geheimen Wahlen statt. Die Bürger der DDR stimmten bei der Wahl für viele Ziele; und zwar für die

- DM als künftige gesamtdeutsche Währung;
- Marktwirtschaft nach westdeutschem Vorbild;
- Einheit Deutschlands und
- Parteien der amtierenden Regierungskoalition in Bonn.

Unter dem CDU-Ministerpräsidenten de Maiziere wurde innerhalb von vier Wochen der Grundriß eines Staatsvertrages über die Errichtung einer gesamtdeutschen Währungs-, Wirtschafts- und Sozialunion erarbeitet. Dieser Vertrag trat dann am 1. Juli 1990 in Kraft.

Mit der Annahme des Staatsvertrages wurden unwiderruflich die Grundlagen für eine Einführung der Marktwirtschaft geschaffen. Die Umorientierung erfolgte sofort und radikal. Über Nacht, also zum 1. Juli 1990, wurden für die DDR Gestaltungsprinzipien bestimmend, von denen im folgenden einige aufgelistet sind:

- Vertragsfreiheit,
- Gewerbefreiheit,
- Freizügigkeit und Niederlassungsfreiheit,
- freie Berufs- und Arbeitsplatzwahl,
- freie Preis- und Zinsbildung,
- Bekämpfung von Wettbewerbsbeschränkungen,
- Gewährleistung des privaten Produktionsmitteleigentums.

Dieser erste Vertrag bildete den erforderlichen rechtlichen Ordnungs- und Handlungsrahmen, um die erhofften Anpassungsprozesse einzuleiten und wirtschaftliche Aktivitäten anzustoßen.

So wurde Deutschland vor zwei große Ordnungs- und Wirtschaftsprobleme gestellt. Diese beiden großen Herausforderungen von Bund, Ländern, Gemeinden und Wirtschaft am Ende dieses Jahrhunderts waren

- Angleichung der Eigentumsordnung = Privatisierung und
- Angleichung des Leistungsniveaus (Buck 1991, S. 27–30).

Privatisierung als Grundlage und Entwicklungshemmnis

Die Privatisierung der ehemals staatseigenen und kollektivierten Wirtschaftsbetriebe erfolgte durch die Treuhandanstalt, die ab Juli 1990 einen geänderten Auftrag erhielt. Wie bereits vorher erwähnt, hatte sie zur Zeit Modrows nur einen restaurativen Regierungsauftrag. Alle Betriebe und Kombinate mußten sich in Kapitalgesellschaften (GmbH, KG) umwandeln. Sie sollten sich in kurzer Zeit zu ökonomisch selbstverantwortlichen Wirtschaftsunternehmen entwickeln. Mit der Wahl von Lothar de Maiziere am 18. März 1990 und dem wirtschaftspolitischen Kurswechsel trat eine grundlegende Änderung ein. Die Volkskammer beschloß am 17. Juni 1990 das "Gesetz zur Privatisierung und Reorganisation des volkseigenen Vermögens". Am 1. Juli 1990 trat es in Kraft. Alle Gesetze über die treuhänderische Verwahrung und Verwaltung des Volkseigentums wurden aufgehoben und nun der Treuhand ein revolutionärer ordnungspolitischer Auftrag erteilt. Dieser komplizierte Transformationsauftrag umfaßte vier große Aufgaben:

- Privatisierung,
- Entflechtung,
- Sanierung,
- Stillegung.

Nach den Ergebnissen der Bestandsermittlung des Treuhandvermögens vom November 1990 gingen mit dem Untergang der zentralgelenkten Staatswirtschaft der DDR 7 446 Kombinate (Betriebsvereinigungen) und Betriebe mit etwa 40 000 einzelnen Werken, den Produktions- und Betriebsstätten in Eigentum und Obhut der Treuhandanstalt über. Die Masse der Betriebe und Betriebsvereinigungen gab es in den Wirtschaftsbereichen Industrie und Handel.

Für die Treuhandzentrale in Berlin-Ost waren etwa 3 000 Betriebszusammenschlüsse und Einzelbetriebe zur Privatisierung, Sanierung oder Stillegung vorgesehen. Für die übrigen Firmen gab es in den früheren Bezirkshauptstädten insgesamt 15 neu errichtete Treuhandniederlassungen (Buck 1991, S. 39–43).

2 Bevölkerungsentwicklung und Mobilität

2.1 Bevölkerungsentwicklung

Als die langjährige Teilung Deutschlands in die Bundesrepublik Deutschland und die Deutsche Demokratische Republik mit der staatlichen Vereinigung am 3. Oktober 1990 beendet wurde, hatte das vereinte Deutschland 79,7 Mill. Einwohner (Datenreport 1992, S. 38). Das waren insgesamt 11,3 Mill. mehr Menschen als 1950 und sogar fast 20 Mill. mehr als kurz vor Ausbruch des Zweiten Weltkrieges im Jahre 1939 (Tab. 2.1).

Mit 63,7 Mill. Menschen lebte der weitaus überwiegende Teil der Gesamtbevölkerung des vereinten Deutschland im früheren Bundesgebiet (80 %); in den neuen Bundesländern lebten mit 16,1 Mill. Menschen 20 % der Bevölkerung.

Gegenüber 1950 bedeutete dies für das frühere Bundesgebiet eine Zunahme um 13,6 Mill. (+27 %), für das Gebiet der ehemaligen DDR jedoch dagegen eine Abnahme um 2,3 Mill. Menschen (–12 %).

1997 lebten in der Bundesrepublik Deutschland 82 Mill. Menschen und damit 2,4 Mill. mehr als im Vereinigungsjahr 1990 (davon 81,1 % im früheren Bundesgebiet und 18,9 % in den neuen Bundesländern einschließlich Berlin-Ost).

Auch wenn keine linearen Zusammenhänge zwischen den gesellschaftlichen Rahmenbedingungen und demographischen Prozessen bestehen, so konnten doch die langjährig divergierenden gesellschaftlichen Entwicklungen in beiden deutschen Staaten nicht ohne Einfluß auf die Bevölkerungsentwicklung bleiben (vgl. u. a. WENDT 1993, S. 99 – 113). So sind trotz weitgehender Konvergenzen in der demographischen Entwicklung auch deutliche Unterschiede und Besonderheiten festzustellen. Der gravierendste Unterschied zwischen beiden deutschen Staaten war im Ergebnis der unterschiedlichen demographischen Prozesse die Bevölkerungszunahme im früheren Bundesgebiet und die Bevölkerungsabnahme in der ehemaligen DDR.

Tab. 2.1: Bevölkerungsentwicklung in Deutschland seit 1939 (in 1 000 Ew.)

Jahr	früheres Bundesgebiet[1] insgesamt	früheres Bundesgebiet[1] 1950 = 100 %	Gebiet d. ehem. DDR insgesamt	Gebiet d. ehem. DDR 1950 = 100 %	Deutschland insgesamt	Deutschland 1950 = 100 %
1939	43 008	86,0	16 745	91,1	59 753	87,4
1950	49 989	100,0	18 388	100,0	68 377	100,0
1960	55 433	110,8	17 241	93,8	72 674	106,3
1970	60 651	121,3	17 058	92,8	77 709	113,6
1980	61 538	123,1	16 737	91,0	78 275	114,5
1990	63 254 (63 560)[2]	126,5	16 111[2]	87,6	79 365 (79 671)[2]	116,1
1991	64 074	128,2	15 910	86,5	79 984	116,9
1992	64 865	129,8	15 730	85,5	80 594	117,9
1993	65 534	131,1	15 645	85,1	81 179	118,9
1994	65 858	131,7	15 564	84,6	81 442	119,1
1995[3]	66 156	132,3	15 505	84,3	81 661	119,4
1996	66 444	132,9	15 451	84,0	81 896	119,8
1997	66 647	133,3	15 405	83,8	82 051	119,9

[1] Jahresdurchschnitt
[2] am 03.10.1990
[3] Jahresende

Quelle: Datenreport 1994, S. 21, Stat. Jahrbuch BRD 1998, S. 45, und Stat. Bundesamt

Lag die Ursache für das starke Bevölkerungswachstum im früheren Bundesgebiet zunächst in einem hohen Lebendgeborenenüberschuß in Verbindung mit kräftigen Wanderungsgewinnen, so wurden seit Anfang der 1970er Jahre aufgrund der anhaltenden Geburtendefizite die fast durchgängigen Wanderungsgewinne zum bestimmenden Faktor der Bevölkerungszunahme.

Die Bevölkerungsabnahme in der ehemaligen DDR war dagegen zum weitaus überwiegenden Teil auf die durch Flucht und Ausreise bedingten hohen Wanderungsverluste gegenüber der Bundesrepublik Deutschland zurückzuführen und konnte selbst durch das im Vergleich zur Bundesrepublik zeitweilig höhere Geburtenniveau nicht verhindert werden (WENDT 1991b).

Für das vereinte Deutschland ist eine anhaltende Bevölkerungszunahme typisch. Von 1990 bis 1997 nahm die Bevölkerung um fast 3 Mio. zu (+3,7 %). Damit wurden Ende 1997 82,05 Mio. Einwohner registriert (Tab. 2.2). Die Bevölkerungszunahme wurde ausschließlich durch Wanderungsgewinne in Höhe von insgesamt 3,6 Mio. Personen verursacht, so daß der Gestorbenenüberschuß (–642 000 Personen) nicht nur kompensiert, sondern auch das erwähnte deutliche Bevölkerungswachstum von nahezu 3 Mio. Personen erreicht werden konnte. Infolge der hohen Wanderungsgewinne von Ausländern (1990–1997 von 2,2 Mio. Personen) kann von einer zunehmenden "Internationalisierung" der demographischen Entwicklung in Deutschland gesprochen werden (BIRG / FLÖTHMANN 1993, S. 2).

Die Bevölkerungsentwicklung verlief auch nach der Vereinigung weiterhin gegensätzlich und verschärfte sich in der Übergangsphase sogar. Während von Anfang 1990 bis Ende 1997 im früheren Bundesgebiet die Bevölkerung um 4 Mio. Einwohner zunahm, ging diese in den neuen Bundesländern um 1 Mio. zurück.

Die Zunahme im früheren Bundesgebiet war fast ausschließlich das Ergebnis von Wanderungsgewinnen. Begünstigt wurde die Bevölkerungszunahme durch eine zeitweilig positive Geburtenentwicklung (1990 bis 1993 leichter Geborenenüberschuß). Tendenziell ist jedoch eine Abschwächung des Bevölkerungswachstums erkennbar. Diese Abschwächung beruht auf dem Rückgang der Geborenenüberschüsse, die zeitweilig (1994–1996) wieder in einen Gestorbenenüberschuß übergegangen sind, vorwiegend aber auf einem Rückgang der Wanderungsgewinne. So wurde 1997 bei insgesamt positivem Wanderungssaldo – aufgrund hoher Zuwanderungsgewinne von Deutschen – erstmals wieder seit Anfang der 1980er Jahre ein negativer Wanderungssaldo bei Ausländern registriert (–22 000).

In den neuen Bundesländern setzte sich der Bevölkerungsrückgang nach der Vereinigung zunächst verstärkt fort. Von Anfang 1990 bis Ende 1997 betrug der Rückgang, der überwiegend auf eine extrem hohe Geburtenabnahme, aber auch auf die anfänglich noch sehr hohen Wanderungsverluste gegenüber dem früheren Bundesgebiet zurückzuführen war, gut 1 Mio. Einwohner. Da jedoch seit 1992 Wanderungsgewinne gegenüber dem Ausland registriert und 1995 erstmals wieder ein Rückgang der Gestorbenenüberschüsse vermerkt wurden, schwächte sich die negative Bevölkerungsbilanz ab. Allerdings hält die negative Bevölkerungsbilanz und damit der Bevölkerungsrückgang in den neuen Bundesländern tendenziell an.

Während in den alten Bundesländern von einer weitgehenden Stabilität der Bestimmungsfaktoren demographischer Verhaltensweisen und damit einer Kontinuität der demographischen Prozesse auszugehen ist, sind mit dem tiefgreifenden politischen und gesellschaftlichen Wandel in den neuen Bundesländern ebenso tiefgreifende demographische Veränderungen verbunden. Gerade in der Übergangsphase sind schockartige Veränderungen demographischer Ver-

Jahr	Bevölkerungsstand am Jahresanfang (in 1 000)	Veränderungen durch Überschuß der Geborenen (+) bzw. Gestorbenen (–) (in 1 000)	Veränderungen durch Überschuß der Zu- (+) bzw. Fortzüge (–) (in 1 000)	Zu- (+) bzw. Abnahme (–) insgesamt (in 1 000)	Bevölkerungsstand am Jahresende (in 1 000)
			Deutschland		
1990	79 112,8	– 15,8	656,2	640,4	79 753,2
1991	79 753,3	– 81,2	602,5	521,3	80 274,6
1992	80 274,6	– 76,4	782,1	700,1	80 974,7
1993	80 974,6	– 98,8	462,3	363,5	81 338,1
1994	81 338,1	– 115,1	314,9	200,5	81 538,6
1995	81 538,6	– 119,4	397,9	278,9	81 817,5
1996	81 817,5	– 86,8	282,2	194,7	82 012,2
1997	82 012,2	– 48,2	93,7	45,2	82 057,4
			Früheres Bundesgebiet		
1990	62 679,0	13,9	1 032,8	1 046,7	63 725,6
1991	63 725,7	13,4	745,7	759,1	64 484,8
1992	64 484,8	25,5	778,9	804,4	65 289,2
1993	65 289,2	6,3	438,1	444,3	65 739,7
1994	65 739,7	– 12,4	279,9	267,5	66 007,2
1995	66 007,2	– 25,1	359,8	334,7	66 341,9
1996	66 341,9	– 5,6	249,4	241,5	66 583,4
1997	66 583,4	19,1	85,8	104,6	66 688,0
			Neue Bundesländer		
1990	16 433,8	– 27,6	– 376,6	– 406,2	16 027,6
1991	16 027,6	– 94,7	– 143,1	– 237,8	15 789,8
1992	15 789,8	– 101,9	3,2	– 98,6	15 685,4
1993	15 685,4	– 105,1	24,2	– 80,9	15 598,4
1994	15 598,4	– 102,7	35,7	– 67,0	15 531,4
1995	15 531,4	– 94,2	38,4	– 55,8	15 475,5
1996	15 475,5	– 81,2	32,8	– 46,8	15 428,7
1997	15 428,7	– 67,3	7,8	– 59,4	15 369,4

Tab. 2.2: Einfluß der Wanderungen und der natürlichen Bevölkerungsbewegung auf die Bevölkerungsentwicklung in der Bundesrepublik Deutschland 1990 – 1997

Quelle: Stat. Bundesamt. FS 1, R. 1, Gebiet und Bevölkerung, Wiesbaden 1996, S. 195 und 286; GRÜNHEID / MAMMEY 1997, S. 423

haltensweisen mit der Folge einschneidender Rückgänge der Geburten und Eheschließungen typisch. Rascher sozialer Wandel kann zu sozialer Anomie (Normlosigkeit) führen und nimmt damit auf langfristige Verpflichtungen – wie es die Prozesse der Familienbildung nun einmal sind (Eheschließungen und Geburten) – negativ Einfluß (WENDT 1993, S. 102; HÖPFLINGER 1987, S. 43). Verstärkt wird der erosive Geburtenrückgang in den neuen Ländern durch hohe Wanderungsverluste an die alten Bundesländer, die sich erst mit der Angleichung der Lebensbedingungen, der Erschöpfung der Aufnahmefähigkeit des westlichen Arbeitsmarktes und einer Zunahme der gegenläufigen West-Ost-Wanderung verringern werden.

Mit Angleichung der gesellschaftlichen Rahmenbedingungen an das Niveau der alten Bundesländer ist allerdings langfristig auch von einer generellen Angleichung der demographischen Prozesse an die jeweiligen Niveaus der alten Bundesländer auszugehen.

2.2 Bevölkerungsdichte und Bevölkerungsverteilung

Entsprechend der unterschiedlichen Bevölkerungsentwicklung veränderten sich auch die Bevölkerungsdichte und Bevölkerungsverteilung in den alten und neuen Bundesländern. Die Ausgangssituation für das Jahr 1989 vermittelt Abbildung 2.1. Angaben für 1993 macht Abbildung 2.2. Im früheren Bundesgebiet stieg die mittlere Bevölkerungsdichte an. Sie lag 1996 bei 272 Ew./km^2, während sie in den neuen Bundesländern auf 131 Ew./km^2 zurückging. Deutschland insgesamt hatte Ende 1996 eine durchschnittliche Bevölkerungsdichte von 230 Ew./km^2. Die höchsten Bevölkerungsdichten sind in den Stadtstaaten zu verzeichnen (Berlin 3883, Hamburg 2262, Bremen 1677 Ew./km^2) und unter den Flächenländern in Nordrhein-Westfalen (527 Ew./km^2). Die niedrigste Bevölkerungsdichte weisen die neuen Bundesländer mit Mecklenburg-Vorpommern (78 Ew./km^2) und Brandenburg (87 Ew./km^2) auf (Stat. Jahrbuch BRD 1998, S. 47). Gerade die niedrige Bevölkerungsdichte in den neuen Bundesländern erschwert und verteuert oft die notwendigen Infrastrukturinvestitionen erheblich, da z. B. die Einzugsgebiete für Einrichtungen der sozialen Infrastruktur besonders groß sind (Schulen, Einrichtungen der Kultur, des Gesundheitswesens etc.).

Die bevölkerungsreichsten Bundesländer sind Nordrhein-Westfalen mit 17,9 Mio. Einwohnern, gefolgt von Bayern (12 Mio. Einwohner) und Baden-Württemberg (10,4 Mio. Einwohner). Das nach der Einwohnerzahl aber auch nach der Fläche kleinste Bundesland ist Bremen (678000 Einwohner und 404 km^2). Die flächenmäßig größten Bundesländer sind Bayern (70550 km^2), Niedersachsen (47612 km^2) und Baden-Württemberg (35752 km^2); (Stat. Jahrbuch BRD 1998, S. 47).

Der Urbanisierungsgrad ist im früheren Bundesgebiet höher als in den neuen Bundesländern. So lebten 1996 in den ländlichen Gemeinden (weniger als 2000 Einwohner) der neuen Bundesländer mit 2,9 Mio. Einwohnern fast ein Fünftel der Bevölkerung (19,1 %), in den alten Bundesländern aber nur 5,4 % (3,6 Mio.). Demgegenüber lebten in den alten Bundesländern mit einem Drittel (33 %) der Bevölkerung mehr Menschen in Großstädten (Gemeinden mit 100000 und mehr Einwohnern) als in den neuen Bundesländern (27 %) (Stat. Jahrbuch BRD 1998, S. 57).

2.3 Natürliche Bevölkerungsbewegung

Ist auch die natürliche Bevölkerungsentwicklung im früheren Bundesgebiet durch eine relative Kontinuität charakterisiert, so zeigen sich doch Änderungen im Altersmuster des Geburtenverhaltens (zunehmendes Alter der Frauen bei der Geburt) und im strukturellen Wandel der Ordnungsfolge der Geborenen (Reduzierung des Anteils dritter und weiterer Kinder), aber auch in einer zunehmenden Kinderlosigkeit. In den neuen Bundesländern kommt es infolge des gravierenden sozialen Wandels zu schock-

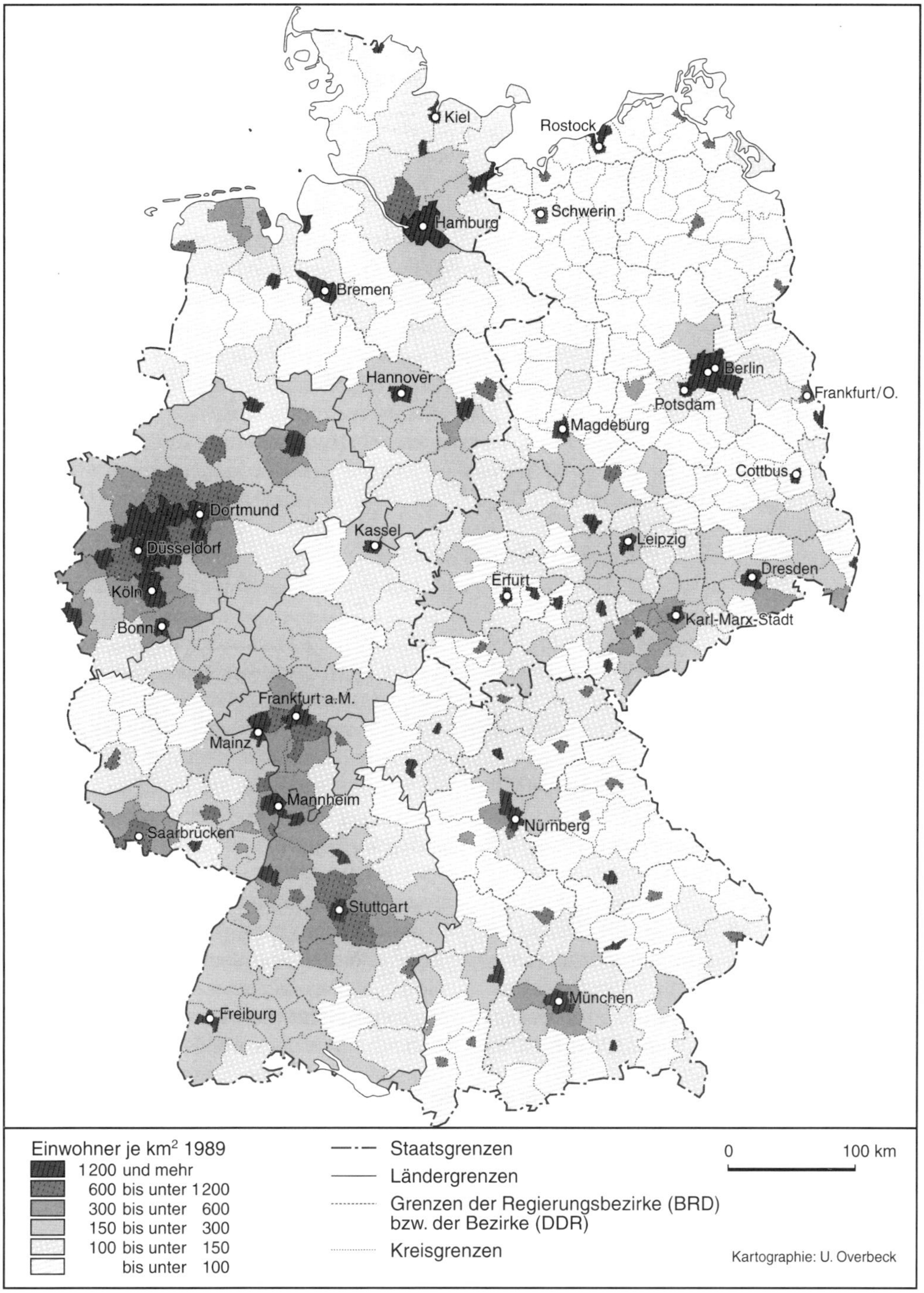

Abb. 2.1: Bevölkerungsdichte Deutschlands 1989
Quelle: Raumordnungsbericht 1991 der Bundesregierung, S. 28

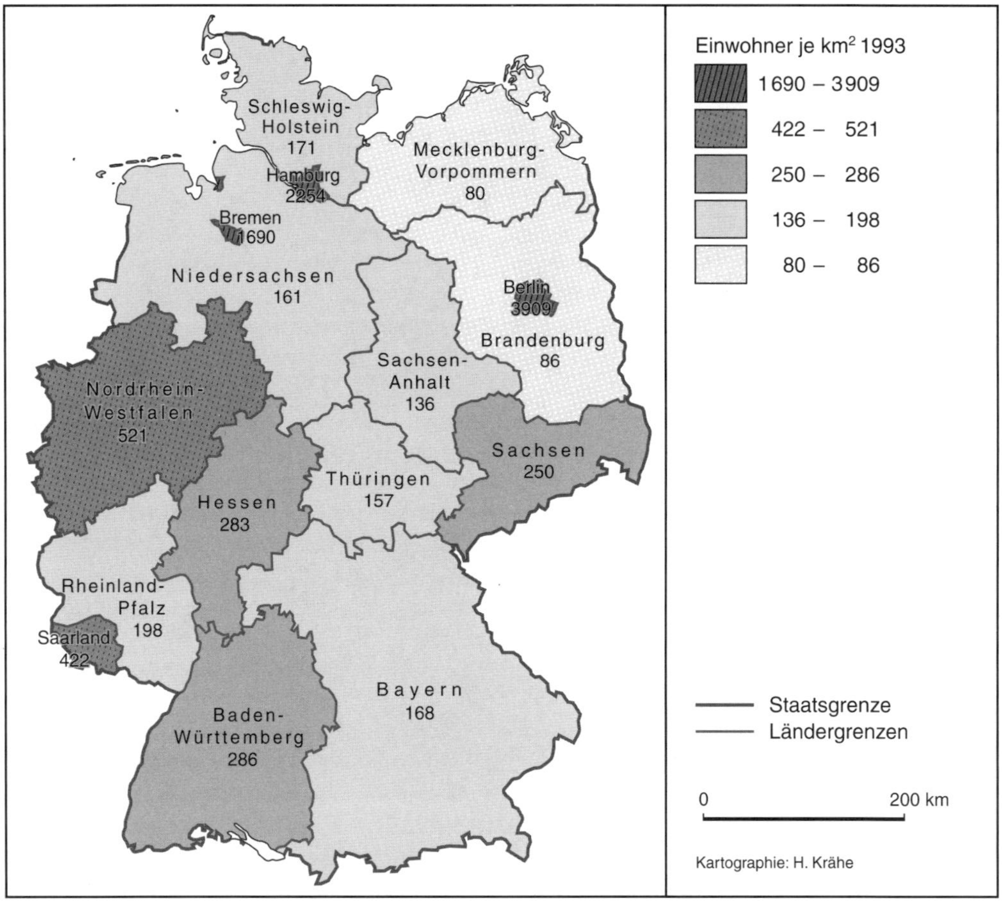

Abb. 2.2: Bevölkerungsdichte Deutschlands nach Bundesländern 1993
Quelle: Stat. Jahrbuch BRD 1995, S. 48

artigen Veränderungen demographischer Prozesse, die sich erst allmählich normalisieren und sich denen der alten Bundesländer nur langsam annähern (WENDT 1993, S. 99ff.; HÖHN 1998, S. 99).

Änderungen demographischer Verhaltensweisen, wie der einschneidende Geburtenrückgang in den neuen Bundesländern, sind ein markantes Indiz für die hochgradig sensiblen Reaktionen demographischer Verhaltensweisen auf tiefgreifende gesellschaftliche Umbrüche. Im Prozeß des damit verbundenen Wertewandels kommt dem Werte- und Normensystem der alten Bundesländer eine Leitfunktion zu. Da sich Normen und Werte aber nur in zeitlicher Verzögerung zu den veränderten Rahmenbedingungen herausbilden können, bestehende Werte aber weitgehend entwertet wurden, ist es zu anomischen Verhaltensweisen im Sinne von Normlosigkeit und demographischer Instabilität gekommen (HÖPFLINGER 1987, S. 45). Dies verdeutlicht sich in den neuen Ländern für eine Übergangsphase in einschneidenden Verhaltensänderungen, wie sie vor allem in einem erosiven Geburtenrückgang registrierbar sind (WENDT 1993, S. 102). Langfristig kann jedoch von einer Angleichung demographischer Verhaltensweisen an das Niveau der alten Bundesländer ausgegangen werden.

Auch wenn der Geburtenrückgang in den neuen Ländern durchaus das Geburtengeschehen im vereinten Deutschland beeinflußt, so werden infolge des größeren demographischen Potentials der alten Bundesländer (80 % der Bevölkerung) und unter der Prämisse der längerfristigen Angleichungsprozesse zwischen Ost und West die demographischen Entwicklungen weitgehend vom demographischen Verlauf der alten Bundesländer bestimmt, wobei dieser wiederum durch eine weitgehende Stetigkeit charakterisiert ist.

2.3.1 Eheschließungen und Ehescheidungen

Da Geburten überwiegend in Ehen erfolgen, haben das Heirats- sowie das Scheidungsverhalten einen entscheidenden Einfluß auf die Geburtenentwicklung, obwohl in zunehmendem Maße Kinder auch nichtehelich bzw. in eheähnlichen Lebensgemeinschaften geboren werden.

Der Trend zur Abnahme der Eheschließungshäufigkeit in Ost und West setzte sich auch nach der Vereinigung weiter fort. Heirateten im Jahre 1990 noch 516 000 Paare in Deutschland, so nahm die Zahl der Eheschließungen in den Folgejahren tendenziell weiter ab und erreichte 1997 mit 423 000 einen neuen Tiefstand (Tab. 2.3).

Bei differenzierter Betrachtung dieser Tendenz zeigt sich, daß der Rückgang vor allem aus einer einschneidenden Verringerung der Eheschließungen in den neuen Bundesländern resultiert. Sank in den alten Bundesländern die Zahl der Eheschließungen von 1990 bis 1997 um 11 % (– 45 000), so ging sie in den neuen Bundesländern sogar um die Hälfte (– 48 % oder um fast 49 000 Eheschließungen) zurück (Abb. 2.3). Auch wenn in den neuen Bundesländern in den letzten Jahren die Eheschließungszahlen tendenziell wieder leicht angestiegen sind, so kann noch längst nicht von einer Normalisierung des Heiratsverhaltens gesprochen werden.

Die tendenzielle Zunahme von Wiederverheiratungen (Eheschließungen Geschiedener) hat sich in den 1990er Jahren sowohl in Ost wie in West auf einem relativ hohen Niveau stabilisiert. 1996 waren im gesamten Bundesgebiet etwa 77 % aller Eheschließenden noch ledig, 21 % bereits geschieden und 2 % verwitwet. In den neuen Bundesländern war infolge der höheren Scheidungsrate auch der Anteil Geschiedener (26 %) an den Eheschließungen höher und derjenige an Ledigen niedriger (71 %).

Betrachtet man das Heiratsverhalten nach dem früheren Familienstand, so heirateten nach wie vor überwiegend Ledige untereinander. Allerdings sinkt der Anteil der Erstheiraten zugunsten der Wiederverheiratung Geschiedener (1950: 15 % und 1996: 21 %). Die Wiederverheiratungsneigung ist sehr hoch. Immerhin heirateten mehr als die Hälfte aller geschiedener Frauen (60 %) und

Tab. 2.3: Eheschließungen in der Bundesrepublik Deutschland 1990 – 1997

Quelle: Stat. Jahrbuch BRD 1998, S. 68 / 69 u. 78 / 79, GRÜNHEID / MAMMEY 1997, S. 327

Jahr	Eheschließungen insgesamt	früheres Bundesgebiet	neue Länder u. Berlin-Ost
1990	516 388	414 474	101 913
1991	454 291	403 762	50 529
1992	453 428	405 196	48 232
1993	442 605	393 353	49 252
1994	440 244	387 815	52 492
1995	430 534	376 350	54 184
1996	427 297	373 245	54 052
1997	422 776	369 396	53 380

Männer (54 %) wieder (GRÜNHEID / MAMMEY 1998, S. 390 / 395).

Auch wenn die überwiegende Mehrheit aller Eheschließungen im früheren Bundesgebiet nach der Staatsangehörigkeit zwischen Deutschen geschlossen wird (1994: 85 %), so hat mit steigendem Ausländeranteil auch der Anteil an Eheschließungen zwischen Ausländern leicht zugenommen (1994: 3 %); derjenige zwischen Deutschen und Ausländern hat sich aber gegenüber 1970 verdoppelt (1994: 12 %) (LEDERER 1977, S. 34). Damit wurden 1994 über 53 000 binationale Ehen geschlossen. Das sind mehr Eheschließungen als zwischen ausländischen Staatsbürgern gleicher oder unterschiedlicher Nationalität (11 000). Aufgrund des niedrigen Ausländeranteils in den neuen Bundesländern ist der Anteil der Eheschließungen zwischen Deutschen und Ausländern dort deutlich niedriger als in den alten Bundesländern und derjenige zwischen Ausländern nahezu bedeutungslos.

Der Trend zur sinkenden Heiratsneigung Lediger (Erstheiratsneigung) hat sich in Deutschland weiter fortgesetzt. Sollte die Heiratsneigung des Jahres 1994 im früheren Bundesgebiet über das gesamte heiratsfähige Alter beibehalten werden, so würden etwa 40 % aller Ledigen niemals heiraten. Dabei ist jedoch zu beachten, daß spätere

Abb. 2.3: Eheschließungen je 1 000 Einwohner in Deutschland 1990 – 1996

Quelle: Stat. Jahrbuch BRD 1998, S. 68 / 69 u. 78 / 79; GRÜNHEID / MAMMEY 1997, S. 327

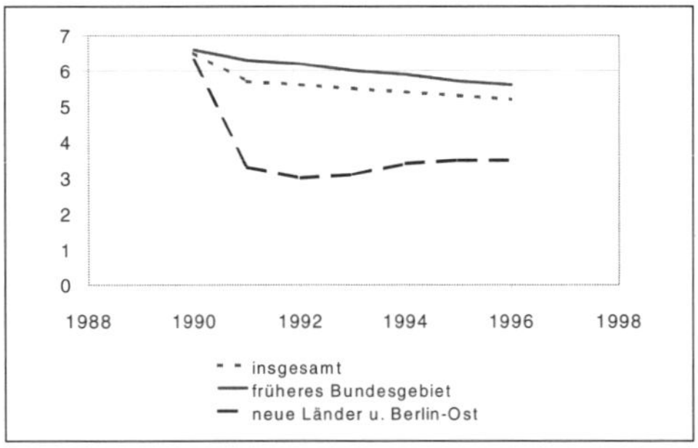

Nachholeffekte problemlos möglich sind. Allerdings hat sich die niedrigere Erstheiratsneigung im früheren Bundesgebiet weitgehend verfestigt (GRÜNHEID / MAMMEY 1997, S. 385ff.). Die derzeit extrem niedrige Heiratshäufigkeit der Ledigen in den neuen Bundesländern würde unter den gegenwärtigen Bedingungen erwarten lassen, daß dort sogar 70 % niemals heiraten würden. Es ist jedoch davon auszugehen, daß durch stärkere Nachholeffekte sich das Heiratsverhalten in der Tendenz weiter normalisiert.

Der Trend einer sinkenden Heiratsneigung wird auch durch das gestiegene durchschnittliche Heiratsalter Lediger beeinflußt. Das Erstheiratsalter liegt in den alten Bundesländern 1996 für ledige Frauen bei 27,7 Jahren (1970: 23 Jahre) und für Männer bei 30 Jahren (1970: 25,3 Jahre). Dabei hat sich das Erstheiratsalter zwischen dem früheren Bundesgebiet und den neuen Bundesländern inzwischen weitgehend angenähert, wobei in den neuen Bundesländern noch immer etwas jünger geheiratet wird (Frauen mit 26,7 Jahren und Männer mit 29 Jahren).

Die Zahl der Ehescheidungen stieg im Vergleich zu den Vorjahren weiter an. Wurden in Deutschland im Jahre 1990 noch 154 786 Ehen geschieden, so waren es im Jahre 1996 bereits 175 000 (+12 %). Gerade im früheren Bundesgebiet hat sich damit der Trend einer zunehmenden Scheidungshäufigkeit fortgesetzt, während in den neuen Bundesländern aufgrund des neuen Scheidungsrechts ein enormer Rückgang der Scheidungen zu verzeichnen war. Bereits 1990 wurden (mit 32 000 Ehescheidungen) fast 20 000 weniger Ehen geschieden als 1989. Der bisherige Tiefstand wurde im Jahre 1991 mit knapp 9 000 Ehescheidungen erreicht. Dabei ist zu beachten, daß durch die Einführung des Trennungsjahres sich die Scheidungshäufigkeit 1991 zwangsläufig verringern und zeitlich verschieben mußte. Auch wenn seit 1992 die Zahl der Ehescheidungen wieder leicht anstieg, kann noch nicht von einer Normalisierung des Scheidungsverhaltens in den neuen Bundesländern gesprochen werden (1996 fast 23 000 Scheidungen).

Besser als die absoluten Scheidungszahlen wird das Scheidungsverhalten durch die zusammengefaßte Scheidungsziffer veranschaulicht. Lag die Scheidungshäufigkeit in der ehemaligen DDR stets höher als im früheren Bundesgebiet, so stieg sie im früheren Bundesgebiet in den 1990er Jahren kontinuierlich an. Bei der Scheidungsneigung des Jahres 1996 würde zu erwarten sein, daß etwa jede dritte Ehe geschieden werden würde. Demgegenüber nahm die Scheidungshäufigkeit infolge des neuen Scheidungsrechts und der veränderten gesellschaftlichen Rahmenbedingungen in den neuen Bundesländern drastisch ab. Trotz eines leichten Wiederanstiegs würde gegenwärtig "nur" jede fünfte Ehe (21 Scheidungen je 100 Ehen) geschieden werden. Damit war die Scheidungshäufigkeit etwa halb so hoch wie im früheren Bundesgebiet.

Gegenwärtig besteht das höchste Scheidungsrisiko bei einer durchschnittlichen Ehedauer zwischen fünf und neun Jahren. Dabei ist ein früher Scheidungsgipfel bei Jungverheirateten nach fünf Ehejahren auszumachen.

In zunehmendem Maße sind Kinder von Ehescheidungen betroffen. Insgesamt waren 1995 142 000 Kinder von Ehescheidungen betroffen, 119 000 in den alten Bundesländern und 23 000 in den neuen Bundesländern (GRÜNHEID / MAMMEY 1996, S. 401).

2.3.2 Geburtenentwicklung und generatives Verhalten

Das Geburtenniveau ist für die natürliche Bevölkerungsentwicklung die wichtigste Komponente, da sie Ausmaß und Tempo von Wachstum bzw. Rückgang einer Bevölkerung, aber auch das der demographischen Alterung bestimmt. Im Jahre 1989 gab es in Deutschland große regionale Unterschiede hinsichtlich der Geburtenrate (Abb. 2.4). Eine zweite Komponente, die zur Alterung der Gesamtbevölkerung beiträgt, ist das steigende individuelle Lebensalter, so daß die deutsche Bevölkerung sowohl von der Basis (Geburtenrückgang) als auch von der Spitze her (Zunahme der Bevölkerung über 70 Jahre) altert.

Durch den rapiden Geburtenrückgang, der seit Anfang der 1970er Jahre einen hohen Gestorbenenüberschuß zur Folge hat, kann der demographische Alterungsprozeß selbst durch hohe Wanderungsgewinne nicht aufgehalten, sondern nur abgeschwächt und zeitlich gedehnt werden (HÖHN 1996, S. 215; WENDT 1997, S. 336).

1997 wurden 812 000 Kinder in Deutschland geboren. Das waren deutlich weniger (–10 %) als im Jahre 1990, allerdings 16 000 mehr als im Vorjahr. Im früheren Bundesgebiet wurden 88 % aller Kinder geboren.

Nachdem im früheren Bundesgebiet 1990 mit 727 000 Geburten erstmals wieder Größenordnungen der 1970er Jahre erreicht wurden, gingen seitdem die Geburtenzahlen wieder stetig zurück, um erst seit dem Jahre 1996 wieder leicht anzusteigen (Abb. 2.5).

Infolge der gesellschaftlichen Umwälzungen in den neuen Bundesländern und der Abwanderung von Frauen und Männern im familienbildenden Alter war hier der Geburtenrückgang extrem hoch. So wurden 1994 mit knapp 79 000 Lebendgeborenen die bisher wenigsten Kinder im Gebiet der ehemaligen DDR bzw. in den neuen Bundesländern geboren. Im Vergleich zu 1985 waren das 65 % weniger Lebendgeburten. Erst 1995 ist dieser erosionsartige Geburtenrückgang in den neuen Bundesländern zum Stillstand gekommen, und es

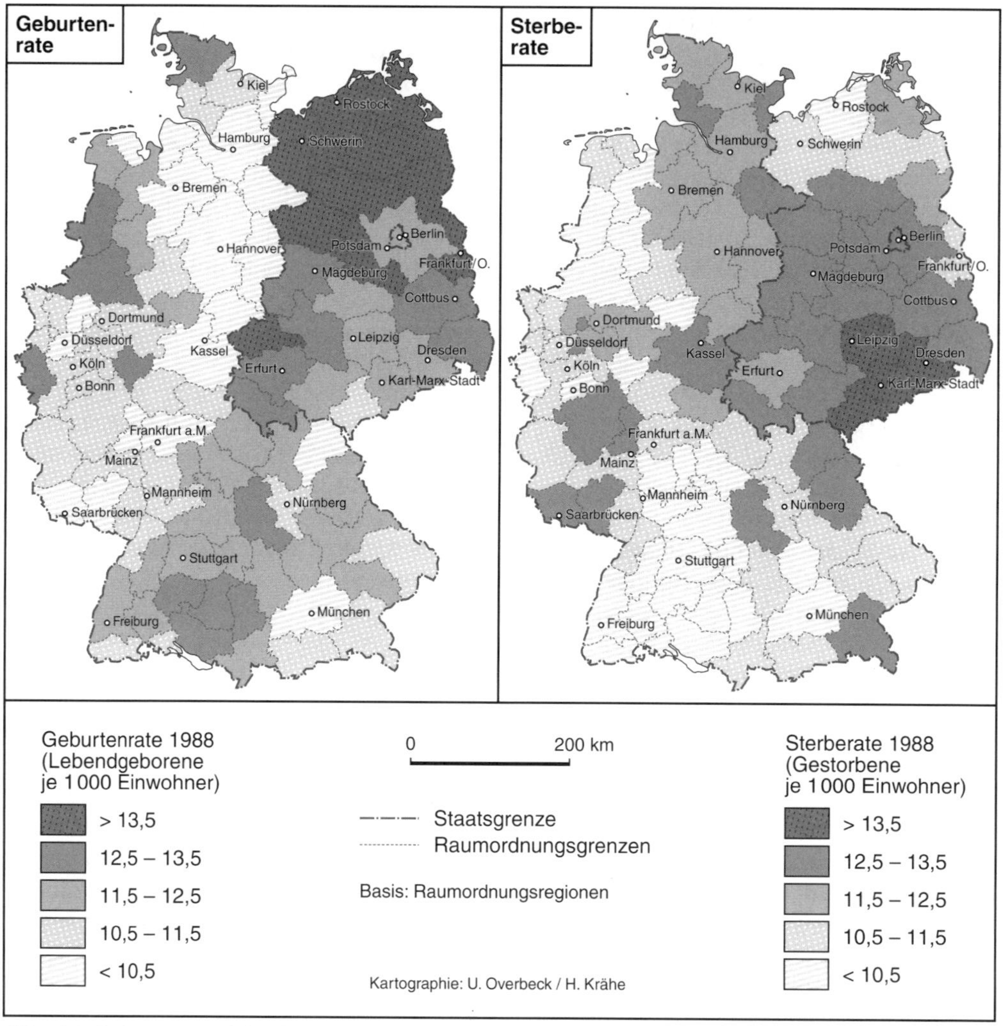

Abb. 2.4: Geburten- und Sterberate in Deutschland 1988

Quelle: Raumordnungsbericht 1991 der Bundesregierung, S. 21 und 23

ist seitdem ein leichter Anstieg zu verzeichnen.

Interessanter als die absoluten Geburtenzahlen sind Indikatoren der Geburtenhäufigkeit (auch Fertilität), die das Niveau der demographischen Reproduktion einer Bevölkerung (allgemein gemessen mittels der zusammengefaßten Geburtenziffer) aufzeigen und das generative Verhalten der Frauen und ihrer Partner in ihren Entscheidungen für oder gegen die Geburt von Kindern veranschaulichen. Die zusammengefaßte Geburtenziffer zeigt an, wieviel Kinder von 1 000 Frauen zwischen ihrem 15. und 50. Lebensjahr voraussichtlich geboren werden. Soll die Elterngeneration durch die Kindergeneration "ersetzt" bzw. "reproduziert" werden, so wären je 1 000 Frauen etwa 2 100 Geburten notwendig.

Tab. 2.4: Lebendgeborene und Gestorbene in der Bundesrepublik Deutschland 1990 – 1997
Quelle: Stat. Bundesamt. FS 1, R. 1. Gebiet und Bevölkerung, 1997

Jahr	Lebendgeborene			Gestorbene		
	insges.	früheres Bundesgebiet	neue Länder und Berlin-Ost	insges.	früheres Bundesgebiet	neue Länder und Berlin-Ost
1990	905 675	727 199	178 476	921 445	713 335	208 110
1991	830 019	722 250	107 769	911 245	708 818	202 427
1992	809 114	720 794	88 320	885 443	695 268	190 175
1993	798 447	717 915	80 532	897 270	711 625	185 645
1994	769 603	690 905	78 698	884 661	703 262	181 399
1995	765 221	681 374	83 847	884 588	706 493	178 095
1996	796 013	702 688	93 325	882 843	708 332	174 511
1997	812 173	712 915	100 258	880 389	892 844	187 545

Bei einem tendenziellen Rückgang der Geburtenhäufigkeit in beiden deutschen Staaten – mit einem in der Vergangenheit zeitweilig höheren Niveau in der ehemaligen DDR – sind die Ursachen für diese Differenzen in den unterschiedlichen gesellschaftlichen Entwicklungen zu sehen (WENDT 1991a, S. 251–280 u. 1993, S. 30–33). Dem tiefgreifenden strukturellen gesellschaftlichen Umbruch in der Phase der Vereinigung folgen in den neuen Bundesländern ebenso tiefgreifende generative Verhaltensänderungen, wie sie besonders in einem rapiden Fall der zusammengefaßten Geburtenziffer sichtbar werden.

Die zusammengefaßte Geburtenziffer fiel im vereinten Deutschland im Zeitraum 1990 bis 1994 von 1 453 auf 1 241 Kinder je 1 000 Frauen. Damit würde die Elterngeneration bereits 1990 nur noch zu ca. 70 % ersetzt werden, 1994 aber sogar nur noch zu 59 %. Danach ist ein leichter Anstieg der Geburtenhäufigkeit zu verzeichnen, so daß für das Jahr 1996 die Elterngeneration zu 63 % ersetzt würde.

Die niedrige Geburtenhäufigkeit ist in den neuen Bundesländern noch stärker ausgeprägt. Dort halbierte sich die zusammengefaßte Geburtenziffer innerhalb von vier Jahren und sank 1994 auf 772. Damit wurde in den neuen Bundesländern die Elterngeneration im Jahre 1994 nur noch zu 39 % ersetzt werden. Dieser erosive Einschnitt in die Geburtenhäufigkeit ist bisher einmalig in der demographischen Geschichte. Erst 1995 kam der Rückgang der Geburtenhäufigkeit zum Stillstand und erreichte (mit 947 Geburten je 1 000 Frauen) ein Reproduktionsniveau von 45 %.

Wird in die Betrachtung der Geburtlichkeit auch die Nettoreproduktionsrate einbezogen (sie gibt an, in welchem Maße eine Frauengeneration durch die geborenen Töchter ersetzt wird), so bestätigt sich, daß sowohl in West wie in Ost das für die Bestandserhaltung der Bevölkerung notwendige Geburtenniveau (mit einem Wert

Abb. 2.5: Überschuß der Lebendgeborenen (+) bzw. Gestorbenen (–) in Deutschland 1989 – 1998
Quelle: Stat. Bundesamt. FS 1, R 1. Gebiet und Bevölkerung, 1997

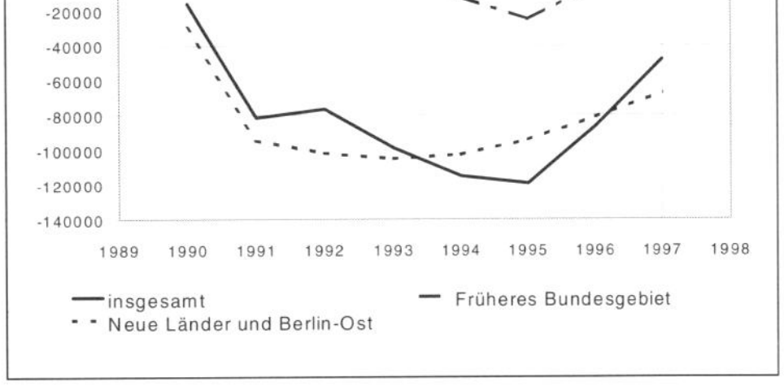

von 0,7 bzw. 0,5) deutlich unterschritten wird (sollte die Nettoreproduktion gesichert sein, müßte die Ziffer bei 1 liegen).

Der bisher einmalig hohe Geburtenrückgang kurz nach der Wende beruht in den neuen Ländern fast ausschließlich auf Verhaltensänderungen. Da diese jedoch oft auch kurzfristiger Natur sind und Geburten durchaus zu einem späteren Zeitpunkt "nachgeholt" werden können, sind die aktuellen Entwicklungen allerdings vorsichtig zu interpretieren, und es kann von den bereits erwähnten Angleichungsprozessen ausgegangen werden. Gegenwärtig ist jedoch noch keine spürbare Erholung des generativen Verhaltens zu konstatieren.

Veränderungen des generativen Verhaltens werden durch Polarisierungs- und Individualisierungstendenzen der Lebensformen beeinflußt, wie sie sich in "familienorientierten Paaren" (Ehen mit Kindern) einerseits und "individualisierten Paaren" mit starker Berufsorientierung und häufiger Kinderlosigkeit andererseits konstituieren (BURKART / KOHLI 1989, S. 417ff.; STROHMEIER 1993, S. 11–17). Für jüngere Jahrgänge wird bereits ein Kinderlosenanteil von ca. 30 % geschätzt (BIRG / FLÖTHMANN 1992, S. 151). Aufgrund der sich durch Kinderlosigkeit auflösenden Familiennetzwerke ist zukünftig mit einem höheren Bedarf an institutioneller Betreuung und Pflege zu rechnen.

In zunehmendem Maße sind Mütter bei der Geburt ihrer Kinder älter. 1994 lag das durchschnittliche Alter der Mütter bei der Geburt ihrer Kinder bei 28 Jahren. In den neuen Bundesländern waren die Mütter ein Jahr jünger. Eine Analyse der Altersmuster der Geburtlichkeit weist daraufhin, daß jüngere Frauenjahrgänge in den neuen Bundesländern sich den westdeutschen Verhaltensmustern bereits annähern.

Der Anteil der nichtehelich Geborenen (Abb. 2.6) ist in den neuen Bundesländern augenfällig höher als in den alten Bundesländern. Bei sinkender absoluter Geburtenzahl wurden 1996 in den neuen Bundesländern 42 % aller Kinder nichtehelich geboren; in den alten Bundesländern waren es demgegenüber nur 14 %. Es ist allerdings zu berücksichtigen, daß gerade in den neuen Bundesländern ein nicht unerheblicher Anteil dieser Kinder in Lebensgemeinschaften geboren und zu einem späteren Zeitpunkt durch Eheschließung legitimiert wird.

Jahr	Zusammengefaßte Geburtenziffer je 1000 Frauen (15 – 50 Jahre)			Nettoreproduktionsziffer (15 – 50 Jahre)		
	Deutschland	früheres Bundesgebiet	neue Länder u. Berlin-Ost	Deutschland	früheres Bundesgebiet	neue Länder u. Berlin-Ost
1988		1 413	1 740		0,68	0,81
1989		1 395	1 557		0,67	0,75
1990	1 454	1 450	1 518	0,70	0,69	0,73
1991	1 332	1 421	977	0,64	0,68	0,47
1992	1 292	1 402	830	0,62	0,67	0,40
1993	1 278	1 393	775	0,61	0,68	0,37
1994	1 243	1 347	772	0,59	0,64	0,37
1995	1 249	1 339	838	0,60	0,64	0,40
1996	1 316	1 396	948	0,63	0,67	0,45

Tab. 2.5: Indikatoren der Geburtenhäufigkeit in der Bundesrepublik Deutschland 1990 – 1996
Quelle: Stat. Bundesamt. FS 1, R 1. Gebiet und Bevölkerung, 1996

Schwangerschaftsabbrüche
1996 wurden in Deutschland 131 000 Schwangerschaftsabbrüche gemeldet (101 000 in West und 30 000 in Ost). Damit war die Zahl der Abbrüche erneut gestiegen (+33 000).

In den neuen Bundesländern ist nach wie vor eine wesentlich höhere Abbruchshäufigkeit von Schwangerschaften zu konstatieren. 1996 wurden 3 560 Abbrüche je 10 000 Geburten ermittelt. Damit war die Abbruchshäufigkeit gegenüber den Vorjahren zwar zurückgegangen (extrem hoch war die Abbruchshäufigkeit 1992 mit 4 934 Abbrüchen je 10 000 Geburten), aber immer noch mehr als doppelt so hoch (2,5) wie im früheren Bundesgebiet (1 429 Abbrüche je 10 000 Geburten). Hier wird deutlich, daß der Anpassungsprozeß bezüglich der Bereitschaft zu einer Schwangerschaftsunterbrechung nicht kurzfristig verlaufen dürfte.

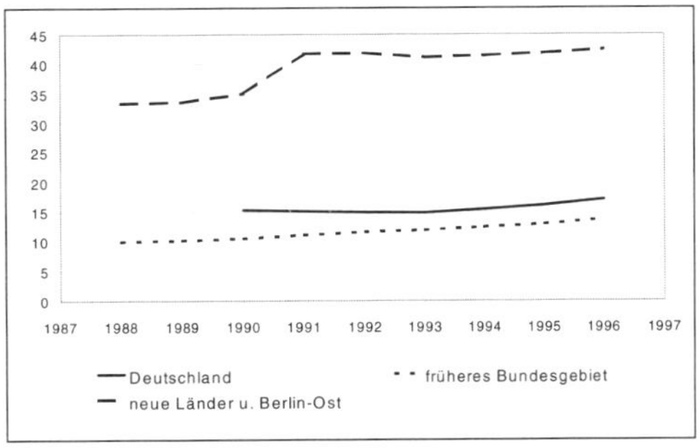

Abb. 2.6: Nichtehelich Lebendgeborene je 100 Lebendgeborene in Deutschland 1988 – 1996

Quelle: Stat. Bundesamt. FS 1, R 1. Gebiet und Bevölkerung, 1996

2.3.3 Sterblichkeit

Bereits seit den 1970er Jahren ist ein Sterbefallüberschuß für Deutschland charakteristisch (Abb. 2.4). 1997 starben in Deutschland insgesamt 880 000 Menschen und damit 48 000 Menschen mehr als geboren wurden. Veränderungen der Gestorbenenzahl sind vor allem auf Veränderungen im Altersaufbau der Bevölkerung zurückzuführen.

Die allgemeine Sterbeziffer, die die unterschiedlichen Bevölkerungsgrößen in beiden Teilen Deutschlands relativiert, aber immer noch von der jeweiligen Altersstruktur beeinflußt wird, dokumentiert eine niedrigere Sterblichkeit im früheren Bundesgebiet (mit 10,6 Gestorbenen je 1 000 Einwohnern) als in den neuen Bundesländern (mit 11,3). Auch die standardisierte Sterbeziffer, die den altersstrukturellen Einfluß ausschaltet, bestätigt eine höhere Sterblichkeit in den neuen Bundesländern (8,9) gegenüber dem früheren Bundesgebiet (7,5).

Den besten Vergleich der Sterblichkeit ermöglicht jedoch auf der Grundlage von Sterbetafelberechnungen die mittlere Lebenserwartung. Diese Kennziffer erlaubt Rückschlüsse auf die Lebensqualität einer Bevölkerung, die Arbeits- und Lebensbedingungen sowie Umweltbelastungen, auf Ernährungs- und Verhaltensweisen, die Qualität der sozialen Sicherungssysteme und die medizinische Versorgung. Ursachen für die Zunahme der Lebenserwartung sind vor allem im medizinischen Fortschritt, einer verbesserten Ernährung und sozialeren Arbeitsbedingungen zu sehen.

Obwohl in beiden deutschen Staaten in der Vergangenheit ein kontinuierlicher Anstieg der Lebenserwartung zu registrieren ist (Abb. 2.7), bestehen noch immer deutliche Unterschiede zwischen Ost und West im vereinten Deutschland. Im Vergleich zu den alten Bundesländern ist die Lebenserwartung in den neuen Ländern um zwei bis drei Jahre niedriger. Hatten neugeborene Mädchen in den alten Bundesländern eine Lebenserwartung von 80 Jahren, so lag sie in den neuen Bundesländern um eineinhalb Jahre darunter. Jungen haben in den neuen Bundesländern bei ihrer Geburt mit 71,2

Jahren eine sogar um zweieinhalb Jahre niedrigere Lebenserwartung als die männlichen Neugeborenen in den alten Bundesländern.

2.4 Wanderungen

Bei Wanderungen – auch räumlichen Bevölkerungsbewegungen – ist zwischen den Außenwanderungen (Zu- und Fortzüge über die Grenzen Deutschlands) und den Binnenwanderungen (Wohnortwechsel zwischen den Gemeinden innerhalb des Bundesgebietes) zu unterscheiden.

2.4.1 Außenwanderungen

Durch Wanderungen können – im Unterschied zur natürlichen Bevölkerungsbewegung – in relativ kurzer Zeit sehr beträchtliche Veränderungen der Bevölkerungsentwicklung und damit auch der Bevölkerungsstruktur (z. B. Altersstruktur) bewirkt werden. Gerade unter den Bedingungen des säkularen Geburtenrückganges – wie er in allen Industriestaaten zu verzeichnen ist – werden Wanderungen zu einem immer entscheidenderen Faktor der Bevölkerungsentwicklung. So ist Deutschland ein Beispiel dafür, daß trotz des seit den 1970er Jahren zu verzeichnenden natürlichen Bevölkerungsrückganges (Geburtendefizit und Gestorbenenüberschuß) ein Bevölkerungswachstum nur infolge von Wanderungsgewinnen zu verzeichnen ist.

Bis zur Vereinigung der beiden deutschen Staaten verliefen die Außenwanderungsprozesse gegensätzlich: nahezu kontinuierliche Wanderungsgewinne in der Bundesrepublik Deutschland (von Ausländern, deutschstämmigen Aussiedlern sowie Übersiedlern aus der ehemaligen DDR) und ebenso kontinuierliche, aber beträchtliche

Abb. 2.7: Lebenserwartung in den alten und neuen Bundesländern Deutschlands 1980 – 1996
Quelle: Stat. Bundesamt

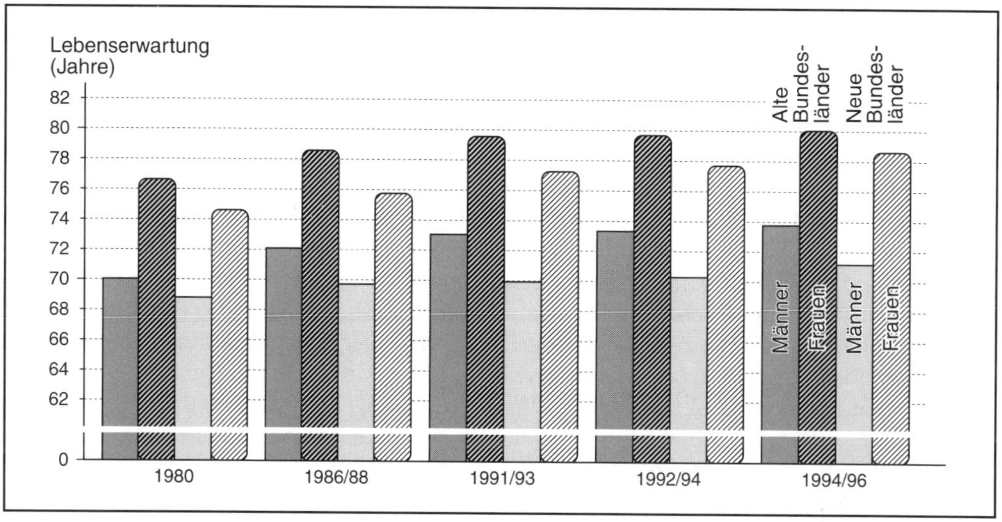

Jahr	Zuzüge			Fortzüge			Wanderungssaldo		
	insgesamt	Deutsche	Ausländer	insgesamt	Deutsche	Ausländer	insgesamt	Deutsche	Ausländer
1990	1 256 250	420 548	835 702	574 378	108 908	465 470	681 872	311 640	370 232
1991*	1 198 978	273 633	925 345	596 455	98 915	497 540	602 523	174 718	427 805
1992	1 502 198	290 850	1 211 348	720 127	105 171	614 956	782 071	185 679	596 392
1993	1 277 408	287 561	989 847	815 312	104 653	710 659	462 096	182 908	279 188
1994	1 082 553	305 037	777 516	767 555	138 280	629 275	314 998	166 757	148 241
1995	1 096 048	303 347	792 701	698 113	130 672	567 441	397 935	172 675	225 260
1996	959 691	251 737	707 954	677 494	118 430	559 064	282 197	133 307	148 890
1997	840 633	225 335	615 298	746 969	109 903	637 066	93 664	115 432	– 21 768

* ab 1991 Deutschland insgesamt

Tab. 2.6: Wanderungen zwischen der Bundesrepublik Deutschland und dem Ausland 1990 – 1997

Quelle: Stat. Bundesamt

Wanderungsverluste (vor allem bis zum Bau der Mauer 1961 und nach dem Mauerfall) in der DDR andererseits.

Das Bevölkerungswachstum in der Bundesrepublik von Anfang 1950 bis Ende 1990 um fast 14 Mio. Einwohner wurde überwiegend (zu ca. 70 %) durch Wanderungsgewinne erzielt. Die DDR hatte dagegen, trotz einer weitgehend positiven natürlichen Bevölkerungsbilanz, einen Bevölkerungsrückgang von 1950 bis 1990 um 2,3 Mio. Einwohner zu verzeichnen (davon bis Ende 1961 1,3 Mio.), der fast ausschließlich durch Abwanderung (Flucht und Ausreise bzw. Übersiedlung) in die Bundesrepublik Deutschland verursacht wurde (Wendt 1991a).

Im früheren Bundesgebiet standen langen Perioden mit Außenwanderungsgewinnen nur kurze Perioden mit Wanderungsverlusten gegenüber. Die Wanderungsgewinne im früheren Bundesgebiet sind bis zum Bau der Mauer am 13. August 1961 zum weitaus überwiegenden Teil auf Vertriebene aus den ehemaligen Ostgebieten, den Zuzug von Flüchtlingen aus der ehemaligen DDR und deutschstämmigen Aussiedlern aus Ost- und Südosteuropa zurückzuführen. Da mit dem Bau der Mauer 1961 der Zuzug aus der ehemaligen DDR jäh und gewaltsam unterbunden wurde, das Wirtschaftswachstum aber anhielt und demzufolge die Arbeitskräftenachfrage ungebrochen blieb, wurden vorwiegend aus dem südeuropäischen Raum Arbeitskräfte ("Gastarbeiter") angeworben. Infolge des Konjunktureinbruchs erfolgte 1973 ein Anwerbestop, der auf die Größe des Wanderungsvolumens jedoch kaum Einfluß hatte, da sich die meisten Gastarbeiter entschieden, auf Dauer in Deutschland zu bleiben und ihre Familienangehörigen nachkommen ließen (Familiennachzüge).

Mit dem sprunghaften Anstieg der Asylbewerberzahlen in den 1980er Jahren hatten diese einen zunehmenden Anteil an den Zuzügen (Wendt 1993 – 1994, S. 520ff.).

Seit 1985 verzeichnet das frühere Bundesgebiet ausschließlich hohe Wanderungsgewinne, die nach dem Zusammenbruch des Ostblocks Ende der 1980er / Anfang der 1990er Jahre alle bisherigen Größenordnungen übertrafen. Im Jahre 1992 wurde der bisherige Höchststand an Zuwanderungen mit ca. 1,5 Mio. registriert. Auch unter Berücksichtigung der Fortzüge waren die Wanderungsgewinne mit nahezu 790 000 Personen noch nie so hoch. Seit 1993 hat sich die Wanderungshäufigkeit leicht verringert. Es wurden sowohl weniger Zu- als auch weniger Fortzüge registriert. 1997 sank der Wanderungsgewinn erstmals seit 12 Jahren wieder unter 100 000 Personen, und es hatten mehr Ausländer Deutschland verlassen als zugezogen sind.

Von 1990 bis einschließlich 1997 wurden in Deutschland 9,2 Mio. Zuzüge und

5,6 Mio. Fortzüge registriert. Das führte zu einem Wanderungsgewinn von insgesamt 3,6 Mio. Personen. Das Wanderungsgeschehen der grenzüberschreitenden Wanderungen wurde vor allem von Ausländern getragen. Auch unter Berücksichtigung der ebenfalls recht hohen Fortzüge von Ausländern resultierten die Wanderungsgewinne gegenüber dem Ausland immer noch zu fast zwei Dritteln aus einem positiven Ausländersaldo (+ 2,1 Mio. Ausländer).

Zuwanderung von Aussiedlern

Der Zuzug von Deutschen aus dem Ausland wird vorwiegend vom Wanderungsgeschehen der Aussiedler bestimmt. Aussiedler sind deutsche Staatsangehörige und deutsche Volkszugehörige, die aus den Staaten Ost- und Südosteuropas in die Bundesrepublik Deutschland kommen, um hier auf dem Wege der Aufnahme ihren ständigen Wohnsitz zu nehmen. Aufgrund ihrer Deutschstämmigkeit besitzen Aussiedler ein Zuwanderungsprivileg. Von 1990 bis einschließlich 1997 kamen insgesamt fast 2 Mio. Aussiedler in die Bundesrepublik Deutschland (Tab. 2.7).

Die Herkunftsgebiete der Aussiedler haben sich im historischen Ablauf deutlich verändert. Verteilten sich die Aussiedler 1990 noch fast gleichmäßig auf die drei Herkunftsländer Sowjetunion, Polen und Rumänien, so kamen Aussiedler seit 1993 fast ausschließlich (zu über 90 %) aus den Nachfolgestaaten der ehemaligen Sowjetunion (GUS-Staaten).

Während davon auszugehen ist, daß das Aussiedlerpotential in Rumänien (Siebenbürger Sachsen, Banater Schwaben) weitgehend erschöpft ist bzw. aus Polen infolge der liberalen Reisebestimmungen und Demokratisierungsprozesse keine großen Aussiedlerströme mehr zu erwarten sind, zeigt sich in den GUS-Staaten eine andere Situation. Aufgrund der sich verschlechternden ökonomischen Situation und der ethnischen Konflikte in den Nachfolgestaaten der ehemaligen Sowjetunion kann durchaus davon ausgegangen werden, daß hier weiterhin ein hohes Auswanderungspotential besteht.

Der Zuzug von Aussiedlern hatte sich Ende der 1980er Jahre drastisch erhöht, ist gegenwärtig aber wieder leicht rückläufig (Frey / Mammey 1996, S. 28). 1990 wurde mit fast 400 000 Aussiedlern das bisher größte Kontingent aufgenommen. Seitdem ging der Aussiedlerzuzug deutlich zurück und fiel seit 1996 sogar unter 200 000. Der deutliche Rückgang an Aussiedlern von 1990 zu 1991 ist auf das Inkrafttreten des Aussiedleraufnahmegesetzes vom Juli 1990 zurückzuführen, nach dem Aussiedlungswillige erst nach Erteilung eines Aufnahmebescheides in die Bundesrepublik Deutschland einreisen können. Neuerdings ist auch ein Nachweis von deutschen Sprachkenntnissen Voraussetzung für die Bewilligung eines Aufnahmebescheides.

Aussiedler kommen vorwiegend im Familienverband (1990 z. B. zu 80 %). Es sind Eltern mit ihren Kindern und z.T. auch Großeltern. Der Anteil an Kindern ist vergleichsweise hoch (1990 31 % gegenüber 18 % im Familienverband in der Bundesrepublik Deutschland). Die Arbeitslosenquote der Aussiedler liegt signifikant höher als bei Deutschen (Kemper / Thieme 1992, S. 23). Die

Tab. 2.7: Zuzug von Aussiedlern in die Bundesrepublik Deutschland 1990 – 1997
Quelle: Stat. Jahrbuch BRD 1998, S. 83

Jahr	insgesamt	darunter aus		
		Polen %	Rumänien %	ehem. SU %
1990	397 073	33,7	28,0	37,3
1991	221 974	18,1	14,5	66,4
1992	230 565	7,7	7,0	84,8
1993	218 888	2,6	2,7	94,7
1994	222 591	1,1	3,0	95,8
1995	217 898	0,8	2,9	96,1
1996	177 751	0,7	2,4	97,0
1997	134 419	0,5	1,3	98,1

Gründe für Probleme bei der sozialen und ökonomischen Integration von Aussiedlern sind wohl vor allem in Sprachbarrieren, aber auch in den unterschiedlichen Normen und Wertestrukturen sowie den Qualifikationsvoraussetzungen zu sehen.

Zuwanderung von Asylbewerbern

Im Vergleich zu anderen Staaten besitzt die Bundesrepublik Deutschland ein sehr großzügiges Asylrecht. Demzufolge, aber ebenso aufgrund der hohen ökonomischen Anziehungskraft und der zentralen geographischen Lage, hat Deutschland – trotz eines deutlichen Rückganges – auch im langjährigen internationalen Vergleich die meisten Asylbewerber (z. B. 1998 knapp 99 000, Großbritannien 58 000, USA 50 000, Niederlande 42 000, Schweiz 41 000). Auf der Grundlage des Grundgesetzes haben politisch Verfolgte ein einklagbares individuelles Recht auf Asyl. Die Ursachen dafür sind in der deutschen Geschichte zu sehen, als deutsche Emigranten Schutz vor Verfolgung durch den Faschismus suchten. Die seit Ende der 1980er Jahre stetig steigenden Asylbewerberzahlen führten zu einer erneuten Diskussion um das Thema Asyl, in deren Folge schließlich das Grundgesetz geändert wurde. Zwar gewährt das neue Asylrecht, das am 1. Juli 1993 in Kraft trat, weiterhin das Grundrecht auf Asyl (Art. 16 a Abs. 1 Grundgesetz), es schränkt aber den Schutzbereich dieses Grundrechtes ein, um dadurch den Zuzug von Asylsuchenden nach Deutschland zu senken. Seit dem 1. Juli 1993 wird i. d. R. kein Asylverfahren durchgeführt, wenn der Asylsuchende über einen sicheren Drittstaat einreist. Anträge von Asylbewerbern aus den sogenannten sicheren Herkunftsstaaten werden ebenso grundsätzlich als "offensichtlich unbegründet" abgelehnt wie Asylbewerber, die aus wirtschaftlichen Gründen einen Antrag stellen. Als sichere Drittstaaten gelten alle Länder, in denen politische Flüchtlinge Schutz finden können und in denen es keine Verfolgung gibt (z. B. alle EU-Staaten). Zu den sicheren Herkunftsstaaten zählen u. a. Polen, die Tschechische Republik, Ungarn und Bulgarien.

Asylberechtigte sind Asylbewerber, die in einem Anerkennungsverfahren durch das Bundesamt für die Anerkennung ausländischer Flüchtlinge oder durch Verwaltungsgerichte als politische Flüchtlinge anerkannt werden. Sie erhalten eine unbefristete Aufenthaltserlaubnis und haben Anspruch auf verschiedene Leistungen zur sozialen Integration und Existenzsicherung. Neben den Asylberechtigten gibt es noch sogenannte de-facto-Flüchtlinge, die aus politischen, humanitären oder rechtlichen Gründen nicht abgeschoben werden können (WENDT 1995). Im Rahmen des neuen Asylrechtes erhalten Flüchtlinge aus Kriegs- und Bürgerkriegsregionen eine eigenständige Aufenthaltserlaubnis (z. B. Flüchtlinge aus dem ehemaligen Jugoslawien).

Mit dem Inkrafttreten des neuen Asylrechtes ist ein Rückgang an Asylbewerberzahlen seit 1993 augenfällig (Abb. 2.8). Der Rückgang von Asylbewerbern aus Rumänien, Bulgarien und Polen ist besonders hervorzuheben. Mit 333 000 Asylbewerbern wurden 1993 bereits 26 % weniger als im Vorjahr registriert. 1994 setzte sich der Rückgang an Asylbewerbern verstärkt fort und blieb 1995 mit 128 000 Antragstellern gegenüber dem Vorjahr nahezu konstant. 1996, 1997 und 1998 setzte sich die Abnahme fort, so daß 1998 nur noch 99 000 Personen Asyl in Deutschland beantragten. Von 1990 bis Ende 1998 beantragten insgesamt 1,8 Mio. Flüchtlinge Asyl in Deutschland. Asylbewerber aus der Türkei und Jugoslawien stellen nach wie vor die stärksten Kontingente, gefolgt von Asylbewerbern aus Irak und Afghanistan (HÖLTING 1999).

Nur einem sehr geringen Teil der Antragsteller wird jedoch Asyl gewährt. Von den 147 000 Personen, über deren Asylantrag (Erst- und Folgeanträge) im "Bundesamt für die Anerkennung ausländischer Flüchtlinge"

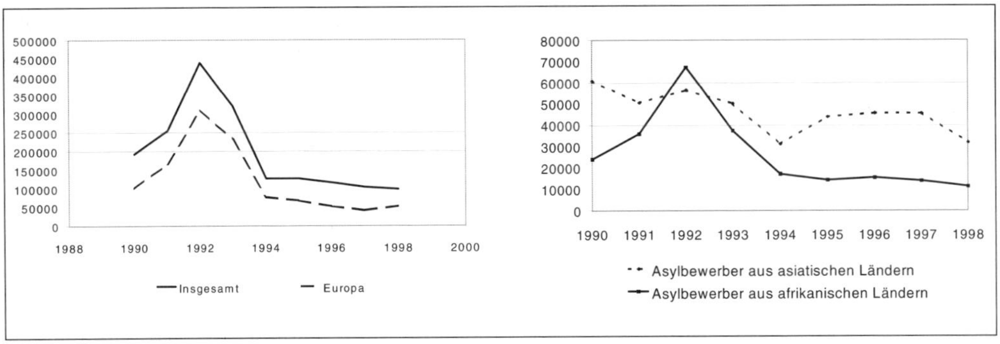

Abb. 2.8: Herkunft der Asylbewerber in Deutschland 1990 – 1998
Quelle: Stat. Jahrbuch BRD 1989, S. 59, und 1994, S. 73; das BMI informiert, Bonn 9.1.1996 und 8.1.1999; Stat. Jahrbuch BRD 1998, S. 67

1998 entschieden wurde, sind 4 % als Asylberechtigte (5 883 Personen) anerkannt worden (Art. 16a) und fast ebensoviele Personen (5 437) erhielten Abschiebeschutz (§ 51 AuslG) und damit ein Bleiberecht in Deutschland. Dabei berücksichtigt die Anerkennungsquote allerdings lediglich die durch das Bundesamt verfügten Anerkennungen. Es wird angenommen, daß sich durch Urteile der Verwaltungsgerichte die Anerkennungsquote etwa verdoppelt. Schätzungen des UNHCR gehen für Anfang der 1990er Jahre sogar von einer Anerkennungsquote von 30 % aus (Eurostat 1994, S. 71).

Die Anerkennungsquote und die Gewährung von Abschiebeschutz von Asylbewerbern aus Ländern mit politischer Verfolgung sind im Vergleich zur durchschnittlichen Anerkennungsquote höher, wie dies z. B. bei Asylbewerbern aus der Türkei und dem Iran der Fall ist (12 % bzw. 13 %). Über ein Drittel aller Antragsteller aus dem Irak erhielten zudem Abschiebeschutz (29 %) oder wurden zu einem geringeren Teil anerkannt (8,5 %).

Mit dem neuen Asylrecht nehmen allerdings auch die Versuche zu, illegal nach Deutschland zu kommen. Ungeachtet des derzeitigen Rückgangs der Asylbewerberzahlen bleiben die wachsenden Probleme der Zuwanderung weiter bestehen, bleibt es demzufolge eine dauerhafte internationale Aufgabe, die fluchtauslösenden Gründe zu beseitigen und dadurch die Flüchtlingsströme zu reduzieren.

Ausländer in Deutschland

Im Ergebnis der anhaltenden Wanderungsgewinne gegenüber dem Ausland haben die Zahl und der Anteil von Ausländern an der deutschen Bevölkerung stetig zugenommen. Ausländer hatten 1961 noch einen verschwindend geringen Anteil von etwa 1 % an der deutschen Bevölkerung. Bereits 1970 wurde ein Ausländeranteil von 4 % (2,6 Mio.) überschritten. In den nächsten 20 Jahren verdoppelte sich der Anteil an Ausländern auf 8,4 %. Das entsprach 5,9 Mio. Ausländern im Jahre 1990. Der anhaltende Zuzug von Ausländern sowie ein zunehmender Geburtenüberschuß bewirkten auch für das vereinte Deutschland einen weiteren Anstieg. Ende des Jahres 1997 lebten bereits 7,4 Mio. Ausländer in Deutschland (Tab. 2.9). Damit lag der Ausländeranteil in Deutschland bei 9 %, so daß etwa jeder elfte Einwohner Deutschlands zu diesem Zeitpunkt nicht die deutsche Staatsbürgerschaft besaß. Die Zunahmerate hat sich jedoch gegenüber Anfang der 1990er Jahre verringert, wodurch sich das Wachstum

	1995		1996		1997		1998	
1	Jugoslawien	26 227	Türkei	23 814	Türkei	16 840	Jugoslawien	34 979
2	Türkei	25 514	Jugoslawien	18 085	Jugoslawien	14 789	Türkei	11 754
3	Afghanistan	7 515	Irak	10 842	Irak	14 088	Irak	7 435
4	Irak	6 880	Afghanistan	5 663	Afghanistan	4 735	Afghanistan	3 768
5	Sri Lanka	6 048	Sri Lanka	4 982	Sri Lanka	3 989	Vietnam	2 991
6	Bosnien Herzegowina	4 932	Iran	4 809	Iran	3 838	Iran	2 955
7	Iran	3 908	Armenien	3 510	Armenien	2 488	Sri Lanka	1 982
8	Rumänien	3 522	Zaire	2 971	Georgien	2 916	Georgien	1 979

Tab. 2.8: Asylbewerber nach Herkunftsländern in der Bundesrepublik Deutschland 1995 – 1998
Quelle: Das BMI informiert, Jan. 1996; 1997; 1998; 1999

Tab. 2.9:
Ausländer in der Bundesrepublik Deutschland 1951–1997
Quelle:
Bericht Lage Ausländer 1995, S. 174; Stat. Jahrbuch BRD 1998, S. 66
* Deutschland insgesamt

Jahr	Ausländer					
	insges.		davon aus			
			EG / EU		Türkei	
	1 000	je 100 Ew.	1000	je 100 Ausl.	1 000	je 100 Ausl.
1951	506	1,0				
1961	686	1,2				
1970	2 601	4,3	1 306	50,2	469	18,0
1980	4 453	7,2	914	20,5	1 462	32,8
1990	5 343	8,4	1 439	26,9	1 695	31,7
1991*	5 882	7,3	1 487	25,3	1 780	30,3
1992*	6 496	8,0	1 507	23,2	1 855	28,6
1993*	6 878	8,5	1 536	22,3	1 918	27,9
1994*	6 991	8,6	1 780	25,4	1 966	28,1
1995*	7 174	8,8	1 812	25,3	2 014	28,1
1996*	7 314	8,9	1 840	25,2	2 049	28,0
1997*	7 366	9,0	1 850	25,4	2 107	28,6

der ausländischen Bevölkerung leicht abgeschwächt hat.

Von den 7,4 Mio. Ausländern des Jahres 1997 war der weitaus überwiegende Teil Europäer (81,5 %); allein ein Viertel (25,4 %) kam aus den EU-Staaten (einschließlich Finnland, Österreich und Schweden, die seit dem 1.1.1995 Vollmitglied der EU sind). Der Anteil der Ausländer aus Asien betrug 10,6 %, aus Afrika 4,1 %, aus Amerika 2,6 % und 0,1 % aus Australien. Mit mehr als zwei Millionen stellen Bürger aus der Türkei die größte Zahl der ausländischen Mitbürger. Es folgen Jugoslawen (Serben und Montenegriner), Italiener, Griechen und Polen (Tab. 2.10).

Ausländer leben fast ausschließlich in den alten Bundesländern. 1996 lebten nur etwa 4 % aller Ausländer in den neuen Bundesländern. Die Bundesländer mit den höchsten Ausländeranteilen waren Ende 1996 Hamburg (17 %), gefolgt von Hessen und Berlin (jeweils 14 %) sowie Baden-Württemberg (13 %). In den neuen Bundesländern bewegte sich der Anteil an Ausländern zwischen 2,4 % in Brandenburg und 1,2 % in Thüringen (Statistisches Jahrbuch 1998, S. 66).

Die räumliche Verteilung von Ausländern weist eine hohe regionale Konzentration auf, die im wesentlichen mit den Ballungsgebieten korrespondiert. Bevorzugte Zielregionen der ausländischen Zuwanderer sind im Süden die Ballungsgebiete Mittlerer Neckar, Untermain, München, Rhein-Neckar, Mittelfranken, im Norden Berlin und im Westen

	Herkunftsland	Personen 1 000	Anteil an allen Ausländern %
1	Türkei	2 107	28,6
2	Jugoslawien*	721	9,8
3	Italien	608	8,3
4	Griechenland	363	4,9
5	Polen	283	3,8
6	Bosnien-Herzegowina	281	3,8
7	Kroatien	207	2,8
8	Österreich	185	2,5
9	Portugal	132	1,8
10	Spanien	132	1,8
11	USA	110	1,5

Tab. 2.10: Ausländer nach der Staatsangehörigkeit in der Bundesrepublik Deutschland 1997
Quelle: Stat. Jahrbuch BRD 1998, S. 66
* Serbien, Montenegro

Düsseldorf sowie Hagen (Bucher / Kocks / Siedhoff 1991, S. 504). Eine kleinräumigere Analyse der Zuzüge zeigt eine Konzentration auf die Kernstädte der Ballungsgebiete. So sind Städte mit überdurchschnittlich hohen Ausländeranteilen (Stand 1.1.1995) Frankfurt / M. (29 %), Offenbach (28 %), Stuttgart (24 %), München (23 %) und Mannheim (21 %). Die niedrigsten Ausländeranteile weisen unter den Großstädten Gera und Potsdam mit knapp 1 % auf. Städte mit den höchsten absoluten Ausländerzahlen sind Berlin (438 000), München (287 000) und Hamburg (261 000) (Lederer 1997, S. 101). Ende 1993 lebte fast die Hälfte aller Ausländer (48 %) in kreisfreien Städten mit 100 000 oder mehr Einwohnern. In Berlin, München und Hamburg sind Türken die jeweils größte Ausländergruppe. Durch Binnenwanderungen findet allerdings eine Umverteilung der Ausländer zugunsten suburbaner und ländlicher Räume statt (Bucher / Kocks / Siedhoff 1991, S. 510).

Die ausländische Bevölkerung ist vergleichsweise jünger als die deutsche Bevölkerung. Dies ist auf die erwerbsorientierte Zuwanderung vorwiegend jüngerer Arbeitskräfte, den Familiennachzug und die relativ hohen Geburtenzahlen zurückzuführen. So war 1996 die Hälfte aller Ausländer (49 %) jünger als 30 Jahre (Deutschland insgesamt 35 %), demgegenüber aber nur knapp 4 % aller Ausländer 65 Jahre oder älter (Deutsche 17 %) (Bericht Lage Ausländer 1997, S. 177). Aufgrund dieser jungen Altersstruktur ist die Zahl der gestorbenen Ausländer vergleichsweise niedrig und der Geburtenüberschuß hoch (1995 standen 12 800 Sterbefällen 99 700 Geburten gegenüber). Infolge der jungen Altersstruktur wirkt die ausländische Bevölkerungsstruktur dämpfend auf den Alterungsprozeß in Deutschland, obwohl dieser aber selbst durch eine noch stärkere Zuwanderung nicht aufgehalten werden könnte.

Die Geburtenhäufigkeit ausländischer Frauen ist nach wie vor deutlich höher als die deutscher Frauen; somit steigt auch die Zahl der von Ausländerinnen geborenen Kinder. 1996 hatten 13 % aller in Deutschland geborenen Kinder (106 000) eine ausländische Staatsangehörigkeit und sogar 20 % (159 000 Kinder) einen ausländischen Vater und / oder Mutter (Stat. Jahrbuch BRD 1998, S. 72).

Die Zahl der Eheschließungen zwischen Deutschen und Ausländern hat stetig zugenommen und war weitaus größer (1995 57 000 binationale Paare oder 13 % aller Eheschließungen) als die der zwischen Ausländern. Die Zahl der Eheschließungen zwischen deutschen Frauen und ausländischen Männern war geringfügig höher als zwischen deutschen Männern und Ausländerinnen. Deutsche Frauen heirateten vor allem Männer aus der Türkei und Jugoslawien. Deutsche Männer heirateten 1993 überwiegend Polinnen, Frauen aus Rumänien und Thailand (Bericht Lage Ausländer 1997, S. 116).

Ausländer sind in den letzten Jahrzehnten in Deutschland zu einem wichtigen Faktor des wirtschaftlichen Lebens geworden. Fast 3 Mio. Erwerbstätige hatten 1995 eine ausländische Staatsangehörigkeit. Etwa 8 % von ihnen (240 000) waren selbständig (Bericht Lage Ausländer 1997, S. 203). Von den sozialversicherungspflichtig beschäftigten Ausländern arbeiteten 1997 die meisten im Verarbeitenden Gewerbe (40 %), im Dienstleistungssektor (28 %), im Handel (10 %) und Baugewerbe (9 %) (Stat. Jahrbuch BRD 1998, S. 117; Bericht Lage Ausländer 1997, S. 204).

Die stärkste Gruppe ausländischer versicherungspflichtiger Beschäftiger kam 1996 aus der Türkei (578 000), gefolgt von Erwerbstätigen aus dem ehemaligen Jugoslawien (408 000). Aus den EU-Staaten kamen insgesamt über 666 000 Beschäftigte (Bericht Lage Ausländer 1997, S. 201).

Mit der Verschlechterung der Situation auf dem Arbeitsmarkt hat 1992 / 1993 die Arbeitslosigkeit ausländischer Erwerbstätiger rapide zugenommen und verharrt seitdem auf einem hohen Stand. 1996 stieg die Zahl der Arbeitslosen auf 482 000 an. Dies entsprach einer Arbeitslosenquote von 20 % (Bericht Lage Ausländer 1997, S. 204 / 205).

Die Zahl der Einbürgerungen hat in den letzten Jahren stetig zugenommen. 1990 wurden erstmals über 100 000 Ausländer eingebürgert. 1995 waren es bereits 313 000. Die hohe Zahl von Anspruchseinbürgerungen ist auch auf den sprunghaften Anstieg von Einbürgerungen deutschstämmiger Aussiedler aus Osteuropa zurückzuführen. Aber auch die Bestimmungen des neuen Ausländergesetzes von 1991 erleichtern Einbürgerungen junger Ausländer und von Ausländern mit längerem Aufenthalt. So wurden 1995 insgesamt 32 000 Ermessenseinbürgerungen registriert. Besonders die in Deutschland geborenen Ausländer zeigen ein starkes Interesse an Einbürgerungen und damit an einer vollen rechtlichen Gleichstellung. Es kann davon ausgegangen werden, daß mit zunehmender Aufenthaltsdauer von Ausländern auch die Einbürgerungszahlen in Deutschland weiter steigen werden. Das am 1.1.2000 in Kraft getretene neue Einbürgerungs- und Staatsangehörigkeitsrecht kann die Integration erleichtern; ein Garant für eine gelungene Integration ist das jedoch nicht, da ein deutscher Paß nicht mit Integration gleichzusetzen ist.

2.4.2 Binnenwanderungen

Vor dem Fall der trennenden Mauer unterschieden sich die Binnenwanderungen in Ost- und Westdeutschland deutlich voneinander. Grundsätzlich war in den alten Bundesländern die Mobilität erheblich höher. Sie resultierte vor allem aus den Erfordernissen des Arbeitsmarktes und der beruflichen Ausbildung. In der ehemaligen DDR wurden Binnenwanderungen vorwiegend von der Wohnungsbautätigkeit bestimmt.

Bereits im Jahre 1989 und dann auch nach der Vereinigung wurden die Binnenwanderungsströme in Deutschland grundlegend durch die Wanderungen zwischen Ost und West überlagert. Insofern kommt den deutsch-deutschen Wanderungen eine besondere Bedeutung zu.

Die Flüchtlings- und später auch die Ausreiseströme aus der ehemaligen DDR machen – ebenso wie die gegenwärtigen Binnenwanderungen zwischen den neuen und den alten Bundesländern – den Einfluß unterschiedlicher gesellschaftlicher Rahmenbedingungen auf Richtung, Volumen und Strukturen dieser Wanderungsprozesse augenscheinlich. Durch eine "Übersiedlung", die nur durch Flucht oder Ausreise in den Westen Deutschlands möglich war, wollten die "Übersiedler" günstigere politische wie wirtschaftliche Rahmenbedingungen und damit bessere individuelle Lebensumstände erreichen. Stets war die Vernetzung von politischen, wirtschaftlichen und familiären Gründen typisch für die Heraus-

Jahr	Zuzüge in die neuen Länder u. Berlin-Ost	Fortzüge aus den neuen Ländern u. Berlin-Ost	Saldo gegenüber dem früheren Bundesgebiet insgesamt
1990	36 217	395 343	– 359 126
1991	80 267	249 743	– 169 476
1992	111 345	199 170	– 87 825
1993	119 100	172 386	– 53 286
1994	135 774	163 034	– 27 260
1995	143 063	168 336	– 25 273
1996	151 973	166 007	– 14 034
1997	157 348	167 789	– 10 441
1991 – 97	898 870	1 286 465	– 387 596

Tab. 2.11: Wanderungen zwischen dem früheren Bundesgebiet und den neuen Bundesländern 1990 – 1997
Quelle:
Stat. Bundesamt 1998

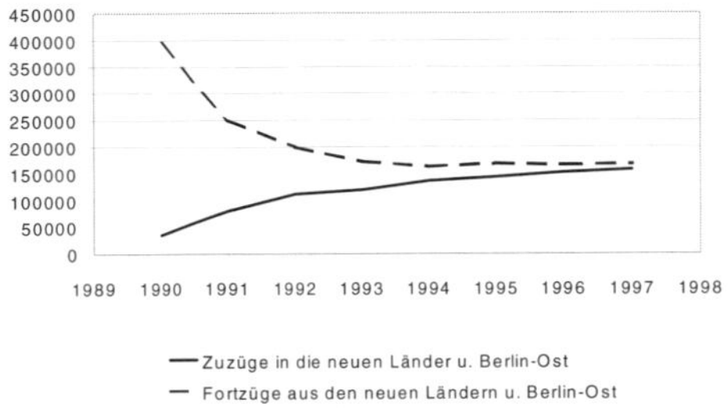

Abb. 2.9: Wanderungen zwischen dem früheren Bundesgebiet und den neuen Bundesländern 1989 – 1997
Quelle: Stat. Bundesamt 1998

bildung der Motivstruktur der "Übersiedler". Wegzüge aus der ehemaligen DDR waren immer gleichzusetzen mit der Flucht aus einem totalitären Staat. Konnten Flüchtlinge die DDR nur unter Lebensgefahr verlassen (selbst der Versuch einer "Republikflucht" wurde strafrechtlich verfolgt), so hatten Antragsteller auf "Ausreise aus der DDR und Entlassung aus der Staatsbürgerschaft" während der oft jahrelangen Wartezeit bis zur Genehmigung ihres Antrages eine Fülle einschneidender und abschreckender Hindernisse, wie z. B. Berufsverbot oder gar strafrechtliche Verfolgung, zumindest aber sicherheitsdienstliche Überwachung und psychische Belastungen sowie administrative Schikanen, in Kauf zu nehmen (WENDT 1990, 1991a und 1994). Insofern waren die deutsch-deutschen Wanderungen bis zum Fall der Mauer ein Sonderfall von Zwangswanderungen. Bis zur staatsrechtlichen Vereinigung am 3. Oktober 1990 waren die deutsch-deutschen Wanderungen de jure Außenwanderungen.

Die ansteigenden und immer unkontrollierbarer werdenden Flucht- und Ausreisebewegungen nahmen im Sommer und Herbst 1989 einen massenhaften Charakter an und trugen dadurch wesentlich zur Destabilisierung des DDR-Systems bei. Allein im Verlauf des Jahres 1989 hatten bis zum Fall der Mauer in der Nacht vom 9. zum 10. November bereits etwa 180 000 überwiegend junge Personen die DDR verlassen. Der Fall der Mauer war schließlich das äußere Zeichen für den endgültigen Zusammenbruch der DDR. Mit dem Fall der Mauer entfielen die restriktiven Bedingungen für ein Verlassen der DDR, so daß die Übersiedlerzahlen abermals anschwollen. 1989 hatten insgesamt ca. 388 000 Personen die noch existierende DDR in Richtung Westen verlassen.

Da die Skepsis gegenüber einer Reformierbarkeit der noch bestehenden DDR weiterhin anhielt, setzte sich der Übersiedlerstrom in Richtung West auch im ersten Quartal 1990 nahezu ungebrochen fort. Als Fortzugsgründe kamen im Verlauf des Jahres 1990 zunehmend wirtschaftliche Erwägungen (bessere Arbeits- und Verdienst-

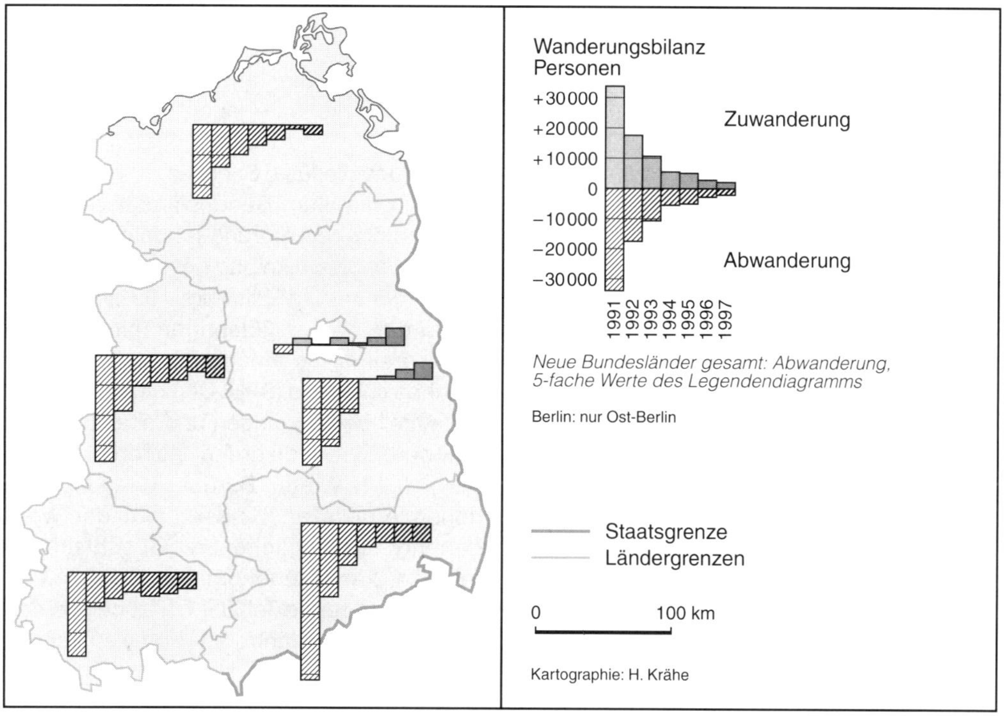

Abb. 2.10: Wanderungsbilanzen der neuen Bundesländer (einschl. Berlin-Ost) gegenüber den alten Bundesländern 1991 – 1997
Quelle: Stat. Bundesamt

möglichkeiten) aber auch die Sogwirkung bereits übergesiedelter Verwandter und Freunde hinzu (Voigt u. a. 1990, S. 336 bis 338). Die Übersiedlerzahlen aus der DDR gingen erst nach den ersten freien Wahlen am 18. März 1990 zurück, während die Zahl der gegenläufigen West-Ost-Wanderungen nur langsam anstieg. Insgesamt hatten im ersten Halbjahr 1990 257 000 Personen die "Noch-DDR" verlassen. Mit der Bildung der Wirtschafts-, Währungs- und Sozialunion am 1. Juli 1990 entfielen der Übersiedlerstatus und damit auch die Eingliederungsbeihilfen für DDR-Bürger. Dadurch nahmen die deutsch-deutschen Wanderungen de facto den Status von Binnenwanderungen an, die mit der staatsrechtlichen Vereinigung am 3. Oktober 1990 dann auch de jure zu Binnenwanderungen wurden.

Bis zur Vereinigung hatten 1990 insgesamt fast 345 000 Personen die noch existierende DDR in Richtung Bundesrepublik Deutschland verlassen. Auch nach der Vereinigung riß der Strom der nun innerdeutschen Ost-West-Wanderung nicht ab, so daß 1990 insgesamt fast 400 000 Personen die DDR bzw. die nun neuen Bundesländer in Richtung Westen verlassen hatten. Das Wanderungsvolumen hatte damit 1990 gegenüber 1989 sogar noch leicht zugenommen. Auch unter Berücksichtigung der einsetzenden gegenläufigen West-Ost-Wanderungen in Höhe von 36 000 Personen verblieb für 1990 noch immer ein Wanderungsverlust für die neuen Bundesländer in Höhe von 360 000 Personen. Erst 1991 sind die Fortzüge aus den neuen in die alten Bundesländer gegenüber dem Vorjahr deutlich zurückgegangen und haben sich die Wanderungsverluste der neuen gegenüber den alten Bundesländern im Vergleich zum Vorjahr etwa halbiert. Auch 1992 und in den Folgejahren setzte sich die Tendenz einer abnehmenden Ost-West-Wanderung bei gleichzeitig zunehmender West-Ost-Wanderung fort. Allerdings halten die Wanderungsverluste gegenüber dem früheren Bundesgebiet – wenn auch mit abnehmender Tendenz – weiterhin an (Tab. 2.11 und Abb. 2.9).

Im Zeitraum 1990 bis einschließlich 1997 hatten insgesamt fast 1,7 Mio. Personen die neuen Bundesländer in Richtung alte Bundesländer verlassen. Infolge der zunehmenden West-Ost-Wanderung (von insgesamt 935 000 Personen) reduzierte sich der Wanderungsverlust für die neuen Länder 1990 – 1997 jedoch auf 747 000 Personen.

Die größten absoluten Wanderungsverluste hatte das bevölkerungsreichste neue Bundesland, Sachsen (Abb. 2.10), gefolgt von Sachsen-Anhalt, Thüringen, Brandenburg und Mecklenburg-Vorpommern. Berlin-Ost verzeichnete aufgrund der innerstädtischen Umzüge sowie seiner Sonderstellung als Teil der künftigen Hauptstadt seit 1992 sogar geringe Wanderungsgewinne. Bezogen auf die Bevölkerung von 1991 hatten die anteilmäßig höchsten Wanderungsverluste jedoch Mecklenburg-Vorpommern und die niedrigsten relativen Wanderungsverluste Sachsen.

Die in die alten Bundesländer ziehende Wanderungsbevölkerung ist deutlich jünger als die Wohnbevölkerung der neuen Bundesländer. So war im Zeitraum 1991–1996 der Anteil der 18- bis 25jährigen mit ca. 24 % etwa dreimal so hoch wie derjenige der Wohnbevölkerung (8 %). Demgegenüber war der Anteil der 65jährigen und älteren an der Wanderungsbevölkerung äußerst niedrig (Abb. 2.11). Unter Berücksichtigung des hohen Anteils an Kindern und der weitgehend ausgeglichenen Geschlechterrelation, kann angenommen werden, daß der überwiegende Teil der Fortzüge aus den neuen Bundesländern Familienwanderungen sind.

Die Fortzugsströme aus den neuen Ländern folgen regional differenzierten Mobilitätsmustern (Abb. 2.12). Gerade peripher gelegene Regionen Mecklenburg-Vorpommerns, Brandenburgs und Sachsen-Anhalts, aber auch industrialisierte Regionen

Abb. 2.11: Altersstruktur der Migranten aus den neuen Bundesländern 1991 – 1996
Quelle: Stat. Bundesamt

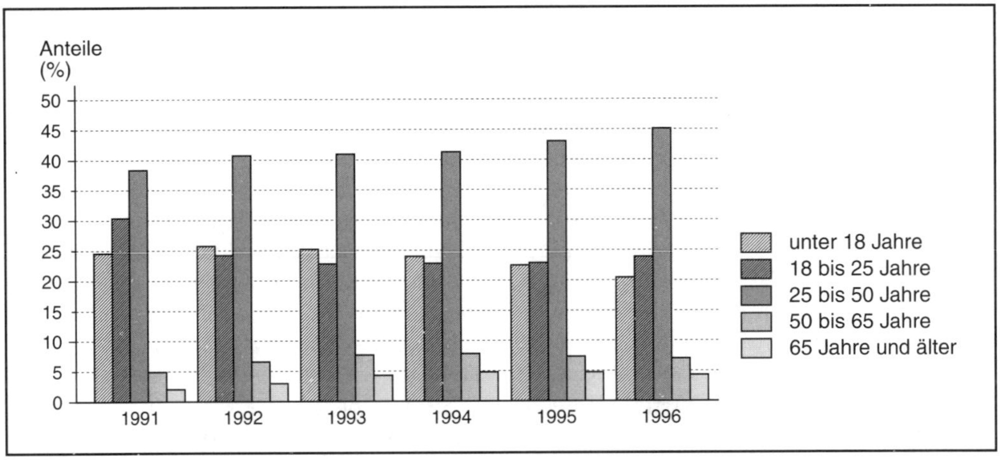

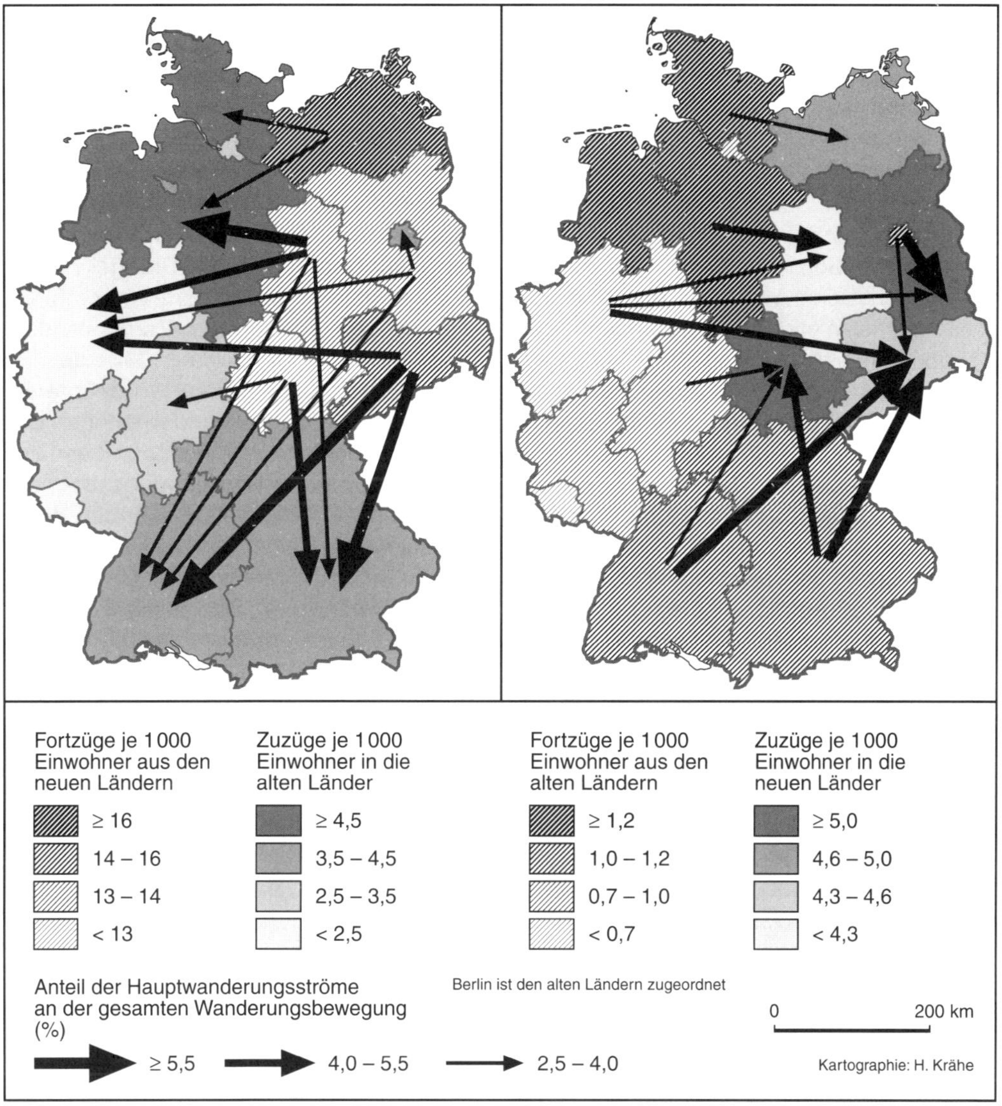

Abb. 2.12: Wanderungsbewegungen zwischen den alten und neuen Bundesländern 1991
Quelle: BfLR Bonn 1993, S. 41 und 43

Sachsens und Sachsen-Anhalts waren und sind ebenso wie Städte mit überdurchschnittlich hoher Arbeitslosigkeit (z. B. Eisenhüttenstadt, Schwedt, Greifswald) von Fortzügen besonders betroffen (Regionalbarometer... 1993, S. 59).

Der größte Teil aller Migranten aus dem Osten zog im Zeitraum 1991 – 1997 nach Bayern, Niedersachsen, Nordrhein-Westfalen, Baden-Württemberg und Berlin-West (75 % aller Fortzüge). Dabei ist Bayern im Durchschnitt der Jahre das stärkste Zuzugsland. Seit 1995 wurde es jedoch von Berlin-West als stärkstem Zuzugsland abgelöst. Aufgrund der – zumindest noch Anfang der 1990er Jahre – bestehenden vielfältigen

Erwerbsmöglichkeiten und der Sozialstruktur boten gerade diese Länder oft die günstigsten Möglichkeiten für einen Neubeginn und eine soziale Integration. Neben diesen Erwägungen beeinflussen auch die räumliche Nähe, traditionelle regionale Verflechtungen und tradierte Raummuster Richtung und Umfang der Wanderungsströme. So ziehen Ostberliner vorwiegend nach Berlin-West, es folgen Nordrhein-Westfalen und Bayern. Brandenburger bevorzugen neben Berlin-West vor allem Nordrhein-Westfalen und Niedersachsen als neuen Wohnsitz, während Sachsen den Ländern Bayern, Baden-Württemberg und Nordrhein-Westfalen den Vorzug geben. Binnenwanderer aus Mecklenburg-Vorpommern favorisieren Schleswig-Holstein und Niedersachsen als Zuzugsländer. Fortzügler aus Sachsen-Anhalt wählen besonders häufig Niedersachsen und Nordrhein-Westfalen als neue Heimat, während Thüringer ihren neuen Wohnsitz vor allem in Hessen und Bayern nehmen.

Die gegenläufigen West-Ost-Wanderungen haben von Jahr zu Jahr deutlich zugenommen. Gegenüber 1991 haben sie sich 1997 verdoppelt. Im Zeitraum 1991–1997 zogen fast 900 000 Personen aus dem früheren Bundesgebiet in die neuen Bundesländer. Aufgrund des geringeren Anteils an Kindern wie auch des überproportionalen Anteils an Männern bleibt es jedoch noch offen, in welcher Größenordnung die West-Ost-Wanderungen als dauerhafte Umzüge zu werten sind. Ein Teil der Umzüge sind sicherlich als "Vorauszüge" von erwerbstätigen Familienvätern zu werten, ein anderer Teil aber wohl nur als zeitlich begrenzte Umzüge im Rahmen des Aufbaus neuer Verwaltungs- und Wirtschaftsstrukturen in den neuen Ländern. Da sich jedoch der Anteil von Frauen und Kindern an der Migrationsbevölkerung erhöht hat, kann davon ausgegangen werden, daß in zunehmendem Maße dauerhafte Familienumzüge an den West-Ost-Wanderungen beteiligt sind.

Die meisten Migranten der alten Bundesländer kamen im Zeitraum 1991–1997 aus Berlin-West, Niedersachsen, Bayern, Nordrhein-Westfalen und Baden-Württemberg. Zuzügler aus dem Westen gingen vor allem nach Sachsen und Berlin-Ost (unter Einbeziehung der Zuzüge aus Berlin-West), dann folgt Brandenburg (bevorzugt das Umland der Hauptstadt Berlin). Die geringsten Zuzüge hatte Mecklenburg-Vorpommern. Die Zuzüge aus den alten Bundesländern folgten ebenfalls regionalen Mustern. So gaben Bayern und Baden-Württemberger den Ländern Sachsen und Thüringen den Vorzug. Zuzügler aus Nordrhein-Westfalen wählten vor allem Brandenburg, Sachsen und Sachsen-Anhalt als Zielländer. Westberliner nahmen ihren Wohnsitz bevorzugt in Berlin-Ost und Brandenburg (Umland von Berlin), während Schleswig-Holsteiner eindeutig Mecklenburg-Vorpommern den Vorrang gaben und Hessen das Land Thüringen als künftigen Wohnsitz präferierten. Dabei ist zu beachten, daß die regionalen Migrationsmuster auch durch "Patenschaften" im Rahmen der geleisteten Aufbauhilfen der alten Bundesländer überprägt wurden.

Die auch nach der Vereinigung anhaltenden Binnenwanderungsprozesse zwischen Ost und West werden in hohem Maße vom sozialen und ökonomischen Transformationsprozeß in den neuen Ländern getragen. Wurden die anhaltenden Fortzüge aus den neuen Bundesländern durch den wirtschaftlichen Umbruch in Verbindung mit einem rigorosen Arbeitsplatzabbau verursacht und durch die anfänglich hohe Aufnahmebereitschaft des Arbeitsmarktes im früheren Bundesgebiet zusätzlich erleichtert, so ist der Rückgang der Fortzüge aus den neuen Bundesländern wiederum auch auf die mangelnde Aufnahmefähigkeit des Arbeits- und Wohnungsmarktes im Westen zurückzuführen. Zugleich wirken sich die langfristig verbessernden Lebensbedingungen in den neuen Bundesländern dämpfend auf die Abwanderungsbereitschaft aus. Darüber hinaus ist zu berücksichtigen, daß die bereits erfolgten hohen Wanderungsverluste von vorwiegend jüngeren Bevölkerungsgruppen auch das demographische Abwanderungspotential der neuen Bundesländer stetig verringert haben.

2.5 Bevölkerungsstruktur

Altersstruktur

Die Altersstruktur einer Bevölkerung kann am anschaulichsten in einer sogenannten Alterspyramide dargestellt werden. Während Deutschland noch zu Beginn des 20. Jahrhunderts einen Altersaufbau in der klassischen Pyramidenform erkennen ließ, wie er für eine wachsende Bevölkerung und damit heute noch für Entwicklungsländer typisch ist, gleicht gegenwärtig die Bevölkerungspyramide eher einer von den Stürmen der Zeit zerzausten Tanne. In ihren Ausbuchtungen und Einschnitten spiegelt sich die demographische Geschichte der deutschen

Abb. 2.13: Altersaufbau der Bevölkerung Deutschlands am 31.12.1994
Quelle: Stat. Bundesamt

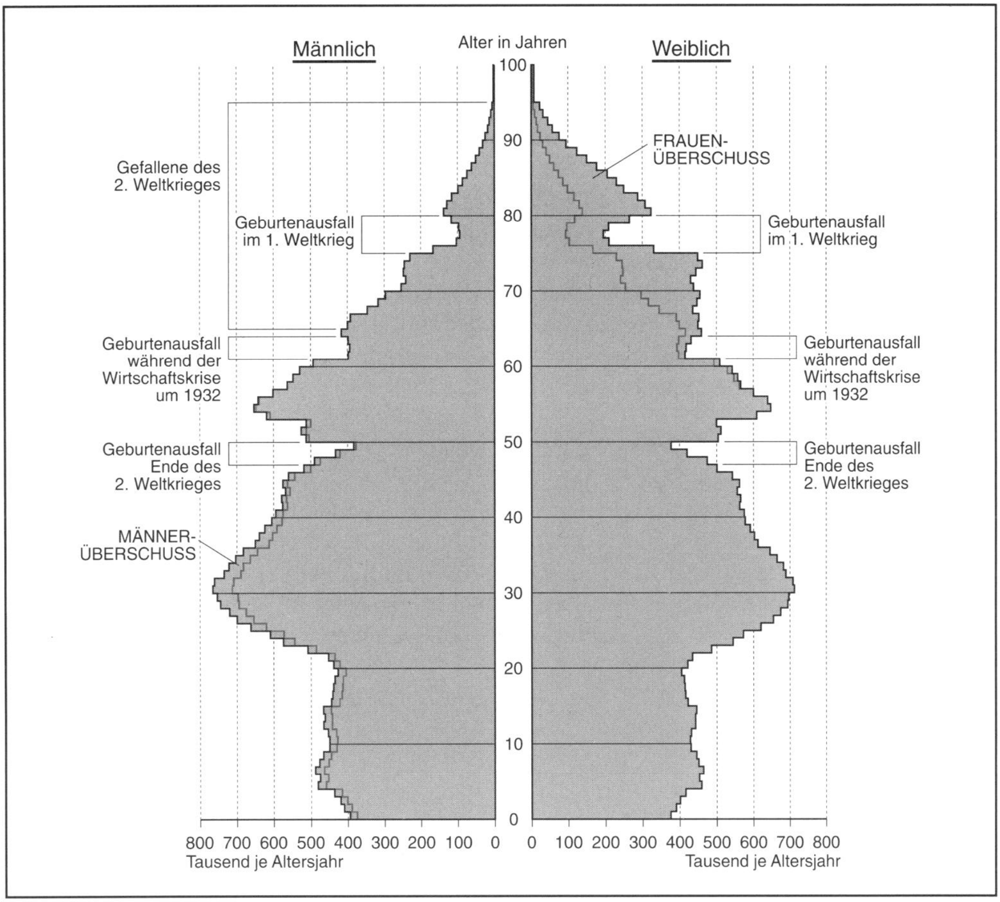

Bevölkerung der letzten 100 Jahre wider (Abb. 2.13).

Die Bevölkerungspyramide Deutschlands macht folgende Besonderheiten sichtbar:

- einen höheren Anteil der männlichen Bevölkerung besonders in jüngeren Jahrgängen (natürlicher Geborenenüberschuß), der
- ab dem 58. Lebensjahr in einen höheren Frauenanteil übergeht (Frauenüberschuß). Ursachen hierfür sind sowohl die höhere Lebenserwartung von Frauen als auch die vergleichsweise größeren Verluste der jetzt über 60jährigen männlichen Bevölkerung im Zweiten Weltkrieg,
- die Geburtenausfälle durch den Ersten und Zweiten Weltkrieg sowie während der Weltwirtschaftskrise um 1932/1933,
- den Wiederanstieg der Geburten nach Beendigung des Zweiten Weltkrieges und das Geburtenhoch in den 1960er Jahren sowie den Geburtenrückgang seit den späten 1960er Jahren und das anhaltend niedrige Geburtenniveau.

Die geburtenstarken Jahrgänge nach der Weltwirtschaftkrise sind heute in der Altersgruppe der Endfünfziger zu finden. Die vor dem Ersten Weltkrieg Geborenen zählen heute zu den hochbetagten Pensionären (über 80jährige). Die geburtenstarken Jahrgänge der 1960er Jahre sind inzwischen über dreißig Jahre alt.

Die Geburtenrückgänge und die steigende Lebenserwartung haben das demographische Altern der Bevölkerung verursacht. Dies drückt sich sowohl in einem höheren Durchschnittsalter der Bevölkerung als auch in einer Verschiebung der Relationen zwischen den Altersgruppen aus. Auch das Wanderungsgeschehen konnte diesen Trend nicht aufhalten. Noch 1950 lag der Anteil der Kinder und Jugendlichen (unter 20 Jahre) bei fast 30 % (28,5 %), ging aber 1996 auf 22 % zurück und wird 2040 voraussichtlich nur noch 15 % betragen. Grund dafür sind einmal die bereits erwähnten geringer werdenden Kinderzahlen und zum anderen die steigende Lebenserwartung. Damit nimmt zugleich der Anteil der älteren Personen an der Gesamtbevölkerung zu. Lag der Anteil der 65 Jahre und älteren Personen 1950 noch bei 11 %, so hat er sich gegenwärtig (1996) auf fast 16 % erhöht und wird voraussichtlich 2010 auf 20 % und 2040 wohl sogar auf 30 % ansteigen. Diese Altersstrukturverschiebung hat erhebliche Konsequenzen auf die Renten und Krankenversicherungssysteme. Während die Zahl der heranwachsenden potentiellen Erwerbsfähigen abnimmt und zugleich die Aufnahmefähigkeit des Arbeitsmarktes zurückgeht, steigen mit der Zunahme der älteren Bevölkerung die Ausgaben für diese Bevölkerungsgruppe.

Weitere Kennziffern für den Alterungsprozeß sind der Jugend- und Altenquotient, der jeweils das Verhältnis zwischen den Kindern/Jugendlichen bis zu 25 Jahren bzw. der Älteren ab 65 Jahre zur erwerbsfähigen Bevölkerung (25 – 60 Jahre) widerspiegelt. 1995 kamen 48 Kinder/Jugendliche auf 100 Erwerbsfähige (25 – 65 Jahre). Der Altenquotient betrug 27. Das bedeutet, daß insgesamt 75 Nichterwerbsfähige (Jugendliche und ältere Bürger) 100 Erwerbsfähigen gegenüberstanden (Belastungs- oder Gesamtquotient) (Grünheid/Mammey 1996, S. 425f.).

Vollziehen sich bezüglich der demographischen Alterung gegenwärtig nur relativ geringe Veränderungen, so verdeutlichen Bevölkerungsvorhersagen jedoch, daß die Altersstrukturverschiebung vor allem nach 2010 durch einen sinkenden Jugend- und einen sprunghaft ansteigenden Altenquotient gekennzeichnet ist.

Haushaltsstruktur

Als Haushalte werden zusammenlebende und eine wirtschaftliche Einheit bildende Personengemeinschaften sowie Einzelpersonen definiert. Der säkulare Geburtenrückgang ist mit dem Übergang von der Groß- zur Kleinfamilie verbunden. In Konsequenz dieser Entwicklung nehmen die durchschnittlichen Haushaltsgrößen ab, und gleichzeitig nimmt die Zahl der Haushalte zu. Belief sich die durchschnittliche Haushaltsgröße um die Jahrhundertwende noch auf 4,5 Personen, so waren es 1950 noch 2,9 und im Jahre 1997 nur 2,2 Personen. In den neuen Bundesländern war die durchschnittliche Haushaltsgröße geringfügig größer als im früheren Bundesgebiet (2,3 gegenüber 2,2). Grund dafür ist vor allem der höhere Anteil von Einpersonenhaushalten im Westen (36 % gegenüber 30 %).

Nach Ergebnissen des Mikrozensus des Statistischen Bundesamtes 1997 (Statistisches Jahrbuch 1998, S. 64) gab es in Deutschland 37,4 Mio. Privathaushalte (30,6 Mio. in den alten und 6,8 Mio. in den neuen Bundesländern). Überwiegen auch die Mehrpersonenhaushalte (65 %), so lebt doch bereits in gut einem Drittel aller Haushalte nur noch eine Person (35 %). In je einem weiteren Drittel aller Haushalte leben zwei Personen bzw. drei oder mehr Personen. Der Anteil der Haushalte mit fünf oder mehr Personen ist bereits unter 5 % gesunken.

Während noch Mitte der 1980er Jahre Einpersonenhaushalte vorwiegend von Verwitweten gebildet wurden, so dominieren heute überwiegend Ledige. Zu beachten ist hierbei aber auch, daß nur ein Teil dieser Single-Haushalte tatsächlich ohne einen Partner lebt, der andere Teil aber z.B. in der Form des "living-apart-together".

Familienstruktur

Familienverbände sind besonders im Hinblick auf das Zusammenleben mit Kindern von gesellschaftlicher Bedeutung. Laut amtlicher Definition sind Familien Ehepaare bzw. alleinerziehende Mütter oder Väter, die mit ihren ledigen Kindern (ohne Altersbegrenzung) zusammenleben (Eltern-Kind-Gemeinschaft bzw. Zweigenerationenfamilie). In einer erweiterten Definition zählen dazu auch Ehepaare ohne Kinder. Eheliche Gemeinschaften sind nach wie vor die wichtigste Lebensform. Immerhin lebten 61 % aller 20jährigen und älteren Personen im Jahre 1995 als Verheiratete (Ergebnisse des Mikrozensus); zwischen dem 35. und 55. Lebensjahr sind es sogar 70 bis 80 %. 1997 gab es in Deutschland 19 617 000 Ehepaare, von denen über die Hälfte (10,3 Mio.) mit Kindern lebten (58 %). Dabei waren Ehepaare mit zwei und mehr Kindern häufiger anzutreffen als Ehepaare mit nur einem Kind. Bei 7,6 Mio. Ehepaaren leben Kinder unter 18 Jahren. Der Anteil der "unvollständigen Familien", also von alleinerziehenden Müttern oder Vätern, ist im ständigen Wachsen begriffen. Über 1,8 Mio. Alleinerziehende – zum weitaus überwiegenden Teil Frauen – lebten mit einem oder mehreren Kindern unter 18 Jahre zusammen. Diese Situation ist überwiegend auf Scheidung (40 %) oder auch Tod des Partners (8 %) zurückzuführen. Damit wird offensichtlich, daß die unvollständige Familie nicht immer von vornherein eine selbstgewählte Lebensform ist. Weiterhin ist zu berücksichtigen, daß ein relativ hoher Anteil der ledigen Alleinerziehenden in vorehelichen Partnerschaften zusammenlebt.

Nichteheliche Lebensgemeinschaften sind eine zunehmende Sonderform familienähnlichen Zusammenlebens. Sie werden vor allem von jüngeren ledigen Frauen und Männern gegründet, die noch keine Kinder haben. 1995 wurde die Zahl der nichtehelichen Lebensgemeinschaften auf über 1,9 Mio. geschätzt (Stat. Jahrbuch BRD 1998, S. 65). Damit leben fast 4 Mio. Menschen in "Ehen ohne Trauschein". Nimmt in den alten Bundesländern auch die Tendenz der Lebensgemeinschaften mit Kindern zu, so zeigt sich in den neuen Bundesländern bereits heute, daß die Mehrheit der Lebensgemeinschaften Kinder hat.

Nichteheliche Lebensgemeinschaften tragen überwiegend einen vorehelichen Charakter oder aber werden als Lebensform nach einer gescheiterten Ehe gewählt.

2.6 Bevölkerungsprognose

Durch die genaue Kenntnis von Größe und Altersstruktur der gegenwärtigen Bevölkerung haben Szenarien zur künftigen Bevölkerungsentwicklung im Vergleich z. B. zu Wirtschaftsprognosen eine recht hohe Sicherheit. Durch unterschiedliche Annahmen zur Geburtenrate und Sterblichkeit sowie Wanderungen – also demographischen Verhaltensweisen, die sich nicht exakt voraussagen lassen – unterliegen Bevölkerungsprognosen dessenungeachtet oft starken Modifikationen und tragen bedingten Charakter (Wenn-Dann-Aussagen).

Alle vorliegenden Prognosen, die aufzeigen, wie sich die Bevölkerung bei unveränderten Geburten- und Sterberaten entwickeln würde, wenn keine Zuwanderung mehr stattfände, gehen von einer schrumpfenden und alternden Bevölkerung aus. Der Geburtenrückgang würde eine Verringerung der Kindergeneration gegenüber der Elterngeneration bewirken; gleichzeitig würde sich die Lebensdauer verlängern und wären die Altenjahrgänge stärker besetzt. So würde die Bevölkerungszahl bis zum Jahre 2030 auf 62 Mio. Einwohner zurückgehen, ein Viertel der Bevölkerung wäre dann 65 Jahre und älter und nur noch jeder Sechste (16,5 %) jünger als 20 Jahre. Der Bevölkerungsrückgang würde sich zukünftig weiter beschleunigen. Das Durchschnittsalter der Bevölkerung würde im Jahre 2030 um 10 Jahre höher liegen als heute (nach STEINMANN 1993, Deutscher Bundestag 1994, S. 48 – 50).

Die Modellrechnung des Bundesministeriums des Inneren (1996) bis zum Jahre 2040 geht von einer konstanten Geburtenhäufigkeit im früheren Bundesgebiet und einem allmählichen Anstieg in den neuen Bundesländern auf das "westliche" Geburtenniveau aus (Modell 1). Ausländer nähern sich an das Geburtenniveau der alten Bundesländer an (Modell A) oder es wird in einer zweiten Variante von einer Konstanz der Geburtenhäufigkeit ausgegangen (Modell B). Um die wesentlich schwerer abzuschätzenden Auswirkungen der Zuwanderungen auf die Bevölkerungsentwicklung aufzuzeigen, wurde bei den Wanderungsgewinnen neben einer niedrigeren Variante (+100 000; Modell A) und einer höheren Variante (+200 000; Modell B) auch eine Kontrollvariante mit ausgeglichenem Wanderungssaldo (Modell K) ausgegangen. Unabhängig von den unterschiedlichen Annahmen ist in allen Varianten mit einem deutlichen Bevölkerungsrückgang zu rechnen. Gravierender als der Bevölkerungsrückgang sind jedoch die Änderungen der Altersstruktur.

In der Variante mit niedrigem Zuwanderungssaldo (Modell 1 / A) geht die Bevölkerung von 81,5 Mio. – nach einem vorübergehenden Anstieg auf 82,2 Mio. (2000) – auf 68,8 Mio. im Jahre 2040 zurück. Der Anteil der jungen Menschen (unter 20 Jahre) fällt von 21 % auf 15 %, während der Anteil der älteren Menschen (60 Jahre und älter) von 21 % auf fast 37 % ansteigt. Gleichzeitig nimmt aber auch die erwerbsfähige Bevölkerung um 10 % ab und fällt auf 33 Mio.

Auch in der Variante mit höherem Wanderungssaldo (Modell 1 / B) steigt die Bevölkerung bis 2000 auf 82,6 Mio., um dann ebenfalls einen allerdings schwächeren Bevölkerungsrückgang (auf 74,1 Mio.) zu verzeichnen. Aber selbst bei höherer Zuwanderung ergibt sich ein Rückgang der jüngeren Generation (auf 15,4 %) bei einem gleichzeitigen Anstieg des Anteils der älteren Generation (60 Jahre und älter auf 35,5 %).

In der Kontrollvariante mit weitgehend ausgeglichenem Wanderungssaldo (Modell 1 / K) geht die Bevölkerung bis 2040 sogar auf 63 Mio. zurück und steigt der Anteil der Älteren sogar auf fast 40 % (39,3 %).

Diese Vorausberechnungen zeigen, daß selbst durch anhaltende Wanderungsgewinne der Alterungsprozeß der deutschen Bevölkerung nicht aufgehalten, sondern nur abgeschwächt werden kann. Einer Zunahme der Geburtlichkeit käme deshalb eine wichtige Funktion hinsichtlich der Dämpfung des Alterungsprozesses zu. Durch umfangreichere familienpolitische Maßnahmen kann ein berechenbarer Rahmen für junge Familien geschaffen werden, um ihnen dadurch die langfristigen Entscheidungen für ein Leben mit Kindern zu erleichtern und die vorhandene "strukturelle Rücksichtslosigkeit" gegenüber Familien beseitigen (KAUFMANN 1990, S. 132).

Der zunehmende Alterungsprozeß der Bevölkerung wirft Fragen zur künftigen Alterssicherung, der gesundheitlichen Versorgung und Betreuung aber auch zu spezifischen Wohnformen im Alter auf. Künftig werden immer weniger Erwerbsfähige einen wachsenden Anteil an Rentnern "versorgen" müssen. Der zunehmende Anteil an älteren Menschen bei gleichzeitigem Rückgang der jüngeren Bevölkerung wird darüber hinaus das gesamte öffentliche Leben und den politischen Handlungsbedarf prägen. Dabei ist allerdings auch zu beachten, daß die ältere Bevölkerung in zunehmendem Maße eine aktive Bevölkerung ist, was sich hinter dem Schlagwort "die jungen Alten" verbirgt.

Eine regionale Bevölkerungsprognose der Bundesforschungsanstalt für Landeskunde und Raumordnung für das vereinte Deutschland, die bis zum Jahre 2010 reicht (BUCHER u. a. 1994, S. 815 ff.), geht von einer weitgehend stabilen Geburtenhäufigkeit bei langfristiger Anpassung der neuen Bundesländer an das westliche Niveau aus. Die Lebenserwartung wird in Ost und West weiterhin kontinuierlich steigen. Langfristig wird sich die Lebenserwartung im Osten dem westdeutschen Niveau nähern. Die Mobilitätsbereitschaft der jungen Altersgruppen im Westen wird zurückgehen und die Altenwanderung zunehmen. Während die innerdeutschen Ost-West-Wanderungen weiterhin abnehmen, werden die West-Ost-Wanderungen gleichzeitig zunehmen, wodurch sich für die neuen Länder ein Binnenwanderungsverlust von lediglich 300 000 Personen im Prognosezeitraum ergeben würde. Die Außenwanderung wird sowohl bei den Zu- als auch bei den Fortzügen eine fallende Tendenz aufweisen, so daß sich bis 2010 (bei 21 Mio. Zuzügen und 13 Mio. Fortzügen) Wanderungsgewinne von insgesamt etwa 8 Mio. Personen ergeben würden. Unter diesen Annahmen würde die Bevölkerung in Deutschland bis 2010 – trotz eines hohen Sterbefallüberschusses – um insgesamt fast 5,5 Mio. Einwohner zunehmen. Obwohl die Wanderungsgewinne anhalten, geht nach 2010 die Bevölkerung dann deutlich zurück.

Ein Ost-West-Vergleich verdeutlicht jedoch gravierende regionale Unterschiede. Die neuen Bundesländer würden infolge eines hohen Sterbefallüberschusses (– 1,5 Mio.) und der Binnenwanderungsverluste (– 0,3 Mio.) eine weitere Bevölkerungsabnahme zu verzeichnen haben, die aber durch zunehmende Außenwanderungsgewinne (+ 1,4 Mio.) relativ gering sein wird (– 400 000). Demgegenüber nimmt die Bevölkerung in den alten Bundesländern trotz Sterbefallüberschuß (– 1,1 Mio.) infolge der leichten Binnenwanderungsgewinne sowie vor allem der hohen Außenwanderungsgewinne (+ 6,7 Mio.) um 5,8 Mio. Personen zu.

Eine regional tiefergehende Gliederung zeigt, daß in den neuen Bundesländern die Regionen Berlin / Potsdam und Frankfurt (Oder) die einzigen mit Bevölkerungswachstum sein werden. Der Nordosten Mecklenburg-Vorpommerns und der Südosten (Oberlausitz) werden die höchsten Bevölkerungsverluste aufweisen. In den alten Bundesländern haben dagegen fast alle Regionen Bevölkerungszuwachs, besonders jedoch die Regionen in Süddeutschland (Bayern und Baden-Württemberg). Überdurchschnittlich hohe absolute Bevölkerungszunahmen werden die Regionen mit großen Verdichtungsräumen aufweisen.

Der natürliche Bevölkerungsrückgang (Sterbefallüberschuß) ist eine gesamtdeutsche Erscheinung, auch wenn er im Osten noch stärker ausgeprägt ist. Die wenigen Regionen mit natürlicher Bevölkerungszunahme konzentrieren sich auf Süddeutschland (Baden-Württemberg und Bayern) sowie den Nordwesten der Bundesrepublik (Münsterland, Emsland, Ostfriesland).

Die höchsten Binnenwanderungsverluste haben die peripher gelegenen ostdeutschen Regionen zu erwarten, die stärksten Binnenwanderungsgewinne die süddeutschen Regionen.

Außenwanderungsgewinne weisen alle Regionen auf, jedoch in unterschiedlichem Umfang. Überdurchschnittliche Wanderungsgewinne gegenüber dem Ausland haben die süddeutschen Länder Hessen, Baden-Württemberg und Bayern sowie Sachsen und der Großraum Berlin. Durch Bevölkerungsverluste einerseits und Außenwanderungsgewinne andererseits wird es besonders in einigen ostdeutschen Regionen zu beträchtlichen Bevölkerungsumverteilungen kommen.

Festzuhalten bleibt, daß eine Bevölkerungszunahme bei gleichzeitiger Alterung sich regional differenziert vollziehen wird. Vor allem werden sich diese demographischen Prozesse konzentrieren auf Agglomerationsräume. Das Bevölkerungswachstum beruht vorwiegend auf Wanderungsgewinnen gegenüber dem Ausland. Durch die "Internationalisierung" der Bevölkerungsentwicklung in Deutschland kommt es deshalb besonders in den Verdichtungsräumen zu einem weiteren Anstieg des Ausländeranteils.

Durch den Bevölkerungsrückgang in den neuen Bundesländern einerseits, der nur zum Teil durch Außenwanderungsgewinne kompensiert werden kann, und Bevölkerungszunahme in den alten Bundesländern andererseits, werden sich die regionalen Divergenzen der Bevölkerungsentwicklung künftig sogar noch verstärken. Raumwirksame Folgen sind eine Verschärfung der Probleme auf dem Wohnungsmarkt – vor allem in den Verdichtungsräumen der alten Bundesländer – und in Verbindung mit der Suburbanisierung eine recht problematisch zu wertende disperse Siedlungsentwicklung. In den neuen Bundesländern wird es durch die deutliche Bevölkerungsabnahme zu einer demographischen Ausdünnung in vielen Regionen kommen, die zu Engpässen bzw. zusätzlichen Aufwendungen zur Aufrechterhaltung der infrastrukturellen Versorgung aber auch der regionalen Arbeitsmärkte führen wird.

Die Zunahme der älteren Bevölkerung verursacht – wenn auch in regional unterschiedlicher Intensität – einen zusätzlichen Bedarf an altengerechtem Wohnraum sowie Einrichtungen der Gesundheits- und Altenpflege. In den neuen Ländern kommt es dagegen zu Überkapazitäten in den Bereichen der Kinderbetreuung und der Bildungseinrichtungen.

Als Herausforderung bleibt das Erkennen der aus der demographischen Entwicklung resultierenden Probleme und die Aufgabe, die sozialen wie wirtschaftlichen und gesellschaftspolitischen Konsequenzen zu ziehen, die insbesondere aus der demographischen Alterung erwachsen.

3 Siedlungsstrukturen und Siedlungsräume

3.1 Größenstruktur und regionale Verteilung der Gemeinden

Im Jahre 1997 gab es in Deutschland insgesamt 439 Kreise und kreisfreie Städte, die sich in unterschiedlichem Umfang auf die einzelnen Bundesländer verteilten (Abb. 3.1). Bayern machte davon den allergrößten Anteil aus. Von den 14 308 Gemeinden in Deutschland lag jedoch der absolut größte Anteil in Rheinland-Pfalz. Die Bundesländer Hessen und Rheinland-Pfalz (und natürlich das Saarland) hatten dagegen den geringsten Anteil von Gemeinden. Im Bundesdurchschnitt gab es am 31. Dezember 1996 die größte Anzahl der Gemeinden mit 21 % in der Größenklasse von 200 bis 500

Abb. 3.1: Anzahl der Kreise und kreisfreien Städte sowie der Gemeinden in den deutschen Bundesländern 1997

Quelle: Stat. Jahrbuch BRD 1998, S. 47

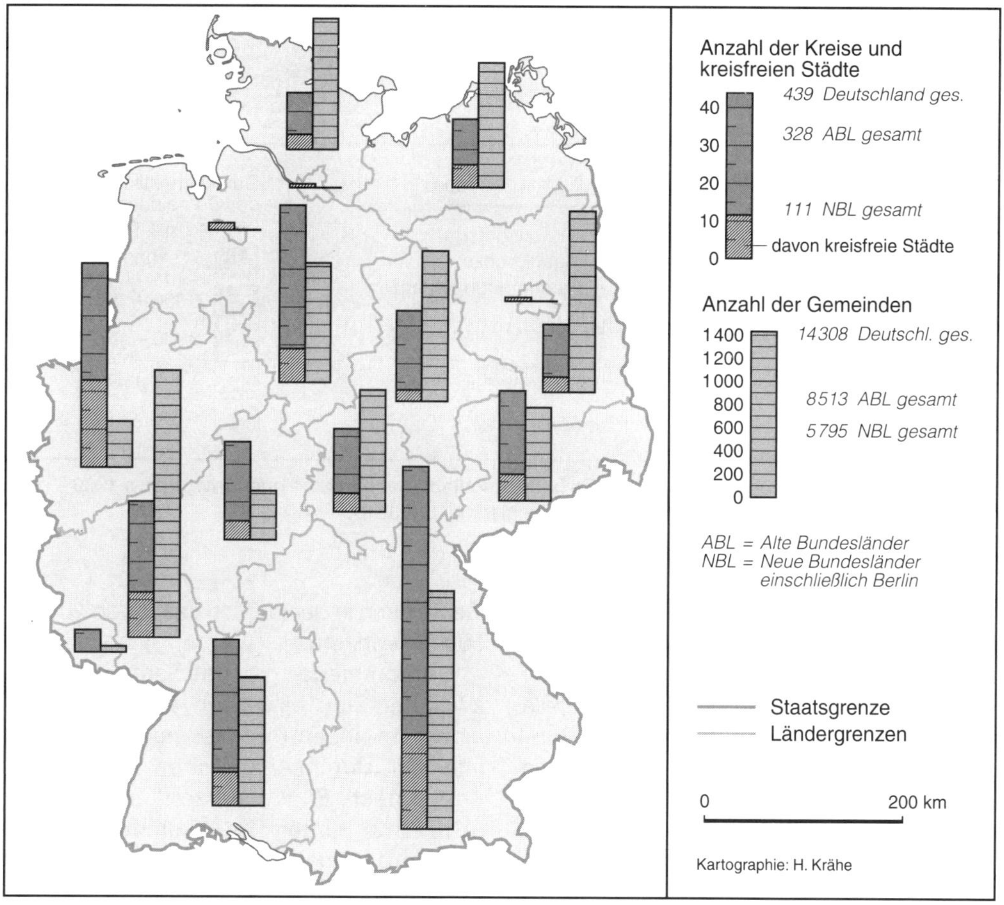

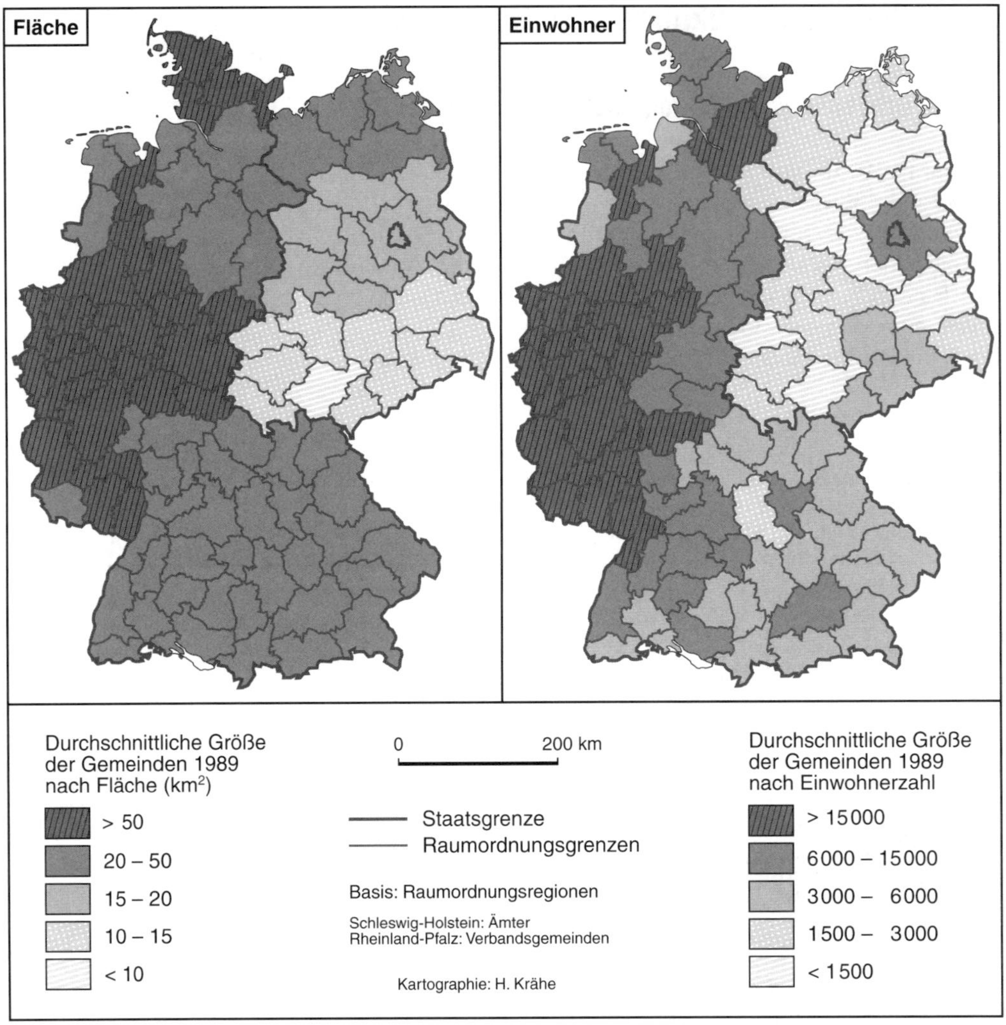

Abb. 3.2: Durchschnittliche Gemeindegröße in Deutschland nach Fläche und Einwohnern 1989
Quelle: Raumordnungsbericht 1991 der Bundesregierung, S. 38 – 39

Einwohnern. Mit rd. einer Million Einwohnern war das aber nur ein Anteil von 1,3 %.

Zwischen den alten und den neuen Bundesländern bestanden jedoch generelle Unterschiede. Während in der alten Bundesrepublik die größte Zahl der Gemeinden (18,3 % aller Gemeinden) in der Größenklasse von 1 000 bis 2 000 Einwohnern lag, war das Maximum in den neuen Bundesländern mit einem Anteil von 33,7 % aller Gemeinden in der Größenklasse von 200 bis 500 Einwohnern.

Unterschiede gab es entsprechend zwischen den einzelnen alten und den einzelnen neuen Bundesländern hinsichtlich der durchschnittlichen Gemeindegröße nach Einwohnerzahl und Fläche (Abb. 3.2). Unter Berücksichtigung der Raumordnungsregionen werden besonders die großen Disparitäten zwischen

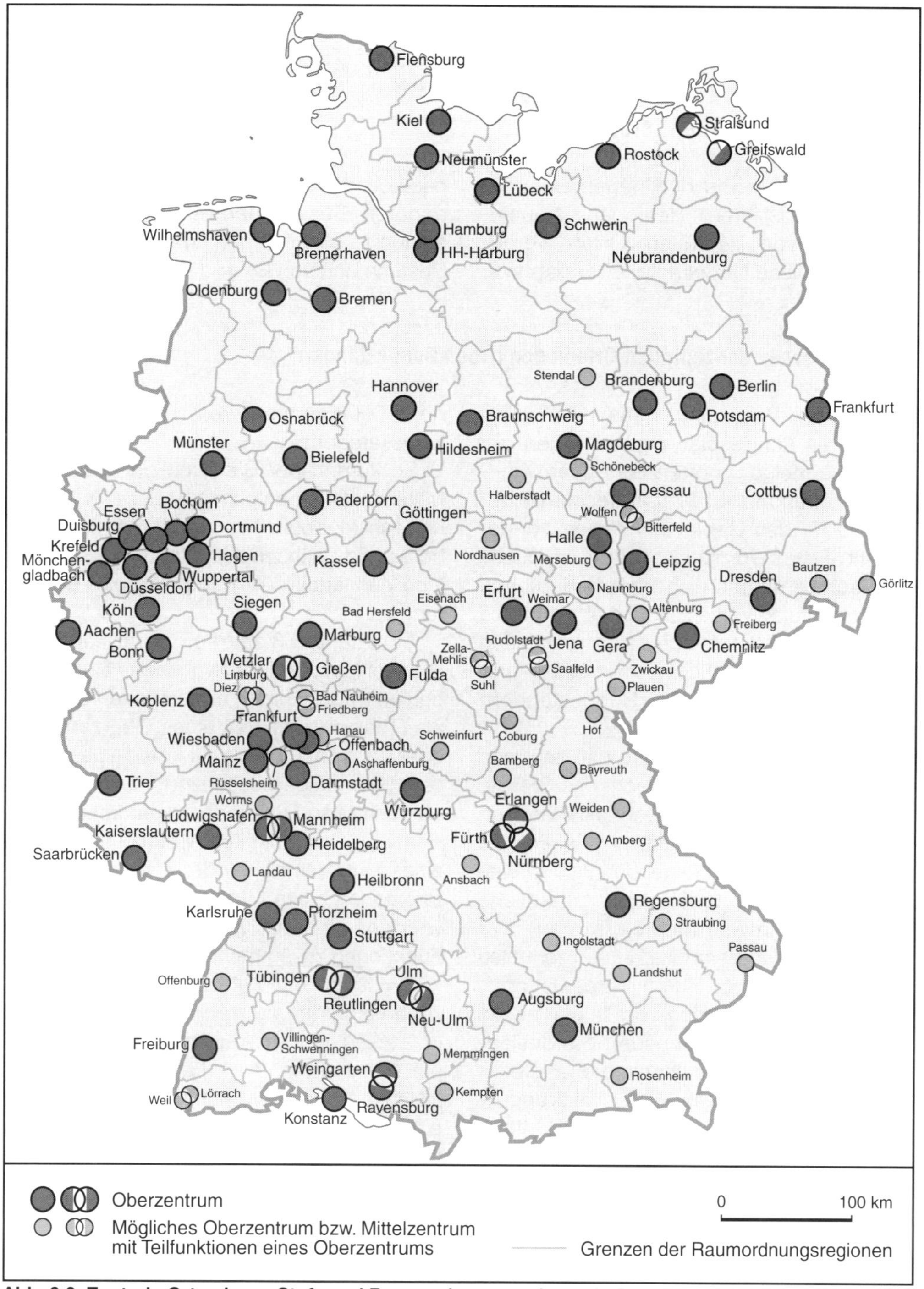

Abb. 3.3: Zentrale Orte oberer Stufe und Raumordnungsregionen in Deutschland 1993

Quelle: Laufende Raumbeobachtung der BfLR – Raumordnungsregionen

Sachsen und Nordrhein-Westfalen sowie Mecklenburg-Vorpommern, Brandenburg, Sachsen-Anhalt und Nordrhein-Westfalen deutlich.

3.2 Zentralörtliche Hierarchiestufen

Seit 1991 wurden in den neuen Bundesländern und ihren Regionen Neueinstufungen von zentralen Orten vorgenommen. Diese Notwendigkeit ergab sich nach der Wiedervereinigung infolge des nun anderen Gesellschafts- und Wirtschaftssystems und wegen der notwendigen Bestimmung von Entwicklungspotentialen.

3.2.1 Auswahl der zentralen Orte in den neuen Bundesländern

Im Verlaufe der Jahre 1991 und 1992 haben die oberen Landesplanungsbehörden der neuen Länder die ersten Landesentwicklungsprogramme bzw. Landesplanungsgesetze für das Gebiet der neuen Länder erstellt. Darin wurden Konzepte zu Siedlungsschwerpunkten und zentralörtlichen Hierarchiestufen vorgestellt, die eine Analyse und einen Vergleich mit den entsprechenden Konzepten für die Ebene der Ober- und Mittelzentren in den alten Bundesländern möglich machen.

Es ist jedoch zu beachten, daß zentraler Ort in den neuen Ländern nicht das Gleiche bedeutet wie in den alten Bundesländern. In den neuen Bundesländern müssen die zentralen Orte in den folgenden Jahren eine Aufwertung durch umfassende öffentliche und private Investitionen erfahren. Der bisherige Leistungsstandard in den zentralen Orten der westlichen Bundesländer ist noch wesentlich höher als derjenige in den neuen Bundesländern. In den neuen Bundesländern besteht nach wie vor ein großes Defizit an Umfang und Qualität der Leistungen. Besonders gilt das für die Klein- und Mittelstädte, also die Mittel- und Unterzentren. Gerade die Klein- und Mittelstädte waren in der DDR eine stark vernachlässigte Siedlungskategorie.

So kommt der Stärkung der Klein- und Mittelstädte in den gering besiedelten Regionen Mecklenburg-Vorpommerns, Brandenburgs und Sachsen-Anhalts für die Entwicklung des ländlichen Raumes große Bedeutung zu.

Abbildung 3.3 zeigt die zentralörtlichen Hierarchiestufen für die gesamte Bundesrepublik. Dabei wurden alle zentralen Orte, die als Oberzentrum, Teil eines Oberzentrums oder Zentrum mit Teilfunktionen eines Oberzentrums ausgewiesen sind, zu Zentren mit oberzentralen Funktionen zusammengefaßt. Zentrale Orte, die als Mittelzentrum, Teil eines Mittelzentrums oder Zentrum mit Teilfunktionen eines Mittelzentrums eingestuft wurden, sind als Zentren mittelzentraler Funktionen zusammengefaßt.

Zwischen der Zahl der ausgewiesenen zentralen Orte und der Bevölkerungsdichte (d. h. Siedlungsstruktur) der Länder besteht ein Zusammenhang. Länder mit großer Bevölkerungsdichte haben im allgemeinen eine größere Zahl von zentralen Orten als Länder mit geringerer Bevölkerungsdichte (Abb. 3.4).

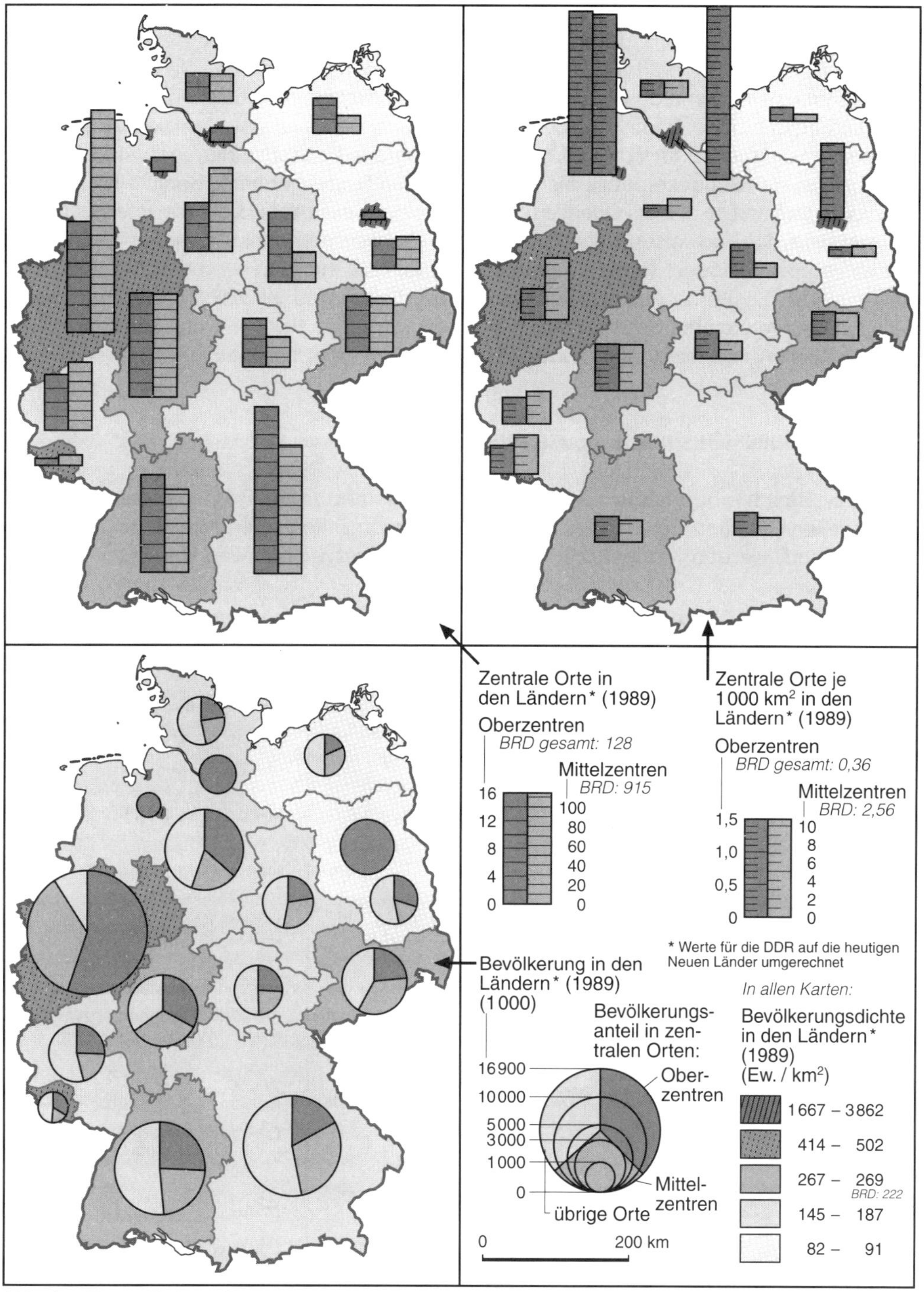

Abb. 3.4: Zentralörtliche Hierarchiestufen und ihre Anteile an der Bevölkerung in Deutschland 1989

Quelle: Regionalbarometer neue Bundesländer 1993, S. 115 – 117.

3.2.2 Metropolregionen in Deutschland

Bund und Länder erarbeiteten 1993 gemeinsam einen Raumordnungspolitischen Orientierungsrahmen. Damit wurde eine Positionsbestimmung für die räumliche Entwicklung der Bundesrepublik Deutschland vorgenommen. In diesem Orientierungsrahmen wird die Entwicklung von Städtenetzen vorgeschlagen, wobei innerhalb dieser Netze die Europäischen Metropolregionen die Motoren der gesellschaftlichen, wirtschaftlichen, sozialen und kulturellen Entwicklungen sind. Es soll mit dem Aufbau dieses Netzwerkes die Konkurrenzfähigkeit Deutschlands erhöht und die europäische Integration beschleunigt werden. Innerhalb dieses Systems nimmt Berlin eine zentrale Stellung ein (Abb. 3.5). Als internationaler Verkehrsknotenpunkt in diesem Städtenetz sind zukünftig die verkehrs-, kommunikations- und energietechnischen transeuropäischen Netze in Nord-Süd- und West-Ost-Richtung auszubauen.

3.3 Siedlungsstrukturelle Typisierungen 1991

Für die Beschreibung der siedlungsstrukturellen Situation der Bundesrepublik Deutschland werden sogenannte siedlungsstrukturelle Regionstypen und zur weiteren Differenzierung siedlungsstrukturelle Kreistypen verwandt.

Abb. 3.5: Netz der europäischen Metropolen
Quelle: Raumordnungsbericht Berlin und Brandenburg 1998, S. 13

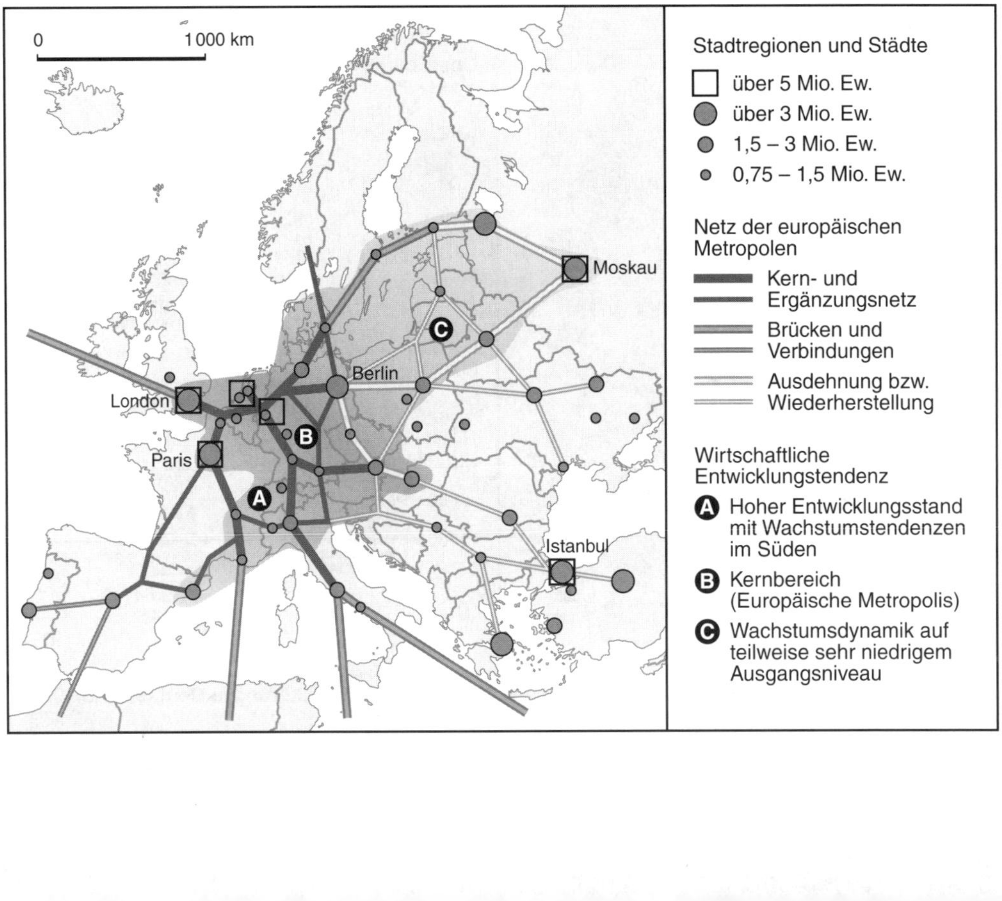

Die Regionsbegrenzung ist in den alten Ländern durch die jeweilige Landesplanung verbindlich festgelegt. Für die neuen Bundesländer lagen sie Anfang der 1990er Jahre noch nicht vor. Zu Analysezwecken wurde jedoch damals eine Abgrenzung von der Bundesanstalt für Landeskunde und Raumordnung vorgenommen. Die Raumordnungsregionen sind i. d. R. Einzugsbereiche bzw. großräumige Verflechtungsbereiche von Wirtschafts- und Arbeitsmarktzentren (Oberzentren, mögliche Oberzentren oder Mittelzentren mit Teilfunktionen eines Oberzentrums) (Raumordnungsbericht 1991, S. 163).

Unterschieden werden drei Gebietstypen (Abb. 3.6)

- *I: Regionen mit großen Verdichtungsräumen,*
- *II: Regionen mit Verdichtungsansätzen und*
- *III: ländlich geprägte Regionen.*

Innerhalb dieser Regionstypen (RTYP) wurden die Kreise zu Kreistypen (KTYP) zusammengefaßt:

Dabei werden die Kreise des Regionstyps I vierfach untergliedert (Abb. 3.7):

1: Kernstädte bzw. kreisfreie Städte mit mehr als 100 000 Ew.
2: hochverdichtete Kreise
3: verdichtete Kreise
4: ländlich geprägte Kreise.

Im Regionstyp II werden unterschieden:

5: Kernstädte
6: verdichtete Kreise
7: ländlich geprägte Kreise.

In ländlichen Regionen werden die Kreise im wesentlichen ebenfalls nach der Bevölkerungsdichte differenziert:

8: verdichtete Kreise
9: ländliche Kreise.

Hieraus ergibt sich folgende Definition der Regions- bzw. Kreistypen:

- *RTYP I: Regionen mit großen Verdichtungsräumen =*

Regionen mit einem Oberzentrum von mindestens 300 000 Einwohnern und / oder einer Bevölkerungsdichte von über 300 Ew. / km^2

– *KTYP 1: Kernstädte =*
Kreisfreie Städte über 100 000 Einwohner

– *KTYP 2: Hochverdichtete Kreise*
Kreise mit einer Bevölkerungsdichte von um / über 300 Ew. / km^2, Kreisfreie Städte unter 100 000 Einwohnern

– *KTYP 3: Verdichtete Kreise*
Kreise mit einer Bevölkerungsdichte zwischen 150 und 300 Ew. / km^2

– *KTYP 4: Ländliche Kreise*
Kreise mit einer Bevölkerungsdichte unter 150 Ew. / km^2.

- *RTYP II: Regionen mit Verdichtungsansätzen*

Regionen mit i. d. R. einem Oberzentrum von über 100 000 Einwohnern und / oder einer Bevölkerungsdichte von über 150 Ew. / km^2.

– *KTYP 5: Kernstädte*
Kreisfreie Städte um / über 100 000 Einwohner

– *KTYP 6: Verdichtete Kreise*
Kreise mit einer Bevölkerungsdichte über 150 Ew. / km^2, Kreisfreie Städte unter 100 000 Einwohner und umliegende Kreise von Kernstädten mit einer Bevölkerungsdichte von zusammen mindestens 150 Ew. / km^2.

– *KTYP 7: Ländliche Kreise*
Kreise und kreisfreie Städte mit einer Bevölkerungsdichte unter 150 Ew. / km^2

- *RTYP III: Ländlich geprägte Regionen*

III.1: stärker besiedelt, nicht peripher: Regionen ohne Oberzentrum über 100 000 Einwohner, verdichtungsraumnähere Lage und / oder Bevölkerungsdichte über 100 Ew / km^2

III.2: gering besiedelt, peripher gelegen: Regionen ohne Oberzentrum über 100 000 Einwohner, Bevölkerungsdichte um 100 Ew. / km^2 und weniger

– *KTYP 8: Verdichtete Kreise*
Kreise mit einer Bevölkerungsdichte um / über 150 Ew. / km^2, Kreisfreie Städte und umliegende Kreise mit zusammen einer Bevölkerungsdichte von um / über 150

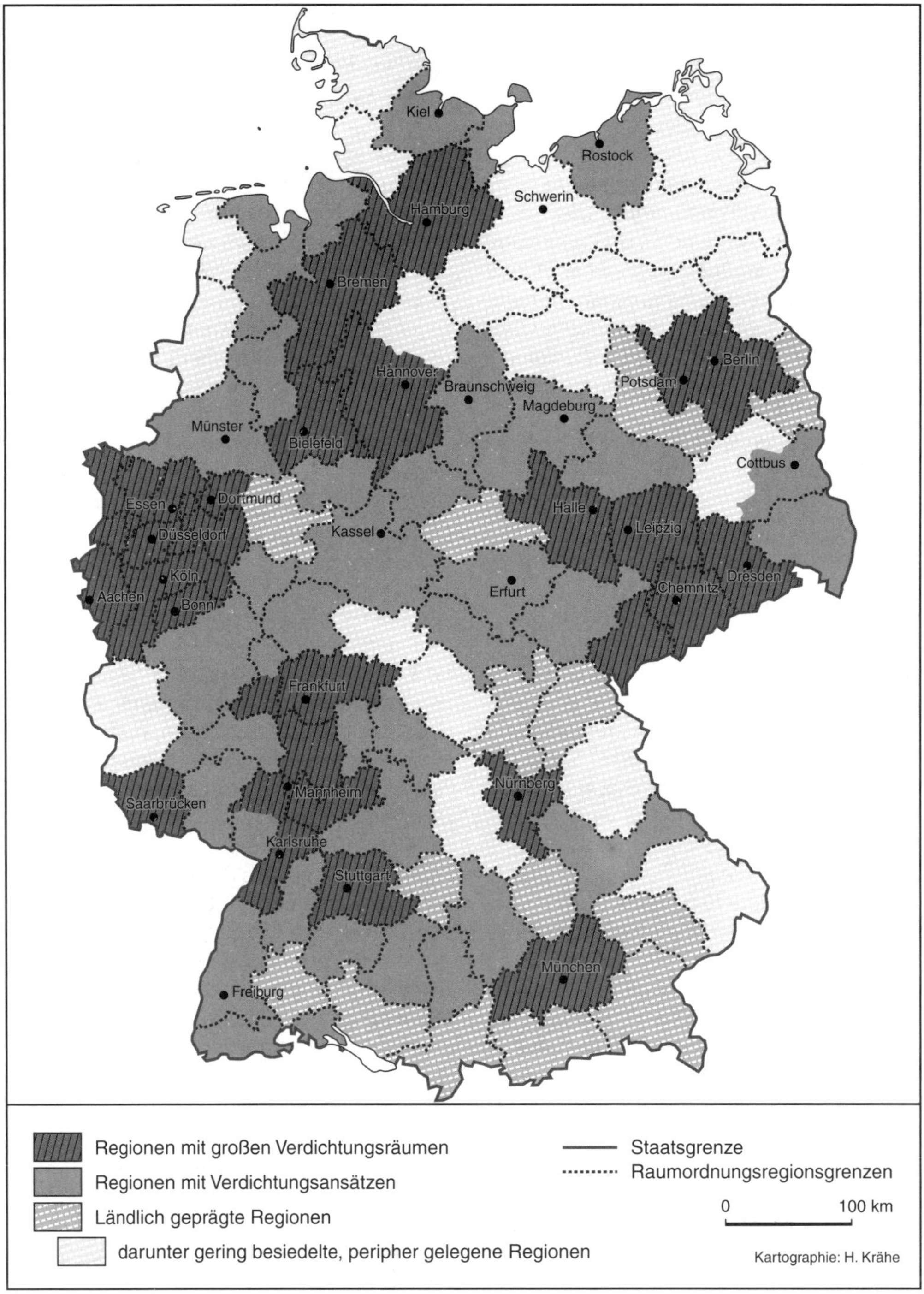

Abb. 3.6: Siedlungsstrukturelle Regionstypen Deutschlands 1991
Quelle: Raumordnungsbericht 1991 der Bundesregierung, S. 30

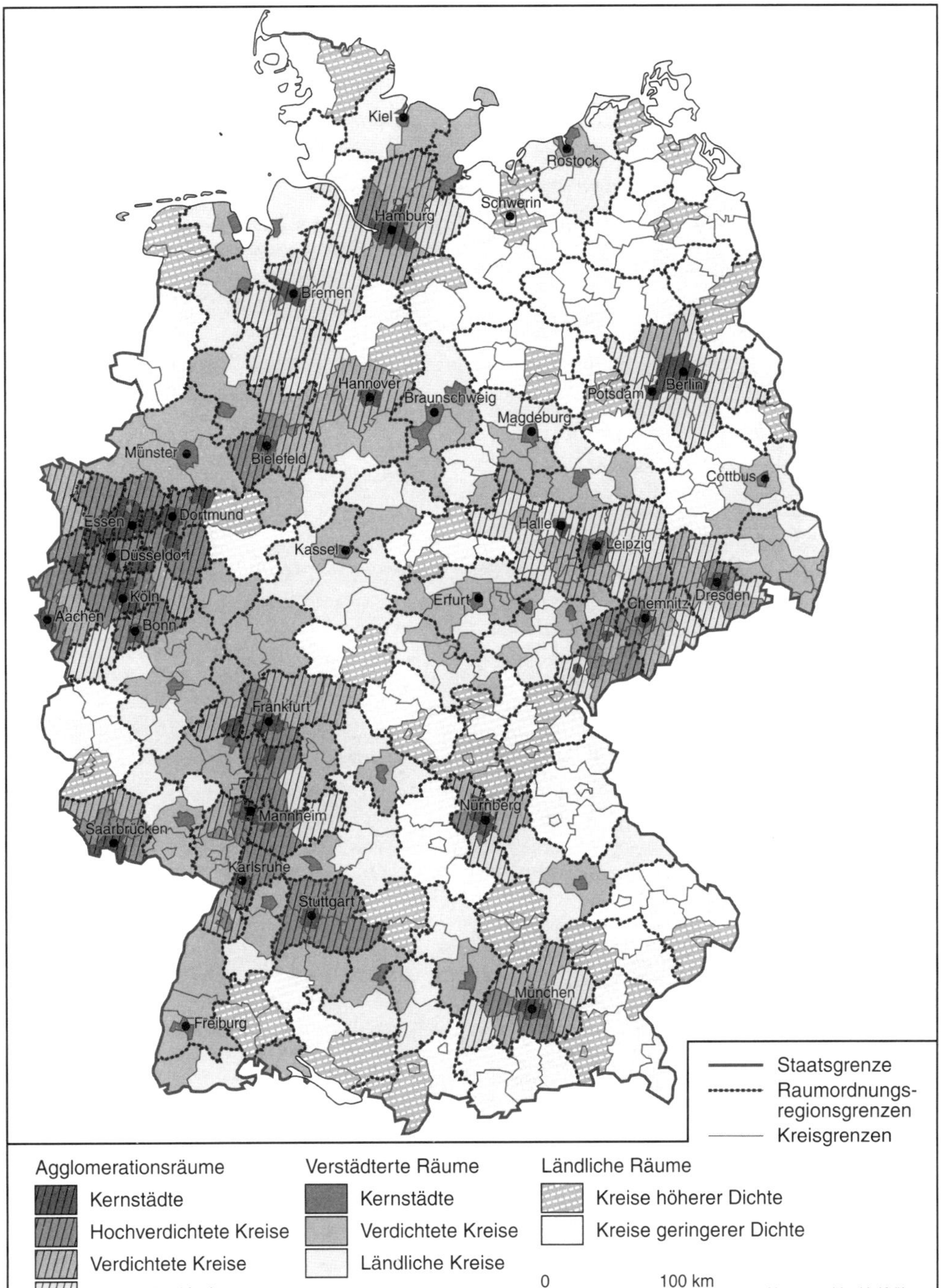

Abb. 3.7: Siedlungsstrukturelle Kreistypen Deutschlands 1991

Quelle: Raumordnungsbericht 1991 der Bundesregierung, S. 31

Abb. 3.8: Raumordnungsregionen (Analyseräume) Deutschlands 1991
Quelle: Raumordnungsbericht 1991 der Bundesregierung, S. 164

Ew./km². Kreisfreie Städte um 50 000 Einwohner und mehr und umliegende Kreise, Kreise mit einer Gemeinde über 50 000 Einwohner.

- *KTYP 9: Ländliche Kreise*

Sonstige Kreise und kreisfreie Städte in ländlich geprägten Regionen. Unterschiede bestehen zwischen Verdichtung, Zentralität und Lagesituation.

Ländliche Kreise machen danach etwa die Hälfte der Fläche Deutschlands aus, wobei jedoch ein deutlicher Unterschied zwischen den alten und den neuen Bundesländern besteht. Schwerpunkte liegen in Bayern, Mecklenburg-Vorpommern, Brandenburg, Sachsen-Anhalt und Thüringen (Erläuterungen der Regions- und Kreistypik der BfLR 1991, S. 37 – 38).

Bei Berücksichtigung der Regionstypen lassen sich Unterschiede herausstellen, die es Ende der 1980er Jahre und Anfang der 1990er Jahre gab und die sich seit der Vereinigung entwickelt haben.

3.3.1 Binnenwanderungsverflechtungen der siedlungsstrukturellen Gebietstypen

In der früheren Bundesforschungsanstalt für Raumordnung und Landesplanung bzw. dem heutigen Bundesamt für Bauwesen und Raumordnung sind bereits mehrere Untersuchungen zu diesem Thema publiziert worden. So wurden Binnenwanderungsverflechtungen zwischen den Regionen, Veränderungen der natürlichen Bevölkerungsentwicklungen, Altersstrukturen, Arbeitslosigkeit u. a. untersucht. Im folgenden wird darauf kurz eingegangen.

Tab. 3.1: Binnenwanderungsverflechtungen der alten und neuen Bundesländer nach siedlungsstrukturellen Gebietstypen 1991

Quelle: Regionalbarometer neue Bundesländer 1995, S. 21

	Fortzüge je 10 000 Ew.			Zuzüge je 10 000 Ew.		
	in Regionen der alten Länder	in Regionen der neuen Länder	gesamt	aus Regionen der alten Länder	aus Regionen der neuen Länder	gesamt
Alte Länder	*312*	*16*	*327*	*312*	*42*	*353*
Regionen mit großen Verdichtungsräumen	302	14	316	305	37	341
Regionen mit Verdichtungsansätzen	347	17	364	333	48	382
Ländlich geprägte Regionen	282	18	300	304	47	351
darunter peripher gelegen	281	18	299	287	47	333
Neue Länder	*145*	*99*	*243*	*54*	*99*	*153*
Regionen mit großen Verdichtungsräumen	130	85	214	65	93	158
Regionen mit Verdichtungsansätzen	160	107	267	44	101	145
Ländlich geprägte Regionen	139	107	247	49	108	157
darunter peripher gelegen	171	129	300	40	111	151
Bundesrepublik insgesamt	*274*	*34*	*309*	*254*	*54*	*309*

	Geburtenzahl		
	1988 in 1 000	1991 in 1 000	1988 – 1991 (um ... %)
Alte Länder	*656*	*700*	*7*
Regionen mit großen Verdichtungsräumen	343	364	6
Regionen mit Verdichtungsansätzen	200	215	7
Ländlich geprägte Regionen	60	65	8
darunter peripher gelegen	53	57	7
Neue Länder	*237*	*130*	*– 45*
Regionen mit großen Verdichtungsräumen	114	69	– 40
Regionen mit Verdichtungsansätzen	73	37	– 50
Ländlich geprägte Regionen	13	7	– 51
darunter peripher gelegen	36	17	– 51
Bundesrepublik insgesamt	*893*	*830*	*– 7*

Tab. 3.2: Die natürliche Bevölkerungsentwicklung in Deutschland 1988 – 1991 nach siedlungsstrukturellen Gebietstypen
Quelle: Regionalbarometer neue Bundesländer 1995, S. 19

Tabelle 3.1 zeigt, daß im Jahre 1991 in die Regionen der alten Bundesländer je 10 000 Einwohner 312 Personen gezogen sind, in die Regionen der neuen Bundesländer zu dieser Zeit jedoch nur 16 Personen je 10 000 Einwohner.

3.3.2 Veränderungen der natürlichen Bevölkerungsentwicklung in den siedlungsstrukturellen Gebietstypen

Schon in Kapitel 2.3.2 wurde die Geburtenentwicklung in den alten und neuen Bundesländern behandelt. Unter Berücksichtigung der siedlungsstrukturellen Gebietstypen lassen sich für den Zeitraum von 1988 bis 1991 große Veränderungen herausstellen (Tab. 3.2). In allen Regionstypen hat in den alten Bundesländern 1991 gegenüber 1988 die Geburtenzahl im Durchschnitt um 7 % abgenommen. In den neuen Bundesländern war die Abnahme wesentlich dramatischer. Hier erreichte im

	1989 – 1992	
	Alte Länder	Neue Länder
1 Regionen mit großen Verdichtungsräumen	*3,7*	*– 2,5*
1.1 Kernstädte	2,8	– 1,0
1.2 Hochverdichtete Kreise	4,1	– 5,3
1.3 Verdichtete Kreise	5,2	– 5,3
1.4 Ländliche Kreise	5,6	– 3,5
2 Regionen mit Verdichtungsansätzen	*5,0*	*– 5,3*
2.1 Kernstädte	3,5	– 5,5
2.2 Verdichtete Kreise	5,3	– 6,0
2.3 Ländliche Kreise	5,2	– 5,1
3 Ländliche geprägte Regionen	*4,6*	*– 4,4*
3.1 Verdichtete Kreise	4,7	– 4,6
3.2 Ländliche Kreise	4,5	– 4,3
Bundesrepublik insgesamt	*2,7*	

Tab. 3.3: Bevölkerungsentwicklung (in %) nach siedlungsstrukturellen Gebietstypen in Deutschland 1989 – 1992
Quelle: Laufende Raumbeobachtung, BfLR 1995

Tab. 3.4: Bevölkerungsverteilung in Deutschland nach siedlungsstrukturellen Gebietstypen 1992
Quelle: Laufende Raumbeobachtung, BfLR 1995

	Einwohner in 1 000	
	Alte Länder	Neue Länder
1 Regionen mit großen Verdichtungsräumen	*33 990,2*	*9 254,9*
1.1 Kernstädte	15 116,2	5 347,0
1.2 Hochverdichtete Kreise	12 050,9	856,0
1.3 Verdichtete Kreise	4 969,5	1 531,7
1.4 Ländliche Kreise	1 853,6	1 520,2
2 Regionen mit Verdichtungsansätzen	*18 793,3*	*5 286,1*
2.1 Kernstädte	3 436,6	1 159,5
2.2 Verdichtete Kreise	10 878,8	2 341,0
2.3 Ländliche Kreise	4 477,8	1 785,6
3 Ländlich geprägte Regionen	*10 334,0*	*3 316,1*
3.1 Verdichtete Kreise	5 452,3	1 257,8
3.2 Ländliche Kreise	4 881,7	2 058,3
Bundesrepublik insgesamt	*80 974,6*	

Tab. 3.5: Die Altersstruktur in Deutschland nach siedlungsstrukturellen Gebietstypen 1991
Quelle: Regionalbarometer neue Bundesländer 1995, S. 34

	1991 Altersstruktur der Bevölkerung in den alten und neuen Bundesländern	
	Durchschnittsalter (Jahre)	
	Männer	Frauen
Alte Länder	*37,6*	*41,5*
Regionen mit großen Verdichtungsräumen	38,0	41,9
Regionen mit Verdichtungsansätzen	37,1	41,0
Ländlich geprägte Regionen	37,0	41,0
darunter peripher gelegen	36,9	40,9
Neue Länder	*36,2*	*40,9*
Regionen mit großen Verdichtungsräumen	36,8	41,7
Regionen mit Verdichtungsansätzen	36,0	40,4
Ländlich geprägte Regionen	35,4	39,6
darunter peripher gelegen	34,6	38,9
Bundesrepublik insgesamt	*37,3*	*41,4*

Durchschnitt der Rückgang um 45 %, wobei jedoch die ländlich geprägten Räume mit 51 % eine noch dramatischere Abnahme aufwiesen.

3.3.3 Bevölkerungsverteilung und -entwicklung in den siedlungsstrukturellen Gebietstypen

Unter Berücksichtigung der Migrationsvorgänge und der natürlichen Bevölkerungsentwicklung kann man für die Zeit von 1988 bis 1992 große Unterschiede zwischen den siedlungsstrukturellen Gebietstypen feststellen (Tab. 3.3). Während die Regionen mit großen Verdichtungsräumen in den alten Bundesländern eine Zunahme der Bevölkerung um 3,7 % aufweisen, nahm in diesem siedlungsstrukturellen Typ in den neuen Ländern die Bevölkerung um 2,5 % ab. Der Zunahme von 5,0 % in den Regionen mit Verdichtungsansätzen in den alten Bundesländern stand ein Rückgang von 5,3 % in dieser Kategorie in den neuen Ländern gegenüber. Ähnlich war es in den ländlich geprägten Regionen. Daraus resultierten Bevölkerungsverteilungen, wie sie Tab. 3.4 für 1992 angibt.

	Arbeitslose insgesamt Sept. 1993			
	Arbeitslose absolut (1 000)		Arbeitslosenquote (Arbeitslose je 100 Erwerbspersonen)	
	insgesamt	1 Jahr u. länger arbeitslos	insgesamt	1 Jahr u. länger arbeitslos
Alte Länder	*2 169*	*554*	*8,1*	*2,1*
Regionen mit großen Verdichtungsräumen	1 230	339	8,4	2,3
Regionen mit Verdichtungsansätzen	635	149	8,1	1,9
Ländlich geprägte Regionen	305	66	7,2	1,6
Neue Länder	*1 295*	*402*	*15,3*	*4,8*
Regionen mit großen Verdichtungsräumen	614	189	13,8	4,2
Regionen mit Verdichtungsansätzen	413	125	16,7	5,0
Ländlich geprägte Regionen	268	88	17,8	5,8
Bundesrepublik insgesamt	*3 464*	*956*	*9,8*	*2,7*

Tab. 3.6: Arbeitslosigkeit in Deutschland nach siedlungsstrukturellen Gebietstypen 1993
Quelle: Regionalbarometer neue Bundesländer 1995, S. 53

	Arbeitslose absolut in 1 000		Arbeitslosenquote (Arbeitslose je 100 Erwerbspersonen)	
	insgesamt	1 Jahr und länger arbeitslos	insgesamt	1 Jahr und länger arbeitslos
Alte Länder	*967*	*258*	*3,6*	*1,0*
Regionen mit großen Verdichtungsräumen	522	150	3,6	1,0
Regionen mit Verdichtungsansätzen	296	74	3,8	0,9
Ländlich geprägte Regionen	149	34	3,5	0,8
Neue Länder	*819*	*286*	*9,7*	*3,4*
Regionen mit großen Verdichtungsräumen	373	128	8,4	2,9
Regionen mit Verdichtungsansätzen	273	95	11,0	3,9
Ländlich geprägte Regionen	172	63	11,4	4,2
Bundesrepublik insgesamt	*1 785*	*544*	*5,1*	*1,5*

Tab. 3.7: Arbeitslose Frauen in Deutschland nach siedlungsstrukturellen Gebietstypen im Sept. 1993
Quelle: Regionalbarometer neue Bundesländer 1995, S. 54

3.3.4 Altersstruktur der Bevölkerung in den siedlungsstrukturellen Gebietstypen

In den siedlungsstrukturellen Gebietstypen gab es 1991 hinsichtlich der Altersstruktur ebenfalls auffällige Unterschiede (Tab. 3.5). Das durchschnittliche Alter lag generell bei Männern um 4,1 Jahre unter dem Durchschnittsalter der Frauen.

	Dez. 1990	Dez. 1992	Juni 1994
Regionen mit großen Verdichtungsräumen	7,4	13,6	14,7
Regionen mit Verdichtungsansätzen	7,0	14,7	16,1
Ländlich geprägte Regionen	8,4	16,7	17,3

Tab. 3.8: Arbeitslosenquote in Deutschland nach siedlungsstrukturellen Gebietstypen Dez. 1990 – Juni 1994
Quelle: Regionalbarometer neue Bundesländer 1995, S. 58

3.3.5 Struktur der Arbeitslosigkeit in den siedlungsstrukturellen Gebietstypen

In drei Tabellen werden regionale und strukturelle Unterschiede vermittelt. Zu den besonderen Problemen in den siedlungsstrukturellen Gebietstypen zählt seit vielen Jahren die Arbeitslosigkeit. Die in Tabelle 3.6 erfaßte Zahl der Arbeitslosen und die Arbeitslosenquote (Arbeitslose je 100 Erwerbstätige) zeigt diese Situation für September 1993. Deutlich wird der Unterschied nicht nur zwischen den alten und neuen Bundesländern, sondern vor allem auch zwischen den Regionstypen. In den neuen Bundesländern war die Zahl der Arbeitslosen pro 100 Erwerbstätige mit 15,3 fast doppelt so hoch wie mit 8,1 in den alten Bundesländern. In den ländlich geprägten Regionen der alten Bundesländer war die Arbeitslosenquote mit 7,2 Arbeitslosen je 100 Erwerbstätige weniger als halb so hoch als in den neuen Bundesländern mit 17,8 Arbeitslosen pro 100 Erwerbstätige. Die ländlich geprägten Regionen in den neuen Bundesländern waren also von der Arbeitslosigkeit besonders betroffen.

Wird nur der Anteil der Arbeitslosen berücksichtigt, der im September 1993 ein Jahr und länger arbeitslos war, dann zeigen sich ähnliche Situationen. Die größte Arbeitslosenquote lag mit 5,8 % in den ländlich geprägten Regionen.

Bemerkenswert ist die Frauenarbeitslosigkeit (Tab. 3.7). Auch sie lag im September 1993 in den neuen Bundesländern weit über der in den alten Bundesländern. Ländlich geprägte Regionen hatten damals eine Arbeitslosenquote von 11,4 %.

In den folgenden Jahren hat sich die Arbeitslosenquote in ganz Deutschland, und besonders auch in den neuen Ländern, verändert. Einzelheiten für die drei Regionstypen vermittelt Tabelle 3.8. Bis in die Gegenwart hinein spielt die Jugendarbeitslosigkeit eine große Rolle. Aktuelle Zahlen von 1998 zeigen, daß sich in den einzelnen Kreistypen mit abnehmender Einwohnerdichte die Arbeitslosenquoten der Jüngeren verändern. Die Kernstädte weisen hohe Jugendarbeitslosenquoten auf. In den verdichteten Kreisen liegen sie deutlich niedriger. In den ländlichen Kreisen sind sie besonders hoch. Im Durchschnitt lag die Jugendarbeitslosigkeit im Jahre 1998 bei 11,8 % – 10,4 % in den alten Bundesländern, 17,0 % in den neuen Bundesländern – (MÜLLER 1999, S. 186).

3.3.6 Regionale Strukturindikatoren in den siedlungsstrukturellen Gebietstypen

Die siedlungsstrukturellen Gebietstypen unterscheiden sich auch hinsichtlich einiger Merkmale des Bergbaus und Verarbeitenden Gewerbes. Die Angaben für 1992 zeigen die großen Unterschiede im Anteil der Beschäftigten in dieser Branche bezogen auf die Gesamtzahl der Erwerbstätigen (15 – 64 jährige) (Tab. 3.9). Während die alten Bundesländer im Durchschnitt 167 Beschäftigte je 1 000 Erwerbstätige aufwiesen, waren es im Durchschnitt der neuen Bundesländer nur 93. Sowohl in den alten als auch in den neuen Bundesländern waren die Unterschiede zwischen den Regionstypen enorm. In den ländlich geprägten Regionen in den alten Bundesländern nahm der Wert eine Größe von 201 an. Die darin befindlichen peripher gelegenen Gebiete machten einen Wert von nur 135 aus. In den neuen Bundesländern kamen auf 1 000 Beschäftigte 105 Erwerbstätige im Bergbau und Verarbeitenden Gewerbe in den Regionen mit Verdichtungsansätzen, in den peripher gelegenen ländlichen Regionen waren es jedoch nur 53.

Enorme Differenzen gab es 1992 zwischen den einzelnen Regionstypen hinsichtlich des Umsatzes pro Beschäftigten. Zunächst läßt sich feststellen, daß mit 11 333 DM der Wert in den neuen Bundesländern nur die Hälfte des Wertes in den alten Bundesländern ausmachte, der sich auf 22 031 DM pro Beschäftigten belief. In den neuen Bundesländern lag er in den Regionen mit Verdichtungsansätzen sogar nur bei 7 259 DM pro Beschäftigten.

3.4 Siedlungsstrukturelle Typisierungen 1996

Nachdem in den neuen Bundersländern in der ersten Hälfte der 1990er Jahre Kreisgebietsreformen stattgefunden hatten, wurde auch das von der Bundesforschungsanstalt für Raumordnung und Landesplanung entwickelte räumliche Analyseraster überarbeitet. Die folgenden Ausführungen beziehen sich auf BfLR, FII5–Raumbeobachtung, Februar 1997, S. 1 – 5). Die Konsequenzen einer hierarchischen Typisierung wurde beibehalten. Die Raumordnungsregionen bilden den Ausgangspunkt für die Siedlungsstrukturklassifikation. In annehmbarer Annäherung bilden sie – mit Ausnahme der

Tab. 3.9: Bergbau und Verarbeitendes Gewerbe in Deutschland nach siedlungsstrukturellen Gebietstypen

Quelle: Regionalbarometer neue Bundesländer 1995, S. 75

	Beschäftigte je 1 000 Erwerbstätige (15 – 64jährige)	Umsatz je Beschäftigten (DM)	Beschäftigte je Betrieb	Bruttolohn und Gehaltssumme je Beschäftigten (DM)	Anteil der Lohnkosten am Umsatz (%)
Alte Länder	*167*	*22 031*	*155*	*4 987*	*22,6*
Regionen mit großen Verdichtungsräumen	167	23 706	180	5 281	22,3
Regionen mit Verdichtungsansätzen	164	20 804	136	4 728	22,7
Ländlich geprägte Regionen	201	17 671	132	4 702	26,6
darunter peripher gelegen	135	20 157	119	4 046	20,1
Neue Länder	*93*	*11 333*	*150*	*2 652*	*23,4*
Regionen mit großen Verdichtungsräumen	97	14 325	155	2 988	20,9
Regionen mit Verdichtungsansätzen	105	7 259	158	2 279	31,4
Ländlich geprägte Regionen	81	9 242	133	2 154	23,3
darunter peripher gelegen	53	9 117	109	2 186	24,0
Bundesrepublik insgesamt	*150*	*20 586*	*154*	*4 671*	*22,7*

	Einwohner-dichte (Ew. / km²) 1996	Industriebesatz[1] 1997	Beschäftigte im tertiären Sektor (%) 1997	Realsteuerkraft (DM / Ew.) 1996	Kaufkraft (DM / Ew.) 1997
Alte Länder	*258*	*114*	*62,9*	*538*	*29 818*
Agglomerationsräume	513	112	66,4	599	31 172
Verstädterte Räume	193	119	59,2	476	28 528
Ländliche Räume	111	112	56,5	441	27 364
Neue Länder	*162*	*70*	*64,4*	*228*	*23 939*
Agglomerationsräume	282	67	68,3	295	25 939
Verstädterte Räume	165	76	60,4	175	22 448
Ländliche Räume	81	66	60,9	158	21 756
Bundesrepublik insgesamt	*229*	*105*	*63,2*	*471*	*28 625*

Tab. 3.10: Ausgewählte regionale Strukturindikatoren in Deutschland nach siedlungsstrukturellen Gebietstypen

Quelle: MARETZKE / IRMEN 1999, S. 6

[1] Sozialversicherungspflichtige Beschäftigte im Bergbau und verarbeitenden Gewerbe je 1 000 Einwohner

	Einwohnerzahl	Entwicklung der Erwerbstätigenzahl			
		gesamt	im primären Sektor [1]	im sekundären Sektor [2]	im tertiären Sektor [3]
	1991 – 1996	1991 – 1996			
Alte Länder	*3,4*	*– 3,7*	*– 23*	*– 15*	*4,6*
Agglomerationsräume	2,4	– 4,5	– 21	– 17	3,8
Verstädterte Räume	4,4	– 2,8	– 23	– 12	5,6
Ländliche Räume	4,4	– 2,8	– 23	– 12	5,6
Neue Länder [4]	*– 2,0*	*– 12,6*	*– 52*	*– 28*	*2,0*
Agglomerationsräume	– 0,6	– 9,7	– 46	– 27	3,1
Verstädterte Räume	– 3,3	– 15,1	– 52	– 29	1,0
Ländliche Räume	– 3,1	– 15,3	– 56	– 26	0,5
Bundesrepublik insgesamt	*2,2*	*– 5,8*	*– 32*	*– 18*	*4,1*

Tab. 3.11: Entwicklung ausgewählter regionaler Strukturindikatoren in Deutschland 1991 – 1996

Quelle: MARETZKE / IRMEN 1999, S. 78

[1] Erwerbstätige der Wirtschaftsabteilung Land-, Forstwirtschaft und Fischerei

[2] Erwerbstätige der Wirtschaftsabteilung Produzierendes Gewerbe

[3] Erwerbstätige in den Wirtschaftsabteilungen Handel, Verkehr und Nachrichtenübermittlung; Sonstige unternehmerische Dienstleistungen; Staat, private Haushalte und private Organisationen ohne Erwerbszweck

[4] Neue Länder inklusive Berlin

Stadtstaaten – den funktionsräumlichen Zusammenhang von oberzentralen Kernen und deren Umland ab. Die Stadtstaaten werden mit einem landesübergreifenden Raum so zusammengefaßt, daß bundesweit vergleichbare Analyseregionen entstehen.

Für die Regionaltypisierung bilden diese Analyseregionen die Grundlage. Zur Kennzeichnung der Siedlungsstruktur werden auf der Ebene der Analyseregionen vier zentrale Merkmale verwendet: Bevölkerungszahl, Größe der Zentren, Bevölkerungsdichte der Region und intraregionale Streuung.

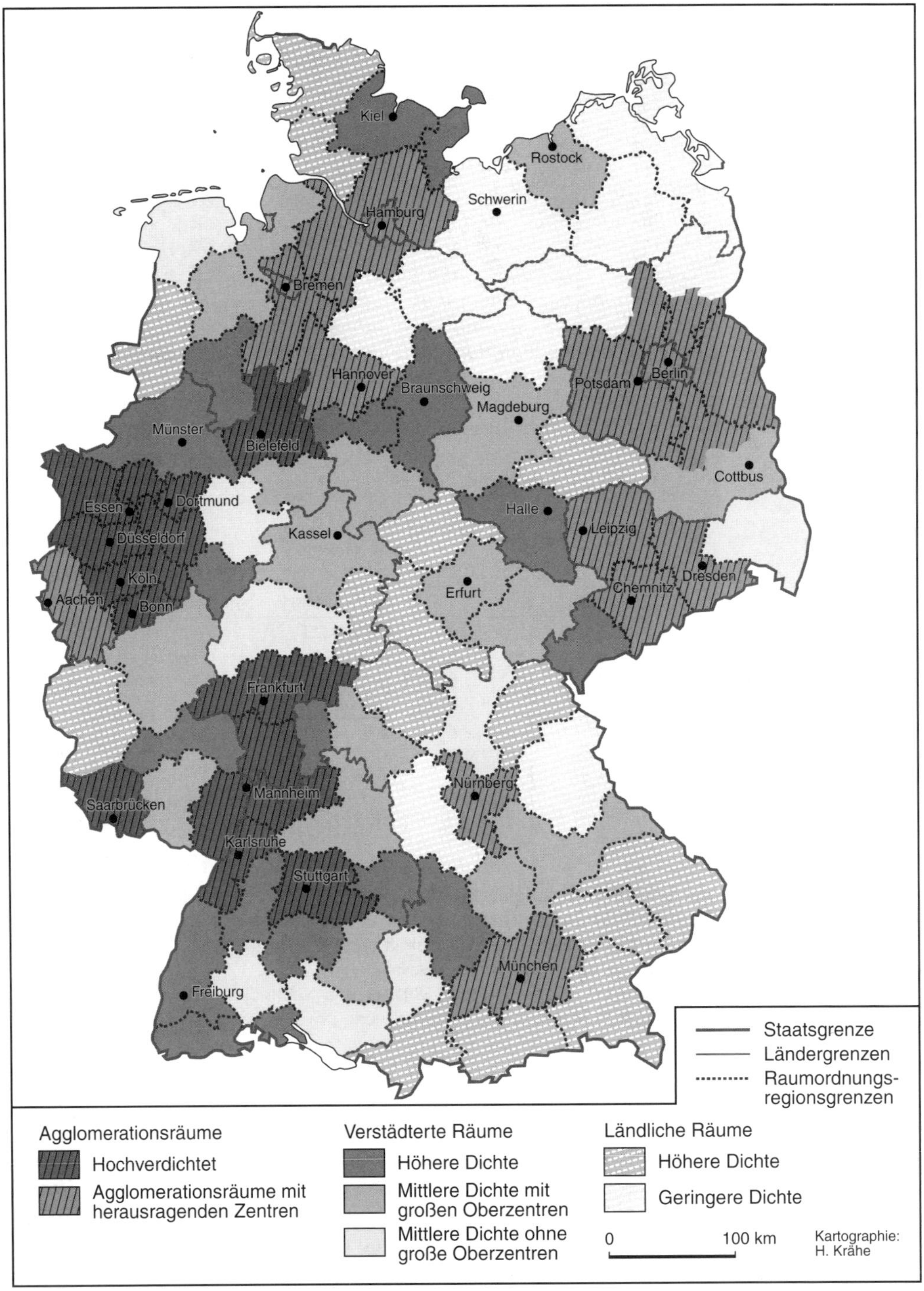

Abb. 3.9: Siedlungsstrukturelle Regionstypen in Deutschland 1996
Quelle: Bundesamt für Bauwesen und Raumordnung (BBR) 1999

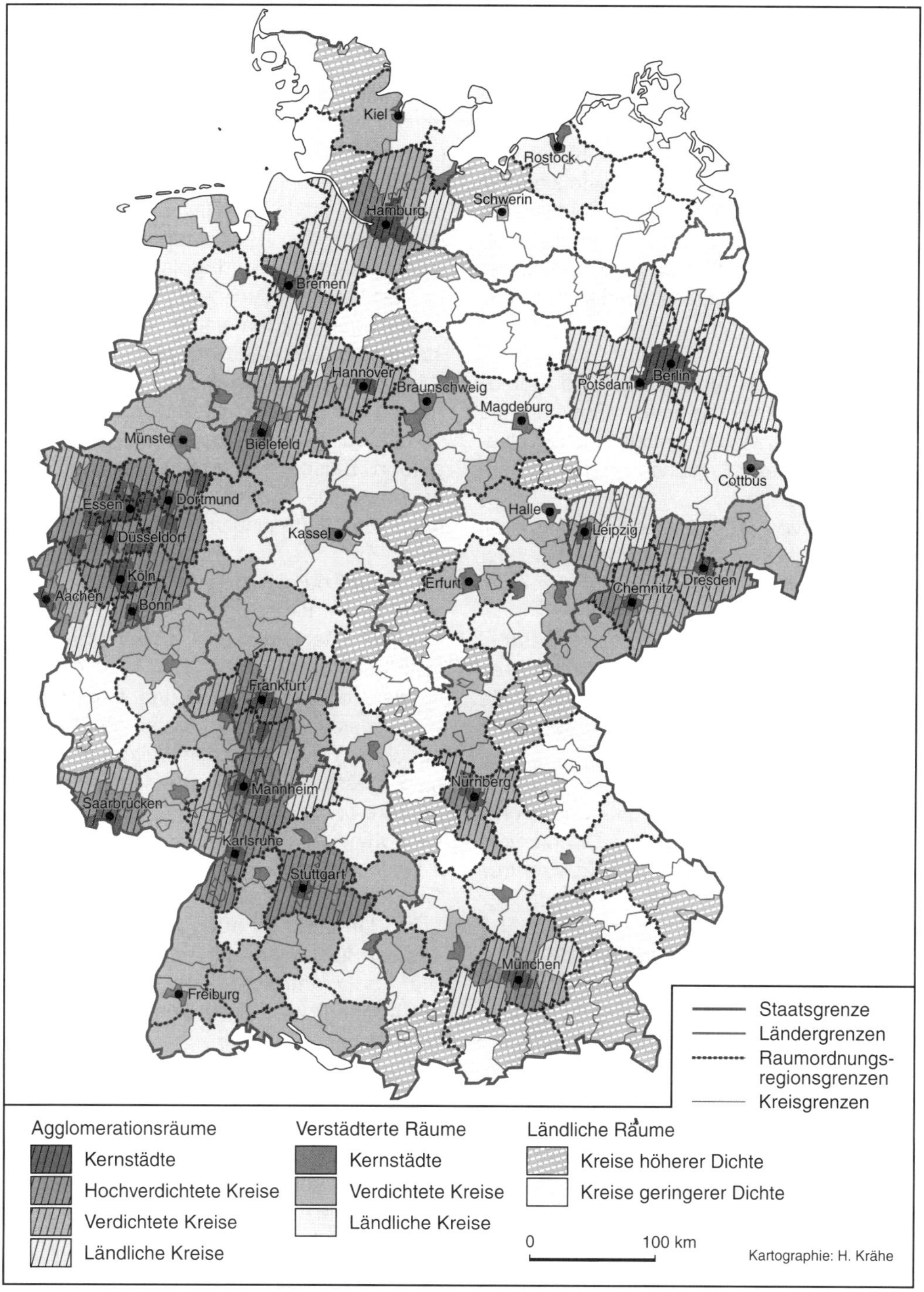

Abb. 3.10: Siedlungsstrukturelle Kreistypen in Deutschland 1996
Quelle: Bundesamt für Bauwesen und Raumordnung (BBR) 1999

Um zu bundesweit vergleichbaren Raumeinheiten zu kommen, werden auf der Kreisebene ebenfalls analytisch orientierte Zusammenfassungen vorgenommen. Wie schon bei der früheren Typisierung (vgl. Kap. 3.3) werden außerhalb der großen Kreisfreien Städte Kreisregionen als Aggregate kleinerer Kreisfreier Städte mit ihren zugeordneten Landkreisen gebildet und nach ihrer Bevölkerungsdichte, nach ihrer Lage zueinander und innerhalb der Regionaltypen klassifiziert.

Regionstypen

Im Sinne dieser Typisierung sind Regionen die Analyseregionen. Sowohl die Größe der Oberzentren als auch die Bevölkerungsdichte dieser Regionen werden berücksichtigt (Abb. 3.8):

Regionstyp I (Agglomerationsräume) faßt Regionen mit Oberzentren >300 000 Ew. oder Bevölkerungsdichte um >300 Ew./km² zusammen.

Regionstyp II (Verstädterte Räume) umfaßt Regionen mit Oberzentren >100 000 Ew. oder Bevölkerungsdichte >150 Ew./km², bei einer Mindestdichte von 100 Ew./km².

Regionstyp III (Ländliche Räume) umfaßt Regionen mit einer Bevölkerungsdichte <150 Ew./km² und ohne Oberzentren >100 000 Ew, Regionen mit Oberzentren >100 000 Ew. mit einer Bevölkerungsdichte um <100 Ew./km².

Gegenüber der Gliederung von 1991 ist in einigen Regionen eine Änderung vorgenommen worden. So wurden verschiedene Regionen, die bisher dem Regionstyp I zuzuordnen waren, nun nicht mehr als Agglomeration eingestuft.

Die Raumordnungsregionen 61 (Südwestsachsen) und 34 (Halle/S.) unterschritten bereits Mitte der 1990er Jahre mit einer Bevölkerungsdichte von 270 Ew./km² bzw. <207 Ew./km² beträchtlich den gesetzlichen Schwellenwert. Diese Werte konnten auch nicht durch die Größe des Zentrums (Raumordnungsregion 61: 105 000 Ew.; Raumordnungsregion 34: 290 000 Ew.) ausgeglichen werden.

In der Kategorie Regionstyp II hat es im Vergleich zur bisherigen Typisierung infolge der z. T. sehr starken Bevölkerungszunahme und der Entwicklung zur Verstädterung ebenfalls Veränderungen gegeben. Einige Regionen in der Nähe von Ballungszentren sind davon betroffen (Raumordnungsregion 73: Ostwürttemberg, 89: Ingolstadt, 83: Oberfranken West, 38: Arnsberg).

Dagegen wurden einige vorher als "verstädtert" eingestufte Gebiete nun als "ländlich"eingeordnet. Das wird z. T. auf die Veränderung der Bevölkerungszahlen, z. T. auf die Veränderung des Flächenzuschnitts zurückgeführt. Beispiele sind die Raumordnungsregion 33: Dessau und die Raumordnungsregion 55: Südthüringen.

Insgesamt bedeutet diese neue Zuordnung und Typisierung sowohl eine Beschränkung des Typs "Agglomeration" als auch des Typs "Ländliche Siedlung".

Die Regionen dieser drei Grundtypen (Agglomerationsräume, Verstädterte Räume, Ländliche Räume) werden weiter nach ihren siedlungsstrukturellen Unterschieden differenziert:

Grundtyp I: Agglomerationsräume

1 Hochverdichtete Agglomerationsräume

Regionen mit Oberzentren >100 000 Ew. und Umland–Dichte >300 Ew./km²: Typisch für diese regionale Situation sind die polyzentrisch geprägten Agglomerationen, wie Rhein-Ruhr, Rhein-Main-Neckar.

2 Agglomerationsräume mit herausragenden Zentren

Regionen mit Zentren >100 000 Ew. und Umland–Dichte <300 Ew./km²: Typisch für diese Situation eines starken Kern-Umland-Gefälles sind die Stadtstaaten und ihr Umland. Neben Berlin, Hamburg, Bremen, München, Hannover, Nürnberg, Dresden und Leipzig (= überragende Zentren mit ca. 500 000 Ew.) zählen auch

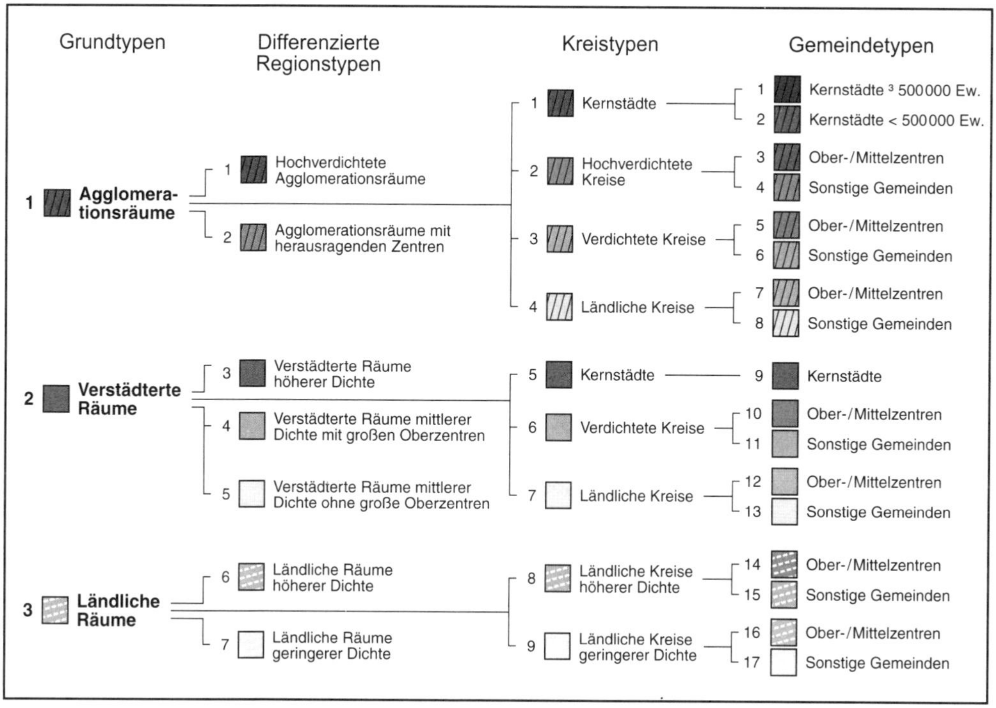

Abb. 3.11: Siedlungsstrukturelle Gebietstypen in Deutschland 1996
Quelle: F II 5 – Raumbeobachtung, Februar 1997

Aachen und Chemnitz zu dieser Kategorie.

Grundtyp II: Verstädterte Räume

3 Verstädterte Räume höherer Dichte

Regionen mit Dichte >200 Ew./km^2: Verstädterte Regionen, die neben der relativ hohen Dichte (>200 Ew./km^2) i. d. R. ein großstädtisches Oberzentrum aufweisen (z. B. ROR 34 Halle/S., ROR 35 Münster) oder aber in der Nachbarschaft solcher Zentren liegen (z. B. ROR 73 Ostwürttemberg, ROR 80 Bayerischer Untermain).

4 Verstädterte Räume mittlerer Dichte mit Oberzentren

Regionen mit Dichte 100 – 200 Ew./km^2, mit Oberzentren >100 000 Ew.: Regionen mittlerer Dichte, bei denen "Verstädterung" (bei einer Mindestdichte von ca. 100 Ew./km^2) an dem Vorhandensein einer Großstadt festgemacht wird, und zwar auch dann, wenn die Region ansonsten relativ gering besiedelt ist (z. B. ROR 8 Mittleres Mecklenburg/Rostock, ROR 28 Lausitz-Spreewald/Cottbus, ROR 90 Regensburg).

5 Verstädterte Räume mittlerer Dichte ohne große Oberzentren

Regionen mit Dichte >150 und <200 Ew./km^2, ohne Zentrum >100 000 Ew.: Regionen, in denen kein großstädtisches Zentrum vorhanden ist, in denen aber eine größere Verdichtung als in ländlichen Räumen vorliegt (>150 Ew./km^2).

Grundtyp III: Ländliche Räume

6 Ländliche Räume höherer Dichte

Regionen mit Dichte >100 Ew./km^2: Regionen, die eine für ländliche Räume relativ hohe Bevölkerungsdichte und i. d. R. ein bedeutsames Zentrum aufweisen.

Abb. 3.12: Raumordnungsregionen (Analyseräume) Deutschlands 1996
Quelle: Bundesamt für Bauwesen und Raumordnung (BBR) 1999

7 Ländliche Räume geringerer Dichte
Regionen mit einer Dichte <100 Ew./km²: Regionen, die eine insgesamt geringe Bevölkerungsdichte aufweisen, selbst wenn ein bedeutsames Zentrum vorhanden ist.

Das Ergebnis dieser Typisierung (Stand: 1.1.1996) findet seinen Niederschlag in Abbildung 3.9. Ein Vergleich mit Abbildung 3.6 macht die regionalen Unterschiede deutlich.

Die vollständige Systematik dieses vom Bundesamt für Bauwesen und Raumordnung entwickelten Analyserasters vermittelt Abbildung 3.10 und verdeutlicht, daß Grundtypen, differenzierte Regionstypen, Kreistypen und Gemeindetypen herausgestellt werden können.

3.5 Suburbanisierung

Suburbanisierung ist eine besondere Begleiterscheinung des (Groß-) Stadtwachstums. Die heutigen Großstädte in Deutschland sind durch lokale Konzentrationen regionaler und überregionaler Entwicklungspotentiale entstanden. Durch Ausweitung ihres Funktionsspektrums bzw. ihrer Reichweite und ihrer Verflechtungen wachsen sie weiter.

Wachstum von Großstädten bedeutet auch fast immer Wachstum von Bevölkerung und Fläche. Deshalb wird die administrative Grenze einer Stadt häufig nach außen verschoben. Man spricht dann von Stadterweiterungen.

Wenn die politische Grenze einer sich ausbreitenden Stadt nicht mehr folgen kann, dann entstehen politisch selbständige, funktional aber abhängige Siedlungsgebiete vor der Stadt. Sie bilden die Ansatzpunkte für Suburbanisierungsprozesse.

So kann Suburbanisierung wie folgt definiert werden:

Sie ist eine intraregionale Ausbreitung von Bevölkerung und Nutzungen im Ergebnis eines interregional getragenen Konzentrationsprozesses.

In der alten Bundesrepublik ist dieses ein seit langem bekannter Prozeß. Er setzte dort in den 1960er Jahren mit einer Kern-Rand-Wanderung ein und stellte damit einen neuartigen demographischen Umstrukturierungsprozeß dar. Dieser begann mit der zunehmenden räumlichen Trennung der Daseinsgrundfunktionen Arbeiten, Wohnen und Sich–Erholen. Ehemals ländlich geprägte Siedlungen erlebten damit ein starkes Wachstum.

Mitte der 1980er Jahre gab es eine verstärkte Tendenz der Suburbanisierung von Arbeitsplätzen im Dienstleistungsbereich. Das war eine Folge der zeitlich vorangegangenen Bevölkerungs- und Industriesuburbanisierung. Mitte der 1980er Jahre wandten sich insbesondere unternehmensbezogene Dienstleistungen in das nahe Umland. Die dort inzwischen entstandene kaufkräftige Nachfrage zog Großhandel, Verwaltungen, Einzelhandelsbetriebe, Zweigstellen von Banken u. a. an (Raumordnungsbericht 1986, Bonn: Drucksache 10/6027 vom 19.9.86, S. 26). So entstanden suburbane Räume, also jene Zonen, die im Rahmen eines Dekonzentrationsprozesses von Städten durch einen Zuwachs an Bevölkerung und Arbeitsplätzen gekennzeichnet sind. Die räumlich funktionalen Beziehungen zwischen dem Siedlungskern und den Randzonen blieben dabei weitgehend erhalten. Geringe Boden- und Wohnkosten, Flächenreserven und verminderte Umweltbelastungen waren die wichtigsten Gründe für Gewerbe- und Industriebetriebe sowie Haushalte. Zahlreiche Beispiele sind in der Literatur behandelt worden. Im Kapitel 4 dieses Bandes mit der Abbildung 4.17 ist die Suburbanisierung im Wirtschaftsraum München beschrieben.

In den Großstadtregionen der DDR spielten Suburbanisierungsprozesse eine völlig untergeordnete Rolle. Zu Zeiten des Sozialismus war der Wohnungsbau auf die größeren und mittleren Städte konzentriert.

Nach der Vereinigung Deutschlands und dem für die neuen Bundesländer damit verbundenen Transformationsprozeß setzte dort schlagartig eine Stadt-Umland-Dynamik ein.

Diese Suburbanisierung verlief in den neuen Bundesländern jedoch anders als in der alten Bundesrepublik. Diese Unterschiede zeigt die schematische Darstellung (Abb. 3.13).

Auslösender Faktor für Suburbanisierungsvörgänge in den neuen Bundesländern war die plötzlich gegebene rechtliche und finanzielle Möglichkeit, angestaute Wohnwertbedürfnisse im Umlandbereich der Städte zufrieden stellen zu können. So war dieses ein extrem induzierter Vorgang (Abb. 3.14 und 3.15).

Der zweite Unterschied zum Suburbanisierungsprozeß in den alten Bundesländern bestand darin, daß in den neuen Bundesländern der Prozeß in Regionen stattfand, in denen schrumpfende Bevölkerungszahlen und wirtschaftlich krisenhafte Umstellungen erfolgten.

Der dritte Unterschied liegt darin, daß die Zahl derjenigen, die an der suburbanen Migration teilnehmen konnten, in den neuen Bundesländern wesentlich geringer war als in den alten Bundesländern. Die Suburbanisierung, die dammbruchartig 1992 begann und ein regelrechtes Ausfließen der Städte einleitete, wird sicherlich gegenwärtig (um 2000) zum Ende kommen, wenn sich die wirtschaftlichen Rahmenbedingungen nicht grundsätzlich ändern.

Neben der Wohnsuburbanisierung wird die Gewerbesuburbanisierung unterschieden. Auch in dieser Hinsicht hat es seit der Vereinigung zahlreiche stadtnahe Gewerbegebiete gegeben. Dort existiert ein überdurchschnittlicher Anteil weniger Branchen (Einzelhandel, Transport-, Lager- und Umschlagprozesse, Bauwirtschaft und freizeitorientierte Dienstleistungen). Die Unternehmen sind in den seltensten Fällen von innen nach außen an die Stadt angelagert. In vielen Fällen sind es völlig überdimensionierte Kapazitäten. Für ganze Produktionsgruppen (z. B. Möbel, Teppiche, Dachsteine) ist die Sättigungsgrenze längst erreicht (USBECK 1998, S. 27 – 28).

Mit der Einführung der Verwaltungsautonomie der Gemeinden in den neuen Bundesländern (GG Art. 28 Abs. 2) wurde das Prinzip des "demokratischen Zentralismus" aufgehoben. Das hatte zur Folge, daß der Autonomiegrad der ostdeutschen Gemeinden in der Zeit unmittelbar nach der Wende bei weitem die Kontrollmöglichkeiten überstieg. Es fehlten anfangs die Zwischeninstanzen, die die übergeordneten

Abb. 3.13: Muster der Suburbanisierung in den alten Ländern (1960er Jahre) und neuen Ländern (1990er Jahre)

Quelle: nach HERFERT / BURDAK 1998, S. 37

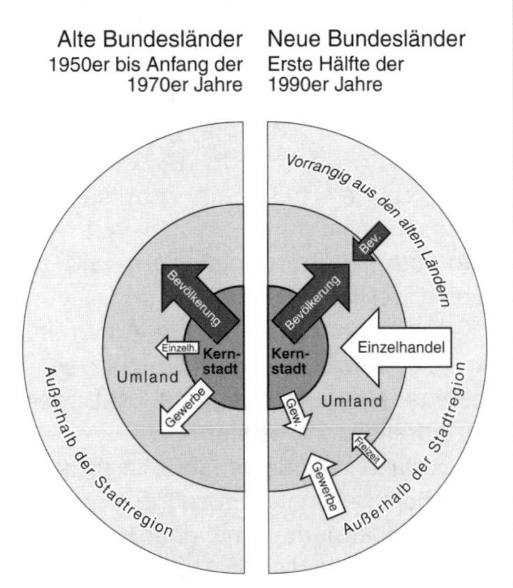

Die Pfeilstärke widerspiegelt die Dynamik der einzelnen Prozesse

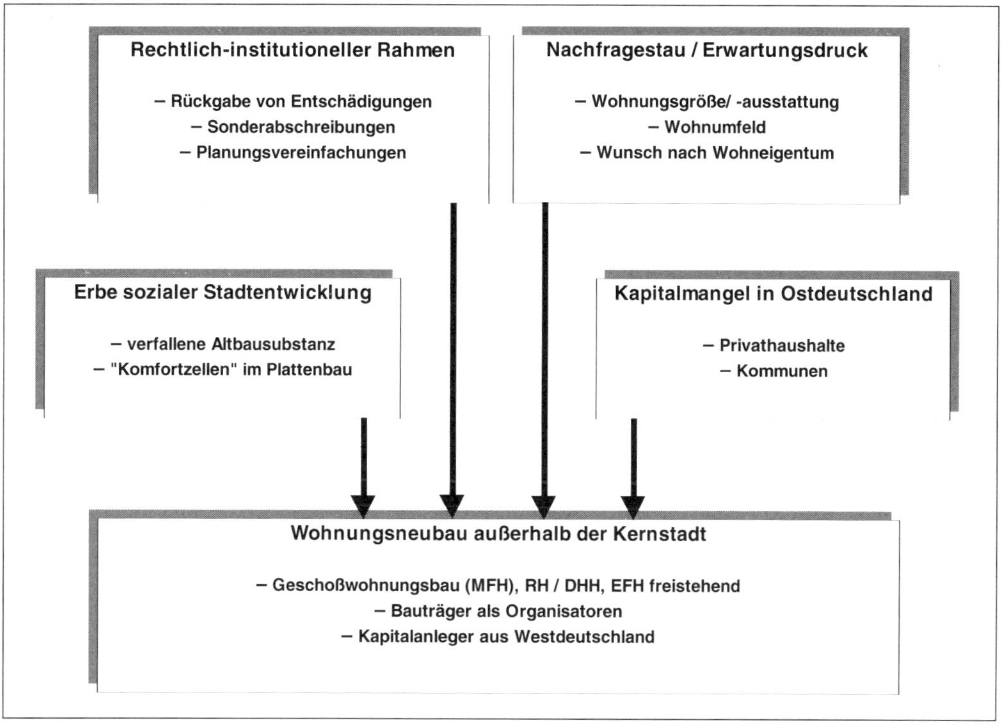

Abb. 3.14: Suburbanisierungsvorgänge in den neuen Bundesländern
Quelle: Sailer / Fliege 1998, S. 99

Planungsvorhaben kontrollierten. Oder sie waren zwar vorhanden, aber noch nicht funktionstüchtig (z. B. Bezirksregierungen).

Diese besondere Situation führte dazu, daß vorzugsweise an Schnittstellen von Autobahnen im stadtnahen Umland Einkaufszentren auf der "Grünen Wiese" entstanden. Sie entwickelten sich in rasantem Tempo und nahmen einen Umfang an, der den Umfang in den westlichen Bundesländern bei weitem übertraf.

Der Einzelhandel in den Innenstädten bekam durch diese Entwicklung zunehmend Probleme. Es lassen sich dafür mehrere Gründe anführen:

Nach der Wirtschafts-, Währungs- und Sozialunion Mitte 1990 setzte ein gewaltiger Kaufkraftschub ein. In den Innenstädten gab es jedoch nur dürftige Verkaufsflächen. Da inzwischen die Zahl der PKW sehr stark angestiegen war und viele Bürger ihren Einkauf mit dem Auto erledigten, reichten die Straßen und Parkplätze nicht aus. In den Innenstädten konnten wegen der oft ungeklärten Eigentumsverhältnisse Verkaufsflächen weder erweitert noch modernisiert werden. Das angewendete Prinzip Rückgabe vor Entschädigung erschwerte oder blockierte sogar einen Neuanfang in den Innenstädten. Der Denkmalschutz bremste in vielen Fällen die Entwicklung, und die in katastrophalem Zustand befindlichen Straßen hätten den explosionsartig sich entwickelnden Verkehr nicht aufnehmen können.

All diese Probleme gab es an den Stadträndern oder in Stadtrandgemeinden kaum. Es gab dort keine ungeklärten Eigentumsverhältnisse, es stand genügend Fläche für Parkraum zur Verfügung. Tabelle 3.12 zeigt die seit 1990 geplanten oder / und realisierten großflächigen Einzelhandelszentren in den

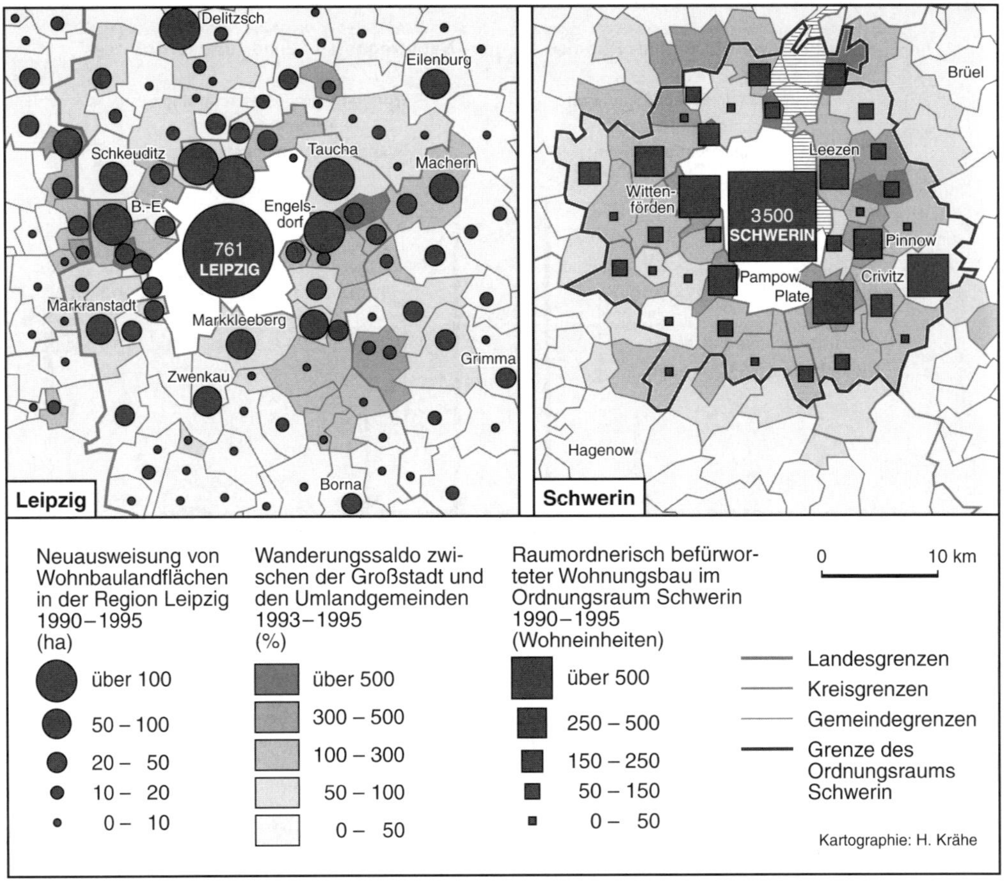

Abb. 3.15: Suburbanisierungsprozesse in Leipzig und Schwerin 1990 – 1995
Quelle: Herfert 1997, S.21

neuen Bundesländern mit Verkaufsflächen ab 5 000 m² nach dem Stand von 1998.

Schon 1995 gab es pro Einwohner in den neuen Bundesländern zweieinhalbmal soviel Verkaufsfläche in Einkaufszentren wie in den alten (Güttler u. a. 1995, S. 7). 25 – 30 % der Verkaufsflächen in den alten Bundesländern befanden sich 1995 im Außenbereich der Städte. In den neuen Bundesländern belief sich dieser Anteil auf 55 %.

Tabelle 3.13 und Abbildung 3.16 zeigen Angaben über die Verkaufsflächen je Einwohner für ausgewählte Städte und Stadt-Umland-Regionen in den neuen Bundesländern.

Tab. 3.13: Versorgungsdichten im Einzelhandel ausgewählter Stadt-Umland-Regionen der neuen Bundesländer 1998
Quelle: Landesumweltamt Brandenburg, 5/99

	Verkaufsfläche je Einwohner (m^2)	
	Stadt	Stadt-Umland-Region
Berlin	0,95	1,02
Leipzig	1,26	1,37
Dresden	1,35	1,48
Chemnitz	1,50	1,55
Magdeburg	2,11	–
Jena	2,03	2,06
Schwerin	1,80	2,10
Rostock	0,90	1,50
Stralsund	1,70	2,60

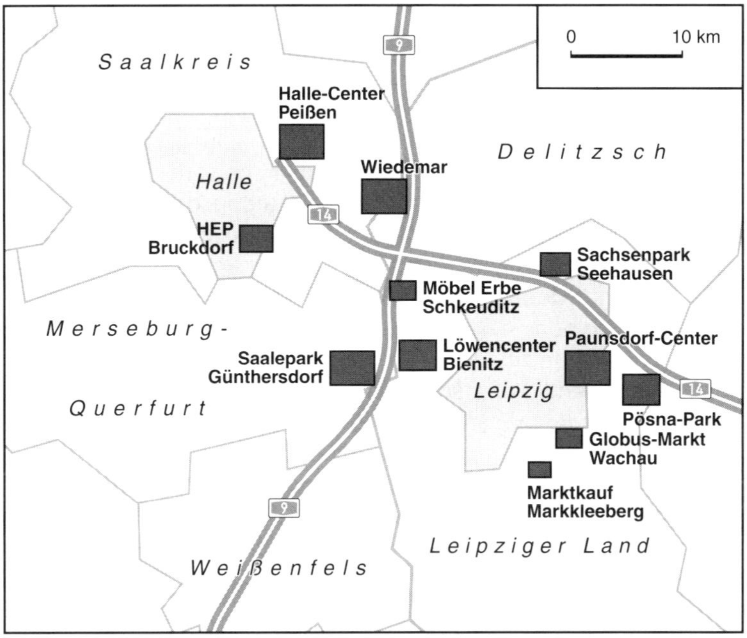

Abb. 3.16: Standorte großflächiger Einzelhandelseinrichtungen in den Stadtregionen Halle und Leipzig
Quelle: Franz 1996, S. 61

Teilraum	EHZ (Anzahl)	Verkaufsflächenzuwachs (m^2)	(m^2 / Ew.)
Brandenburg	159	1 917 100	0,74
Berlin	67	1 189 500	0,32
Gemeinsamer Planungsraum Berlin-Brandenburg	224	3 008 100	0,50
Sachsen	221	2 898 417	0,64
Sachsen-Anhalt	133	1 963 338	0,73
Thüringen	136	1 609 482	0,65
Mecklenburg-Vorpommern	78	1 003 500	0,56

Tab. 3.12: Seit 1990 in den neuen Bundesländern geplante und / oder realisierte großflächige Einzelhandelszentren (EHZ) ab 5 000 m^2 (Stand: 1998)
Quelle: Landesumweltamt Brandenburg, 5 / 99

Suburbanisierung ist ein Prozeß, der auch schon in den alten Bundesländern eine Rolle spielte. Doch im Westen folgten der Wohnsuburbanisierung die Einkaufszentren auf der "Grünen Wiese". Diese Entwicklung war vom Ausbau der Infrastruktur begleitet. In den neuen Bundesländern verlief die Entwicklung hingegen umgekehrt. Bevor es möglich war, eine ausreichende Infrastruktur zu entwickeln, wurden bereits die Einkaufszentren gebaut.

3.6 Neue Rahmenbedingungen für raumstrukturelle Wandlungsprozesse in Bonn und Berlin seit der Vereinigung

Nachdem im Jahre 1949 Bonn zur Hauptstadt der Bundesrepublik Deutschland ernannt worden war, konnte diese Stadt über vier Jahrzehnte hinweg weltweite

Beachtung und Bedeutung erlangen. Mit der Vereinigung der beiden Deutschen Staaten im Herbst 1990 wurde plötzlich die Hauptstadtfrage ein zentrales Thema in der politischen Diskussion. Obwohl im Einigungsvertrag festgelegt worden war, daß Berlin wieder deutsche Hauptstadt werden sollte, gab es immer wieder Kontroversen und Kritik, insbesondere an der konkreten Umsetzung des Beschlusses, wonach eine Aufgabenteilung zwischen beiden Städten und Ausgleichsmaßnahmen für Bonn notwendig sein sollten.

Am 29.6.1994 wurde zwischen dem Bund und der Region Bonn eine "Vereinbarung über die Ausgleichsmaßnahmen" getroffen, um den Verlust von Parlament und Regierungsfunktionen auszugleichen. Danach wird der Bund in einem Zeitraum von 10 Jahren (1995 – 2004) insgesamt 2,81 Mrd. DM für Ausgleichsmaßnahmen bereit stellen. Es ist der Zweck dieses Ausgleichsvertrages, die durch die Verlagerung des Parlamentssitzes und von Regierungsfunktionen entstehenden Folgen abzumildern, und zwar durch Übernahme und Ansiedlung neuer Funktionen und Institutionen nationaler und internationaler Bedeutung. Der politische, wissenschaftliche und kulturelle Bereich sollen dabei berücksichtigt und ebenso notwendige Umstrukturierungen unterstützt werden.

Ausgleichsmaßnahmen im Schwerpunktbereich Wissenschaft:

- Damit die Sacharbeit der Stiftung CAESAR (Center for advanced European studies and research) beginnen konnte, wurden wichtige Entscheidungen getroffen, z. B. über den Erwerb des Institutsgeländes, über die Bestellung eines Gründungsdirektors und über die Arbeitsaufnahme der Stiftung.
- Es erfolgte der weitere planmäßige Aufbau des Studienbetriebes der Fachhochschule Rhein-Sieg-Kreis. Mit der Vergabe der Rohbaumaßnahmen konnten die Bauarbeiten an den beiden Standorten St. Augustin und Rheinbach eingeleitet werden.
- Für den Bau der Fachhochschule Koblenz konnte mit der Abteilung Remagen der erste Bauabschnitt beginnen.
- Es wurde der Aufbau der Universitätszentren für Europäische Integrationsforschung (ZEI) und Entwicklungsforschung (ZEF) fortgesetzt, ein Gebäude für beide Institute gekauft.
- Im Rahmen des Ausbaus des Wissenschaftszentrums kam die Bauplanung zur Erweiterung des DFG-Dienstgebäudes zum Abschluß.

Ausgleichsmaßnahmen im Schwerpunktbereich Kultur:

- Zur Erweiterung des Rheinischen Landesmuseums wurden mit der Errichtung eines Museumsdepots in Meckenheim die notwendigen Voraussetzungen geschaffen.
- Um Ferien- und Wochenendkurse an der Alamus-Hochschule im Alfter durchführen zu können, erfolgte der Beschluß zur Errichtung eines Werkhauses.
- Auf Schloß Drachenburg in Königswinter wurde mit den Bauarbeiten für ein Museum und Archiv zur Geschichte des Naturschutzes in Deutschland begonnen.

Ausgleichsmaßnahmen im Schwerpunktbereich Wirtschaft:

- Im Rahmen der Soforthilfe erfolgte die weitere Erschließung von Gewerbegebieten, in denen 1 324 Arbeitsplätze geschaffen werden konnten.
- Im Gründer- und Technologiezentrum Rheinbach begann der 2. Bauabschnitt.
- In Rheinbreitbach konnte das Technologiezentrum für Oberflächentechnik fertiggestellt werden.
- Es wurden Entscheidungen über ein Multimedia-Support Center in Köln mit einem Gegenstück in der Region Bonn getroffen.

- Es kam weiterhin zur Entscheidung über die Errichtung eines Kinder-Herzzentrums in St. Augustin.
- Um den Tourismus und das Kongreß-wesen zu fördern, wurden Finanzmittel zum Aufbau einer regionalen Tourismus- und Kongreß GmbH zur Verfügung gestellt.

Ausgleichsmaßnahmen im Schwerpunktbereich Zentrum für internationale Zusammenarbeit:

- Man entschied sich, Bonn als Standort des Generalsekretariats des Internationalen Paralympischen Komitees auszuwählen.
- Es wurde Bonn als Standort des Sekretariats des internationalen Übereinkommens zur Bekämpfung der Wüstenbildung in den von Dürre und/oder Wüstenbildung schwer betroffenen Ländern bestimmt.

Bis Ende 1997 konnten insgesamt Ausgleichsmittel im Umfang von etwa 132 Mio. DM verausgabt werden (Jahresbericht der Bundesregierung 1997, S. 828–829).

Am 20. Juni 1991 hatte der Deutsche Bundestag beschlossen, seinen Sitz nach Berlin zu verlegen. Die Bundesregierung legte eine Aufgabenteilung der Bundesressorts fest. Allerdings war dabei eine faire und beständige Arbeitsteilung zwischen Bonn und Berlin eine unabdingbare Voraussetzung, die den Forderungen des Deutschen Bundestages Rechnung trägt. Der größte Teil der Arbeitsplätze sollte in Bonn verbleiben.

Die Gesamtkosten der Verlagerung des Parlamentssitzes und der Regierungsfunktionen nach Berlin wurden im Januar 1994 als Kostentableau vorgelegt. 16 Mrd. DM waren davon für die Umzugskosten, 4 Mrd. DM an Leistungen für Bonn und Berlin vorgesehen.

Dieser Kostenplan bildete die finanzielle Basis und Grundlage für das Berlin-Bonn-Gesetz, das am 26. April 1994 verabschiedet wurde.

Auf der Grundlage dieses Gesetzes (Abb. 3.17) zur Umsetzung des Beschlusses des Deutschen Bundestages von 1991 zur Verlagerung des Sitzes des Deutschen Bundestages nach Berlin zur Vollendung der Einheit Deutschlands haben dann am 30. Juni 1994 die Bundesregierung und der Senat von Berlin einen Hauptstadtvertrag abgeschlossen. In diesem Vertrag wurden Leistungen im Umfang von 1,3 Mrd. DM vorgesehen, u. a. für hauptstadtbedingte Verkehrsmaßnahmen und kulturelle Einrichtungen.

Zur Sicherung einer geordneten städtebaulichen Entwicklung trafen am 10. Mai 1994 der Bund und Berlin eine Verwaltungsvereinbarung über die Städtebaulichen Entwicklungsmaßnahmen "Hauptstadt Berlin – Parlaments- und Regierungsviertel".

Die Entwicklungsmaßnahme umfaßte einen Raum von rd. 220 ha in den Bezirken Mitte und Tiergarten. Hier sollten in erster Linie Parlament und Regierung mit entsprechend notwendigen Einrichtungen untergebracht werden. Die Entwicklungsmaßnahmen waren auf etwa 1,134 Mrd. DM veranschlagt. Davon sollten der Bund 64 %, das Land Berlin 36 % tragen. Mit Zustimmung des Bundes übertrug dann das Land Berlin die Vorbereitung und Durchführung dieser Entwicklungsmaßnahme der Deutschen Stadtentwicklungsgesellschaft mbH (DSK).

Auf Vorschlag des Bundesbauministers billigte am 1. Juni 1994 das Bundeskabinett einen Vorschlag zur Nutzung bundeseigener Altbauten zur Unterbringung der Bundesregierung in Berlin.

Auf Neubauten ist dabei weitgehend verzichtet worden. Für das Auswärtige Amt, das Bundeswirtschafts- und -verkehrsministerium wurden Ergänzungsbauten vorgesehen.

Am 6. Februar 1995 beschloß der Gemeinsame Ausschuß Bund/Berlin, das ehemalige Staatsratsgebäude der DDR zu erhalten (Jahresbericht der Bundesregierung 1997, S. 829 – 830).

3.7 Sozioökonomische Strukturmerkmale Berlins

An der Überwindung der deutschen Teilung hatte das Land Berlin wie kein anderer Raum zu tragen. Die totale Trennung der städtischen Infrastruktur war eine Folge des Mauerbaus von 1961. Darüber hinaus hatten zwei Gesellschaftssysteme auch die Menschen einander entfremdet. Berlin-West war nicht nur von Berlin-Ost getrennt, sondern auch vom brandenburgischen Umland.

Um den besonderen Standortnachteil für Berlin (West) zu beseitigen bzw. zu mindern, setzten schon früh Berlin-Hilfen durch die Bundesrepublik ein. Dadurch konnte die wirtschaftliche und soziale Entwicklung der Stadt gesichert werden. Schon 1949 wurde Berlin (West) in die Marshallplan-Hilfe einbezogen. Es gab in den 1950er Jahren verschiedene finanzielle Hilfen (Investitionshilfen, Auftragsfinanzierung), besondere Fördermaßnahmen seit dem Beginn der 1960er Jahre in Form des Berlin-Hilfe-Gesetzes bzw. des Berlin-Förderungs-Gesetzes.

Abb. 3.17:
Gesetzliche Grundlagen im Rahmen der deutschen Hauptstadtverlagerung
Quelle:
Jahresbericht der Bundesregierung 1997, S. 828 – 829

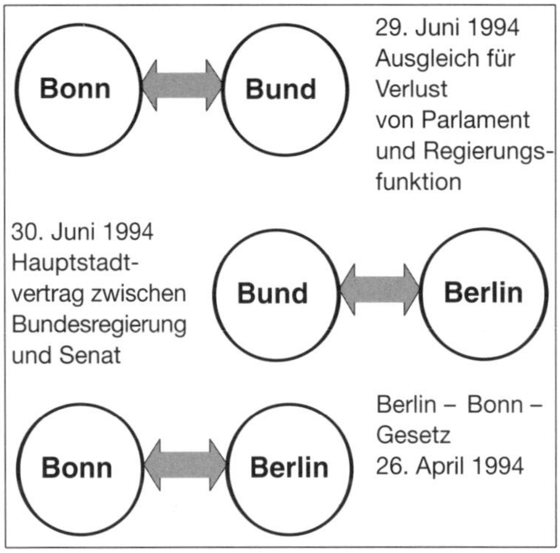

Dieses Gesetz konzentrierte und regelte ab 1970 die verschiedenen Berlin-Hilfen der Bundesrepublik. So gab es z. B. Steuerpräferenzen, Arbeitnehmerzulagen, Kredit- und Finanzierungsprogramme, Transportkostenvergütungen, Gebührenermäßigungen und Investitionszulagen. Der Anteil dieser Hilfen am Stadt-Haushalt erhöhte sich im Laufe der dreißigjährigen Teilung der Stadt. Er machte 1952 mit 600,0 Mio. DM schon 35,7 % aus. 1985 war dieser Anteil bereits auf 52,7 %, d. h. auf 11,3 Mrd. DM gestiegen (Hofmeister 1990, S. 51).

Mit dem Mauerfall 1989 und der Wiedervereinigung im Jahre 1990 und damit der Herstellung der äußeren Einheit Deutschlands, mußten zunächst auf politischer Ebene die Vereinheitlichung der Stadtregierung vorbereitet, eine gemeinsame Volksvertretung gewählt, eine Landesregierung für Gesamt-Berlin gebildet und die Verwaltungsstruktur der Bezirke vereinheitlicht werden.

In der Zeit der Teilung Berlins waren viele Institutionen und Einrichtungen doppelt entstanden. Jede Stadthälfte verfügte über eigene soziale und kulturelle Einrichtungen, eigene Bildungsstätten und Forschungsinstitute. Sowohl in West-Berlin als auch in Ost-Berlin gab es je eine Akademie der Wissenschaften, eine Akademie der Künste, eine Kunsthochschule, eine Hochschule für Musik. Jede Stadthälfte hatte ihren eigenen großen Konzertsaal und große Orchester.

Es lag auf der Hand, daß dieses Nebeneinander auf Dauer nicht bestehen bleiben konnte. Drastische Reduzierungen der Bundeszuschüsse hatten radikale Lösungen zur Folge.

Mit der Abwicklung zahlreicher politisch belasteter Institutionen im Ostteil der Stadt gab es eine hohe Arbeitslosigkeit. Viele Industriebetriebe mußten schließen, weil sie nicht mehr wettbewerbsfähig waren. Für zahlreiche westliche Unternehmen war der

Standort Berlin nicht mehr rentabel, weil Steuervergünstigungen und Zuschüsse wegfielen, die bis dahin zum Ausgleich für die Standortnachteile West-Berlins vom Bund gezahlt worden waren.

Für den einsetzenden Wirtschaftsschwund hätte die zügige Verlagerung der Bundesregierung von Bonn nach Berlin einen Ausgleich bringen können. Durch das Hinausschieben des Regierungsumzuges stagnierte jedoch nicht nur die wirtschaftliche Entwicklung, sie war sogar rückläufig.

Aber es entsteht auf der Großbaustelle in Berlin ein neues Stadtbild. Es erinnert immer weniger an die historischen Stadtstrukturen und zeigt durch den Angleichungsprozeß den Weg zur Normalisierung (BAUDISCH 1997, S. 277 – 278).

3.7.1 Die Verwaltungsgliederung Berlins

Bisher gibt es 23 Bezirke in Berlin. Ab 2001 sollen es nur noch 12 Bezirke sein (Abb. 3.18). In zwei Fällen entsteht aus derzeit drei Bezirken ein neuer Bezirk. Dies betrifft auch den sogenannten Hauptstadtbezirk, der aus den bisherigen Bezirken Wedding, Tiergarten und Mitte gebildet wird. Sieben Bezirke entstehen aus der Zusammenlegung von zwei bisherigen Bezirken. Drei Bezirke kommen ohne Zusammenlegungen aus. Als Orientierungszahl wird eine Einwohnerzahl von 300 000 zugrundegelegt. Die Einwohnerzahl ist seit jeher recht unterschiedlich, wie Abbildung 3.19 zeigt.

3.7.2 Die natürliche Bevölkerungsentwicklung Berlins

Zu Beginn der 1990er Jahre gab es in Berlin zunächst einen deutlichen Anstieg des Sterbeüberschusses (1991: 13 100). Nachdem er sich zunächst etwa auf diesem Niveau gehalten hatte, ging er dann jedoch – nicht zuletzt wegen der etwas angestiegenen Zahl von Lebendgeborenen – ab 1995 leicht zurück (Abb. 3.20).

Ein Vergleich zwischen Berlin-West und Berlin-Ost zeigt, daß es in der Zahl der Lebendgeborenen unterschiedliche Entwicklungen gab. Zu Beginn der 1990er Jahre hatte sich in Berlin-West die Zahl der Lebendgeborenen etwa gleich gehalten. Ab 1996 gab es jedoch einen geringen Anstieg. In Berlin-Ost gab es dagegen einen dramatischen Einbruch. Die Zahl der Lebendgeborenen nahm deutlich ab. Das war in erster Linie eine Folge der Abwanderung junger Menschen nach dem Fall der Mauer. Ein weiterer Grund dafür ist wohl auch in der veränderten wirtschaftlichen und sozialen Situation zu sehen. Wenn man als Vergleichsjahr 1988 heranzieht, kann man feststellen, daß sich im Jahre 1991 die Zahl der Lebendgeborenen halbiert hatte. Ab 1994 läßt sich jedoch wieder eine leichte Zunahme der Geburtenzahlen erkennen (Raumordnungsbericht 1998, S. 84 – 85).

3.7.3 Die Bevölkerungsverteilung und -dichte in den Stadtbezirken Berlins

In den gegenwärtig noch 23 Berliner Stadtbezirken war im Jahre 1996 der Bezirk Neukölln mit 312 900 Einwohnern der bevölkerungsreichste (Abb. 3.18). Der Bezirk Weißensee hatte hingegen nur 60 600 Einwohner. Die acht Innenstadtbezirke Mitte, Tiergarten, Wedding, Prenzlauer Berg, Friederichshain, Kreuzberg,

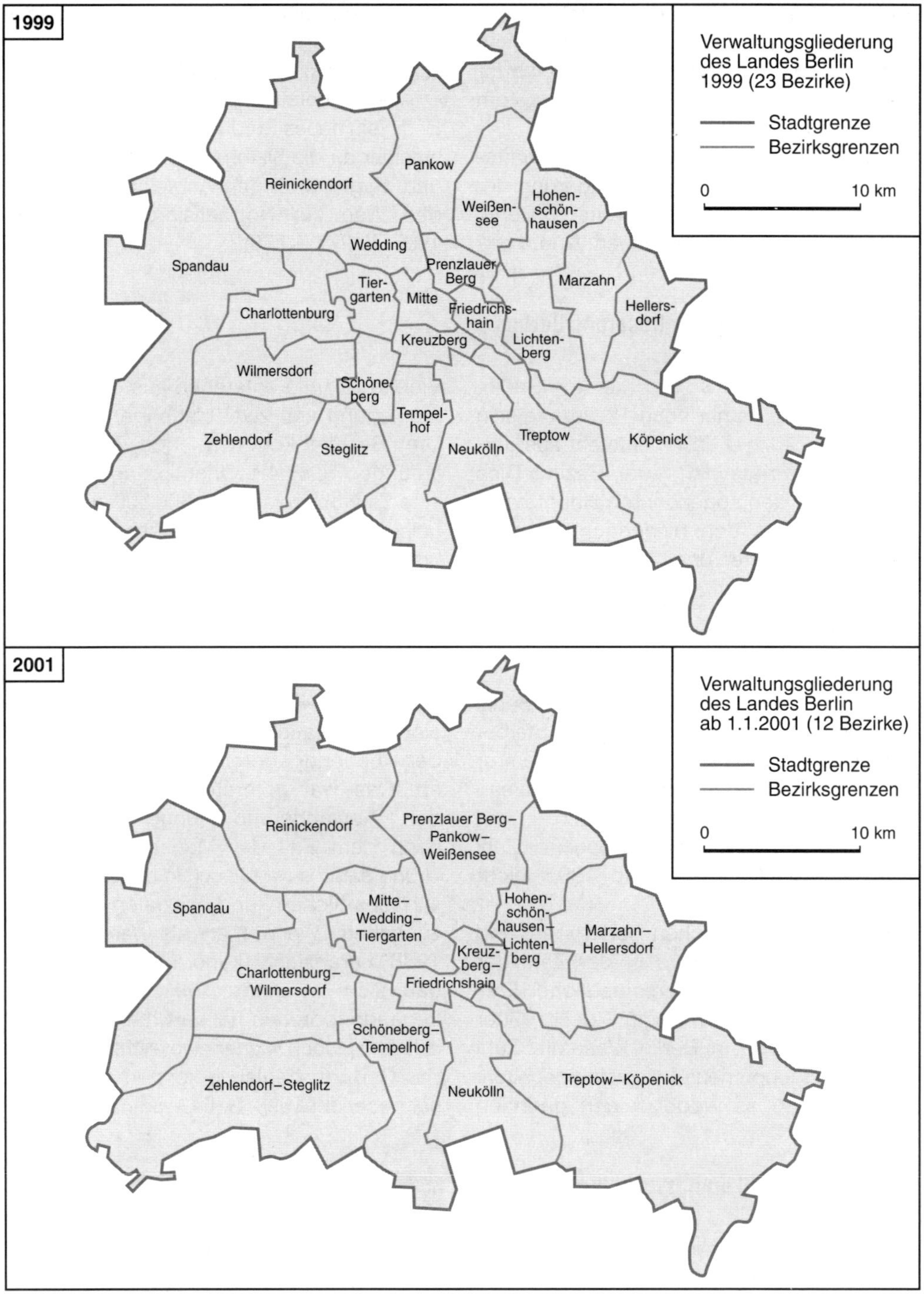

Abb. 3.18: Verwaltungsgliederung des Landes Berlin 1999 und ab 1.1.2001

Quelle: Raumordnungsbericht Berlin und Brandenburg 1998, S. 16

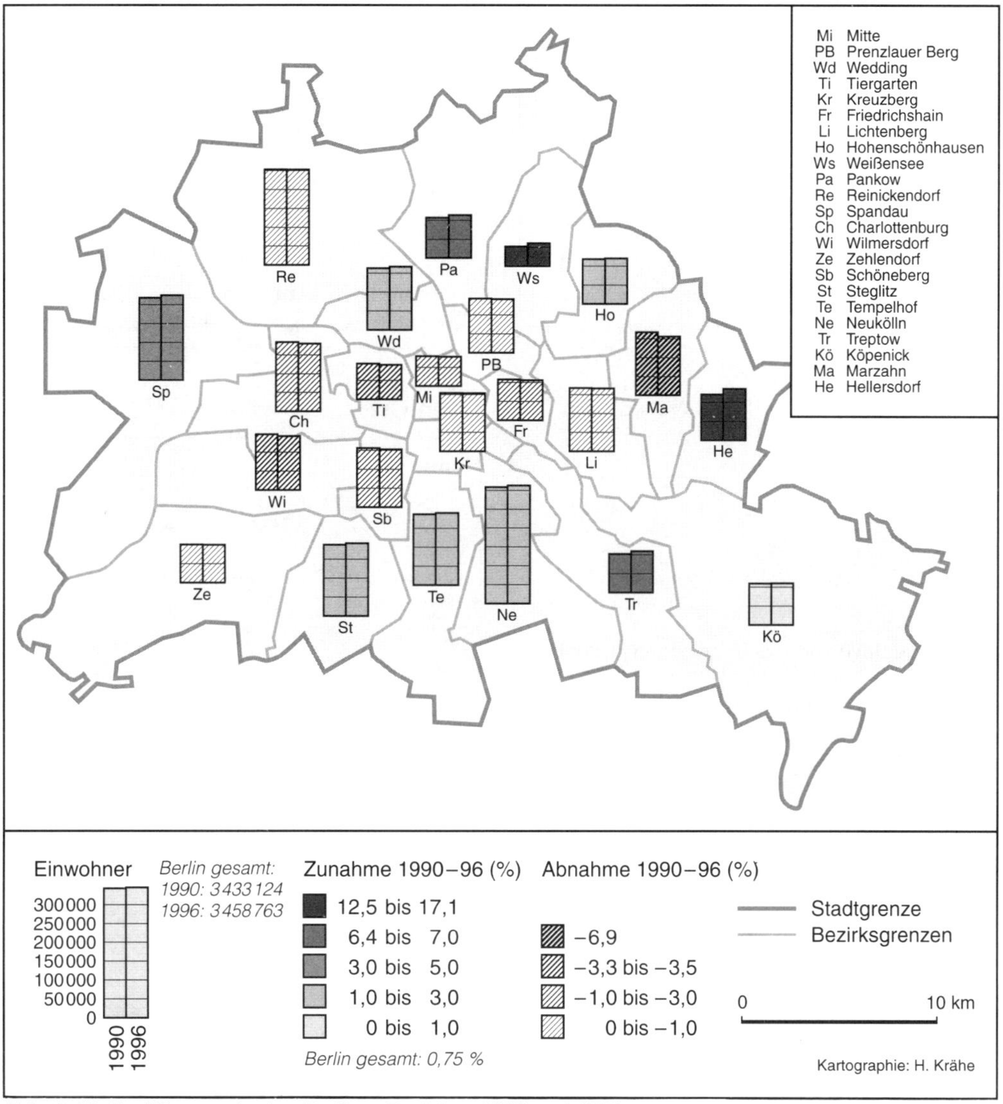

Abb. 3.19: Bevölkerung in den Berliner Bezirken 1990 und 1996
Quelle: Senatsverwaltung für Wirtschaft und Betriebe 1999

Schöneberg und Lichtenberg beherbergten drei Zentel der Bevölkerung Berlins. In der Zeit der DDR wurden drei Außenbezirke Berlins gegründet: Marzahn, Hohenschönhausen und Hellersdorf. Mit rund 41 000 Einwohnern lebten dort 1996 etwa 12 % der Einwohner Berlins.

Nicht nur bei Berücksichtigung der absoluten Einwohnerzahlen gibt es große Unterschiede zwischen den Bezirken. Auch die Bevölkerungsdichte differiert stark zwischen den Bezirken. So hatte der waldreiche Bezirk Köpenick nur eine Bevölkerungsdichte von 865 Ew./km². In den hochverdichteten Innenstadtbezirken, wie Kreuzberg, Prenz-

Berlin (insgesamt)

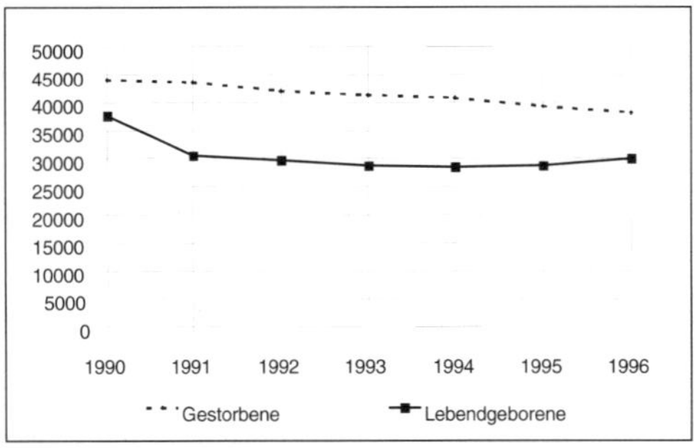

Berlin-West

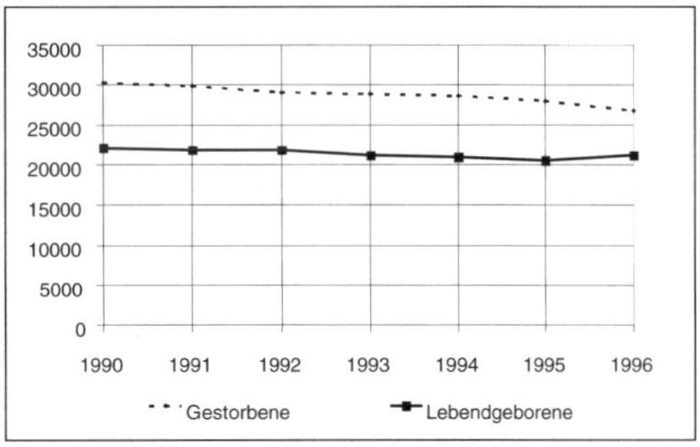

Berlin-Ost

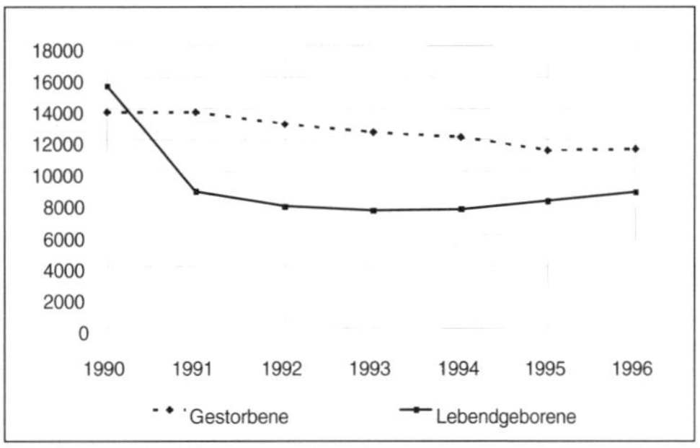

Abb. 3.20:
Natürliche Bevölkerungsentwicklung in Berlin
Quelle:
Raumordnungsbericht Berlin und Brandenburg 1998, S. 85

lauer Berg oder Schöneberg, gab es hingegen Dichtewerte zwischen 14 805 Ew. / km^2 und 12 420 Ew. / km^2 (Raumordnungsbericht Berlin und Brandenburg 1998, S. 81).

3.7.4 Probleme der Zuwanderung in Berlin

Bis zur Wiedervereinigung Deutschlands hat es im geteilten Berlin nur in Berlin (West) eine starke Zunahme der ausländischen Bevölkerung gegeben. In Berlin (Ost) hingegen gab es einen vergleichsweise vernachlässigbaren Ausländeranteil. Infolge der politischen Sonderfaktoren hat sich diese Disparität auch nach der Wende erhalten.

So ist im folgenden zunächst auch nur die Entwicklung in Berlin (West) zu skizzieren. Unmittelbar nach dem Zweiten Weltkrieg war die Zahl der Ausländer dort ebenfalls gering. Mit Beginn der 1960er Jahre kam es jedoch – wie im übrigen Bundesgebiet – infolge der Anwerbung ausländischer Arbeitskräfte zu einer starken Zunahme des Ausländeranteils. 1960 gab es 22 000 Ausländer, 1970 bereits 130 000. Als 1973 der Anwerbestop verkündet wurde, konnte die Entwicklung nur langsam gedrosselt werden. Nur ein sehr kleiner Teil der sogenannten Gastarbeiter ging in die Heimatländer zurück. Die meisten Ausländer blieben jedoch in Berlin (West) und holten ihre Familien nach. Das hatte ein weiteres Ansteigen der Ausländerzahl um rund 100 000 in der Zeit von 1970 bis 1980 zur Folge.

Als 1981 die Ausländerzahl 233 000 erreichte, war man im Abgeordnetenhaus der Meinung, daß nun die Grenze der Aufnahmekapazität erreicht sei und verstärkt die Integration der ausländischen Mitbürger betrieben werden müsse. Es wurde deshalb zunächst das Amt eines Ausländerbeauftragten geschaffen. Als weiteres entstand ein Parlamentarischer Ausschuß speziell für Ausländerfragen. Nur wenige Jahre blieb die Zahl der Ausländer dank der rückkehrfördernden Maßnahmen des Senats relativ konstant. Ab 1986 gab es jedoch wieder einen merklichen Anstieg, diesmal durch Asylbewerber.

Einen erheblichen Einschnitt in der Zuwanderung von Ausländern gab es nach der Grenzöffnung am 9. November 1989 sowie nach der deutschen Vereinigung und der Vereinigung Berlins. Mehrere Jahrzehnte lang war Berlin in einer Randlage. Nun wurde die Stadt plötzlich wieder politische und geographische Mitte Europas. Der Fall der Mauer und damit die Beseitigung der Grenze in Berlin, in Deutschland und auf dem europäischen Kontinent bedeutete eine Öffnung neuer Wege aus Osteuropa, wo radikale Umstellungen in den Gesellschafts- und Wirtschaftsstrukturen vorgenommen wurden. Das ohnehin im Vergleich zum Westen und Berlin beträchtliche Wohlstandsgefälle machte Deutschland – und besonders Berlin – zu einem attraktiven Anziehungspunkt. Das hatte zur Folge, daß in der Zeit von 1989 bis 1996 die Gesamtzahl der amtlich erfaßten ost- und südosteuropäischen Ausländer um 125 000 Personen zunahm. Das bedeutete eine Steigerung um 40 %.

Nun gab es auch zahlreiche ausländische Mitbürger in den östlichen Berliner Bezirken. So lebten 1996 über 440 000 offiziell registrierte Ausländer in Berlin. Gemessen an der Gesamtzahl der Bürger Berlins war das ein Anteil von 13 %.

Im Vergleich zu anderen deutschen Großstädten ist das jedoch nur ein relativ geringer Anteil, wenn man bedenkt, daß z. B. Frankfurt am Main 1994 einen Anteil von 29,2 %, Stuttgart 1993 einen Anteil von 23,6 %, München einen Anteil von 22,7 % und Köln einen Anteil von 19,4 % hatten (RICHTER 1997, S. 22).

Aber die Situation in Berlin ist mit keiner anderen Stadt vergleichbar. So ist beispielsweise Berlin die erste Aufnahmestelle für illegale, eingeschleuste Zuwanderer über Oder und Neiße. In der Kriminalstatistik findet dieses Faktum seinen Niederschlag.

In Berlin gibt es auch eine in anderen deutschen Großstädten völlig unbekannte gesellschaftliche Umbruchsituation. Innerhalb der Stadt mußten und müssen sich die Probleme lösen, die durch den wirtschaftlichen Zusammenbruch des Ostens und durch die Wiederherstellung der Einheit Deutschlands entstanden sind. Hieraus resultieren wirtschafts-, finanz- und sozialpolitische Probleme, die sich auch auf die Integrationschancen der ausländischen Bevölkerung auswirken.

So ist z. B. auch die Arbeitslosigkeit mit ca. 17 % weit höher als in allen anderen bundesdeutschen Großstädten. Und besonders hoch ist dabei der Anteil der Ausländer.

Von 1990 bis heute hat sich die Arbeitslosenquote bei den Ausländern mehr als verdoppelt. Sie ist dreimal so hoch wie bei den deutschen Berlinern.

Wenn man berücksichtigt, daß die Basis für jede gesellschaftliche Integration die Arbeitsmarktintegration ist, dann wird hier das schier unlösbare Problem sichtbar.

Die finanzpolitischen Engpässe in Berlin sind sehr groß. Sie resultieren aus mehreren gleichzeitig auftretenden Faktoren:

- Die Wiedervereinigungslasten sind zu tragen.
- Der Abbau der Bundesunterstützung wurde vorgenommen.
- Die Konjunktur ließ nach.

Aus all diesem resultiert die Tatsache, daß Einschränkungen auch bei den integrationsfördernden Maßnahmen und Förderprogrammen vorgenommen werden (RICHTER 1997, S. 20).

In der weltoffenen und internationalen Metropole Berlin leben heute Menschen aus über 180 Ländern. Von diesen bilden die Muslime mit 180 000 Personen den größten Anteil. Es sind dies hauptsächlich Türken. Sie machen mit 138 000 Personen knapp ein Drittel aller Ausländer aus, welche räumlich fast ausschließlich auf Berlin-West konzentriert sind.

Aus diesen Zahlen wird deutlich, daß es bei der regionalen Verteilung der Ausländer in Berlin große Unterschiede gibt. 1996 belief sich im Ostteil der Stadt der Ausländeranteil nur auf 5,6 %, im Westteil dagegen auf 17,3 %. Innerhalb des Westteils gibt es wiederum regionale Konzentrationen. Von den zwölf westlichen Bezirken hatten 1996 vier einen Ausländeranteil von z. T. mehr als 20 %: Kreuzberg 33,9 %, Wedding 29,2 %, Tiergarten 26,7 %, Schöneberg 22,7 % (RICHTER 1997, S. 24).

3.7.5 Die wirtschaftliche Entwicklung und Erwerbstätigkeit in Berlin nach der Vereinigung

Die wirtschaftlichen Rahmenbedingungen änderten sich in Berlin nach der Wiedervereinigung schlagartig und grundlegend. Administrative Hemmnisse und Grenzen waren plötzlich verschwunden.

Mit dem Wegfall der Berlin-Hilfe begann im Westteil ein drastischer Subventionsabbau. Alte, über viele Jahre konservierte Strukturprobleme, traten nun zutage.

Im Ostteil stellte sich sehr schnell heraus, daß das wirtschaftliche Erbe der DDR unproduktiv und unrentabel war. Der Zusammenbruch der Märkte in Osteuropa kam hinzu. Die Abwicklung des ehemaligen Staatsapparates setzte eine sehr große Zahl von Staatsbeschäftigten frei. Bis 1994 sank ihre Zahl um 58 % (159 000 Personen).

Im Verarbeitenden Gewerbe, der Industrie, verlor Berlin die meisten Produktionsstätten und Arbeitsplätze (Tab. 3.14). Im Jahre 1989 gab es dort in West- und Ost-Berlin jeweils rd. 200 000 Beschäftigte. 1994 war die Zahl im Westteil der Stadt auf 164 000 (= 81 %), im Ostteil auf 55 000 (= 28 %) zurückgegangen. Besonders im Westen setzte sich dieser Rückgang in den folgenden Jahren weiter fort. Die Flächen im Umland waren wesentlich preisgünstiger und lockten zum Neubau. Es kam hinzu, daß Unternehmen ihre arbeitsintensiven Produktionen in Gebiete mit niedrigen Löhnen verlagerten. Zahlreiche inzwischen veraltete Betriebe wurden eingestellt. Im Verarbeitenden Gewerbe (Industrie) hatte ganz Berlin Ende 1997 nur noch 123 000 Arbeitsplätze. Der Industriebesatz, d. h. die Zahl der Industriebeschäftigten pro 1 000 Einwohner lag Ende 1997 bei nur noch 36,8. Daß dieser Wert äußerst niedrig ist, zeigt ein Vergleich mit den Stadtstaaten Hamburg (62,8) und Bremen (98,7). Man kann ohne weiteres von einer Deindustrialisierung in Berlin sprechen (HOFFMANN 1998, S. 160 bis 161).

Neben der Erwerbstätigkeit hat sich auch der Umfang der Volkswirtschaftlichen Gesamtrechnung verändert (Tab. 3.15). Das Bruttoinlandsprodukt hat sich in der Zeit von 1992 bis 1996 zwar insgesamt von 130,4 Mrd. DM auf 150,53 Mrd. DM erhöht, doch daran hatte den allergrößten Anteil das Dienstleistungsgewerbe. Das Produzierende Gewerbe, und darunter das Verarbeitende Gewerbe, nahm dagegen beträchtlich ab.

Zu beachten ist dabei der große Unterschied zwischen Berlin-Ost und Berlin-West.

	1991	1993	1995	1996
Erwerbstätige insgesamt	1 667 300	1 581 000	1 533 000	1 484 100
Unternehmen zusammen	1 208 500	1 149 900	1 114 200	1 072 900
Land- und Forstwirtschaft	11 100	10 400	11 200	10 400
Produzierendes Gewerbe	482 500	413 400	375 300	344 400
Energie- und Wasserversorgung	24 700	22 900	20 400	19 300
Verarbeitendes Gewerbe	326 600	245 400	206 400	188 000
Baugewerbe	131 200	145 200	148 400	137 100
Handel und Verkehr	339 500	319 400	293 500	278 700
Handel	202 400	192 700	180 000	–
Verkehr, Nachrichtenübermittlung	137 100	126 700	113 500	–
Dienstleistungsunternehmen	375 300	406 800	434 200	439 500
Staat, private Haushalte, private Organisationen ohne Erwerbszweck	485 800	431 100	418 800	411 200

Tab. 3.14: Erwerbstätige in Berlin 1991 – 1996
Quelle: nach Wirtschaftsbericht Berlin 1996 und 1997, hrsg. v. der Senatsverwaltung für Wirtschaft und Betriebe, Berlin 1996, 1997

	1992	1994	1996
Bruttoinlandsprodukt	130,4	145,48	150,53
Bruttowertschöpfung aller Bereiche (unbereinigt)	124,9	139,30	144,77
Land- und Forstwirtschaft	0,3	0,27	0,27
Produzierendes Gewerbe	45,2	44,80	42,46
Energie	2,8	2,64	2,18
Verarbeitendes Gewerbe	32,2	30,24	27,94
Baugewerbe	10,2	11,92	12,35
Handel und Verkehr	15,1	16,77	16,67
Dienstleistungsunternehmen	40,1	49,92	56,89
Staat, private Haushalte, private Organisationen ohne Erwerbszweck	24,3	27,54	28,48

Tab. 3.15: Volkswirtschaftliche Gesamtrechnungen 1992 – 1996 für Berlin insgesamt (Angaben in Mrd. DM)
Quelle: Die kleine Berlin-Statistik 1995 und 1997

Tab. 3.16: Volkswirtschaftliche Gesamtrechnungen 1992 – 1996 für Berlin (West) und Berlin (Ost) (Angaben in Mrd. DM)
Quelle: Die kleine Berlin-Statistik 1995 und 1997

	West-Berlin			Ost-Berlin		
	1994	1995	1996	1994	1995	1996
Bruttoinlandsprodukt	108,09	108,68	108,68	37,40	40,27	41,85
Bruttowertschöpfung aller Bereiche (unbereinigt)	102,34	103,18	103,40	36,96	39,80	41,37
Land- und Forstwirtschaft	0,23	0,23	0,23	0,04	0,04	0,04
Produzierendes Gewerbe	36,87	35,64	34,24	7,93	8,50	8,23
Energie	1,87	1,73	1,52	0,77	0,70	0,66
Verarbeitendes Gewerbe	28,08	27,07	25,70	2,16	2,28	2,24
Baugewerbe	6,92	6,84	7,02	5,00	5,53	5,33
Handel und Verkehr	13,58	13,62	13,34	3,19	3,33	3,33
Dienstleistungsunternehmen	32,49	34,48	36,34	17,43	19,15	20,54
Staat, Private Haushalte, private Organisationen ohne Erwerbszweck	19,17	19,21	19,25	8,37	8,79	9,23

Tabelle 3.16 veranschaulicht dieses Verhältnis. Das Bruttoinlandsprodukt war 1994 in Berlin-West mit 108,09 Mrd. DM fast dreimal so hoch wie in Berlin-Ost mit 37,40 Mrd. DM. In Berlin-West ist es in den folgenden Jahren kaum, in Berlin-Ost stärker angestiegen.

3.7.6 Aktuelle Innovationen in Berlin

Wie kaum eine andere Großstadt in Deutschland wird die Bezeichnung Wirtschaftsstandort Deutschland mit der Bundeshauptstadt Berlin und den dortigen Veränderungen in Verbindung gebracht. Daß in Berlin versucht wird, international wettbewerbsfähig zu sein bzw. zu werden, das zeigen die großen Anstrengungen der letzten Jahre im Bereich der Einrichtung und Neugründung von Innovationszentren und -parks (Tab. 3.17), von Technologieorientierten Gründerzentren (TGZ) (Tab. 3.18) und Allgemeinen Gründerzentren (GZ) (Tab. 3.19). Nur eine Einrichtung (Technologie- und Innovationspark Berlin Wedding) entstand in den 1980er Jahren (Tab. 3.17). Alle anderen sind Gründungen der 1990er Jahre und damit Aktivitäten seit der Vereinigung Deutschlands bzw. Berlins.

Zu den wesentlichen Aufgaben der Technologiezentren gehören die Förderung technologieorientierter Unternehmen sowie die Entwicklung spezieller Technologiefelder unter Beachtung der wissenschaftlichen und wirtschaftlichen Potentiale der Region.

Übersicht 3.1 zeigt zusammenfassend die vierphasige Entwicklung des industriellen Strukturwandels in Berlin.

Tab. 3.17: Innovationszentren / -parks im Land Berlin
Quelle: Senatsverwaltung für Wirtschaft und Betriebe (Stand: März 1999)

Name des Zentrums	Geschoßfläche (m^2)	Gründungsjahr	Themenschwerpunkte	Zahl der Unternehmen	Zahl der Arbeitsplätze
Technologie- und Innovationspark Berlin (TIB) Wedding	79 540[1]	1985	Medienwirtschaft, Informatik, Umwelttechnik	47	1 425
Technologie- und Innovationszentrum Wedding	3 310	1996	Technologien der Mikroperipherik, Dienstleistungen	9	75
Innovationspark Wuhlheide (IPW) Köpenick	41 700	1991	Umwelttechnik, Werkstoff- und Prozeßtechnik, Bau- und Sanierungstechnik	97	1 130
Wissenschafts- und Wirtschaftsstandort Berlin-Adlershof (WISTA) Treptow	155 000	1991	Photonik, Informatik, Umwelttechnik, Fertigungstechnik, Neue Materialien	147	1 878
Biomedizinischer Forschungskampus Berlin-Buch, Pankow	85 000[1]	1992	Biomedizin, Biotechnologie	25	280
FOCUS Mediport Berlin, Steglitz	21 000	1995	Medizintechnik	32	550
Innovations- und Gewerbepark Am Borsigturm, Reinickendorf	8 500	1998	Informatik, Verkehrstechnik, Logistik	14	150
Media City Adlershof, Treptow	41 000	1996	Medienwirtschaft	128	1 600

[1] einschließlich Institutsflächen

3.8 Die finanzielle Situation der deutschen Kommunen

Der bereits an andere Stelle erwähnte Bevölkerungsrückgang ostdeutscher Städte wirkte sich besonders auf die finanzielle Situation der Kommunen aus. Wenn schon in den alten Bundesländern die finanzielle Situation in den Kommunen mehr als angespannt war, so waren die Probleme in den neuen Ländern infolge hohen Investitionsbedarfes und der schwachen Steuerkraft der Kommunen noch viel größer (KARRENBERG / MÜNSTERMANN 1998, S. 143 – 233)

Wegen der Bevölkerungsverluste und wegen des neugeregelten Familienlastenausgleiches sind in den neuen

Tab. 3.18: Technologieorientierte Gründerzentren (TGZ) im Land Berlin
Quelle: Senatsverwaltung für Wirtschaft und Betriebe (Stand: März 1999)

Name des Zentrums	Geschoßfläche (m^2)	Gründungsjahr	Themenschwerpunkte	Zahl der Unternehmen	Zahl der Arbeitsplätze
Berliner Innovations- und Gründerzentrum (BIG) Wedding	9 343	1983	Umwelttechnik, Informatik, Medienwirtschaft	35	225
Innovations- und Gründerzentrum Berlin-Adlershof (IGZ) Treptow	13 612	1991	Elektronik, Mikroelektronik, Lasertechnik, Materialforschung	66	471
Ost-West-Kooperations-Zentrum (OWZ) Treptow	7 683	1997	Elektronischer Gerätebau, Sicherheitstechnik, Automatisierungstechnik	29	123
Technologie- und Gründerzentrum (TGZ) im IPW Köpenick	5 100	1991	Werkstofftechnik, Prozeßautomatik, Energietechnik, Bau- und Sanierungstechnik	38	475
Innovations- und Gründerzentrum (IGZ) Berlin-Buch, Pankow	8 286	1996	Biomedizin, Biotechnik	26	216
Gründerzentrum im FOCUS Mediport, Steglitz	3 100	1996	Medizintechnik	14	83
PHÖNIX Gründerzentrum Am Borsigturm, Reinickendorf	7 016	1997	Verkehrstechnik, Logistik, Informatik	48	220
Technologie- und Gründerzentrum Spreeknie (TGS) Köpenick	12 000	1997	Mikrosystemtechnik, Solartechnik, Optoelektronik	23	127
Existenzgründerzentrum (EGZ) der FHTW, Lichtenberg	1 400	1997	Technische Dienstleistungen, Ingenieurleistungen, Informatik	30	66

Name des Zentrums	Geschoß-fläche (m^2)	Grün-dungs-jahr	Themenschwerpunkte	Zahl der Unter-nehmen	Zahl der Arbeits-plätze
Gründerzentrum „Weiber-Wirtschaft“, Mitte	5 500	1996	Handel, Dienstleistungen, Handwerk	60	160
Gründerzentrum der DIBAG, Marzahn	8 686	1996	Handwerk, Produzierendes Gewerbe, Dienstleistungen	69	378
Gründerzentrum der DIBAG, Hohenschönhausen	6 450	1996	Handwerk, Produzierendes Gewerbe, Dienstleistungen	8	133
Gründerzentrum der GsG, Pankow	5 600	1996	Handwerk, Produzierendes Gewerbe, Dienstleistungen	2	10
MINERVA-Gründerzentrum im Ullsteinhaus, Tempelhof	1 585	1999	Mode und Design	2	3

Tab. 3.19: Allgemeine Gründerzentren (GZ) in Berlin
Quelle: Senatsverwaltung für Wirtschaft und Betriebe (Stand: März 1999)

Übersicht 3.1: Phasen des industriellen Strukturwandels in Berlin ab 1990
Quelle: KRAKAT (Unveröff. Manuskript zum Vortrag in Brühl am 10.9.1999)

1. Startphase	In Ost und West mit ungleichen Ausgangsbedingungen: – Ost-Unternehmen: Wissensdefizite, Zwang der Neuorientierung, Anpassungsschock, Ungewißheiten, zusammenbrechende Traditionsmärkte, fehlende neue Märkte – Westunternehmen: Gesicherte Märkte, finanzielle Rücklagen, vereinigungsbedingter Umsatzboom, Verfügbarkeit leistungsfähiger Informations- und Produktionstechnologien
2. Transformationsphase	Anpassung an die Marktbedingungen 1991 – 1994 – Transformation ostdeutscher Betriebe von der Plan- in die Marktwirtschaft auf der Grundlage von Maßnahmen der Treuhandanstalt: – Entflechtung und Aufspaltung, Sanierung und Privatisierung durch die Treuhandanstalt – Gravierende Strukturveränderungen mit Arbeitsplatzabbau als Folge
3. Phase	Normalisierung der Wettbewerbsverhältnisse im Westteil Berlins durch: – Beendigung der Berlinförderung 1994 / 95 – Standortverlagerungen und Funktionsausgliederungen – Strukturbrüche im Westteil Berlins und Arbeitsplatzabbau als Folge
4. Phase	Anpassungsdruck auf sämtliche in Berlin ansässigen Unternehmen wegen der sich durch Globalisierung und Internationalisierung ergebenden Zwänge: – Produktionsverlagerungen zum Nachteil für den Standort Berlin – (z.B. Standortwechsel in den sog. "Speckgürtel" um die Stadt, nach Westdeutschland, in das Ausland mit vergleichsweise günstigen Standortfaktoren (insbesondere Arbeitskosten) – Konzentration der Produktion auf rentable Geschäftsfelder – Präferierung produktionsnaher Dienstleistungen (wissensbasierte Leistungen) – Strukturveränderungen und weiterer Arbeitsplatzabbau als Folge – Überlagerung der Phasen 2 und 3

Bundesländern im Jahre 1997 die Einnahmen aus der Einkommenssteuer gegenüber 1996 um ca. 10 % zurückgegangen. Die Steuereinnahmen sanken dadurch auf etwa 30 % des Westniveaus. Im Jahre 1995 hatte er jedoch schon nur 50 % des Westniveaus ausgemacht.

Die Finanzsituation ist zwischen den alten und neuen Bundesländern völlig unterschiedlich. Die kommunalen Deckungsquoten und die kommunalen Ausgabearten machen das deutlich (Abb. 3. 21). In den alten Bundesländern konnten die Kommunen 1991 aus Steuern und Gebühren / Beiträge 52,7 % ihrer Ausgaben abdecken. In den neuen Bundesländern lag die Deckungsquote aus eigenen Quellen nur bei 11,8 %. Bis 1997 verringerte sich dieser Anteil in den alten Bundesländern auf 51,2 %, in den neuen Bundesländern stieg er jedoch auf 22,4 % an. Entsprechend dieser Entwicklungen verliefen die Transferzahlungen von Bund und Land. In den alten Bundesländern fielen sie von 28,0 % (1991) auf 26,9 % (1997), in den neuen Bundesländern von 77,6 % (1991) auf 55,8 % (1997). In der kommunalen Ausgabenstruktur gibt es ebenfalls einige gravierende Unterschiede zwischen den alten und den neuen Bundesländern.

In der DDR gab es generell einen völlig unterentwickelten Tertiären Sektor. In einigen Bereichen bestanden jedoch enorme Überbesetzungen. Das war in der öffentlichen Verwaltung der Fall. Noch im Jahre 1992 gab es in den Kommunen in den neuen Bundesländern doppelt so viel Personal wie in den kommunalen Verwaltungen in den alten Bundesländern. Bis 1995 war jedoch ein radikaler Abbau vorgenommen worden. So nahmen auch die Personalausgaben in den Kommunalen Haushalten von 35,5 % (1991) auf 29,4 % (1997) ab (Abb. 3.22). In den alten Bundesländern war der Anteil in dieser Zeit fast unverändert geblieben. Der radikale Personalabbau in den Kommunen der neuen Bundesländer umfaßte auch den Personalabbau in den Kindertageseinrichtungen. Hervorzuheben sind in den alten und neuen Bundesländern die

Steuern

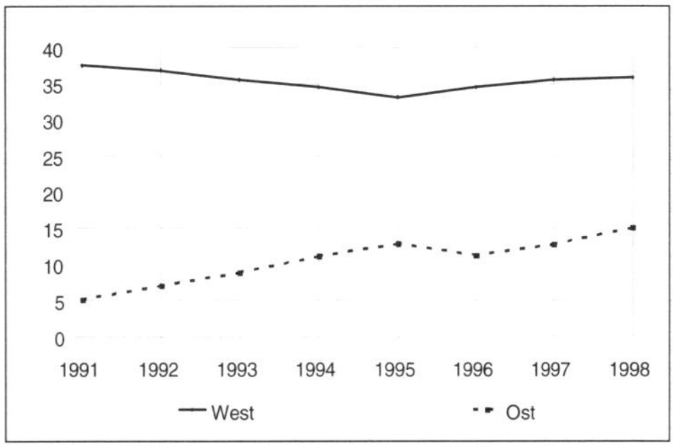

Entgelte

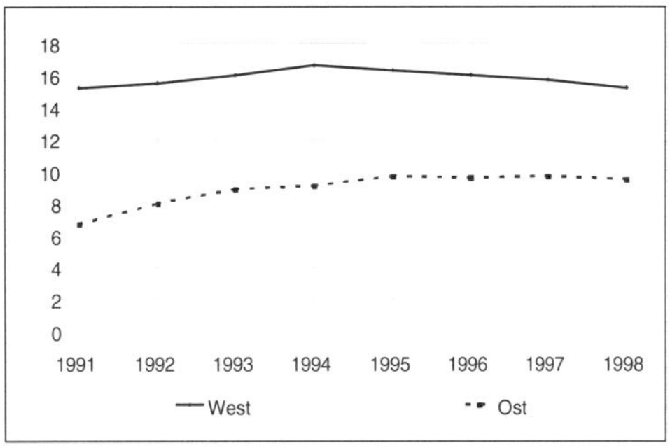

Zahlungen von Bund und Land

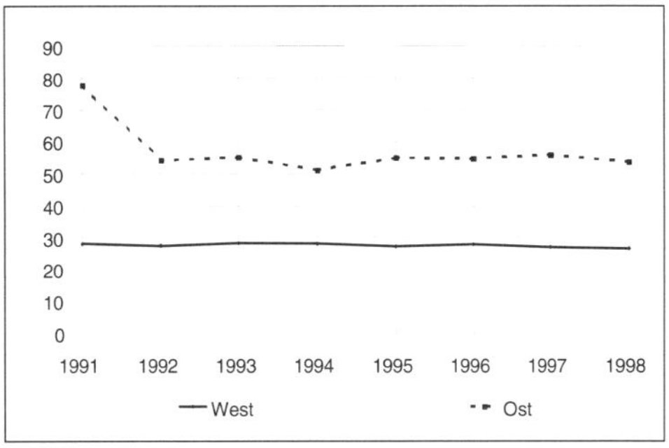

Abb. 3.21: Kommunale Deckungsquoten in Deutschland 1991 – 1998 (in %)

Quelle: Karrenberg / Münstermann 1998, S. 220ff.

Anmerkung: Für 1998 wurden die Angaben geschätzt.

Personalausgaben

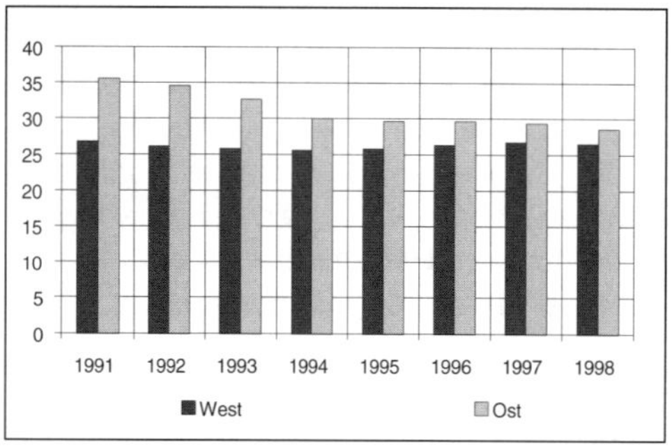

Soziale Leistungen

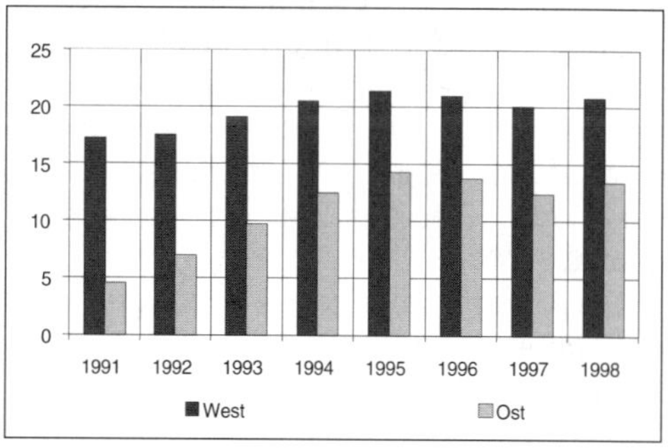

Laufender Sachaufwand

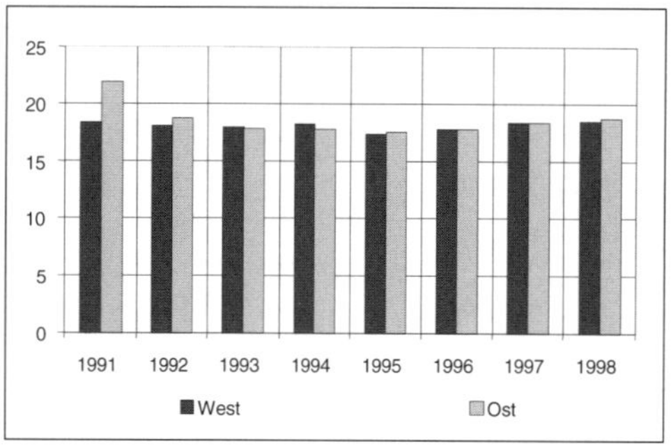

Sachinvestitionen

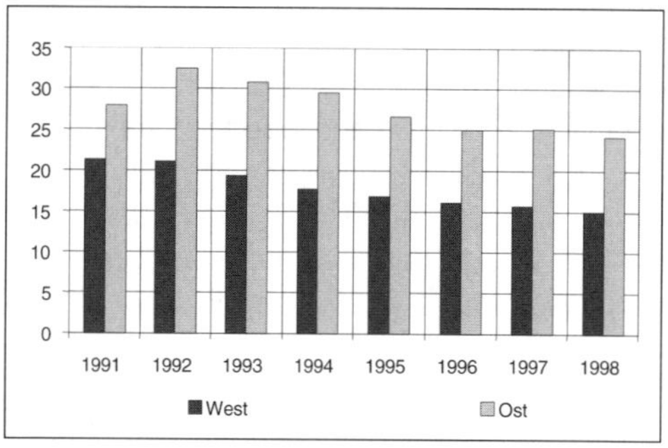

Zinsausgaben

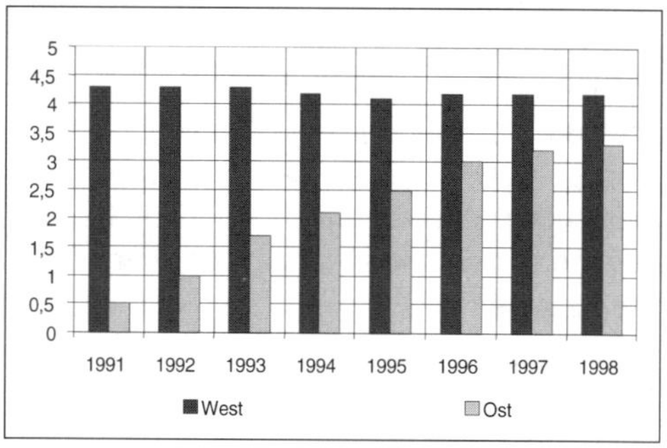

Abb. 3.22: Struktur der kommunalen Abgaben in Deutschland 1991 – 1998 (in %)
Quelle: KARRENBERG / MÜNSTERMANN 1998, S. 220ff.
Anmerkung: Die Angaben für 1998 wurden geschätzt

ständig wachsenden sozialen Leistungen. In den alten Bundesländern stiegen sie von 17,2 % (1991) auf 20,1 % (1997), in den neuen Bundesländern von 4,5 % (1991) auf 12,4 % (1997). Die hohe Arbeitslosigkeit Anfang der 1990er Jahre in den neuen Bundesländern machte sich noch nicht so stark bemerkbar wie in den folgenden Jahren, weil mit Arbeitslosengeld, Arbeitslosenhilfe und Arbeitsbeschaffungsmaßnahmen Auffangmöglichkeiten geschaffen worden waren.

4 Industriestrukturen und Industriewirtschaftsräume

4.1 Aktuelle Probleme des Standortes Deutschland

Deutschlands Industrie unterliegt an der Wende zum 21. Jahrhundert einem tiefgreifenden Strukturwandel. Strukturwandel bedeutet Veränderungen in der technologischen und ökonomischen Entwicklung einzelner Branchen und ihrer Stellung in der Welt- und Volkswirtschaft. Zugleich damit verschiebt sich auch die Bedeutung von Regionen und Standorten, da sie häufig von einer oder wenigen Branchen bestimmt sind. Man kann die damit verbundenen Standortprobleme in vier Fragen zusammenfassen:

a) Bedeutet der seit Ende der 1970er Jahre zu beobachtende Trend eines sinkenden Wertschöpfungsanteils des Verarbeitenden Gewerbes bei gleichzeitiger Zunahme des Tertiären Sektors einen Deindustrialisierungsprozeß in Deutschland ?

b) Ist mit der Globalisierung und dem Export von Arbeitsplätzen in Länder mit niedrigeren Produktionskosten ein Abwanderungsprozeß der Industrie aus Deutschland verbunden ?

c) Läuft die deutsche Industrie durch ihre Spezialisierung auf traditionelle Technologien Gefahr, ihre Position im Welthandel zu verlieren ?

d) Welche Konsequenzen ergeben sich für die deutsche Industrie aus der fortschreitenden europäischen Integration ?

4.1.1 Deindustrialisierung in Deutschland ?

Weltweit beobachten die Ökonomen seit den 1970er Jahren in fast allen Industrieländern das gleiche Phänomen: Der Beitrag des Verarbeitenden Gewerbes an der gesamtwirtschaftlichen Wertschöpfung nimmt kontinuierlich ab. Dies gilt auch für Deutschland. Zwischen 1978 und 1996 ist der Industrie-Anteil am westdeutschen Bruttoinlandsprodukt von fast 35 % auf 28 % geschrumpft. Im Hintergrund stehen veränderte Ansprüche der Kunden. Gefragt sind nach Kundenwünschen maßgeschneiderte Produktion, Wartung und Service. Daraus resultiert eine zunehmende Vernetzung wirtschaftlicher Aktivitäten, auch zwischen den Wirtschaftssektoren. Die statistischen Daten über das Verhältnis der Wirtschaftssektoren zueinander verkünden also nur die halbe Wahrheit. Die Industrie ist größter Lieferant und größter Abnehmer von Vorleistungen. K. LICHTBLAU u. a. (1996) haben daher einen "Kombinierten Sektor" gebildet, der das gesamtwirtschaftliche Gewicht des Verarbeitenden Gewerbes in Deutschland realitätsnäher wiedergeben kann. Werden die vielschichtigen Vorleistungsverflechtungen des Sekundären Sektors in die Wertschöpfungsberechnungen eingebaut, erscheint das Ergebnis des dadurch entstehenden Kombinierten Sektors ein ganzes Stück positiver. Die überraschende Erkenntnis: Aus dieser Sicht hat die volkswirtschaftliche Bedeutung des Verarbeitenden Gewerbes – über die beiden letzten Jahrzehnte betrachtet – sogar leicht zugenommen; der Wertschöpfungsanteil des Kombinierten Sektors ist von 35,6 % im Jahre 1978 auf 36,4 % 1996 gewachsen (Abb. 4.1).

Zwar hat nach 1986 auch der Kombinierte Sektor Anteile am gesamtwirtschaftlichen Wertschöpfungsvolumen verloren. Sein Anteil an der Bruttowertschöpfung ging von 1986 bis 1996 ohne die Effekte des Vorleistungsverbundes um 5 Prozentpunkte zurück, einschließlich dieser Effekte jedoch nur um 2 Punkte.

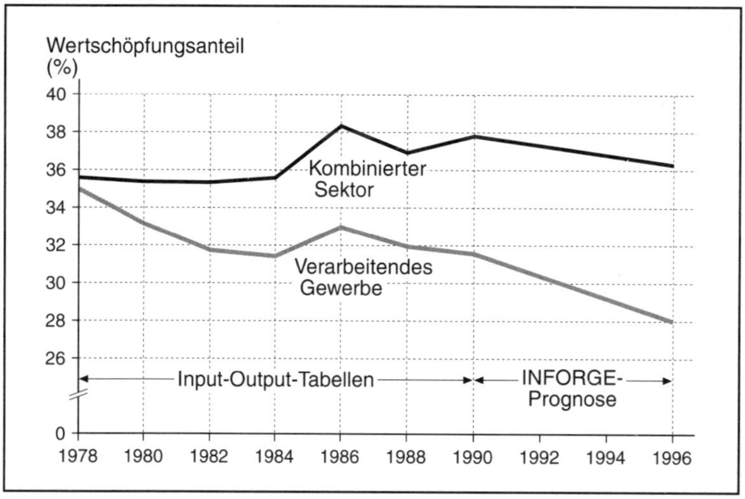

Abb. 4.1: Wertschöpfungsanteil des Verarbeitenden Gewerbes und des Kombinierten Sektors in Westdeutschland 1978 – 1996
Quelle: LICHTBLAU u. a. 1996, S. 12

Die Konstruktion des Kombinierten Sektors liefert wichtige Antworten auf die Frage, wie der allgemein fortschreitende Rückgang der Industrie ökonomisch zu begründen und zu bewerten ist; zwei Tendenzen spielen eine Rolle:

1. Out-Sourcing:
Die seit Jahren im weltweiten Kosten-Wettbwerb stehende westdeutsche Industrie hat sich zunehmend auf ihr Kerngeschäft konzentriert und folgerichtig zahlreiche Tätigkeitsbereiche ausgelagert – vornehmlich an Dienstleister.

2. Produktkomplexität:
Die Kundenwünsche haben sich radikal verändert. Mittlerweile verlangt der Markt kompakte Produkte, hergestellt vom Verarbeitenden Gewerbe und von Dienstleistungsbetrieben. Folge davon ist, daß der Service rund um das Produkt fast ebenso wichtig ist wie dessen technische und stoffliche Eigenschaften. Beide Entwicklungen zusammen bewirken vor allem eines: Das Geflecht zwischen sekundärem und tertiärem Sektor ist viel enger geworden. Industrie und Dienstleistung konkurrieren nicht miteinander, sondern ergänzen sich wechselseitig. Wer deshalb die tatsächliche Bedeutung der Industrie für die deutsche Volkswirtschaft ermitteln will, muß, dieser simplen Logik folgend, die vielschichtigen Verflechtungen des Verarbeitenden Gewerbes mit dem Tertiären Sektor berücksichtigen.

Daraus folgt: Out-sourcing und zunehmende Produktkomplexität lassen eine trennscharfe Abgrenzung von sekundärem und tertiärem Sektor immer weniger zu. Die räumlichen Konsequenzen dieses Prozesses liegen auf der Hand. Standortvorteile ergeben sich nur noch teilweise aus der Summe verfügbarer materieller Ressourcen. Zunehmend wichtig werden immaterielle Kompetenzen, wie leistungsfähige Telematik- und Kooperationsnetze, Wissen und Kreativität. Standorte mit standardisierter Massenproduktion verlieren an Bedeutung gegenüber Regionen, die kundenspezifische Produkt-Service-Pakete anbieten. Das räumliche Kreativpotential umfaßt die "hochwertigen unternehmensorientierten Dienstleistungen", also Forschung und Entwicklung, Organisation und Management sowie Information und Kommunikation.

Im Zuge dieser Entwicklung veraltet das Humankapital für die Produktion schneller, Ausbildungsstrategien und berufliche Prognosen verlieren an Wert. Außerdem geht der Proporz von Wirtschafts- und Beschäftigungswachstum verloren.

Es ist also unter allen diesen Gesichtspunkten nur bedingt richtig, den Strukturwandel am Standort Deutschland als Deindustrialisierung zu kennzeichnen, auch wenn der Dienstleistungssektor – gemessen an den Beschäftigtenanteilen – stark an Bedeutung gewonnen hat.

4.1.2 Globalisierung und "Export" von Arbeitsplätzen ?

Im letzten Jahrzehnt des 20. Jahrhunderts begann für die Industrie eine Periode zunehmender Globalisierung. Der Markt, der für die Industrie und viele Dienstleistungen bedeutsam ist, umfaßt jetzt mehr und mehr die ganze Welt. Begünstigt und gefördert wird die Globalisierung der Märkte auf mehrfache Weise:

- durch das Sinken der Kosten für den Transport von Gütern und Leistungen über weite Entfernungen;
- durch kostensparende Techniken für die Kommunikation von Worten, Texten, Tabellen und Grafiken, kurz: von Informationen und Wissen;
- durch die internationale Freizügigkeit des Finanz- und Investitionskapitals;
- durch eine Angleichung der nationalen Rechtsvorschriften und Steuern, die vom internationalen Wettbewerb von Staaten vorangetrieben, teilweise auch erzwungen wird (im Sinne von PORTER 1993).

Mithin sinken auf breiter Front die Transaktionskosten im weitesten Sinne. Dies läßt sich praktisch nicht mehr aufhalten. Es ist irreversibel.

Die Unternehmen können an Standorten produzieren, die von politischen Grenzen völlig unabhängig sind; sie können von beliebigen Orten Vorleistungen beziehen, Produktionsstätten sind ähnlich mobil geworden wie Güter. Die Unternehmen werden internationaler, sie werden "global player". Die Produkte büßen ihre Nationalität ein: Statt "Made in Germany" heißt es z. B. "Made by Mercedes Benz". In der Standortwahl für die Produktion verliert die Rohstofforientierung an Gewicht. Wichtiger wird der Arbeitsmarkt, wobei es darauf ankommt, Standorte mit Lohnkosten zu finden, die durch die Arbeitsproduktivität gerechtfertigt sind. Von den Unternehmen gemieden werden Länder mit hohen Unternehmenssteuern, bürokratischer Regulierungsdichte und kostspieligen Umweltauflagen. Die Globalisierung geht einher mit der Renaissance des Wettbewerbskapitalismus, besonders in jenen Ländern, die früher die Zweite und Dritte Welt bildeten. Aufholprozesse an der Peripherie setzen die alten Industriekerne in Ostasien, Nordamerika und Westeuropa unter einen neuen Wettbewerbsdruck. In diesem Wettbewerb ist die Position Deutschlands gegenwärtig nicht sehr günstig. Das kommt bei einem Vergleich der deutschen Direktinvestitionen im Ausland und der ausländischen Investitionen in Deutschland klar zum Ausdruck.

Die deutschen Direktinvestitionen im Ausland haben sich von 1985 bis 1994 auf 348 Mrd. DM weit mehr als verdoppelt. Die Globalisierung der deutschen Wirtschaft hat 1994 eine erhebliche Größenordnung erreicht: Über 7 000 Investoren betreiben 21 000 Auslandsgesellschaften mit über 2,6 Mio. Beschäftigten. Allein die industriellen Auslandsgesellschaften hatten 1,8 Mio. Beschäftigte, das entspricht etwa einem Viertel der Industriebeschäftigten in Deutschland. Daran sind nicht zuletzt auch die Schlüsselbranchen (s. Kap. 4.3) beteiligt.

Als herausragende Beispiele aus der Automobilindustrie können die Werke von

Branchen	Deutsche Auslandsgesellschaften 1994 (1 000)	1980 (% der Gesamtbeschäftigung in Westdeutschland)	1994 (% der Gesamtbeschäftigung in Westdeutschland)	Ausländische Firmen in Deutschland 1994 (1 000)	1980 (% der Gesamtbeschäftigung in Westdeutschland)	1994 (% der Gesamtbeschäftigung in Westdeutschland)
Verarbeitendes Gewerbe	1 810	18	29	1 104	17	18
Chemie	352	56	66	172	24	32
Maschinenbau	175	13	20	146	14	17
Büromaschinen / ADV-Geräte	9	16	15	33	49	55
Fahrzeugbau	380	28	51	142	19	19
Elektroindustrie	362	25	39	165	19	18
Textilindustrie	39	8	26	18	9	12
Bekleidungsindustrie	36	12	32	8	1	7
Bau	72	2	4	46	1	3
Dienstleistungen	624	7	12	368	7	7
Handel	476	10	15	278	7	9
Verkehr, Nachrichtenübermittlung	65	5	8	36	5	5
Finanzwesen	43	2	6	26	2	4
Versicherungen	40	8	17	28	16	12
Unternehmen insgesamt	2 645	11	15	1 673	10	10

Tab. 4.1: Standort Deutschland: Beschäftigte bei Auslandsgesellschaften 1980 und 1994
Quelle: Wirtschaftsdienst, 1996/VI, S. 311

BMW in Spartanburg (South Carolina), von Daimler-Benz in Tuscaloosa (Alabama) und VW in Shanghai und Changchun (Südostchina und Mandschurei) genannt werden.

Allein in den mittel- und osteuropäischen Ländern (zu den mittel- und osteuropäischen MOE-Ländern zählen: Polen, Tschechien, die Slowakei, Ungarn) sind etwa 250 000 Personen bei deutschen Auslandsgesellschaften beschäftigt. Die in diese und andere Niedriglohnländer ausgelagerten Produktionen könnten aufgrund der höheren Produktionskosten in der Regel nicht mehr in Deutschland durchgeführt werden. Produktionsprozesse werden dabei häufig unternehmensintern aufgespalten. Die Direktinvestitionen in Niedriglohnländer sind also keineswegs mit einer Abwanderung der deutschen Industrie verbunden; sie bieten eine Chance zur Erhöhung der Produktivität deutscher Unternehmen. Allerdings geht dies in aller Regel zu Lasten der Beschäftigung und damit erhöhter Arbeitslosigkeit. Besonders betroffen vom Druck des neuen globalen Wettbewerbs sind Industriearbeitskräfte, die nur einfache Qualifikationen besitzen, Fähigkeiten, die sich leicht erwerben lassen (vgl. Kap. 4.1.3).

4.1.3 Die deutsche Industrie in der internationalen Arbeitsteilung

Deutschland ist ein rohstoffarmer, aber humankapitalreicher Produktionsstandort. Sein Wohlstand hängt von der Fähigkeit seiner Unternehmen ab, international wettbewerbsfähige Produkte herzustellen. Folgt man den neuesten Modellen der Außenhandelstheorie, dann ist der Wohlstand eines humankapitalreichen Landes davon abhängig, daß es sich auf technologisch hochwertige Güter

Abb. 4.2: Exportspezialisierung Deutschlands (alte Bundesländer) und südostasiatischer Schwellenländer 1991
Quelle: KLODT / STEHN 1994, S. 32

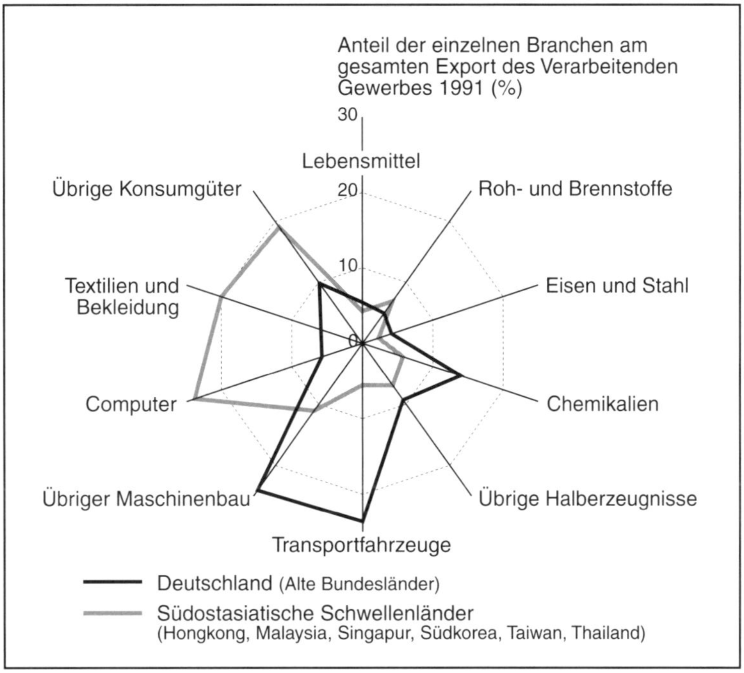

Übersicht 4.1: Klassifizierung der Branchen des Verarbeitenden Gewerbes nach Wachstums- und Technologiesektoren
Quelle: KLODT / STEHN 1994, S. 38

	Hochwachstumssektor	Mittelwachstumssektor	Niedrigwachstumssektor
Hochtechnologiesektor	Computer und Büromaschinen, Luftfahrzeugbau, Unterhaltungselektronik	Pharmazeutische Industrie	
Oberer Mitteltechnologiesektor	Elektrotechnik, Automobilbau	Chemische Industrie, Feinmechanik und Optik	
Unterer Mitteltechnologiesektor		Kunststoffwarenherstellung, Mineralölverarbeitung, Steine und Erden, übriges Verarbeitendes Gewerbe	Maschinenbau, Nichteisen-Metallerzeugung, Schiffbau, übriger Transport
Niedrigtechnologiesektor		Ernährungsgewerbe, Metallverarbeitung, Papier- und Druckgewerbe, Holzbe- und -verarbeitung	Eisen- und stahlschaffende Industrie, Textilgewerbe

Güter mit ...Technologiegehalt	Ostdeutschland 1991	Ostdeutschland 1994	Westdeutschland 1991	Westdeutschland 1994
Hohem	2,0	1,5	3,3	3,5
Mittlerem	35,5	30,0	45,0	43,8
Geringem	62,5	68,5	51,7	52,7

Tab. 4.2: Klassifikation von Gütern des Verarbeitenden Gewerbes in Deutschland nach ihrem Technologiegehalt 1991 und 1994 (in v. H.)
Quelle: DIW – Wochenbericht 27/96, S. 449

	Ostdeutschland		Westdeutschland	
	FuE-Personal[1]	FuE-Aufw.[2]	FuE-Personal[1]	FuE-Aufw.[2]
Energie- u. Wasserversorgung, Bergbau	0,4	0,9	0,6	1,4
Verarbeitendes Gewerbe	2,5	2,0	3,9	3,1
Chemische Industrie, Mineralölverarbeitung usw.	4,5	3,3	8,9	3,9
Herstellung von Kunststoffen u. Gummiwaren	2,1	1,9	1,2	1,0
Gewinnung u. Verarbeitung von Steinen usw.	0,7	0,5	0,9	0,8
Metallerzeugung / -bearbeitung	1,2	1,0	1,0	1,0
Stahl-, Maschinen- u. Fahrzeugbau	2,7	2,6	5,6	5,0
- darunter Maschinenbau	4,6	5,1	3,1	2,9
Elektrotechnik, Feinmechanik, Herstellung von EBM-Waren usw.	5,1	5,6	5,8	5,2
- darunter Elektrotechnik	5,5	6,0	8,0	6,9
Holz-, Papier- und Druckgewerbe	0,7	0,8	0,2	0,2
Leder-, Textil- und Bekleidungsgewerbe	1,4	1,6	0,3	0,3
Nahrungs- und Genußmittelgewerbe	0,3	0,1	0,4	0,2

[1] FuE-Personal in vH der Zahl aller Beschäftigten [2] interne FuE-Aufwendungen in vH des Umsatzes

Tab. 4.3: Forschungs- und Entwicklungs- (FuE-) Intensitäten im Produzierenden Gewerbe Deutschlands nach Wirtschaftszweigen 1993 (Unternehmen mit wenigstens 20 Beschäftigten)
Quelle: DIW – Wochenbericht 27/96, S. 450

spezialisiert. In Übersicht 4.1 ist eine Klassifizierung der Branchen des Verarbeitenden Gewerbes nach Wachstums- und Technologiesektoren vorgenommen:
Die deutsche Industrie weist eine deutliche Spezialisierung auf die Bereiche der Mitteltechnologie auf (Abb. 4.2).

Diese Spezialisierung der deutschen Industrie wird im wesentlichen von vier Schlüsselbranchen getragen (Anteile am Gesamtexport 1992):
- der Automobilindustrie (19,3 %),
- dem Maschinenbau (18,5 %),
- der Chemischen Industrie (13,6 %),
- der Elektroindustrie (12,8 %).
  (Die Beschäftigungsanteile sind ähnlich: Automobilindustrie 11,1 %, Maschinenbau 13,8 %, Chemische Industrie 8,1 %, Elektrotechnik 13,5%.)

Mit diesem Spezialisierungsmuster unterscheidet sich Deutschland signifikant von Japan und den USA. Im Mitteltechnologiesektor allerdings verfügt Deutschland – gemessen an der "Patent-Intensität" – über hohe Innovationsintensität (Legler u. a. 1992). Allerdings bestehen große Unterschiede zwischen den alten und

Abb. 4.3: Deutschlands Wettbewerbsposition
Quelle: Frankfurter Institut. Argumente zur Wirtschaftspolitik 46/93, S. 3

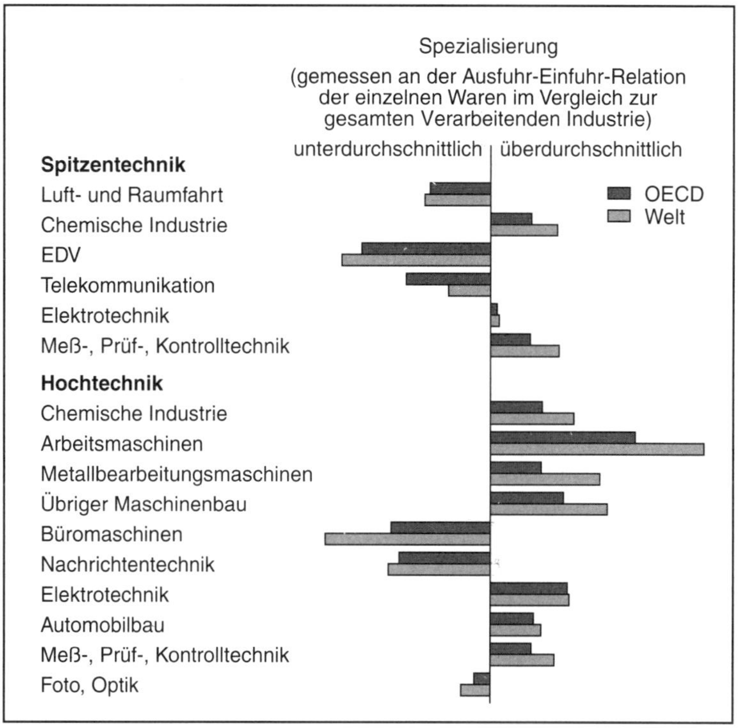

den neuen Bundesländern: 1994 hatten fast 79 % aller in Ostdeutschland erzeugten Produkte einen geringen Technologiegehalt (Westdeutschland 53 %) (Tab. 4.2).

Die Forschungsintensität im ostdeutschen Verarbeitenden Gewerbe lag bei nur zwei Dritteln des westdeutschen Niveaus. Zwischen den Branchen bestehen große Unterschiede.

Gerade in den forschungsintensiven Wirtschaftsbereichen – Fahrzeugbau, Chemische Industrie, Elektrotechnik – sind die Forschungsaufwendungen im Osten deutlich niedriger als im Westen. Einzige Ausnahme ist der Maschinenbau. Die Schlußfolgerung, die Unternehmen hätten keine besondere Anstrengungen zur Verbesserung ihrer Marktchancen unternommen, erscheint jedoch voreilig, weil die Umsätze wegen der Transformationskrise in diesen Branchen sehr niedrig waren.

In wichtigen Teilen der Hochtechnologie hat Deutschland – schon seit den 1970er Jahren – Weltmarktanteile verloren. Im besonders dynamischen Bereich der Mikroelektronik weist Deutschland erhebliche Schwächen auf. Vor allem bei EDV, Telekommunikation, Büromaschinen und Nachrichtentechnik haben sich für die deutsche Industrie Nachteile im internationalen Wettbewerb ergeben (Abb. 4.3).

4.1.4 Folgen der fortschreitenden europäischen Integration

Durch die Errichtung des Binnenmarktes in der Europäischen Union ist es zum Abbau der Schranken des Güteraustausches gekommen. Die Unternehmen sind gezwungen, auf eine verschärfte Wettbewerbssituation zu reagieren, können aber auch zugleich die Vorteile größerer Standorträume und Märkte nützen. Die gleichzeitig begonnene allmähliche Überwindung der Abschottung Mittel- und Osteuropas hat darüber hinaus zu einer "doppelten Öffnung" der nationalen Wirtschaften geführt.

Für die deutsche Industrie ergeben sich aus den "Vier Freiheiten", die im Binnenmarkt seit 1993 bestehen, erhebliche Vorteile. Aus dem Außenhandel zwischen den EG-Mitgliedsländern wurde durch die Einführung des freien Warenverkehrs ein Binnenhandel ohne Grenz- und Zollkontrollen (mit Ausnahme sog. "Ausgleichsmaßnahmen" insbesondere auf den Gebieten des Gesundheitsschutzes, des Veterinärbereiches, des Pflanzenschutzes, des Umweltschutzes und der öffentlichen Sicherheit). Neben dem freien Personenverkehr besteht seit dem Jahre 1993 ein freier Kapital- und Dienstleistungsverkehr. Der Wegfall der Devisenkontrolle ermöglicht einen ungehinderten Geld- und Kapitalfluß zwischen den Mitgliedsstaaten. Zugleich können Dienstleistungen – von der Unternehmensberatung über das Bank- und Versicherungswesen bis zu den Transportdiensten – allerdings noch mit einer Reihe von Einschränkungen – im Binnenmarkt frei in Anspruch genommen werden.

Übersicht 4.2: Zur Klassifizierung der Branchen der nordrhein-westfälischen Wirtschaft nach ihrer Einbindung in die internationale Arbeitsteilung 1987

Quelle: DÖHRN 1989, S. 180

Exportquote	Anteil der EG-Länder am Export unterdurchschnittlich (<56 %)	 überdurchschnittlich (>56 %)
Überdurchschnittlich (>26 %)	Eisenschaffende Industrie Chemische Industrie Maschinenbau Ziehereien Feinmechanik, Optik	Holzschliff, Zellstoff u.a. Straßenfahrzeugbau Schiffbau Luft-, Raumfahrzeugbau Büromaschinen-, ADV-Geräteherstellung Nichteisen-Metallindustrie Glasindustrie Kunststoffwarenherstellung Textilindustrie
Unterdurchschnittlich (<26 %)	Eisen-, Stahl-, Tempergießereien Nichteisen-Metallgießereien Stahlbau MSSS-Warenherstellung Feinkeramische Industrie Druckerei Ledererzeugung Lederwarenherstellung Schuhindustrie	Mineralölverarbeitung Gewinnung und Verarbeitung von Steinen und Erden Holzbearbeitung Gummiwarenherstellung Stahlverformung Elektrotechnische Industrie Holzverarbeitung Papier-, Pappwarenherstellung Bekleidungsindustrie Ernährungsgewerbe Tabakwarenherstellung

Die Frage nach den wirtschaftsräumlichen Folgen des Binnenmarktes für die deutsche Industrie läßt sich gegenwärtig noch nicht zusammenfassend beantworten. Es liegt allerdings auf der Hand, daß die exportstarken Branchen mit hoher Konzentration auf den EU-Markt besondere Vorteile daraus ziehen können. Unternehmen dieser Branchen können ihren Marktanteil leichter ausweiten. Legt man die Klassifizierung der Branchen zugrunde, wie sie R. Döhrn (1989), für das Jahr 1987 vorgenommen hat, dann zeigt sich, daß von den Schlüsselindustrien besonders der Straßenfahrzeugbau und Teile des Maschinenbaus begünstigt sein dürften, die Elektrotechnische und die Chemische Industrie aber erst in zweiter Linie.

Gerade auch für die mittelständisch geprägten Industriezweige sind mittelfristig Chancen zu erwarten, und zwar

- durch den Wegfall der Handelsbarrieren wird für viele mittelständische Unternehmen der Handel mit den EG-Nachbarländern erstmals attraktiv: weniger Bürokratie, geringere Wartezeiten an den Grenzen, vereinfachte Verwaltungsverfahren erleichtern den Export und erhöhen neue Chancen, zusätzliche Märkte zu erschließen;
- durch die erweiterte Nachfragesteigerung ergeben sich für flexible mittelständische Unternehmen zahlreiche Chancen, von dieser Marktexpansion zu profitieren und Marktnischen zu besetzen;
- durch die Wahrscheinlichkeit, daß in einigen Großbetrieben die Strategie abnehmender Verarbeitungstiefe gewählt wird, werden größere Chancen für Zulieferbetriebe erwartet.

Kurzfristig können in einer Übergangszeit für strukturschwache Regionen und schrumpfende Branchen Kostennachteile entstehen. Das Ausscheiden von "Grenzanbietern" und die notwendigen Umstrukturierungsprozesse verschlechtern möglicherweise zunächst die ökonomischen und sozialen Bedingungen in diesen Bereichen und verursachen hohe Anpassungskosten.

Eine Schlüsselrolle für die Wettbewerbsfähigkeit der deutschen Industrie spielen die staatlichen Beihilfen bzw. Subventionen. Sie bedürfen der Gemeinschaftskontrolle, da sie möglicherweise den Wettbewerb verzerren, indem sie die Kostenstrukturen des Beihilfeempfängers (Unternehmen, Industriezweig) direkt zu dessen Gunsten verändern und beeinflussen. Damit könnte der Wettbewerb verfälscht und letzlich das Fundament des EU-Binnenmarktes ausgehöhlt werden. Zur Verhinderung dienen verstärkte Beihilfekontrollen.

Vielfach besteht für die Entscheidung über die Zulässigkeit einer Subvention – wie das Beispiel des VW-Werkes in Zwickau gezeigt hat – ein Ermessensspielraum. Nach Artikel 92/2, Buchst. c des EWG-Vertrages sind in der Bundesrepublik Beihilfen für die Wirtschaft erlaubt, soweit sie für die durch die Teilung Deutschlands benachteiligten Gebiete oder zum Ausgleich der durch die Teilung Deutschlands verursachten wirtschaftlichen Nachteile erforderlich sind.

Auf makroökonomischer Ebene sind die Konsequenzen der Vollendung des Binnenmarktes als relativ positiv zu bewerten. Es erfolgt voraussichtlich ein Wohlstandsanstieg durch:

- Produktionsverbilligung,
- Beschäftigungsbelebung,
- Preisstabilität,
- Entlastung der Haushalte,
- Stärkung auf dem Weltmarkt.

Auf Unternehmensebene hingegen sind nur z. T. und differenziert nach Branchen Vorteile zu erwarten, da sich der Wettbewerb verschärft und in einigen Branchen und Regionen Anpassungsverluste entstehen können. Empirische Analysen der Auswirkungen seit 1993 liegen verständlicherweise noch nicht vor.

4.2 Die Folgen der deutschen Wiedervereinigung für die Industrie in Deutschland

4.2.1 Die Transformation in den neuen Bundesländern

40 Jahre Teilung des deutschen Wirtschaftsraumes haben auch in der Industrie in West und Ost völlig unterschiedliche Verhältnisse entstehen lassen.

Während in der Bundesrepublik Deutschland Soziale Marktwirtschaft und Integration in den Weltmarkt die Rahmenbedingungen bestimmt haben, war die Branchen- und Standortstruktur der Industrie der DDR Ausdruck strukturpolitischer und standorttheoretischer Leitsätze sozialistischer Wirtschaftsdoktrin. Demnach mußte jede sozialistische Wirtschaft über eine eigene Schwerindustrie und metallurgische Basis sowie über einen hohen Selbstversorgungsgrad mit industriellen Endprodukten verfügen. Gleichsam sollte eine ausgewogene industrielle Standortstruktur räumlichen Disproportionen entgegenwirken (Kehrer 1980, S.106); dieses Ziel wurde aber nur ansatzweise erreicht. Die ostdeutsche Industrie war zudem durch ein Übergewicht an Großbetrieben ("Kombinaten") geprägt. Kleinere und mittlere Betriebe fielen anteilmäßig kaum ins Gewicht.

In diesen im Wirtschaftssystem begründeten Vorgaben sind zum einen Teil die Ursachen der heutigen Standortprobleme in den neuen Bundesländern zu sehen:

1. Produktionsstätten der neu geschaffenen Grundstoffindustrien (Metallurgie, Energie, Chemie) wurden noch bis in die 1970er Jahre an teilweise suboptimalen Standorten (Stahlindustrie ohne Rohstoffbindung) ausgebaut bzw. neu angelegt. Die Regionen mit diesen künstlich geschaffenen Monostrukturen zählen heute zu denjenigen mit den größten Transformationsproblemen und den höchsten Arbeitslosenquoten (z.B. der Raum Leuna – Bitterfeld, Eisenhüttenstadt, Schwedt).
2. Um den Selbstversorgungsgrad zu erhöhen, erfolgte noch bis in die 1970er Jahre hinein der Ausbau technologisch wenig anspruchsvoller "Leichtindustrien" (Konfektionierung, Baumwollspinnereien, Schuhfabriken). Aus heutiger regionaler Sicht besonders problematisch ist die Tatsache, daß diese Leichtindustrien an den Standorten der Schwerindustrien mit ihrer überwiegend männlichen Beschäftigung angesiedelt wurden. Dadurch kumulierten nach der Wende regionale sozialökonomische Probleme.
3. In den 1980er Jahren erfolgte zwar der Ausbau von auch nach westlichen Maßstäben als wachstumsträchtig eingeschätzten Branchen, wie Elektrotechnik und Maschinenbau. Der Diversifikationsgrad auf der Produktebene erreichte jedoch nur einen Bruchteil desjenigen in den alten Bundesländern. Dabei spielten in erster Linie gesamtwirtschaftliche Ziele wie Importsubstitution und Deviseneinsparung eine Rolle (Halstrick-Schwenk 1990, S. 27). Die Einbindung der DDR-Wirtschaft und ganz besonders dieser Branchen in die internationale Arbeitsteilung war gering und konzentrierte sich auf die wirtschaftlich und technologisch zurückgebliebenen RGW-Länder.

Die Öffnung der Grenzen und die Transformation zur Marktwirtschaft bedeutete für die bis dahin abgeschottete Industrie der neuen Bundesländer einen "Wettbewerbsschock" durch die Notwendigkeit schwieriger Anpassungsprozesse.

Die Schaffung marktwirtschaftlicher und demokratischer Rahmenbedingungen, das "Erlernen" marktwirtschaftlicher Verhaltensweisen, die Umstrukturierung der Verwaltung sowie die Korrektur der durch die beschriebenen Spezialisierungsmuster geprägten Wirtschaft in Ostdeutschland benötigen geraume Zeit. Im Falle der deutschen Einigung kam verschärfend noch der Aufwertungsschock durch die Währungsumstellung hinzu; dadurch wurde die ohnehin unter Marktbedingungen nicht sehr hohe Wettbewerbsfähigkeit der ostdeutschen Wirtschaft zusätzlich erheblich geschwächt. Zudem ließen die lohnpolitischen Rahmenbedingungen eine Spezialisierung gemäß der spezifischen Standorteigenschaften beider Regionen – eines qualitativ hochwertigen Kapitalstocks in West- und reichlich vorhandener qualifizierter Arbeitskräfte in Ostdeutschland – nicht zu. Ungeachtet massiver Transfers aus Westdeutschland hat sich bisher ein selbsttragender dynamischer Wachstumsprozeß, der die wirtschaftliche Erholung in Ostdeutschland "auf eigene Füße" stellen würde, trotz unverkennbarer Fortschritte bisher noch nicht herausgebildet; nach wie vor ist die wirtschaftliche Entwicklung zu sehr abhängig von staatlicher Förderung.

In der Produktivität bestehen zwischen den Unternehmen in den neuen Bundesländern gravierende Unterschiede. In einzelnen neuerrichteten Unternehmen, die über einen modernen Kapitalstock verfügen, liegt die Produktivität sogar über der vergleichbarer Betreiber in Westdeutschland. Beispiel dafür ist das Opel-Werk in Eisenach. Insgesamt aber liegen die Einkommen aus unselbständiger Arbeit immer noch deutlich höher als das Volkseinkommen, d.h. die Lohnquote beträgt mehr als 100 %. Für die Chancen der Anpassung der ostdeutschen an die westdeutsche Produktivität schien 1991–1993 die deutlich höhere Investitionsquote in den neuen Bundesländern, gemessen am BIP, aber auch pro Einwohner, zu spechen (BURDA/FUNKE 1993). Seit 1995 hat sich der Aufholprozeß deutlich ver-

Tab. 4.4: Bruttowertschöpfung, Personalkosten und Lohnstückkosten in Unternehmen des Verarbeitenden Gewerbes in West- und Ostdeutschland 1993 (ausgewählte Branchen) mit im allgemeinen 20 und mehr Beschäftigten

Quelle: Statistisches Bundesamt

	Westdeutschland			Ostdeutschland			
	Bruttowertschöpfung (Mrd. DM)	Personalkosten (Mrd. DM)	Personalkosten (DM je 100 DM Bruttowertschöpfung)	Bruttowertschöpfung (Mrd. DM)	Personalkosten (Mrd. DM)	Personalkosten DM je 100 DM Bruttowertschöpfung)	Personalkosten Westdeutschland = 100 %
Grundstoff- und Produktionsgüter	158,6	103,6	65,3	5,6	5,6	98,9	151,3
Steine, Erden	18,0	11,2	62,1	2,5	1,5	57,6	92,8
Chemie	66,0	51,5	78,0	0,9	2,1	229,5	294,1
Investitionsgüter	323,5	282,4	87,3	9,9	12,4	125,4	143,7
Maschinenbau	80,4	71,8	89,3	2,6	4,0	151,8	170,1
Straßenfahrzeugbau	75,9	65,9	86,8	1,1	1,4	124,1	142,9
Elektrotechnik	88,7	77,8	87,7	2,1	2,5	118,6	135,2
Verbrauchsgüter	98,8	74,8	75,7	4,3	4,0	92,2	121,9
Druckereien	14,4	11,3	78,7	1,2	0,8	0,2	89,2
Nahrungs- und Genußmittel	66,7	31,2	45,5	6,0	2,5	41,6	91,4
Ernährung	49,7	29,8	59,9	4,4	2,4	55,3	92,4
Verarbeitendes Gewerbe insgesamt	649,6	492,0	75,7	25,9	24,5	94,5	124,8

langsamt. Diese Feststellung gilt insbesondere für Investitionen im Verarbeitenden Gewerbe (DIW, Wochenbericht 27/96). Eine der Hauptursachen dafür ist die Tatsache, daß in fast allen Gewerbezweigen die Lohnstückkosten in Ostdeutschland höher sind als in Westdeutschland (Tab. 4.4). Ausnahmen sind das Ernährungsgewerbe, die Steine- und Erdenindustrie und das Druckgewerbe. Hierbei handelt es sich um Branchen, in denen die Produktion auf lokale Märkte ausgerichtet ist und nach der Wende rasch anzog. In den Schlüsselindustrien – Chemieindustrie, Maschinenbau, Elektroindustrie und Straßenfahrzeugbau – überstiegen dagegen die Lohnstückkosten deutlich das westdeutsche Niveau.

Gravierend war die aus diesen Gründen erforderliche Reduzierung der Beschäftigtenzahlen. Von den 2 075 858 im Januar 1991 in der Industrie in den neuen Bundesländern (einschließlich Bergbau) tätigen Personen waren 1995 nur noch 1 039 111 beschäftigt; das sind etwa 50 % (Amtliche Nachrichten der Bundesanstalt für Arbeit, Sondernummer v. 14.6.1996). Absolut gesehen sind die meisten Industriearbeitsplätze im Zeitraum von Juni 1991 bis Januar 1992 verlorengegangen. Sachsen mit fast 300 000, Thüringen mit knapp 180 000 und Sachsen-Anhalt mit annähernd 140 000 Personen verzeichneten die höchsten Verluste. Wie in allen postsozialistischen Ländern kann man also auch in den neuen Bundesländern aus arbeitsmarktpolitischer Sicht von einer Transformationskrise sprechen.

Gleichzeitig erfolgten aber auch Neuansiedlungen von Industriebetrieben, z. T. Standortverlagerungen aus den alten Bundesländern. Von 1990 – 1992 wurden 231 interregionale Industrieansiedlungen mit zusammen 36 500 Beschäftigten erfaßt (nach Pieper 1994). Bezieht man die Arbeitsmarkt-Effekte dieser Neuansiedlungen auf die industrielle Ausgangsbasis vor der Wende (über 2,0 Mio. Beschäftigte im Produzierenden Gewerbe), ergibt sich ein Wert, der kaum über einen Beschäftigtenanteil von 2 % hinausgeht. Diese Zahlen geben allerdings nur insofern die Realität wieder, als sie beschränkt sind auf neue interregionale Ansiedlungen und Übernahmen im Zuge der Privatisierung nicht berücksichtigen.

Der regionale Effekt dieser interregionalen Industrieansiedlungen ist aber insgesamt gering. Nur drei Regionen weisen größere Beschäftigungsanteile neuer Industriebetriebe auf. An erster Stelle steht Thüringen mit 31 Ansiedlungsbetrieben und knapp 8 000 Beschäftigten, die ca. 3,5 % der Beschäftigung von 1989 im Sekundären Sektor in diesem Gebiet ausmachen.

Bei der Verteilung neuer Industrieansiedlungen ergibt sich insgesamt folgendes Bild:

1. Der Schwerpunkt der Ansiedlungstätigkeit liegt eindeutig im traditionell industrialisierten und verdichteten Süden.
2. Es lassen sich vier Ansiedlungsachsen entlang großräumiger Verkehrslinien ausmachen: entlang der A 4 von Eisenach bis Dresden, an der A 14 von Leipzig bis Dresden, entlang der A 2 von Magdeburg bis Berlin und im Verlauf der A 24 zwischen der ehemaligen Grenze und Berlin.
3. Fast keine Ansiedlungen sind in den peripheren nördlichen und östlichen Regionen zu verzeichnen. Benachteiligte Regionen finden sich aber auch in der Nähe der alten Bundesländer, und zwar in erster Linie dort, wo Fernstraßenanschluß nicht gegeben ist (Altmark, Nordthüringen).

4.2.2 Folgen im vereinten Deutschland

Die Frage nach den Auswirkungen der Wiedervereinigung auf die wirtschaftliche Entwicklung Deutschlands insgesamt muß von der grundsätzlichen ökonomischen

Hypothese ausgehen, daß ein solcher Zusammenschluß im Prinzip auf längere Sicht für alle Teile erhebliche Wachstums- und Wohlstandsgewinne – und damit auch eine Verbesserung der Standortqualität – erwarten läßt; dies gilt, wie das Beispiel der Süderweiterung der EU zeigt, selbst zwischen Ländern mit deutlichen Unterschieden im Entwicklungsstand. Positive Effekte resultieren insbesondere aus dem Abbau von Handelsschranken und der Öffnung neuer Märkte, aus der Verbreiterung der Ressourcenbasis und dem Abbau möglicher Engpässe sowie aus der effizienteren Nutzung der Ressourcen infolge verstärkter Arbeitsteilung. Insgesamt eröffnete also die Wiedervereinigung die Chance für mehr Wachstum und für eine Verbesserung der Standortqualität in beiden Teilen Deutschlands. Allerdings müssen dazu erst die Folgen der Transformationskrise in den neuen Bundesländern überwunden werden. Bei der Frage nach den bisherigen Folgen der Wiedervereinigung auf die Attraktivität des Wirtschaftsstandortes Westdeutschland stehen zwei Aspekte im Vordergrund:

- Auswirkungen auf den Arbeitsmarkt,
- Auswirkungen auf den Umfang der Staatstätigkeit.

Das Arbeitskräftepotential in den alten Bundesländern ist durch die Wiedervereinigung spürbar gestiegen. Die Zahl der Übersiedler nahm nach dem Fall der Mauer kräftig zu. 1989 und 1990 dürften insgesamt rd. 700 000 Personen aus der ehemaligen DDR zugewandert sein; der größte Teil davon waren Erwerbspersonen. Nach der Umstellung des Aufnahmeverfahrens und dem Fortfall der Starthilfen ebbte der Zustrom dann deutlich ab. Gleichzeitig nahm die West–Ost–Wanderung zu, so daß sich der Saldo von Zuzügen aus und Fortzügen nach Ostdeutschland drastisch verringerte; 1992 betrug er nur noch rd. 88 000 Personen.

Parallel dazu stieg die Zahl der Einpendler aus Ostdeutschland sprunghaft an. 1994 waren rd. 415 000 Arbeitnehmer mit Wohnsitz in Ostdeutschland in den alten Bundesländern beschäftigt; die Zahl der Pendler von West- nach Ostdeutschland betrug rd. 60 000 (vgl. Kap. 2).

Die Zuwanderung aus Ostdeutschland half, Engpässe beim Arbeitskräfteangebot in Westdeutschland abzubauen; insbesondere bei den Pendlern waren Facharbeiter überdurchschnittlich vertreten (Krakowski / Lau / Lux 1992, S. 62).

Negativ dagegen wirkte sich die Wiedervereinigung auf den Standortfaktor Arbeitskosten aus. Nach relativ moderater Entwicklung im letzten Drittel der 1980er Jahre hat sich der Anstieg der Lohnstückkosten in Westdeutschland im Gefolge der Wiedervereinigung – auch relativ zu wichtigen Konkurrenzländern – deutlich verstärkt. Maßgeblichen Anteil daran hatten der durch die Nachfrage aus Ostdeutschland angeheizte

Tab. 4.5: Regionale Verteilung der Umsätze von Unternehmen des Verarbeitenden Gewerbes in Ostdeutschland (1994)
[1] Im Radius von rund 30 km
Quelle: DIW Wochenbericht 14/96, S. 457

	Vom Gesamtumsatz entfielen ... v. H. auf folgende Absatzgebiete				
	nähere Umgebung[1]	übrige neue Länder	übrige alte Länder	Osteuropa	übriges Ausland
Alle Unternehmen	19	33	30	7	11
Unternehmen in den Branchen ...					
Steine und Erden	43	48	8	0	1
Eisen, Nichteisen-Metalle, Gießereien	2	22	55	1	20
Chemie	4	46	19	18	13
Maschinenbau	6	24	32	19	19
Elektrotechnik	12	23	36	5	24
Druckereien	63	18	18	0	1
Textilgewerbe	12	22	49	1	16
Ernährungsgewerbe	31	47	13	5	4

Boom in den Jahren 1990/91 sowie die diversen Steuer- und Abgabenerhöhungen des Staates zur Finanzierung des wachsenden Transferbedarfs für Ostdeutschland; diese erhöhten teils unmittelbar die Lohnnebenkosten. Der Umfang der staatlichen Aktivität hat als Folge der Wiedervereinigung erheblich zugenommen. Die Staatsquote, gemessen als Relation von Staatsausgaben und Bruttoinlandsprodukt, lag 1993 bei 51 %; in den alten Ländern hatte sie 1989 nur knapp 46 % betragen. Ausschlaggebend dafür waren die wachsenden Ausgaben für Ostdeutschland; die Transfers dorthin erreichten jährlich etwa 150 Mrd. DM. Da die Mehreinnahmen durch höhere Steuern und Abgaben zur Deckung des wachsenden Transferbedarfs für Ostdeutschland bei weitem nicht ausreichten, wurde gleichzeitig die öffentliche Verschuldung kräftig ausgeweitet. Zweifellos ist damit die wirtschaftliche und soziale Stabilität der Bundesrepublik Deutschland erheblich belastet worden. Die enorme Ausweitung der Staatstätigkeit engte den Spielraum für private Aktivitäten ein und beeinträchtigte die Investitionsneigung und Leistungsbereitschaft der Wirtschaft, nicht zuletzt auch des Verarbeitenden Gewerbes (WOHLERS 1994/95).

4.2.3 Perspektiven für die Wirtschaftspolitik in den neuen Bundesländern

In den neuen Bundesländern hat sich bisher eine duale wirtschaftliche Entwicklung gezeigt. Positiv, mit beachtlichen Zuwächsen und z. T. auch Zunahme der Beschäftigtenzahlen, haben sich insbesondere das Handwerk sowie einige konsumorientierte Dienstleistungen entwickelt. Im Industriebereich haben hingegen Wertschöpfung und Beschäftigung abgenommen. Doch auch innerhalb der Industrie ist eine differenzierte Entwicklung festzustellen. Relativ gut haben Industrien abgeschnitten, deren Absatz vergleichsweise stark auf lokale Märkte gerichtet ist. Produktionseinbrüche waren vor allem in den exportorientierten Industriebereichen zu verzeichnen. Die ostdeutsche Industrie leidet insbesondere darunter, daß sie auf den Exportmärkten nicht wettbewerbsfähig ist, worunter auch die Märkte in Westdeutschland fallen.

Die Leistungsschwächen vieler Hersteller in Ostdeutschland spiegeln sich in der räumlichen Verteilung der Umsätze wider. Die neuen Bundesländer sind und bleiben vorerst auch der wichtigste Absatzmarkt für ostdeutsche Hersteller. Doch auf den lokalen und regionalen Märkten haben sie ihr Absatzpotential schon weitgehend ausgeschöpft. Neue Absatzchancen müssen vor allem auf überregionalen und internationalen Märkten gesucht werden. Und das gelingt offenbar nur wenigen. Nach einer Befragung des DIW vom Frühjahr 1995 wurde im Jahre 1994 knapp die Hälfte des Umsatzes in den neuen Bundesländern selbst erwirtschaftet, ein Fünftel sogar im Nahbereich von bis zu 30 km (Tab. 4.5).

Vor allem auf Auslandsmärkten kommen die Hersteller aus Ostdeutschland bisher kaum zu nennenswerten Erfolgen. An der gesamten Ausfuhr deutscher Unternehmen in westliche Industrieländer sind sie im Jahr 1995 mit gerade 1 v. H. beteiligt, deutlich höher (9 v. H.) war nur ihr Anteil an der Ausfuhr in die mittel- und osteuropäischen Länder. Hierbei spielten freilich staatlich subventionierte oder verbürgte Lieferungen an die Länder der ehemaligen Sowjetunion eine große Rolle.

Die Wirtschaftspolitik versucht, die Absatzschwächen vieler Produzenten in Ostdeutschland mit einer Fülle von Förderprogrammen zu beheben. Diese umfassen ganz unterschiedliche Maßnahmen wie Messeförderung, Einkäufertage, Marketingberatung, Qualitätsmanagement, Exportkreditversicherung, Sonderregelungen bei der öffentlichen Auftragsvergabe und – last but not least – die Einkaufsoffensive Ost. In Einzelfällen können diese Maßnahmen sicherlich einiges bewirken. Dennoch fällt auf: Die Hersteller in Ostdeutschland bewerten die meisten dieser Maßnahmen recht zurückhaltend; im Vergleich zu solchen Maßnahmen, die ihnen finanziell weiterhelfen, bewerten sie diese sogar deutlich schlechter. Nach einer Erhebung des Instituts für Marktforschung (1995) erhält nur die Messeförderung ähnlich gute Noten wie etwa die Eigenkapitalhilfe oder die anderen Förderkredite. Der Einsatz dieser "klassischen" finanziellen Förderinstrumente ist jedoch umstritten. Seit 1991 wurden zahlreiche Förderprogramme der EU, des Bundes, der Länder und der Kommunen eingerichtet:

- Einbeziehung in die Gemeinschaftsaufgabe "Verbesserung der regionalen Wirtschaftsstruktur";
- Sonderprogramm "Problemregionen" im Rahmen der Gemeinschaftsaufgabe;
- Hilfen aus den europäischen Strukturfonds;
- Beratungshilfe für die Erstellung regionaler Entwicklungskonzepte;
- Hilfen für die Werften in den neuen Bundesländern;
- verschiedene Programme für zinsgünstige Kredite und Investitionsbegünstigungen, die wichtigsten davon sind
  - Eigenkapitalhilfen,
  - ERP-Kredite,
  - Sonderabschreibungen;
- Beschleunigung von Arbeitsbeschaffungsmaßnahmen;
- verschiedene Maßnahmen der Bundesanstalt für Arbeit zur Umschulung, Fortbildung und Qualifizierung;
- beschleunigte Verbesserung der Verkehrsinfrastruktur;
- Telekommunikationsinfrastruktur.

(Raumordnungsbericht 1991)

Die Grundlinie der Wirtschaftspolitik ist es bisher, die Standortqualität in Ostdeutschland zu verbessern und innerhalb einer Übergangsfrist den Investoren einen Nachteilsausgleich zu gewähren. Investoren, die sich in Ostdeutschland engagieren, sollen hinsichtlich der Standortbedingungen mindestens ebenso gestellt werden wie Investoren im Westen.

Umstritten ist in gerade die Frage des Erhalts "Industrieller Kerne". Die Diskussion darüber wird sehr kontrovers geführt. Kritiker befürchten, daß diese neue Politikstrategie lediglich bestehende, am Markt kaum überlebensfähige Strukturen konservieren würde, so daß sie langfristig von staatlichen Subventionen getragen werden müßten. Die Befürworter dagegen vertreten die Meinung, daß sich aus den "Industriellen Kernen" Kristalli-

Tab. 4.6: Inanspruchnahme des Eigenkapitalhilfeprogramms und des ERP-Programms nach ausgewählten Wirtschaftsbereichen in den neuen Bundesländern 1990 – 1993 (in %)
Quelle: BMWi: Aufbau ... 1994

	1990	1991	1992	1993	1990 / 93
	Eigenkapitalhilfen				
Verarbeitende Industrie	1,2	1,4	3,1	4,8	2,5
Handwerk	28,0	27,0	38,9	40,6	33,4
Handel	18,9	17,1	17,8	17,9	17,6
Verkehr	4,0	3,9	4,6	2,5	3,9
Hotel / Gaststätten	6,1	7,5	9,1	10,6	8,4
Dienstleistungen	7,4	5,4	6,9	6,3	6,3
	ERP-Existenzgründungsprogramm				
Verarbeitende Industrie	1,1	1,3	3,2	4,9	2,3
Handwerk	32,7	29,9	46,5	46,3	37,3
Handel	20,3	20,9	22,6	21,3	21,2
Verkehr	21,1	5,1	5,9	2,9	6,4
Hotel / Gaststätten	0,0	0,0	8,4	12,8	4,2
Dienstleistungen	10,1	6,9	8,7	7,4	8,1

sationspunkte künftiger wirtschaftlicher Aktivitäten – auch im Bereich der unternehmensbezogenen Dienstleistungen – ergeben würden. Sie sehen darin eine dynamische Bestandspflege und -entwicklung.

Einig ist man sich allerdings weitgehend darüber, daß eine sektorale und regionale Konzentration der Fördermittel notwendig ist. Es spricht viel dafür, die Fördermittel auf ganz bestimmte Regionen zu konzentrieren, nämlich auf die "Wachstumsknoten", also auf solche Gebiete, bei denen aufgrund vergleichsweise guter infrastruktureller Ausstattung und hoher Konzentration wirtschaftlicher Aktivitäten am ehesten zu erwarten ist, daß sie rasch Produktivitätsrückstände gegenüber Westdeutschland aufholen können. Das dürfte sich auch auf andere Regionen positiv auswirken. Das Ziel eines regionalen Ausgleichs, wie es die jetzige Förderpolitik favorisiert, sollte zunächst zurückgestellt werden. Die Exportschwäche der Industrie in Ostdeutschland läßt es im Prinzip sinnvoll erscheinen, die Förderung auf solche Unternehmen zu konzentrieren, die auf überregionalen Märkten operieren. Das sind neben den Unternehmen in vielen Zweigen des Verarbeitenden Gewerbes auch Unternehmen in einigen Zweigen des produktionsnahen Dienstleistungsgewerbes.

Daher wird bei der Investitionsförderung für Ostdeutschland bei den Zuschüssen seit kurzem bereits ein sogenanntes Exportbasiskriterium angewandt. Nach diesem Kriterium kann ein Investor nur dann Zuschüsse erlangen, wenn in der zu fördernden Betriebsstätte überwiegend Tätigkeiten ausgeübt werden, von denen anzunehmen ist, daß sie "der Art nach" zu einem überregionalen Absatz führen. Dies gilt als erfüllt, wenn die betreffenden Tätigkeiten in einer sogenannten Positivliste aufgeführt sind, die das gesamte Verarbeitende Gewerbe, 13 Zweige des Dienstleistungsbereichs sowie 21 handwerkliche Tätigkeiten umfaßt. Als überregional gilt ein Absatzradius von mehr als 30 Kilometern. Ausdrücklich nicht förderbar, weil kein überregionaler Absatz vermutet wird, sind u. a. das Baugewerbe, der Einzelhandel (ohne Versandhandel), der Großhandel (soweit nicht Import-Export-Großhandel) sowie das Transport- und Lagergewerbe.

Anders als bei den Zuschüssen wird bei den Eigenkapitalhilfen und den ERP-Darlehen ein Exportbasiskriterium nicht zur Voraussetzung einer Förderung gemacht. Daher haben von diesen Hilfen schwerpunktmäßig auch jene Wirtschaftsbereiche stark profitiert, die bei der Zuschußförderung weitgehend ausgeschlossen sind: Handwerk, Handel, Verkehr und andere Dienstleistungen (Tab. 4.6).

Die Investitionsförderung in Ostdeutschland differenziert bislang kaum zwischen verschiedenen Standorten. Investitionszulagen, Sonderabschreibungen, eigenkapitalähnliche Hilfen und ERP-Kredite werden überall an jedem Ort der neuen Bundesländer in gleicher Höhe gewährt. Bei der Förderung über Zuschüsse wird allerdings inzwischen eine räumliche Differenzierung vorgenommen, nachdem diese zunächst flächendeckend gewährt wurden. Die einzelnen Bundesländer, denen die Kompetenz zur räumlichen Differenzierung zusteht, sind mehr und mehr dazu übergegangen, die Zuschüsse auf Investitionen in ländlichen, abgelegenen Regionen zu konzentrieren; in hochentwickelten Regionen werden mittlerweile nur noch wenige Investitionen gefördert.

Was auch immer der Wirtschaftspolitik im einzelnen einfallen mag, in einer Hinsicht, vielleicht sogar der wichtigsten, sind ihre Möglichkeiten eng begrenzt: Es steht nicht in ihrer Macht, Einfluß auf die Entwicklung der Lohnkosten zu nehmen, von der Entwicklung der Lohnzusatzkosten einmal abgesehen. Das Grundproblem der ostdeutschen Wirtschaft ist weiterhin das viel zu hohe Lohnniveau. Die Lohnstückkosten sind im Durchschnitt um rund ein Drittel höher als in der westdeutschen Wirtschaft, und alle Anstrengungen, sie nach unten zu drücken, erweisen sich bisher als nicht durchsetzbar.

Neben generellen Maßnahmen der Wirtschaftspolitik haben nach und nach alle Länderregierungen Überlegungen zur Sicherung ihrer industriellen Basis angestellt, die über die klassische regionale Wirtschaftsförderung hinausgehen und Betriebe in Treuhandverwaltung miteinbeziehen. Das Land Sachsen nahm in bezug auf die konzeptionelle Ausgestaltung des "Erhalts industrieller Kerne" eine Pionierrolle ein (NOLTE 1993).

Im November 1992 nahm das "ATLAS"-Projekt (ausgesuchte Treuhandunternehmen, vom Land angemeldet zur Sanierung) offiziell seine Arbeit auf. Die Treuhand verpflichtete sich, unter bestimmten Voraussetzungen regional bedeutsame Unternehmen mit einem Unternehmenskonzept zu sanieren. Das Land erklärte sich im Gegenzug bereit, den betrieblichen Umstrukturierungsprozeß mit Mitteln aus der Gemeinschaftsaufgabe "Verbesserung der regionalen Wirtschaftsstruktur" sowie Bürgschaften zu unterstützen.

Ganz ähnlich arbeiten die Projekte "ANKER" und "ANKER II" in Mecklenburg-Vorpommern (vgl. Kap. 4.4.7).

Das Land Brandenburg setzte auf die Konzeption "ZEUS" (Zukunftsorientierte Entwicklung und Umstrukturierung der Standorte). Abgesehen von der frühen Beteiligung des Landes Thüringen an Carl Zeiss Jena und Mikroelektronik Erfurt, stellte die thüringische Landesregierung im Frühjahr 1993 als letztes ostdeutsches Bundesland ihre Konzeption "Entwicklung industrieller Zentren" zur Sicherung der industriellen Kerne vor (vgl. Kap. 4.4.8).

4.3 Die Entwicklung der Schlüsselbranchen

4.3.1 Die räumliche Verteilung im Überblick

Die vier Schlüsselbranchen der deutschen Industrie zählen wegen ihres Umfangs, ihrer Bedeutung als Exportindustrien und ihrer vielfältigen Verflechtungsbeziehungen zu den tragenden Säulen der deutschen Volkswirtschaft. Sie sind zugleich auch ein Maßstab für die Standortverteilung wachstumsstarker Industriezweige in der Bundesrepublik Deutschland. Abbildung 4.4 zeigt die Anteile dieser vier Schlüsselindustrien an den Beschäftigtenzahlen aller Betriebe des Verarbeitenden Gewerbes (mit mindestens 20 Mitarbeitern). Die Karte zeigt sehr deutlich beim Anteil der vier Schlüsselbranchen das zur Zeit bestehende Gefälle zwischen den alten und den neuen Bundesländern, aber auch – sieht man einmal von der besonderen Stellung Nordrhein-Westfalens ab – das vielbeschriebene Nord-Süd-Gefälle in den alten Bundesländern.

4.3.2 Die Automobilindustrie

Bereits über viele Jahrzehnte hinweg ist die Automobilindustrie (Herstellung von Kraftwagen und -motoren, von Anhängern, Aufbauten und Containern sowie von Kraftfahrzeugteilen und -zubehör) eine der wichtigsten Schlüsselbranchen der deutschen Volkswirtschaft: Beim Bau eines Automobils werden die Leistungen fast aller Sektoren der Wirtschaft zusammengeführt. Die direkte Produktionsleistung der Automobilindustrie macht etwa 12 % der gesamten Industrieproduktion Deutschlands aus. Die Auto-

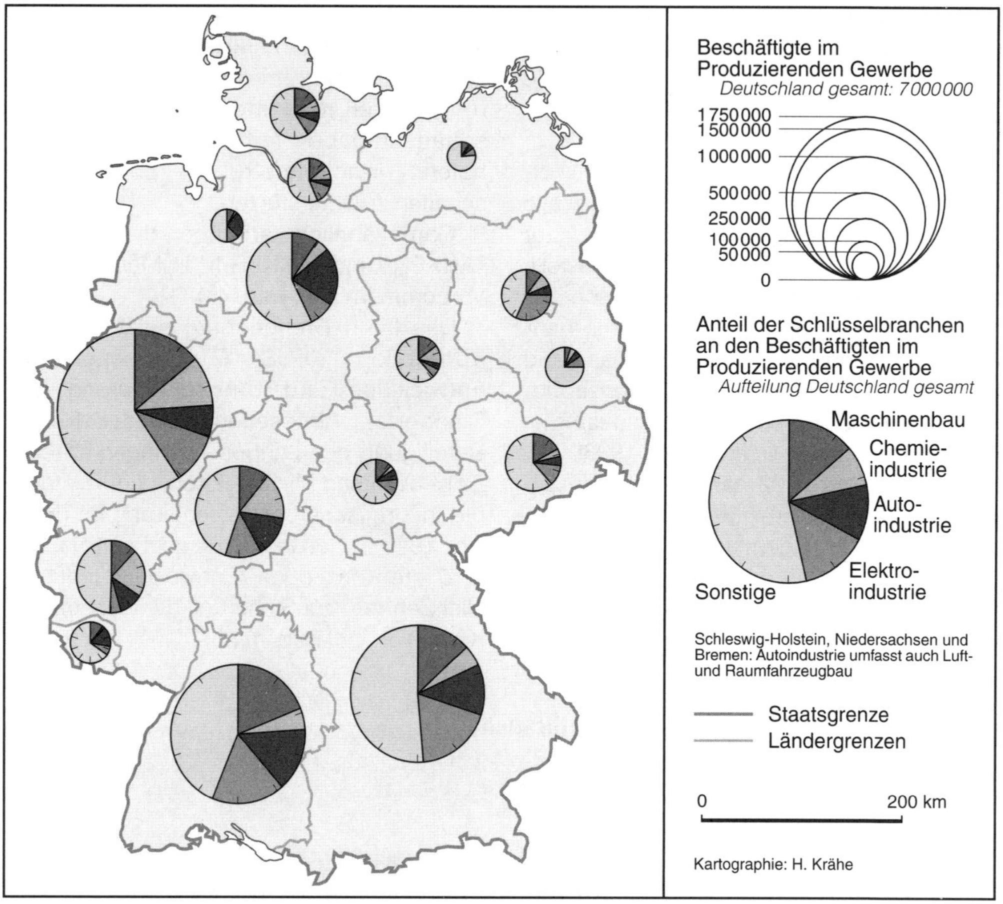

Abb. 4.4: Verteilung der Industriebeschäftigten und Anteile der vier Schlüsselbranchen in der Bundesrepublik Deutschland nach Bundesländern 1994
Quelle: BOESLER 1997, nach Daten der Statistischen Landesämter

mobilindustrie beeinflußt vorgelagerte Branchen, wie die Chemie, die Eisenschaffende Industrie, die Elektroindustrie, den Maschinenbau oder die Textilindustrie und nachgelagerte Sektoren, wie den Kraftfahrzeughandel, Servicebetriebe und Werkstätten, Tankstellen und andere Dienstleister (Kraftverkehrsbetriebe oder Taxiunternehmen). Die von Herstellung, Vertrieb und Nutzung des Automobils abhängige Bruttowertschöpfung belief sich 1995 auf nahezu ein Fünftel des Inlandsprodukts.

Jeder sechste Arbeitsplatz in der Bundesrepublik hängt im weitesten Sinne von der Automobilindustrie ab. 1994 lebten in Deutschland rund 783 000 Menschen unmittelbar von der Automobilproduktion, Zulieferer haben etwa 240 000 Mitarbeiter. Hinzu kommen Reparaturleistungen und Service. Allein ein Sechstel aller Industrieinvestitionen der Jahre 1992 – 1995 entfielen auf die Automobilbranche davon in nicht unbeträchtlicher Höhe auf Investitionen in den neuen Bundesländern.

Die zur Zeit zu beobachtenden Rationalisierungsbemühungen in der Automobilindustrie haben weitreichende Folgen für die Zahl der Beschäftigten, für die Zulieferer,

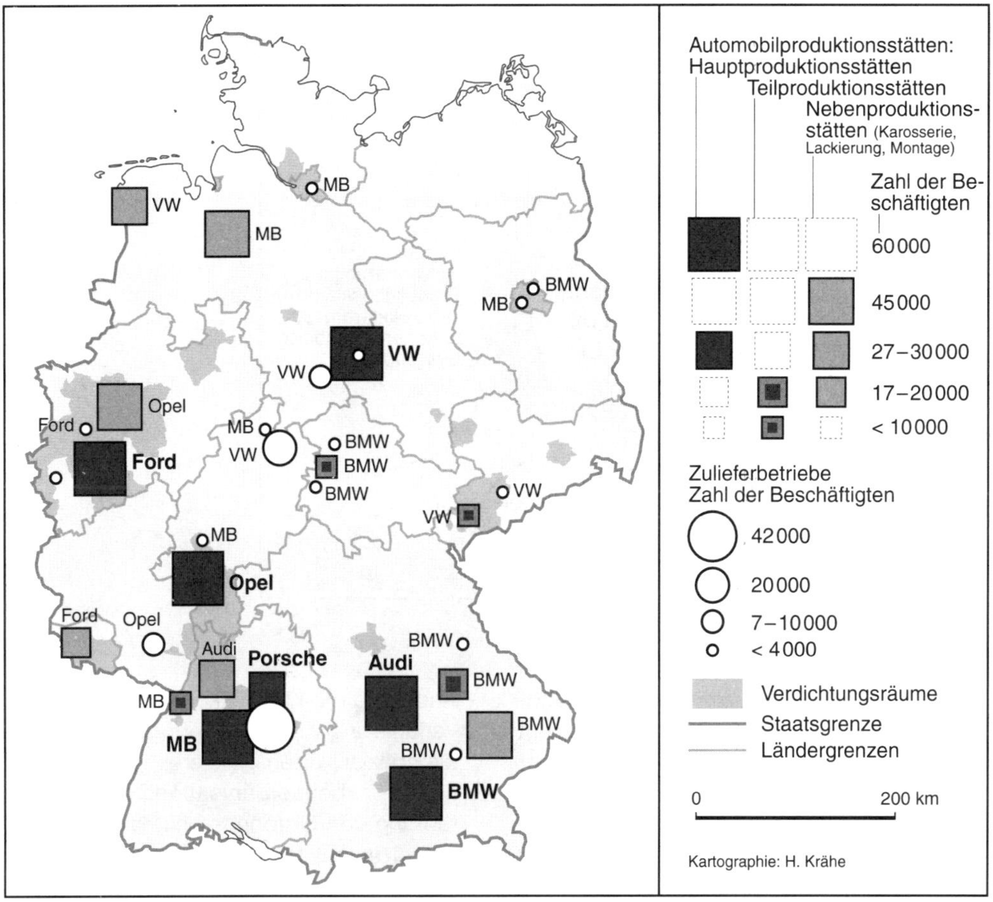

Abb. 4.5: Räumliche Verteilung der Automobilindustrie in der Bundesrepublik Deutschland 1992
Quelle: Schamp 1995, S. 99

aber auch für die regionalen Wirtschaftszusammenhänge an den Standorten der Automobilindustrie (Abb. 4.5).

Die Gesamtumsätze der Branche sind zwar zwischen 1993 und 1994 von 223 Mrd. auf 240 Mrd. gestiegen, die Beschäftigtenzahl ist im gleichen Zeitraum um 47 000 gesunken (Mitteilungen des Verbands der Automobilindustrie e. V.). Alle Prognosen über die weitere Entwicklung gehen davon aus, daß es auch künftig zu einem weiteren Beschäftigungsabbau in Deutschland kommen wird. Man rechnet in den nächsten Jahren allein in Westdeutschland mit einem Rückgang um 200 000 bis 300 000 Beschäftigten (Hypobank, München, 1993, S. 8). Ein Beispiel dafür ist die internationale Standortplanung von Mercedes Benz. Die Pkw-Sparte setzt nicht mehr ausschließlich auf "Made in Germany", sondern auf einen weltweiten Produktionsverbund. Im Jahre 1996 fiel die Entscheidung für eine neue Autofabrik in der zentralbrasilianischen Stadt Juiz de Fora (Bundesstaat Minas Gerais), wo von 1999 an zunächst 70 000 "Baby-Benz" der A-Klasse montiert werden. Die älteste Autofabrik der Welt investiert allein dort 600 Mio. DM und schafft 1 500 Stellen. Im spanischen Vitoria nahe Bilbao wird bereits die Großraumlimousine V-Klas-

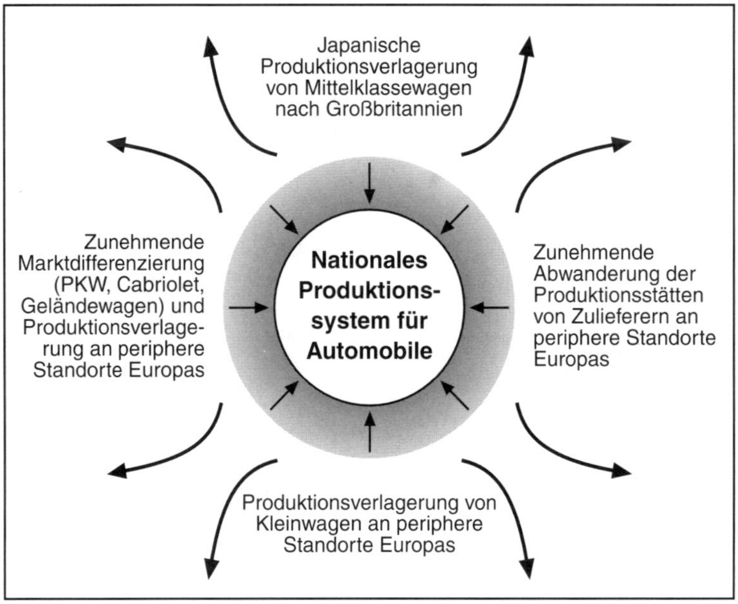

Abb. 4.6: Strukturwandel in der deutschen Automobilindustrie
Quelle: SCHAMP 1995, S. 115

se hergestellt – dies ist ein wichtiger Standort neben Tuscaloosa, wo Fahrzeuge nicht nur für den heimischen Markt gefertigt werden. Die neue E-Klasse wird in Ägypten montiert oder auch in Vietnam. Im indischen Poona wird die alte E-Klasse zusammen mit einem Partner gebaut.

Die Rationalisierungen sind begründet durch die Globalisierung, d. h. die Nutzung komparativer Kostenvorteile, verstärkter internationaler Kampf um Marktanteile bei weltweiten Überkapazitäten. Es handelt sich also beim Beschäftigungsabbau in Deutschland um strukturelle Umbrüche und nicht um eine konjunkturelle Krise. Die Branche ist daher zu strukturellen Änderungen gezwungen. Diese bestehen u. a. in

- Kostensenkungen,
- Verringerung der Fertigungstiefe,
- Verringerung der Zahl der Direktzulieferer,
- verstärktem weltweiten Einkauf ("global sourcing"),
- strategischen Allianzen mit Konkurrenten,
- höheren Qualitätsanforderungen,
- Änderung der Logistikkonzepte,
- Verlagerung von Entwicklungsarbeiten auf die spezialisierten Zulieferer,
- neuer Arbeitsorganisation, z. B. Einführung von Gruppenarbeit, Nutzung des Produzentenwissens als Produktivkraft.

Diese grundlegenden Veränderungen werden auch als "Zweite Revolution der Automobilindustrie" bezeichnet (WOMACK u. a. 1991, s. a. SCHUMANN u. a. 1994, S. 347). Ihre wirtschaftsräumlichen Folgen sind in Deutschland außerordentlich stark: Die neuen, relativ kleinen Montagewerke, meist in kleineren Städten, weisen nur wenige Fertigungsfunktionen auf. Sie benötigen auch aufgrund neuer Lager- und Logistikkonzepte weniger Fläche je Arbeitsplatz, jedoch Flächen für werksnahe Zulieferer. Durch die neuen, modernen Werke von Volkswagen in Mosel bei Zwickau (vgl. Kap. 13.3.1), Opel in Eisenach und Mercedes-Benz in Rastatt gehen vor allem in großen und alten Werken in und am Rand der Agglomerationsräume Arbeitsplätze und Funktionen verloren. Die Investitionen verschieben sich also aus Gründen der Produktionsorganisation zu den neuen Standorten. (GAEBE 1993, S. 497)

Auch wenn die traditionellen Standorte nicht aufgegeben werden, haben sie doch Funktions- und Kompetenzverluste hinnehmen müssen. Immerhin bestehen in Deutschland mit den alten Stammwerken der Automobilproduktion noch "Dinosaurier" dieser Branche: Im Volkswagenwerk Wolfsburg sind mehr als 55 000 Menschen tätig, im Kölner Ford-Werk, im Rüsselsheimer Opel-Werk und im Sindelfinger Mercedes-Benz-Werk jeweils mehr als 25 000. Insgesamt ist die deutsche Automobilindustrie in den 1990er Jahren durch zwei miteinander verknüpfte Strategien gekennzeichnet: Europäisierung, teilweise auch Globalisierung der Produktionsstandorte bei gleichzeitiger Flexibilisierung der Fertigungsorganisation (SCHAMP 1995, S. 101 ff.). Abbildung 4.6 faßt diese Tendenzen zusammen.

4.3.3 Der Maschinenbau

Der deutsche Maschinenbau setzt sich aus rund 5 500 Unternehmen zusammen, die eine sehr heterogene Palette von über 17 000 Produkten anbieten. Mittelständische Unternehmen prägen die Branche, die im Jahre 1993 einen Gesamtumsatz von

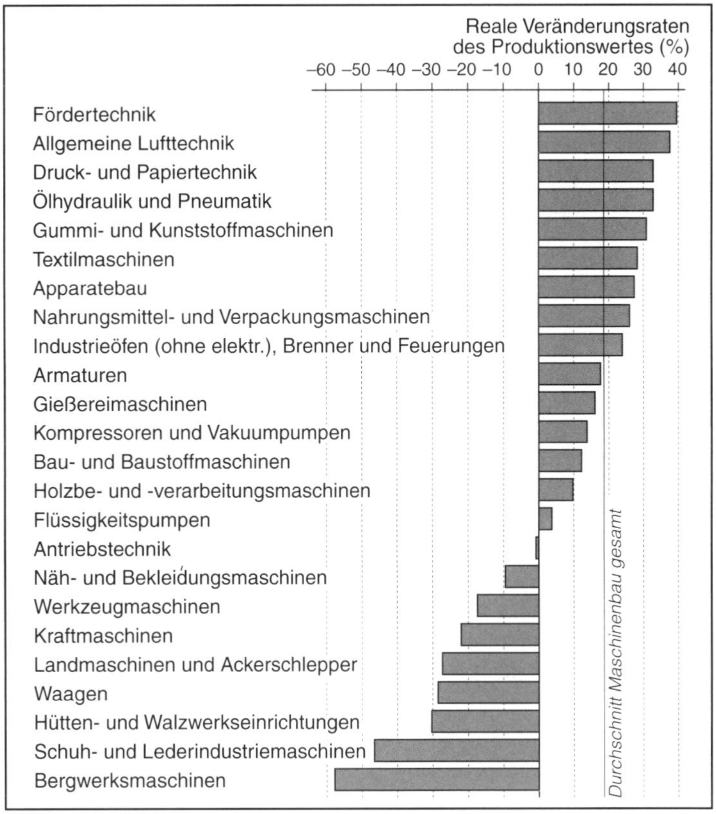

Abb. 4.7: Struktur und Strukturwandel im Maschinenbau der Bundesrepublik Deutschland
Quelle: KRIEGBAUM 1994, S. 175

91,2 Mrd. DM erzielte (Mitteilung des VDMA, Verband Deutscher Maschinen- und Anlagenbau e. V.). Die durchschnittliche Beschäftigungszahl der Unternehmen liegt bei 200 Mitarbeitern.

Mit seinem Anteil von 20 % am Weltexport zählt der westdeutsche Maschinenbau zu den weltweit größten Anbietern von Maschinenbaugütern. Dieser Anteil schwankt allerdings unter den 29 Fachzweigen dieser Branche. Man kann diese sehr verschiedenartigen Fachzweige nach ihrem Standardisierungspotential in drei Geschäftsbereiche zusammenfassen (VIEWEG / HILPERT 1993):
- das Volumengeschäft, das die Serienfertigung von Maschinen umfaßt,
- das Engineering-Geschäft mit einer kundenorientierten Fertigung,
- das Technik-Geschäft, das durch die kundenorientierte Herstellung ganzer Produktionsanlagen gekennzeichnet ist.

Im Volumengeschäft (u. a. im Werkzeugmaschinenbau und in Büro- und Informationstechnik) ist die japanische Konkurrenz führend. Die deutschen Unternehmen der Branche sind dagegen mehr auf das Engineering- und das Technik-Geschäft ausgerichtet und haben dort z. T. die weltweite Marktführerschaft. Dies ergibt sich u. a. aus der Position Deutschlands als Hochlohnland. Bei Standarderzeugnissen kann der Kunde die Preise vergleichen. Spezialmaschinen hingegen, die komplizierte Problemlösungen bieten, beurteilt der Kunde nach anderen Kriterien. Zwar spielt dabei auch der Preis eine Rolle, aber die Technologie und die Qualität sind die entscheidenden Kriterien. Daher hat sich der deutsche Maschinenbau in solchen Marktsegmenten entwickeln können, in denen der Kostendruck geringer ist (Abb. 4.7).

Damit war ein immenser Beschäftigtenrückgang verbunden: die Beschäftigtenzahl im westdeutschen Maschinenbau ist von 1990 bis 1994 von 1 157 000 auf 970 000 gefallen. Das ist eine dramatische Entwicklung, die im Gegensatz zum Fahrzeugbau mit einem deutlichen Umsatzrückgang verbunden war. In Ostdeutschland sind im Maschinenbau 1993 noch 106 000 Personen beschäftigt. Die Produktion ist dort erheblich reduziert worden, hat sich aber Mitte der 1990er Jahre auf einem niedrigen Niveau stabilisiert. Das Produktionsniveau beträgt allerdings nur noch ein Viertel bis ein Fünftel des Ausgangsniveaus von 1990. Der ostdeutsche Maschinenbau stellt in der Produktion noch 4 % vom gesamtdeutschen Umsatz.

Allerdings hat die überwiegend auf Werkzeugmaschinen spezialisierte Branche in den neuen Bundesländern erhebliche Wettbewerbsnachteile. Die Hauptgründe dafür sind (FLEISCHER 1991)
- mangelhafte Ausstattung mit elektronischer Steuerungs- und Informationstechnik,
- hohe Herstellungskosten,
- fehlendes Angebot einer weltmarktgerechten Palette von Serviceleistungen.

Es gibt heute aber noch eine weitere Tendenz im deutschen Maschinenbau: weg von der "stand alone"-Maschine hin zum Maschinensystem. Dies bedeutet auch, daß der Kunde immer mehr Dienstleistungen benötigt: Beratung, Schulung, Spezialsoftware usw. Mittlerweile erwirtschaftet der Maschinenbau ungefähr 15 % seines Umsatzes mit solchen produktbegleitenden Dienstleistungen.

4.3.4 Die Chemische Industrie

Mit 570 000 Beschäftigten (1994) gehört die Chemische Industrie zu den großen Industriebranchen in Deutschland. Mit 170 Mrd. DM (1993) liegt die deutsche Chemische Industrie gemessen am Umsatz im Weltvergleich an dritter Stelle (Abb 4.8).

Abb. 4.8:
Globale Verteilung der Chemie-Produktion 1980–1992
Quelle:
STREK 1994

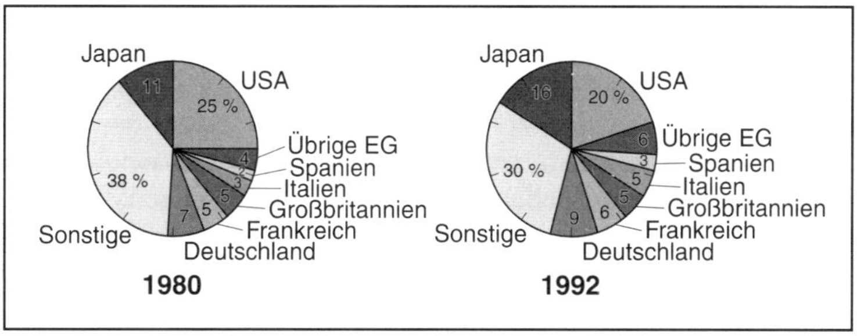

Abb. 4.9:
Verteilung der Anzahl der Patente in der Chemischen Industrie weltweit 1982 und 1991
Quelle:
STREK 1994

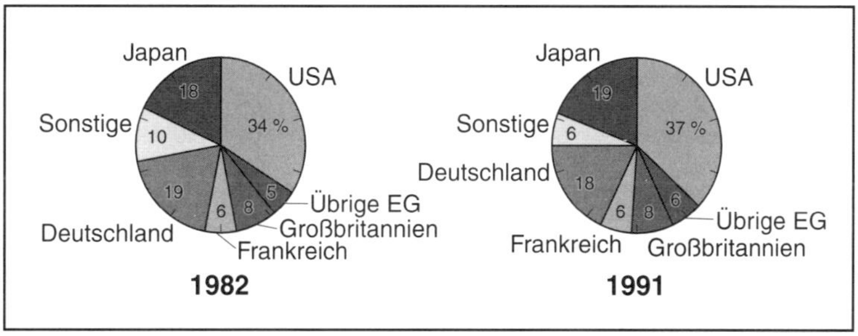

Gegenüber 1980 hat sie damit ihre Position und den Anteil verbessern können. 1991 war für die Chemische Industrie in Deutschland ein Rekordjahr, sowohl bei den Bruttoanlageinvestitionen (13,2 Mrd. DM) als auch bei der Beschäftigtenzahl (593 800). Allein im Jahre 1991 investierten Chemieunternehmen der alten Bundesländer 1 Mrd. DM in ostdeutsche Betriebe. Bis 1996 sind 14,6 Mrd. DM in die Chemische Industrie der neuen Bundesländer investiert worden (Angaben des Verbandes der Chemischen Industrie Ost), hinzu kommen 5 Mrd. DM für den Neubau der Raffinerie bei Leuna. Seitdem ist bei Investitionen wie bei der Beschäftigung ein deutlicher Rückgang zu verzeichnen. Die Chemieinvestitionen in Deutschland gingen bis auf 8,7 Mrd. DM im Jahre 1994 zurück. Diesem Verlaufsmuster folgte die Beschäftigung. Von 1991 bis 1995

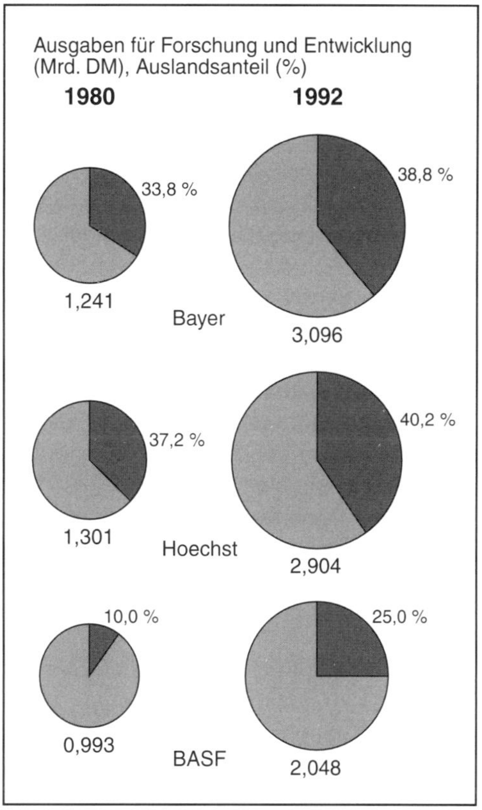

Abb. 4.10: Ausgaben für Forschung und Entwicklung in der deutschen Großchemie 1980 und 1992
Quelle: IG Chemie – Papier – Keramik, HV

sind rd. 85 000 Chemie-Arbeitsplätze verloren gegangen.

Ein großes Problem der Chemischen Industrie stellt der Umweltschutz dar. Seit Beginn der 1980er Jahre haben die Investitionen für den Umweltschutz ständig zugenommen. Ihr Anteil an den Gesamtinvestitionen stieg auf ca. 15 %.

Die Probleme zwischen Chemie und Umwelt umfassen folgende Teilprobleme:
- interne wie externe Betriebssicherheit,
- Dioxine und Furane,
- die gesamte Chlorchemie,
- Kunststoffe und polymere Verbundwerkstoffe und ihre Verwendung und Verwertung,
- Biotechnologie und Gentechnik, insbesondere die genetischen Veränderungen des Erbgutes von Pflanzen und Tieren.

Die generelle Erkenntnis, daß die Konkurrenzfähigkeit einer hochentwickelten Industrie auch von ihrer Innovationskraft abhängig ist, gilt in besonderem Maße für die Chemische Industrie. Wichtige Schlüsseltechnologien der Gegenwart und der Zukunft, die Mikroelektronik, die Lasertechnik, die Mikrosystemtechnik, die Supraleitertechnik und die Bio- oder Gentechnologie, hängen entweder von Werkstoff- oder sonstigen Chemikalienlieferungen ab oder sind überhaupt bei der Chemischen Industrie angesiedelt.

Die Aufwendungen für Forschung und Entwicklung sind in der Chemischen Industrie besonders groß. Die F- und E-Ausgaben allein der deutschen Großunternehmen haben sich seit 1980 mehr als verdoppelt. Bemerkenswerterweise ist dabei der Auslandsanteil deutlich gestiegen (Abb. 4.10). Ein Teil der Ursachen dafür liegt in der mangelnden Akzeptanz der Chemie in Deutschland.

In den letzten 10 bis 15 Jahren hat der Anteil der Mittel für die sogenannte Defensivforschung von Jahr zu Jahr stark zugenommen. Darunter versteht man Aufwendungen in der Forschung, um die ständig wachsenden Vorschriften und staatlichen Einschränkungen und Bedingungen zu erfüllen.

In der deutschen Chemischen Industrie hat sich eine beträchtliche Verschiebung der Produktionsstruktur ergeben. Wir registrieren einen anteilsmäßigen Rückgang bei Grundstoffen und Basischemikalien sowie einen Zuwachs bei pharmazeutischen Produkten und Körperpflegemitteln, also in den konsumnahen Bereichen. Rückgänge gibt es des weiteren bei Chemieprodukten für Landwirtschaft und Verpackung, Zuwächse bei Chemieprodukten für die KFZ-Industrie, das Gesundheitswesen und den Konsum.

Die Chemische Industrie erlebt die Globalisierung besonders deutlich. Neue Wettbewerber sind erstarkt, in Südostasien, im Pazifikraum und neuerdings auch in Osteuropa und vor allem in den Ölförderländern (Saudi-Arabien, Mexiko). Sie bieten Produkte zu Preisen an, die bei den deutschen Unternehmen nicht einmal die Herstellungskosten decken können. Das gilt besonders bei den Basischemikalien.

Hinzu kommt eine Abwanderung von wichtigen Abnehmerbranchen, wie z. B. der Textilindustrie, die sich zunehmend in Osteuropa niederläßt und dann als Abnehmer für Chemiefaserprodukte entfällt. Es ist daher kein Zufall, daß gerade im Chemiefaserbereich starke Produktionsrückgänge zu verzeichnen sind. Andere wichtige Abnehmerbranchen, wie Fahrzeugbau, Elektronik und Maschinenbau, sind in einer tiefgreifenden Strukturkrise, manche Produktion wird verlagert. Auch das trifft die Absatzchancen der deutschen Chemischen Industrie gravierend.

Im Hochtechnologiebereich gibt es einen beschleunigten Innovationswettbewerb, vor allem mit den USA und Japan, aber auch mit Frankreich und Großbritannien. In diesem Innovationswettbewerb, der sich weltweit beschleunigt, hat die deutsche Chemie Schwächen. Das betrifft sowohl einige Bereiche innerhalb der Chemie, wie bespielsweise die Bio- und Gentechnik, als auch Bereiche in wichtigen Abnehmerbranchen, wie etwa in der Elektronik oder in der Automobilindustrie, neuerdings auch im Maschinenbau.

Zu beobachten ist eine Vielzahl von Produktionsstillegungen für nicht mehr unter wettbewerbsfähigen Bedingungen herstellbare Produkte. Dies ist in erster Linie die Basischemie, die zunehmend aus Billiglohnländern importiert wird. Aus diesem Grunde sind allein bei den drei größten Chemieunternehmen in den fünf Quartalen zwischen Januar 1992 und März 1993 15 Betriebsstillegungen mit einem Verlust von über 1 000 Arbeitsplätzen erfolgt. Derzeit wird geschätzt, daß in den Großunternehmen etwa ein bis zwei Betriebe pro Monat stillgelegt werden. Diese Prozesse erfolgen derzeit wesentlich schneller, als der Neuaufbau von Produktionskapazitäten im Hochtechnologiebereich.

Ein besonderes Problem stellt die Chemische Industrie der neuen Ländern dar. Veraltete, energieintensive und umweltbelastende Produktionsstätten, die ineffiziente Nutzung einheimischer Braunkohle als Rohstoffbasis sowie ein, gemessen an der Produktivität, zu hoher Personalbestand verursachen Kosten, denen keine vergleichbaren Einnahmen gegenüberstehen. Um im globalen Wettbewerb bestehen zu können, hat die Chemieindustrie der neuen Länder daher unter anderem folgende Aufgaben zu lösen:

- die Durchführung einer Sortimentsbereinigung mit Anpassung der Qualität an internationale Standards,
- die Verbesserung der Rohstoff- und Energienutzung,
- Sicherung und Entsorgung der angesammelten Altlasten,
- Schaffung eines leistungsfähigen Vertriebssystems und eines mit guten Marktkenntnissen ausgestatteten Managements,
- eine massive Erneuerung der Produktionsanlagen,
- eine erhebliche Verringerung der Luft-, Wasser- und Bodenverschmutzung durch Maschinen und Anlagen,
- die Steigerung und Qualitätssicherung von Forschungsanstrengungen,
- Wiederbelebung der Ostexporte und Erschließung von Märkten im Westen.

1989 waren in der DDR 180 000 Personen in der Chemischen Industrie beschäftigt, 1996 waren es in den neuen Bundesländern noch knapp 32 000 (FAZ v. 30.1.1997, S. 20).

Am Beispiel der Großchemie in Sachsen-Anhalt zeigt sich, daß dabei eine Gratwanderung zwischen betriebswirtschaftlicher Rentabilität und volkswirtschaftlich wünschenswerten Zielsetzungen stattfinden muß. Während auf der einen Seite die Großunternehmen in Leuna, Buna, Bitterfeld und Wolfen betriebswirtschaftlich nicht als überlebensfähig angesehen werden, gelten sie doch als "Industrielle Kerne", so daß wirtschaftspolitische Überlegungen für den Erhalt dieser Standorte sprechen: Ein Verlust der Chemiestandorte würde nicht nur die Arbeitslosigkeit in den betroffenen Regionen hochschnellen lassen, sondern den wirtschaftlichen Aufschwung auf Dauer bremsen, weil Fachpersonal und leistungsfähige Arbeitskräfte abwandern sowie Klein- und Mittelbetriebe ihre Zulieferrolle einbüßen. Zudem würden Standortvorteile, wie die hohe Akzeptanz der Bevölkerung für die Chemieindustrie, aufgegeben.

4.3.5 Die Elektroindustrie

Die Elektroindustrie gehört mit einem Umsatz von 221,8 Mrd. DM und einer Beschäftigtenzahl von 949 000 (1994) zu den "großen" Branchen der deutschen Industrie. Die Produktionspalette ist auch hier groß und vielseitig. Hergestellt werden sowohl elektrotechnische Investitionsgüter (Antriebstechnik, Energietechnik, Fahrzeugelektrik, Kommunikationstechnik, Datentechnik, Medizintechnik) als auch Gebrauchsgüter (Elektrohausgeräte, Beleuchtungstechnik, Unterhaltungselektronik, Bauelemente).

Dieses breitgefächerte Produktionsspektrum, das in sehr unterschiedlichen Produktionsprozessen - von der einfachen Handarbeit bis zur vollautomatischen Fertigung – hergestellt wird, haben die Betriebsstruktur der Branche geprägt. Neben sehr großen Unternehmen steht eine Vielzahl mittlerer und kleinerer Firmen, die häufig eine starke Spezialisierung aufweisen. Für große und komplexe Anlagen, z. B. in der Energie- und Nachrichtentechnik, sind Großbetriebe erforderlich. Teilweise gilt dies auch für Erzeugnisse, die in großen Serien hergestellt werden, z. B. Haushaltsgeräte. Die Elektroindustrie gehört daher zu den stark konzentrierten Industriezweigen. Auf die zehn größten Unternehmen der Branche entfallen gegenwärtig rund zwei Fünftel der Umsätze und knapp die Hälfte der Beschäftigten.

Die DDR war im Rahmen des RGW auf die Poduktion elektrotechnischer Güter spezialisiert. Die Produktionspalette war vorwiegend am Bedarf der Sowjetunion orientiert. Die Branche war daher für die DDR–Wirtschaft von großer Bedeutung, die Beschäftigtenzahl auch zum Zeitpunkt der Wiedervereinigung mit 459 000 sehr hoch.

Die Elektroindustrie ist sowohl auf der Beschaffungs- wie auf der Absatzseite stark mit anderen Wirtschaftszweigen verflochten. Die großen Lieferanten im Verarbeitenden Gewerbe sind die Kunststoffverarbeitung (10,8 %) und die Nichteisen-Metallerzeugung (10,4 %). Die beiden letztgenannten Industrien sowie die Eisen- und Stahlerzeugung liefern vor allem Rohstoffe und Halbzeug, während Vor- und Zwischenerzeugnisse, also Zulieferungen im eigentlichen Sinn, aus verschiedenen anderen Bereichen kommen (Kunststoffverarbeitung, EBM-

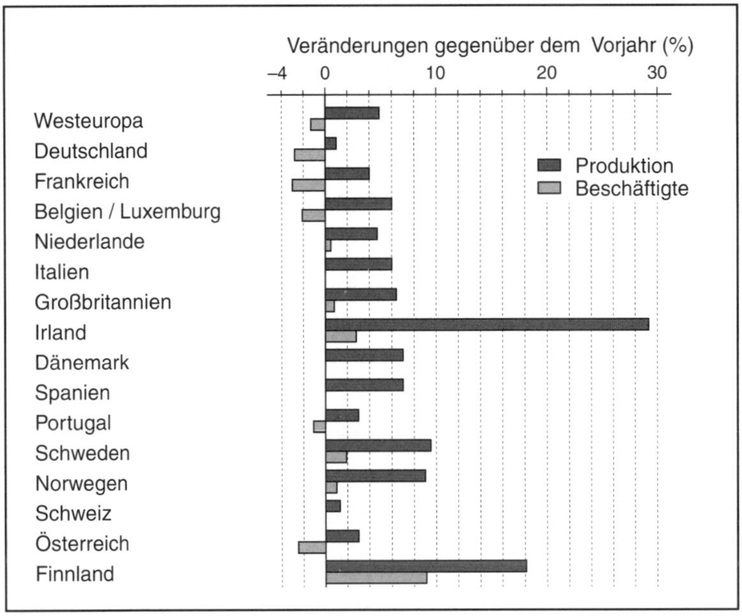

Abb. 4.11: Elektroindustrie in Westeuropa 1996: Produktion und Beschäftigte
Quelle: Zentralverband Elektrotechnik- und Elektronikindustrie

Industrie, Maschinenbau, Papier- und Glasindustrie etc.)

Der wichtigste Liefersektor der deutschen Elektroindustrie ist der Dienstleistungsbereich (1988: 47,9 %), in dem als wichtigste Einzelbereiche der Handel und der Verkehr (einschließlich Nachrichtenverkehr) dominieren.

Mit rund 50 % (1995) ist die Exportquote hoch. Die deutsche Elektroindustrie hat in den letzten Jahren ihre Exporte erheblich steigern können. Seit Beginn der 1990er Jahre haben sich vor allem die Exporte nach Mittel- und Osteuropa verstärkt. Ganz ähnliches gilt auch für die Einfuhren, die allein 1995 gegenüber 1994 um 40 % gesteigert wurden. Es handelt sich dabei in erster Linie um Eigenimporte von Vorerzeugnissen deutscher Auslandsunternehmen. Allerdings bestehen zwischen den Teilbranchen deutlich unterschiedliche Tendenzen. Beispielsweise ist der Auslandsumsatz der Kommunikationstechnik und der Antriebstechnik stark angestiegen, bei den Gebrauchsgütern – vor allem in der Unterhaltungselektronik – sind hingegen erhebliche Einbußen zu verzeichnen (Mitteilungen des Zentralverbandes Elektrotechnik- und Elektronikindustrie e. V.).

Die Beschäftigtenentwicklung folgt zwar diesen unterschiedlichen Tendenzen, allerdings sind fast in allen Teilbranchen Beschäftigungsrückgänge zu verzeichnen. 1995 waren noch 910 000 Personen in der Elektroindustrie beschäftigt, allerdings mit deutlich rückläufigem Trend: 1994 waren es noch 943 000. Betrachtet man die neuen Bundesländer gesondert, ist dort aus bereits dargelegten generellen Gründen der Rückgang der Beschäftigtenzahl besonders stark. 1992 erreichte sie nur noch 82 000, davon rund 50 000 in von westdeutschen übernommenen Unternehmen (Berger 1993, S. 42ff.).

Insgesamt hat sich die Konkurrenzsituation der deutschen Elektroindustrie im westeuropäischen Raum verschlechtert (Abb. 4.11). Für die Standortwahl der elektrotechnischen Industrie ist vor allem das Vorhandensein qualifizierter Arbeitskräfte wichtig. Daher hat die Branche immer schon großstädtische Ballungsräume bevorzugt, zumal dort auch die Verbindung zu den Universitäten und andere Fühlungsvorteile gegeben sind. Folgende Schwerpunkte in der Standortwahl haben sich in Deutschland im Laufe dieses Jahrhunderts herausgebildet: Berlin, München, Nürnberg – Fürth – Erlangen, Stuttgart, das Ruhrgebiet, Frankfurt am Main, Hannover, Hamburg, Mannheim und Köln.

Die Verteilung der Beschäftigtenzahlen zeigt eine starke Konzentration auf nur drei Bundesländer: Bayern, Baden-Württemberg und Nordrhein-Westfalen.

4.4 Ausgewählte Industrieregionen der Bundesrepublik Deutschland

4.4.1 Die Industrieregion Berlin-Brandenburg

Berlin war vor Ausbruch des Zweiten Weltkrieges eines der größten industriellen Ballungsgebiete der Welt mit fast 1,2 Mio. Beschäftigten in Industrie und Handwerk. Die Industriestruktur wurde geprägt von der elektrotechnischen Industrie, vom Maschinenbau und dem Bekleidungsgewerbe. Im Zuge der schon um die Jahrhundertwende einsetzenden Randwanderung der Industriestandorte entwickelten sich auch im Umkreis von 30–50 km in Brandenburg industrielle Schwerpunkte (Pfannschmidt 1937, S. 80ff.):

- Oberhavel (Hennigsdorf, Oranienburg, Velten),
- Potsdam / Teltow,
- Oberspree (Zossen, Erkner, Fürstenwalde),
- Eberswalde-Finow.

Im weiteren brandenburgischen Umfeld Berlins entstanden im ersten Viertel dieses Jahrhunderts zusätzliche industriell geprägte Wirtschaftsräume, vor allem in der Niederlausitz und an der Unterhavel (Brandenburg, Premnitz). Die Branchenstruktur dieser Industriestandorte war wesentlich vielseitiger als die der Hauptstadt. Sie reichte von der Metallgewinnung und -verarbeitung (z. B. Eberswalde, Brandenburg) über die elektrotechnische Industrie (z. B. Oranienburg) bis hin zur Glas- und Braunkohlenindustrie (Niederlausitz). Deutlich erkennbar war der Einfluß Berlins auf die der Mark Brandenburg in der gesamten ersten Jahrhunderthälfte. Dies galt für die Zeit vor 1939, aber verstärkt im Zusammenhang mit den Kriegsvorbereitungen und während des Zweiten Weltkrieges (Industrieansiedlungen in Ludwigsfelde, Drewitz, Oranienburg, Fürstenwalde).

Zwei historisch markante Zeitpunkte waren für die weitere industrielle Entwicklung der Region bestimmend: die Verluste des Zweiten Weltkrieges mit der Teilung Deutschlands und Berlins und 1989/90 die Wiedervereinigung.

Nach 1945 haben sich die beiden Stadthälften Berlins 40 Jahre lang unter extrem verschiedenartigen Wirtschafts- und Gesellschaftssystemen auseinanderentwickelt. Die wirtschaftlichen und städtebaulichen Entwicklungen gingen dabei in sehr unterschiedliche Richtungen.

Der Westteil war de facto eine Exklave der Bundesrepublik Deutschland, zu deren Finanz-, Rechts-, Sozial- und Wirtschaftssystem er gehörte, ohne Umland und seit dem Mauerbau 1961 räumlich weitestgehend isoliert. Ostberlin spielte die Rolle der DDR-Hauptstadt, in vielerlei Hinsicht vor anderen Landesteilen bevorzugt, aber der kuriosen Grenzsituation wegen auch nur mit halbem Umland ausgestattet, das nicht mehr als 80 000 Tagespendler aufbrachte.

Für Berlin (West) wurden dadurch erhebliche Standortnachteile wirksam, die nur teilweise durch Steuerpräferenzen und die Berlinförderung ausgeglichen werden konnten. Im Ergebnis zeigte sich eine Halbierung der Zahl der Industriebeschäftigten zwischen 1955 und 1987 und eine Deformation der Branchenstruktur. Die Tabakverarbeitung wurde zur umsatzstärksten Branche, die die lange führende Elekrobranche von Platz 1 verdrängte, gefolgt von der Nahrungs- und Genußmittelindustrie. Die Hauptverwaltungen bedeutender Berliner Unternehmen sowie Teile ihrer Forschungs- und Entwicklungsbereiche wurden aus Westberlin abgezogen, ein guter Teil der Produktion gab der Teilstadt den Charakter einer verlängerten, staatlich subventionierten Werkbank. Besonders dramatisch wirkte sich im Vergleich zum übrigen Bundesgebiet der Rückstand industrieller Forschung in innovationsstarken und zukunftsorientierten Bereichen aus.

Ostberlins zentralverwaltungswirtschaftlich gelenkte Industrie verharrte bis zur Wende in traditionellen Bahnen, eingebunden in den Absatzmarkt des RGW und mit starkem Überbesatz an Beschäftigten. Der Ruf Berlins als traditionelles Zentrum der deutschen Elektroindustrie sollte bewahrt werden und die Stadt so als "Laboratorium" der Elektroindustrie befruchtend auf andere Wirtschaftsstandorte der DDR wirken (Zimm 1959, S. 200).

Das führte zur Errichtung von Zweigbetrieben Berliner Firmen im östlichen Umland der Stadt. Insgesamt wuchs die industrielle Produktion Ostberlins, und die in der Vorkriegszeit führenden Branchen behielten ihre Bedeutung, allerdings mit einer vom Weltmarkt weitgehend abgekoppelten technologischen und ökonomischen Entwicklung und großen Defiziten bei Investitionen.

Industrielle Großinvestitionen wurden dagegen in Städten entlang der Grenze zu Polen vorgenommen, besonders für die Schaffung sozialistischer Vorzeigestädte (z. B. Eisenhüttenstadt, Schwedt). Gemessen an den Investitionsmitteln, überragten die neuen Standorte die alten Industrieräume in Ostberlin und Brandenburg bei weitem.

Durch die Wiedervereinigung beider Stadtteile Berlins und die Aufhebung der Trennung vom Brandenburger Umland haben sich die Standortbedingungen der Industrie erneut grundlegend gewandelt. In der Industrieproduktion hat ein krisenhafter Schrumpfungsprozeß eingesetzt, und zwar sowohl was die Wertschöpfung wie auch die Beschäftigung betrifft. Diese Feststellung gilt für den Ost- wie den Westteil der Stadt gleichermaßen, wenn auch im Umfang unterschiedlich.

Während das Verarbeitende Gewerbe 1991 in Gesamtberlin noch rund 271 000 Beschäftigte zählte, waren es 1993 nur noch 190 000. Dieser drastische Beschäftigungsrückgang betraf vor allem Elektroindustrie und Metallverarbeitung: Im Westteil der Stadt betrug der Rückgang 16 000 Arbeitsplätze (= 16 %), im Ostteil rund 28 000 (= 66 %) (Angaben des Verbandes der Elektro- und Metallindustrie in Berlin und Brandenburg e. V.).

Wo liegen die Hauptursachen der gegenwärtigen Wirtschaftskrise (vgl. auch GEPPERT u. a. 1994)? Bei der Beantwortung dieser Frage ist es z. Z. immer noch sinnvoll, zwischen West- und Ostberlin zu unterscheiden. Zum einen ist die ökonomische Leistungsfähigkeit beider Stadthälften nach wie vor unterschiedlich; das Bruttoinlandsprodukt je Erwerbstätigen war 1993 in Ostberlin weniger als halb so groß wie in Westberlin. Zum anderen sind die Ursachen für die gegenwärtige Situation und die gegenwärtigen Probleme unterschiedlich.

In Westberlin machen sich neben den Auswirkungen der allgemeinen Rezession die Nachwirkungen der ehemaligen Insellage und der Fortfall des Berlinförderungsgesetzes bemerkbar. Räumliche Verbundnetze mit dem Umland konnten sich bis 1990 kaum etablieren. Aufgrund dieser Struktur verlor die Stadt zumindest in wirtschaftlicher Hinsicht jeglichen Metropolencharakter. Die staatlich subventionierten "verlängerten Werkbänke" werden seit 1990 oft aufgegeben oder an andere Orte verlagert. Als neue Standorte werden nicht selten die neuen Bundesländer gewählt, weil hohe Subventionen (Fördergebiet der Gemeinschaftsaufgabe und Ziel-1-Fördergebiet der EU) und andere günstige Standortbedingungen (preiswerte Gewerbeflächen) hier Vorteile bieten. Dies gilt besonders für das unmittelbare Umland von Berlin.

In Ostberlin mußte die Industrie praktisch neu aufgebaut werden. Von ehemals 187 000 Industriearbeitsplätzen sind nur noch rund 34 000 übriggeblieben. Die Situation vieler Betriebe ist trotz wachsender Aufträge und positiver Erwartungen noch nicht stabil, insbesondere weil es an Eigenkapital mangelt und Liquiditätsengpässe zu überwinden sind. Insgesamt ist im östlichen Teil Berlins die Situation durch die gleichen Transformationsprobleme bestimmt, wie sie für alle neuen Bundesländer gelten. Sie sind verbunden mit Privatisierung, Entflechtung der Kerngebiete, Neuorientierung auf dem Weltmarkt, Überwindung der Altlastenprobleme und Schaffung von Eigentumssicherheiten (Abb. 4.12).

Im Land Brandenburg sind seit 1989 ebenfalls beträchtliche Umstrukturierungsprozesse im Verarbeitenden Gewerbe inganggesetzt, die in einigen Teilen einer Deindustrialisierung gleichkommen. Einige Kennzeichen sind:

Im gesamten Land ist ein starker Rückgang der Beschäftigten im Verarbeitenden Gewerbe festzustellen (1992 zu 1989 = – 331 220 Personen). Davon sind alle Branchen des Verarbeitenden Gewerbes betroffen. In der räumlichen Verteilung der Deindustrialisierungsprozesse zeigen sich aber markante Unterschiede. Die an Berlin grenzenden Kreise (der "Speckgürtel") zeigen eine deutliche Aufwertungstendenz

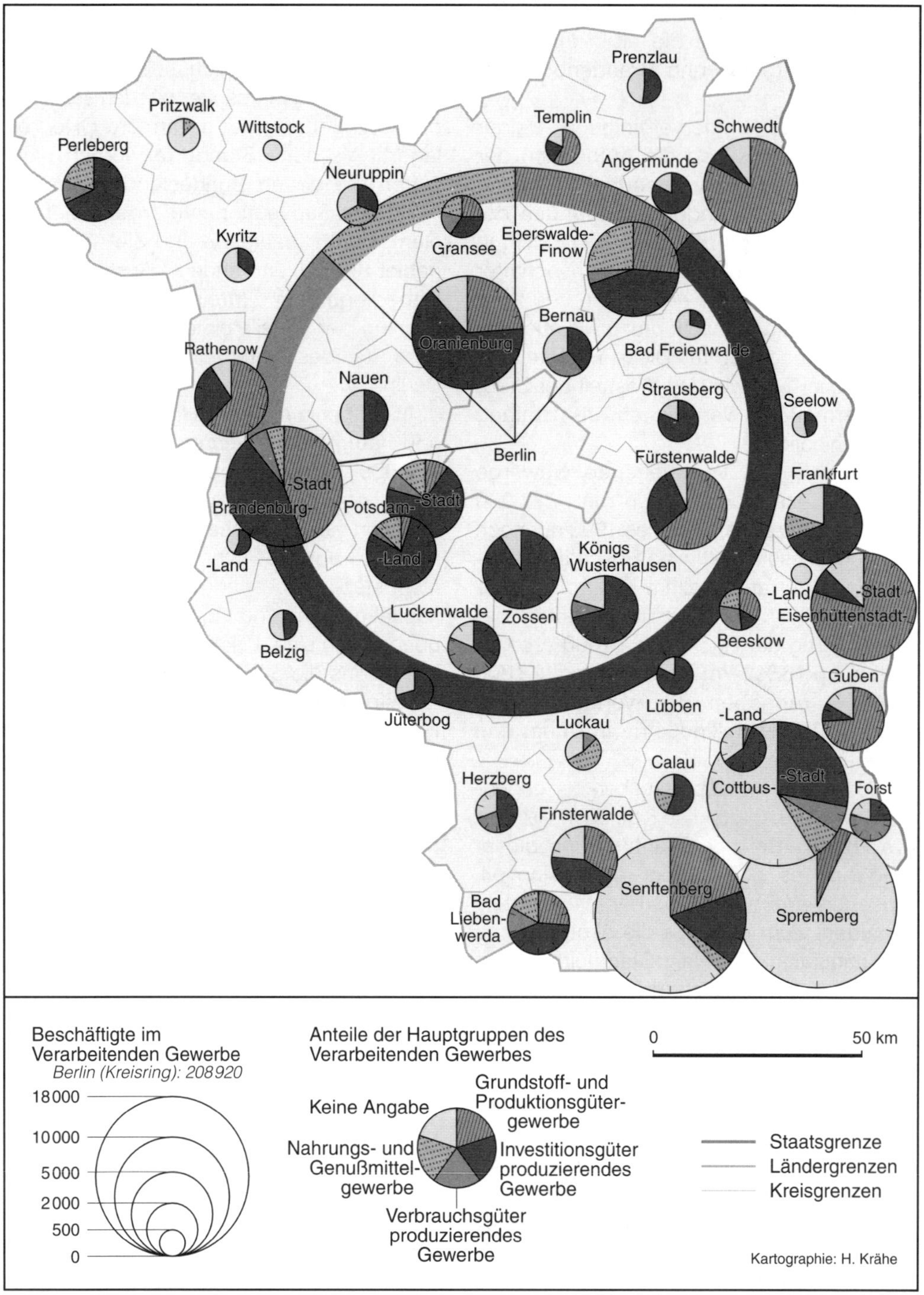

Abb. 4.12: Standorte des Verarbeitenden Gewerbes im Wirtschaftsraum Berlin – Brandenburg
Quelle: LEUPOLT 1993, S. 597

bei Industrieansiedlungen. Gefragte Standorte sind die Räume Teltow – Stahnsdorf – Großbeeren – Ludwigsfelde im Süden, Hoppegarten im Osten und Oranienburg und Bernau im Norden. Die Gemeinden haben hier im Bemühen um neue Arbeitsplätze und Steuereinnahmen bereitwillig umfangreiche Gewerbeflächen ausgewiesen (Baeseler / Rietdorf 1995, S. 316ff.). Ein markantes Beispiel für eine erfolgreiche Industrieansiedlung ist das 1994 eröffnete Prüf- und Montagewerk für Verkehrsflugzeugtriebwerke von BMW-Rolls-Royce in Dahlewitz am südlichen Autobahnring. Dort sind seitdem 600 Beschäftigte tätig.

Die Bergbau- und Industrieregion im Süden des Landes um Cottbus erweist sich als relativ stabil, obwohl hier die Sanierung großer, stark devastierter Flächen ein noch ungelöstes Problem darstellt. Eine gesetzliche Grundlage dafür existiert seit 1993, am 18. 5. 1993 wurde vom Land Brandenburg das "Gesetz über die Einführung der Regionalplanung" und der "Braunkohlen- und Sanierungsplanung" beschlossen. Die übrigen Teile des weiteren brandenburgischen Umlandes besitzen dagegen nur wenig Attraktivität für industrielle Entwicklungen. Die entwicklungssteuernden Maßnahmen des Landes Brandenburg bzw. durch die Gemeinschaftsaufgabe haben diese Entwicklungstendenzen nicht wesentlich verändern können. Das Konzept der dezentralen Konzentration mit den geplanten kranzförmig eingeordneten Entwicklungszentren hat bisher nur zu verhältnismäßig geringen Erfolgen geführt. Danach sollen regionale Entwicklungszentren des Landes Brandenburg sein: Brandenburg, Neuruppin, Eberswalde-Finow, Frankfurt / Oder, Cottbus, Luckenwalde – Jüterbog.

Die Regionalpolitik hat diesen unterschiedlichen Entwicklungstendenzen inzwischen Rechnung getragen. Nach dem 1993 in Kraft getretenen 22. Rahmenplan der Gemeinschaftsaufgabe (BT 12 / 4850, S. 86ff.) werden gewerbliche Investitionen im Speckgürtel um Berlin nur noch in wenigen Schwerpunkten gefördert.

In Berlin selbst hatte das Fördergefälle zwischen dem Ost- und dem Westteil der Stadt zu unnötigen Barrieren geführt. Ostberlin ist sowohl Fördergebiet der Gemeinschaftsaufgabe wie der EU (als Ziel-1-Gebiet, d. h. wirtschaftliche Anpassung von Gebieten mit Entwicklungsrückstand). Inzwischen hat man die für die Stadt insgesamt negativen Folgen einer solchen regionalen Wirtschaftspolitik erkannt: Seit 1994 hat auch Westberlin Anspruch auf Fördermittel der Gemeinschaftsaufgabe; ebenso hat die EU den Vorschlägen der Bundesrepublik zugestimmt, Westberlin Fördermittel als Ziel-2-Gebiet (Gebiet mit rückläufiger industrieller Entwicklung) zu gewähren. Diese Initiativen gehen auf eine Erkenntnis des DIW aus dem Jahr 1993 zurück: "Die Installierung eines Fördervakuums inmitten eines hoch subventionierten Gebietes hieße ..., die Industrie geradezu hinauszuzwingen. Auf diese Weise angestoßene Verlagerungsentscheidungen würden in vielen Fällen weder dem Ostteil der Stadt noch dem Umland zugute kommen" (Deutsches Institut für Wirtschaftsforschung 1993, S. 443). Aus mittel- und langfristiger Sicht hat Berlin und sein engeres Umland aber ohne Zweifel eine Reihe standortpolitischer Vorteile. Analysen haben z. B. ergeben, daß deutsche Großunternehmen den Raum Berlin / Brandenburg bei ihren Standortentscheidungen zu 59 % mit hoher Wahrscheinlichkeit berücksichtigen (Landesbank Berlin 1993, S. 9).

Durch die Entscheidung, Berlin wieder zur deutschen Hauptstadt zu bestimmen, ergaben sich Veränderungen in der Bewertung des Standorts. Eine im April 1993 abgeschlossene Befragung unter 83 führenden deutschen Unternehmen zum Standort Berlin zeigt, daß 54 % der Befragten die Hauptstadtentscheidung für einen wichtigen Standortfaktor Berlins halten. Doch nur für 33 % der Unternehmen könnte sich dadurch der Standort Berlin tatsächlich interessant gestalten. Einen weitaus größeren Stellenwert räumen sie der Lage Berlins ein, die es ermöglicht, die Märkte der Tschechischen Republik, Ungarns und Polens zu erschließen. Für "60 % der antwortenden Unternehmen sind die langfristigen Absatzmärkte und das Sprungbrett nach Osteuropa viel wichtiger" (Herring Baker Harris Deutschland GmbH, 1993, S. 1) als der Hauptstadtbeschluß. Diese Ergebnisse zeigen, daß trotz der modernen Informations- und Kommunikationsmöglichkeiten, über die alle Ballungsräume verfügen, gerade die Nähe Berlins zu Mittel- und Osteuropa in den langfristigen unternehmerischen Entscheidungen Berücksichtigung findet.

Eine besondere Herausforderung ergibt sich am Standort Berlin im Gegensatz zu anderen deutschen und europäischen Großstädten durch die Möglichkeit, große Komplexe im Bereich der Innenstadt völlig neu zu errichten und damit den Charakter des Stadtbildes nachhaltig zu beeinflussen. Die Region Berlin / Brandenburg ist darüber hinaus im Unterschied zu anderen Ballungsgebieten u. a. dadurch geprägt, daß Berlin "eine hoch verdichtete Großstadt mit mehreren Millionen Einwohnern inmitten eines dünn besiedelten, in weiten Bereichen ländlich geprägten Umlandes" ist. Durch die Mauer war Berlin von seinem Hinterland getrennt, Suburbanisation konnte nicht stattfinden, was zu "scharfen Kanten" (Birkholz 1993, S. 564) am Rande der Stadt führte. "In Anbetracht der zunehmenden Flächenknappheit und der Zersiedelung in anderen Ballungsräumen ist dies ... ein unschätzbarer Standortvorteil" (Geppert u. a. 1994, S. 308). Während in Berlin sich noch etwa 80 % der Wohnbevölkerung auf die Kernstadt konzentrieren, sind es in vergleichbaren westdeutschen Ballungsräumen, wie z. B. Hamburg oder München, nur knapp 60 %. Diese besondere Struktur der Region Berlin / Brandenburg eröffnet die Möglichkeit, ein Raumordnungskonzept für die Siedlungs- und Wirtschaftsstruktur des Umlandes durchzusetzen. Dies ist in den 1992 beschlossenen "Eckwerten für ein gemeinsames Landesentwicklungsprogramm der Länder Brandenburg und Berlin" durch das Leitbild der "Dezentralen Konzentration" geschehen. Für die Ansiedlung neuer Industriebetriebe konnte dieses Leitbild allerdings bisher kaum wirksam werden, da die wenigen Investoren sich allenfalls für den "Speckgürtel" unmittelbar um Berlin interessierten.

4.4.2 Das Ruhrgebiet

Das Ruhrgebiet ist nach wie vor das größte Zentrum der Montanindustrie innerhalb der EU: Es hat Mitte der 1990er Jahre einen Anteil von 26 % an der Steinkohleförderung und 16 % an der Stahlproduktion der Union. Beide hatten in der unmittelbaren Nachkriegszeit eine wichtige Funktion beim Wiederaufbau der westdeutschen Wirtschaft, beide gerieten aber in den folgenden Jahrzehnten in tiefe Strukturkrisen. Ausschlaggebend für die Bergbaukrise am Ende der 1950er Jahre war die Substitution der Steinkohle durch andere Energieträger, insbesondere das Öl. Daneben begann sich eine Kostenschere zwischen Ruhrgebietskohle und Importkohle zu öffnen, mit dem Ergebnis, daß heute die Ruhrgebietskohle etwa das 2,8fache der Importkohle kostet. Angesichts dieser Tatsachen sank die Kohleförderung im Ruhrgebiet von 123 Mio. t (1957) auf 43,3 Mio. t (1995), die Zahl der Schachtanlagen von 140 (1957) auf 15 (1996). Die Entwicklung erweist sich selbst dann noch als rasant, wenn man nur die zurückliegenden zehn Jahre als Zeitspanne der Betrachtung herausgreift. An der Ruhr waren 1987 rund 120 000 Menschen über und unter Tage mit

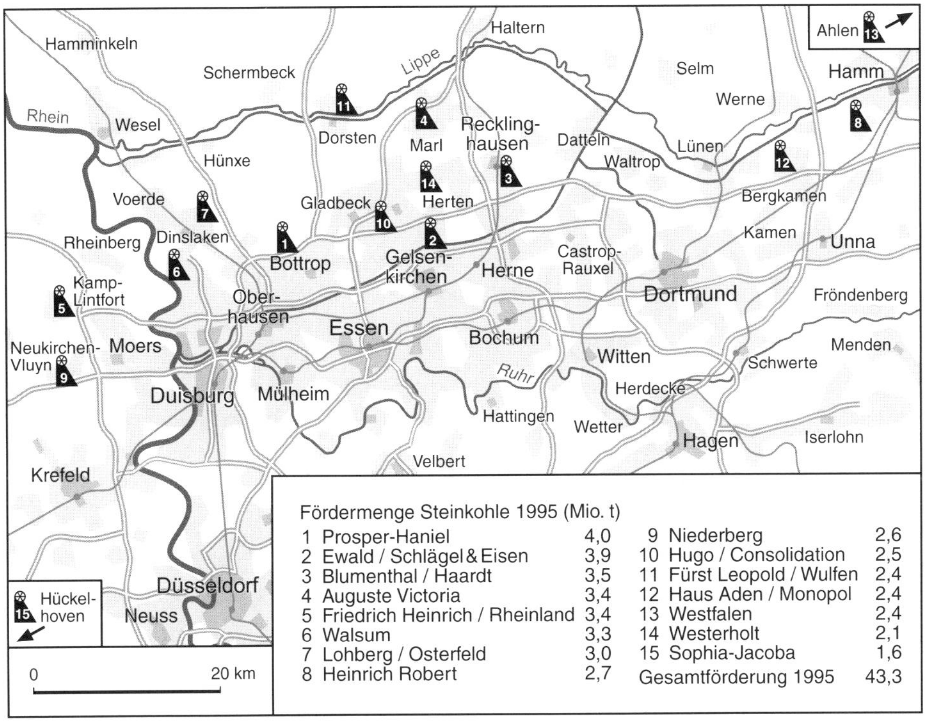

Abb. 4.13: Die fünfzehn letzten Steinkohlen-Bergwerke des Ruhrgebietes (1995)
Quelle: Ruhrkohle AG, Stand 31.12.1995

dem Abbau und dem Verkauf von Kohle beschäftigt, 50 000 mehr als derzeit. Um den freien Fall in den Ausstieg aus der Steinkohleförderung aufzuhalten, wurde 1969 die Ruhrkohle AG gegründet. Der Absatz an die Hauptabnehmer Strom und Stahl wurde vertraglich abgesichert. Für das Fortbestehen des Steinkohlebergbaus im Ruhrgebiet waren zwei politische Entscheidungen maßgebend:

- die deutschen Kraftwerke wurden durch Importrestriktionen verpflichtet, deutsche Steinkohle abzunehmen, was etwa 65 % des Absatzes festschrieb;
- durch den "Hüttenvertrag" von 1968 wurde der Absatz von Kokskohle an die deutsche Stahlindustrie geregelt.

Durch diese Maßnahmen hat sich das Subventionsvolumen an die deutsche Steinkohle (Ruhr- und Saargebiet) auf 9,1 Mrd. DM / Jahr (1996) erhöht, wodurch erhebliche Akzeptanzprobleme in der Öffentlichkeit entstanden sind. Trotz aller Rationalisierungsanstrengungen, die die Schichtleistung beachtlich erhöht haben, steht fest: Ohne Subventionen und Importbeschränkungen hätte die Steinkohleförderung im Ruhrgebiet wegen Unwirtschaftlichkeit längst eingestellt werden müssen, wie dies in vielen traditionellen Kohlerevieren der Europäischen Union geschehen ist. Bis zum Jahre 2005 werden mit hoher Wahrscheinlichkeit weitere Zechenstillegungen im Ruhrgebiet zu erwarten sein. Welche Zechen davon betroffen sein könnten, ist offiziell noch offen. Das Bergwerk "Westfalen" in Ahlen hat allerdings 1999 wegen Erschöpfung seiner Kohlevorräte die Produktion eingestellt. Insgesamt aber werden Stillegungsentscheidungen anhand mehrerer Kriterien getroffen, unter denen die abbauwürdigen Vorräte nur eine unterge-

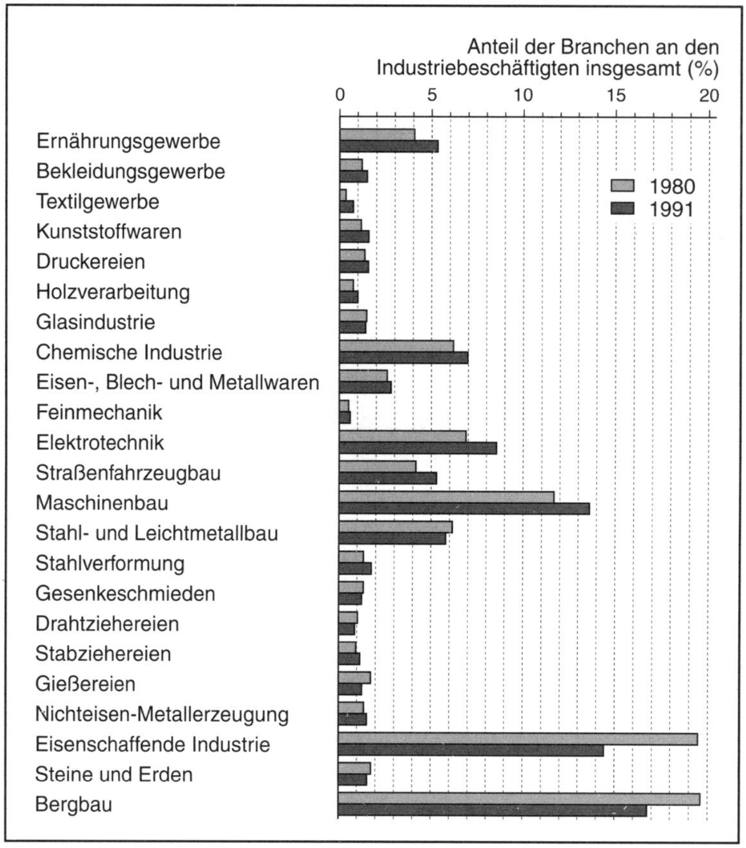

Abb. 4.14: Industriebeschäftigte im Ruhrgebiet nach ausgewählten Branchen 1980/91
Quelle:
DEGE/KERKEMEYER 1993, S. 507

ordnete Rolle spielen. Diese reichen in den weitaus meisten Fällen ohnehin noch für viele Jahrzehnte. Entscheidender sind vielmehr die jeweiligen Kohlequalitäten, die Produktivität und der Standort der Zeche. So wird es für die Kohle aus der Zeche, die das unmittelbar benachbarte Kraftwerk in Ibbenbüren beliefert, kaum einen sinnvollen Ersatz geben.

In der Stahlindustrie folgte eine ähnliche Krise Mitte der 1970er Jahre. Im Stahlboomjahr 1974 wurden noch 32,4 Mio. t im Ruhrgebiet erzeugt. 1975 erfolgte ein jäher Produktionsrückgang. Zudem ist die Zahl der Beschäftigten von 1974 bis 1995 von 210 000 auf 90 000 mehr als halbiert worden. Dieser Prozeß ist auch während der konjunkturellen Erholungsphase weitergeführt worden, so daß von 1984 bis 1992 noch einmal 32 % der Arbeitsplätze verlorengingen.

Maßgebend dafür sind folgende Gründe: Seit mehr als zwei Jahrzehnten leidet die Rentabilität der Stahlunternehmen unter Überkapazitäten; die Gründe dafür sind mannigfach. Aufstrebende Volkswirtschaften in Südamerika und Fernost haben eine eigene Stahlwirtschaft aufgebaut, und seit den 1960er Jahren drängen Kunststoff und Aluminium in die Einsatzgebiete des Werkstoffs Stahl. Das größte Problem sind die Subventionen für die konkurrierende westeuropäische Stahlindustrie. Mehr als 200 Mrd. DM sind in den vergangenen zwanzig Jahren ausgezahlt worden, ohne daß die Ruhrgebietskonzerne daran bedeutend teilgehabt hätten. Im Zuge dieser verfehlten Industriepolitik in der Europäischen Union hat sich der Abbau der Kapazitäten nicht an der Leistungsfähigkeit der Stahlunternehmen orientiert, so daß im Ruhrgebiet mancher Betrieb, der im fairen Wettbewerb rentabel gewesen wäre, aufgegeben werden mußte. Nicht zuletzt entstehen durch die Umweltschutzgesetzgebung der Bundesrepublik Aufwendungen, die sich auf ca. 10 % der Erzeugungskosten belaufen. Belastungen in dieser Höhe haben die meisten der europäischen Wettbewerber nicht zu tragen.

Für die Zukunft ist zwar ein Anwachsen der Wertschöpfung im Stahlbereich wegen der anhaltenden Umstrukturierung auf höhere Qualitäten zu erwarten; der notwendige Produktivitätsfortschritt und technologische Entwicklungen bewirken aber erheblich verringerte Beschäftigtenzahlen (WIENERT 1993, S. 63). Insgesamt hat sich unter Einschluß vor- und nachgelagerter Bereiche im Montanbereich des Ruhrgebietes bis zum Jahre 2000 ein weiterer Arbeitsplatzverlust von ca. 100 000 vollzogen, wobei der bereits spürbare Wettbewerbsdruck durch osteuropäische Staaten noch nicht eingerechnet worden ist.

Die großen Konzerne des Reviers – Gute Hoffnungshütte, Mannesmann, Hoesch, Krupp und Thyssen – haben daher längst erkannt, daß der Standort Ruhrgebiet für die Massenproduktion von Stahl international nicht wettbewerbsfähig sein kann. Die meisten dieser Unternehmen haben sich in andere Geschäftsfelder orientiert. Den erfolgreichsten Schritt in die Dienstleistungsbranche hat Mannesmann Anfang der 1990er Jahre mit dem Aufbau des Mobilfunkgeschäftes getan. Mit seiner Beteiligung an der Telekommunikationsgesellschaft der Deutschen Bahn hat der Konzern die Weichen gestellt, um mit einem eigenen Festnetz der Deutschen Telekom als Telefongesellschaft Konkurrenz machen zu können. Im Überlebenskampf der Stahlkonzerne im Revier haben sich Thyssen und Krupp durch eine Spezialisierung und fortschreitende Veredelung des Werkstoffes Stahl behauptet. Die beiden Konzerne, die nun in der Stahlproduktion fast gleich groß sind, erzeugen fast die Hälfte des deutschen Rohstahls von etwa 40 Mio. t im Jahr. Der Krupp-Konzern, der schon in den 1920er Jahren das rostbeständige Nirosta entwickelt hat, ist inzwischen der größte Edelstahlhersteller der Welt. Der Thyssen-Konzern, der nach dem Krieg ein komplettes Stahlprogramm angeboten hat, will sich bis zum Ende des Jahrzehnts völlig auf Flachstahl beschränken und das Langstahlgeschäft durch höherwertige Flachprodukte kompensieren. Ein Beispiel dafür sind die neuerdings den Automobilherstellern gelieferten Karosseriebleche. Mit Lasern verschweißt Thyssen entsprechend den Anforderungen an die Fahrzeughaut Bleche unterschiedlicher Stärken und verschiedener Oberflächenbehandlung zu Stücken, die im Automobilwerk nur noch geformt werden müssen.

Seit einiger Zeit bestehen Ideen zu einer Fusion des Stahlbereichs beider Konzerne. Dies würde bedeuten, daß das größte Stahlunternehmen Europas entstünde, mit einer Rohstahlproduktion von knapp 18 000 t im Jahr und fast 60 000 Beschäftigten.

Die Montanindustrie erwirtschaftet gegenwärtig nur noch rund 15 % der Wertschöpfung des Ruhrgebietes und beschäftigt ca. 33 % der Arbeitskräfte der Industrie. Seit den 1980er Jahren hat sich die Verschiebung der Beschäftigtenanteile nicht nur innerhalb der Industrie, sondern auch zwischen den Wirtschaftssektoren verstärkt fortgesetzt. Waren 1981 mit rd. 1,1 Mio. Personen noch 51 % aller Erwerbstätigen im Produzierenden Gewerbe tätig, waren es 1994 nur noch rd. 713 000 bzw. 35,3 %. Umgekehrt stiegen Zahl und Anteil der im Dienstleistungsbereich Erwerbstätigen im selben Zeitraum von

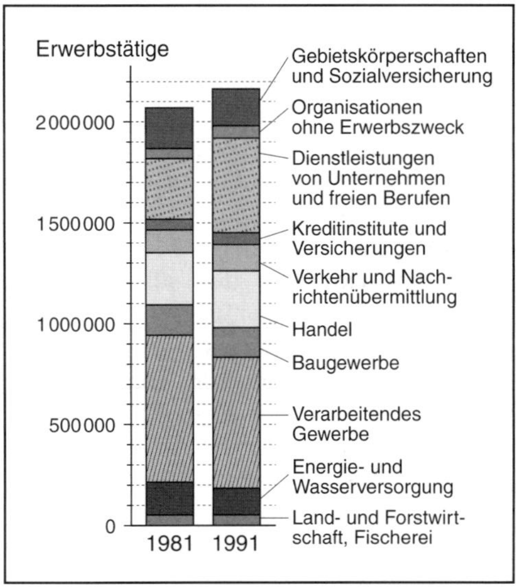

Abb. 4.15: Erwerbstätige im Ruhrgebiet nach Wirtschaftszweigen 1981 – 1991
Quelle: DEGE / KERKEMEYER 1993, S. 506

980 000 bzw. 47 % auf etwa 1,28 Mio. bzw. 63 % (Kommunalverband Ruhrgebiet 1995, S. 221) an. Die in den 1980er Jahren im Dienstleistungsbereich neu geschaffenen 200 000 Arbeitsplätze übersteigen die im Produzierenden Gewerbe verlorenen 110 000 Arbeitsplätze um fast 100% (Abb. 4.15).

Allerdings läßt sich am Beispiel des Oberzentrums Essen zeigen, daß ein bereits weit fortgeschrittener, erfolgreicher Strukturwandel mit einem erreichten Beschäftigtenanteil im Dienstleistungssektor von über 71 % und weitgehend ohne Beschäftigte im Montanbereich nicht vor erheblichen Arbeitsmarktproblemen schützt. Rationalisierungserfolge und die damit verbundene Erhöhung der Produktivität haben dazu beigetragen, daß die größte Stadt des Reviers mit einer Arbeitslosenquote von 12,9 % (1994) den Spitzenwert in Westdeutschland erreicht hat. Innerhalb des sekundären Sektors, der insgesamt einen starken Beschäftigtenrückgang von 722 000 (1980) auf 571 000 (1991) zu verzeichnen hatte, haben markante Verschiebungen stattgefunden. Der abnehmenden Bedeutung des Bergbaus sowie des Grundstoff- und Produktionsgütergewerbes steht ein zunehmender Beschäftigtenanteil im Investitionsgütergewerbe gegenüber. Einbußen im Beschäftigtenanteil haben insbesondere die traditionellen Montanbranchen (Bergbau und Eisenschaffende Industrie) hinnehmen müssen, während der Maschinenbau, die Elektrotechnik, der Straßenfahrzeugbau und die Chemische Industrie deutlich an Bedeutung gewonnen haben (Abb. 4.15). Dabei ist die Industrie in neue Technologiebereiche vorgedrungen. So ist das Ruhrgebiet heute der in der Umwelttechnologie führende Standort Deutschlands. Beispiele für erfolgreiche Diversifizierung der Industriestruktur sind Technologiezentrum und Technologiepark in Dortmund. Hier haben sich in engem Zusammenhang mit der Universität rd. 100 kleinere und mittlere Unternehmen mit etwa 2 000 Beschäftigten angesiedelt. Auch an anderen Standorten des Ruhrgebietes erfolgten ähnliche Ansiedlungsbemühungen. Das Instrument der Technologiezentren bietet vor allem jungen Unternehmen die zeitlich begrenzte Möglichkeit, innovative Ideen bis zur Marktreife zu entwickeln und dabei Synergieeffekte zu nutzen. Dieses Instrument ist sicherlich imstande, eine begrenzte Zahl von Arbeitsplätzen für hochqualifizierte Erwerbstätige zu schaffen, besonders wenn "Private-Public-Partnership" als Prinzip zur Geltung gebracht werden kann.

Die neu eingerichteten Regionalkonferenzen und Private-Public-Partnership Aktivitäten (z. B. "Initiativkreis Ruhrgebiet", "Verein pro Ruhrgebiet") werden in dieser Richtung als hoffnungsvoll angesehen. Empirische Untersuchungen belegen erste Erfolge für das östliche Ruhrgebiet durch eine "konzertierte Aktion" mit Vertretern aus Politik, Verwaltung, Industrie- und Handelskammern, Wirtschaft und Gewerkschaften (Klönne u. a. 1991, S.139ff.).

Die künftigen Entwicklungschancen des Ruhrgebietes gründen sich auf eine Reihe positiver Standortfaktoren (Dege 1991, S. 92, Butzin 1995, S. 30ff.):

- die optimale Lage der Region im Binnenmarkt (das Ruhrgebiet erreicht in einem Umkreis von 250 km 60 Mio. potentielle Kunden, d. h. fast 20 % der Bevölkerung der EU),
- die guten bis sehr guten Infrastrukturbedingungen,
- die Veränderung der vorherrschenden Wirtschaftsmentalität in den Unternehmen: die Abkehr vom "Tonnen-Denken" und die Hinwendung zu neuen Technologien,
- die Flächenreserven von rd. 6 000 bis 10 000 ha, die – teilweise allerdings nach einer sicherlich kostenaufwendigen Sanierung von Altlasten – neu genutzt werden können,
- das dichte Netz von Universitäten (15 Hochschulen mit über 130 Studiengängen und rd. 143 000 Studierenden),
- das regionale vielfältige Kulturangebot, dem als weicher Standortfaktor aber auch für die lokale und regionale Kreativität große Bedeutung zukommt.

4.4.3 Der Hamburger Wirtschaftsraum

"Das Grundgefüge der Hamburger Wirtschaftsstruktur" sei von einer "aus natürlichen Gegebenheiten entstandenen zähen Struktur" bestimmt, stellte Herbert Timm 1949 in seinem Gutachten für die Hamburger Wirtschaftsbehörde fest (Timm 1949, S. 7): Hafenumschlag, Groß- und Außenhandel, der Schiffbau und die übrigen Seehafenindustrien. Diese Feststellung galt auch für die durch das "Groß-Hamburg-Gesetz" von 1937 u. a. eingemeindeten Industriestädte Altona und Harburg.

Das Hinterland des Hamburger Hafens erstreckte sich bis 1945 in erster Linie auf Gebiete, die seitdem von der Sowjetunion kontrolliert wurden: Im Binnenverkehr war das Gebiet der Sowjetischen Zone bzw. der DDR für Hamburg bedeutender als die industriellen Kerne Westdeutschlands. Wichtigste Versand- und Empfangsregionen des Transithandels waren Ungarn und die Tschechoslowakei. Obwohl Hamburg 1945 den größten Teil dieses traditionellen Hinterlandes verloren hatte, wuchsen die Seehafenindustrien in den 1950er und 1960er Jahren. Neben dem Schiffbau, der mit dem Ziel des Wiederaufbaus einer deutschen Handelsflotte vom Staat massiv gefördert wurde, hatten rohstoffimportorientierte Branchen, wie die Mineralöl- und Nichteisen-Metallindustrie und daneben die Nahrungs- und Genußmittelindustrie, starke Zuwächse. Obwohl Jürgensen / Voigt in ihrem Gutachten 1965 (S. 61) die Entwicklungsperspektiven der importorientierten Grundstoffindustrie negativ einschätzten und Verlagerungstendenzen zur "Gegenküste in den rohstoffproduzierenden Ländern" erwarteten, wurde vom Senat der Freien und Hansestadt eine "Zweite Seehafenindustrialisierung" eingeleitet. Sie führte zum "Modell für die wirtschaftliche Entwicklung der Region Unterelbe", das sich auf die Formel Seeschifftiefes Fahrwasser + Kernkraft = Industrialisierung stützte (Kern 1970). An der Unterelbe entstanden drei Kernkraftwerke und die Industriegebiete Stade und Brunsbüttel; eine Aluminiumhütte und ein Stahlwerk wurden angesiedelt.

Anfang der 1980er Jahre gerieten die traditionellen Seehafenindustrien in eine Strukturkrise. Hamburg versuchte, ihr durch Maßnahmen einer innovationsorientierten Strukturpolitik zu begegnen. Die Werften wurden teilweise durch neue Technologien umstrukturiert, das "Zentrum für Energie, Wasser und Umwelttechnik (ZEWU)" und das "Mikroelektronik-Anwendungszentrum (MAZ)" und ein "Beratungszentrum für Informationstechniken (BIT)" – um nur einige Beispiele zu nennen – wurden geschaffen (MENSING 1991). Die Innovationsbestrebungen haben zu einigen "Wachstumsinseln" – in erster Linie in der Elektrotechnik und im Straßenfahrzeugbau – in einem insgesamt stark rückläufigen Industriesektor geführt. Die Entwicklung der Hamburger Wirtschaft war in den 1980er Jahren geprägt von einer starken Fragmentierung, d. h. einer geringen Verflechtung zwischen traditionellen und modernen Betrieben und Branchen (KRÜGER 1991, S. 61f.). "Wachstumsinseln" sind seitdem in erster Linie die Elektrotechnik (Medizintechnik und Industrieelektronik) und der Straßenfahrzeugbau (Daimler Benz in Hamburg-Harburg und Zulieferindustrie). Im für den Wirtschaftsraum wichtigen Maschinenbau konnten sich nur diejenigen Unternehmen am Markt behaupten, die sich von den traditionellen maritimen Produktionsrichtungen abkoppelten. In dieser Branche ging jeder zweite Arbeitsplatz zwischen 1970 und 1994 verloren.

Mit der Vollendung des Binnenmarktes und dem Verschwinden der DDR-Grenze ist der Hamburger Wirtschaftraum aus einer Randlage wieder in den Schnittpunkt des veränderten wirtschaftsgeographischen Koordinatennetzes gerückt. Man spricht bereits wieder vom "einzigen Nordseehafen Osteuropas". Die sich daraus ergebenden Perspektiven einer Transport- und Handelsdrehscheibe für Ost- und Nordeuropa dürften sich im Bereich der Dienstleistungen, aber kaum im Verarbeitenden Gewerbe auswirken. Der Schrumpfungsprozeß hat sich dort auch nach 1990 fortgesetzt. 1977 bestanden in der Stadt Hamburg noch mehr als 1 400 Industriebetriebe, 1994 waren es nur noch 936. Von Betriebsstillegungen war vor allem das Verbrauchsgütergewerbe – und dort besonders die Textil- und Bekleidungsindustrie – betroffen.

Mit anfänglich mäßigen, seit 1991 jedoch erhöhten Raten sanken branchenübergreifend die Beschäftigtenzahlen inzwischen auf unter 70 % des Niveaus von 1977, d. h. auf knapp 114 000 Beschäftigte (Tab. 4.7). Zwischen den Hauptgruppen gab es beachtliche Unterschiede: Während die von jeher kleineren Verbrauchsgüter- sowie die Nahrungs- und Genußmittelbranchen jeweils auf etwa die Hälfte ihrer ursprünglichen Belegschaft geschrumpft sind, betrug der Rückgang im Grundstoff- und Produktionsgütergewerbe lediglich etwa ein Drittel, in seinem zweitgrößten Zweig, der Mineralölverarbeitung, sogar nur ein Fünftel. Die Mineralölwirtschaft Hamburgs ist durch den Sitz der deutschen Hauptverwaltungen dieser Branche bestimmt. In der Rohölverarbeitung wurde ein Abbau regional orientierter Produktionskapazitäten vollzogen. Im Unterschied z. B. zum Wirtschaftsraum Köln ist hier kein petrochemischer Komplex angegliedert. Einem "upgrading" der Produktion in Richtung Chemische Industrie fehlt daher die Basis. Die übrigen typischen Seehafenindustrien – Schiffbau und Nichteisen-Metallindustrie – zeigen einen anhaltend negativen Trend in der Entwicklung ihrer Beschäftigtenzahlen. Die nominellen Umsatzmeßziffern lassen bis zur Mitte der 1980er Jahre eine stetige Aufwärtsbewegung, danach Perioden der Stagnation erkennen. Ab 1989 – beim Absatz im Ausland bereits zwei Jahre früher – läßt sich ein kräftiges, seit 1991 wieder verhalteneres Wachstum feststellen. Das Niveau der Meßwerte für den Export lag ausnahmslos, zum Teil sogar erheblich, über dem der Inlandsverkäufe. 1994 resultierte daraus eine Werteverdoppelung der exportierten Waren. Fast ein Viertel des Gesamtumsatzes von 44,5 Mrd. DM stammte 1994 vom Auslandsabsatz. Diese Aussage betrifft in erster Linie das Investitionsgütergewerbe, auf das mit 6,6 Mrd. DM fast zwei Drittel der

Tab. 4.7: Fachliche Betriebsteile, Beschäftigte und Umsatz[1] des Verarbeitenden Gewerbes[2] in Hamburg 1977 – 1994 nach Wirtschaftshauptgruppen[3]
Quelle: Hamburg in Zahlen 1996, S. 276
[1] aus Eigenerzeugung zu jeweiligen Preisen, ohne Umsatzsteuer, einschließlich Verbrauchssteuern
[2] einschließlich Bergbau
[3] gerundete Werte nach der Systematik der Wirtschaftszweige (WZ 1979) in der Fassung für das Produzierende Gewerbe (SYPRO).

Jahr	Betriebe	Beschäftigte insgesamt	Umsatz insgesamt (Mio. DM)	Umsatz je Beschäftigten (1 000 DM)	davon im Inland (Mio. DM)	davon im Ausland (Mio. DM)
Grundstoff- und Produktionsgütergewerbe[2]						
1977	280	41 792	12 411	297	10 647	1 764
1985	218	34 579	22 930	663	20 118	2 812
1990	179	30 896	19 567	633	17 556	2 011
1994	155	28 386	21 875	771	19 392	2 483
Investitionsgütergewerbe						
1977	645	84 559	8 874	105	6 438	2 436
1985	545	70 653	10 877	154	6 301	4 576
1990	496	72 226	14 160	196	7 636	6 524
1994	483	64 010	14 565	228	7 969	6 596
Verbrauchsgütergewerbe						
1977	282	17 457	1 630	93	1 431	199
1985	168	10 777	1 400	130	1 106	294
1990	194	11 241	1 941	173	1 495	446
1994	168	9 036	1 960	217	1 474	486
Nahrungs- und Genußmittelgewerbe						
1977	245	24 152	7 240	300	6 489	751
1985	176	16 383	7 062	431	5 713	1 349
1990	151	13 979	6 516	466	5 684	832
1994	130	12 452	6 121	492	5 148	973
Verarbeitendes Gewerbe insgesamt						
1977	1 452	167 960	30 156	180	25 006	5 150
1985	1 107	132 392	42 270	319	33 238	9 032
1990	1 020	128 342	42 183	329	32 371	9 812
1994	936	113 884	44 521	391	33 984	10 537

Ausfuhrsumme entfiel, weniger dagegen die Grundstoffproduktion. Ihre Exportquote hat seit 1980 eher rückläufige Tendenz; viele ihrer Zweige konnten dafür, besonders nach der Wiedervereinigung, innerhalb Deutschlands Terrain gutmachen. Dadurch wurde 1994 mit über 19 Mrd. DM Inlandsumsatz der bis dahin höchste Wert aus dem Jahre 1985 fast wieder erreicht.

Das Auseinanderklaffen von Beschäftigung und Umsatz, das man als "jobless growth" bezeichnet, hat sich also in Hamburg seit Ende der 1970er Jahre kontinuierlich fortgesetzt. Dies deutet darauf hin, daß die Hamburger Industrie insgesamt die Nachfragebelebung nach 1989 vor allem nutzte, um vorhandene Produktionskapazitäten besser auszulasten und damit die Produktivität zu steigern.

Der Wirtschaftsraum Hamburg gehört zu den Verdichtungsräumen in den alten Bundesländern, in denen sich seit der Mitte der 1950er Jahre kontinuierlich ein Prozeß der Industriesuburbanisierung vollzogen hat. Für die erste Phase dieser Prozesse liegt eine umfassende Analyse vor (ROHR 1971). Danach haben allein zwischen 1955 und 1968 266 Betriebe des Verarbeitenden Gewerbes mit 2 500 Beschäftigten ihre Produktion vor allem in das nördlich angrenzende Umland verlagert. Bei den Motiven dafür dominierten bereits zu diesem Zeitpunkt fehlende Flächen-Erweiterungsmöglichkeiten (ROHR 1971, S. 49). Der bisherige Höhepunkt der Industriesuburbanisierung lag eindeutig in den 1970er Jahren (WEIBERT 1985, SCHENCK 1991, S. 76ff.). Dies hat, wie Tabelle 4.8 zeigt, zu sehr unterschiedlichen Wachstumsprozessen innerhalb des Hamburger Wirtschaftsraumes geführt.

Bemerkenswert ist, daß die südlich der Elbe gelegenen Landkreise zwischen 1970 und 1986 ein höheres Wachstum verzeichnen können als das nördliche Umland Hamburgs. Beim Vergleich zwischen Kern-

	Bruttowertschöpfung		
	1970 (Mio. DM)	1986 (Mio. DM)	Änderung (%) 1970 = 100
Hamburg	31 942	79 791	249,8
nördliches Umland	6 399	19 237	300,6
Hzgt. Lauenburg	965	2 992	310,1
Pinneberg	2 388	6 206	259,9
Segeberg	1 293	4 702	363,7
Stormarn	1 753	5 337	304,4
südliches Umland	2 119	6 822	321,9
Harburg	804	2 836	352,7
Stade	1 315	3 986	303,1
Umland insgesamt	8 518	26 059	305,9
Region Hamburg	40 460	105 850	261,6

Tab. 4.8: Entwicklung der nominalen Bruttowertschöpfung in der Region Hamburg 1970 – 1986
Quelle: Schenck 1991, S. 80

stadt und Umland sind allerdings die sehr unterschiedlichen Ausgangsniveaus im Jahre 1970 zu beachten.

Nach Vorstellungen der Gemeinsamen Landesplanung in Hamburg und seinen beiden Nachbarländern sollte sich die räumliche Verteilung der Funktionen Wohnen, Arbeiten, Freizeit und Verkehr nach einem Achsenkonzept vollziehen. Diese Konzentration des räumlichen Wachstums auf acht Entwicklungsachsen muß allerdings als gescheitert angesehen werden, da im gesamten Umland – unabhängig von der Lage zu den Achsen – von den Gemeinden Gewerbe- und Wohngebiete ausgewiesen wurden.

4.4.4 Das Industrieland Baden-Württemberg

Der Südwesten Deutschlands – hier verstanden als das heutige Land Baden-Württemberg – gehört zu den relativ spät industrialisierten Räumen Deutschlands. Da er über keine nennenswerten Rohstoffvorkommen verfügte, setzte ein Wachstum im Produzierenden Gewerbe in Baden erst um 1890 und in Württemberg sogar erst im ersten Jahrzehnt dieses Jahrhunderts ein. Die Industrie entwickelte sich zunächst in kleinen und kleinsten Betrieben, häufig aus Handwerks- oder Heimarbeitstraditionen heraus. Rohstoffarmut und späte Industrialisierung schufen besondere Strukturen. Der "Gewerbefleiß" – vor allem in Württemberg – wurde in starkem Maße durch den Pietismus geprägt. Relativ früh setzte in Baden und später in Württemberg eine staatliche Gewerbeförderung und eine Politik der Ausbildungsförderung ein (Boesler 1969, Borst 1989) – die Voraussetzungen für die heutige Wirtschaftsstruktur:

- die Industrie ist auf die Veredelung importierter Rohstoffe ausgerichtet,
- wichtigster Standortfaktor ist das Humankapital,
- die zunächst weitgehend dezentral verteilten Betriebe begründeten von vornherein auch außerhalb der größeren Städte eine gewerbliche Tradition.

Die räumliche Grundstruktur der südwestdeutschen Industrie war um die Jahrhundertwende durch verschiedene Ansätze der Standortbildung geprägt (nach Grees 1989):

- größere Städte: Residenzstädte (Karlsruhe, Durlach, Pforzheim, Mannheim, Heidelberg, Stuttgart, Ludwigsburg) und große Handelsstädte (Esslingen, Heilbronn, Ulm, Reutlingen, Freiburg);
- Standorte alter Mittelgebirgs- und Waldgewerbe: Holzverarbeitung, Papiergewerbe;
- Gebiete ländlicher Hausgewerbe: Textilgewerbe (Oberschwaben, östliche und mittlere Schwäbische Alb, Ostrand Nordschwarzwald), Uhrenherstellung (Furtwangen–Triberg);
- grenznahe Gebiete mit hohem Anteil ausländischer Investitionen am Hochrhein, im Bodenseegebiet (Verbindungen zur Schweiz) und am Oberrhein (Verbindungen zum Elsaß);
- Gebiete mit günstigen Voraussetzungen für die Nahrungs- und Genußmittelindustrie durch Tabakanbau (Oberrhein) oder Zuckerrübenanbau (Oberrhein, Gäugebiete).

Bereits um die Jahrhundertwende bildeten sich an diesen Standorten die charakteristischen Merkmale der südwestdeutschen Industrie heraus. Vor allem die Unternehmen des Maschinenbaus sowie der metallverarbeitenden und der Elektroindustrie spezialisierten sich schon früh auf die arbeitsintensive Herstellung hochentwickelter Produkte mit hohem Qualitätsanspruch, zahlreiche Erfinder und Industriepioniere prägten diesen Entwicklungspfad: Oskar von Miller, Daimler, Benz, Bosch, Magirus, Lanz, Graf Zeppelin, Dornier sind nur einige Beispiele dafür.

Die heutige gewerbliche Struktur Baden-Württembergs ist durch einen überragenden Anteil von drei der vier Schlüsselindustrien Deutschlands bestimmt: Etwas mehr als die Hälfte der Industriebeschäftigten entfallen auf die Branchen Maschinenbau, Elektrotechnik und Fahrzeugbau (Abb. 4.4). Die Chemische Industrie ist mit weniger als 5 % der Industriebeschäftigten demgegenüber – mit Ausnahme des Oberrheingebietes – nur von untergeordneter Bedeutung.

Daneben gibt es eine breite Palette von Verbrauchsgüterindustrien. Hier sind die wichtigsten Zweige die Textil- und Bekleidungsindustrie mit zusammen 6 % der Beschäftigten zu nennen.

Eine besondere Stellung nimmt die Uhrenindustrie ein, weil über 90 % des Umsatzes der deutschen Uhrenindustrie aus Baden-Württemberg kommen. Ihr Zentrum ist der Raum Villingen-Schwenningen, Schramberg, St. Georgen und im Nordschwarzwald Pforzheim.

Bis Anfang der 1970er Jahre beruhte das wirtschaftliche Wachstum in Baden-Württemberg in erster Linie auf der Stärke seines Verarbeitenden Gewerbes. Wie aus Tabelle 4.9 ersichtlich, war dafür die Exportorientierung zu einem erheblichen Anteil verantwortlich (besonders die der drei Schlüsselindustrien).

Bemerkenswert dabei ist, daß das Exportvolumen nicht nur von den Großunternehmen, sondern in hohem Maße auch von mittelständischen Betrieben getragen wird. In vielen mittelständischen Betrieben des Maschinenbaus werden Exportquoten von mehr als 50 % erreicht. Diese Exportabhängigkeit des Verarbeitenden Gewerbes ist zugleich Wachstumschance aber auch Risiko. Seit den 1980er Jahren hat die Landesregierung von Baden-Württemberg daher auf das schon im 19. Jahrhundert bewährte Instrumentarium der Exportförde-

Tab. 4.9: Exportanteil der wichtigsten Ausfuhrgüter (in %) in Baden-Württemberg 1970 und 1995

Quelle: Stat. Landesamt BW

	1970	1995 1. Halbjahr
Maschinen	29,6	23,4
Kraftfahrzeuge	17,9	22,9
Elektrotechn. Erzeugnisse	14,3	15,3
Chemieprodukte	6,2	10,4
Textilien	6,7	3,9
Erzeugnisse der Feinmechanik u. Optik	3,6	3,7

rung zurückgegriffen, nämlich die Förderung von Landes- und Gruppenbeteiligungen an Auslandsmessen, um der mittelständischen Wirtschaft die Erkundung und Erschließung ausländischer Märkte zu erleichtern. 1984 wurde darüber hinaus die in Stuttgart ansässige "Stiftung Außenwirtschaft Baden-Württemberg" geschaffen.

Das besondere Gewicht der Forschung und Entwicklung für die Exportstärke der südwestdeutschen Industrie darf nicht unerwähnt bleiben. Baden-Württemberg gehört zu den forschungsintensivsten Industriegebieten Europas. In der zweiten Hälfte der 1980er Jahre waren in den entsprechenden Einrichtungen der Industrie mehr als 60 000 Personen tätig, davon 40,6 % in der Elektrotechnik und 41,4 % im Maschinen- und Fahrzeugbau (BOELCKE 1992, S. 488).

Charakteristisch für Baden-Württemberg ist die weite räumliche Streuung der Industriestandorte. Dennoch ragen einige Einzelstandorte heraus:

Der Mittlere Neckarraum gehört nach Umsatz und Beschäftigtenzahl zu den größten Industrieagglomerationen Deutschlands. Seine besondere Stellung kommt auch darin zum Ausdruck, daß hier die drei größten Unternehmen des Landes ihren Sitz haben.

Eindeutiges Zentrum ist, wie Tabelle 4.10 zeigt, die Stadt Stuttgart mit 123 000 Industriearbeitsplätzen (1990). Zum Kern des Verdichtungsraumes zählte aber auch ein Kranz von Industriestädten mittlerer Größenordnung, die teilweise unmittelbar an das Stadtgebiet Stuttgarts angrenzen, so daß sich im Kern der Agglomeration 700 000 Arbeitsplätze befinden, davon 340 000 im Produzierenden Gewerbe (nach GROTZ 1971, S. 150). Klar dominierend sind die drei Schlüsselindustrien: Fahrzeugbau (126 000 Beschäftigte), Elektrotechnik (88 000) und

Tab. 4.10: Die zehn größten Unternehmen in Baden-Württemberg 1990 im Vergleich zu 1980
Quelle: BOELCKE 1992, S. 483
*Geschäftsjahr weicht vom Kalenderjahr ab

Rang		Name, Ort	Umsatz		Beschäftigte	
1990	1980		1990 (Mio. DM)	1980 (Mio. DM)	1990	1980
1	1	Daimler-Benz, Stuttgart	85 500	31 054	376 785	183 392
2	2	R. Bosch, Stuttgart	31 842	11 809	179 636	121 620
3	3	IBM Deutschland, Stuttgart	13 824	7 380	31 767	26 363
4	4	Asea Brown Boveri, Mannheim	6 649	4 018	34 650	37 615
5	9	Zahnradfabrik, Friedrichshafen	5 953	2 379	33 417	23 964
6	–	Röchling, Mannheim	4 671	–	25 034	–
7	–	Südzucker, Mannheim / Ochsenfurt*	4 540	–	11 362	–
8	10	Carl-Zeiss-Stiftung, Heidenheim*	4 369	2 339	31 849	30 651
9	–	Freudenberg & Co, Weinheim	4 273	–	26 594	–
10	8	Bilfinger & Berger, Mannheim	4 208	2 443	44 594	21 750
–	5	Unternehmensgruppe Mann, Karlsruhe	–	3 900	–	15 000
–	6	SEL, Stuttgart	–	3 351	–	33 192
–	7	Selex, Offenburg	–	2 613	–	–

Maschinenbau (79 000) (nach GROTZ 1971, S. 158). Industriesuburbanisation ist seit mehr als 40 Jahren auch für die Agglomeration Mittlerer Neckar charakteristisch (GROTZ 1971). Maßgebend dafür sind auch hier die für alle Agglomerationskerne festzustellenden Engpässe: Flächenknappheit, hohe Bodenpreise, aber auch Mangel an qualifizierten Arbeitskräften.

Im Unterschied zum Wirtschaftsraum Mittlerer Neckar spielt in der Region Unterer Neckar mit den Schwerpunkten Mannheim, Heidelberg und Weinheim die Grundstoff- und Produktionsgüterindustrie eine größere Rolle. Diese Industrieregion mit ihren 147 000 Industriearbeitsplätzen verfügt in Mannheim und Weinheim über bedeutende Standorte der Chemischen Industrie. Unter drei Gesichtspunkten unterscheidet sich der Untere-Neckar-Raum vom Raum Stuttgart und anderen Wirtschaftsräumen des Landes:

- das Fehlen moderner Produkte am Beginn ihres Lebenszyklusses,
- das Vorherrschen großer Betriebe (Asea Brown Boveri, Boehringer, Freudenberg),
- ökologische Altlasten.

In der drittgrößten Industrieagglomeration des Landes, dem Wirtschaftsraum Karlsruhe, ist die Elektrotechnische Industrie von großer Bedeutung (z. B. Siemens), aber auch die Pharmazeutische Industrie hat hier einen erheblichen Anteil an der Industriebeschäftigtenzahl von 123 000.

Im Mittelgebirgsraum haben die traditionellen Branchen an Bedeutung verloren, z. B. das Textilgewerbe auf der Schwäbischen Alb, die Uhrenindustrie und die Holzindustrie im Schwarzwald. Im Nordschwarzwald erhielt sich in Pforzheim (23 500 Beschäftigte) mit seiner Schmuckindustrie eine regionale Besonderheit.

Als das elektronische Zeitalter auch den Uhrenmarkt zu beherrschen begann, konnte die großenteils traditionsverhaftete, mittelständisch strukturierte Schwarzwälder Uhrenindustrie keine wettbewerbsfähigen Produkte mehr anbieten. Sie erlebte seit 1974/75 die schwerste Krise in ihrer dreihundertjährigen Geschichte und büßte mit dem Konkurs vieler namhafter Unternehmen zwischen 1970 und 1990 mehr als 70 % ihrer Arbeitsplätze ein. Das Textilgewerbe mußte aus Rationalisierungsgründen im gleichen Zeitraum ca. 90 000 Arbeitsplätze abbauen.

Auffallendste Tatsache aber ist, daß der südwestdeutsche Wirtschaftsraum in den 1970er und 1980er Jahren, also im Zeitraum der allgemeinen Arbeitsplatzverluste in Deutschland, im Verarbeitenden Gewerbe zwar auch einen Arbeitsplatzrückgang von

Tab. 4.11: Beschäftigte nach ausgewählten Wirtschaftsbereichen in Baden-Württemberg 1970 und 1994 (nach Arbeitsstättenzählungen, in 1 000)
Quelle: Stat. Landesamt Baden-Württemberg

Wirtschaftsbereich	1970	1994	Veränderung (%)
Verarbeitendes Gewerbe	1 926,3	1 565,8	– 18,7
Chemische Industrie u. Mineralölverarbeitung	72,3	65,6	– 9,3
Maschinenbau	305,5	243,3	– 20,4
Automobilindustrie	151,8	189,7	+ 25,0
Elektrotechnik	264,7	225,4	– 14,8
Energie- u. Wasserversorgung, Bergbau	31,0	36,3	+ 17,1
Baugewerbe	342,7	261,4	– 23,7
Handel	495,8	480,8	– 3,0
Verkehr u. Nachrichtenübermittlung	183,8	145,9	– 20,6
Kreditinstitute u. Versicherungsgewerbe	99,7	153,3	+ 53,8
Sonstige Dienstleistungen, freie Berufe	345,6	815,2	+ 135,9
Insgesamt	3 424,9	3 458,0	+ 1,0

ca. 12 % zu verzeichnen hatte, daß in einer ganzen Reihe von Branchen aber auch deutliche Beschäftigungszunahmen festzustellen sind (Tab. 4.11).

Die Unterschiede zum übrigen Bundesgebiet kommen darin zum Ausdruck, daß in zwei der drei Schlüsselbranchen sich die Beschäftigtenanteile des Landes – bezogen auf das Bundesgebiet – deutlich erhöhten oder etwa gleich blieben: Maschinenbau von 23,6 % (1970) auf 25,1 % (1994), Automobilindustrie von 25,0 % auf 24,2 % und Elektrotechnik von 23,5% auf 23,8 %. Relativ hohe Investitionsquoten, Exportstärke und Verringerung der Fertigungstiefe waren dafür die Hauptursachen. 1988 waren die Anlageinvestitionen in Baden-Württemberg um 136 % höher als 1970 (Bundesgebiet 121 %). Im südwestdeutschen Wirtschaftsraum verbesserte sich dadurch der Altersaufbau des Anlagevermögens, und der sog. Modernitätsgrad erhöhte sich (Anteil der noch nicht abgeschriebenen Ausrüstungen). Der Anteil der bis zu fünfjährigen Ausrüstungen im Verarbeitenden Gewerbe lag 1989 bei 40 %, der Modernitätsgrad betrug im gleichen Jahr 54,0 %. Diese Zahlen sind ein deutliches Anzeichen für eine besonders leistungsfähige Produktionsstruktur und sind auch ein Grund für den relativ geringen Rückgang der Arbeitsplatzzahlen.

4.4.5 Der Wirtschaftsraum München

Von den großen Städten Deutschlands hat München in den vergangenen 25 Jahren das höchste industrielle Wachstum zu verzeichnen. Allerdings ist der Beschäftigtenanteil im Verarbeitenden Gewerbe (21 %) immer hinter dem des Dienstleistungssektors (35 %) zurückgeblieben (Abb. 4.16).

1995 waren in den Betrieben des Verarbeitenden Gewerbes (über 20 Beschäftigte) der Stadt München 138 100 Personen beschäftigt. 1974 waren es noch 212 000

Abb. 4.16: Verteilung der sozialversicherungspflichtig Beschäftigten in München 1995

Quelle: Statistisches Landesamt Bayern

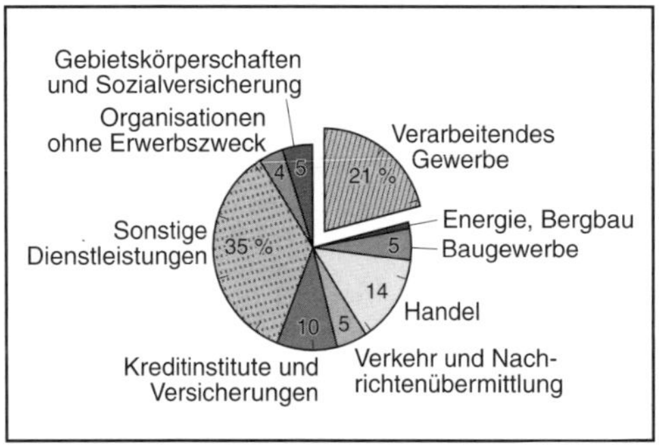

Beschäftigte. Der Beschäftigtenrückgang hat seit 1990 deutlich an Tempo gewonnen: Allein zwischen 1994 und 1995 verringerte sich die Beschäftigtenzahl um 8 095. Bemerkenswerterweise waren die Elektrotechnik und die Feinmechanik / Optik – der eigentliche Kernbereich der Münchner Industrie – davon am stärksten betroffen.

Im gesamten Wirtschaftsraum München (Abb. 4.17) sind in starkem Maße Wachstumsindustrien konzentriert: Elektro- und Elektronikindustrie, Automobilbau und Flugtechnische Industrie. Vielfach ist die Luftfahrtbranche mit der wehrtechnischen Industrie verknüpft, z. B. bei Messerschmidt-Bölkow–Blohm in Ottobrunn oder Dornier in Neu-Aubing und Oberpfaffenhofen. Vor allem durch Siemens mit ca. 50 000 Beschäftigten ist München heute das wichtigste Elektronik-Zentrum in Deutschland; insgesamt sind im Wirtschaftsraum München ca. 2 200 Unternehmen der Mikroelektronik-Branche konzentriert (Popp 1988, S. 86). Vier Fünftel dieser Betriebe haben intensive Geschäftsbeziehungen zu Siemens (Haas 1991, S. 178). Die gleichen Verflechtungen zeigen sich zwischen Siemens und den

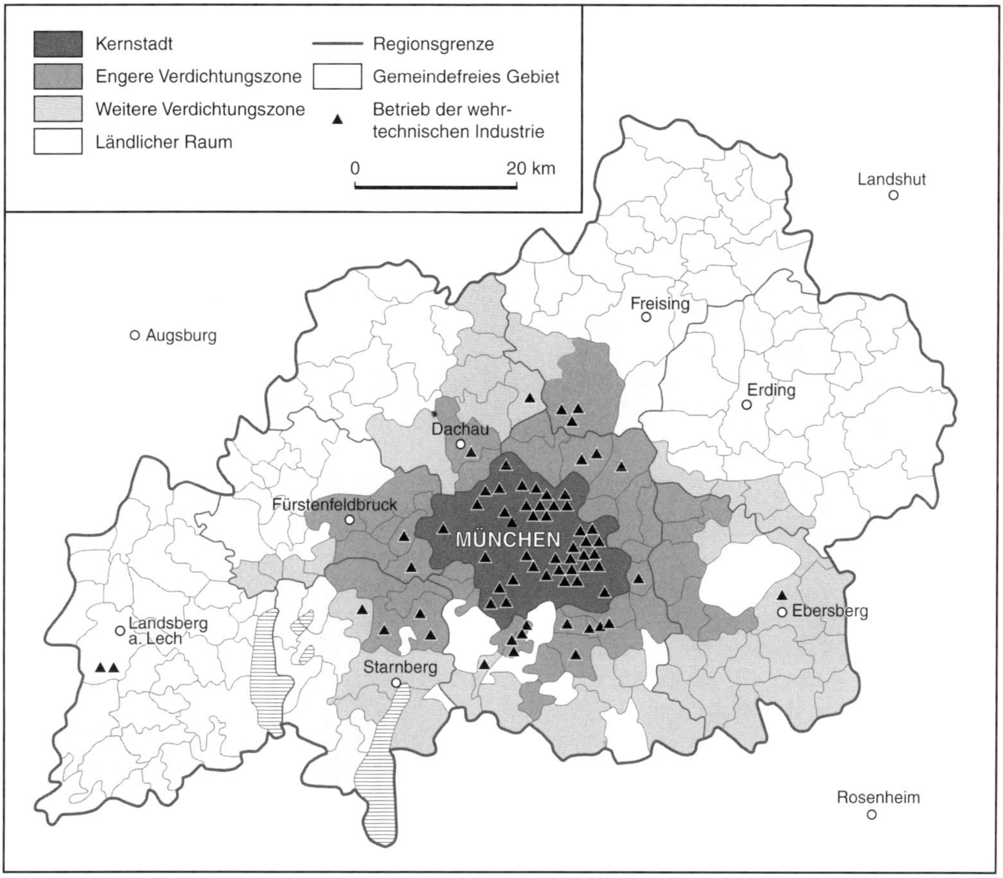

Abb. 4.17: Standorte der wehrtechnischen Industrie im Wirtschaftsraum München 1995
Quelle: HAAS 1991, S. 181

ca. 100 Unternehmen der Wehrtechnik. Die Produktionspalette der wehrtechnischen Betriebe reicht von Funk- und Radarsystemen bis zu Panzern (Krauss-Maffei), Kampfflugzeugen und Raketen. Besonders die Panzerproduktion hat zu einem weitreichenden System von Zuliefererbeziehungen mit in fast allen Verdichtungsräumen Westdeutschlands geführt (Abb. 4.18).

Auch ausländische Produzenten von Wehrtechnologie haben im Wirtschaftsraum München Zweigbetriebe errichtet, z. B. die Firma Texas Instruments. Wesentliche Teile der Firmenzentralen und Forschungsabteilungen haben hier ihren Sitz genommen, z. B. die Zentrale von MBB, eine Fusion mehrerer Luft- und Raumfahrt-Unternehmen, die Motoren- und Turbinen-Union (MTU) und die Dornier GmbH.

Die großen Unternehmen der Luft- und Raumfahrtindustrie haben seit Ende der 1980er Jahre Strategien zur Produktionsdiversifikation in den nichtmilitärischen Bereich hinein entwickelt. Neue Anwendungsbereiche der in der Wehrtechnik gewonnenen Erfahrungen sind Industrie- und Robotertechnik, Fernerkundungstechnologie, medizinische Technik. Es bestehen aber auch Beziehungen zur Automobilindustrie: Der Airbag ist ein "Abfallprodukt" der Wehrtechnik. Diese Diversifikationsbemühungen sind auch deswegen notwen-

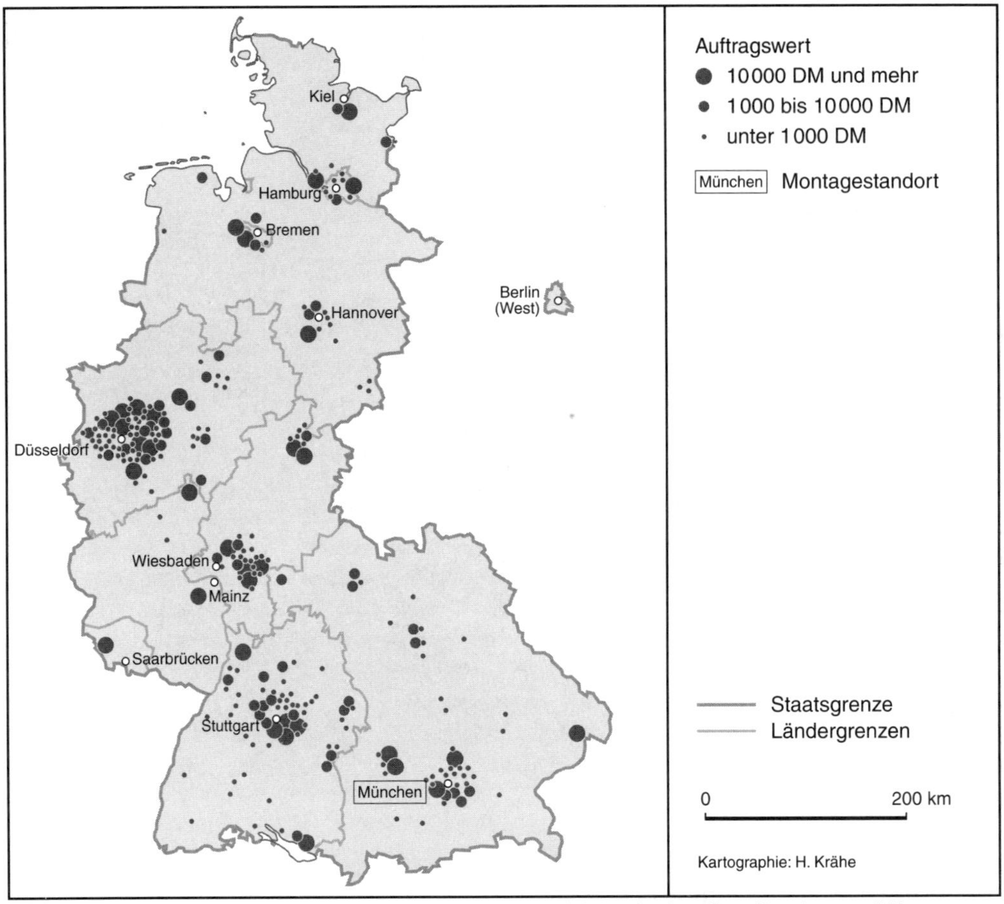

Abb. 4.18: Standorte der Zulieferbetriebe der Panzerproduktion in der alten Bundesrepublik in den 1980er Jahren
Quelle: HAAS 1991, S. 183

dig, weil die Abhängigkeit von öffentlichen Auftraggebern und dem militärischen Anwendungsbereich seit den Abrüstungsvereinbarungen ein sehr hohes Risiko beinhaltet. Darüber hinaus werden ganz allgemein – gerade auch wegen der Erfahrungen aus den USA – industrielle Monostrukturen im High-Tech-Bereich durchaus als risikobehaftet angesehen.

Ein Wachstumsengpaß – zumindest im Bereich der Stadt München – war bis Anfang der 1990er Jahre Knappheit und hoher Preis für gewerbliche Erweiterungs- und Ansiedlungsflächen. Im Gegensatz z. B. zum Ruhrgebiet finden sich in München kaum Gewerbebrachen. Zudem ist die Nutzungskonkurrenz bei freiwerdenden Gewerbeflächen durch Büro- und Wohnraumnutzung – besonders im Stadtzentrum – außerordentlich hoch. Seit 1993 ist allerdings ein Rückgang der Nachfrage nach Gewerbeflächen zu verzeichnen. Die über viele Jahre bestehende Gewerbeflächenknappheit ist eine der Ursachen intensiver zentrifugaler Verlagerungsprozesse von Industriestandorten.

Die seit den 1960er Jahren verstärkte Industriesuburbanisierung umfaßt, wie aus

Tätigkeits-bereiche	Hamburg	Bremen	Hannover	Köln[1]	Frankfurt	Stuttgart	München	Insgesamt
Fertigung	54,0	55,0	48,6	51,1	23,0	22,6	55,3	43,2
Dienste	70,6	64,6	60,3	64,4	38,5	38,6	69,1	58,0
Unter-nehmens-orientierte Dienste	74,2	68,1	66,6	67,6	41,4	42,2	71,3	60,8
Forschung u. Entwicklung	74,7	85,5	75,1	67,2	35,3	43,5	65,3	58,8
Technische Dienste	69,2	70,7	60,1	59,4	33,1	33,7	64,6	53,0
Organisation, Verwaltung	74,5	66,1	66,9	69,1	43,6	44,2	72,7	62,2
Hochwertig	80,5	69,7	74,5	74,9	54,8	52,5	79,9	69,2
Einfach	72,3	65,0	64,1	67,1	38,6	41,0	69,6	59,5
Andere Unter-nehmens-dienste	75,9	66,6	67,1	69,4	41,5	41,8	74,7	62,6
Hochwertig	83,0	72,2	76,7	72,7	47,4	48,4	78,0	67,1
Einfach	68,5	63,0	58,4	65,7	31,5	31,9	68,2	56,7
Distributions-dienste	65,4	60,6	50,4	59,3	33,9	29,6	62,0	52,4
Personen- u. Konsum-dienste	68,7	62,8	57,9	62,7	35,6	39,2	70,1	57,4
Insgesamt	66,7	61,9	57,2	60,7	35,0	33,7	66,3	54,2

Tab. 4.12: Suburbanisierung nach Tätigkeitsbereichen in großen westdeutschen Ballungsräumen 1994 (Anteile der Kernstädte an den Beschäftigten im Ballungsraum insgesamt, in v. H.)

Quelle: DIW, Wochenbericht 42 / 96, S. 666

[1] im Ballungsraum Köln werden alle größeren Städte, nicht nur die Stadt Köln, zum Kern gezählt

Abbildung 4.17 hervorgeht, sowohl innerstädtische Kern-Rand-Verlagerungsprozesse als auch Abwanderung in das weitere Umland. Vielfach kommt es zu Auslagerungen von Teilen des Produktionsprozesses (BMW nach Regensburg, Siemens nach Unterschleißheim). Allerdings bestätigt ein Vergleich der Beschäftigtenanteile von 7 Kernstädten der Bundesrepublik die Erkenntnis, daß der Anteil der Kernstädte nach wie vor um so größer ist, je hochwertiger die Tätigkeiten sind.

Abbildung 4.17 zeigt zugleich, daß sich die Industriesuburbanisierung von 1980 bis 1994 auf breiter Front vollzogen hat. Dennoch liegt München mit einem Industriebeschäftigtenanteil der Kernstadt von 55,3 v. H. an der Spitze der Vergleichsstädte (Tab. 4.12).

4.4.6 Der Kölner "Chemiegürtel"

Ringförmig um die Stadt Köln hat sich seit Beginn dieses Jahrhunderts ein Kranz von Standorten der Chemischen Industrie entwickelt. Bedeutende Unternehmen dieser Branchen haben sich in Leverkusen, Dormagen, Bergheim, Lövenich, Frechen,

Brühl und Wesseling angesiedelt. Die gesamtwirtschaftliche Bedeutung des Kölner Chemiegürtels zeigt sich daran, daß hier etwa 15 % des Umsatzes der Chemischen Industrie Deutschlands erzielt werden. Für den Wirtschaftsraum Köln ergibt sich die herausragende Stellung der Chemischen Industrie daraus, daß die Branche dort mehr als 40 % zum Umsatz des Verarbeitenden Gewerbes beiträgt.

Die Bedeutung der Chemischen Industrie als Impulsgeber für den Wirtschaftsraum Köln geht allerdings weit über die direkten Umsatzanteile hinaus. So wurde für die Chemische Industrie im Wirtschaftsraum Köln 1987 eine regionale Mindestmultiplikatorwirkung durch Liefer- und Einkommensverflechtungen von 1 : 0,4 pro Arbeitsplatz zweifelsfrei nachgewiesen, wobei der tatsächliche Wert als wesentlich höher eingeschätzt werden kann (BOESLER / BOTT / EBUS 1990, S. 29). Die betriebliche Struktur im Kölner Chemiegürtel entspricht weitgehend dem Durchschnitt der Branche in Deutschland:

- Sie wird durch Großbetriebe bestimmt; die durchschnittliche Beschäftigtenzahl im Kölner Wirtschaftsraum beträgt etwas mehr als 1 000 je Betrieb.
- Die Fertigung ist durch hohe Kapitalintensität und einen relativ großen Anteil der Forschungs- und Entwicklungstätigkeiten gekennzeichnet; entsprechend hoch sind die Pro-Kopf-Einkommen in der Branche (10 % – 15 % über dem Durchschnitt des Verarbeitenden Gewerbes im Kammerbezirk Köln).

Der Beschäftigtenanteil der Branche im "Chemiegürtel" beträgt rund 64 %. Auch die Chemische Industrie verzeichnet seit 1980 einen deutlichen Beschäftigtenrückgang (Tab. 4.14). Allerdings vollzog dieser sich langsamer als in den anderen Branchen des Wirtschaftsraumes.

Unter wirtschaftsgeographischen Gesichtspunkten ist – darauf wurde bereits in Kap. 4.3.4 hingewiesen – auch für den Kölner Chemiegürtel eine Unterteilung der Branche in die Bereiche der Chemischen Grundstoffindustrie (Erzeugung organischer und anorganischer Grundstoffe) und der "Leichtchemie" (konsumnahe Bereiche) zweckmäßig, da beide Gruppen spezifische Betriebsgrößenstrukturen und auch unterschiedliche Standortfaktoren besitzen. Insbesondere im Bereich der Grundstoffchemie lassen sich wirtschaftliche Erfolge der Unternehmen oftmals nur über die Ausnutzung von Skaleneffekten (economies of scale) herbeiführen (CARLTON / PERLOFF 1994, S. 59) Dies hat dazu geführt, daß die Chemische Industrie durch einen hohen Anteil an großen Unternehmen geprägt ist. Auch in den

Tab. 4.13: Gesamtumsatz und Auslandsumsatz der Chemischen Industrie im Kammerbezirk Köln 1980 – 1992

Quelle: Landesamt für Datenverarbeitung u. Statistik NRW

[1] ohne Umsatzsteuer

[2] Anteil am Gesamtumsatz (ohne Umsatzsteuer) bzw. Auslandsumsatz des Bergbaus und des Verarbeitenden Gewerbes im Kammerbezirk Köln

	1980	1982	1984	1986	1988	1990	1994
Gesamtumsatz[1] (Mio. DM)	19 479,0	20 810,0	24 950,0	21 738,0	23 444,0	23 031,0	31 598,0
Umsatzanteil (%)[2]	34,1	33,9	35,6	31,7	34,3	31,2	44,3
Auslandsumsatz (Mio. DM)	8 459,0	9 603,0	12 104,0	10 944,0	12 126,0	11 922,0	11 485,0
Umsatzanteil (%)[2]	51,5	48,7	51,2	47,9	48,6	46,4	50,6

	1980	1982	1984	1986	1988	1990	1994
Zahl der Betriebe[1]	67,0	62,0	63,0	65,0	61,0	60,0	63,0
%-Anteil[2]	6,3	6,1	6,4	6,6	6,4	5,8	6,6
Tätige Personen	71 610,0	68 602,0	66 283,0	67 040,0	66 386,0	66 096,0	57 743,0
%-Anteil[2]	25,7	26,5	26,8	26,6	27,0	26,6	28,5

Tab. 4.14: Zahl der Betriebe, tätige Personen und durchschnittliche Betriebsgröße in der Chemischen Industrie im Kammerbezirk Köln 1980 – 1994

Quelle: Landesamt für Datenverarbeitung u. Statistik NRW

[1] mit 20 und mehr tätigen Personen

[2] an der Gesamtzahl aller Betriebe bzw. aller tätigen Personen im Bergbau und im Verarbeitenden Gewerbe im Kammerbezirk Köln

Zweigen "fotochemische Erzeugnisse" und "Chemiefasern" sind fast ausschließlich Großunternehmen tätig. Andererseits bildet aber der Bereich der "Herstellung chemischer Erzeugnisse vorwiegend für Gewerbe und Landwirtschaft (ohne Düngemittel)" die Domäne der kleineren und mittleren Unternehmen.

Hinsichtlich der Standortorientierung zeigen sich ebenfalls deutliche Unterschiede innerhalb der Branche:
Innerhalb der Schwerchemie lassen sich zwei Standortfaktoren hervorheben:

1. Verkehrsorientierung,
2. Energieversorgung.

Die Lage am Rhein ist für die Unternehmen von großer Wichtigkeit. Damit sind die Vorteile einer leistungsfähigen Binnenwasserstraße, zugleich aber auch Einleitungsmöglichkeiten für behandelte Abwässer gegeben.

Typische Nutzer unmittelbarer Rheinuferlagen der Chemischen Industrie sind u. a.: die Degussa AG, Werk Wesseling (organische und anorganische Chemikalien), DEA Mineralöl AG, Werk UK Wesseling (Mineralölprodukte, Petrochemie), Deutsche Shell AG, Raffinerie Köln-Godorf (Mineralölverarbeitung), Wacker-Chemie GmbH, Werk Köln (Klebstoffe, Bindemittel, Katalysatoren für die Chemische Industrie), Agfa-Gaevert AG, Bayerwerk (fotochemische und fototechnische Erzeugnisse), Bayer AG, Bayerwerk (große Produktpalette), DENSO-CHEMIE GmbH (Korrosionsschutzmittel für Rohrleitungen, Abdichtungsmaterialien für Straßenbau) und die Bayer AG, Werk Dormagen (Polymere, organische Chemikalien). Hinzu kommt, daß der Kölner Wirtschaftsraum über Rohrleitungen mit Rotterdam und Wilhelmshaven (Rohöl) und über Gelsenkirchen mit Rotterdam (Raffinerieprodukte) verbunden sowie an eine Ferngasversorgung angeschlossen ist.

Für die Energieversorgung sind die Braunkohlevorkommen des westlich von Köln gelegenen Rheinischen Braunkohlereviers von großer Bedeutung. Über 80 % der Jahresfördermenge des Kölner Braunkohlereviers werden vor Ort durch zahlreiche Kraftwerke in Strom umgewandelt und werden von den Chemiebetrieben des Wirtschaftsraumes Köln als preiswerte Energiequelle genutzt (BIRKENHAUER 1984, S. 200; GLÄSSER, VOSSEN, WOITSCHÜTZKE 1987, S. 132ff.).

Darüber hinaus findet die Chemische Industrie im Kölner Wirtschaftsraum durch die Nähe zu Universitäten und anderen Forschungseinrichtungen angesichts ihrer hohen Forschungsintensität günstige Standortvoraussetzungen. Obwohl der hohe Forschungs- und Entwicklungsaufwand in der Chemischen Industrie zu 98 % von den Unternehmen selber getragen wird (Verband der Chemischen Industrie e. V. 1994, S. 96), kann der Wirtschaftsraum Köln einen gewichtigen Beitrag zur Forschung und Entwicklung in der Chemischen Industrie leisten. Durch die Einbettung Kölns in die mit Universitäten, Hochschulen, Fachhochschulen, Großforschungseinrichtungen und diversen Forschungsinstituten sehr dicht besiedelte "Forschungslandschaft" Nordrhein-Westfalens ist es der Region möglich, den Unternehmen auf qualitativer Ebene ein ausreichend differenziertes Arbeitskräfteangebot zur Verfügung zu stellen (VOPPEL 1993, S. 149ff. und LISTON 1993, S. 5).

4.4.7 Die industriellen Küstenstandorte in Mecklenburg-Vorpommern

Die Standorte des Schiffsbaus an der Küste von Mecklenburg-Vorpommern sind Beispiele der sozialistischen Industrieansiedlungspolitik der DDR. Außer der Neptun-Werft in Rostock hatte es bis zum Jahre 1945 keinen nennenswerten Schiffbau an diesem Teil der Ostseeküste gegeben. Schon kurz nach der Gründung der DDR im Jahre 1949 beschloß die SED, die für den Aufbau einer eigenen Flotte erforderlichen Schiffsbaukapazitäten zu schaffen. Neben der Neptun-Werft entstanden vier weitere Schiffbau-Standorte:

- die Mathias-Thesen-Werft (MTW) in Wismar,
- die Warnow-Werft (WW) in Warnemünde,
- die Volkswerft (VW) in Stralsund,
- die Peene-Werft (PW) in Wolgast.

In den folgenden Jahren wurde die erforderliche Zulieferindustrie vorwiegend in den drei Nordbezirken der DDR aufgebaut und schließlich mit den Werften zu einem "Kombinat Schiffbau" verknüpft.

Der Schiffbau der DDR war weitestgehend in den Wirtschaftsraum des RGW integriert: In den letzten 5 Jahren der DDR gingen 60 % der Produktion in die Sowjetunion, 13 % dienten dem Ausbau der eigenen Flotte, der Rest wurde mit Verlust in nicht sozialistische Länder exportiert (GEHRKE 1993).

Zum Zeitpunkt der Wiedervereinigung Deutschlands betrug die Kapazität des DDR-Schiffbaus 600 000 cgt / Jahr (compensated gross tons). Die Werften der alten Bundesländer verfügten zu diesem Zeitpunkt über eine Kapazität von 700 000 cgt. Zu Zeiten der DDR waren in den fünf Hauptwerften 35 000 Personen beschäftigt. Im Jahre 1995 betrug die Beschäftigtenzahl dort dann nur noch 8 500. Eine Schließung aller Schiffbaubetriebe hätte – angesichts von fehlenden Beschäftigungsalternativen – zu erheblichen sozialen Problemen im gesamten Küstengebiet geführt. Diese Erkenntnisse veranlaßten die Bundesregierung und die Kommission der EU zu der strukturpolitischen Entscheidung, die mecklenburgisch-vorpommerschen Werften als "industrielle Kerne" (HAX 1993) zu erhalten, obwohl im Wirtschaftsraum der EU zu diesem Zeitpunkt deutliche Überkapazitäten in der Branche vorhanden waren. Das bedeutete:

- Privatisierung mit der Verpflichtung der neuen Eigner, in großem Umfang Investitionen vorzunehmen und eine Mindestbeschäftigtenzahl zu garantieren,
- Mitfinanzierung der geforderten Investitionen durch EU, Bund und Land,
- Genehmigung der EU zur Gewährung überhöhter staatlicher Betriebsbeihilfen (36 % gegenüber 9 % an anderen Standorten innerhalb der EU),
- Festlegung einer Kapazitätsobergrenze.

Inzwischen sind diese Umstrukturierungs- und Modernisierungsmaßnahmen zu einem erheblichen Teil abgeschlossen worden. Der Investitionsumfang wird auf rund 2,5 Mrd. DM geschätzt (EICH-BORN 1996, S. 520). In Wolgast und Warnemünde sind sog. Kompaktwerften entstanden, die einen witterungsunabhängigen Schiffbau in der Halle und eine wesentlich erhöhte Arbeitsproduktivität ermöglichen. Mit 0,025 Beschäftigten je cgt haben die

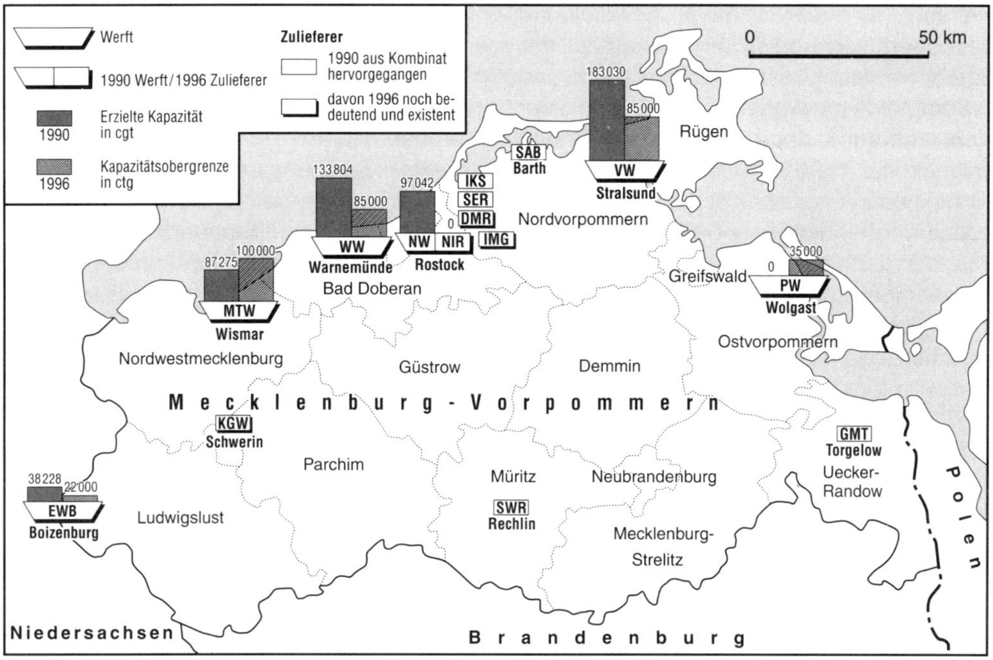

Abb. 4.19: Schiffsbaustandorte in Mecklenburg-Vorpommern 1990–1996
Quelle: EICH-BORN 1996, S. 518

Werften an der Ostseeküste bereits 1995 den Durchschnittswert in der EU erreicht, mit 26,7 Fertigungsstunden pro cgt liegt der Arbeitsaufwand bereits unter dem Durchschnitt von 30,0 (EICH-BORN 1996, S. 521).

Zwei weitere Folgen ergaben sich aus den politischen Vorgaben:

- Die Kapazitätsbeschränkungen zwangen die Neptun-Werft, den Schiffbau völlig aufzugeben und sich auf neue Geschäftsfelder (Schiffsreparaturen und Schiffbauzulieferungen) zu konzentrieren. Der Name wurde aus diesem Grunde in Neptun-Industrie (NIR) modifiziert.
- Die Fertigungstiefe der neuen, modernisierten Werften wurde erheblich eingeschränkt. Hand in Hand damit erfolgten Ausgründungen ganzer Abteilungen, wodurch zahlreiche kleine und mittlere Unternehmen entstehen konnten. Auf diese Weise entstand ein Netzwerk von Zulieferbetrieben für die Werften. Allerdings ist der "Zulieferindex" (Beschäftigte der Werft: Beschäftigte in Zulieferbetrieben) mit 1:0,6 noch relativ niedrig (Westdeutschland 1:2).

4.4.8 Industrie im ländlichen Raum – Thüringen

Der Thüringer Raum ist reich an gewerblichen Traditionen: Glas- und Spielwarenindustrie im Thüringer Wald und Schiefergebirge, Porzellanherstellung im östlichen Landesteil, Zigarrenfabriken im Eichsfeld und Textilindustrie in Apolda, Worbis und Greiz haben eine mehr als zweihundertjährige Tradition. Im 19. Jahrhundert kamen zwei weitere, für die spätere Entwicklung besonders wichtige Branchen, hinzu: der Bau optischer Präzisionsgeräte in Jena und in Sömmerda die Waffenherstellung, aus der sich später der Büromaschinenbau entwickelte, 1896 begann die Automobilproduktion in Eisenach. Schließlich sind der Kalibergbau in Nord- und in Südthüringen und die ostthüringische WISMUT-Region Uranbergbau zu erwähnen.

Das traditionell mittelständisch geprägte Verarbeitende Gewerbe wurde in der DDR-Zeit verstaatlicht und gegen Ende der 1970er Jahre zu Kombinaten zusammengefaßt. Zum Zeitpunkt der Wende waren in den thüringischen Industriebetrieben rund 530 000 Personen beschäftigt. Der Anteil der Industriebeschäftigten an der Gesamtbeschäftigtenzahl lag 1989 bei 52,5 % und übertraf damit den Durchschnittswert der DDR (40,8 %) erheblich (Thüringer Ministerium für Wirtschaft 1993, S. 8) Unmittelbar nach Herstellung der Wirtschafts- und Währungsunion 1990 ergaben sich folgende Aufgaben:

- Privatisierung der Volkseigenen Betriebe: Die Treuhand-Anstalt hatte allein in Thüringen 2 032 Betriebe zu privatisieren (Angaben des Thüringer Ministeriums für Wirtschaft und Verkehr),
- Entflechtung der Kombinate,
- Orientierung auf neue Absatzmärkte, da sich bis 1990 der Auslandsabsatz im wesentlichen auf osteuropäische Märkte beschränkte. Allein die ehemalige Sowjetunion nahm über 40 % des Auslandsabsatzes thüringischer Betriebe auf.
- Abbau der Überbeschäftigung bei gleichzeitiger Erhöhung der Arbeitsproduktivität.

Diese Prozesse vollzogen sich seit 1990 nach Branchen und Standorten recht unterschiedlich. Als besonders problematisch erweisen sich ca. 200 Betriebe, die aufgrund ihrer Branchenzugehörigkeit, ungeregelter Besitzverhältnisse oder ihres Zustandes (z. B. wegen vorhandener Altlasten) von der Treuhandanstalt nicht privatisiert werden konnten. Soweit sie für eine Region strukturbestimmend waren, stellten sie eine besondere Herausforderung für die Regionalpolitik dar. Es handelt sich dabei vor allem um Betriebe der Glas- und Keramikindustrie, des Büromaschinenbaues und der Textilindustrie. Nahezu in allen Branchen und Regionen hat nach 1990 ein drastischer Abbau industrieller Betriebe und Arbeitsplätze stattgefunden, der sich bis heute fortgesetzt hat. Die Zahl der Industriebeschäftigten ging auf insgesamt rund 120 000 zurück (Tab. 4.15).

Regional waren die Verluste besonders hoch in den Altkreisen Sondershausen (– 86,2 %), Greiz (– 84,6 %) und Sömmerda (– 83,7 %). In den vier Regionen Thüringens sank die Beschäftigtenzahl im Bergbau und Verarbeitenden Gewerbe allein in dem relativ kurzen Zeitraum von Januar

Tab. 4.15: Struktur im Bergbau und Verarbeitenden Gewerbe Thüringens 1991 und 1994 (Monatsdurchschnittswerte)

Quelle: SEDLACEK 1996, S. 12

	Umsatz		Beschäftigte	
	1991	1994	1991	1994
Bergbau	17 853	22 868	11 441	1 636
Grundstoff- und Produktionsgüter	168 702	282 109	34 429	16 448
Investitionsgüter	436 587	814 592	183 835	59 570
Verbrauchsgüter	191 997	306 547	78 821	28 934
Nahrungs- und Genußmittel	286 888	308 585	22 478	13 340
insgesamt	1 102 021	1 734 700	331 004	119 928

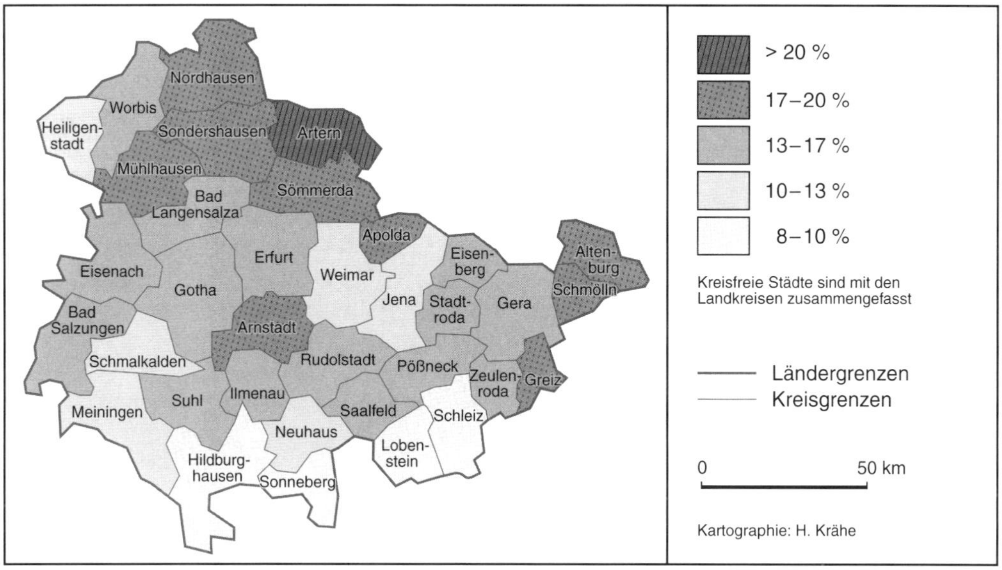

Abb. 4.20: Arbeitslosigkeit in den Kreisen Thüringens (Altkreise) 1994
Quelle: Sedlacek 1996, S. 14

1991 bis Dezember 1992 auf 31 % in Mittelthüringen, 28 % in Nordthüringen, 34 % in Südthüringen und 34 % in Ostthüringen.

Die Folgen für den Arbeitsmarkt waren gravierend: Die Arbeitslosenquote erreichte im Januar und Februar 1994 mit 19,4 % im gesamten Land den höchsten Wert. Dabei zeigten sich regional deutliche Unterschiede (Abb. 4.20).

Bemerkenswert ist die relativ geringe Arbeitslosenquote in den südlichen Kreisen des Landes. Hier wirkt sich die Nähe zu Franken mit seinen besseren Beschäftigungsmöglichkeiten aus. Allein aus dem Arbeitsamtbezirk Suhl pendelten 13 700 Beschäftigte nach Franken (Jones / Wild 1994).

Eine ganze Reihe von Beispielen belegt, daß sich in Thüringen neue industrielle Aktivitäten entwickeln konnten:
- das seit 1993 produzierende Opel-Werk in Eisenach mit 1 800 Beschäftigten,
- der Neuaufbau der Jena-Optik nach der Zerlegung des ehemaligen Kombinats Carl-Zeiss-Jena in lebensfähige kleinere Unternehmen.

Dazu hat sicher auch die Regionalpolitik beigetragen, die auch in Thüringen das übliche regionalpolitische Förderinstrumentarium für die Ansiedlung und Erweiterung von Betrieben mit Fördermitteln der Gemeinschaftsaufgabe "Verbesserung der regionalen Wirtschaftsstruktur" sowie aus EU-Regionalmitteln anwendet. Allerdings unterlag die Förderung hier einigen Besonderheiten im Vergleich zu den anderen neuen Bundesländern (Barth 1995, S. 9):
- der im Rahmenplan der Gemeinschaftsaufgabe geforderte Radius für den überregionalen Absatz von 30 km in Thüringen wurde auf 50 km erweitert,
- die Fördersätze wurden unter die in anderen Bundesländern üblichen Werte gesenkt (bei Errichtung bis zu 20 %, Erweiterung bis zu 15 %, Umstellung bzw. Rationalisierung bis 12 % der förderfähigen Investitionen).

Relativ spät – 1993 – begann die Landesregierung eine Förderpolitik zu betreiben, die sich den Erhalt "Industrieller Kerne" zum Ziel setzte. Mit der landesspezifischen Form der "Entwicklung industrieller Zentren" versucht das Thüringer Konzept nicht betriebs-, sondern in erster Linie standortbezogen vorzugehen. Es orientiert sich vor allem an den schwer sanierungsfähigen Schwerpunkten des Maschinenbaus, der Elektro-, Textil-, Glas- und Keramikindustrie. Hier sollen sanierte oder sanierungsfähige Treuhand-Unternehmen die Kerne neuer integrierter Standorte industrieller Entwicklungen bilden.

5 Verkehrsinfrastrukturen und Verkehrsräume

Bis zum Ende des Zweiten Weltkrieges gab es in Deutschland ein einheitliches Bahn-, Straßen- und Wasserstraßennetz. Infolge der politischen Teilung und mit der Bildung der beiden deutschen Staaten wurde dieses in zwei Teile zerrissen. Es blieben nur wenige Übergänge von West nach Ost an der ehemaligen innerdeutschen Grenze und innerhalb Berlins. In den beiden deutschen Staaten wurden Veränderungen der Verkehrsorganisationsstrukturen vorgenommen.

Aus dem Jahre 1972 stammen zwei Abkommen, die die Verkehrsbeziehungen zwischen der Bundesrepublik Deutschland und der DDR regelten. Zum einen war es der vor dem Hintergrund des Viermächteabkommens geschlossene Verkehrsvertrag für den grenznahen Verkehr, zum anderen das Abkommen über den Transitverkehr von und nach Berlin (West).

Im Laufe der Zeit hat es zwar einige Verbesserungen auf diesem Gebiet gegeben, doch kam es infolge von Restriktionen durch die DDR im Reise-, Personen- und Güterverkehr nur zu unbedeutenden Entwicklungen. Somit war auch die Verkehrsinfrastruktur zwischen den beiden deutschen Staaten nur gering entwickelt.

5.1 Das Lückenschlußprogramm und der Bundesverkehrswegeplan von 1992

Unmittelbar nach Öffnung der innerdeutschen Grenze am 9. November 1989 wurden Sofortmaßnahmen eingeleitet. Es sollten im grenznahen Bereich die vielen vorher unterbrochenen Verkehrsverbindungen wiederhergestellt werden. Schon im Januar 1990 wurde eine Kommission "Verkehrswege" gebildet. Das erste Ergebnis ihrer Tätigkeit war das Lückenschlußprogrammm, das am 3. Mai 1990 von beiden Verkehrsministerien unterzeichnet wurde.

Im wesentlichen umfaßte das Programm drei Maßnahmen:

1. Maßnahmen zur Wiederherstellung der unterbrochenen Schienenverbindungen (einschließlich S- und U-Bahnen in Berlin),
2. die Schließung von Elektrifizierungslücken bei der Bahn und
3. Straßenbauprojekte (drei Großvorhaben und 130 Einzelmaßnahmen im grenznahen Bereich).

Darüber hinaus waren aber noch zahlreiche Sofortmaßnahmen notwendig:

- den Oberbau im Netz der deutschen Reichsbahn zu sanieren,
- die Anzahl der innerdeutschen Reisezüge auf 200 zu erhöhen,
- den ostdeutschen Anteil der Autobahn A9 (Berlin – Hof) und die A10 (Berliner Ring) zu erneuern,
- an den Bundesfernstraßen in Ostdeutschland die Fahrbahndecken zu sanieren,
- die bestehenden Behinderungen auf den Binnenwasserstraßen nach Berlin abzubauen und
- neue Luftkorridore zur Anbindung der Flughäfen Erfurt, Leipzig und Dresden an das internationale Netz einzurichten.

Die Grundlage für die Investitionen im Bereich Verkehr bildete der erste gesamtdeutsche Bundesverkehrswegeplan von 1992. Er legte das Investitionsprogramm für den Aus- und Neubau und die Erhaltung der Schienenwege, der Bundesfernstraßen und Bundeswasserstraßen fest. Darin war mehr als ein Drittel aller Investitionen des Bundesverkehrswegeplans für die neuen Bundesländer bestimmt.

Um die Entwicklung zu forcieren, wurde am 16. Dezember 1991 das Verkehrswegeplanungsbeschleunigungsgesetz geschaffen.

5.2 Die "Verkehrsprojekte Deutsche Einheit"

Das Kernstück der Verkehrsinfrastukturinvestitionen in den neuen Bundesländern sind nach wie vor die "Verkehrsprojekte Deutsche Einheit". Diese im April 1991 von der Bundesregierung beschlossenen Projekte haben besondere Bedeutung für das Zusammenwachsen Deutschlands und Europas.

Die "Verkehrsprojekte Deutsche Einheit" mit einem Investitionsvolumen von rd. 70 Mrd. DM umfassen neun Schienenprojekte, sieben Straßenprojekte und ein Wasserstraßenprojekt (Übersicht 5.1 und Abb. 5.1).

5.2.1 Die "Verkehrsprojekte Deutsche Einheit: Schiene"

Mit den neun Schienenprojekten sollte ein Ausbau und eine Modernisierung auf etwa 2 000 km Länge vorgenommen werden. In fünf Korridoren wurde der Ausbau des Schienennetzes vorgesehen:
entlang der Ostseeküste von Lübeck nach Stralsund, von Berlin nach Hamburg, von Berlin nach Hannover mit einer Verlängerung ins Ruhrgebiet und weiter bis an den Rhein, von Berlin nach Stuttgart und München, von Sachsen und Thüringen ins Ruhrgebiet und weiter ins Rheinland sowie in den Rhein-Main-Raum. Ende 1998 waren bereits einige Projekte beendet. Damit können nun auf zahlreichen Strecken höhere Fahrgeschwindigkeiten und wesentlich kürzere Fahrzeiten erreicht werden.

Schiene[1]
1 Lübeck / Hagenow Land – Rostock – Stralsund
2 Hamburg – Büchen – Berlin
3 Uelzen – Salzwedel – Stendal
4 Hannover – Stendal – Berlin
5 Helmstedt – Magdeburg – Berlin
6 Eichenberg – Halle
7 Bebra – Erfurt
8 Nürnberg – Erfurt – Halle / Leipzig – Berlin
9 Leipzig – Dresden
Investitionssumme ca. 29 Mrd. DM[2]
Straße
10 Lübeck – Bundesgrenze (Szcezecin / Stettin)[3]
11 Hannover – Magdeburg – Berlin[4]
12 Nürnberg – Leipzig – Berlin[4]
13 Göttingen – Halle
14 Magdeburg – Halle
15 Bad Hersfeld / Kassel – Erfurt – Dresden – Görlitz[4]
16 Erfurt – Schweinfurt[3]
Investitionssumme ca. 23 Mrd. DM
Wasserstraße
17 Mittellandkanal / Elbe-Havel-Kanal / Havel
Investitionssumme ca. 4 Mrd. DM
Investitionssumme Verkehrsprojekte Deutsche Einheit insgesamt ca. 56 Mrd. DM

Übersicht 5.1: "Verkehrsprojekte Deutsche Einheit" (vgl. Abb. 5.1)

1 abschnittweise unterschiedlich: Neubau, Ausbau oder punktuelle Verbesserungen. Die Untersuchungen zur Projektoptimierung sind noch im Gange

2 in den Kosten enthalten: weitere Maßnahmen im Lückenschluß-programm

3 Streckenführung und Netzgestaltung noch offen

4 überwiegend Ausbau der bestehenden Autobahnen

Quelle: Raumordnungsbericht der Bundesregierung 1991, S. 141 (Tab. 18.1)

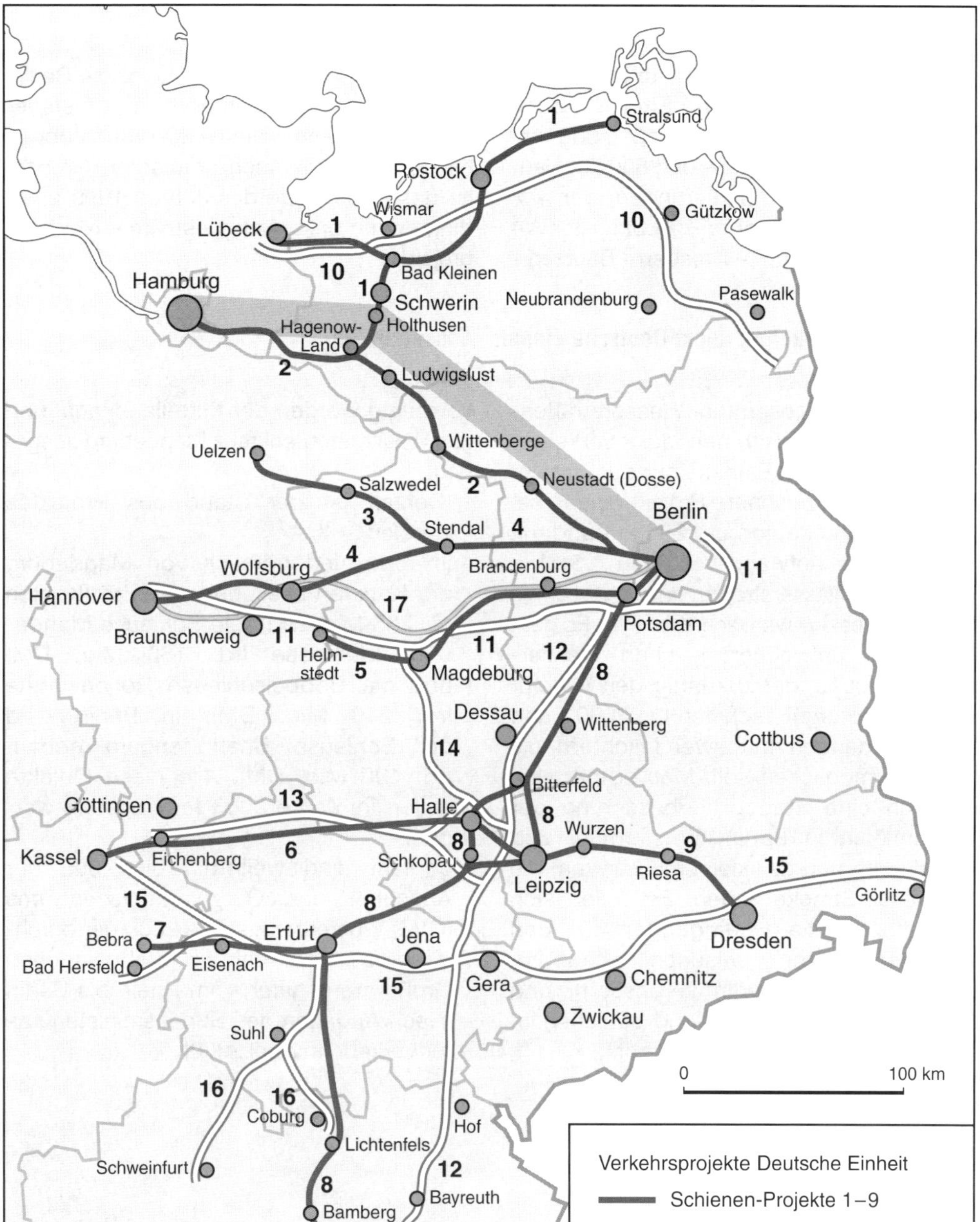

Abb. 5.1: Die "Verkehrsprojekte Deutsche Einheit" (vgl. Übersicht 5.1)
Quelle: Raumordnungsbericht Berlin und Brandenburg 1998, S. 143

5.2.2 Die "Verkehrsprojekte Deutsche Einheit: Fernstraße"

Auch die Bundesautobahn- und Bundesstraßenprojekte "Deutsche Einheit" haben eine Gesamtlänge von knapp 2 000 km (davon 1 200 km Ausbau- und 800 km Neubaustrecken). Die Sanierungen der A2 (Hannover – Magdeburg – Berlin), der A4 (Bad Hersfeld – Erfurt – Dresden – Bautzen – Görlitz), der A9 (Nürnberg – Leipzig – Berlin) wurden vorrangig betrieben. Die Ostseeküstenautobahn, die A20 von Lübeck bis an die deutsch-polnische Grenze, ist das – bis Ende des Jahres 1999 allerdings noch nicht fertiggestellte – Neubauprojekt.

5.2.3 Das "Verkehrsprojekt Deutsche Einheit: Wasserstraße"

Innerhalb des gesamten Wasserstraßennetzes spielt im Rahmen der "Verkehrsprojekte Deutsche Einheit" nur das mit der Nummer 17 bezeichnete Projekt eine Rolle. Auf einer Strecke von ca. 280 km und mit einem Kostenaufwand von rund 4,5 Mrd. DM soll die Wasserstraße von Hannover bis Berlin verbessert werden (Abb. 5.1). Es geht um einen umweltverträglichen Wasserstraßenausbau, der zukünftig den Verkehr mit Großmotorgüterschiffen bis 2000 t und Schubverbänden mit zwei Leichtern bis 3500 t ermöglichen soll. Man erhofft sich dadurch eine Standortverbesserung der Binnenhäfen in Berlin, Wustermark und Magdeburg und der kleineren Zentren, die an dieser Strecke liegen. Es sollen sich damit auch die Bedingungen für den Containerverkehr zwischen Hamburg, Magdeburg und Berlin verbessern, und Entlastungen für Straßen und Schienen im West-Ost-Verkehr sind angestrebt.

Vorrangig werden der Mittellandkanal und das Wasserstraßenkreuz Magdeburg ausgebaut.

Derzeit ist der Stand des Projektes folgender:

- im Bau sind nördlich von Magdeburg die Kanalbrücke über die Elbe (Kosten rd. 205 Mio. DM), die Schleuse Magdeburg-Rothensee (rd. 160 Mio. DM) und die Doppelschleuse Hohenwarthe (rd. 210 Mio. DM); in Berlin wird die Schleuse Charlottenburg gebaut (rd. 100 Mio. DM). Alle diese Objekte sollen im Jahre 2003 fertiggestellt werden.
- geplant sind weiterhin bis 2005 der Anschluß des Güterverkehrszentrums (GVZ) Wustermark sowie 2006 der durchgängige Verkehr mit 2,5 m abgeladenen Großmotorschiffen vom Rhein bis Berlin (Nach Angaben des Bundesministeriums für Verkehr im April 2000).

5.3 Die Entwicklung der Verkehrsbelastung auf Schiene und Straße seit der deutschen Vereinigung

5.3.1 Die Entwicklung der Verkehrsbelastung auf der Schiene seit der Vereinigung

Nach Verabschiedung der Verkehrsprojekte Deutsche Einheit und der Realisierung der Arbeiten an zahlreichen Bahnstrecken sind inzwischen mehrere Jahre vergangen. Hinsichtlich der Verkehrsbelastung auf dem Schienennetz hat es einige dramatische Veränderungen gegeben. Mit dem Zusammenbruch und dem Umbau der Wirtschaft in der DDR bzw. in den neuen Bundesländern waren auf der Schiene Güter- und Personentransporte in dem bis dahin benötigten Umfang nicht mehr notwendig. Der zunehmende Bestand an privaten PKW trug ebenfalls zu dieser Entwicklung bei. So entstand in kürzester Zeit aus einer Überbelastung des Streckennetzes in der DDR eine Unterauslastung in den neuen Bundesländern. So kam denn auch bald die Frage der Rentabilität der Strecken auf. Es wurde für das gesamte Streckennetz der Deutschen Bahn AG Anfang 1997 eine Darstellung über die von der Stillegung bedrohten Netzstrecken publiziert (Tab. 5.1). Diese bedrohten Strecken betreffen zwar nicht die Verkehrsprojekte Deutsche Einheit, jedoch einen Großteil des übrigen Netzes. So sind in dieser Darstellung im Bundesdurchschnitt 29,3 % des knapp 40 000 km langen Gesamtnetzes als unrentabel eingestuft. Das sind ca. 11 600 km. Die regionalen Unterschiede sind beachtlich. In den Stadtstaaten Bremen und Hamburg waren keine unrentablen Strecken ermittelt worden. In Berlin war es ein Anteil von 7,0 %. In den Flächenstaaten gab es die größten Probleme. Betroffen waren bzw. sind besonders die neuen Bundesländer. Thüringen hatte einen Anteil unren-

Tab. 5.1: Unrentable Strecken der Deutschen Bahn AG 1997

[1] auf Dauer nicht rentabel; [2] sollen kurzfristig abgegeben oder stillgelegt werden

Quelle: BLÜTHMANN 1997, S. 41

Bundesland	Gesamtnetz (km)	Unrentable Bahnstrecken			
		Kategorie B[1] (km)	Kategorie A[2] (km)	Summe A+B (km)	% vom Gesamtnetz
Baden-Württemberg	3 885	369	446	815	21,0
Bayern	6 439	916	740	1 656	25,7
Berlin	559	35	4	39	7,0
Brandenburg	3 095	573	647	1 220	39,4
Bremen	133	–	–	–	–
Hamburg	305	–	–	–	–
Hessen	2 655	331	174	505	19,0
Mecklenburg-Vorpommern	1 825	641	507	1 148	62,9
Niedersachsen	3 842	1 058	–	1 058	27,5
Nordrhein-Westfalen	5 361	509	514	1 023	19,1
Rheinland-Pfalz	2 250	246	211	457	20,3
Saarland	499	13	73	86	17,2
Sachsen	3 041	623	416	1 039	34,2
Sachsen-Anhalt	2 684	435	555	990	36,9
Schleswig-Holstein	1 224	287	–	287	23,4
Thüringen	1 993	713	610	1 323	66,4
Insgesamt	39 790	6 749	4 897	11 646	29,3

tabler Strecken am Gesamtstreckennetz des Freistaates von 66,4 %. 62,9 % des Netzes in Mecklenburg-Vorpommern waren unrentabel. In den alten Bundesländern lag Bayern mit 25,7 % an der Spitze (BLÜTHMANN 1997, S. 41).

5.3.2 Die Entwicklung der Verkehrsbelastung auf der Straße

Bundesautobahnen sind Schnellverkehrsstraßen für eine Mindestgeschwindigkeit von 60 km/h. Sie weisen immer richtungsgetrennte Fahrspuren für Kraftwagen und Krafträder auf. Als Hauptträger des Fernverkehrs sollen sie eine schnelle Beförderung von Personen und Gütern ermöglichen. Die Strecken sind kreuzungsfrei, die Trassen führen meist an den Städten vorbei (Tab. 5.2).

Straßenkategorie	Abkürzung	Länge (km)
Bundesautobahnen	A	11 246
Bundesstraßen	B	41 487
Landstraßen	L	86 789
Kreisstraßen	K	91 554
Gemeindestraßen	k.A.	k.A.

Tab. 5.2: Straßenkategorien und Streckenlängen in Deutschland am 1.1.1997
Quelle: Stat. Jahrb. 1998 für die Bundesrepublik Deutschland, S. 305
k.A. keine Angaben

Bei den Bundesstraßen handelt es sich um ein- bis zweispurige Fernverkehrs- und Regionalstraßen. Sie werden von staatlicher Seite unterhalten. Eine durchgehende Numerierung ist – wie bei Autobahnen – eine notwendige Orientierungshilfe.

Im Straßennetz der Bundesrepublik Deutschland gibt es kaum noch Gebiete, die man als verkehrsfern bezeichnen kann. Es ist außerordentlich engmaschig; die bundesdeutschen Straßen gehören zu den am stärksten belasteten in Mitteleuropa. Infolge der zentralen Lage Deutschlands sind die Autobahnen von dieser Belastung am meisten betroffen. Vor allem an den großen Knotenpunkten des Straßenverkehrs kommt es infolge des hohen Verkehrsaufkommens immer wieder zu

Abb. 5.2: PKW-Dichte in den alten und neuen Bundesländern 1970 – 1996
Quelle: ifo Wirtschaftskonjunktur 9/96

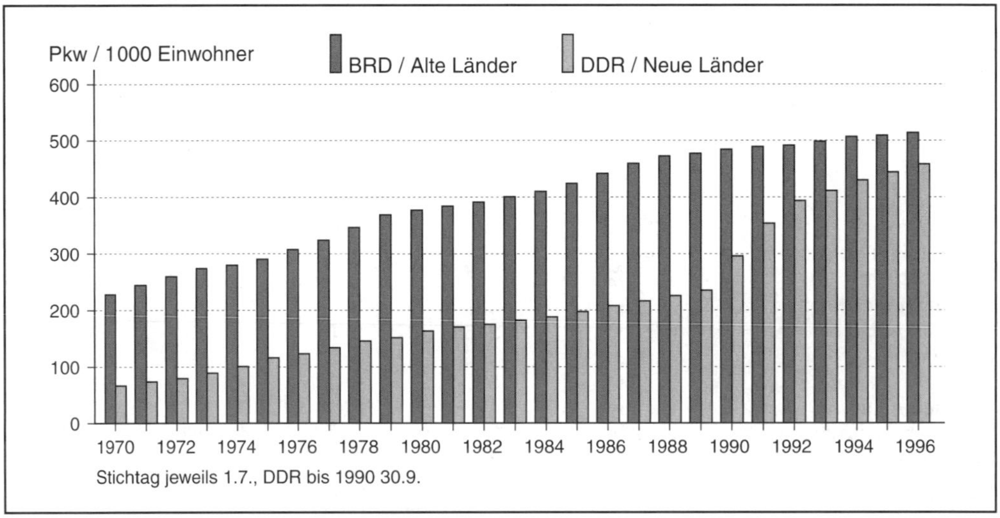

Störungen und Verkehrsstillständen. Autobahnringe, Autobahnkreuze, Autobahndreiecke und Grenzübergänge sind solche neuralgische Punkte.

Die Zahl der PKWs ist seit der deutschen Vereinigung in den neuen Bundesländern stark angestiegen (Abb. 5.2). Hinzu kommt der ständig steigende Güterverkehr, der im Transit-, Nah- und Fernverkehr abgewickelt wird. Im November 1994 gab es insgesamt 43 821 Unternehmen, die gewerblichen Güternah- und -fernverkehr betrieben. Nordrhein-Westfalen, Bayern und Baden-Württemberg waren die Länder mit der größten Zahl von Unternehmen (Abb. 5.3). Hinzu kommen in allen Bundesländern die Unternehmen, die Werkfernverkehr betreiben (Abb. 5.4). Die jeweils größte Zahl von Unternehmen befand sich Ende 1994 in den alten Bundesländern (Nordrhein-Westfalen, Bayern, Baden-Württemberg und Niedersachsen). In den neuen Bundesländern gab es eine beachtliche Zahl von Unternehmen nur in Sachsen. Dort nahm auch die Zahl bis 1996 noch etwas zu, während sie sich in allen alten Bundesländern verringerte. Dieser Trend setzte sich auch bis 1999 fort.

Abb. 5.3: Deutsche Unternehmen, die 1994 gewerblichen Straßengüternah- und -fernverkehr betrieben

Quelle: Marktbeobachtung Güterverkehr, Jahresbericht 1995, S. 29

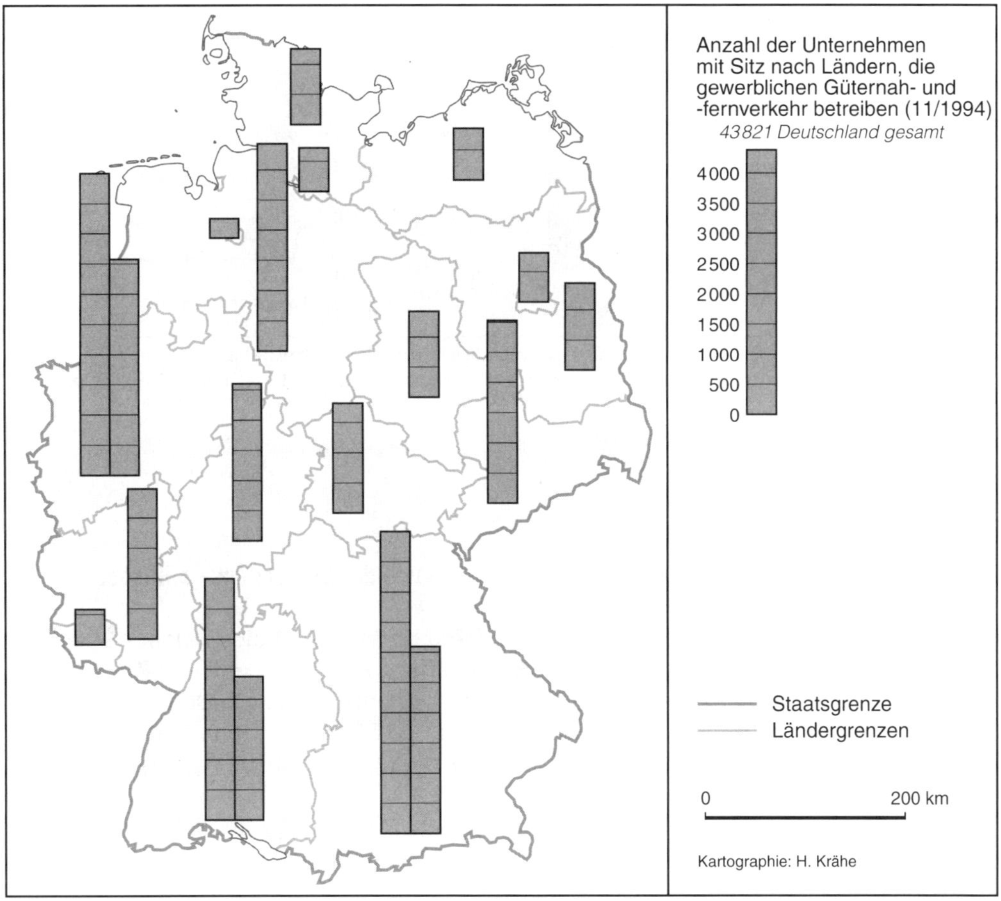

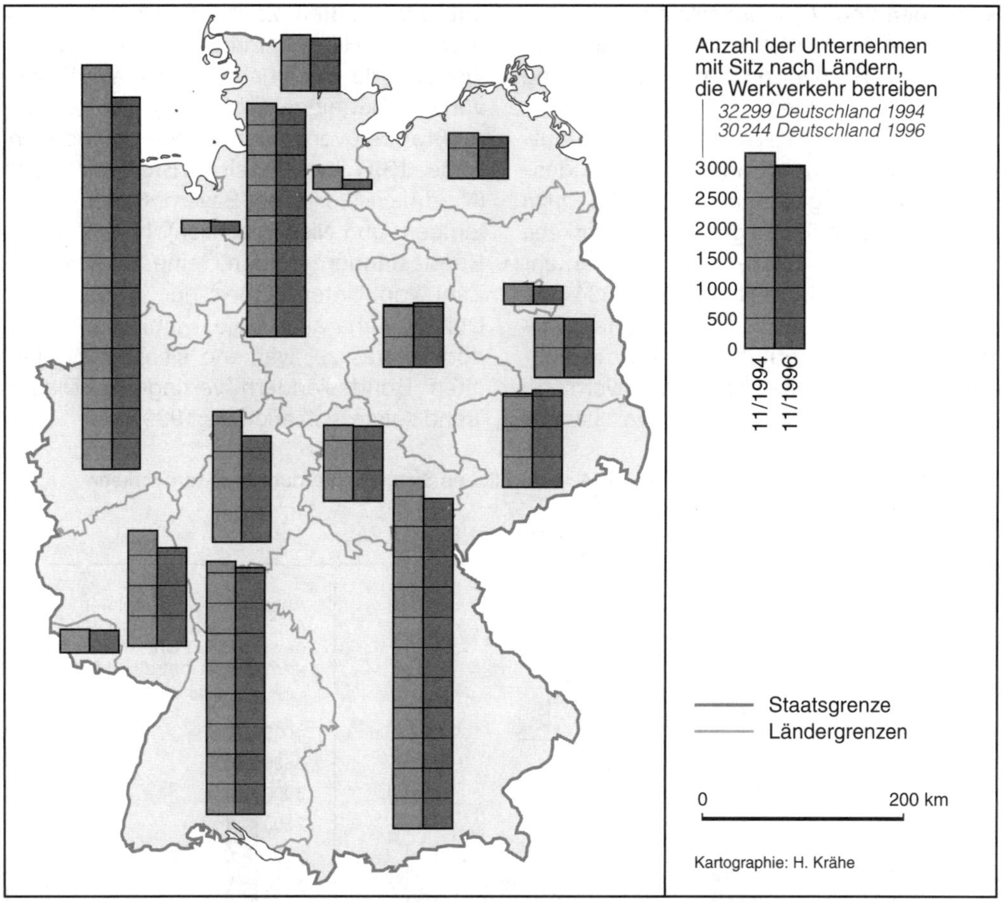

Abb. 5.4: Deutsche Unternehmen, die 1994 und 1996 Werkfernverkehr betrieben

Quelle: Marktbeobachtung. Sonderbericht Werkverkehr, hrsg. v. Bundesamt für Güterverkehr, Köln, 1998, S. 4

5.4 Die Binnenschiffahrt

5.4.1 Veränderungen der Struktur der Schiffsgrößen und der Eigentumsverhältnisse

Im April 1989 traten neue Verordnungen der EG in Kraft. Durch eine Anpassung im Verkehrsbereich (EWG-Verordnung Nr. 3572/90 des Rates vom 4.12.1990 als Anpassung an die Verordnungen 1103/89 und 1102/89) konnte 1990 auch der 500 000 t umfassende Schiffsraum der DDR mit in die Abwrackverordnungen aufgenommen werden.

Dies hatte zur Folge, daß 1990 227 Schiffe (Tragfähigkeit: 1 741 140 t) und 1991 nochmals 158 Schiffe (Tragfähigkeit: 115 574 t) abgewrackt wurden (Nach Angaben des Wasserwirtschaftsamtes Münster/W.). 1997 wurden 107 Schiffe (Tragfähigkeit: 70 000 t) abgewrackt (BDB-Jahresbericht 1997/98, S. 38).

Unter dem Zwang der ökonomischen Verhältnisse, d.h. der Aufhebung der innerdeutschen Tarife und Kabotagen, veränderten sich in den 1990er Jahren die Eigentumsverhältnisse grundlegend. Kostendeckend konnten Reedereien mit eigenen Schiffen und mit angestelltem Personal nur noch in wenigen Marktsegmenten wirken. In dieser Situation wurden Großteile des Schiffsbestandes entweder ins Ausland oder an die bis dahin angestellten Schiffsführer verkauft. Besonders für diese Partikulierer (Schiffsführer, die zugleich Schiffseigner sind) verschlechterte sich die Situation ständig. Deshalb wurde 1995 ein 100-Mio.-Hilfsprogramm der Bundesregierung ins Leben gerufen. Dieses reichte aber offensichtlich nicht aus, um die schwierige Lage zu überstehen. Die Folge war, daß weiterhin die Zahl der Partikulierer zurückging. Zwischen 1994 und 1998 gaben mehr als 300 selbständige Binnenschiffer auf. So gab es 1998 nur noch 1 030 Unternehmen. Der Reedereibestand sank von 1 952 Schiffen (1995) auf 1 580 Schiffe (1998). Die Tragfähigkeit verringerte sich damit von 2 087 615 t auf 1 693 912 t. In diesen Zahlen ist auch der Flottenbestand der ehemaligen DDR enthalten (Nach Angaben des Bundesministeriums für Verkehr). Diese Entwicklung ist u.a. auf den starken Konkurrenzdruck durch die Niederländer zurückzuführen. Binnenschiffer werden dort steuerlich bevorteilt, es gibt Schifferkinderheime u.a. soziale Einrichtungen. Das besondere ist, daß sich der niederländische Staat mit der Binnenschiffahrt identifiziert. Ein Anzeichen dafür kann auch darin gesehen werden, daß in den Niederlanden in den 1990er Jahren viele neue Binnenschiffe gebaut wurden (SCHWARZ 1999, S. 40).

5.4.2 Das Binnenwasserstraßennetz und die Transportmengen

Kern des deutschen Binnenwasserstraßennetzes ist mit dem Rhein die bei weitem verkehrsreichste Binnenwasserstraße Europas. Der Rhein ist ein internationaler Großschiffahrtsweg. Auf dieser Hochleistungsschiffahrtsstraße werden fast 70 % aller in Deutschland erbrachten Tonnenkilometer der Binnenschiffahrt gefahren. Der Rhein bildet damit eindeutig das Rückgrat der Binnenschiffahrt Deutschlands (Abb. 5.5) (WOITSCHÜTZKE 1996, S. 151).

Im Osten Deutschlands stellt die Elbe den zentralen Wasserweg dar. Sie ist traditionell die wichtigste Wasserverbindung zwischen dem Seehafen Hamburg und seinem Hinterland (einschl. Tschechische Republik). Als regulierter Fluß ist die Elbe im Vergleich zu allen anderen Flüssen in Mittel- und Ostdeutschland der am besten befahrbare Fluß (1 350-t-Schiffe).

Zu den natürlichen Wasserstraßen kommt ein umfangreiches Kanalnetz hinzu: das westdeutsche Kanalnetz, durch den Mittellandkanal verbunden mit dem Märkischen Wasserstraßennetz, sowie der Donau- und Main-Donau-Kanal (MDK).

5.4.3 Der Funktionswandel der Binnenhäfen

Die Struktur der deutschen Binnenhäfen wurde in den 1970er Jahren noch überwiegend durch den Umschlag und die Lagerung der typischen Massen- und Flüssiggüter, wie Kohle, Erz und Mineralöl, bestimmt. Das Bild änderte sich jedoch zu Beginn der 1980er Jahre. Es mußten in den Häfen Einrichtungen für die Behandlung hochwertiger Massen- und Stückgüter, containerisierter Ware, Wechselbehältern

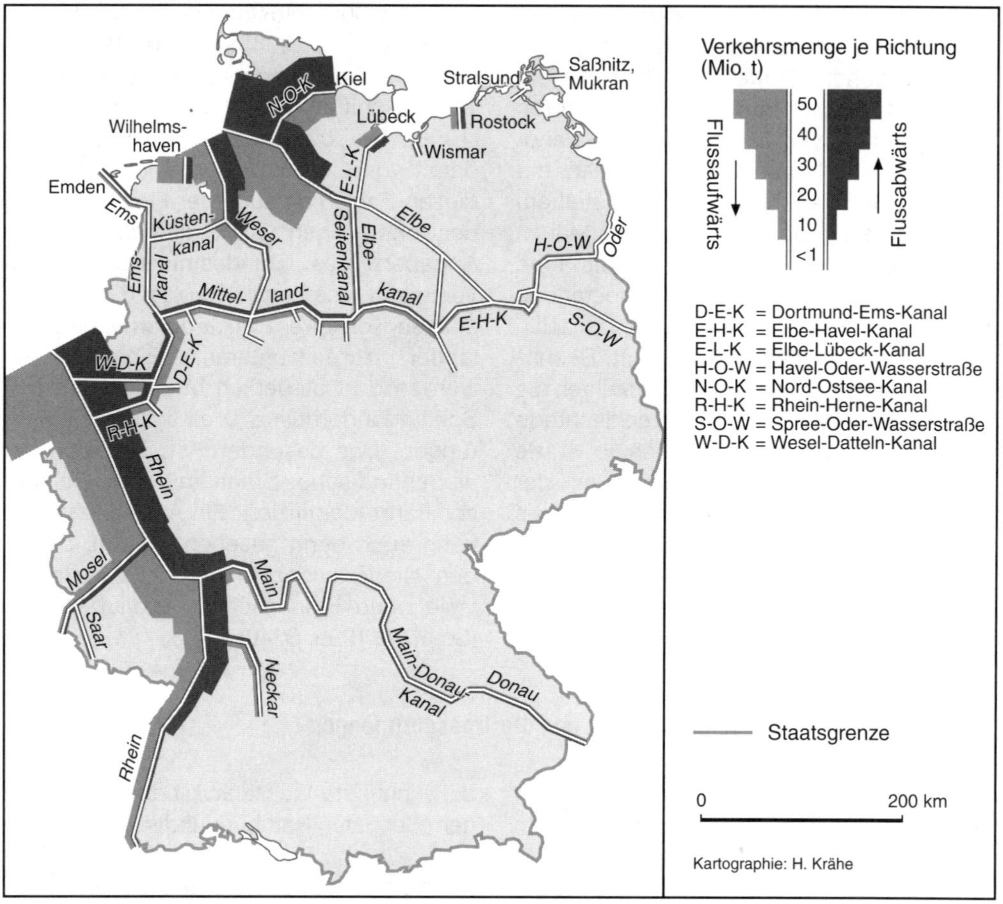

Abb. 5.5: Güterverkehr auf dem Hauptnetz der Wasserstraßen Deutschlands 1996
Quelle: nach KULKE 1998, S. 220

und palettierten Gefahrgütern geschaffen werden. Logistische Tätigkeiten nahmen ständig an Umfang zu. Diese ergaben sich aus der Drehscheiben- und Schnittstellenfunktionen eines Hafens. Es vergrößerte sich damit die Dienstleistungstiefe (Geschäftsbericht 1996/9. des Bundesverbandes öffentlicher Binnenhäfen, S. 5).

In vielen Binnenhäfen sind die früher für Massengutumschlag genutzten Flächen in multifunktionale Verkehrseinrichtungen umgewandelt worden.

Heute muß ein moderner Binnenhafen den Verkehr im Güterverkehrszentrum und Logistikstandort integrieren. Nur so kann er als ein Systembaustein in einer modernen Logistiktransportkette agieren. Diese werden nämlich infolge fortschreitender Europäisierung und grenzüberschreitender Partnerschaft immer wichtiger (SEIDENFUS 1998, S. 30).

In diese Richtung geht auch der 1995 verabschiedete Güterverkehrszentrum GVZ-Masterplan des Bundesverbandes öffentlicher Binnenhäfen mit dem Vorschlag zur Einrichtung von 54 Binnenhäfen als GVZ.

Eine Übersicht über den Güterumschlag in den Binnenhäfen Deutschlands vermittelt Tabelle 5.3 für 1997.

5.4.4 Containertransport und kombinierter Ladungsverkehr (KLV)

In der Binnenschiffahrt begann der Einsatz von Containern in der zweiten Hälfte der 1960er Jahre. Bis in die 1980er Jahre hinein gab es nur eine langsame Entwicklung, zu deren Ende wurde jedoch der Container das wichtigste zukunftsorientierte Transportmedium. Der Containertransport zählt zu den wenigen gut entwickelten Marktsegmenten in der deutschen Binnenschiffahrt.

Zu den ersten Binnen-Container-Terminals rechnet die 1968 in Mannheim eröffnete Anlage, die 1995 ausgebaut wurde und heute über eine Fläche von 33 000 m² und drei Containerbrücken verfügt.

In den 1960er Jahren spielte der Containerverkehr zwischen Duisburg und Rotterdam noch eine völlig untergeordnete Rolle, 1981 war jedoch der Zuwachs bereits zweistellig. Als Folge dieser rasanten Entwicklung entstand dann 1983 der erste Containerterminal im Duisburger Rhein-Ruhr-Hafen.

In den folgenden Jahren stieg der Containerverkehr auch in den anderen Rhein-Häfen gewaltig an. Im Bonner Hafen erhöhte sich der Umschlag in der Zeit von 1994 bis 1996 um 89,6 %. Im Mainzer Hafen gab es von 1995 auf 1996 eine Zunahme von 16 % (Container am Mittelrhein, S. 19).

Der Containertransport auf Binnenwasserstraßen konzentriert sich bis heute fast ausschließlich auf den Rhein. In anderen deutschen Wasserstraßenregionen spielt er fast keine Rolle. Das liegt z. B. in Norddeutschland an den niedrigen Brückendurchfahrtshöhen.

Der zweite Wachstumspol in der Binnenschiffahrt ist der kombinierte Verkehr bzw. der kombinierte Ladungsverkehr (KLV) in den Binnenhäfen.

Um die Binnenhäfen noch stärker als bisher in die Standortplanungen des KLV miteinzubeziehen, trat am 15.3.1998 die Förderrichtlinie "Kombinierter Verkehr" in Kraft (Kombinierter Verkehr bedeutet Kooperation der Verkehrsträger Schiff, Bahn und LKW so, daß sie unter Kosten- und Zeitgesichtspunkten optimal aufeinander abgestimmt sind). Es soll damit die Wettbewerbsfähigkeit der Transportkette gegenüber den durchlaufenden Verkehrsträgern verbessert werden.

Gegenwärtig haben 56 von 74 deutschen Großstädten einen Wasserstraßen-

Tab. 5.3: Güterumschlag in den deutschen Binnenhäfen nach Wasserstraßengebieten 1997
Quelle: Stat. Jahrbuch 1998 für die Bundesrepublik Deutschland, S. 315

Wasserstraßengebiet	Zahl der Häfen	Güterumschlag insgesamt (1 000 t)	Einladungen (1 000 t)	Ausladungen (1 000 t)
Elbegebiet	15	21 205	11 850	9 355
Wesergebiet	5	10 784	5 328	5 456
Mittellandkanalgebiet	9	13 522	5 245	8 277
Westdeutsches Kanalgebiet	16	36 880	14 531	22 349
Rheingebiet	38	178 595	66 309	112 286
Donaugebiet	3	6 078	2 179	3 900
Gebiet Berlin	7	7 840	1 998	5 842
Gebiet Brandenburg und Binnengebiet Mecklenburg-Vorpommern	5	3 971	2 119	1 852
Küstengebiet Mecklenburg-Vorpommern	1	156	24	131
Insgesamt	99	279 031	109 583	169 448

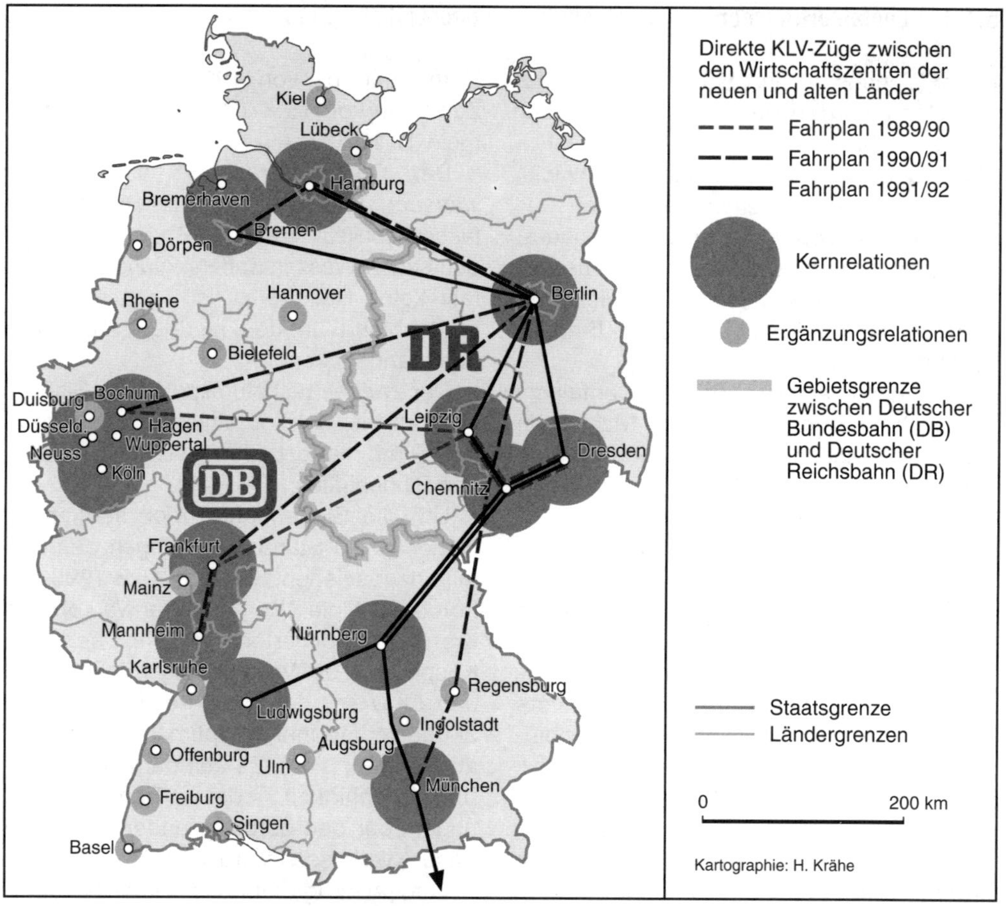

Abb. 5.6: Kombinierter Ladeverkehr (KLV) zwischen den Wirtschaftszentren der alten und neuen Bundesländer 1989 – 1992

Quelle: Raumordnungsbericht 1991 der Bundesregierung

anschluß. Insgesamt gibt es 300 Binnenhäfen, von denen 94 Mitgliedshäfen des Bundesverbandes öffentlicher Binnenhäfen sind.

5.5 Die deutschen Seehäfen und die Seehafenwirtschaft

An der deutschen Nord- und Ostseeküste gibt es zahlreiche Häfen ganz unterschiedlicher Größe, Funktion und Bedeutung (Abb. 5.7).

Der größte Hafen ist der als Welthafen und größter Universalhafen Europas bezeichnete Hamburger Hafen, der 110 km von der offenen Nordsee entfernt im Landesinneren liegt. Seeschiffe können das Hafengebiet über die Wasserstraße Unterelbe anfahren. Dieser wasserreiche Großschiffahrtsweg kann jedoch nur mit Lotsen befahren werden. Als offener Tidehafen unterliegt er den Gezeiten. Es gibt keine Schleusen. Für

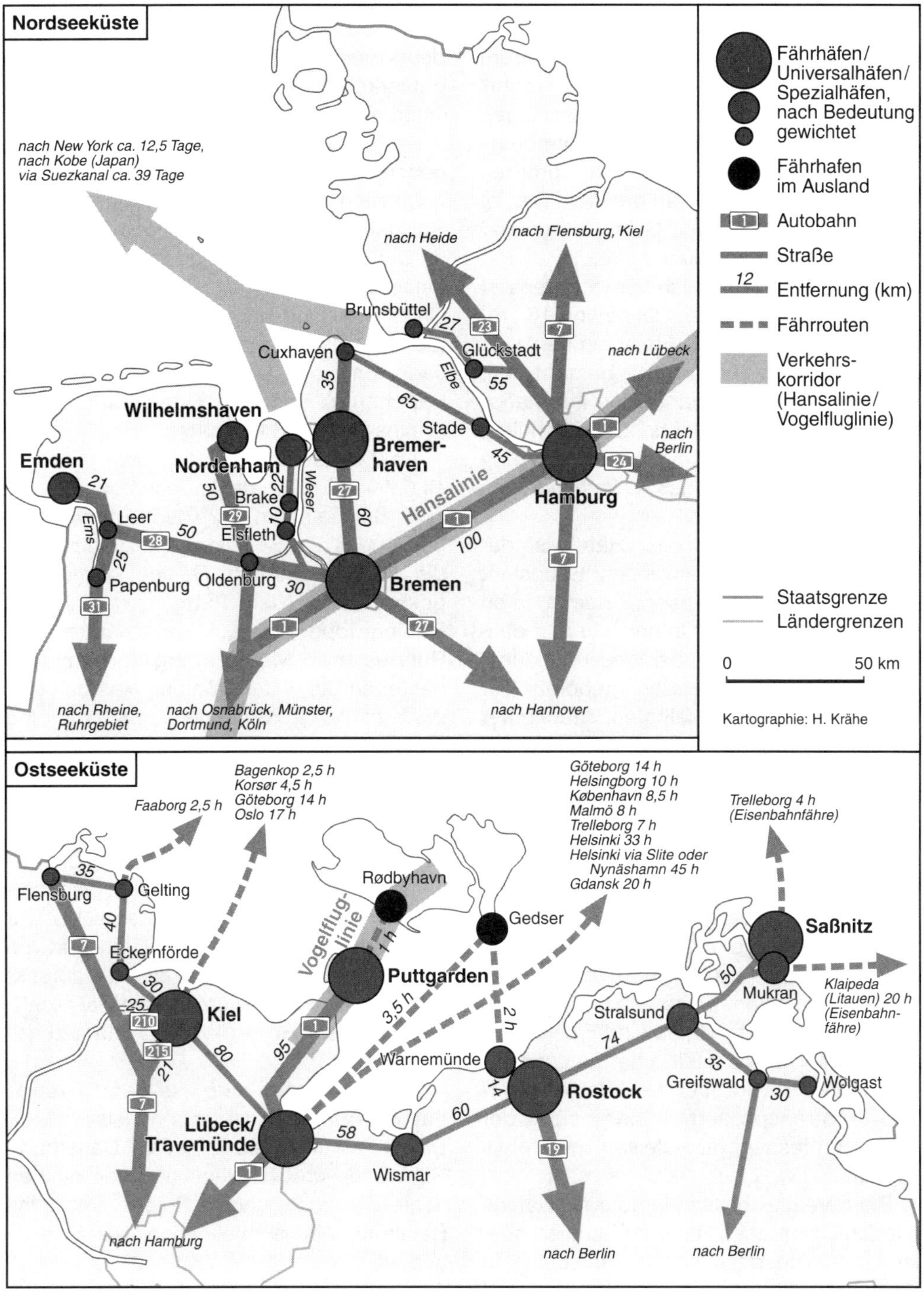

Abb. 5.7: Die deutschen Seehäfen Mitte der 1990er Jahre
Quelle: nach WOITSCHÜTZKE 1996, S. 203 und 206

die Abfertigung von Export- und Importsammelladungen ist das Überseezentrum die zentrale Stelle. Bis zu 30 000 Frachtstücke können dort täglich umgeschlagen werden. Der Containerterminal Hamburg-Waltersdorf zählt zu den zehn größten Containerumschlagplätzen der Welt. Das im Freihafengebiet liegende Gelände entstand bereits Anfang der 1960er Jahre.

Das Kernstück des Hamburger Hafens ist der Freihafen. Mit einer Fläche von 16 km^2 ist er einer der größten Freihäfen der Welt. Innerhalb des Geländes besteht die wichtigste Aufgabe darin, den internationalen Güteraustausch ohne Zollvorschriften abzuwickeln und Umschlag und Lagerung von Waren für Zwecke des Außenhandels zu organisieren.

Neben dem Hamburger Hafen ist der Seehafen Bremen zu erwähnen. Er besteht aus zwei Hafengruppen, dem Hafen Bremen-Stadt an der Unterweser und dem Hafen Bremerhaven an der Wesermündung. Diese Bremischen Häfen gehören zur Kategorie der Universalhäfen. Stückgüter spielen die weitaus größte Rolle. In den Hafenanlagen in Bremen-Stadt gibt es die Anlagen des Überseehafens, des Europahafens (mit Ro / Ro-Terminal), des Neustädter Hafens (mit Container-Terminals), des Weserbahnhofs und Speicherflächen für Umschlag und Lagerung u. a. In Bremerhaven bestehen die Kaiserhäfen II und III (Auto-Terminal, Bananenumschlag), der Verbindungshafen (Esso-Ölpier) u. a. Die beiden Bremischen Häfen sind Eisenbahnhäfen. Mehr als die Hälfte der umgeschlagenen Güter wird auf der Schiene an- und abtransportiert. Innerhalb der Häfen umfassen die Gleisanlagen etwa 300 km.

Beim Vergleich des Hamburger Hafens mit den Bremischen Häfen ist herauszustellen, daß sich der Containerumschlag in Bremen / Bremerhaven in erster Linie auf Verkehre mit den USA (besonders US-Ostküste) bezieht. Im Nordamerika-Geschäft sind die Bremischen Häfen die führenden deutschen Seehäfen. Container- und Stückgutverkehre mit Ostasien werden seit langem vom Hamburger Hafen abgewickelt.

An der deutschen Nordseeküste gibt es neben Hamburg und Bremen / Bremerhaven noch zehn weitere etablierte Häfen. Es sind Spezialhäfen, die entsprechend ihrer Lage an den Seeschiffahrtsstraßen zusammengefaßt werden. So gibt es die Hafengruppen Unterweser und Hunte (Nordenham, Brake, Elsfleth, Oldenburg), Wilhelmshaven und Jade, Ems und Dollart (Emden, Leer und Papenburg) und die Elbmündungshäfen (Cuxhaven und Brunsbüttel).

An der deutschen Ostseeküste existieren elf unterschiedlich große Seehäfen. Sie sind z. T. Spezialhäfen für den Fährverkehr. Im Bundesland Schleswig-Holstein sind es die Häfen Flensburg, Gelting, Schleswig, Eckernförde, Kiel, Puttgarden und die Hafengruppe Lübeck-Travemünde. Im Bundesland Mecklenburg-Vorpommern bestehen die Häfen Wismar, Rostock (mit Warnemünde), Stralsund, Saßnitz und Mukrahn. Mit der deutschen Vereinigung haben der Hafen Rostock und der Fährhafen Mukran stark an Bedeutung verloren.

In den vergangenen drei Jahrzehnten haben die Ostseehäfen Kiel, Lübeck-Travemünde und Puttgarden einen beachtlichen Strukturwandel durchgemacht. Der konventionelle Schiffsverkehr (Transport von Mineralöl, Erzen, Getreide) ist stark zurückgegangen, stattdessen hat die Fährschiffahrt und der Ro / Ro-Verkehr stark zugenommen.

Lübeck-Travemünde ist der führende Fährhafen an der deutschen Ostseeküste. Das Fährliniennetz nach Dänemark, Schweden und Finnland und seit einigen Jahren auch nach Polen und ins Baltikum wird immer noch weiter ausgebaut.

Gemessen an der Fährtonnage ist Puttgarden der zweitwichtigste deutsche Ostseefährhafen. Unter dem Begriff Vogelfluglinie ist die Fährverbindung Puttgarden – Rodby Havn (Insel Lolland / Dänemark) bekannt. Sie ist eine der wichtigsten Verbindungen zwischen der Bundesrepublik Deutschland und Dänemark.

An der Ostseeküste Mecklenburg-Vorpommerns gibt es drei größere Seehäfen und drei Fährhäfen (Abb. 5.7). Der Überseehafen von Rostock ist der bedeutendste. Mit einer jährlichen Umschlagmenge von etwa 20 Mio. t war er bis 1990 der größte Hafen in der DDR. Der Aufbau des Hafens Rostock zum führenden Seehafen in der DDR erfolgte nach der Teilung Deutschlands mit dem Ziel, sich von der Abhängigkeit von den in Westdeutschland gelegenen Nordseehäfen, insbesondere Hamburg, zu lösen. Zum Aufbau einer leistungsfähigen Handelsflotte benötigte die DDR diesen Hafen. Gezeitenunterschiede gibt es dort nicht. Vollbeladene Schiffe bis zu 60 000 tdw können die Hafenbecken anlaufen. Seit 1979 gibt es zwischen Rostock und Berlin eine Autobahnverbindung. Importiertes Erdöl gelangt durch eine Pipeline von Rostock direkt nach Schwedt und Leuna. Über einen modernen Rangierbahnhof wird die Verbindung zum Hinterland auf der Schiene realisiert. Dort fehlt jedoch eine Wasserstraße.

Vor Inbetriebnahme des Rostocker Überseehafens war Wismar der größte Hafen in der DDR. Für den Hafen Wismar spielten besonders der Export von Düngemitteln (Kalisalze) und verschiedene Stückgüter eine Rolle. Holz, Öl und Getreide werden über diesen Hafen importiert.

Stralsund ist mit jährlich nur rd. 1 Mio. t Umschlag der kleinste der drei Seehäfen in Mecklenburg-Vorpommern. Schüttgüter dominieren. Sie machen etwa 70 % des Umschlaggutes aus, darunter Erz, Düngemittel, Salz).

Von den drei Fährhäfen in Mecklenburg-Vorpommern ist Warnemünde der älteste. Schon seit 1903 gibt es eine Eisenbahnfährverbindung in die dänische Fährstadt Gedser.

An einer geschützten Stelle auf der Insel Rügen, der Halbinsel Jasmund, liegt der Fährhafen Saßnitz. Die Fährverbindung zwischen Saßnitz und der schwedischen Fährstation Trelleborg ist eine der bedeutendsten Fährlinien im Bereich des Güterverkehrs im gesamten Ostseeraum.

Die jüngste Fährverbindung wurde erst 1986 aufgebaut. Vom Fährhafen Mukran auf der Insel Rügen führt diese Eisenbahnfähre über eine Strecke von 521 km in die litauische Hafenstadt Klaipeda (Memel). Bis zur Wende und deutschen Vereinigung diente diese Eisenbahngroßfähre der DDR allein dem Außenhandel mit der Sowjetunion (Woitschützke 1996, S. 192 – 211).

Tab. 5.4: Güterumschlag in den deutschen Seehäfen 1996

Quelle: Stat. Jahrb. 1999 für die Bundesrepublik Deutschland, S. 321

Hafen	Umschlag 1 000 t
Ostseehäfen	*47 946,9*
Lübeck	17 442,6
Puttgarden	3 869,0
Kiel	2 947,1
Rendsburg	434,5
Flensburg	557,5
Rostock	15 416,6
Stralsund	597,9
Wismar	1 848,5
Saßnitz	2 948,2
Übrige Ostseehäfen	1 885,0
Nordseehäfen	*169 440,8*
Brunsbüttel	7 807,1
Hamburg	68 912,5
Butzfleth	3 938,4
Cuxhaven	1 360,9
Bremen-Stadt	13 731,5
Bremerhaven	17 145,9
Brake	4 729,7
Nordenham	1 971,6
Wilhelmshaven	43 950,1
Emden	2 918,6
Übrige Nordseehäfen	2 974,5
Insgesamt	217 387,7

5.6 Der Luftverkehr

Neben dem Straßenverkehr hat der Luftverkehr in den letzten zehn Jahren in Deutschland den relativ größten Verkehrszuwachs zu verzeichnen. Als Grund für diese Entwicklung kann die zunehmende weltweite Verflechtung der Industrie genannt werden. Aber auch der ständig gestiegene Auslandstourismus ist zu erwähnen. In direktem Zusammenhang damit steht das Bedürfnis nicht nur nach schnellem, preiswertem Güteraustausch, sondern daraus resultierend, auch die Notwendigkeit bzw. der Wunsch nach steigender Mobilität.

Mitte 1994 gab es mehr als 40 deutsche und etwa 150 ausländische Luftfahrtunternehmen, die eine große Zahl täglicher internationaler Flugverbindungen im Linien- und Gelegenheitsverkehr (Charter) von und nach deutschen Flughäfen anboten. Im Linien- und Charterverkehr auf deutschen Flughäfen hatte sich die Zahl der Fluggäste von 7,8 Mio. (1960) auf etwa 95 Mio. (1993)

Abb. 5.8: Die internationalen Verkehrsflughäfen Deutschlands (Stand: Ende 1993)
Quelle: Luftfahrtkonzept 2000

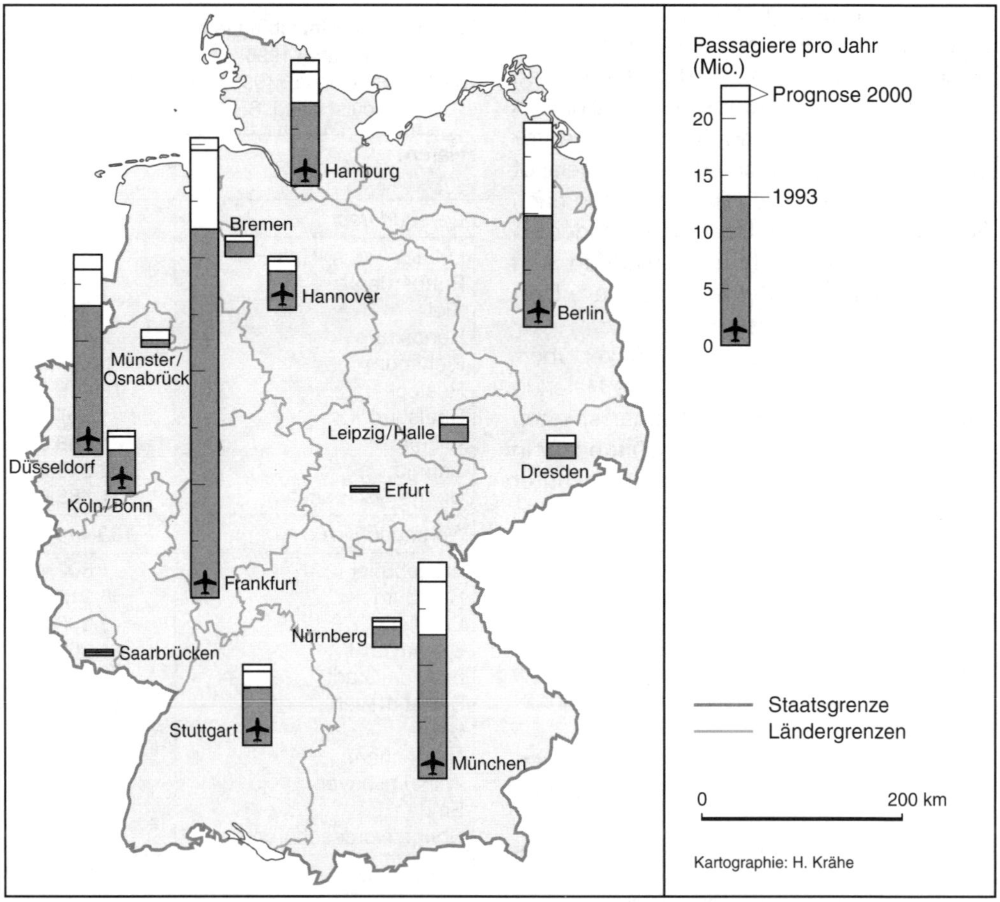

erhöht. Im Bundesverkehrswegeplan von 1992 wurde für die folgenden Jahre ein jährliches Wachstum von 4 – 6 % prognostiziert. 120 Mio. Passagiere auf deutschen Flughäfen im Jahre 2000 hielt man für realistisch. Der Luftfrachtverkehr machte 1993 rd. 2 Mio. t aus (Luftfahrtkonzept 2000, S. 7).

5.6.1 Regionale Verteilung und Größe der Verkehrsflughäfen

Für den internationalen Luftverkehr stehen in der Bundesrepublik Deutschland 15 Verkehrsflughäfen bzw. Hauptflughäfen zur Verfügung (Abb. 5.8). Deutschlands führender Verkehrsflughafen ist mit weitem Abstand der Flughafen Frankfurt Rhein-Main. Nach London-Heathrow und vor Paris-Orly ist er einer der drei größten Airports Europas. Er gehört zu den 15 bedeutendsten Flughäfen weltweit. Im Luftfrachtverkehr ist er führend in Europa. Große Bedeutung hat im Weltflugverkehr dieser

Abb. 5.9: Die ADV (Arbeitsgemeinschaft Deutscher Verkehrsflughäfen)-Mitglieder-Flugplätze 1996
Quelle: GRENZDÖRFER / SEIFERT 1997, S. 39

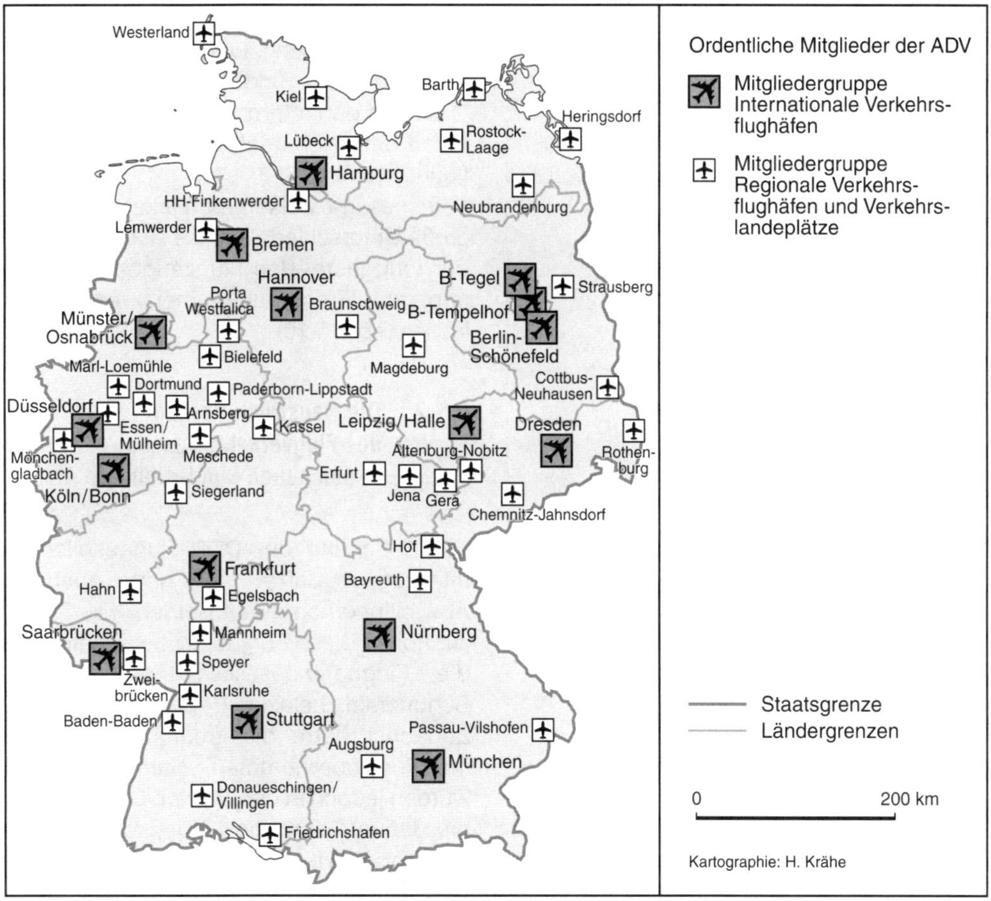

Fluggäste (in %)

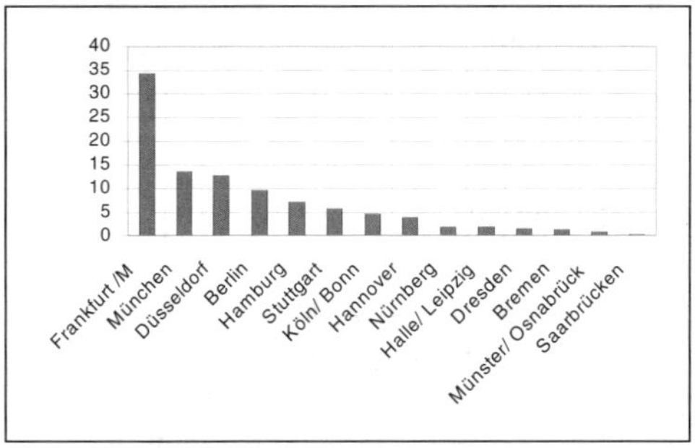

Flugzeugbewegungen (in %)

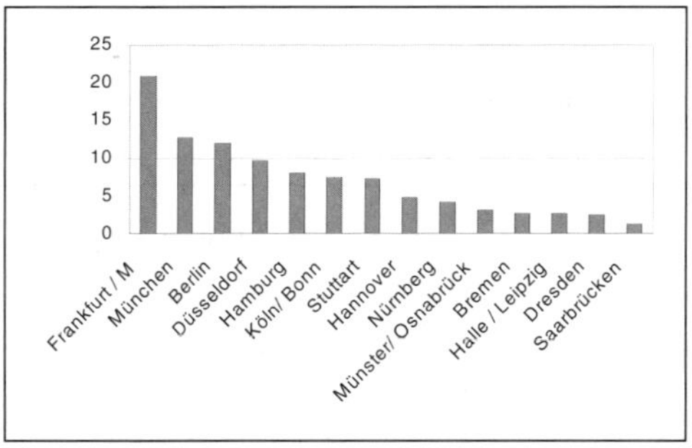

Frachtaufkommen (in %)

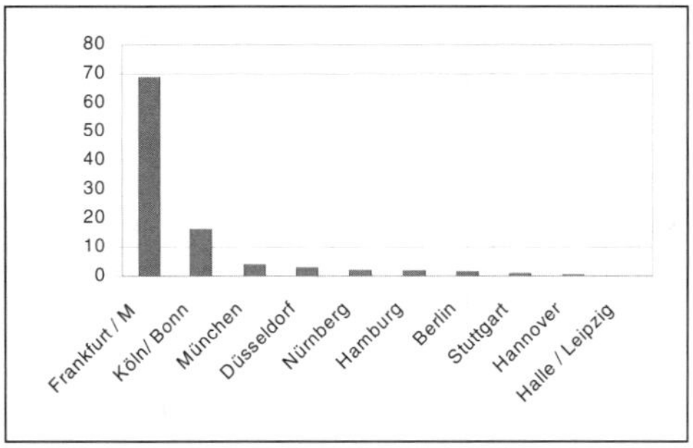

Abb. 5.10: Deutsche Verkehrsflughäfen 1996
Quelle: Berlin-Brandenburg Flughafen Holding GmbH, Konferenzgeschäftsbericht 1996 der BBF, S. 21

Flughafen nicht nur als Versand- und Zielflughafen, sondern als wichtige Umladestation. Der Flughafen Düsseldorf Rhein-Ruhr ist in erster Linie ein Charterzentrum im Personenverkehr, der Flughafen Köln / Bonn das zweitgrößte Luftfrachtzentrum. Der jüngste internationale Flughafen Deutschlands ist der Münchener Flughafen "Franz-Josef Strauß". In einer Entfernung von ca. 28 km vom Münchener Zentrum wurde er im Erdinger Moos errichtet. Dieser Flughafen München 2 erlaubt den Einsatz von Großraumflugzeugen. Berlin verfügt im internationalen Flugverkehr über ein System von drei Flughäfen (Berlin-Schönefeld, Berlin-Tegel und Berlin-Tempelhof). Von 1959 bis zur Vereinigung Deutschlands am 3. Oktober 1990 war der etwa 18 km südöstlich des Berliner Zentrums gelegene Flughafen Schönefeld der Zentralflughafen der DDR und Sitz der Fluggesellschaft Interflug. Neben den Berliner Flughäfen gibt es noch in den neuen Bundesländern Flughäfen in Dresden-Klotzsche, Leipzig / Halle (Schkeuditz) und Erfurt-Bindersleben.

Neben den internationalen Verkehrsflughäfen bestehen noch zahlreiche Regionalflughäfen (Abb. 5.9).

Insgesamt weisen die Verkehrsflughäfen große Unterschiede auf, die sich an der Zahl der Fluggäste, den Flugzeugbewegungen und am Frachtaufkommen festmachen lassen (Abb. 5.10).

5.6.2 Die Neustrukturierung des Flugverkehrswesens in den neuen Bundesländern

Die Auflösung der DDR-Fluggesellschaft Interflug im Jahre 1990 hatte auch die Abwicklung von deren Betrieb "Flughäfen" zur Folge. Diese Aufgaben übernahmen nun die Flughafengesellschaften in Berlin-Schönefeld, Leipzig, Erfurt und Dresden. Zunächst hatte die Treuhandanstalt die Interflug übernommen. Nach und nach wurden jedoch in der Zeit von Oktober 1990 bis Januar 1992 die Liegenschaften und Bauten sowie das Stammkapital über Landesregierung, Städte und Kreise an die einzelnen Flughafengesellschaften übergeben. Eine umfangreiche Modernisierungs- und Ausbauphase in den Flughäfen Halle/Leipzig, Dresden und Erfurt begann (GRENZDÖRFER/SEIFERT, 1997, S. 3).

In Berlin war die Situation völlig anders. Nach der Wende bestanden insgesamt drei internationale Verkehrsflughäfen. Diese mußten nun zu einem neuen Flughafensystem zusammengeführt werden. Die Flughäfen Berlin-Tegel und Berlin-Tempelhof gehörten bereits seit 1924 der Berliner Flughafengesellschaft mbH an. 1990 entstand für den Ostberliner Flughafen die Flughafengesellschaft Berlin-Schönefeld mbH. Im Dezember 1991 sind dann beide Gesellschaften als Berlin-Brandenburg Flughafen Holding GmbH zusammengelegt worden (GRENZDÖRFER/SEIFERT, 1997, S. 38).

Neben den Verkehrsflugplätzen gab es in Ostdeutschland ein enges Netz von militärisch genutzten Flugplätzen. Einige dieser Flugplätze verfügten über ausbaufähige Lande- und Startvorrichtungen.

Neben der Entwicklung von Verkehrsflughäfen waren Bestrebungen im Gange, auch ein Netz von Regionalflughäfen und Verkehrslandeplätzen aufzubauen. Zwölf Flugplätze hatten sich 1995 als Regionalflughäfen der Arbeitsgemeinschaft Deutscher Verkehrsflughäfen (ADV) angeschlossen.

Die Neustrukturierung des Luftraumes

Nach der Wende im Jahre 1989 und der deutschen Vereinigung mußte auch der Luftraum neu geordnet werden. Besonders betroffen waren von dieser neuen Regelung die drei Berliner Verkehrsflughäfen. Bis zur Wende war der Berliner Luftraum durch die alliierten Luftkorridore geordnet. Das bedeutete den Ausschluß der beiden Flughäfen Tegel und Tempelhof aus dem internationalen Luftverkehr. Nur die nationalen Luftverkehrsgesellschaften der Alliierten durften diese Luftkorridore nutzen.

Auch die Flugsicherung der Westberliner Flughäfen Tegel und Tempelhof lag in der Verantwortung der Alliierten. Das dichte Netz von Militärflugplätzen in der DDR brachte Schwierigkeiten vor allem für den Flugverkehr von und nach Berlin-Schönefeld. Die zivile Luftfahrt vom Ausland und ins Ausland durfte diese Militärflugplätze nicht überfliegen.

Nach der Wende wurde nun die völlige Umstrukturierung des Raumes möglich und notwendig. Die Bundesanstalt für Flugsicherung nahm diese Neustrukturierung vor. Nach der Privatisierung übernahm die Deutsche Flugsicherung GmbH (DFS) diese Aufgabe.

Das war nicht ganz einfach, weil nun eine einheitliche Flugsicherungsorganisation mit einer aufeinander abgestimmten technischen Basis geschaffen werden mußte. Bis zur Wende stand der Flughafen Tempelhof unter amerikanischer, die Flugsicherung Tegel unter französischer Leitung, der Flughafen Gatow unter britischer Oberhoheit und Berlin-Schönefeld unter der Verantwortung der Interflug der DDR.

Am 9. November 1994 entstand eine Regionalstelle der Deutschen Flugsicherung in Berlin. In der Region Ost wurde nun die einheitliche technische Leitung zusammengefaßt, die neben Berlin alle neuen Bundesländer umfaßt. Ende 1995 war die Neu- und Umstrukturierung im Bereich der Flugsicherung abgeschlossen.

Die Berliner Flughäfen

Die Abfertigungsleistungen der drei Berliner Flughäfen vermittelt Abbildung 5.11. Ab 1990 gab es eine Zunahme der Flugbewegungen. Diese erhöhten sich von 139 271 (1990) auf 223 880 (1997). Die Zahl der Passagiere stieg in dieser Zeit von rd. 8,7 Mio. auf 11,5 Mio. Die Fracht erhöhte sich von 30 079 t auf 43 402 t, die Post-

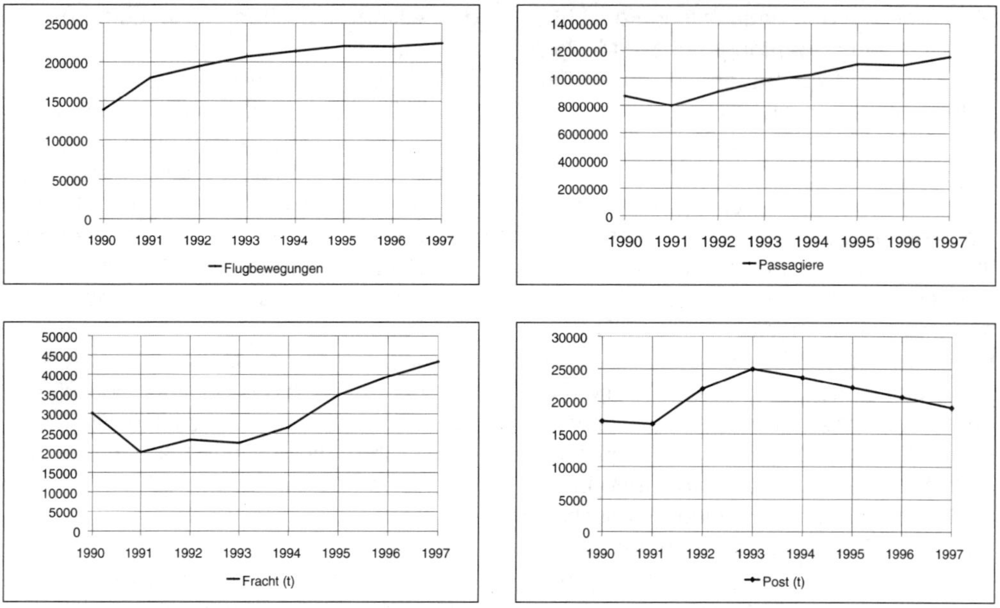

Abb. 5.11: Abfertigungsleistungen der drei Berliner Flughäfen 1990 – 1997
Quelle: nach Angaben der Berlin-Brandenburg Flughafen Holding GmbH

abfertigung stieg jedoch nur bis 1993 an. Damals gab es in diesem Bereich ein Transportvolumen von 24 966 t. Bis 1997 war dieser Anteil jedoch ständig zurückgegangen. Er belief sich nur noch auf 19 034 t.

Der Flughafen Leipzig-Halle (Schkeuditz)

Die Wurzeln des Flughafens Leipzg-Halle liegen in den 1920er Jahren. Die Zahl der Flugbewegungen auf dem Flughafen Leipzig-Schkeuditz bzw. Leipzig - Halle stieg in der Zeit von 1990 bis 1995 auf mehr als das Fünffache an, und zwar von 9 544 auf 53 807 (Abb. 5.12). Die Zahl der beförderten Passagiere erhöhte sich in dieser Zeit von 274 878 auf 2 104 822, somit also um mehr als das Siebenfache. Die Luftfracht, die 1991 erst 654 t betrug, hatte 1995 schon ein Volumen von 3 223 t. Die Luftpost nahm von 3 718 t (1991) auf 22 001 t (1995), also um mehr als das Sechsfache zu.

Der Flughafen Dresden

Der Flughafen Dresden entstand bereits vor dem Ersten Weltkrieg. Am 31.8.1913 wurde der Flugplatz Reichenberg-Boxdorf eröffnet, am 26.10.1913 die städtische Luftschiffhalle in Kaditz eingeweiht. Ab 23.3.1919 fanden Postflüge zwischen Dresden und Weimar statt. Im Sommer 1919 gab es den ersten Passagierrundflug über Dresden. Ein regelmäßiger Luftverkehr wurde 1921 aufgenommen.

1922 erfolgte die Gründung der Sächsischen Flughafen-Betriebs-Gesellschaft mbH. Am 11.3.1934 fiel die Entscheidung zum Bau des heutigen Flughafens Dresden-Klotzsche. Am 10.5.1945 besetzt die Rote Armee den Flugplatz und die Luftkriegsschule Klotzsche. Im Sommer 1954 kehrten die Flugzeugbauer aus der Sowjetunion zurück. Am 1.3.1955 erfolgte der Aufbau der Luftfahrtindustrie (Bau einer 2 500 m langen und 80 m breiten Startbahn). Im Sommer 1957 konnte die Deutsche Lufthansa ihren Flugbetrieb in Dresden aufnehmen. Am

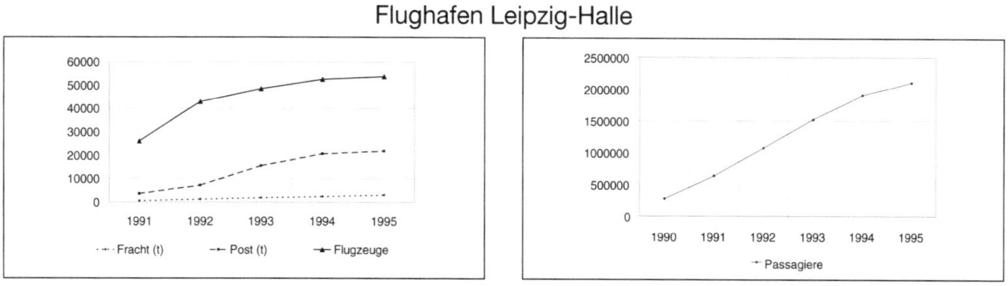

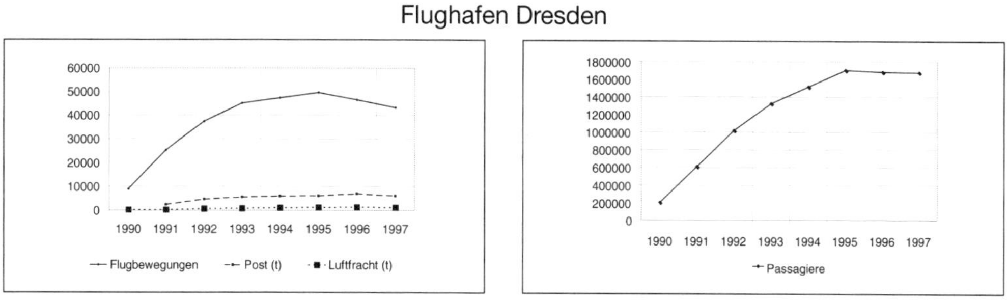

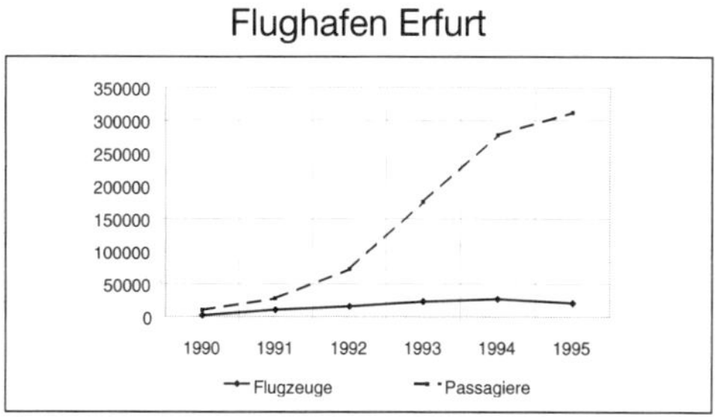

Abb. 5.12:
Abfertigungsleistungen der Flughäfen Leipzig-Halle, Dresden und Erfurt
Quelle:
Flughafen Leipzig-Halle GmbH, Flughafen Dresden

1.12.1957 erfolgte die Wiedereröffnung des Luftfrachtverkehrs von Dresden in europäische und außereuropäische Länder.

Die Flugbewegungen auf dem Flughafen Dresden erhöhten sich von 9 015 (1990) auf 49 581 (1995). Seitdem nimmt ihre Zahl jedoch ab. Sie belief sich 1997 auf nur noch 43 271 (Abb. 5.12). Eine parallele Entwicklung vollzog sich bei der Passagierabfertigung. 1990 betrug die Zahl der Passagiere 203 541. 1995 wurde mit 1 701 342 der Höhepunkt erreicht. 1997 gab es nur noch 1 676 221 Passagiere. Entsprechende Veränderungen gab es ebenfalls bei Post, Luftfracht und Fracht insgesamt.

Der Flughafen Erfurt

Auch der Flughafen Erfurt hat schon eine lange Tradition. Er wurde bereits am 10.5.1925 eröffnet. 1935 erfolgte die Fertigstellung des Fliegerhorstes Erfurt-Bindersleben. Am 26.8.1939 mußte infolge des Kriegsbeginns der gesamte zivile Flugverkehr eingestellt werden. Bombenangriffe zerstörten am 20.7.1944 große Teile der beiden Erfurter Flugplätze. Am 2.4.1945 besetzten amerikanische Truppen den Erfurter Flugplatz, am 27.7.1945 übernahm ihn die Rote Armee. Am 16.6.1957 wurde der Flughafen Erfurt-Bindersleben wiedereröffnet, im November 1959 zum Zwecke der

Sanierung geschlossen, am 24.4.1961 konnte der Betrieb erneut aufgenmmen werden. Auf dem Flughafen Erfurt hat sich von 1990 bis 1994 die Zahl der Flugbewegungen von 2106 auf 27049 sehr stark erhöht. 1995 wurden jedoch nur noch 20830 Flugzeuge registriert (Abb. 5.12). Die Zahl der Passagiere stieg jedoch von 10404 (1990) kontinuierlich bis auf 312238 (1995).

5.7 Die Güterverkehrszentren – Logistikstandorte mit Zukunft

Besonders in den städtischen Kernen und Ballungsräumen stoßen Wirtschaftsverkehre und Individualverkehre immer häufiger an ihre Grenzen. Der Grund dafür liegt u.a. im zunehmendem Straßenverkehr, in dem Bemühen, autofreie Innenstädte zu schaffen und den immer knapper werdenden Verkehrsinfrastrukturen (z.B. Parkplätze). Es liegt deshalb nahe, die Güterströme zu bündeln.

"Als Güterverkehrszentrum (GVZ) gelten Verkehrsgewerbeflächen, auf denen sich Verkehrsbetriebe unterschiedlicher Ausrichtung (Transport, Spedition, Lagerei, Service, logistische Dienstleistungen, Postfrachtzentren) als selbständige Unternehmen ansiedeln können und die an mehrere, mindestens zwei Verkehrsträger angebunden sind. GVZ enthalten einen Umschlagbahnhof für den Kombinierten Verkehr Straße/Schiene (KLV) oder Binnenschiff/Straße/Schiene, wobei es auch ausreichend ist, wenn der Umschlagbahnhof in unmittelbarer Nähe der Verkehrsgewerbeflächen gelegen und organisatorisch mit ihr verbunden ist. Ein GVZ ist auch dann gegeben, wenn mehrere räumlich getrennte Teilflächen durch organisatorische Vorkehrungen, insbesondere Informationsvernetzung, so miteinander verbunden werden, daß sie wie eine zusammenhängende Fläche bewirtschaftet werden können (dezentrale Lösung)" (Bundesminister für Verkehr 1991).

Ein Güterverkehrszentrum ist u.a. durch folgende charakteristische Merkmale gekennzeichnet:

- die Ansiedlung verkehrswirtschaftlicher Betriebe, logistischer Dienstleister und Produzenten in einem Gewerbegebiet.
- Im Unterschied zu herkömmlichen Transportgewerbegebieten wird in GVZ die Ausschöpfung von Synergiepotentialen zielgerichtet verfolgt.
- GVZ-Gesellschaften initiieren kooperative Aktivitäten zum Nutzen der beteiligten Unternehmen und tragen als neutrale Moderatoren zur Realisierung der angestrebten ökonomischen, ökologischen und verkehrlichen Ziele bei.

Die zunehmenden Arbeitsteilungen in Industrie und Handel erfordern in den einzelnen Regionen moderne und innovative Logistikstrukturen und benötigen in zunehmendem Maße schnelle und hochqualfizierte Logistiklösungen. Das trifft besonders auf mittelständische Unternehmen zu. Im internationalen Standortwettbewerb sind besonders leistungsfähige Infra- und Suprastrukturen und Bündelung von logistischem Know-how gefragt. Moderne Logistikkompetenz wird zunehmend zu einem bedeutenden Wirschafts- und Standortfaktor.

Dynamische und zukunftsorientierte Unternehmen verlassen sich in ihren strategischen Entscheidungen immer seltener auf nur einen Verkehrsträger. Intermodale Transportketten, die in den Güterverkehrszentren als Schnittstellen der Verkehrsträger fungieren, bieten optimale Bedingungen für diese Entwicklungen. Anfang der 1990er Jahre präsentierte die Deutsche Bahn den "GVZ-Masterplan I" und veröffentlichte 1995 eine Nachfolgevariante, die als Meilenstein für die Standortplanungen bezeichnet wurde.

An den einzelnen GVZ-Standorten begannen Planungen und erste Umsetzungen.

Innerhalb der neuen Konzernstrukturen der DB AG wurden bereits getroffene Standortfragen immer häufiger aus betriebswirtschaftlichen Gründen hinterfragt, so daß die Etablierung eines GVZ-Netzes bisher nicht realisiert werden konnte.

Die Kooperation von Unternehmen in einem GVZ und die regionale Zusammenarbeit von GVZ in Länderarbeitskreisen setzt sich auf nationaler Ebene in der Deutschen GVZ-Gesellschaft mbH (DGG) fort. Die DGG wurde 1993 durch die DGV-Entwicklungsgesellschaften in Bremen und Thüringen gegründet. Seither hat sich die Zahl der ihr angeschlossenen GVZ-Gesellschaften ständig erhöht. Einzelheiten vermittelt Abb. 5.13.

Das Güterverkehrszentrum Magdeburg als Beispiel

Die optimale geographische Lage Magdeburgs in der Bundesrepublik Deutschland und im zusammenwachsenden Europa im Schnittpunkt von Wasser-

Abb. 5.13: Standorte der Deutschen Güterverkehrszentren-Gesellschaft (DGG) 1999

Quelle: Nach Angaben der Geschäftsleitung der Deutschen GVZ-Gesellschaft am 25.6.1999

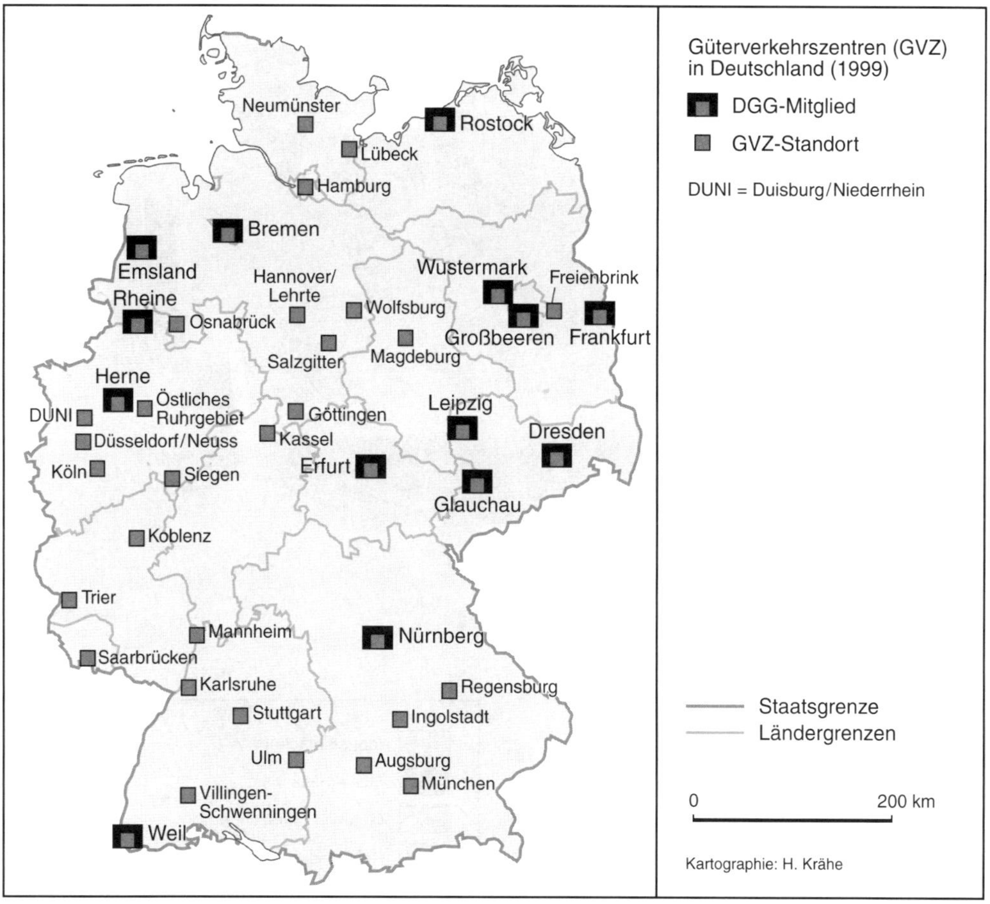

straßen, Schienenwegen und Bundesautobahnen bietet vor allem für Transport und umschlagintensive Produktionen ideale Voraussetzungen. Zur Optimierung dieser Prozesse werden im Norden der Landeshauptstadt Sachsen-Anhalts die drei Hauptverkehrsträger in einem Industrie- und Logistikzentrum verknüpft.

Abb. 5.14: Entwicklungsmaßnahme Rothensee in Magdeburg
Quelle: Luftbilder des Industrie- und Logistik-Centrums Magdeburg

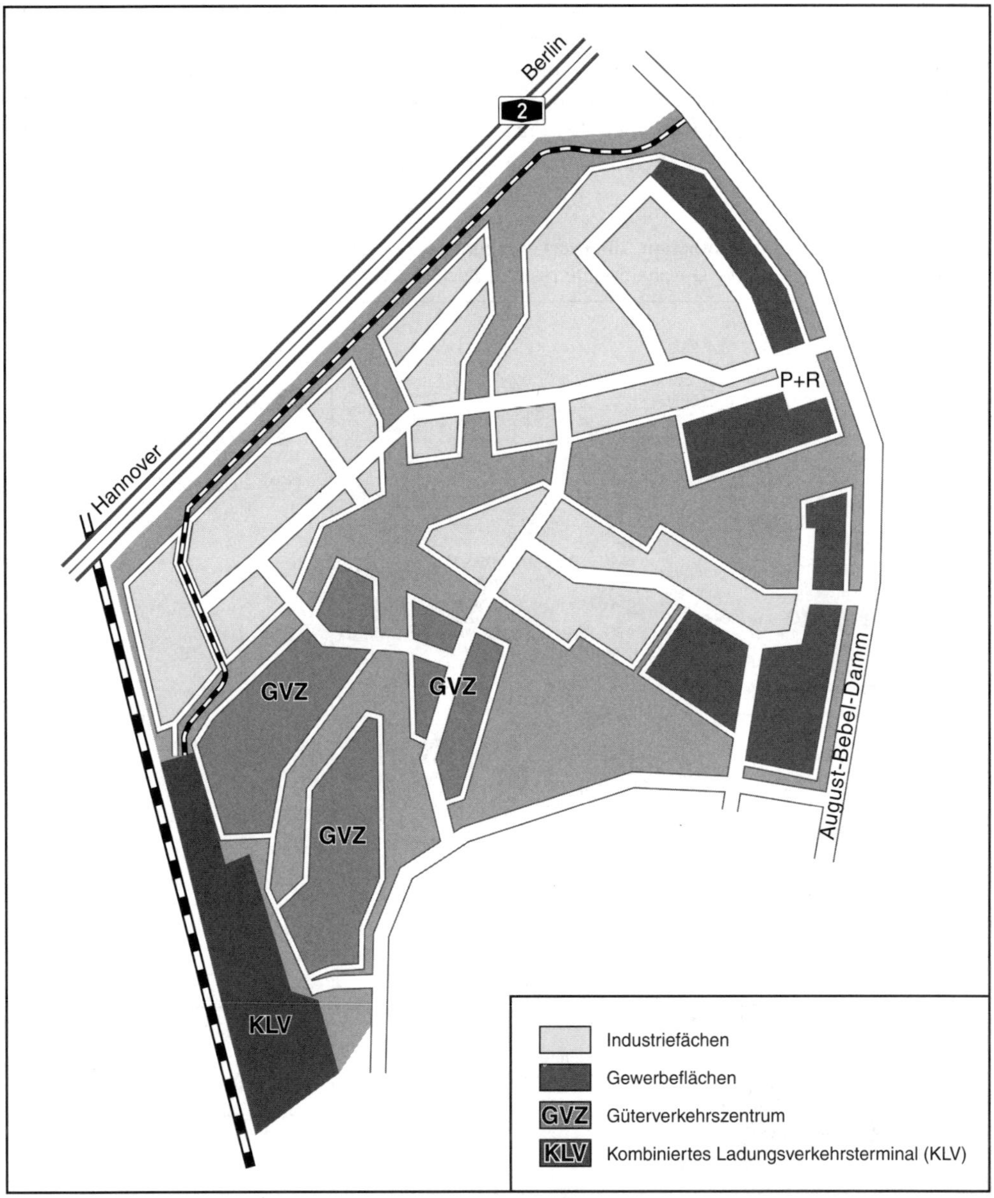

Die direkt an der A 2 gelegene, 300 ha große Fläche grenzt an den geplanten Terminal des kombinierten Ladungsverkehrs (KLV) und bekommt über die Hafenbahn unmittelbaren Anschluß an den Magdeburger Hafen. Für Industrie und Gewerbe stehen 110 ha zur Ansiedlung zur Verfügung. Daneben entsteht auf einer Fläche von weiteren 39 ha das einzige Güterverkehrszentrum (GVZ) des Landes Sachsen-Anhalt. Eine Reihe von Standortvorteilen steigern zusätzlich die Attraktivität des Gebietes.

Träger der Maßnahme ist die Landeshauptstadt Magdeburg, die einen treuhänderisch arbeitenden Entwicklungsträger, die KGE Kommunalgrund GmbH, mit der Durchführung und Vermarktung beauftragt hat. Dieser handelt nach den Vorschriften BauGB ohne eigenwirtschaftliches Interesse im eigenen Namen und auf Rechnung der Stadt.

Die Gesamtfläche des GVZ einschließlich des kombinierten Ladungsverkehrs der Deutschen Bahn AG beträgt etwa 58 ha (Abb. 5.14). Besonderheiten des GVZ sind:

1. Hauptzollamt für Abwicklung von Zollverfahren mit wirtschaftlicher Bedeutung und Zollabfertigungsstelle direkt im Gebiet (TIR-Verfahren möglich),
2. Gefahrgutbeauftragter bereits im Gebiet angesiedelt,
3. Telekommunikationsangebote und Beratung durch die Magdeburg-City-Com GmbH,
4. Kooperation mit dem Magdeburger Hafen zur Zusammenstellung optimaler Transportketten,
5. Forschungsprojekte, u. a. der Technischen Universität Magdeburg, im Logistikbereich,
6. ARAL Autohof mit speziellen Rahmenverträgen für ansässige Unternehmen.

Geplante und z.T. bereits realisierte Dienstleistungen sind:

1. zentrale Werkstatt, Reifendienst, Containerwaschanlagen,
2. gemeinsame Nutzung von Hallen,
3. Office Service, EDV-Fachbetreuung, Logistikberatung,
4. Einrichtung eines Zollagers.

Standortvorteile, die sich bezahlt machen, sind:

1. GVZ mit umfassendem Dienstleistungsangebot,
2. modernster Telekommunikationsstandard und Beratung durch die Magdeburg-City-Com GmbH,
3. kurze Genehmigungsverfahren durch Konzentration der Entscheidungsprozesse – die Landeshauptstadt Magdeburg selbst ist Träger der Entwicklungsmaßnahme,
4. einzelbetriebliche Förderung für Produktions- und Logistikunternehmen,
5. Möglichkeit der Teilfinanzierung des Grundstückskaufpreises zu Kommunalkreditkonditionen,
6. Grundstücksgröße und -zuschnitt frei wählbar,
7. Gleisanschluß möglich,
8. Anbindung an den öffentlichen Personennahverkehr durch Straßenbahn,
9. schnelle Verbindung zur Innenstadt,
10. Hauptzollamt und Zollabfertigungsstelle direkt im Gebiet,
11. Serviceangebote von A wie Auto- und LkW-Wäsche bis Z wie zentraler Tagungsraum,
12. Verkehrsflugplatz Magdeburg

(Quelle: nach Angaben der Unternehmensleitung am 25.6.1999).

5.8 Verkehr in den Agglomerationsräumen

Personen- und Wirtschaftsverkehre haben in den Städten der Verdichtungsräume ein besorgniserregendes Ausmaß erreicht. Die Konzentration des Verkehrs auf die Straßennetze war dabei begleitet von der Verdrängung umweltfreundlicher Verkehrsträger auf dem Verkehrsmarkt. Überlastung der Straßeninfrastruktur, Verkehrsstaue und unzumutbare Umweltbelastungen sind die Folge. Dabei variiert die Nutzung des ÖPNV oder individueller Verkehrsmittel je nach Raumstruktur und Verkehrsangebot im Personennahverkehr der einzelnen Regionen nicht unerheblich.

Auf die Verkehrsteilung (Modal Split) haben in jüngerer Zeit verstärkte Mobilitätszwänge, verbunden mit zunehmenden Wegelängen im Berufs- und Versorgungsverkehr, Einfluß. Im Resultat wächst der motorisierte Individualverkehr an. In den neuen Ländern, in denen systembedingt der ÖPNV bis zur politischen Wende eine starke Position besaß, ist eine rasch nachholende Entwicklung zugunsten des Individualverkehrs zu beobachten. Es ist in den städtischen Agglomerationen eine integrierte Stadt- und Verkehrsplanung gefordert, die geeignet ist, die umweltfreundlichen Verkehrsträger Bahn und Bus sowie Rad- und Fußgängerverkehr zu fördern und den Autoverkehr einzugrenzen. "Modellstädte" mit nachgewiesenen Erfolgen in der Entwicklung umweltfreundlicher Stadtverkehre waren in den alten Ländern um 1990 die allerdings kleinen Großstädte Münster i. W. (55 % Wegeanteil Rad / Fuß), Freiburg i. Breisgau (40 %) und Lübeck (31 %). Dem Konkurrenzdruck des Individualverkehrs suchten die Netzbetreiber des ÖPNV in den Agglomerationen seit Ende der 1960er Jahre mit der Bildung von Verkehrsverbünden in tariflicher und fahrplantechnischer Zusammenarbeit zunächst auf kommunaler bzw. stadtnaher räumlicher Ebene, ab 1980 (Verkehrsverbund Rhein-Ruhr) auch auf regionaler Integrationsstufe zu begegnen. Mittlerweile sind in den alten Ländern alle großen Verdichtungsräume nahezu flächendeckend mit Verkehrsverbünden ausgestattet.

In den neuen Ländern wurde mit Wirkung vom 1.1.97 der Verkehrsverbund Berlin-Brandenburg (VBB) gegründet, der aus der gleichnamigen Verkehrsgemeinschaft des Berlin-Potsdamer Raumes hervorgegangen ist. Der neue Verkehrsverbund umfaßt Berlin

Tab. 5.5: Verkehrsmittelwahl in Kernstädten von Verdichtungsräumen in Deutschland (nach KONTIV[1] 1989)

Quellen: Nach Verband Deutscher Verkehrsunternehmen / Socialdata 1991, S. 15; BfLR / Materialien H. 47, S. 58 / 59; H. 67, S. 198 / 200

[1] KONTIV = Kontinuierliche Erhebung des Verkehrsverhaltens im Auftrage des Bundesministeriums für Verkehr (seit 1976)

[2] Raumordnungsregion Bochum

Stadt / Region	Anteil an Gesamtwegen / Fahrten (%)			Motorisierungsgrad (PKW / 1000 Ew.)	
	ÖPNV	MIV	Fuß / Rad	1990	1994
München	24	40	36	487	500
Hannover	22	39	39	395	405
Nürnberg	19	43	37	460	472
Stuttgart	23	43	34	464	466
Leipzig	24	32	44	320	373
Ballungskern / Ruhr	13	51	36	418[2]	435[2]

und zahlreiche Kreise des Landes Brandenburg (30 000 km², 6,0 Mio. Ew.). Ein Mitteldeutscher Verkehrsverbund (Leipzig / Halle) und einer in der Region Oberelbe (Dresden) stehen vor der Gründung. In den Verkehrsverbünden kam es seither zu Verbesserungen des Leistungsangebotes und meist auch zu einer erhöhten ÖPNV-Akzeptanz durch die Regionsbevölkerung. Mit Maßnahmen der "Verkehrsberuhigung" (Fußgängerzonen, "autofreie" Innenstädte, Tempo-30-Zonen, Parkraumbewirtschaftung) streben die Kommunen eine Milderung der negativen Folgen des motorisierten Verkehrs an.

Bei der gegenwärtigen Dominanz des Autoverkehrs in den meisten deutschen Großstädten bedarf es der Kopplung von Maßnahmen zur Verkehrsberuhigung und Verkehrsvermeidung mit erhöhter Attraktivität des ÖPNV einschließlich seiner Verknüpfung mit dem Individualverkehr (Park + Ride-, Bike + Ride-Anlagen) und der Gestaltung des Fußwegenetzes in der Stadt (DEITERS 1992). Bei guter Anbindung "verkehrsberuhigter" Innenstädte an das ÖPNV-Netz verlieren diese, wie die Beispiele Nürnberg und Freiburg i. Br. zeigen, trotz flächenhafter Verkehrsberuhigung nicht an urbaner Qualität (MONHEIM 1996).

In den Innenstädten und ihren Nachbarschaftslagen stellt gegenwärtig der Parkraummangel ein gravierendes Problem dar. Dem Mißverhältnis zwischen Nachfrage und dem Angebot an verfügbarem Parkraum (oft Auslöser für Parksuchverkehr) kann von den Kommunen bei dem überaus hohen Investitionsaufwand für Tiefgaragenplätze meist nur mit Parkraumbewirtschaftung und restriktivem Parkraumangebot im Vorfeld unzureichend begegnet werden.

Im Verkehrsraum der Agglomerationen spielt die Berufspendelwanderung innerhalb der Großstädte und über die Stadt- und Gemeindegrenzen hinaus eine bedeutende Rolle. In Verbindung mit dem Bedeutungsüberschuß der Kernstädte sind die Hauptpendlerströme erstrangig auf diese gerichtet. Tendenziell sind in den letzten 20 Jahren aber zusätzlich tangentiale Verkehre im Wachsen. In monozentrischen Ballungen liegen nach den Ergebnissen der Volkszählung von 1987 in den alten Ländern die mittleren Pendeldistanzen beim gemeindegrenzenüberschreitenden Pendelverkehr offensichtlich höher als in polyzentrischen Verdichtungsräumen. Verbunden mit wechselndem Pkw-Anteil im Pendelverkehr betrugen die mittleren Pendelentfernungen beispielsweise in den Regionen Hamburg und München 18 und 16 km gegenüber 12 km in der polyzentrischen Stuttgarter Region. Allerdings scheint diese Regelhaftigkeit durch besondere Strukturprobleme auf dem Arbeitsmarkt bei gleichzeitig guten regionalen Erreichbarkeitsverhältnissen in großen polyzentrischen Verdichtungsräumen wie Rhein-Ruhr (16 km, MIV-Anteil im Pendelverkehr 83 %) und Rhein-Main (15 km, MIV-Anteil 78 %) außer Kraft gesetzt (ADAM / BLACH 1996, S. 203).

Tab. 5.6: Wichtige deutsche Verkehrsverbünde 1994 (Auswahl)
Quellen: nach SCHNIEDEWIND 1996, S. 535 / 539; Verkehr in Zahlen 1995, S. 94 / 95

Verkehrsverbund	Merkmale / Verkehrsraum	Fahrgäste (Mio.) Personenfahrten) 1990	1994
Rhein-Ruhr (VRR)	5 026 km², 7,4 Mio. Ew., polyzentrisch	849	1 081
München (MVV)	5 000 km², 2,3 Mio. Ew., monozentrisch	507	529
Hamburg (HVV)	3 000 km², 2,6 Mio. Ew., monozentrisch	436	476
Rhein-Sieg (RMV, Köln / Bonn)	5 150 km², 3,1 Mio. Ew., polyzentrisch	328	382
Rhein-Main (RMV)	14 000 km², 4,9 Mio. Ew., polyzentrisch	226	280

Im städtischen Straßenraum wird heute die besorgniserregende Verdichtung des Verkehrs maßgeblich vom Wirtschaftsverkehr beeinflußt. Ein Ausgangspunkt für die Lösung des Problems wird in der räumlichen Koordinierung der Güterströme an Schnittstellen des Verkehrs an der Peripherie der Agglomerationen in Güterverkehrszentren (GVZ) gesehen, über die dann ein Verteilerverkehr per City-Kleintransporter in die Kernstädte gesteuert werden soll (City-Logistik-Systeme). Ein bundesübergreifender Masterplan GVZ (September 1992) vermerkt 25 Standorte mit jeweils unterschiedlichem Planungsstand. Erfahrungen liegen bisher jedoch nur aus einem Güterverkehrszentrum in Bremen vor. Unterschiedliche regionale Bedingungen und Raumstrukturen prägen die Verkehrsräume der einzelnen Agglomerationen in spezifischer Weise.

5.8.1 Die Bundeshauptstadt Berlin

Die Hauptstadt Berlin benötigt für die Inwertsetzung ihres Entwicklungspotentials die Integration in ein leistungsstarkes transeuropäisches Verkehrsnetz und gleichermaßen den weiteren Ausbau eines sozial- und umweltverträglichen Nahverkehrssystems.

Der regionale Verkehrsmarkt umschließt in erster Linie Berlin selbst (1998 3,42 Mio. Ew., 3 912 Ew. / km^2) und den brandenburgischen engeren Verflechtungsraum um die Bundeshauptstadt (0,8 Mio. Ew., 174 Ew. / km^2). Trotz weniger intensiver Verflechtung ist aber auch der "äußere Entwicklungsraum" Brandenburgs (1,7 Mio. Ew., < 90 Ew. / km^2) in die gemeinsame Verkehrsplanung einbezogen.

Gegenwärtig sind für den Fernverkehr auf der Schiene und Straße (u. a. Hamburg – Hannover – und Halle / Leipzig – Berlin) umfassende Aus- und Neubaumaßnahmen im Gange. Vorrang besitzen dabei die Schienenwege, deren Trassen möglichst in die Berliner Innenstadt geführt werden sollen. Bisher sind die Zielbahnhöfe hier Berlin-Zoologischer Garten, Ostbahnhof und Bahnhof Lichtenberg, verbunden mit langen Anfahrtswegen von innerhalb und außerhalb Berlins. Im Rahmen der geplanten Neustrukturierung und Vernetzung aller Verkehrssysteme in Berlin wird der neue, zentral gelegene Lehrter Bahnhof ab 2002 als Schnittstelle von Fern-, Regional-, S- und U-Bahn wichtiger Knotenpunkt in der Nähe des Regierungsviertels am Spreebogen sein. Für die Umstrukturierung des Schienenverkehrs in Berlin findet das an die historisch gewachsene Netzstruktur anknüpfende Achsenkreuz-Modell Anwendung. Es verbindet am neuen Lehrter Bahnhof den Ost-West- und Nord-Süd-Verkehr. Für den mittelfristigen Ausbau dient das sogenannte "Pilzkonzept" als Grundmuster, das als wichtiger Bestandteil ("Stiel des Pilzes") den viergleisigen Eisenbahntunnel unter dem Tiergarten für den Nord-Süd-Verkehr enthält. Der Lehrter Bahnhof wird kein Zentralbahnhof Berlins sein, sondern seine Aufgaben mit weiteren Fernbahnhöfen teilen.

Für die Jahre um 2010 wird für die Verkehrsteilung in der Stadtmitte Berlins ein Verhältnis ÖPNV / MIV von 80 : 20, für die weitere Innenstadt (S-Bahn Ring) von 60 : 40 angestrebt (Senatsverwaltung f. Verkehr, Berlin 1995). Trotz bedeutender Infrastrukturinvestitionen der letzten Jahre bestehen noch erhebliche Defizite in der besseren Verknüpfung der Verkehrssysteme an ihren Schnittstellen und mit den Siedlungen des engeren Verflechtungsraumes. Erschwerend wirkt sich aus, daß als historisches Erbe das ÖPNV-Netz im Westteil der Stadt vorrangig auf U-Bahn und Bus, das östliche dagegen primär auf S-Bahn und Straßenbahn basiert.

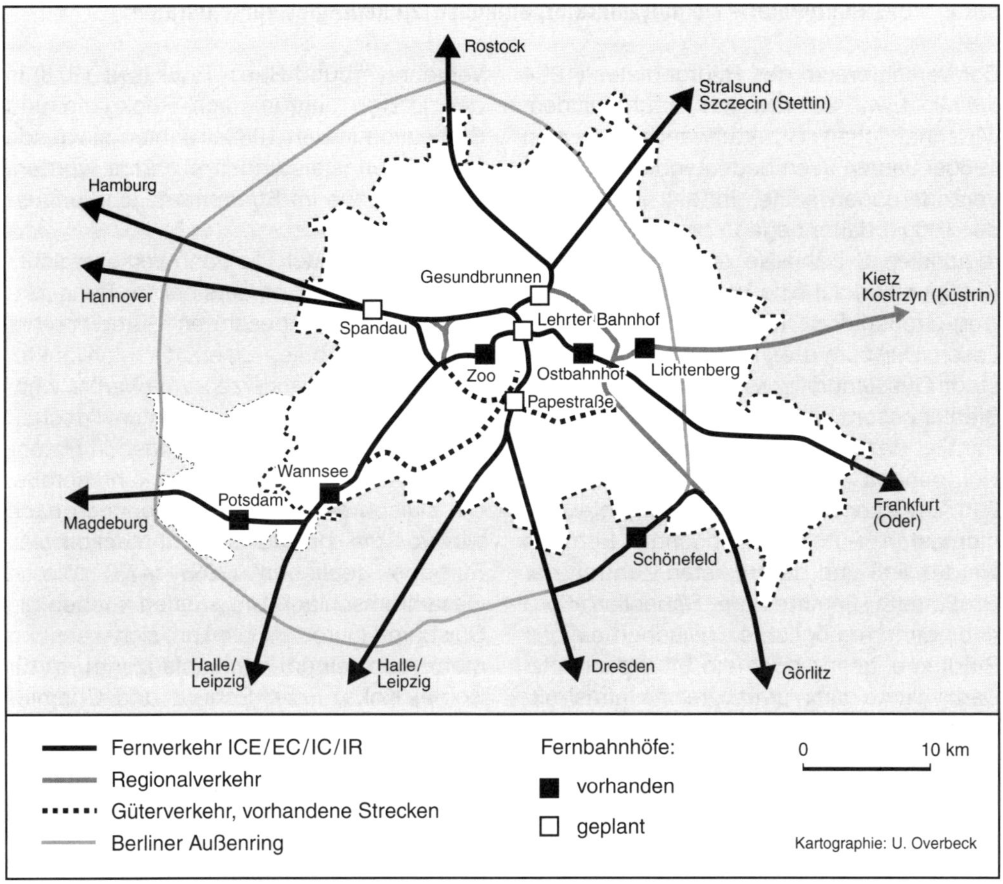

Abb. 5.15: Eisenbahnfernverkehr im Raum Berlin nach Realisierung des "Pilzkonzeptes"
Quelle: Raumordnungsbericht Berlin und Brandenburg 1998, S. 142

Die rascheste Angleichung im Verkehrsgeschehen zwischen dem Ost- und Westteil der Stadt vollzieht sich gegenwärtig in der Entwicklung des Individualverkehrs. Der Motorisierungsgrad der Bevölkerung Berlins ist von 1989 281 Pkw auf 349 Pkw/1 000 Ew. am 1.1.1996 gewachsen. Der qualitative Rückstand des Straßennetzes im Ostteil und das Fehlen von übergreifenden Ringstraßen behindern die Verkehrsabläufe.

Mit dem sukzessiven Ausbau von Schönefeld zum Großflughafen wird sich Berlin trotz Stillegung der innerstädtischen Flughäfen Tegel und Tempelhof im nächsten Jahrzehnt unter die größten deutschen Luftverkehrszentren einreihen. Die Leistung des Standortes soll von 1995 11,5 Mio. Fluggästen auf voraussichtlich > 20 Mio. Fluggäste im Jahr 2010 steigen. Für die Weiterentwicklung des regionalen Personenverkehrs hat die Gründung des Verkehrsverbundes Berlin – Brandenburg (VBB) große Bedeutung (1997). Der Aufbau eines attraktiven Regionalbahnsystems ("Zielnetz 2000" der DB AG) diente der Verflechtung Berlins mit den brandenburgischen Entwicklungszentren und den tangentialen Verkehrsbeziehungen zwischen diesen sowie zur Landeshauptstadt Potsdam.

5.8.2 Das Ruhrgebiet – ein polyzentraler, altindustriell geprägter Verkehrsraum

Der Verkehrsraum des Ruhrgebietes (1994 5,5 Mio. Ew., 1 251 Ew. / km^2) erfuhr mit dem wirtschaftlichen Strukturwandel ab den 1960er Jahren auch bedeutende qualitative Veränderungen seiner Infrastruktur. Ende der 1960er Jahre begann der Aufbau eines regionalen S-Bahn-Netzes, das in seiner Konfiguration auf eine Verbindung der Hellweg-Großstädte (Dortmund, Bochum, Essen, Duisburg u. a.) mit der Landeshauptstadt Düsseldorf bzw. zu aufzubauenden Siedlungsschwerpunkten orientiert war. Parallel dazu entstand ein engmaschiges vierspuriges Autobahnnetz von mehr als 500 km Länge, das das Ruhrgebiet zur dichtesten Autobahnlandschaft Europas werden ließ und den meisten Zentren der Großstädte unmittelbare Schnellstraßenanbindung ermöglichte. Zwischen einigen Städten entstand auch ein Stadtbahnnetz. Damit wurde durch umfangreiche Infrastrukturinvestitionen der öffentlichen Hand der wirtschaftliche Strukturwandel und die räumliche Mobilität der Bevölkerung nachdrücklich unterstützt und gefördert. Entgegen ursprünglicher Planvorstellungen entwickelten sich vorgesehene Siedlungsschwerpunkte im Ruhrrandgebiet mit hohem Verdichtungsgrad der Bebauung nur ansatzweise. Stattdessen fand an der Peripherie der Agglomeration und auch auf Bauland der Großstädte meist eine mehr flächenhafte, "autoorientierte" Expansion der Siedlungen statt.

Nach Auswertung der KONTIV 1989 zum Verkehrsverhalten der Ruhrgebietsbevölkerung betrugen die Anteile des ÖPNV an den zurückgelegten Gesamtwegen im Kerngebiet nur 13 %, im Randgebiet sogar nur 7 %, dagegen die des Individualverkehrs (MIV) 51 und 61 % (VDV / SOCIALDATA 1991). Die Gebietsbevölkerung nutzt relativ stärker als in anderen hochverdichteten Regionen den PKW im Tagesablauf, obgleich mit dem leistungsfähigen Verkehrsverbund Rhein-Ruhr (seit 1978) in den letzten Jahren nach Rückgang und Stagnation in den 1980er Jahren steigende Beförderungsleistungen erbracht wurden. Verkehrsstaue im Straßennetz sind unausbleibliche Folge.

Dazu trägt auch die hohe Verkehrsdichte des Straßengüterverkehrs bei. Im Transportaufkommen des gesamten Güterverkehrs dominieren Kohle, Eisen, Stahlprodukte, Baustoffe und Eisenerze sowie Verbrauchsgüter. Der Rückgang der Montanwirtschaft fordert auch Umstrukturierungen in Hafenwirtschaft und Eisenbahnverkehr heraus. Die Duisburger Häfen sind dennoch nach wie vor der größte Binnenhafenkomplex Europas geblieben (1997 47,0 Mio. t Gesamtumschlag). Unter ihnen streben die Duisburg-Ruhrorter Häfen an, sich mehr und mehr von einem Umschlagzentrum für Kohle, Koks, Erze, Schrott und Chemieprodukte zu einem Logistik- und Dienstleistungszentrum mit wachsender Orientierung auf wertintensives Stück- und Containergut zu entwickeln. Seit 1990 sind ein KLV-Terminal (Kombinierter Ladungsverkehr) und ein Distributionszentrum auf Hafenbrachflächen entstanden. Daneben wird beispielsweise der zu den Duisburger Häfen gerechnete Privathafen Schwelgern am Niederrhein mit seiner Spezialisierung auf den Erzumschlag (1995 14 Mio. t) und seiner Standortbindung an den Stahlkomplex der Thyssenstahl AG in Duisburg-Hamborn diese Funktion beibehalten.

Obgleich das Güteraufkommen auf den Binnenwasserstraßen des Ruhrgebietes (Rhein-Herne-, Wesel-Datteln-, Dortmund-Ems- und Datteln-Hamm-Kanal) stark abgesunken ist, gelangen an den Kanalhäfen von Dortmund, Hamm, Gelsenkirchen und Essen noch beträchtliche Gütermengen (jeweils ca. 3 Mio. t) zum Umschlag. Ähnliche Anpassungsprobleme wie in der Binnenschiffahrt hat die Bahn zu bewältigen. Wachsende Bedeutung kommt dem kombinierten Ladungsverkehr (KLV) und dem Aufbau von KLV-Terminals zu. Bisher genügt nur der Rangierbahnhof in Bochum-Langendreer mit KLV-Technologien diesem Anspruch. Darüber hinaus sind wichtige "Drehscheiben" des bahnseitigen Gütertransports in der Region die Rangierbahnhöfe Hamm, Hagen, Oberhausen-West und Duisburg-Wedau. Mit Blick auf eine Rationalisierung des regionalen Güterverkehrs gibt es Überlegungen zur Entwicklung dezentral gelegener Güterverkehrszentren (GVZ), darunter zu einem GVZ-Projekt Duisburg-Niederrhein (DUNI).

Verkehrs- und strukturpolitisch kommt der weiter zu verbessernden Einbindung des Ruhrgebietes in die transeuropäischen Verkehrsnetze (70 % des Güteraustauschs der Region mit dem Ausland erfolgen mit den Niederlanden) und in den internationalen Flugverkehr via Flughafen Düsseldorf und Regionalflughafen Dortmund wachsende Bedeutung zu.

5.8.3 Die Region Stuttgart (Mittlerer Neckar) – ein polyzentraler Verkehrsraum mit Dominanz der Kernstadt

Anders als der polyzentrale Verdichtungsraum des Ruhrgebietes weist die Region am Mittellauf des Neckar mit ihren knapp 2,6 Mio. Ew. (1994) ein dominantes Zentrum (Stuttgart: 1994 592 000 Ew.) auf, das aber ringförmig von meist industriell bedeutsamen Mittelstädten, wie Esslingen, Sindelfingen, Böblingen oder Ludwigsburg, umgeben ist.

Der überregionale Fernverkehr überlagert die Binnenverkehrsströme auf der Straße vor allem auf den Autobahnen A 8 (Karlsruhe – Stuttgart – München) und A 81 (Heilbronn – Stuttgart – Singen / Bodensee), die beide für einen vordringlichen Ausbau auf 6 Fahrstreifen vorgesehen sind. Das Regionszentrum ist durch die Neubaustrecke Mannheim – Stuttgart seit 1992 an den Hochgeschwindigkeitsverkehr der DB / DB AG angebunden und hat durch die Modernisierung des Flughafens Echterdingen (1995), der nur 13 km vom Stadtzentrum Stuttgarts entfernt liegt, eine weitere Aufwertung erfahren.

Dem Einkaufs- und Arbeits-Péndlerverkehr nach Stuttgart dient u. a. ein radiales S-Bahn-System (1995 6 Linien), das bis maximal 30 km in das Umland reicht.

Eine größere Rolle als in anderen Industriegebieten spielen bei der vorwiegend mittelständischen Industriestruktur Zulieferverkehre zu den Großstandorten des Maschinen- und Fahrzeugbaus um Stuttgart, zum Teil im Just-in-Time-Takt.

Ähnlich wie im Verdichtungsraum Rhein-Main liegt der Auspendleranteil je 100 wohnhaften Erwerbstätigen in der Region mit 43,5 sehr hoch. Fast 200 000 von ihnen hatten 1987 die Kernstadt Stuttgart zum Ziel. Bei Dominanz Stuttgarts ist der Pendlerraum aber auch durch starke gegenläufige Verflechtungen der Zentren untereinander charakterisiert. Gleichzeitig treten daneben kleinräumige Tangentialströme zwischen kleineren Arbeitsstandorten auf. Bei der flächenhaft ausgedehnten Einzelhausbesiedlung im Umland von Stuttgart ist der hohe Anteil von Pkw-Pendlern (1987 76 %) nicht unverständlich. Dennoch kann der Verkehrs- und Tarifverbund des ÖPNV in der Region besonders in den trassennahen Tallagen auf stabile Marktanteile im Berufs- und Ausbildungsverkehr auch bei teilweise disperser Siedlungsstruktur verweisen (LEB 1995).

5.8.4 Die Leipziger Stadtregion – Verkehrsraum eines ostdeutschen Ballungskerns

Die Stadt Leipzig (1998 446 491 Ew.) stellt eine der beiden Kernstädte des Verdichtungsraumes Halle/Leipzig dar. Mit einer Bevölkerungsdichte von 2 537 Ew./km^2 auf einer Stadtgemarkung von nur 176 km^2 reiht sich Leipzig unter die dichtbesiedeltsten Städte Deutschlands ein. Auf Grund der bisher nur schwach wirksamen Wohnsuburbanisierung im nahen Umland (im Südraum von Leipzig schließen sich auch ausgedehnte Bergbaufolgelandschaften mit geringer Siedlungsdichte an) sinkt dort im Gegensatz zu vielen Verdichtungsräumen der alten Länder die Bevölkerungsdichte rasch auf Kreiswerte zwischen 200 und < 100 Ew./km^2 (Kreisgebietsstände von 1993) ab. In der Kernstadt wohnen heute ca. 80 % der Bevölkerung der Stadtregion. Leipzig befindet sich als Stadt gegenwärtig in einem "wirtschaftlichen Aufbruch und Umbruch" (Schmidt 1994) mit der Zielstellung wirtschaftliches Profil und Leistungskraft einer Handels- und Dienstleistungsmetropole mit internationaler Bedeutung zu erreichen. In diesem Zusammenhang erfolgte auch 1991/95 im Norden der Stadt in Revitalisierung der traditionellen Messefunktion der Aufbau der modernen Anlagen der Neuen Messe.

Für die Inwertsetzung des wachsenden wirtschaftlichen Entwicklungspotentials ist die Anbindung der Region an hochwertige Trassen der Verkehrsinfrastruktur von großer Bedeutung. Umfangreiche Investitionen wurden seit der Wende im internationalen Flughafen Leipzig-Halle (1995 2,1 Mio. Fluggäste) getätigt, dessen Abfertigungskapazität mit der Fertigstellung des Terminals B 1996 auf 3,5 Mio. Fluggäste gesteigert wurde.

Die gute Anbindung der Stadtregion an das Autobahnnetz wird gegenwärtig mit dem Ausbau der A 9 (Nürnberg – Leipzig – Berlin) und A 14 (Schkeuditzer Kreuz – Leipzig – Dresden) auf sechs Fahrstreifen weiter verbessert. Der infrastrukturelle Anschluß an das Hochleistungsnetz der DB AG sollte um die Jahrtausendwende mit der Inbetriebnahme der Strecke Nürnberg – Berlin via Leipzig und Halle erfolgen. Zu den Verkehrsprojekten Deutsche Einheit gehört auch der Ausbau der Bahnstrecke Leipzig – Dresden.

Das zur Zeit der Wiedervereinigung abgewirtschaftete Verkehrswegenetz wurde seither mit einem rasch wachsenden motorisierten Individualverkehr bei steigendem Motorisierungsgrad der Bevölkerung in der Stadt (1994 373 Pkw/ 1 000 Ew.) und in der Raumordnungsregion Leipzig (407 Pkw/1 000 Ew.) konfrontiert. Gleichzeitig sank die Inanspruchnahme des ÖPNV-Netzes. In der Stadt Leipzig verdoppelte sich 1990/95 die Verkehrs-

Tab. 5.7: Motorisierungsgrad in den alten und neuen Bundesländern 1990 und 1996
Quelle: BfLR/Materialien zur Raumentwicklung, H. 47, S. 58/59; BABAU 1998, S. 200

Siedlungsstruktureller Regionstyp	Motorisierungsgrad (PKW / 1000 Ew.)					
	1990			1996		
	BRD insgesamt	Alte Bundesländer	Neue Bundesländer	BRD insgesamt	Alte Bundesländer	Neue Bundesländer
Hochverdichtet	445	482	312	493	510	421
Verdichtungsansätze	445	489	297	509	519	467
Ländlich, dicht	469	499	300	517	528	474
Ländlich	422	483	304	492	529	464

belastung des Stadtstraßennetzes. Am Zählpunkt Hauptbahnhofsvorplatz (Innenstadtring) wurde 1995 eine Belastung von 67000 Kfz/24 h festgestellt. Dieser Beanspruchung war das Leipziger Stadtstraßennetz bisher nicht gewachsen. Obwohl einige Straßenabschnitte in der Zwischenzeit gut ausgebaut wurden, macht sich das weitgehende Fehlen eines übergeordneten hochwertigen Hauptstraßensystems negativ bemerkbar. Die jahrzehntelange Vernachlässigung des kommunalen Straßennetzes war außerdem bisher nicht zu kompensieren. Für die Zukunft ist an eine Ergänzung des radialen Hauptstraßennetzes durch ein Tangenten-Ring-System gedacht. Eine geplante Autobahn-Südtangente in der Bergbaufolgelandschaft südlich von Leipzig soll eine spürbare Verkehrsentlastung im Stadtgebiet erbringen.

Typisch für ostdeutsche Großstädte vollzog sich die Ansiedlung von großen Einkaufs- und Gewerbezentren im nahen Umland nach 1990 sehr rasch, planerisch wenig beeinflußt und in überproportionalen Dimensionen. Ansiedlungsschwerpunkte sind vor allem der Standortraum entlang der A 14 und B 6 am nördlichen und nordwestlichen Stadtrand (u. a. Einkaufszentrum Sachsenpark) sowie im Westen der Stadt das riesige Einkaufszentrum Saalepark (105 000 m^2 Verkaufsfläche, 6 500 Autostellplätze) an der A 9. Im Verkehrsraum Leipzig war damit eine Vergrößerung der Weglängen im Versorgungsverkehr und eine Umlenkung von Verkehrsströmen auf das Umland vorprogrammiert. Der Einkaufsverkehr erfolgt außerdem zu 90 % per Pkw.

Bedauerlicherweise ergibt sich so für die Stadtregion ein "Trend zu einer dezentralen, flächenverbrauchenden und verkehrserzeugenden" Raumstruktur (Breuste 1994, S. 514), statt Chancen für eine Entwicklung zu einer "Stadt der kurzen Wege" und der Verkehrsvermeidung in der Region offen zu lassen. Andererseits ist die Attraktivität des ÖPNV durch Modernisierung und qualitative Verbesserungen des Verkehrsangebotes in den letzten Jahren erhöht worden. Nach wie vor soll die Straßenbahn Hauptverkehrsmittel im öffentlichen Verkehrssystem bleiben. Auch das herzförmig angelegte Netz der S-Bahn soll erweitert werden. Einen neuen Rahmen für die Entwicklung des regionalen ÖPNV wird schließlich die Gründung eines Mitteldeutschen Verkehrsverbundes Halle/Leipzig schaffen.

5.9 Verkehr im ländlichen Raum

Im ländlichen Raum der alten Länder hat der motorisierte Individualverkehr auf Grund der dispersen Siedlungsstruktur, niedriger Bevölkerungsdichte sowie der Systemvorzüge des Individualverkehrs und geändertem Verkehrsverhalten der Bevölkerung schon in den 1960er Jahren die Vorherrschaft übernommen. Die weit ausgreifende, autofreundliche Besiedlung des an die Stadtagglomerationen angrenzenden Landes hat dazu einen wesentlichen Beitrag geliefert, zumal auch der "Rückzug des Schienenpersonenverkehrs aus der Fläche" und die betriebliche sowie organisatorische Zersplitterung der ÖPNV-Angebote eine nur unzureichende Alternative bot. Dazu kam auch die verkehrspolitische Begünstigung des Straßenverkehrs im ländlichen Raum (Straßenaus- und -neubau). Die fortschreitende räumliche Konzentration und Zentralisierung vieler Funktionsbereiche zwang im ländlichen Raum zu längeren Wegen im Versorgungs- und Arbeitspendelverkehr und förderte damit auch den Wechsel vom ÖPNV zum motorisierten Individualverkehr (Deiters 1992). Im Gesamtergebnis bildete sich seit den 1970er Jahren im ländlichen Raum der alten Länder ein höherer

Motorisierungsgrad der Bevölkerung als in den hochverdichteten Regionen und ihren Kernstädten heraus (Tab. 5.7).

Dabei liegen in der Regel heute die höchsten Werte des Pkw-Besatzes (Pkw pro 1 000 Ew.) in agglomerationsnahen und vergleichsweise auch strukturstärkeren ländlichen Kreisen, die höhere Bevölkerungsdichten aufweisen und auch oft als Siedlungsraum von sozial besser gestellter Bevölkerung bevorzugt werden. Im Sinne von nachholender Entwicklung vollzog sich in den neuen Ländern zwischen 1990/94 eine schnelle Anpassung an das beschriebene räumliche Grundmuster des Motorisierungsgrades.

Bei dem erreichten hohen Niveau der individuellen Motorisierung hat die Nachfrage nach Leistungen des ÖPNV im ländlichen Raum beträchtlich nachgelassen. Von Arbeitspendlern wurde in den alten Ländern das Kraftfahrzeug zu 82 % für den Weg zur Arbeitsstätte genutzt (Verkehrszählung 1987), Bus und Bahn nur zu 16 % (WÜRDEMANN 1993). Der Schülerverkehr ist in vielen ländlich-peripheren Teilgebieten zum Hauptnachfragepotential für den Busverkehr geworden. Gleichwohl liegen Aufrechterhaltung und Ausbau eines Mindeststandards an Bedienungsqualität der Siedlungen im ländlichen Raum durch ÖPNV-Systeme im Sinne des gesetzlich fixierten Ziels gleichwertiger Lebensverhältnisse in ländlichen und verdichteten Räumen. Nach einer von J. MAIER 1993, S. 190 – 192) zitierten Studie zum Realisierungsgrad von Mindestbedienungsstandards in den alten Ländern (Stand ca. 1985/87) ergab sich hinsichtlich der ÖPNV-Anbindung von Siedlungen an Mittelzentren ländlicher Kreise (mit mindestens 3 Fahrtmöglichkeiten je Werktag bei maximaler Reisezeit von 45 Minuten), daß nur 37 % der Landkreise dieser empfohlenen Norm entsprachen. Ein überdurchschnittliches Niveau der Anbindung wiesen Nordrhein-Westfalen, Baden-Württemberg und Schleswig-Holstein auf. Bayern, Hessen und Rheinland-Pfalz blieben darunter.

Im Verkehr zu den Mittel- und Kleinstädten sowie Einkaufszentren an der Peripherie dieser zentralen Orte spielt der Versorgungsverkehr per Pkw eine bedeutende Rolle. Untersuchungen zum Versorgungsverkehr in die münsterländischen Mittelzentren Warendorf, Borken und Coesfeld haben einen hohen Grad an Pkw-Nutzung (83 %) deutlich gemacht. Mit ähnlichen Ergebnissen hebt KULKE (1996) im Rahmen einer Analyse von Einzelhandelsstandorten in Niedersachsen Beispiele von Standortlagen in einem Grundzentrum (58 % Pkw-Nutzung im Einkaufsverkehr) und in einem Kleinzentrum (77 %) heraus.

Die strukturelle Vielfalt des ländlichen Raumes in Deutschland ist verbunden mit beträchtlichen Unterschieden in der ÖPNV-Versorgung der Teilgebiete. Oft wechseln Teilräume mit befriedigender Bedienungsqualität im ÖPNV mit meist peripheren Gebieten, die durch Unterversorgung gekennzeichnet sind. In den neuen Bundesländern haben die neugegründeten Verkehrsgesellschaften in der Regel das vor der Wiedervereinigung bestehende Netz und Verkehrsangebot übernommen und bisher vor allem in ballungsnahen Gebieten nur unwesentlich reduziert, qualitativ im Fahrkomfort sogar oft verbessert. Betriebswirtschaftlich erzwungene Angebotsveränderungen setzen aber in letzter Zeit in erster Linie im peripheren ländlichen Raum ein.

Die im allgemeinen strukturstärkeren Naherholungs- und Tourismuszentren sind besonders stark vom Freizeitverkehr betroffen. Der große Tagesbesucherverkehr in Vorzugslandschaften wie den deutschen Alpen und ihrem Vorland belastet dort die Umwelt besorgniserregend. Nach Untersuchungen in der Tegernsee-Region benutzen nur 5 % der Tagesbesucher an Wochenenden öffentliche Verkehrsmittel

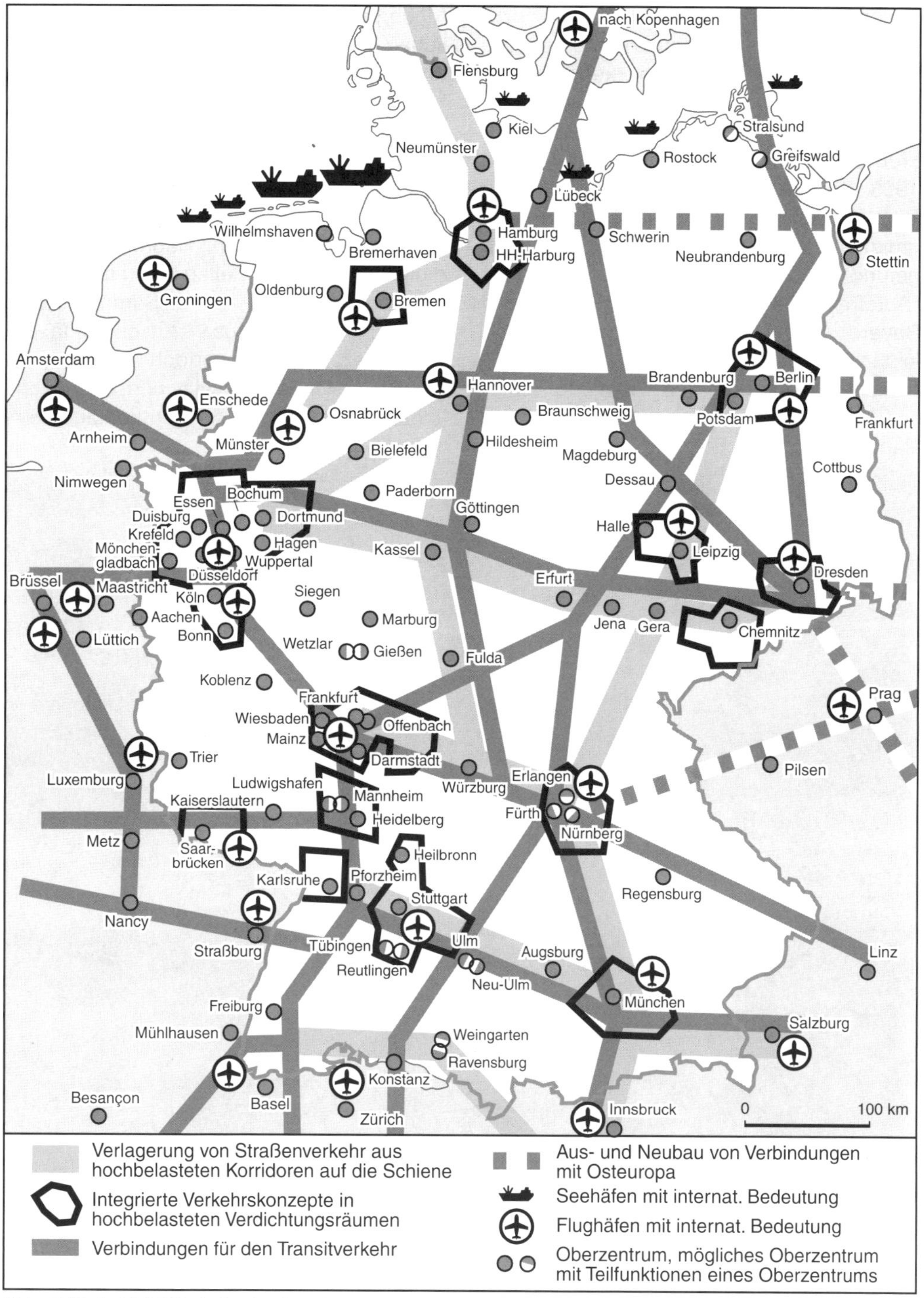

Abb. 5.16: Leitbild Verkehr der Bundesrepublik Deutschland

Quelle: Bundesministerium für Raumordnung, Bauwesen und Städtebau: Raumordnungspolitischer Orientierungsrahmen, BfLR, Febr. 1993, S. 17

(WÜRDEMANN 1993). Bemühungen zur Verlagerung des Besucherverkehrs vom Pkw zu öffentlichen Verkehrsmitteln, wie Bahn und Bus, sind unumgänglich. Beispielsweise haben die DB AG und der Fremdenverkehrsverband Schwarzwald 1993 ein Konzept entwickelt, wie die Besucherströme in 70 Touristenorte umweltfreundlich und schnell per Bahn geführt werden können. Das Modellprojekt "Autofreie Kur- und Fremdenverkehrsorte in Bayern" (Oberstdorf, Berchtesgaden) wirkt in ähnliche Richtung.

Bahnstrukturreform (ab 1994) und Regionalisierung des ÖPNV (ab 1996) haben neue Rahmenbedingungen für Struktur und Mechanismus des ÖPNV auch im ländlichen Raum gebracht. Mit der Aufgaben- und Ausgabenverantwortung bei den Kommunen / Kreisen ist eine Grundlage für verbesserte Koordination und Planung der Verkehrsangebote auf regionaler Ebene gegeben. Angesichts der sich verschlechternden Marktbedingungen für den ÖPNV im ländlichen Raum muß sich dieser unkonventionellen und alternativen Angebotsformen (Anruf-Sammel-Taxis, Orts- und Ringbus, Anschluß-Taxen) zuwenden, für die jedoch meist noch nicht ausreichend Einsatz- und Wirtschaftlichkeitserfahrungen in Deutschland vorliegen.

6 Agrarstrukturen und Agrarräume

Die Stellung der Landwirtschaft in den Volkswirtschaften der Bundesrepublik Deutschland und der ehemaligen DDR läßt sich an einigen makroökonomischen Kenngrößen verdeutlichen (Tab. 6.1).

Es ist erkennbar, daß die Landwirtschaft in den beiden deutschen Staaten unterschiedliche Bedeutung hatte. Besonders deutlich wird das an ihrem Anteil am Bruttosozialprodukt. Darüber hinaus waren in der Landwirtschaft der DDR immer etwa doppelt so viele Personen beschäftigt wie in der Landwirtschaft der Bundesrepublik Deutschland. Es wird schließlich eine Entwicklung deutlich, wie sie seit vielen Jahren in allen Industrieländern zu beobachten ist. Die Landwirtschaft unterliegt einem Schrumpfungsprozeß. Die gesamtwirtschaftliche Bedeutung nimmt ab. Das zeigt sich am Anteil der Wertschöpfung.

Auch nach der deutschen Vereinigung ist die Landwirtschaft als Teil der Volkswirtschaft ein immer noch bedeutender Wirtschaftsbereich. Ihr Anteil am Bruttosozialprodukt betrug 1993 nur noch 1,1 % und an den Erwerbstätigen nur noch rd. 3 %. Die volkswirtschaftliche Bedeutung der Landwirtschaft allerdings ist wesentlich größer. 1996/97 erzielte die Landwirtschaft einen Produktionswert von 81,5 Mrd. DM. Das war mehr als der Umsatz des gesamten Textilgewerbes der 1997 nur rd. 31,7 Mrd. DM ausmachte (vgl. Stat. Jahrb. BRD 1998, S. 159 und 195). Beim Vergleich der Umsatzzahlen kommen jedoch die ökologischen und landschaftspflegerischen Leistungen der Betriebe nicht zum Ausdruck. Die Landwirtschaft erbringt damit Leistungen, die in die volkswirtschaftlichen Berechnungen nicht mit eingehen.

Beachtenswert ist jedoch die Tatsache, daß die Landwirtschaft in den zurückliegenden Jahrzehnten in beiden deutschen Staaten mehr und mehr in die gesamtwirtschaftliche Arbeitsteilung integriert wurde. Der Vorleistungsanteil am Produktionswert stieg ständig an. Ende der 1980er Jahre betrug er in der Bundesrepublik Deutschland 53 %, in der DDR etwa 56 %.

In beiden deutschen Staaten war die Landwirtschaft ein Problembereich. Als Folge gegensätzlicher gesellschaftspolitischer Vorstellungen und agrarpolitischer Leitbilder entwickelten sich wie in keinem anderen Wirtschaftszweig die Produktions- und Lebensbedingungen auseinander. Es zeigten

Tab. 6.1: Anteile (in %) der Landwirtschaft in beiden deutschen Staaten an makroökonomischen Kenngrößen 1970 - 1984

Anmerkung: Zu der unterschiedlichen Begrifflichkeit und den methodischen Schwierigkeiten bei der Erfassung der beiden Volkswirtschaften vgl. die zu dieser Tabelle angegebenen Quelle.

Quelle: Materialien zum Bericht zur Lage der Nation im geteilten Deutschland, Bonn 1987

Indikator	1970	1975	1980	1984
Bundesrepublik Deutschland				
Bruttosozialprodukt zu Preisen von 1980	2,7	2,5	2,2	2,4
Erwerbstätige	8,5	6,9	5,5	5,5
Bruttoanlageinvestitionen zu Preisen von 1980	3,3	3,1	2,7	2,6
Bruttoanlagenvermögen zu Preisen von 1980	5,7	4,5	4,0	3,5
DDR				
Bruttosozialprodukt zu Preisen von 1980	10,1	9,1	7,8	7,4
Berufstätige	12,1	10,6	10,1	10,2
Bruttoinvestitionen zu Preisen von 1980	13,0	11,8	9,7	8,7
Grundmittel zu Preisen von 1980	8,4	8,7	9,0	9,2

sich aber auch – systemunabhängig – Parallelitäten, wie wir sie besonders in den Produktionsstrukturen, den Produktionsergebnissen und dem Einsatz industrieller Vorleistungen erkennen. Es gab aber auch bei den agrar- und ernährungspolitischen Zielen Gemeinsamkeiten. So hatten Ernährungssicherung, Produktivitätssteigerung und Sicherung der sozialen Lage der Erwerbstätigen in der Landwirtschaft einen hohen Stellenwert. Auch die agrarpolitischen Instrumente waren z. T. gleich. Das war z. B. hinsichtlich der Festlegung landwirtschaftlicher Erzeugerpreise der Fall, die immer zugunsten der Landwirte erfolgte. Der Absatz landwirtschaftlicher Produkte war in der Bundesrepublik zum größten Teil, in der DDR sogar vollständig staatlich festgelegt.

Bis zur Wende hatten die unterschiedlichen agrarstrukturellen Entwicklungen in den beiden deutschen Staaten zu Problemen geführt, die in der alten Bundesrepublik u. a. durch die Verwaltung des Überflusses, in der DDR in der Verwaltung des Mangels wurzelten.

Agrarstrukturelle Gegensätze, wie sie bis Ende 1989 bestanden, blieben auch nach der Einführung der Wirtschafts-, Währungs- und Sozialunion Anfang Juli 1990 und der deutschen Vereinigung Anfang Oktober 1990 bis heute bestehen, obwohl ein völliger Wandel der Eigentums- und Betriebsstrukturen in den neuen Bundesländern einsetzte. Eine Angleichung der dortigen Agrarstrukturen an die in der alten Bundesrepublik ist nur bedingt vorgenommen worden.

6.1 Die Rolle des Naturraums als "Potential"

Bei den physisch-geographischen Rahmenbedingungen ist eine geologisch bedingte zonale Reliefgliederung vorgegeben:

- im Norden die Pleistozän- und Holozängebiete des Norddeutschen Tieflandes,
- im Zentrum die Mittelgebirgsräume mit einzelnen becken- und tal- bzw. grabenförmigen Einsenkungen (z. B. Thüringer Becken, Oberrheinebene),
- im Süden das alpine Hochgebirge mit dem teils pleistozän, teils tertiär (Molasse) geprägten Alpenvorland.

Agrare Vorzugsräume sind eindeutig die löß- bzw. sandlößbestimmten, den Mittelgebirgen unmittelbar vorgelagerten Flachlandsäume. Sie begleiten den Nordrand der Mittelgebirgszone vom äußersten Westen (holländische Grenze) bis zum äußersten Osten (Görlitz, Zittau). Weitere naturbegünstigte Räume sind die Rhein-Neckar-Ebene, der Nordseeküstenstreifen (Marschen), die jungglazialen Moränengebiete Schleswig-Holsteins, Westmecklenburgs sowie Südvorpommerns / Nordbrandenburgs sowie weite Teile des Alpenvorlandes. Hier finden wir die typischen Acker- und Gartenbaulandschaften Deutschlands.

Flächenmäßig sehr beachtlich sind aber auch die Verbreitungsgebiete der Grenzstandorte (Sand-, Geest-, Heide- und Moorgebiete) im Pleistozänraum sowie stark hängige und exponierte Kammmlagen, namentlich im Mittel- und Hochgebirgsraum. Gerade hier sind hohe Waldanteile charakteristisch; eine starke Festlegung auf Graslandnutzung ("absolutes Grasland") mit Ergänzungsfutterbau und eine deutliche Einengung des Nutzpflanzenspektrums zum Beispiel aufgrund wasserferner Sandböden und Verwitterungsböden im Mittel- und Hochgebirgsraum ist die Folge natürlicher Ungunstfaktoren.

Ost- und Westdeutschland besitzen gleichermaßen naturräumliche Gunst- und Problemstandorte der Landwirtschaft. In Ostdeutschland ist die Polarisierung stärker ausgeprägt – wie Abbildung 6.1 anhand der durchschnittlichen Ertragsmeßzahl je Hektar zeigt. Der an Fläche größten deutschen

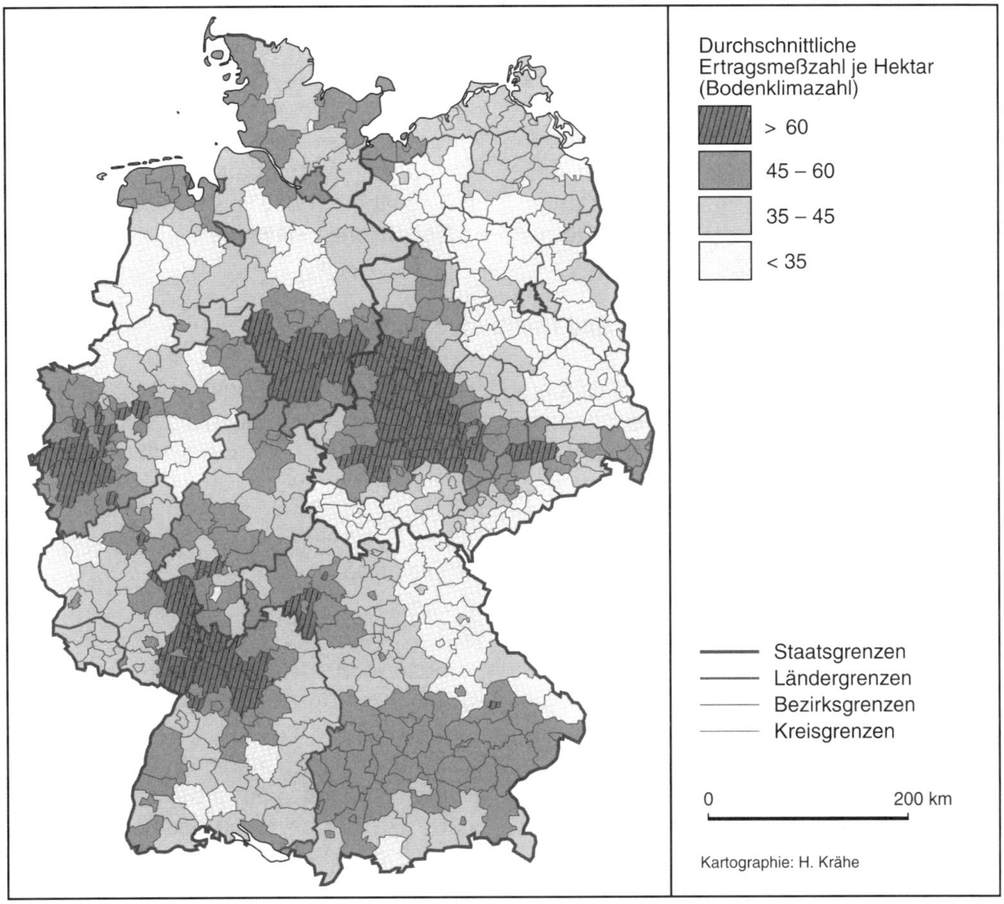

Abb. 6.1: Natürliche Produktionsvoraussetzungen (Durchschnittliche Ertragsmeßzahl je Hektar) in Deutschland
Quelle: Raumordnungsbericht 1991

Lößregion (Magdeburger Börde / Hallesches Rübenanbaugebiet bis hin zur Lommatzscher und Großenhainer Pflege nahe Dresden) steht das an Fläche ausgedehnteste deutsche Sandbodengebiet gegenüber, das die Sander-, Altmoränen- und Elbranddünengebiete Südwestmecklenburgs ebenso einschließt wie fast das gesamte Land Brandenburg und die Lausitzer Heidegebiete in Sachsen. Findet sich in der ostdeutschen Lößzone der Betrieb Deutschlands, der die höchste Bonitätsstufe entsprechend der noch heute verwendeten Reichsbodenschätzung (100) erreicht (Elckendorf / Kr. Schönebeck), so sinkt die Bodenqualität schon wenige Dutzend Kilometer östlich in Brandenburg bis auf die Stufen 20 oder 25 ab.

Die naturräumliche Einigung wird darüber hinaus durch den Faktor Klima bestimmt, d. h. durch eine vom Nordwestküstenraum ostwärts zunehmende Kontinentalität mit entsprechend wachsendem Beregnungsbedarf (Regenschattengebiet des Harzes: Raum Eisleben – Halle – Bernburg, wo 450 mm Jahresniederschlag z. T. unterschritten werden). Klein- und mesoklimatisch besonders begünstigt sind die Einsenkungen in der Mittelgebirgszone, beispielsweise die Wein- und Obstanbaugebiete vom Bodensee, an Ober- und Mittelrhein, an der Mosel, und am Main bis hin zur Niederung des Süßen Sees westlich Halle, zum Saale-Unstrut-Bereich und zur Dresdner Elbtalwanne. In den Hochlagen der Gebirge (Eifel, Rothaargebirge, Thüringer Wald, Erzgebirge, Fichtelgebirge, Bayrisch-Böhmischer Wald, Hochalpen) lassen Klimahärte und kurze Vegetationszeit lediglich eine grünlandbetonte Landwirtschaft mit Rinderhaltung zu (Grünanteil von 80 bis 90 % an der landwirtschaftlichen Fläche).

6.2 Agrarpolitische Leitbilder und Rahmenbedingungen

Bei den agrar- und ernährungspolitischen Zielen gab es in beiden deutschen Staaten große Unterschiede, aber auch Gemeinsamkeiten, so in bezug auf die Ernährungssicherung, die Produktivitätssteigerung, die Agrarpolitik oder auch die Sicherung der sozialen Lage der Erwerbstätigen in der Landwirtschaft Deutschlands.

6.2.1 Das agrarpolitische Leitbild und Rahmenbedingungen in der alten Bundesrepublik Deutschland

In der Agrarverfassung der Bundesrepublik Deutschland, die das Resultat eines evolutionären Prozesses und historisch gewachsener Strukturen darstellt, spielt das private Eigentum eine zentrale Rolle. Der existenzfähige bäuerliche Familienbetrieb (aus zwei oder drei Arbeitskräften bestehend), der einer Familie ausreichendes Einkommen garantiert, ist das sozialökonomische Leitbild. Es wurde lange Zeit versucht, dieses Leitbild ausschließlich im sogenannten Vollerwerbsbetrieb zu verwirklichen. Für den landwirtschaftlichen Nebenerwerbsbetrieb gab es erst in den 1970er Jahren agrarpolitische Anerkennung und wesentlich später auch agrarpolitische Förderung. Dieser Wandel resultierte aus der Einsicht, daß sich die Voll-, Zu- und Nebenerwerbsbetriebe in ihrer Vielfalt flexibler an die volkswirtschaftliche Gesamtentwicklung anpassen können.

Zu Beginn der 1950er Jahre war die Landwirtschaft in der Bundesrepublik Deutschland durch Bestrebungen gekennzeichnet, den Selbstversorgungsgrad mit Agrarprodukten zu steigern. Hinzu kamen die Bemühungen, die sozioökonomischen Bedingungen für die Erwerbstätigen in der Landwirtschaft zu verbessern und das Einkommen dem in der Industrie anzugleichen. Schon Anfang der 1950er Jahre wurde ein Preisregulierungsmechanismus an der Grenze und ein weiterer für den inländischen Markt eingeführt. Vorratsstellen übernahmen die Regulierungsaufgaben. Dieser Mechanismus – der später von der EWG übernommen wurde – sollte die heimische Landwirtschaft schützen, hauptsächlich wenn es zu billigen Importen kam bzw. wenn die Überproduktion – doch daran war in den 1950er Jahren noch nicht zu denken – den Preis im Lande drücken und evtl. landwirtschaftliche Betriebe ruinieren sollten.

Zu den wichtigen Maßnahmen zählt das 1953 in Kraft gesetzte Flurbereinigungsgesetz, wonach es u.a. möglich wurde, die Nutzflächen- und somit die Anbaustruktur zu verändern.

Eine weitere wichtige Grundlage für die Agrarstrukturentwicklung war das 1955 verabschiedete Landwirtschaftsgesetz. Hiernach sollte mit den Mitteln der allgemeinen Wirtschafts- und Agrarpolitik – insbesondere der Handels-, Steuer-, Kredit- und Preispolitik – die Landwirtschaft in den Stand gesetzt werden, die für sie bestehenden naturbedingten und wirtschaftlichen Nachteile gegenüber anderen Wirtschaftsbereichen auszugleichen.

Wesentliche Ziele und Maßnahmen werden seit Ende der 1950er Jahre von der EWG, der EG und heute EU formuliert. Zu den Eckpfeilern, die nun für die Landwirtschaft – auch der Bundesrepublik Deutschland – wichtig wurden, gehörte die 1962 festgelegte Getreidemarktordnung. Mit dem 1968 vorgestellten Mansholt-Plan sollte eine Reform und Umstrukturierung der europäischen Landwirtschaft vorgenommen werden. Ein Ziel bestand darin, die kleinen und Kleinstbetriebe aufzugeben und nur noch größere oder Großbetriebe zu behalten bzw. zu bilden. Dagegen protestierten jedoch der Deutsche Bauernverband und die Bundesregierung. Beide lehnten dieses Memorandum als "wirtschaftlich nicht notwendig und gesellschaftspolitisch gefährlich" ab.

Das Jahr 1969 war durch die Verabschiedung des Marktstrukturgesetzes als marktpolitische Maßnahme gekennzeichnet. Durch Unterstützung und Förderung von Erzeugergemeinschaften versuchte die Bundesregierung, dem Markt neue Impulse zu geben.

Am 1. Januar 1970 trat das "Gesetz über eine Gemeinschaftsaufgabe zur Verbesserung der Agrarstruktur und des Küstenschutzes" mit dem Ziel in Kraft, eine leistungsfähige, auf zukünftige Anforderungen ausgerichtete Land- und Forstwirtschaft zu gewährleisten und deren Eingliederung in den gemeinsamen Markt der EG zu erleichtern. Die Konzeption der "Gemeinschaftsaufgabe" zeigte das Bestreben, Flurbereinigungsgesetz, Marktstrukturgesetz sowie das bisherige Agrarprogramm mit dem EWG-Anpassungsgesetz optimal zu koordinieren.

Unabhängig von der EG-Agrarpolitik wurde im Jahr 1973 das "Modellvorhaben Nebenerwerbslandwirtschaft" von der Bundesregierung mit dem Ziel eingeführt, durch entsprechende Betreuung und Beratung die Arbeitseinkommen, vor allem in Grünlandgebieten, zu verbessern.

1973 wurde eine EWG-Verordnung umgesetzt, die Prämienregelung für die Umstellung von Milchkuhbeständen auf Bestände zur Fleischerzeugung beinhaltete. Als Folge der Veränderung der Lage auf dem Energiemarkt wurde der Zielkatalog im Rahmen der "Gemeinschaftsaufgabe" 1974 ergänzt, und zwar sollten die Strukturen von öffentlichen Schlachthöfen und Lebendviehmärkten, die Molkereistrukturen und die Strukturen der Zuckerfabriken verbessert werden. 1974 setzte die Bundesregierung die "Grundsätze für die Förderung landwirtschaftlicher Betriebe in Berggebieten und anderen benachteiligten Gebieten" in Kraft.

Auf wachsende Umweltprobleme reagierte die Agrarpolitik Ende der 1970er Jahre u. a. mit der "Verordnung über das Aufbringen von Gülle und Geflügelkot", der "Technischen Anleitung zur Reinhaltung der Luft" sowie "Über gefährliche Stoffe".

Der Beginn der 1980er Jahre war in der alten Bundesrepublik durch Überproduktion in der Landwirtschaft gekennzeichnet. Es kam zu mehreren Gegenmaßnahmen der EG. Ab 1979 erfolgten Regelungen zum Abbau von Nahrungsmittelüberschüssen und der Bestände. Es wurde der Verkauf zu ermäßigten Preisen an soziale Einrichtungen gefördert. Seit 1980 kam es zur Forcierung des Absatzes von Obst und Gemüse an Strafanstalten, Krankenhäuser und Altenheime. Zum Abbau des sogenannten Butterberges traf man ab 1981 Regelungen zum stärkeren Absatz von Butter an gemeinnützige Einrichtungen, z. B. Streitkräfte. 1984 wurde das Quotensystem für Milch eingeführt.

Im Jahre 1987 wurde im Rahmen flankierender struktureller Maßnahmen die Verordnung zur Extensivierung und Umstellung der Erzeugung erlassen. Als Extensivierung galt die Verringerung der Erzeugung um mindestens 20 % in fünf Jahren.

Diese – keineswegs vollständigen – sehr differenzierten Maßnahmen und Vorgaben dokumentieren, daß für die Agrarwirtschaft der Bundesrepublik Deutschland in den letzten vierzig Jahren umfangreiche Zielvorstellungen und Regelungen wirksam wurden, um zunächst die nicht ausreichende Produktion zu erhöhen, später dann die eingetretene Überproduktion zu drosseln.

6.2.2 Das agrarpolitische Leitbild und Rahmenbedingungen in der DDR

Für die Agrarverfassung in der DDR gab es in der deutschen Agrargeschichte kein Vorbild. Es war das Ergebnis eines gezielten gesellschaftspolitischen und betrieblichen Umstellungsprozesses, der in mehreren Etappen systematisch vollzog.

Das agrarpolitische Leitbild dafür war der vergesellschaftete landwirtschaftliche Großbetrieb, in dem nach staatlichen Planvorgaben industriemäßig produziert werden sollte. Die SED war der Meinung – fußend auf der Lehre des Marxismus-Leninismus – daß der landwirtschaftliche Großbetrieb dem Klein- und Mittelbetrieb überlegen sei. Staatliches und genossenschaftliches Eigentum sollte bestimmend sein, jedoch nicht privates Eigentum.

Dabei galten die Bodenreform (1945 bis 1948) und die Kollektivierung (1952 bis 1960) als frühe Phasen, in denen zunächst private Klein- und Kleinstbetriebe geschaffen wurden und dann die Überführung der privatbäuerlichen Betriebe in landwirtschaftliche Produktionsgenossenschaften (LPG) erfolgte.

Je nach dem Grad der Vergesellschaftung der Produktionsmittel standen Bauern zum Eintritt in die landwirtschaftlichen Produktionsgenossenschaften (LPG) drei Typen zur Verfügung. Der Unterschied zwischen den Typen I und II ist sehr gering. Beide Typen werden in den DDR-Statistiken stets zusammengefaßt. Wer in die LPG Typ I eintrat, brachte seinen Boden ein. Maschinen, Geräte und Gebäude verblieben in Privateigentum. Allerdings bestand die Verpflichtung, die Technik gegen Vergütung zur Verfügung zu stellen. Zug- und Nutzvieh blieb in privater Hand. Die Geld- und Naturaleinkünfte der Mitglieder dieses Typs erfolgten zu mindestens 60 % nach Leistung und zu maximal 40 % nach eingebrachtem Boden.

Beim LPG Typ III wurden Ackerland, Wiesen, Weiden, Wald und sonstige nutzbare Flächen, Traktoren, Maschinen, Geräte, Wirtschaftsgebäude, Zug- und Nutzvieh eingebracht. Mindestens 80 % der Geld- und Naturaleinkünfte ergaben sich aus der Leistung, maximal 20 % aus dem eingebrachten Boden (ECKART 1981, S. 2 – 3).

In der anschließenden Konsolidierungsphase, die für die 1960er Jahre angesetzt werden kann, erhöhte sich die durchschnittliche Flächengröße der Betriebe ständig. Neben der Konzentration wurde die Spezialisierung der Betriebe, erzeugnisbezogen bzw. verfahrens- und technologieorientiert, verstärkt (industriemäßige Produktionsmethoden, Intensivierungsstrategien). Auf dem Wege zur agraren Großproduktion spielte die Entwicklung horizontaler und vertikaler Kooperationsbeziehungen zwischen den Landwirtschaftsbetrieben unter Einschluß des Vorleistungs-, Service-, Handels- und Verarbeitungssektors eine zentrale agrarpolitische Rolle. Aus zunächst einfachen vertraglichen Kooperationsbeziehungen entstanden in den 1970er Jahren organisatorische

Zusammenschlüsse, gemeinschaftlich betriebene kooperative Einrichtungen und schließlich juristisch selbständige Großbetriebe der Pflanzenproduktion und der Tierproduktion. Seit Anfang dieses Jahrzehnts waren pflanzliche und tierische Produktionsbetriebe organisatorisch, ökonomisch und juristisch voneinander getrennt.

Um die sich verschärfenden Widersprüche in der ökonomischen Leistungsbilanz tendenziell abzubauen, wurde von der SED und DDR-Regierung in den 1980er Jahren ein Kurs verfolgt, bei dem die ökonomische Hauptaufgabe bzw. ökonomische Strategie bis zum Jahre 2000 darin bestand, die Produktion zu steigern sowie mehr volkswirtschaftliche Effizienz und konsequentere Abstimmung der sozialpolitischen Absichten mit dem ökonomischen Leistungsvermögen (Einheit von Wirtschafts- und Sozialpolitik) vorzunehmen. In der zweiten Hälfte der 1980er Jahre wurde die Landwirtschaft darauf orientiert, der Intensivierung umfassenden Charakter zu verleihen und damit eine stabile Grundlage für den hohen Produktions- und Leistungsanstieg auf lange Sicht zu schaffen.

Zudem ging es damals darum, den Import von landwirtschaftlichen Produkten und Nahrungsmitteln sowie von Futtermitteln und landwirtschaftlicher Technologie abzulösen, damit Devisen einzusparen und zudem im Westexport aktiver zu werden. So wurde schließlich ein Grad der Eigenversorgung bei Agrargütern von über 90 % erreicht.

Umfassende Intensivierung wurde als Aufgabe verstanden, mit den vorhandenen Produktionsmitteln und Ressourcen pro Produktionseinheit zu erwirtschaften, bei der Erneuerung der materiellen Basis der Rekonstuktion, den absoluten Vorrang gegenüber Neuinvestitionen zu geben. Besonders nachdem in den 1970er Jahren hohe Aufwendungen für die Neuausstattung der Landwirtschaftsbetriebe mit Produktionsmitteln getätigt worden waren (Bodenbearbeitungs- und Erntetechnik für Großflächen, Großstallanlagen, Mischfutterwerke, Grünfuttertrocknung, Mineraldünger, Pflanzenschutzmittel etc.), fehlte es in der anschließenden Absenkungs- und Verschleißphase der 1980er Jahre oft an der Möglichkeit für Austauschinvestitionen bzw. Neuanschaffungen. Hinzu kam die 1984 durchgeführte Agrarpreisreform, die die Beschaffung von Agrartechnik wesentlich, teilweise um mehr als das Doppelte des früheren Preises verteuerte.

Im Staatshaushalt der DDR (1980: 160,7 Mrd. Mark; 1988: 269,7 Mrd. Mark) wurden die Zuführungen an die staatlichen Betriebe und Genossenschaften der Land- und Nahrungswirtschaft von 12,1 Mrd. Mark (1980) auf 9,4 Mrd. Mark (1988) reduziert, darunter die staatlichen Preisstützungen für agrare Produktionsmittel von 6,1 Mrd. Mark (1980) auf 4,1 Mrd. Mark (1988). Andererseits verstärkte sich die Belastung der Landwirtschaftsbetriebe durch immer höhere Abführungen an den Staatshaushalt (1980: 5,9 Mrd. Mark; 1988 12,5 Mrd. Mark – vgl. Statist. Jahrb. d. DDR 1990, S. 300 u. 301). In den 1980er Jahren entstand also die Situation, daß nicht einmal die einfache Reproduktion (der Bestandserhalt) der materiellen Basis der Land- und Nahrungsgüterwirtschaft der DDR gewährleistet werden konnte. Um die negativen Auswirkungen dieser ernsten Lage auf die agrare Leistungsentwicklung in Grenzen zu halten, wurden verschiedene staatliche Maßnahmen und Eingriffe vorgenommen. Hierzu gehörte zum Beispiel die Bildung von Kooperationsräten, in denen bestimmte Partnerbetriebe ständig und eng zusammenarbeiteten, um einer planwirtschaftlich nicht mehr beherrschbaren Tier- und Pflanzenerzeugung, auf dieser Ebene entgegenzuwirken. Weiterhin wurde auf höhere Effizienz der betrieblichen Leistungsstrukturen orientiert, z. B. mittels Durchsetzung des Territorialprinzips. Zahlreiche Großbetriebe insbesondere der Pflanzen-

Produkt	Produkt-einheit	1980	1983	1984	1988	1989
Weizen	dt	36,47	39,3	61,0	67,53	67,21
Roggen	dt	39,89	46,8	64,9	72,14	71,18
Braugerste	dt	54,09	56,1	88,0	91,85	88,8
Hafer	dt	41,0	43,6	66,3	71,7	70,93
Ölfrüchte	dt	110,03	116,2	154,2	159,8	166,18
Kartoffeln	dt	26,06	28,6	48,7	51,05	51,65
Zuckerrüben	dt	8,55	10,2	14,2	16,1	16,1
Schlachtschweine	dt	507,28	516,6	766,9	786,71	787,32
Schlachtrinder	dt	508,79	613,5	922,5	1005,64	1005,49
Geflügel, Kaninchen	dt	499,43	518,1	813,7	861,7	864,73
Milch	dt	82,94	103,9	169,7	169,69	169,99
Wolle	dt	5 959,22	6 038,0	8 766,6	9 490,07	9 517,53
Eier	100 Stck.	32,62	32,9	37,4	36,82	36,84

Tab. 6.2: Durchschnittliche Verkaufserlöse (in Mark) je Produkteinheit ausgewählter landwirtschaftlicher Erzeugnisse in der DDR 1980 – 1989

Quelle: Stat. Jahrbuch der DDR 1987, S. 276; 1989, S. 284; 1990, S. 308

produktion hatten bis dahin eine zweigbezogene Produktionsorganisation (Getreide- oder Hackfruchtbrigaden, bau- und Reparaturabteilungen etc.) Der Einsatz der Arbeitskräfte erstreckte sich jeweils auf das Gesamtterritorium des Betriebes, was u. a. zu einem demotivierenden Verlust der Boden-Dorf-Verbundenheit geführt hatte. Die Einrichtung von Territorialbrigaden entsprechend der dörflichen Siedlungsstruktur und mit komplexen Arbeitsaufgaben sollte hier Abhilfe geschaffen werden. Weiterhin gab es die Orientierung auf schlagbezogene Höchstertrags- und stallbezogene Höchstleistungskonzeptionen, mit denen die Produktionsbedingungen der kleinsten Anbau- und Haltungseinheiten systematisch erfaßt, potentiell bewertet wurden. Auf dieser Basis entstanden Maßnahmenkataloge, und zwischenbetriebliche Leistungsvergleiche wurden vorgenommen.

Um alle Reserven für die Versorgung auszuschöpfen, erhielten die persönlichen Hauswirtschaften der LPG-Mitglieder, die Belegschaftsgärten der VEG-Angehörigen und die Leistungen der Mitglieder des Verbandes der Kleingärtner, Siedler und Kleintierzüchter (VKSK) in den 1980er Jahren nach langer Abqualifizierung agrarpolitische Relevanz und Förderung. Ihre zumeist handarbeitsintensiven Produkte erwiesen sich als willkommener Beitrag zur quantitativen wie qualitativen Absicherung des Versorgungsniveaus in einigen Lebensstandard bestimmenden Agrarbereichen. Die ursprünglich strenge Begrenzung dieser Privaterzeugung wurde mehr und mehr gelockert, z. B. hinsichtlich der Obergrenzen der Tierbestände.

In den 1980er Jahren wurden der Landwirtschaft und Nahrungswirtschaft der DDR die Perspektiven zugewiesen, sich zu einem mindestens kostendeckenden Wirtschaftszweig mit mindestens ausgeglichener Devisenbilanz zu entwickeln. Die bereits erwähnte zunehmende Gewinnabführung und die gewachsenen Kostenbelastungen durch das neue Industrie- und Agrarpreisgefüge verhinderten jedoch eine technische Modernisierung und durchgreifende strukturelle Verbesserungen.

Ende der 1980er Jahre wurden Investitionen in der Landwirtschaft nur noch in relativ geringem Umfang getätigt. Sie wären jedoch dringender denn je notwendig

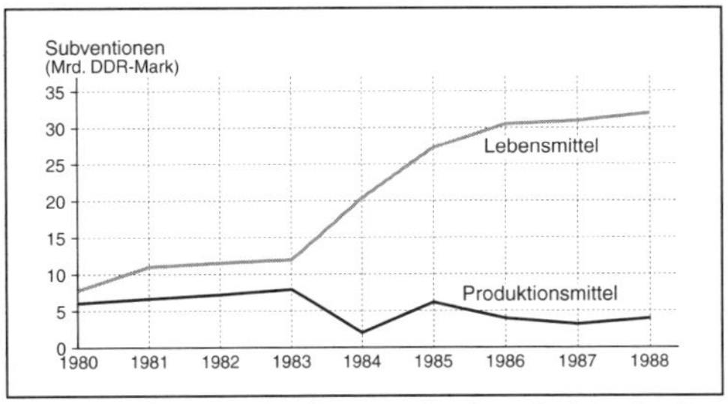

Abb. 6.2: Subventionierung der Landwirtschaft in der DDR 1980 – 1988
Quelle: nach Angaben des Dt. Bauernverbandes

Erzeugnis	Produkteinheit	1950	1988
Fleisch und Fleischerzeugung	kg	22,1	100,2
Eier	Stück	63	305
Butter	kg	5,4	14,9
Trinkmilch	l	74,0	111,6
Mehl und Nährmittel	kg	120,4	99,3
Kartoffeln	kg	219,3	149,9
Gemüse	kg	41,0	106,0
Obst	kg	12,0	76,9

Tab. 6.3: Pro-Kopf-Verbrauch wichtiger Nahrungsmittel in der DDR 1950 und 1988
Quelle: Kooperation 23 (1989) 6, S. 264

gewesen, da die Technik (Maschinen und Geräte) völlig veraltet und auch die Baulichkeiten in schlechtem Zustand waren. Obwohl Erich Honecker noch 1987 auf dem Bauernkongreß in Schwerin das seit vielen Jahren bestehende Problem der Ersatzteilversorgung zu lösen versprochen hatte, konnte das nicht realisiert werden. 1988 machten z. B. die Lieferungen an Stallarbeitsmaschinen nur 3 % des Bedarfs aus, bei Melkanlagen waren es 25 % (Kurjo 1990, S. 142).

Unter diesen Bedingungen blieb die DDR-Landwirtschaft subventionsabhängig. Wurden durch die Industrie und Agrarpreisreform zwar volkswirtschaftlich reale, subventionsfreie Preise angestrebt, so mußte der Staat andererseits große finanzielle Mittel einsetzen, um den Landwirtschaftsbetrieben zu ermöglichen, das erreichte Produktionsniveau überhaupt zu halten. So wurden alljährlich weiter Subventionen in Millardenhöhe für Produktionsmittel gezahlt.

Das Hauptfeld staatlicher Subventionspolitik im Ernährungsbereich betraf das Stabil- und Niedrighalten der Endverbraucherpreise gegenüber den kostenbestimmenden Erzeugerpreisen. Abbildung 6.2 zeigt die von Jahr zu Jahr gestiegenen Lebensmittelsubventionen, die im Jahre 1988 etwa 12 % der Ausgaben des Staatshaushaltes ausmachten. In Tabelle 6.2 ist dargestellt, wie sich die Verkaufserlöse bei den wichtigsten Agrarprodukten entwickelten und in welcher Größenordnung sich damit subventionsfreie Endverbraucherpreise hätten entwickeln müssen.

Die subventionierten niedrigen Endverbraucherpreise waren zwar für die einkommensschwachen Bevölkerungsschichten in hohem Maße sozial verträglich, sie führten aber auch zu Verschwendungserscheinungen und zweckfremder Nutzung (z. B. Verfütterung von Brot und Milch namentlich in der privaten Tierhaltung). Dieser Situation ist es auch zu schulden, daß seit der Agrarpreisreform 1984 bis 1989 der Pro-Kopf-Verbrauch für Brot und Speisekartoffeln um ca. 5 kg bis 1989 anstieg (Tab. 6.3).

Infolge dieser Entwicklung mußte der Staat immer mehr subventionieren. Kurjo (1984) führt an, daß beim Kauf von Nahrungsmitteln in Höhe von 100,- Mark noch rd. 85,- Mark zusätzlich vom Staat als Preisstützung bezahlt werden mußten.

6.2.3 Agrarpolitische Leitbilder, Rahmenbedingungen und Maßnahmen im vereinten Deutschland

Im Spätherbst des Jahres 1989, der politischen "Wende" in der DDR, änderte sich die Situation im agrarischen Bereich schlagartig. Über Nacht wurden Liefer- und Bezugsverträge für landwirtschaftliche Produkte nicht mehr eingehalten. Schlachthöfe nahmen die Tiere der LPG und VEG nicht mehr ab, Molkereien nicht mehr die Milch, der Handel nicht mehr das Gemüse. Oder die Landwirte gaben ihre Milch lieber gegen D-Mark an westliche Molkereiunternehmen, die mit Sammelwagen die Milch abholten. Viele Molkereien in den Bezirken der DDR mußten deshalb bald schließen. Sie hatten keine Milch mehr zu verarbeiten. Frisch geerntetes Gemüse wurde untergepflügt, weil sich die DDR-Bürger weigerten, einheimische Waren zu kaufen. Tiere wurden notgeschlachtet. Die Exporte in die östlichen sozialistischen Länder stockten, weil die DDR nun plötzlich Devisen für ihre Waren verlangte, über die die osteuropäischen Länder jedoch kaum verfügten. Westdeutsche Unternehmen drängten auf den Markt und verdrängten einheimische Produkte. Die großen westlichen Kaufhauskonzerne, Lebensmittelketten und Unternehmen der Lebensmittelbranche nutzten diese besondere Situation, um in kürzester Zeit flächendeckend ihre oftmals mehrfach verpackten und verlockenden Produkte strategisch und zielgerichtet mit Billigangeboten anzupreisen. Die Verlockungen, westliche Nahrungsmittel zu erwerben, waren für viele Bürger der DDR groß. Die zur Versorgung der Bevölkerung notwendigen Nahrungsgüter standen entweder nicht zur Verfügung, oder sie wurden nicht ausreichend und sinnvoll verteilt. Es entstand ein großes Chaos, ein desolater Zustand, der bis zur Wirtschafts-, Währungs- und Sozialunion andauerte.

Umittelbar nach der Wirtschafts-, Währungs- und Sozialunion Anfang Juli 1990 beschlossen die Regierungen der beiden deutschen Staaten im Hinblick auf eine spätere Vereinigung in enger Zusammenarbeit eine Reihe von Hilfsmaßnahmen, um den Anpassungsprozeß der Landwirtschaft der DDR an die westdeutschen bzw. marktwirtschaftlich ausgerichteten Strukturen westeuropäischer Länder zu unterstützen. Die entsprechenden Finanzmittel wurden in den Haushalt der DDR eingestellt, die dazu gehörenden Gesetze in der Volkskammer beraten und verabschiedet und nach und nach die erforderlichen Anordnungen erlassen, die die Details regeln sollten (ECKART 1994, S. 928 – 929).

Mit der Einführung der Wirtschafts-, Währungs- und Sozialunion, der Übernahme des EG-Agrarmarktordnungssystems und der Angleichung an das Agrarpreisniveau in der Bundesrepublik Deutschland waren die bis dahin sehr hohen staatlich festgesetzten Erzeugerpreise für die DDR-Landwirtschaft stark gesunken. Das galt zwar auch für Betriebsmittelpreise, aber trotzdem ergaben sich für viele Betriebe Erlöseinbußen und Zahlungsschwierigkeiten. Es traten Probleme bei Lohnfortzahlungen, Zins- und Tilgungsverpflichtungen auf.

Aus diesem Grunde kam es zunächst zu umfassenden finanziellen Unterstützungen. Zur Anpassung an die soziale Marktwirtschaft wurden für 1990 und 1991 Liquiditätshilfen von 4,6 Mrd. DM für die DDR-Landwirtschaft zur Verfügung gestellt (Agrarpolitische Mitteilungen ... 20. Juli 1990).

Ein weiterer wichtiger Volkskammerbeschluß betraf die Stillegung von Ackerflächen. Wie bereits in den übrigen EG-Ländern, sollte nun auch in der DDR durch die freiwillig staatlich geförderte Stillegung von Ackerflächen bzw. Extensivierung gegen Einkommensausgleich die Überproduktion eingedämmt und außerdem mit der

Stillegung von Ackerflächen ein Beitrag zum Umwelt- und Naturschutz geleistet werden. Gefördert wurde die Stillegung von Ackerflächen mit einer durchschnittlichen Ackerzahl ab 18. Es kamen jedoch nur solche Flächen in Frage, auf denen im Jahre 1989 Marktordnungsfrüchte (z. B. Getreide, Kartoffeln) angebaut worden waren. Die Stillegung von Ackerflächen konnte durch Brachlegung, Aufforstung, Nutzung zu nichtlandwirtschaftlichen Zwecken oder durch Umwandlung in extensiv genutztes Grünland erfolgen. Bei einer Bezugsfläche bis zu 750 ha mußten mindestens 20 % der Ackerfläche für 12 Monate stillgelegt werden, bei einer Bezugsfläche über 750 ha waren es mindestens 150 ha (Agrarpolitische Mitteilungen. Flächenstillegung ... 25. Juli 1990).

Um eine nachhaltige Festigung der Erzeugerpreise für die Milchproduktion in der DDR zu erreichen, wurde – wie schon 1984 in der Bundesprepublik – eine der EG-Regelung entsprechende Garantiemengenregelung für Milch eingeführt. Diese Regelung führte Preis- und Absatzgarantien ein und legte Produktionseinschränkungen fest, die z. T. durch staatliche Ausgleichszahlungen abgefedert wurden. Jeder Milcherzeuger erhielt ein Lieferrecht für Milch (= Milchquote). Das Lieferrecht bezog sich jeweils auf den Zwölfmonatszeitraum vom 1. April bis 31. März. Die Milchquote wurde – ausgehend von der Milcherzeugung im Jahre 1989 (= Referenzjahr) – von der Molkerei berechnet. Zunächst erhielt der Milcherzeuger eine sog. "Anlieferungs-Referenzmenge". Sie entsprach der um 15,5 % gekürzten Milcherzeugung von 1989. Von dieser Referenzmenge wurden 4,5 % der Milch gegen Vergütung ausgesetzt. Es sollte sich daraus insgesamt eine Mengenrückführung von knapp 20 % ergeben (Agrarpolitische Mitteilungen für die DDR ... 9. August 1990). Um die Agrarmärkte in der DDR und damit die Einkommen in der Landwirtschaft zu stabilisieren, um Marktstörungen, wie sie immer wieder auftraten, zu verhindern und um das Erzeugerpreisniveau in beiden deutschen Staaten auszugleichen, wurde von der Volkskammer der DDR für die DDR-Landwirtschaft ein dem EG-Marktordnungssystem entsprechendes Agrarpreisstützungs- und Außenschutzsystem verabschiedet. Dieses gesetzliche Instrumentarium machte es möglich, Investitionen zur Marktentlastung durchzuführen, Vergünstigungen, wie z. B. Erstattungen beim Export, Prämien etc. zu gewähren. Wie in der EG, so konnte nun in der DDR Getreide an staatliche Stellen zu festgelegten Preisen (Preisgarantie) verkauft werden. Die Investition wurde von der Anstalt für Landwirtschaftliche Marktordnung vorgenommen. Mehr als 40 Interventionsorte wurden auf dem Gebiet der DDR festgelegt (Agrarpolitische Mitteilungen für die DDR ... 30. Juli 1990).

Um auf Eigeninitiative und schnelle Marktreaktionen nicht verzichten zu müssen, war es notwendig, das Problem des Privateigentums zu lösen. Es wurde deshalb der Schutz des Privateigentums für die Land- und Forstwirtschaft mit dem Landwirtschaftsanpassungsgesetz geregelt, u. a. das Ausscheiden von LPG-Mitgliedern, die Neustrukturierung der LPG, die Rückerstattung von eingebrachten Flächen, Inventarbeiträgen und Vermögensanteilen sowie den Vorrang von DDR-Bürgern bei Kauf und Pacht land- und forstwirtschaftlicher Grundstücke.

Für die Umstrukturierung der LPG sah das Gesetz mehrere Möglichkeiten vor, z. B. Teilung einer LPG durch Auflösung und anschließende Übertragung des Vermögens auf andere von der LPG gegründete Unternehmen, oder Umwandlung einer LPG oder kooperativen Einrichtung in eine eingetragene Genossenschaft, Kapital- oder Personengesellschaft, oder Auflösung einer LPG durch Beschluß ihrer Mitglieder. Das Vermögen sollte verwendet und nach Auflösung der Verbindlichkeiten aufgeteilt werden. Mitglieder einer LPG konnten ihre

Mitgliedschaft kündigen. Die LPG war dann verpflichtet, ausscheidenden Mitgliedern bei der Errichtung eines Familienbetriebes zu unterstützen. Mit der Wiederherstellung des Privateigentums in der DDR durch das Landwirtschaftsanpassungsgesetz wurde es jedem Landwirt freigestellt, ob und wie er zukünftig Landwirtschaft betreiben will. Nach Können und persönlicher Zielsetzung ist es seitdem jedem Landwirt möglich, als bäuerlicher Haupt- oder Nebenerwerbsbetrieb, im Rahmen einer Genossenschaft oder in einer anderen Rechtsform zu arbeiten. Um für eine wettbewerbsfähige und ökologisch verträgliche Landwirtschaft günstige Startchancen zu bieten, wurde ein Investitionsförderprogramm aufgelegt und wurden staatliche Hilfen gewährt, und zwar zur Wiedereinrichtung und Modernisierung bäuerlicher Familienbetriebe im Haupt- und Nebenerwerb, zur Umstrukturierung von LPG und für betriebliche Maßnahmen zum Tier-, Umwelt- und Naturschutz (Agrarpolitische Mitteilungen für die DDR ... 2. August 1990).

Einige wichtige Gesetze, die zu Modrow's und de Maziere's Amtzeit verabschiedet worden waren, wurden in den Einigungsvertrag übernommen. Folgendes Recht der DDR blieb mit folgenden Änderungen in Kraft:

1. "Gesetz über die strukturelle Anpassung der Landwirtschaft an die soziale und ökologische Marktwirtschaft in der DDR" – Landwirtschaftsanpassungsgesetz vom 29. Juni 1990 (GBL. I Nr. 43, S. 642)
2. "Gesetz zur Förderung der agrarstrukturellen und der agrarsozialen Anpassung der Landwirtschaft der DDR an die soziale Marktwirtschaft" (= Fördergesetz) vom 6. Juli 1990 (GBL. I Nr. 42, S. 633)
3. "Gesetz über die Landwirtschaftlichen Produktionsgenossenschaften (LPG-Gesetz) vom 2. Juli 1982" (GBL. I Nr. 25, S. 443), zuletzt geändert durch das Gesetz über die Änderung oder Aufhebung von Gesetzen der DDR vom 28. Juni 1990 (GBL. I Nr. 38, S. 483), mit folgender Maßgabe: Das Gesetz tritt mit Ablauf des 31. Dez. 1991 außer Kraft.
4. "Gesetz über die Übertragung des Eigentums und die Verpachtung volkseigener landwirtschaftlich genutzter Grundstücke an Genossenschaften, Genossenschaftsmitglieder und andere Bürger vom 22. Juli 1990" (GBL. I Nr. 49, S. 899).

(Presse- und Informationsamt der Bundesregierung ... 6. Sept. 1990, S. 1 100).

Unmittelbar nach der deutschen Vereinigung Anfang Oktober 1990 kam es zu weiteren wichtigen agrarpolitischen Entscheidungen. Im Rahmen der Bund-Länder-Gemeinschaftsaufgabe "Verbesserung der Agrarstruktur und des Küstenschutzes" wurde am 29. Nov. 1990 das erste gesamtdeutsche agrarstrukturelle Förderungsprogramm (Rahmenplan) beschlossen (Agrarpolitische Mitteilungen ... Dez. 1990). Dieser Rahmenplan ist ein wichtiges Instrument zur Überwindung der schwierigen strukturellen Anpassungsprobleme in der Landwirtschaft der neuen Bundesländer und enthält folgende Schwerpunkte:

- Fortführung der bisher bewährten einzelbetrieblichen Maßnahmen (= Einzelbetriebliches Investitionsförderprogramm und Agrarkreditprogramm),
- spezielles Investitionsförderprogramm für bäuerliche Familienbetriebe in den neuen Bundesländern,
- Konzentration der Förderung auf umweltverträgliche Produktionsweisen,
- Impulse für Einkommenkombination,
- Ergänzung des Flächenstillegungsprogramms mit der neuen Erstaufforstungsprämie.

Darüber hinaus gab es zwei umfassende agrarpolitische Maßnahmen in der EG, die auch in den neuen Bundesländern durchgeführt wurden bzw. noch werden. Das Extensivierungsprogramm wurde angeboten und eine umfassende Agrarreform wurde begonnen.

An dem seit 1988 angebotenen EG-Extensivierungsprogramm konnten im Wirtschaftsjahr 1991/92 erstmals auch Landwirte aus den ostdeutschen Ländern teilnehmen. Das Ziel dieses Extensivierungsprogramms war es, in erster Linie über Veränderungen der Bodennutzungsstruktur bzw. über Verzicht auf bestimmten Anbau oder durch Verringerung des Mineraldüngereinsatzes eine Reduzierung des Produktionsumfanges zu erreichen. Ähnliche Möglichkeiten bestanden bei Veränderung oder auch Reduzierung des Viehbestandes.

Es gab zwei Möglichkeiten, um die Produktion zu verringern: die quantitative Methode und die produktionstechnische Methode. Da der Nachweis einer mindestens zwanzigprozentigen Produktionsreduktion bei der quantitativen Methode schwer zu erbringen war, wurde sie auch nur relativ wenig angewendet. Dagegen wurde die produktionstechnische Methode relativ gut aufgenommen.

Bei Anwendung der administrativen Methode wurden 400,- DM an Beihilfe pro verringerter Großvieheinheit (GVE) für Rindfleisch bezahlt (ZOELLNER 1992). Bei der quantitativen Methode spielte der Verzicht auf die Anwendung chemisch-synthetischer Produktionsmittel die größte Rolle. Beim Ackerbau gab es beträchtliche Unterschiede der Beihilfe. Sie schwankte zwischen 425,- DM/ha in Mecklenburg-Vorpommern und Sachsen-Anhalt sowie 510,- DM/ha in Thüringen und Brandenburg. Für Getreidebau betrug sie in allen Ländern 300,- DM/ha. Beim Wechsel der Fruchtfolge gab es 300,- DM/ha. Besonders hoch war die Beihilfe beim Verzicht auf synthetische Stoffe bei Dauerkulturen 1 416,-DM.

Sowohl für die Reduzierung des Baumbestandes bei Obst als auch für Teilflächenstillegung bei Obst gab es 1 416,- DM/ha einheitlich für alle Länder.

Beim Wechsel von Mastbullen auf Mutterkühe oder Mastochsen bzw. Mastfärsen gab es in allen neuen Ländern jeweils eine Beihilfe von 300,- DM je GVE, beim Wechsel der Kälberhaltungsform – ebenfalls für alle neuen Länder – pro gehaltener GVE eine Beihilfe von 153,- DM (ZOELLNER 1992).

Im Herbst 1992 konnten Landwirte letztmalig einen Antrag auf Förderung im Rahmen des EG-weiten Extensivierungsprogramms stellen, bevor ab dem Wirtschaftsjahr 1993/94 Extensivierungsmaßnahmen über die Förderung einer markt- und standortangepaßten Land bewirtschaftung angeboten wurden.

Die EG-Agrarreform ab 1992

Sie wirkte sich in drei Bereichen auf die Landwirtschaft der EG und somit auch auf die neuen Bundesländer aus. Es wurden bzw. werden drastische Getreidepreissenkungen vorgenommen und umfangreiche Einkommensübertragungen auf die Landwirte vorgenommen. Vom Wirtschaftsjahr 1993/94 an wurden administrierte Preise in drei Abschnitten reduziert. Der Interventionspreis für Getreide sollte in der Bundesrepublik von 275,- DM/t (1993/94) auf 235,- DM/t (ab 1995/96) gesenkt werden. Dieser zeitliche Rahmen galt auch für die Absenkung des Richtpreises (von 306,- DM/t auf 259,- DM/t) und des Schwellenpreises (von 412,- DM/t auf 365,- DM/t).

Für die Preissenkungen gibt es einen Preisausgleich (= Hektarbeihilfe). Dieser Preisausgleich wird für Getreide einschließlich Silomais durch Multiplikation des Preisausgleichs je Tonne mit dem regionalen Getreidedurchschnittsertrag ermittelt. Entsprechend den drei Preissenkungsschritten wird die Preisausgleichszahlung festgelegt. Allerdings waren bzw. sind diese Ausgleichszahlungen in den meisten Betrieben an die Stillegung von Flächen gebunden. Die Flächenstillegungsrate betrug im ersten Jahr der Reform, also im Jahre 1992/93, 15 %.

Dieser Anteil sollte jedoch nach der sich evtl. verändernden Marktlage in den folgenden Jahren erneut festgelegt werden. Wer an diesem sogenannten konjunkturellen Flächenstillegungsprogramm teilnahm, erhielt einen Preisausgleich. Diejenigen Landwirte, die im Wirtschaftsjahr 1993/94 Preisausgleichszahlungen haben wollten, mußten bereits nach der Ernte 1992 15 % ihrer mit Getreide, Ölsaaten und Hülsenfrüchten bebauten Flächen stillegen (FERBER 1992).

Von dieser Stillegungspflicht sind ausgenommen diejenigen Erzeuger, die über eine Anbaufläche verfügen, auf der höchstens 92 t Getreide geerntet werden (= Kleinerzeuger). Diese Flächen hatten in den neuen Bundesländern unterschiedliche Größe. Sie schwankten für 1994 zwischen 14,76 ha in Sachen und 20,35 ha in Brandenburg. Somit konnten die Landwirte 1994 eine Ausgleichszahlung von 372,- DM in Brandenburg und 513,- DM in Sachsen erhalten, ohne daß sie Flächen stillegen mußten (Die EG-Agrarreform ... 1994).

Um die stillgelegten Flächen ökonomisch und ökologisch sinnvoll zu nutzen und nicht nur brach liegen zu lassen, und um den Landwirten zusätzlich noch eine Einkommensquelle zu erschließen, ist es möglich, auf ihnen nachwachsende Energie- und Industrierohstoffe anzubauen, ohne daß die Flächenbeihilfe gekürzt bzw. gestrichen wird. Allerdings muß der Nachweis erbracht werden, daß es dafür einen Abnehmer gibt, der diese pflanzlichen Produkte für den Einsatz in der Industrie oder der Energiewirtschaft verwendet.

Ab 1. Januar 1993 gelten im Rahmen der Agrarreform auch Neuregelungen im Rindfleischsektor. Diese sollen dazu beitragen, durch Senkung des Interventionspreises die Interventionsmengen zurückzuführen und als weitgehenden Ausgleich dafür die direkt dem Erzeuger zufließenden Prämienzahlungen zu verstärken. Die Sonderprämie für Rindfleischerzeuger wurde in drei Schritten erhöht. Sie belief sich auf jedes männliche Rind (Bulle oder Ochse) für 1993 auf 141,- DM, für 1994 auf 177,- DM und für 1995 auf 212,- DM.

Für die neuen Länder wurde eine regionale Höchstgrenze von insgesamt 780 000 männlichen Rindern festgelegt. Die Zahl der Tiere, für die einem Erzeuger die Sonderprämie gewährt werden kann, wird über einen sog. Besatzdichtefaktor begrenzt. Das ist das Verhältnis zwischen der Zahl der Großvieheinheiten (GVE) und der für die Ernährung der Tiere des Betriebes bestimmten innerbetrieblichen Futterfläche. Er wurde für 1993 auf 3,5 GVE und ab 1996 auf nur noch 2 GVE festgelegt. Auch die Mutterkuhprämie wurde angehoben, und zwar von 165,- DM/Tier (1993) auf 283,- DM/Tier (1995) (ZOELLNER 1992).

Der Besatzdichtefaktor gilt nicht für einen Erzeuger, wenn die in seinem Betrieb gehaltene Zahl der Milchkühe sowie der männlichen Rinder, Mutterkühe und Mutterschafe, für die Prämien beantragt wurden, 15 GVE nicht übersteigt.

Diese hier aufgeführten Rahmenbedingungen waren bzw. sind ausschlaggebend für den Agrarstrukturwandel, der sich seit nunmehr acht Jahren vollzieht.

6.3 Räumliche Verteilungsmuster agrarischer Produktion bis zur Wende

Die vorher geschilderten agrarpolitischen Ziele und Maßnahmen haben zu Raumstrukturen und raumstrukturellen Veränderungen geführt, wie sie im folgenden mit einigen kartographischen Darstellungen verdeutlicht werden sollen.

Bodennutzung

Betrachtet man die Bodennutzungsstruktur, dann gilt es, auf der Ackerfläche die drei Nutzpflanzengruppen Getreide, Hackfrüchte und Feldfutterpflanzen zu berücksichtigen. Dabei machte der Getreideanbau in beiden

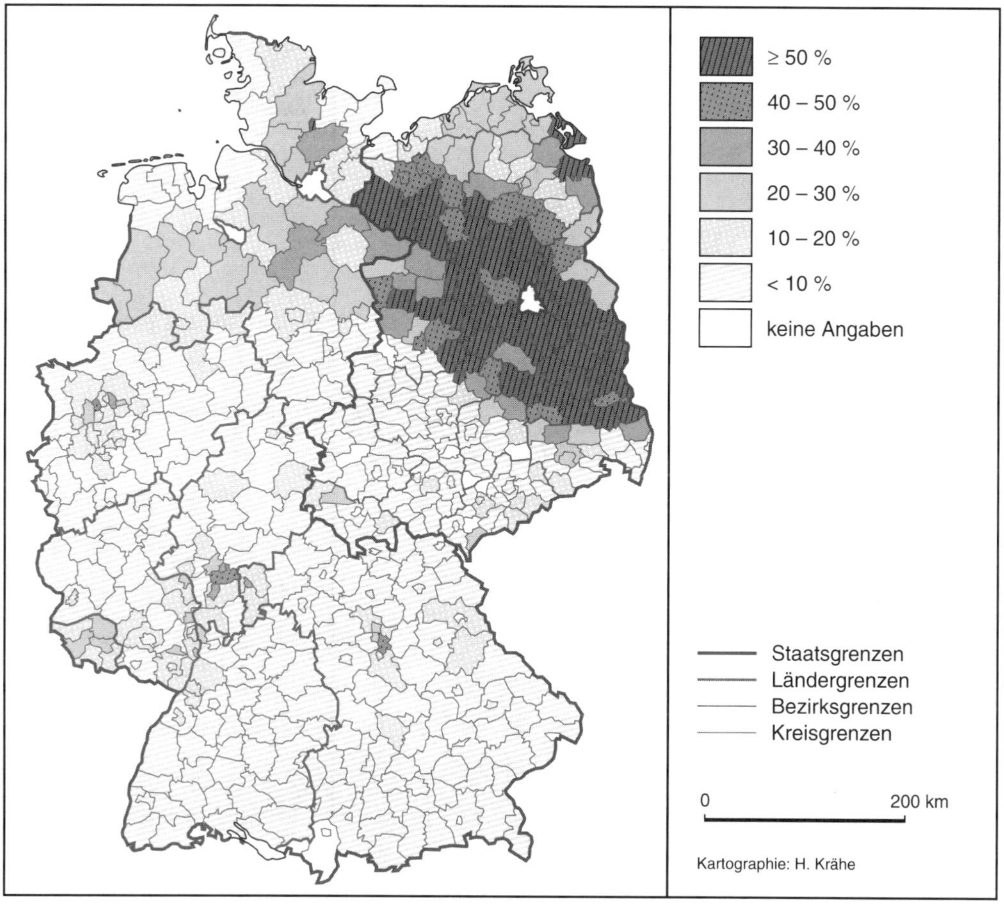

Abb. 6.3: Anteil der Roggenfläche an der Getreidefläche in beiden deutschen Staaten 1987
Quelle: Statistische Landesämter, Zentralamt für Statistik der DDR

deutschen Staaten den größen Anteil aus. Er lag allerdings mit etwa 60 – 70% in der alten Bundesrepublik weit über den Anteilen der DDR. In den beiden deutschen Staaten gab es auch Unterschiede in den Flächenanteilen der Feldfutterpflanzen. In der DDR lagen diese Anteile über denen in der BRD.

In beiden deutschen Staaten gab es aber ab Mitte der 1970er Jahre eine Flächenausdehnung. Innerhalb der drei Bodennutzungsgruppen gab es stets strukturelle Unterschiede und auch unterschiedliche Entwicklungen.

Beim Getreideanbau hat es Verschiebungen zwischen den Anteilen der vier Hauptgetreidearten gegeben. Auch beim Hackfruchtanbau und beim Feldfutteranbau ist es im Laufe der Zeit zu Veränderungen gekommen. Regionale Konzentrationen gab es u. a. für Roggen (Abb. 6.3) und Kartoffeln (Abb. 6.4).

Zu diesen Unterschieden der Flächen und Flächenanteile kommen die Ertragsunterschiede. Die Getreideerträge sind in den beiden deutschen Staaten angestiegen, in den meisten Jahren lagen die Erträge in der BRD über denen der DDR. Die Unter-

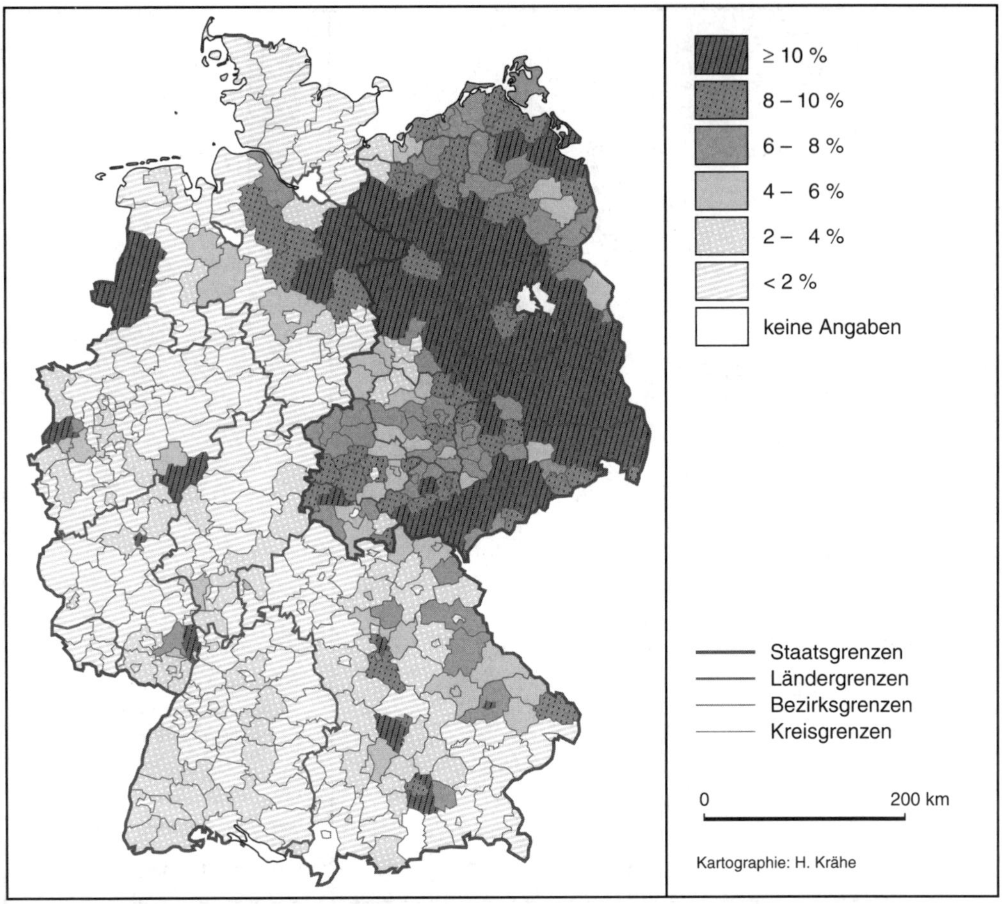

Abb. 6.4: Anteil der Kartoffelfläche an der Ackerfläche in beiden deutschen Staaten 1987
Quelle: Statistische Landesämter, Zentralamt für Statistik der DDR

schiede waren z. T. ganz beträchtlich, besonders groß zwischen den Hackfrüchten (Abb. 6.5). Gründe dafür sind vielfältig. Sie sind zurückzuführen auf Bodenverdichtung u. a.

Viehwirtschaft und tierische Leistungen
Auch die Entwicklungen in der Viehwirtschaft in den beiden deutschen Staaten wies große Unterschiede auf. Der Rinderbesatz zeigt diese Diskrepanzen. Die Zahl der Rinder pro 100 ha LN bzw. LF (Abb. 6.6) war in der Bundesrepublik im Durchschnitt wesentlich höher als in der DDR. Regionale Unterschiede für 1987 zeigt Abbildung 6.7. Dabei wird die sehr starke Konzentration auf den Norden und Nordwesten sowie auf den Süden deutlich. In der DDR gab es – auf der Basis der Landkreise – keine vergleichbaren Schwerpunkträume.

Der Anteil des Milchviehbestandes am gesamten Rinderbestand hat sich seit den 1960er Jahren sehr stark verringert. Damals lag er in der DDR mit mehr als 40 % weit über den Anteilen in der BRD. In beiden deutschen Staaten nahmen die Anteile ab. Mitte der 1980er Jahre belief er sich in beiden Ländern auf etwa 34 % (Abb. 6.8).

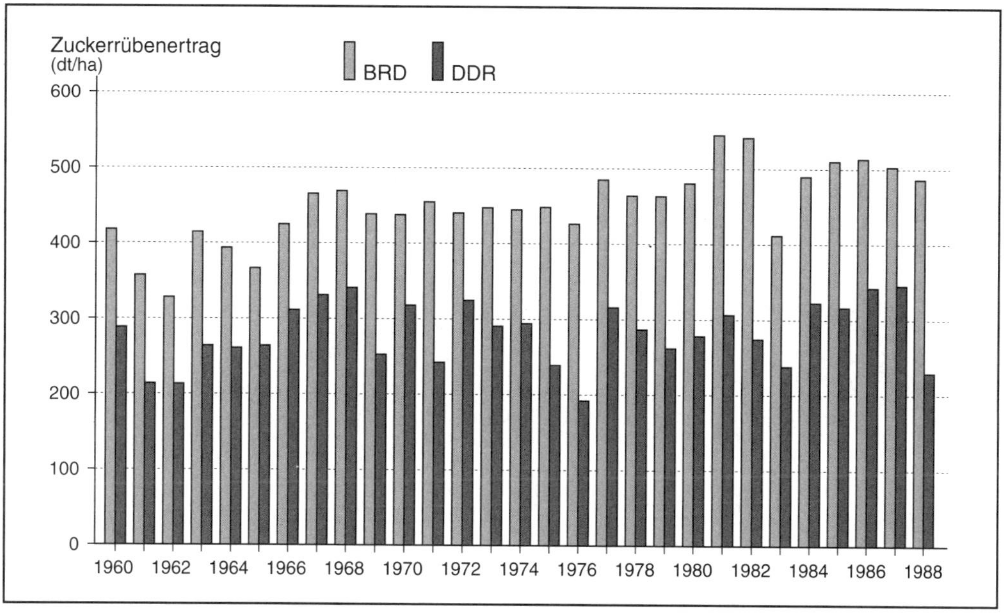

Abb. 6.5: Entwicklung der Zuckerrübenerträge in den beiden deutschen Staaten 1960 – 1988
Quelle: Stat. Jahrbücher der BRD und der DDR, versch. Jg.

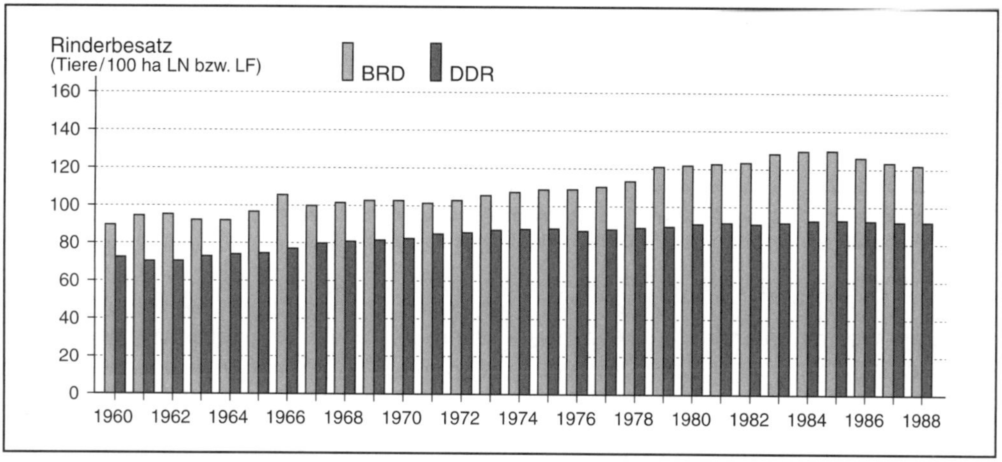

Abb. 6.6: Entwicklung des Rinderbestandes in den beiden deutschen Staaten 1960 – 1988
Quelle: Stat. Jahrbücher der BRD und der DDR, versch. Jg.

Die beschriebene Entwicklung ist Ausdruck auch eines Wandels in den Eßgewohnheiten bei der deutschen Bevölkerung. Der Trend zu abnehmendem Fleischkonsum wird hierin sichtbar.

Regionale Unterschiede sind seit jeher beträchtlich. Die grünlandstarken Mittelgebirgsregionen des Erzgebirges, des Bayerischen Waldes und des Alpenvorlandes gelten als Vorzugsräume. Hinzu kom-

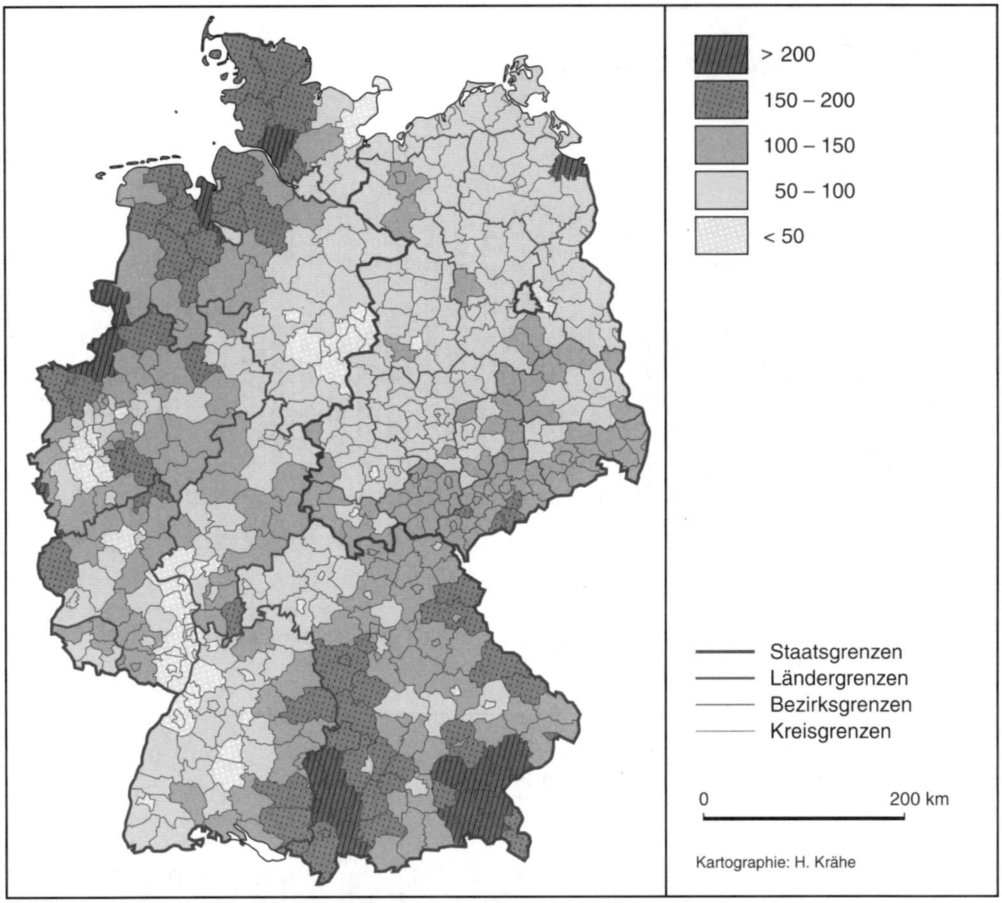

Abb. 6.7: Rinderbestand pro 100 ha LF in den beiden deutschen Staaten 1987
Quelle: Statistische Landesämter, Zentralamt für Statistik der DDR

men das Westmünsterland, der Vechta-Oldenburger Raum, Teile Mecklenburgs u. a.

Obwohl die Milchproduktion in den beiden deutschen Staaten seit 1960 zugenommen hatte, gab es doch immer eine große Diskrepanz (Abb. 6.9).

Eine generelle Zunahme des Schweinebestandes ist auch ein gemeinsames Merkmal der Entwicklung in der Viehwirtschaft. Ende der 1960er Jahre und Mitte der 1980er Jahre war die Schweinedichte (Tiere / 100 ha LN bzw. LF) in den beiden deutschen Staaten etwa gleich groß.

Während es im Jahre 1987 in der DDR eine relativ gleichmäßige räumliche Verteilung gab, gab es in der BRD mit dem West- und Südmünsterland ausgesprochene Konzentrationsräume (Abb. 6.10). Die nahegelegene Verbraucheragglomeration des Ruhrgebietes hat wesentlich zu dieser Entwicklung beigetragen.

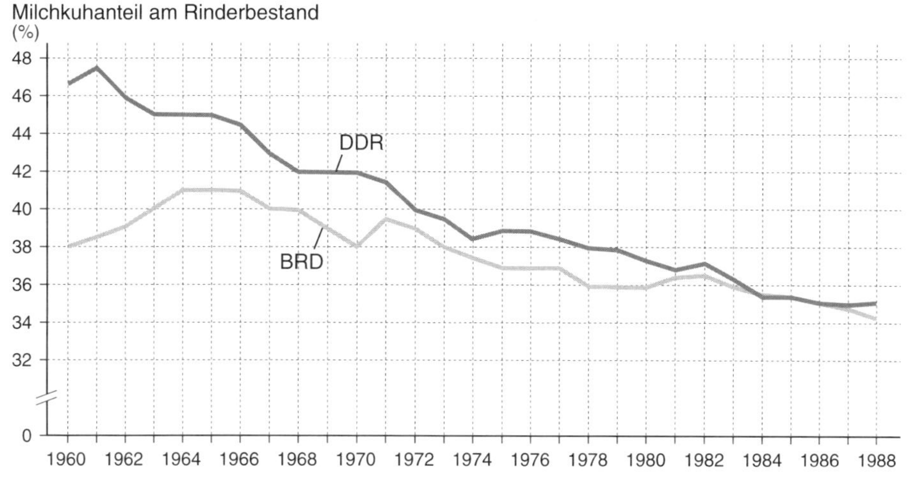

Abb. 6.8: Entwicklung des Milchkuhanteils am Rinderbestand in den beiden deutschen Staaten 1960 – 1988

Quelle: Stat. Jahrbücher der BRD und der DDR, versch. Jg.

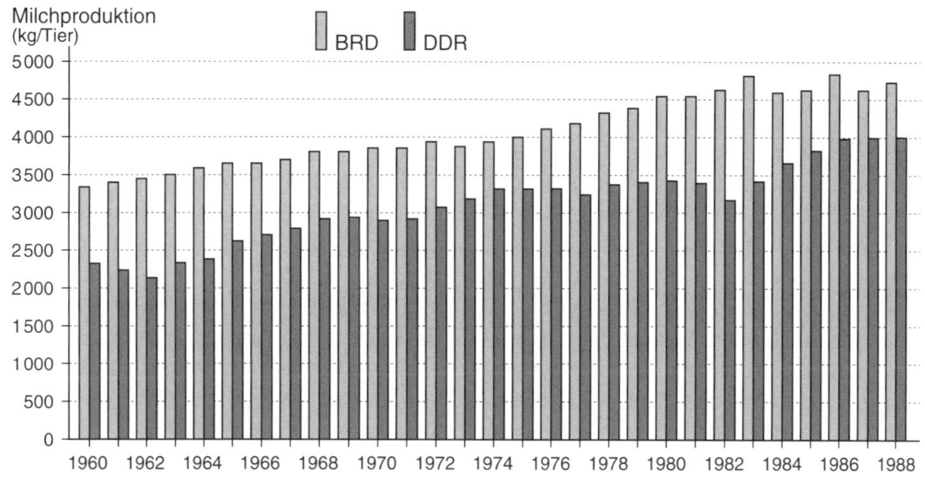

Abb. 6.9: Entwicklung der Milchproduktion in den beiden deutschen Staaten 1960 – 1988

Quelle: Stat. Jahrbücher der BRD und der DDR, versch. Jg.

6.4 Agrare Betriebsstrukturen bis zur Wende

Die bisher vorgestellten Bodennutzungs- und viehwirtschaftlichen Strukturen stehen in direktem Zusammenhang auch mit betrieblichen Strukturen.

Betriebsgröße (ha LF)	1970 Anzahl (1 000)	%	1975 Anzahl (1 000)	%	1980 Anzahl (1 000)	%	1989 Anzahl (1 000)	%
1 bis < 10	638,5	59,0	490,7	54,2	406,9	51,0	307,1	47,3
10 bis < 20	267,8	24,7	211,7	23,4	181,3	22,7	136,6	21,0
20 bis < 50	157,5	14,5	176,1	19,5	177,9	22,3	160,2	24,7
50 bis < 100	16,3	1,5	22,3	2,5	26,9	3,4	38,6	5,9
100 und mehr	3,0	0,3	3,9	0,4	4,4	0,6	6,5	1,0
insgesamt	1 081,1	100,0	904,7	100,0	797,4	100,0	648,8	100,0

Tab. 6.4: Anzahl und Größenklassen der landwirtschaftlichen Betriebe in der Bundesrepublik Deutschland 1970 – 1989

Quelle: Stat. Jahrbuch ELF, verschiedene Jg.

Jahr	Haupterwerb Anzahl	%	Vollerwerb Anzahl	%	Zuerwerb Anzahl	%	Nebenerwerb Anzahl	%
1970	700,4	64,7	466,5	43,1	233,6	21,6	382,7	35,3
1975	547,8	60,5	409,1	45,2	138,7	15,3	356,9	39,4
1980	483,8	60,7	397,3	49,8	86,5	10,8	313,7	39,3
1989	377,0	58,1	318,6	49,1	58,4	9,0	271,8	41,9

Tab. 6.5: Landwirtschaftliche Betriebe (> 1 ha LF) nach dem Erwerbscharakter in der Bundesrepublik Deutschland 1970 – 1989

Quelle: Stat. Jahrbuch ELF, mehrere Jg.

6.4.1 Besitz- und Größenstrukturen landwirtschaftlicher Betriebe der alten Bundesrepublik

Zunächst ist festzuhalten, daß die Zahl der landwirtschaftlichen Betriebe in der alten Bundesrepublik in den letzten Jahrzehnten stark zurückgegangen ist.1970 gab es noch 1 080 100 Betriebe über 1 ha LF, 1989 waren es nur noch 648 800 Betriebe. Zu diesem radikalen Schwund kamen die Veränderungen zwischen den einzelnen Betriebsgrößenklassen. Die Gesamtzahl der Betriebe unter 1 ha LF hat sich ständig verringert, dagegen hat die Zahl der Betriebe über 20 ha ständig zugenommen Tab. 6.4).

Durch diese Entwicklungen ist es im Laufe der Zeit auch zu Veränderungen der mittleren Größe der landwirtschaftlichen Betriebe gekommen. 1970 belief sie sich auf 11,7 ha LF, 1989 auf 18,2 ha LF. Zwischen den einzelnen Bundesländern waren die Unterschiede beachtlich.

Zu den spezifischen Strukturmerkmalen der Landwirtschaft der Bundesrepublik Deutschland gehört das Nebeneinander von Betrieben mit unterschiedlichem Erwerbscharakter. Nach überwiegender Herkunft des Einkommens wird zwischen Haupt- und Nebenerwerbsbetrieben unterschieden. Die Haupterwerbsbetriebe gliedern sich in Voll- und Zuerwerbsbetriebe. Tabelle 6.5 verdeutlicht, daß 1970 mit 64,7 % fast zwei Drittel aller Betriebe Haupterwerbsbetriebe waren. 1989 waren es nur noch 58,1 %. Entsprechend hat sich der prozentuale Anteil der Nebenerwerbsbetriebe erhöht.

Innerhalb der Haupterwerbsbetriebe bestand 1970 der größte Anteil aus Vollerwerbsbetrieben. Wesentlich geringer war der Anteil der Nebenerwerbsbetriebe. Bis 1989 hat es Verschiebungen der prozentualen Anteile gegeben. Im Durchschnitt hatte ein Haupterwerbsbetrieb 1989 eine Betriebsgröße von 27,2 ha LF, ein Nebenerwerbsbetrieb eine Durchschnittsgröße von 5,7 ha LF.

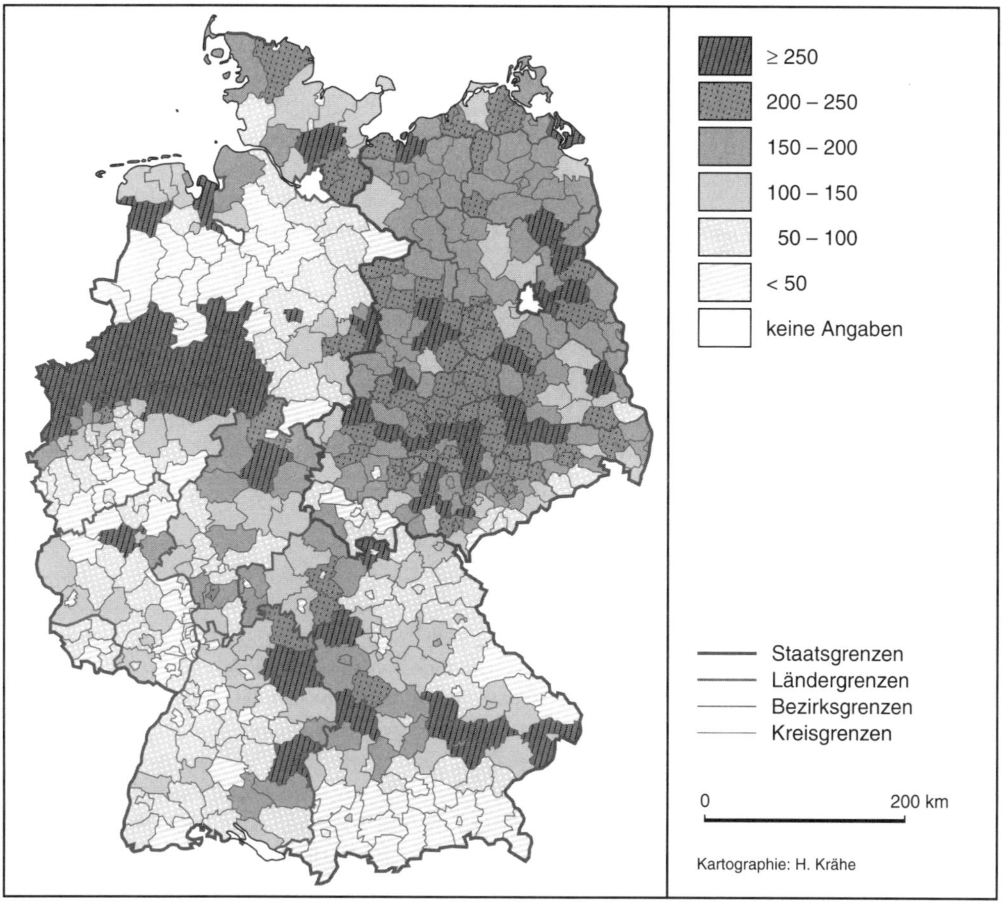

Abb. 6.10: Schweinebestand pro 100 ha LF in den beiden deutschen Staaten 1987
Quelle: Statistische Landesämter, Zentralamt für Statistik der DDR

6.4.2 Besitz- und Größenstrukturen landwirtschaftlicher Betriebe in der DDR

Die Angaben für das Jahr 1960 spiegeln bereits den Stand der fast vollständigen Kollektivierung der Landwirtschaft in der DDR wider. Zu diesem Zeitpunkt existierten über 19 000 LPG, von denen wiederum gut zwei Drittel zu den Typen I und II gehörten (Tab. 6.6). Mit im Durchschnitt 534,1 ha bewirtschafteten die LPG Typ III allerdings eine im Vergleich zu den Typen I und II mehr als dreimal so große Nutzfläche (Tab. 6.7). 669 Volkseigene Güter und 9 476 "Sonstige Volkseigene Betriebe" ergänzten das Bild der neuen Betriebsstrukturen. Insgesamt bestanden 29 458 nichtprivate Betriebe, unter denen die VEG zunächst im Durchschnitt am größten waren (591,4 ha). Den Gegenpol dazu bildeten mit einer Durchschnittsfläche von nur 8,6 ha die "Sonstigen Volkseigenen Betriebe", in der Hauptsache Zusammenlegungen der Flächen von Einzelbauern, die während der Kollektivierungsphase die DDR verlassen hatten. Solche Flächen gab es in der Mehrzahl der Dörfer. Da man sie anfänglich aus juristischen

Betriebskategorie	Anzahl der Betriebe			
	1960	1968	1979	1987
Volkseigene Güter (VEG)	669	544	65 / 329[1]	70 / 312[1]
LPG	19 313	11 513	972 / 2 944[2]	1 155 / 2 723[2]
davon: Typ I und II	12 976	5 754		
Typ III	6 337	5 759		
Sonstige Volkseigene Betriebe	9 476	2 165	–[3]	–[3]
KAP und ZBE(P)	0	0	161	6
Übrige Betriebe (Privatbetriebe, Kirchenbetriebe...)	30 202	11 170	–[3]	–[3]

Tab. 6.6: Landwirtschaftsbetriebe in der DDR 1960 – 1987
[1] VEG (P) / VEG (T) [2] LPG (P) / LPG (T) [3] keine Angaben
Quelle: Stat. Jahrbuch DDR versch. Jg.

Betriebskategorie	Durchschnittliche Betriebsgröße (ha LN)			
	1960	1968	1979	1987
Volkseigene Güter (VEG)	591,4	797,5	5 483,9[1]	5 024,4[1]
LPG	280,0	459,2	4 772,9[2]	4 562,0[2]
Davon: Typ I und II	156,0	224,1		
Typ III	534,1	716,6		
Sonstige Volkseigene Betriebe	8,6	11,4	–[3]	–[3]
KAP und ZBE(P)			4 890,3	3 335,3
Übrige Betriebe (Privatbetriebe, Kirchenbetriebe...)	16,1	33,3	–[3]	–[3]

Tab. 6.7: Durchschnittliche Betriebsgrößen in der DDR 1960 – 1987
[1] VEG Pflanzenproduktion [2] LPG Pflanzenproduktion [3] keine Angaben
Quelle: Stat. Jahrbuch DDR versch. Jg.

Gründen nicht den LPG zuschlagen wollte, wurden sie getrennt bearbeitet .Wegen der geringen Größe und der Streulage der Nutzfläche wurde in diesen Betrieben fast ausschließlich mit Verlust gewirtschaftet. Dem standen 1960 noch mehr als 30 000 nichtsozialistische Landwirtschaftsbetriebe gegenüber, vor allem Privatgärtner und Kirchenbetriebe mit im Durchschnitt sehr geringen Betriebsgrößen.

Zwischen 1960 und 1968 hatten sich bei allen Betriebsformen Veränderungen vollzogen. Am wenigsten fielen sie bei den Volkseigenen Gütern ins Gewicht, deren Zahl sich verringerte bei gleichzeitiger Erhöhung der Durchschnittsgröße. Zwischen LPG und VEG war damals ein Flächenaustausch möglich, der heute nur noch mit erheblichen Schwierigkeiten zurückzuverfolgen ist. Gravierender waren die Veränderungen bei den LPG. Ihre Gesamtzahlt verringerte sich gewaltig, gleichzeitig nahm jedoch ihre Größe um mehr als 59 % zu. Wichtig war auch, daß die Anzahl der "entwickelten" LPG TYP III zum Ende der 1960er Jahre größer war als die der LPG Typ I und II. Auch der Größenunterschied zwischen Typ III und I / II hatte zugenommen. Die Anzahl der oft unrentablen "Sonstigen Volkseigenen Betriebe" wurde bis 1968 drastisch reduziert. Auch der "nichtsozialistische" Sektor war bedeutend geschrumpft.

Große Veränderungen vollzogen sich in der Zeit von 1968 bis 1979. Sie hingen in erster Linie mit der ab 1975 vollzogenen betriebswirtschaftlichen Trennung von Pflanzen- und Tierproduktion zusammen. Dabei kam es zur Bildung ganz neuer Betriebsformen. Die entstehenden spezialisierten Betriebe der Pflanzenproduktion, (LPG (P); VEG (P) hatten den größten Teil der

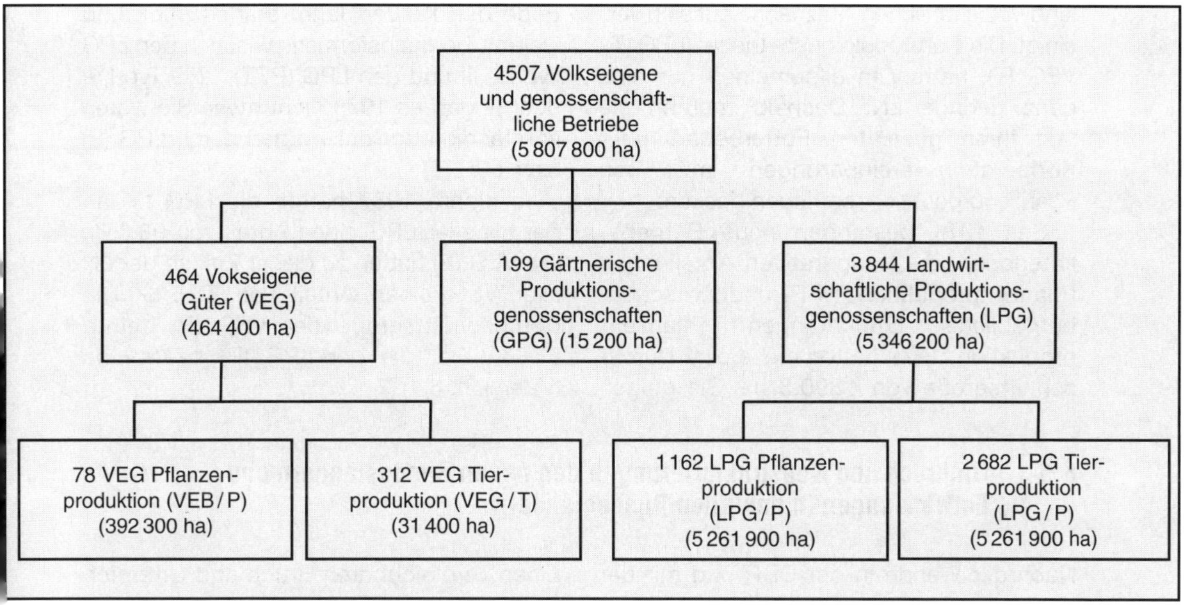

Übersicht 6.1: Ausgewählte Betriebsstrukturen in der Landwirtschaft der DDR bis zur Wende
Quelle: nach Angaben bei LAGEMANN 1992, S. 63

Übersicht 6.2: Rechtsformen in der Landwirtschaft der neuen Bundesländer, Stand: Ende 1995
Quelle: Argumente, Trends und Fakten ... 1997, S. 132

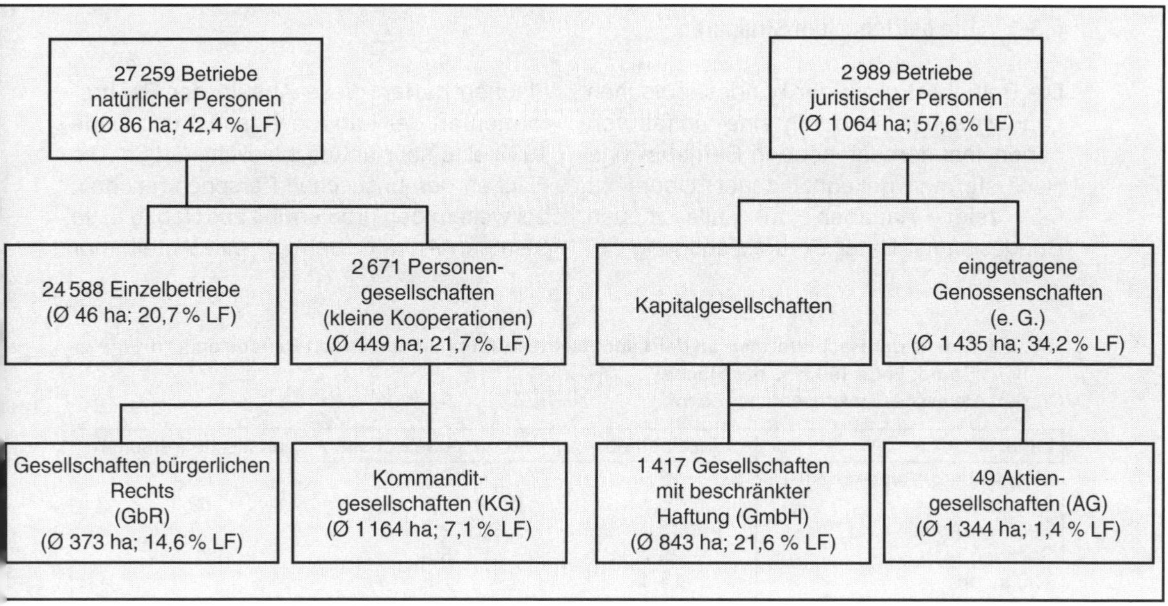

landwirtschaftlichen Nutzfläche auf sich vereinigt. Die Tierproduktionsbetriebe, (LPG (T); VEG (T), hatten im allgemeinen nur eine ganz geringe LN. Deshalb mußten sie fast ihren gesamten Futterbedarf über Kooperationsvereinbarungen mit den Pflanzenproduktionsbetrieben decken.

Seit 1971 bestanden neue Betriebskategorien, die Kooperativen Abteilungen Pflanzenproduktion (KAP) und Zwischenbetriebliche Einrichtungen Pflanzenproduktion. 1979 hatten diese eine Durchschnittsgröße von 4 890,3 ha. Sie gingen Ende der 1970er Jahre stark zurück und waren Übergangsformen zwischen den LPG Typ I – III und den LPG (P/T). LPG Typ I, II oder III gab es 1979 nicht mehr. Sie waren vollständig abgelöst worden durch LPG (P) bzw. LPG (T).

Im Jahre 1987 hatten die LPG (P) an der LN aller LPG einen Anteil von 98,5 %. Die VEG (P) hatten zu dieser Zeit an der LN aller VEG einen Anteil von 88,5 %. Die Durchschnittsgröße der VEG (P) betrug 5 483,9 ha, die der LPG (P) 4 772,9 ha (Übersicht 6.1).

6.5 Umbruch und Neustrukturierung in den neuen Bundesländern und Entwicklungen in den alten Bundesländern

Nach der Wende in der DDR und mit der deutschen Vereinigung änderten sich für den östlichen Teil Deutschlands die agrarpolitischen Ziele. Es kam zum Abbruch der bis dahin konsequenten agrarwirtschaftlichen Entwicklung. Diese sozioökonomischen Strukturen der DDR wurden zerschlagen, und neue sollten aufgebaut werden.

Einen vergleichbaren Bruch und Umbruch erlebte die alte Bundesrepublik seit dieser Zeit nicht. Dort vollzogen sich in allen Strukturbereichen die Entwicklungen tendenziell weiter, die schon seit vielen Jahren erkennbar sind. Deshalb wird im folgenden in erster Linie auf die Veränderungen in den heutigen neuen Bundesländern eingegangen.

6.5.1 Die betrieblichen Strukturen

Die Betriebsstruktur der bundesdeutschen Landwirtschaft ist durch eine Vielfalt von nebeneinanderbestehenden Betriebs- und Rechtsformen gekennzeichnet. Übersicht 6.2 zeigt Angaben für alle neuen Bundesländer. Unter Berücksichtigung der Flächen hatten diese Anteile der Rechtsformen an der Landbewirtschaftung Ende 1993 eine sehr unterschiedliche Größe. Die Flächen der juristischen Personen machten bei weitem den größten Teil aus (Tab. 6.8). In Sachsen-Anhalt betrug ihr Anteil nur

Tab. 6.8: Anteile der Rechtsformen an der Landbewirtschaftung in den deuen Bundesländern (Stand: Ende 1993; % der Fläche)

Quelle: Deutscher Bauernverband, Bonn

Land	Einzelbetriebe	Personengesellschaften	juristische Personen
Mecklenburg-Vorpommern	18,6	12,0	69,4
Brandenburg	15,1	15,6	69,3
Sachsen-Anhalt	21,9	19,2	58,9
Sachsen	23,7	5,5	70,8
Thüringen	14,4	7,5	78,1

58,9 % aus, in Thüringen aber 78,1 %. Die Flächen der Einzelbetriebe machten in Thüringen nur 14,4 % aus. In Sachsen belief sich der Anteil aber auf 23,5 %.

In dieser Hinsicht und auch bei der Betriebsgröße gibt es im Vergleich zu den alten Bundesländern große Unterschiede (Tab. 6.9). Obwohl sich das Umwandlungstempo merklich verringert hat, ist gegenwärtig der Strukturveränderungsprozeß noch nicht abgeschlossen.

Besonders interessant ist die Tatsache, daß u. a. wegen der ungeklärten Rechtsverhältnisse und der insgesamt schwierigen wirtschaftlichen Situation relativ wenig LF in den neuen Ländern verkauft wurde. Die Verkaufswerte für Flächen wiesen 1995 große Unterschiede zwischen den neuen Ländern auf (Mecklenburg-Vorpommern 5 074 DM / ha und Thüringen 10 002 DM / ha). Im Durchschnitt aber lagen in den neuen Ländern die Verkaufswerte wesentlich unter denen der alten Bundesländer (Abb. 6.11).

Große Bedeutung hat jedoch in den neuen Bundesländern das Pachten bzw. Verpachten von Flächen (Tab. 6.10).

Mit 77,5 % waren 1991 mehr als drei Viertel der LF Pachtflächen. In der alten Bundesrepublik lag dieser Anteil bei nur 42,5 %. Nach den Ergebnissen der Agrarberichterstattung 1992 waren 10,6 % unentgeltlich überlassene Flächen. Während in den neuen Bundesländern 11,9 % der bewirtschafteten Flächen in den Betrieben im Eigentum waren, waren es in den alten Ländern immerhin 56,9 %. In den neuen Bundesländern hatten 1991 23,7 % aller Betriebe Pachtflächen, in der alten Bundesrepublik waren es nur 9,3 %. Die Preise allerdings für Pachtflächen lagen in der alten Bundesrepublik weit höher als in den neuen Bundesländern. Das betraf nicht nur Acker-, sondern auch Grünflächen. Das war auch noch 1997 so. Allerdings sind die Pachtpreise in den neuen Bundesländern generell angestiegen.

Mehr als ein Drittel der gesamten LF in den neuen Bundesländern wird

Tab. 6.9: Anzahl und Fläche der landwirtschaftlichen Betriebe in Deutschland 1998
Quelle: Agrarbericht der Bundesregierung 2000, Anhang S. 8

Betriebsgröße (ha)	Früheres Bundesgebiet		Neue Bundesländer		Deutschland insgesamt	
	Anteil der Betriebe an ihrer Gesamtzahl					
	Anzahl	%	Anzahl	%	Anzahl	%
2 – 10	155 556	36,8	9 467	34,2	165 023	36,5
10 – 20	84 977	20,0	3 697	13,4	88 674	19,6
20 – 30	54 826	12,9	1 693	6,1	56 519	12,5
30 – 50	62 507	14,7	1 883	6,8	64 390	14,3
50 – 100	51 333	12,1	2 449	8,8	53 782	11,9
über 100	14 787	3,5	8 489	30,7	23 276	5,2
zusammen	423 986	100,0	27 678	100,0	451 664	100,0
	Anteil der Betriebe an der Gesamtfläche					
	1 000 ha	%	1 000 ha	%	1 000 ha	%
2 – 10	805,9	7,0	44,9	0,8	850,7	5,0
10 – 20	1 239,2	10,7	52,9	0,9	1 292,0	7,5
20 – 30	1 351,7	11,7	41,4	0,7	1 393,1	8,1
30 – 50	2 421,3	20,8	72,7	1,3	2 494,0	14,5
50 – 100	3 514,6	30,4	178,3	3,3	3 692,9	21,5
über 100	2 239,2	19,4	5 205,4	93,0	7 445,5	43,4
zusammen	11 572,0	100,0	5 595,4	100,0	17 167,4	100,0

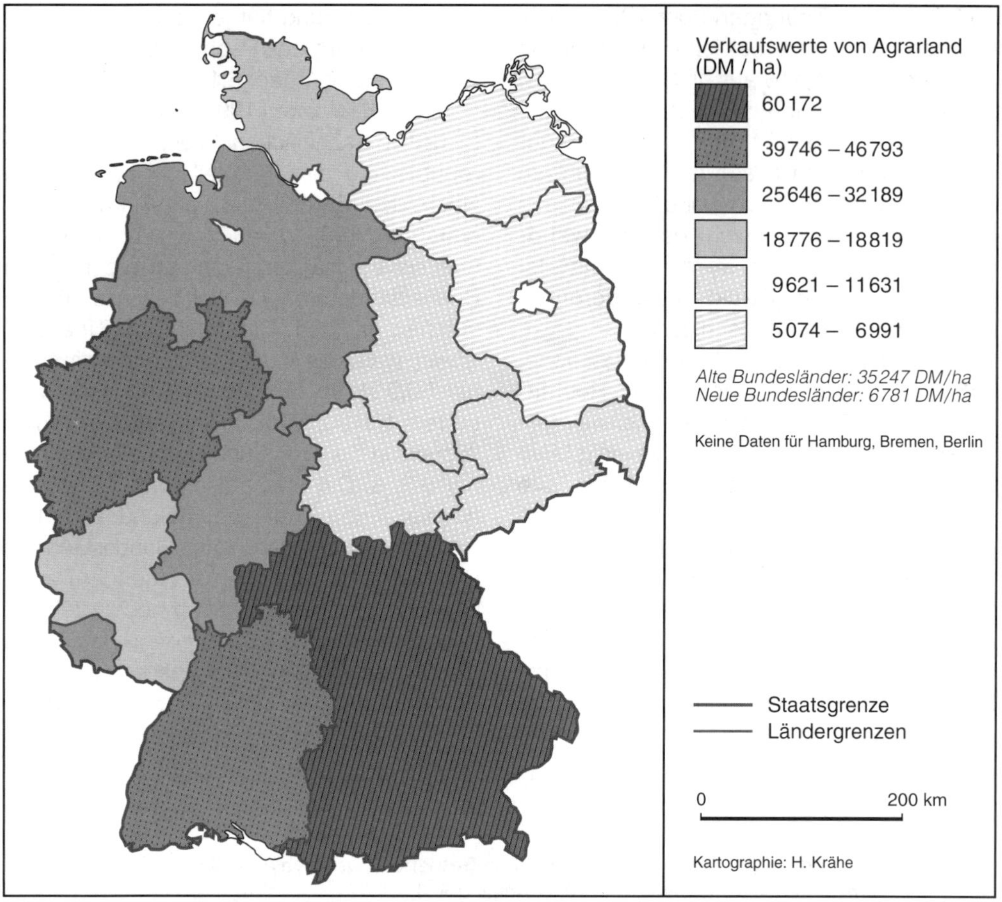

Abb. 6.11: Verkaufswerte von Agrarland in Deutschland 1995
Quelle: Deutscher Bauernverband (1997)

Tab. 6.10: Besitzverhältnisse in den landwirtschaftlichen Betrieben Deutschlands und gezahlte Pachtpreise 1991
Quelle: Deutscher Bundestag, 13. Wahlperiode, Unterrichtung durch die Bundesregierung. Materialband zum Agrarbericht 1996 der Bundesregierung. Drucksache 13/3681, S. 14

Bundesland	Besitzverhältnisse der bewirtschafteten Flächen (Anteil in %)			Anteil der Betriebe mit Pachtflächen	Jahrespachtentgeld je ha in DM			
	gepachtet	unentgeltlich überlassen	Eigene Flächen		Ackerland		Dauergrünland	
					1991	1997	1991	1997
Meckl.-Vorp.	77,2	9,1	13,7	31,0	122	183	82	106
Brandenburg	66,3	19,4	14,3	22,9	83	118	71	87
Sachsen-Anhalt	78,8	10,9	10,3	28,9	182	284	92	122
Thüringen	88,0	4,9	7,1	21,6	155	207	90	92
Sachsen	83,9	4,7	11,4	17,0	139	191	100	105
Neue BL	77,5	10,6	11,9	23,7	136	196	86	101
Alte BL	42,5	0,6	56,9	9,3	486	482	315	301

Kooperation	LPG Pflanzenproduktion		LPG Tierproduktion		
	Anzahl	ha LN	Anzahl	GV	GV / 100 ha
A	1	5 844	1	5 280	90
B	1	4 020	2	3 410	85
C	1	5 920	1	5 620	95

Tab. 6.11: Betriebe, Bodenflächen und Tierbestände in den Kooperationen von Übersicht 6.3 im Dezember 1989
Quelle: ROST / WISSING 1992, S. 13

		Kooperation A	Kooperation B	Kooperation C
Vorwiegender Standort		Lö2	Lö / V2	D2-3
Vorherrschende Bodenart		Lehm	Lehm	Sand
Durchschnittliche Ackerzahl		70	64	32
Anteil der Ackerfläche an der LN (%)		97	83	90
Anbauanteile (% der Ackerfläche)				
Getreide		46,1	58,8	51,9
Ölfrüchte		1,5	1,5	–
Kartoffeln		11,8	12,0	15,3
Zuckerrüben		8,8	9,1	1,6
Hauptfutterfläche		27,6	18,6	19,2
Ernteerträge (dt / ha)				
Getreide		54,9	44,1	41,5
Kartoffeln		308,0	190,0	230,0
Zuckerrüben		372,0	218,0	330,0
Silomais		369,0	396,0	366,0
Viehbesatz	GV / 100 ha	90	85	95
darunter Kühe	St. / 100 ha	46	27	41
Zuchtsauen	St. / 100 ha	32	9	27
Schafe	St. / 100 ha	33	134	4
Milchleistung	kg / Kuh	4 648	3 390	4 310
Arbeitskräftebesatz	AK / 100 ha	13,0	12,9	11,9
davon Primärproduktion	AK / 100 ha	7,0	8,0	7,3
Leitung / Verwaltung	AK / 100 ha	1,8	1,6	1,6
vor- und nachgelagerte Bereiche	AK / 100 ha	4,2	3,3	3,0

Tab. 6.12: Ausgewählte Kennzahlen der Arbeitskräfte- und Produktionsstruktur in den Kooperationen von Übersicht 6.3 im Jahre 1989
Quelle: ROST / WISSING 1992, S. 14

Tab. 6.13: Eigentumsverhältnisse am Boden in den Kooperationen von Übersicht 6.3 im Jahre 1989
[1] bisher unter "Eigentum des Volkes" geführt und den LPG vom Staat zur Nutzung übergeben
Quelle: ROST / WISSING 1992, S. 15

Eigentümer	Kooperation A		Kooperation B		Kooperation C	
	ha	%	ha	%	ha	%
Privat	4 868	83	3 112	77	4 243	72
Kirche	202	4	160	4	157	3
Treuhand[1]	774	13	748	19	1 520	25

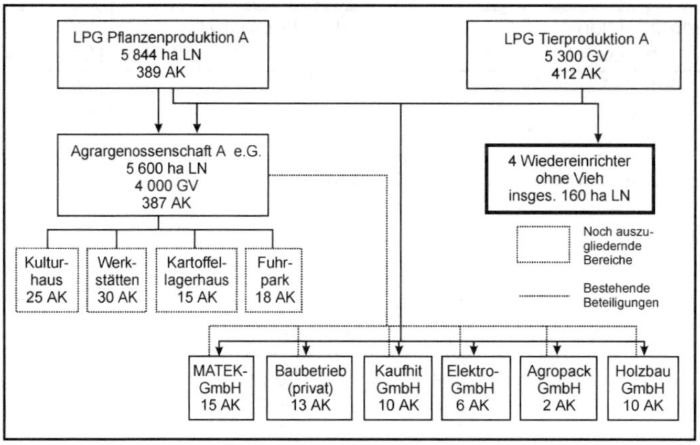

Übersicht 6.3:
Beispiel – Strukturveränderungen im Territorium der Kooperation A
Quelle:
ROST/WISSING 1992, S. 19

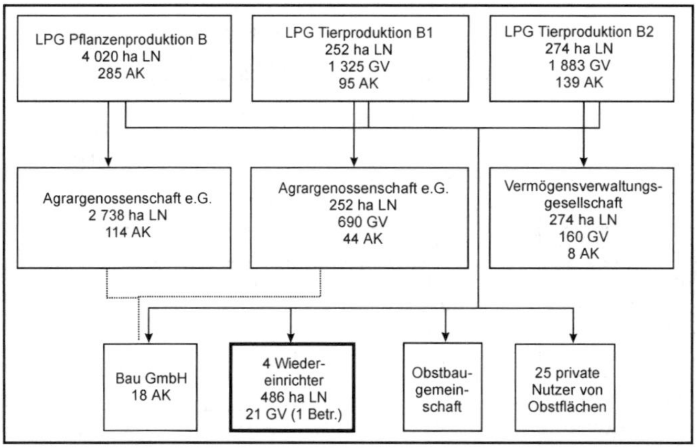

Übersicht 6.4:
Beispiel – Strukturveränderungen im Territorium der Kooperation B
Quelle:
ROST/WISSING 1992, S. 20

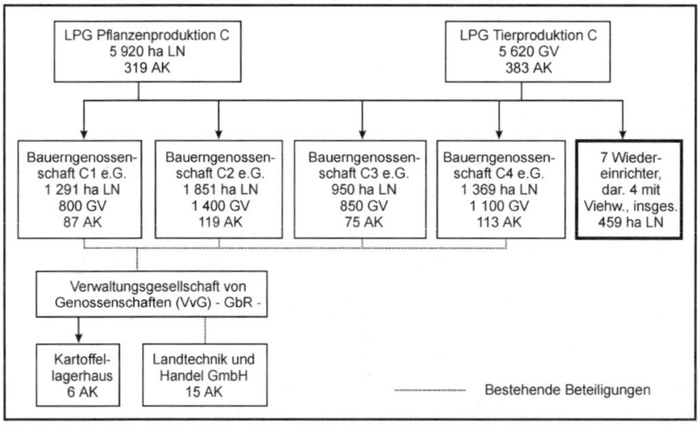

Übersicht 6.5:
Beispiel – Strukturveränderungen im Territorium der Kooperation C
Quelle:
ROST/WISSING 1992, S. 19

von der Treuhandanstalt verwaltet. Für die Privatisierung ist seit dem 1. Juli 1992 die Bodenverwertungs- und -verwaltungsgesellschaft (BVVG) – in Zusammenarbeit mit den Landesbehörden – zuständig. Dem Verkauf dieser Flächen ist zunächst eine Phase der langfristigen Verpachtung (meist 12 Jahre) vorgeschaltet. Für das Pachtjahr 1992/93 lagen der BVVG 10581 Pachtverträge vor. Bis 30. September 1993 (Ende des Pachtjahres) waren Pachtverträge über 1,097 Mio. ha abgeschlossen. 1761 Anträge liefen auf langfristigen Abschluß hinaus und umfaßten 214000 ha.

Beispiele für betriebliche Umstrukturierungen in den neuen Bundesländern
Ausgewählt wurden drei Kooperationen, die 1989 über verschiedene landwirtschaftliche Nutzflächen verfügten und unterschiedlich hohen Tierbestand aufwiesen (Tab. 6.11).

Es handelte sich bei diesen Kooperationen um solche mit sehr unterschiedlichen Bodenqualitäten. Die Ackerzahlen schwanken zwischen 32 und 70. Unterschiede gab es auch hinsichtlich der Anbauanteile, der Ernteerträge, des Vieh- und des Arbeitskräftebesatzes.

Nach Auflösung der LPG entstanden z. T. ähnliche, aber auch ganz unterschiedliche Einrichtungen (Übersicht 6.3 – 6.5).

6.5.2 Bodennutzungsstrukturen in den alten und den neuen Bundesländern nach der Wende

Seit 1988/89 in den alten und nach der Wende und der deutschen Vereinigung auch in den neuen Ländern in zunehmendem Maße landwirtschaftliche Flächen aus der Produktion genommen und gegen Entgelt stillgelegt. Es gab ein- und fünfjährige Stillegungen, die an eine Reihe von Bedingungen geknüpft waren, wenn die Prämie beansprucht wurde. 1988 war es eine Stillegungsfläche von nur 52033 ha in der alten BRD. Der rapide Anstieg in den folgenden Jahren führte dort 1993 zu einem Wert von 775660 ha in den neuen Bundesländern, für die erst Angaben ab 1991 vorliegen, gab es auch schon damals mit 487867 ha (1991) und 581098 ha (1993) einen enormen Flächenumfang an stillgelegten Flächen. 1994 betrug dieser dann 1,6 Mio. ha, 1996 waren es 1,283 Mio. ha. Im Durchschnitt war das ein Anteil von 12,6%. Die Unterschiede zwischen den Bundesländern waren beachtlich, obwohl zur Ernte 1996 in den neuen Bundesländern mit 668872 ha die Stillegungsfläche das frühere Bundesgebiet mit 624048 ha nur geringfügig übertraf (Agrarbericht 1997 der Bundesregierung, Materialband, Tab. 141). Unterschiede zeigt für 1991/92 Abbildung 6.12. 1993 hatte Niedersachsen mit 200702 ha den absoluten größten Flächenumfang (=11,4% der Ackerfläche). Auch in Bayern gab es 1993 mit 179213 ha eine große Stillegungsfläche. Sie machte allerdings nur 8,5% der Ackerfläche aus. In den neuen Bundesländern hatte Brandenburg eine Stillegungsfläche von 147654 ha (=14,5% der Ackerfläche). 1996 betrug die Stillegungsfläche 19,8% (Abb. 6.13).

Die Stillegung ist eine der Maßnahmen, um die landwirtschaftliche Produktion insgesamt zu verringern. Seit 1993 können jedoch auf Stillegungsflächen nachwachsende Industrie- und Energierohstoffe angebaut werden, ohne daß die Stillegungsprämie den Landwirten verlorengeht. 1996 wurden in Deutschland auf 19,1% der stillgelegten Fläche bereits nachwachsende Rohstoffe angebaut (Abb. 6.14). Das Angebot, auf stillgelegten Ackerflächen nachwachsende Rohstoffe anzubauen, wurde von den Landwirten in allen Bundesländern gut angenommen. Das jedenfalls wird deutlich, wenn man die beantragte Flächen für die einzelnen Jahre vergleicht.

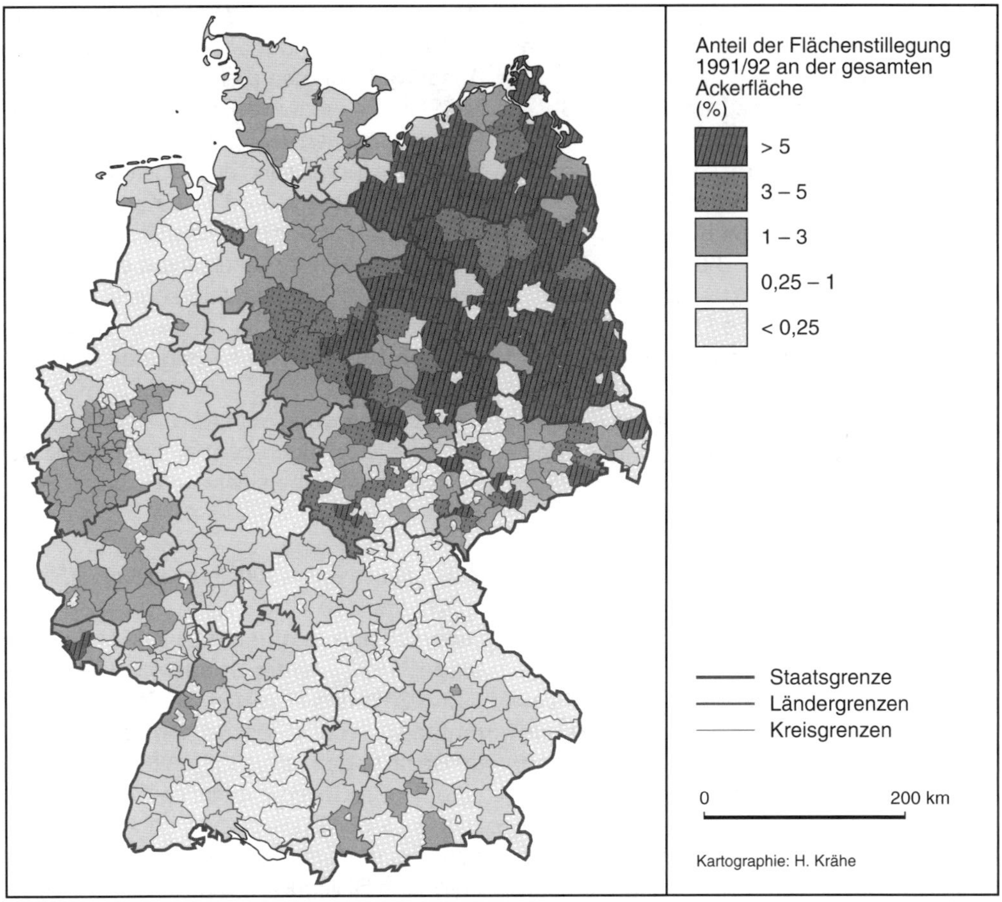

Abb. 6.12: Flächenstillegungsprogramm in Deutschland 1991 / 1992
Quelle:
Laufende Raumbeobachtung der BfLR-Kreise

Der am weitesten verbreitete nachwachsende Rohstoff ist Raps. Daneben sind auch noch andere Pflanzen auf den Stillegungsflächen mit unterschiedlichen regionalen Schwerpunkten bedeutsam.

Raps als nachwachsender Industrie- und Energierohstoff spielt aber außerhalb der Stillegungsflächen eine noch viel größere Rolle. Explosionsartig wurden die Anbauflächen ausgedehnt. In den neuen Bundesländern ist diese Entwicklung noch ungebremst, während sie in den alten Ländern bereits den Höhepunkt überschritten hat.

In Süddeutschland und in den neuen Bundesländern ist der Körnersonnenblumenanbau unter den Ölsaaten besonders stark vertreten. Aufgrund der ökologischen und besonders klimatischen Unterschiede entstand eine deutliche regionale Konzentration.

Nicht nur durch diese Maßnahme veränderte sich die Bodennutzungsstruktur sondern auch durch Maßnahmen der Extensivierung. Die beiden bereits an anderer

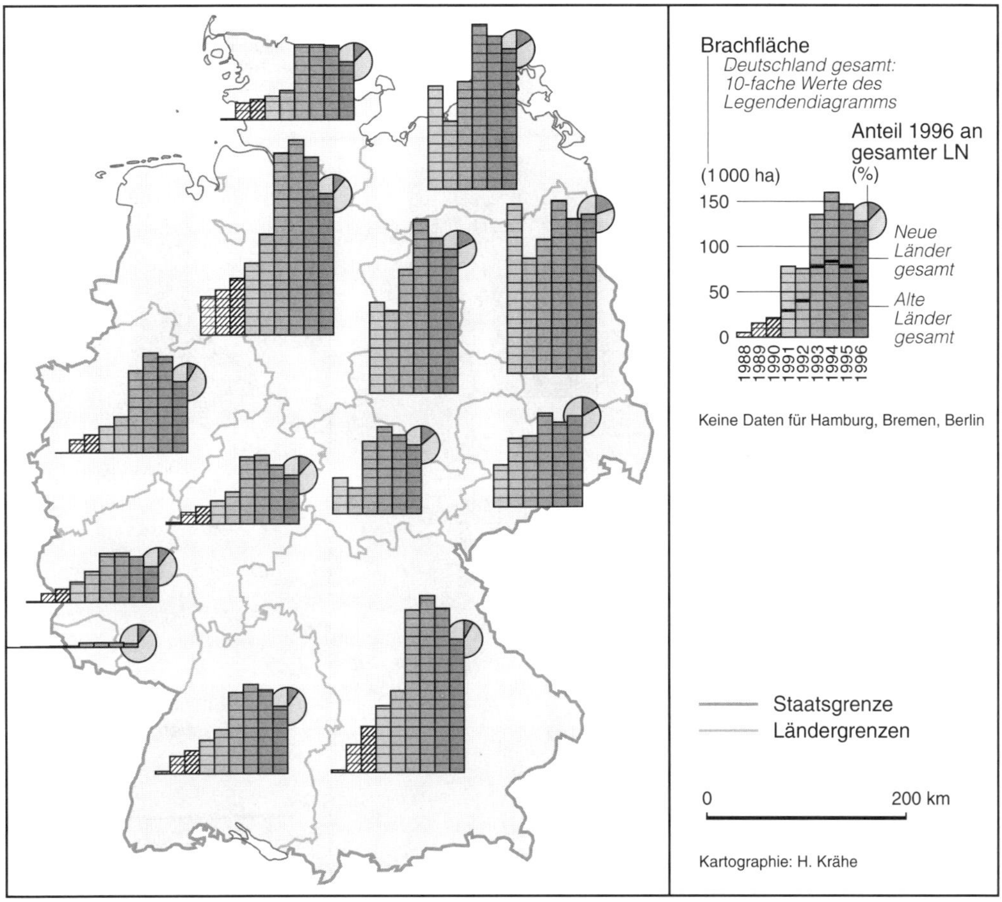

Abb. 6.13: Brachflächen einschl. stillgelegter Flächen mit Beihilferegelung und konjunkturelle Stillegungsflächen in Deutschland 1988 – 1996
Quelle: Bundesanstalt f. Landwirtschaftliche Marktordnung (BALM) u. Deutscher Bauernverband (1997)

Stelle beschriebenen Methoden wurden in den einzelnen Bundesländern in unterschiedlichem Umfang angenommen. Fast unbedeutend blieb die quantitative Methode, weshalb auch hier nur auf die produktionstechnische Methode eingegangen wird. Berlin, Bremen und Hamburg sowie auch Mecklenburg-Vorpommern hatten sich an

Tab. 6.14: Flächenentwicklung ausgewählter Nutzpflanzen in der DDR bzw. den neuen Bundesländern 1989 – 1996
Quelle: nach Angaben des Deutschen Bauernverbandes, Bonn

Fläche (1 000 ha)	1989	1990	1991	1992	1993	1996
Roggen	624	643	346	307	336	473,0
Kartoffeln	431	347	116	109	74	71,4
Zuckerrüben	217	206	165	153	149	143,9

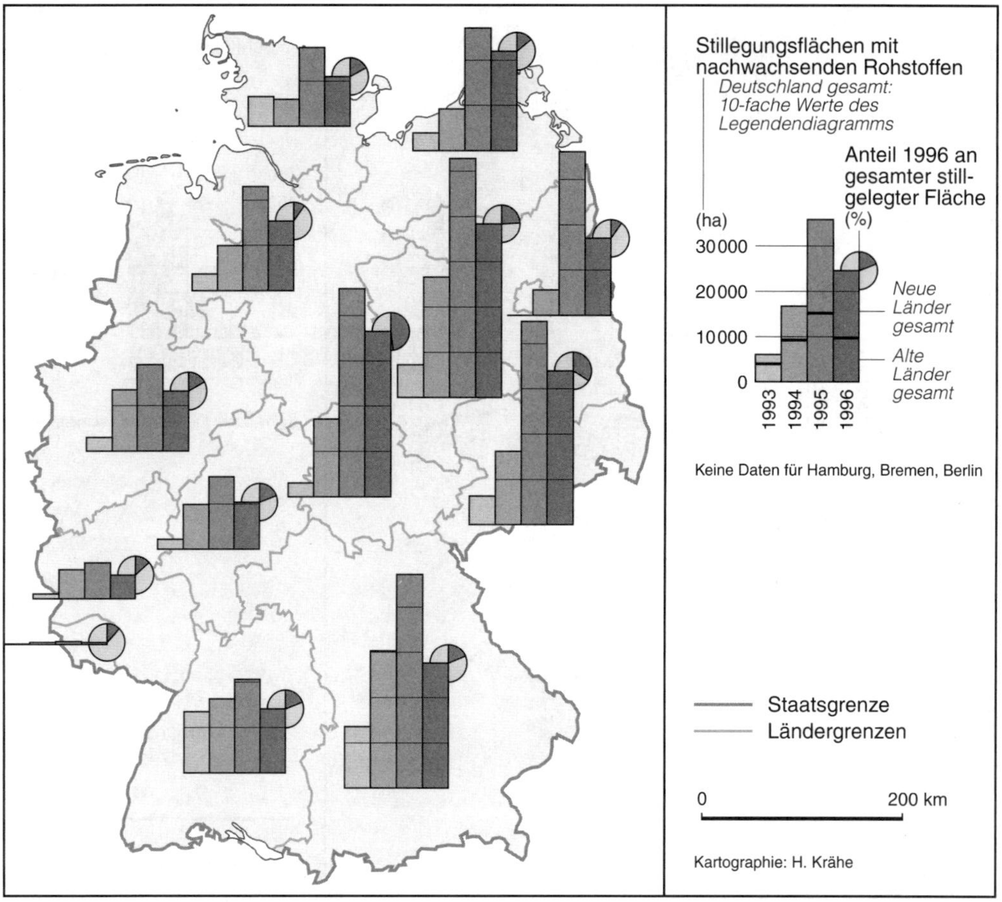

Abb. 6.14: Stillegungsflächen mit nachwachsenden Rohstoffen in Deutschland 1993 – 1996
Quelle: Bundesanstalt für Landwirtschaftliche Marktordnung (BALM) und Deutscher Bauernverband

dieser Methode nicht beteiligt. Für das Saarland wurden aus datenschutzrechtlichen Gründen keine Zahlen angegeben.

Diese Umstrukturierungen wurden durch umfangreiche finanzielle Mittel unterstützt und ermöglicht durch die Tatsache, daß nicht neue Anbauflächen geschaffen, sondern nur bis dahin bedeutsame Nutzpflanzen verdrängt wurden. Am augenfälligsten ist dies in den neuen Bundesländern. Sehr stark zurückgedrängt wurden der Roggen- und Kartoffelanbau (Tab. 6.14).

6.5.3 Die Entwicklung der Viehwirtschaft seit der Wende

Die Strukturveränderungen in der deutschen Viehwirtschaft nach der Wende betrafen fast nur die DDR bzw. die neuen Bundesländer. Aus diesem Grunde soll auch nur darauf eingegangen werden.

Mit der Auflösung der betrieblichen Strukturen brach dort die Viehwirtschaft fast zusammen. (Tab. 6.15). Insbesondere mit der Privatisierung der Kombinate Industrielle Mast (KIM), die zu Zeiten der DDR die industriemäßige Großproduktion verkörperten, entfielen wesentliche Stützpfeiler der tierischen Produktion und Versorgung.

Einen verheerenden Einbruch gab es besonders in der Schweineproduktion. Ende 1989 waren noch rd. 12 Mio. Tiere, im Dezember 1993 nur noch knapp 4 Mio. vorhanden. Der Rückgang auf ein Drittel in dieser kurzen Zeit war mehr als alarmierend. In dieser dramatischen Entwicklung kommen die Auswirkungen des schlechten Erlös- und Kostenverhältnisses zum Ausdruck. Es zeigte sich darin aber auch der große Kapitalmangel, der eine schnelle Modernisierung der Schweineproduktion verhindert. Ein weiterer Abbau der Schweineproduktion muß auch noch befürchtet werden, da die schlechte Liquiditätslage der Betriebe Überbrückungen von größeren Preiseinbrüchen nicht ermöglichte. Es ist wohl verständlich, wenn der Deutsche Bauernverband von einer notwendig werdenden Trendwende sprach, die unbedingt eintreten müsse, wenn die neuen Bundesländer nicht "veredlungsfrei" werden sollten.

Zu diesem Strukturwandel in der Viehwirtschaft trug auch die Extensivierungsmethode bei. In nur drei Ländern fand die quantitative Methode Anwendung. Mecklenburg-Vorpommern und auch Sachsen beteiligten sich nicht daran. Am bedeutsamsten war deren Anwendung noch in Thüringen. 1991 / 1992 bauten 89 Rindfleisch- und 32 Schaffleischerzeuger ihre Bestände ab. Für die Reduzierung um 20 916 GVE bei Rindfleisch und 1 156 GVE bei Schaffleisch wurden 8,71 Mio. DM / Jahr zur Verfügung gestellt.

Die produktionstechnische Methode in der Viehhaltung wurde nur von vier der fünf neuen Länder genutzt. Mecklenburg-Vorpommern beteiligte sich auch hieran nicht. Die größte Bedeutung erlangte sie in Brandenburg. Dort hat es in den Jahren 1991 / 92 und 1992 / 93 z. B. bei 18 Betrieben einen Wechsel von Mastbullen auf Mutterkühe gegeben. Der Umfang der Extensivierung belief sich dabei auf insgesamt 5 454 GVE. 10 Betriebe nahmen einen Wechsel der Kälberhaltungsform vor. Der Umfang der Extensivierung dadurch belief sich auf 1 381 GVE. Für alle Extensivierungen nach dem produktionstechnischen Verfahren wurden in Brandenburg Mittel in Höhe von 2,13 Mio. DM / Jahr beantragt.

Tab. 6.15: Tierbestände in der DDR bzw. den neuen Bundesländern 1989 – 1996

[1] Stand jeweils Jahresmitte

Quelle: nach Angaben des Deutschen Bauernverbandes, Bonn

	Anzahl (1 000 Stck.)						
	31.10. 1989	31.12. 1990	Dez. 1992	Dez. 1993	1994[1]	1995[1]	1996[1]
Rinder insges.	5 724	5 727	2 831	2 804	2 833	2 922	2 911
Milchkühe	2 001	1 960	1 36	1 052	1 196	1 242	1 256
Schweine insges.	12 013	11 088	4 400	3 953	3 672	3 237	3 142
Zuchtsauen	1 076	916	583	506	464	416	407
Schafe	2 603	2 973	680	662	755	818	793

6.5.4 Veränderungen der Erwerbstätigkeit in der Landwirtschaft

Im November 1989 waren in der Landwirtschaft der DDR noch 915 000 Personen beschäftigt (Tab. 6.16). Der Rückgang war radikal. Im Mai 1992 waren es nur noch 320 000 Beschäftigte, Ende 1993 sogar nur noch 187 400.

Die Unterschiede zwischen den einzelnen Bundesländern waren gewaltig. In Brandenburg ging z. B. die Zahl der Beschäftigten von 204 000 (11 / 89) auf 47 000 (5 / 92) zurück. Im Freistaat Sachsen war es in dieser Zeit nur ein Rückgang von 173 000 auf 81 000.

Sowohl die männlichen als auch die weiblichen Arbeitskräfte waren von diesem Rückgang betroffen. Es betraf die Beschäftigten aller Altersgruppen mit ihren unterschiedlichen Qualifikationen.

Im Mai 1992 waren nur noch 32 % von ihnen in der Landwirtschaft beschäftigt. Inzwischen ist der Anteil noch wesentlich weiter gesunken. Damals waren 34 % der ursprünglich in der Landwirtschaft tätigen in anderen Wirtschaftsbereichen beschäftigt, 34 % sogar ganz aus dem Erwerbsleben ausgeschieden. Im Mai 1992 waren 16 % (150 000) der ursprünglich in der Landwirtschaft Beschäftigten Vorruheständler bzw. Rentner. Etwa 50 000 (= 5,5 % derjenigen, die einst in der Landwirtschaft tätig waren) nahmen an einer Maßnahme der beruflichen Fortbildung und Umschulung teil. Im Mai 1992 waren von den ursprünglich in der Landwirtschaft tätigen noch 56 % der Frauen aber fast drei Viertel der Männer erwerbstätig. In den anderen Wirtschaftsberei-

Tab. 6.16: Struktur und Entwicklung der in der Landwirtschaft der neuen Bundesländer Erwerbstätigen[1] Nov. 1989 – Mai 1995

[1] einschl. Westpendler (Mai 1992 rd. 10 000 bzw. 3 % der Beschäftigten) und einschl. Auszubildenden, ohne Frauen im Mütterjahr, Wehr- / Zivildienst

Quelle: Brinkmann u. a. 1993, S. 9

	Erwerbstätige (1 000 Personen)		Veränderungen gegenüber Nov. 1989 (%)
	Nov. 1989	Mai 1992	Mai 1992
Insgesamt	915	320	35,0
männlich	582	200	34,4
weiblich	333	120	36,0
16 – 24 Jahre	116	45	38,8
25 – 39 Jahre	363	151	41,6
40 – 54 Jahre	285	115	40,4
55 – 64 Jahre	151	9	6,0
Teilfacharbeiter und keine Ausbildung	108	42	38,9
Facharbeiterausbildung	523	185	35,4
Meister / Techniker	88	25	28,4
Fachschulausbildung	117	51	43,6
Hochschulstudium	45	17	37,8
Mecklenburg-Vorpommern	193	82	42,5
Brandenburg	204	47	23,0
Sachsen-Anhalt	217	52	24,0
Thüringen	119	54	45,4
Sachsen	173	81	46,8

chen waren nur 26 % der aus der Landwirtschaft entlassenen Frauen, aber 38 % der Männer untergekommen (Brinkmann u. a. 1993, S. 5 – 16). Die schlechten Wiedereingliederungschancen der Frauen spiegeln sich in diesen Zahlen wider.

Aus dem radikalen Schwund an Arbeitskräften folgte, daß 1993 nur noch pro 100 ha LF 2,9 Arbeitskräfte (AK) zur Verfügung standen. Damit war der Wert fast halb so hoch wie in der alten Bundesrepublik. Die schwach entwickelte Viehwirtschaft und die extensive Produktion insgesamt kommen in diesem Quotienten zum Ausdruck.

Für die Wettbewerbsfähigkeit der Betriebe war die Senkung der Zahl der Arbeitskräfte notwendig, führte jedoch zu großen sozialen Problemen. Es gab allerdings dadurch auch für die vor- und nachgelagerten Wirtschaftsbereiche und für die Funktionstüchtigkeit des ländlichen Raumes und der Siedlungen schwere Folgen. Betroffen waren davon besonders Räume, in denen Investitionen zur Schaffung alternativer Arbeitsplätze fehlten. Besondere Probleme ergaben sich für die Freisetzung der Frauen. Sie machten bis zur Wende einen sehr hohen Anteil der Beschäftigten in der Landwirtschaft aus.

Im November 1990, also wenige Wochen nach der deutschen Vereinigung, wurde im Rahmen der Bund-Länder-Gemeinschaftsaufgabe "Verbesserung der Agrarstruktur und des Küstenschutzes" das erste gesamtdeutsche agrarstrukturelle Förderungsprogramm beschlossen.

Interessant ist darin die Förderung der Einkommenskombination, insbesondere in strukturschwachen Gebieten. Zur Sicherung der Existenzfähigkeit landwirtschaftlicher Betriebe könnnen Landwirte eine Förderung erhalten, die u. a. forstwirtschaftliche, touristische oder handwerkliche Tätigkeit in ihrem Betrieb ausüben.

Erstmalig gefördert werden auch gewerbliche Nebenbetriebe in den Bereichen "Direktvermarktung" und "Freizeit und Erholung". Außerdem wurde die Förderung des Betriebszweiges "Urlaub auf dem Bauernhof" eingeführt.

6.6 Agrarbetriebssysteme 1991 / 92

Auf der Grundlage der Standarddeckungsbeiträge können Betriebssysteme ermittelt werden. Bei diesem methodischen Ansatz wird das betriebliche Einkommen berücksichtigt. Das bedeutet jedoch nicht Gewinn des Betriebes. Erst wenn die fixen und variablen Betriebskosten abgezogen sind, bleibt ein Gewinn übrig, der zusammen mit den fixen Kosten den Deckungsbeitrag ausmacht. Die Herkunft dieser Deckungsbeiträge und die Berücksichtigung von Schwellenwerten ermöglicht dann eine Betriebstypisierung (Eckart 1998, S. 299 bis 301), wie sie in Abbildung 6.15 vorgenommen worden ist.

Üblicherweise werden fünf Betriebstypen unterschieden. Man spricht von Marktfruchtbetrieben, wenn der Marktfruchtanteil (z.B. Getreide, Hackfrüchte) mehr als 50 % des gesamten Deckungsbeitrages ausmacht. Futteranbaubetriebe liegen vor, wenn mehr als 50 % des Deckungsbeitrages durch Futterbau (z. B. Feldfutter, Dauergrünland) aufgebracht wird. Stammen mehr als 50 % des Deckungsbeitrages aus der Veredlung, d. h. z. B. der Schweine- oder Legehennenhaltung, dann spricht man von Veredlungsbetrieben. Dauerkulturbetriebe liegen dann vor, wenn Dauerkulturen (z. B. Obst, Wein) mehr als 50 % des Deckungsbeitrages ausmachen. Schließlich liegen Gemischtbetriebe vor, wenn weder Marktfrüchte, noch Futterbau, noch Veredlung mehr als 50 % des Deckungsbeitrages ausmachen. Abbildung 6.15 verdeutlicht die regionalen Unterschiede in Deutschland

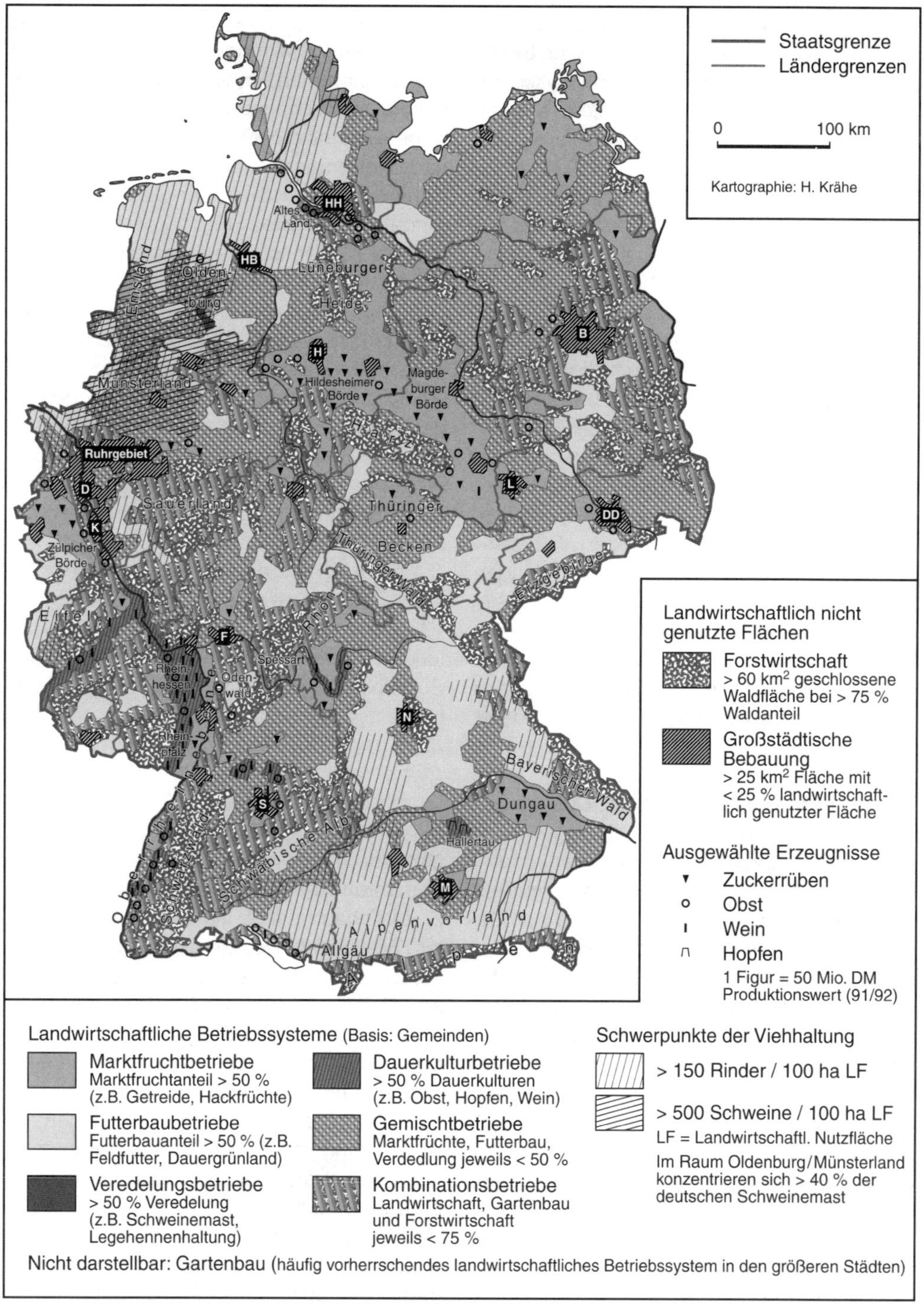

Abb. 6.15: Agrarbetriebssysteme im vereinigten Deutschland 1991 / 1992

Quelle: Agrarbericht der Bundesregierung 1992 u. a.

vom Anfang der 1990er Jahre. Daß insbesondere die ertragreichen Bördengebiete (z. B. Magdeburger Börde, Hildesheimer Börde, Zülpicher Börde) durch Marktfruchtbetriebe gekennzeichnet sind, ist ebenso zu erwarten, wie beispielsweise das Vorherrschen der Futterbaubetriebe in weiten Teilen Süddeutschlands und den Nordsee-Küstenregionen infolge der natürlichen Grünlandstandorte. Wenig überraschend ist auch die Lokalisierung der Veredlungsbetriebe auf die städtischen und Ballungszentren. Nun ist es zwar im Laufe der letzten Jahre zu großen Veränderungen in der Agrarwirtschaft gekommen, doch die Marktnähe und die natürlichen Produktionsstandorte haben nach wie vor in zahlreichen Regionen den Betriebstyp nicht verändert.

6.7 Beschluß zur Agenda 2000: Weichenstellungen für die Landwirtschaft

Am 26. März 1999 erzielte der Europäische Rat eine Einigung über die Agenda 2000. Für die Geltungsdauer von sieben Jahren (2000 – 2006) werden mit einem jährlichen Finanzrahmen von 42,5 Mrd. Euro Marktmaßnahmen und Maßnahmen zur Entwicklung des ländlichen Raumes durchgeführt. Aber auch für den Strukturfonds und den Kohäsionsfonds werden insgesamt 213 Mrd. Euro zur Verfügung gestellt.

Diese Reform der Gemeinsamen Agrarpolitik der EU wird die Agrarstrukturentwicklung in unmittelbarer Zukunft stark beeinflussen. Für einige Bereiche sollen konkrete Angaben gemacht werden.

"Im Bereich der Ackerkulturen wird der Getreidestützpreis in zwei Schritten ab 2000 / 01 um insgesamt 15 % gesenkt. Als Ausgleich werden die Direktzahlungen von 54,34 Euro / t auf 63 Euro / t angehoben. Die bisherige Ölsaatenprämie wird in drei Jahresstufen auf das Prämienniveau von Getreide gesenkt. Der Regelsatz für die obligatorische Flächenstillegungen wird über den Gesamtzeitraum 2000 bis 2006 auf 10 % festgelegt."

"Zu den zentralen Elementen des Reformpakets gehört der Ausbau der Politik für den ländlichen Raum einschließlich der verbesserten Förderung umweltverträglicher Wirtschaftsweisen. Die ländliche Entwicklung flankiert und ergänzt die Markt- und Preispolitik." (/ / Fl / bmelf / agenda / htm vom 16.6.1999).

Der Rat verständigte sich auf eine Senkung des Getreidestützpreises in den Jahren 2000 / 01 und 2001 / 02 um insgesamt 15 %, und zwar in zwei gleichen Schritten jeweils zu Beginn des Wirtschaftsjahres.

Der Regelsatz der obligatorischen Flächenstillegung ist bis 2006 auf 10 % festgelegt worden. Die Lagerkostenzuschüsse (Reports) bleiben unverändert.

"Als Ausgleich für die Stützpreissenkungen werden die mit der Agrarreform von 1992 eingeführten Direktzahlungen von heute 54,34 Euro / t Referenzertrag (1 Euro = 1,95583 DM) in zwei Schritten auf 63 Euro / t angehoben. Die Absenkung der Ölsaaten- und Ölleinprämie auf das Prämienniveau bei Getreide (63 Euro / t Referenzertrag) wird in drei Jahresschritten vollzogen."

"Für die neuen Bundesländer konnte erreicht werden, daß die vorläufig zugewiesene Grundfläche in Höhe von 150 000 ha nunmehr endgültig zugeteilt wird.

Auch in Zukunft wird den Mitgliedsstaaten die Möglichkeit eingeräumt, Über- und Unterschreitungen regionaler Grundflächen (Saldierung) zu verrechnen und getrennte Erträge für Mais und sonstiges Getreide festzulegen."

Die Stützpreise für Rindfleisch werden um insgesamt 20 % in drei Schritten jeweils zum 1. Juli 2000, 2001 und 2002 gesenkt.

Ab 1. Juli 2002 wird das bisherige System der Dauerintervention durch eine neue

Sicherheitsnetz-Interventionsregelung und durch Beihilfen zur privaten Lagerhaltung abgelöst.

"Als Ausgleich zu den Preissenkungen werden die bisherigen Grundprämien schrittweise angehoben und eine Schlachtprämie für alle Rinderkategorien eingeführt.

Die Grundprämien werden schrittweise bis zur Endstufe 2002 angehoben, und zwar für:

- Bullen von heute 135 und 210 Euro je Tier (beim Mindestalter von 9 Monaten bzw. einem Mindestgewicht von 185 kg),
- Ochsen von 2 x 108,7 auf 2 x 150 Euro je Tier (Mindestalter für die erste Zahlung 9 Monate und für die 2. Zahlung nach dem Erreichen von 21 Monaten),
- Mutterkühe von 144,9 auf 200 Euro je Tier und Jahr.

Bei den Bullen- und Ochsenprämien werden die nationalen Obergrenzen auf der Grundlage der Zahlen für 1996 bestimmt. Wichtig für Deutschland – insbesondere für Bullenmastbetriebe – ist die Möglichkeit, eine andere Obergrenze als 90 Tiere pro Betrieb festzulegen.

Bei der Mutterkuhprämie werden die nationalen Obergrenzen grundsätzlich entsprechend der höchsten Prämienzahl in 1995, 1996 oder 1997 zuzüglich 3 % festgelegt. In Deutschland beträgt die Obergrenze künftig 639 535 Mutterkühe (die Kommission hatte ursprünglich 547 690 Mutterkühe angesetzt). Damit wurde auch der bisher erfolgte Aufbau der Mutterkuhhaltung in den neuen Bundesländern berücksichtigt.

Zusätzlich werden ab 2000 in drei Schritten direkt an die Landwirte ausgezahlte Schlachtprämien eingeführt. In der Endstufe 2002 betragen sie:

- 80 Euro für Bullen, Ochsen, Milch- und Mutterkühe sowie Färsen (Mindestalter jeweils 8 Monate) und
- 50 Euro für Kälber (von 1 bis 7 Monaten mit weniger als 160 kg Schlachtgewicht).

Für die Schlachtprämien werden nationale Obergrenzen entsprechend der für 1995 getätigten Schlachtungen und Drittlandausfuhren festgelegt.

Beim Extensivierungszuschlag ist eine Neuregelung vorgesehen, die den unterschiedlichen Verhältnissen in den Mitgliedsstaaten besser gerecht wird. Die Mitgliedsstaaten können sich für eine von zwei Varianten entscheiden:

1. Ab 2000 wird bei einer Besatzdichte von weniger als 1,4 Großvieheinheiten (GVE) je Hektar für jede Grundprämie ein Zuschlag von 100 Euro gewährt.
2. Von 2000 bis 2001 beträgt der Prämienzuschlag bei einer Besatzdichte von 2 bis 1,6 GVE / ha 33 Euro und bei weniger als 1,6 GVE / ha 66 Euro.

Ab 2002 gelten dann folgende Besatzdichten und Zuschläge: bei 1,8 bis 1,4 GVE / ha 40 Euro und bei weniger als 1,4 GVE / ha 80 Euro.

Zudem stehen den Mitgliedsstaaten Prämienergänzungsbeträge zur Verfügung. Auf Deutschland entfällt dabei ein Finanzvolumen in Höhe von 88,4 Mio. Euro, über dessen Verwendung und Verteilung noch zu entscheiden ist. Insgesamt konnte mit den Neuregelungen im Bereich Rind- und Kalbfleisch der deutsche Anteil an den EU-Rinderprämien (Grund- und Schlachtprämien) von 9 % auf 14 % deutlich erhöht werden. Die Milchquotenregelung wurde bis 2006 verlängert. Ohne eine Verlängerung wäre die Milchquotenregelung im Jahre 2000 ausgelaufen.

Die Kommission hatte den Einstieg in ein Preis-Beihilfen-System – in Verbindung mit einer Quotenaufstockung um 2 % – für 2000 / 01 vorgeschlagen. Der Rat der Agrarminister verständigte sich auf eine Verschiebung auf 2003 / 04. Die Staats- und Regierungschefs haben eine weitere Verschiebung auf die Jahre 2005 / 06 beschlossen.

Danach werden die Interventionspreise für Butter und Magermilchpulver ab dem Milchwirtschaftsjahr 2005 / 2006 in drei gleichen Jahresschritten um insgesamt

15 % gesenkt. Zum Ausgleich der Stützpreissenkungen werden Direktzahlungen an die Milcherzeuger in Form einer Grundprämie je Tonne Milchquote gewährt. Sie betragen:
- 5,75 Euro im Kalenderjahr 2005,
- 11,49 Euro im Kalenderjahr 2006 und
- 17,24 Euro im Kalenderjahr 2007.

Den Mitgliedsstaaten werden für einen zusätzlichen Ausgleich Finanzmittel zur Verfügung gestellt. In der Endstufe 2007 entfallen dabei auf Deutschland 216 Mio. Euro.

Griechenland, Spanien, Irland, Italien und Nordirland erhalten zu Beginn der Milchwirtschaftsjahre 2000 / 01 und 2001 / 02 individuelle Quotenzuteilungen von insgesamt 1,4 Mio. t. Für die übrigen Mitgliedsstaaten werden parallel zu den Preissenkungen die Quoten schrittweise um insgesamt 1,5 % aufgestockt.

Den Mitgliedsstaaten wurde die Möglichkeit eingeräumt, die Bindung der Milchquote an die Fläche aufzuheben. Auf dieser Grundlage wird die Bundesregierung Maßnahmen zur Stärkung der aktiven Milcherzeuger vorschlagen.

Zudem hat sich der Rat verpflichtet, im Jahre 2003 auf der Grundlage eines Berichtes der Kommission eine Halbzeitbewertung mit dem Ziel vorzunehmen, das gegenwärtige Quotenregime nach dem Jahre 2006 auslaufen lassen. Insgesamt ist der in äußerst schwierigen Verhandlungen gefundene Milchkompromiß nicht zufriedenstellend ausgefallen, weil
- eine Quotenaufstockung trotz bestehender Überschüsse nicht vermieden werden konnte
  und
- das vorgesehene Inkrafttreten des Preis-Beihilfe-Systems mit der Halbzeitbewertung im Jahre 2003 schwierig in Übereinstimmung zu bringen sein wird."
  (Angaben des BMELF 1999).

7 Tourismus und Fremdenverkehrsräume

7.1 Fremdenverkehrsräume

Wie in allen Wirtschaftsräumen Deutschlands, so zeichnen sich auch in den vom Tourismus genutzten Räumen gegenwärtig dynamische Entwicklungen ab. Die Wiedervereinigung Deutschlands im Jahre 1990 hat den nationalen Tourismusmarkt auf der Angebotsseite um attraktive Gebiete, wie die Ostseeküste Mecklenburg-Vorpommerns, die Seen- und Waldlandschaften Brandenburgs, die Kulturlandschaften Sachsen-Anhalts und Sachsens und die Mittelgebirge Thüringens, bereichert und die Zahl der Nachfrager um Millionen erhöht. Das führte in den neuen Ländern zur Wiederbelebung alter und zum Aufbau neuer tourismuswirtschaftlicher Strukturen und veränderte die Wettbewerbssituation der alten Länder nicht unerheblich. Bisher ist als Entwicklungstrend vor allem das Wiederaufleben früherer räumlicher Beziehungen zwischen bevölkerungsreichen Quellgebieten, wie Berlin oder Nordrhein-Westfalen, und wieder zugänglichen früheren Zielgebieten, wie Vorpommern oder Mecklenburg, zu beobachten. Noch fehlt es allerdings an speziellen Untersuchungen, um diese oder andere Trends im einzelnen zu belegen. In Mecklenburg-Vorpommern zumindest sind solche im Gange.

Die amtliche Statistik der Bundesrepublik Deutschland weist als Zielgebiete der Touristen annähernd 140 Reisegebiete ganz unterschiedlicher Größe und Frequentierung aus. Der Definition nach handelt es sich bei diesen Reisegebieten um nichtadministrative Raumeinheiten, die in Zusammenarbeit der statistischen Ämter festgestellt wurden und die sich im wesentlichen an die Zuständigkeitsbereiche der regionalen Fremdenverkehrsverbände und an naturräumliche Gegebenheiten anlehnen. Ihre räumliche Abgrenzung ist demzufolge von vielen Zufälligkeiten abhängig und deshalb von Bundesland zu Bundesland nur schwer vergleichbar. Für eine Darstellung der Fremdenverkehrsräume bzw. der Erholungsgebiete in der nationalen Dimension ist die genannte hohe Zahl von Reisegebieten unbrauchbar. Erforderlich ist eine Bündelung der Reisegebiete zu größeren räumlichen Einheiten; darin besteht das wissenschaftliche Problem. So bündelt das vom Jaeger-Verlag Darmstadt im Auftrag des Deutschen Fremdenverkehrsverbandes und in Zusammenarbeit mit dem Deutschen Bäderverband bisher alljährlich herausgegebene "Deutsche Handbuch für Fremdenverkehr – Reisen in Deutschland" seine Informationen nach nur 47 Reiselandschaften, die sich an den natürlichen Landschaftsräumen mit ihren kulturgeographischen Besonderheiten und damit an den Reise- und Erlebnisabsichten der Touristen orientieren.

Nach der geographischen Theorie können Raumeinheiten dann als Fremdenverkehrsräume oder Erholungsgebiete bezeichnet werden, wenn in ihnen von einer größeren Anzahl von "Touristen" oder "Erholern" kürzer- oder längerfristig, in erster Linie außerhäusig erholungs- und / oder erlebnisorientierte Freizeitaktivitäten ausgeübt werden. Das führt in diesen Gebieten nachfragebedingt zur Herausbildung eines den unterschiedlichen Bedürfnissen angepaßten tourismuswirtschaftlichen Angebotes und einer entsprechenden rekreativen bzw. touristischen Infrastruktur. Dadurch bilden sich im Laufe der Zeit mehr oder weniger deutlich abgrenzbare Raumeinheiten heraus, in denen naturräumliche und wirtschafts- bzw. sozialräumliche Gegebenheiten zu einer "Ganzheit neuer Qualität" verknüpft sind (Benthien 1997, S. 107ff.). Diese läßt sich im

Einzelfall eher durch Beobachtung und Vergleich als durch statistische Kennziffern erfassen.

Diese Ganzheit von Natur- und Kulturraum wird aber von den Besuchern als das hervorstechende Identitätsmerkmal der einzelnen Erholungsgebiete wahrgenommen; ihm folgen sie bei der Entscheidung für oder gegen ein bestimmtes Zielgebiet. Vermarktet werden heutzutage eben solche "Destinationen", nicht geographische Einheiten und schon gar nicht Verwaltungsgebiete! Derartige großräumige Zielgebiete sollen im folgenden kurz angegeben werden. Dabei kann es nur um den Versuch einer Regionierung gehen. Angestrebt wird in der nationalen Dimension eine auf einem geographischen Hintergrund mögliche Bündelung der in der Statistik ausgewiesenen Reisegebiete. Dafür bietet es sich an, solche Raumeinheiten auszusondern, die unter naturräumlichem Aspekt den Charakter von "Großlandschaften" haben, die sich ihrerseits aus "Landschaften" zusammensetzen. Unter wirtschaftsräumlichem Aspekt handelt es sich um touristisch genutzte "Makroregionen", zu denen jeweils eine unterschiedliche Menge von "Mesoregionen" mit ihren "Mikroregionen" gebündelt sind.

Die auf diese Weise herausgestellten "Reise- und Erholungsgebiete" (Abb. 7.1 und Übersicht 7.1) bilden kein geographisches Kontinuum; es sind nichtzusammenhängende (disjunkte) Gebiete, die entweder in erster Linie der Naherholung oder der Ferienerholung dienen oder in denen es zu einer Überlagerung von Naherholung und Ferienerholung kommt. Die Schwierigkeiten, die bei einem Versuch einer derartigen Regionierung auftreten, sind aus der Literatur hinreichend bekannt:

- Hahn (1958) reduzierte seine Darstellung der "Erholungsgebiete der Bundesrepublik" aus Materialgründen zwangsläufig auf eine "Karte der Fremdenverkehrsorte in der deutschen Bundesrepublik" und beschränkte sich auf die textliche Beschreibung der wichtigsten Erholungsgebiete im Sinne großer landschaftlicher Einheiten, ohne diese kartographisch exakt abzugrenzen.
- Ritter (1966) nahm auf seiner farbigen Karte "Fremdenverkehrsgebiete und Reiseziele in Europa" für das Binnenland eine bedingt konturenscharfe Abgrenzung der Fremdenverkehrsgebiete nach dem Grad der Prägung der Landschaft durch Erholungseinrichtungen vor. An den Meeresküsten unterschied er z. B. voll bis nahezu voll ausgebaute Küstenabschnitte, solche mit vielen Seebädern, mit vereinzelten Seebädern und ohne nennenswerten Fremdenverkehr.
- Jäger (1987) erarbeitete für das Gebiet der damaligen DDR eine Karte
  1. der Erholungsgebiete mit örtlicher Bedeutung = Naherholung,
  2. der Erholungsgebiete mit regionaler und nationaler Bedeutung = Urlaubserholung und
  3. der Gebiete mit einer Überlagerung von Urlaubs- und Naherholung.

  Außer den Radien der Naherholung um die größeren Städte herum berücksichtigte die Verfasserin die Grenzen der damals bestehenden Landschaftsschutzgebiete. Die von ihr vorgenommene Abgrenzung korrespondierte mit der von Benthien seit 1986 getroffenen Abgrenzung auf den vom TOURIST Verlag Berlin / Leipzig herausgegebenen Karten "Reiseland DDR" im Maßstab 1 : 600 000 (ab 16. Aufl.).
- Schliebe (1985) verknüpfte auf einer die alte Bundesrepublik erfassenden farbigen Karte "Erholungsgebiete und Naturparke"
  1. Kurzerholungsgebiete (Naherholung, Wochenenderholung),
  2. Ferienerholungsgebiete und
  3. Gebiete mit Überlagerung von Kurz- und Ferienerholung.

  Er setzte diese drei in Verbindung mit den damals vorhandenen Naturparken,

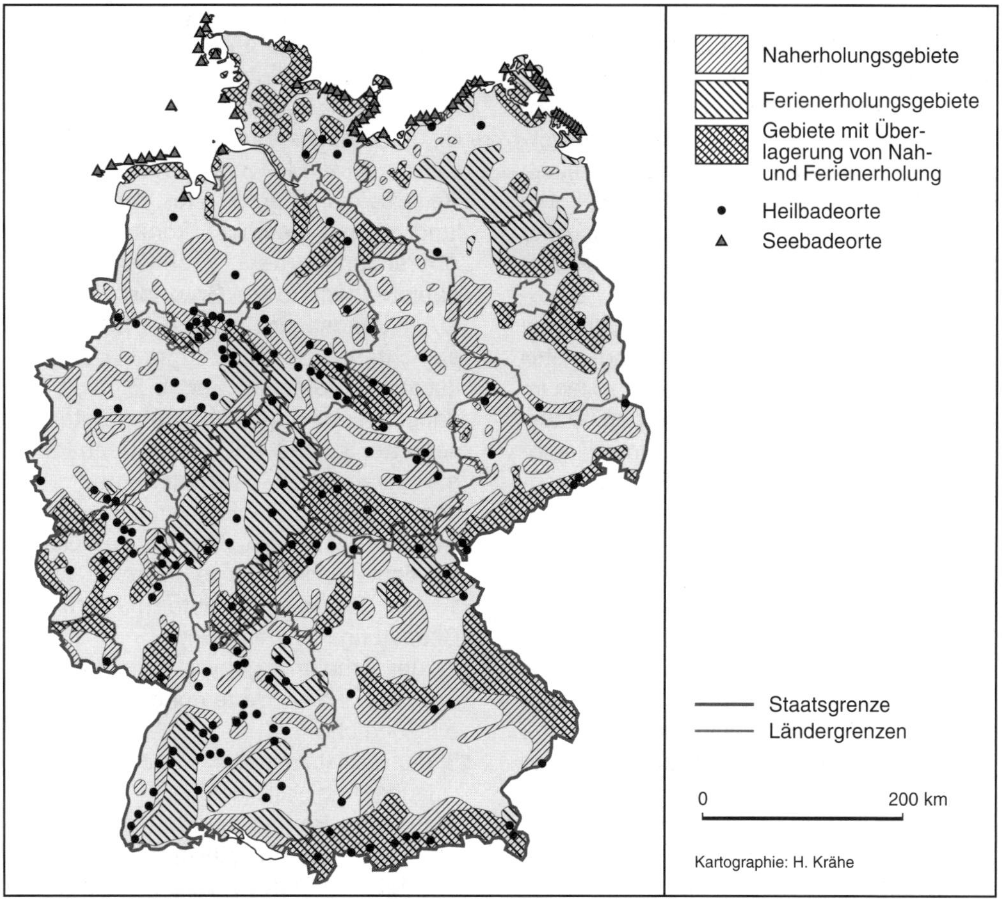

Abb. 7.1: Erholungsgebiete in Deutschland
Quelle: SCHLIEBE 1985, JÄGER 1987, BENTHIEN 1986

welche er als Vorranggebiete für eine Erholungsnutzung betrachtete.

Die Tatsache, daß die Karten von JÄGER und SCHLIEBE annähernd gleichlautende Aussagen für beide damaligen Teile Deutschlands enthalten, ließ den Gedanken entstehen, ihre Kompatibilität zu überprüfen und sie gegebenenfalls zusammenzuführen. Das Ergebnis ist eine Karte der Erholungsgebiete im wiedervereinigten Deutschland (Abb. 7.1). Aus drucktechnischen Gründen war keine farbige Gestaltung möglich, deshalb wurde auch auf einen Eindruck der Großschutzgebiete und der geographischen Eigennamen verzichtet. Es darf angenommen werden, daß die dort abgegrenzten "Gebiete" in hohem Grade die eingangs erhobene Forderung erfüllen, Erholungsgebiete als eine Ganzheit natur- und wirtschaftsräumlicher Gegebenheiten zum Ausdruck zu bringen. Deshalb ist die Karte auch geeignet, die "Makroregionen" der Übersicht 7.1 zu visualisieren.

Die dort angegebenen neun touristischen Makroregionen lassen sich in eine unterschiedliche Zahl von Reise- und Erholungsgebieten unterteilen, z. B. die Ostseeküste in drei, Alpen und Alpenvorland in fünf.

1 Nordseeküste
- 1.1 Ostfriesische Inseln
- 1.2 Niedersächsische Küstenregion
- 1.3 Elbmündung und die Insel Helgoland
- 1.4 Nordfriesische Inseln und Halligen

2 Ostseeküste
- 2.1 Schleswig-holsteinische Küste mit der Insel Fehmarn
- 2.2 Mecklenburgische Küste
- 2.3 Vorpommersche Küste mit den Inseln Rügen und Usedom

3 Nordostdeutsche Seenlandschaften
- 3.1 Holsteinisches Seengebiet
- 3.2 Mecklenburgische Seenplatten
- 3.3 Uckermärkisches Seenhügelland
- 3.4 Havelland und südliche märkische Seenlandschaft
- 3.5 Spreewald und Niederlausitz

4 Nordwestdeutsche Heidelandschaften
- 4.1 Niedersächsische Geest- und Moorgebiete
- 4.2 Lüneburger Heide
- 4.3 Wendland und Altmark
- 4.4 Fläming und mittleres Elbegebiet

5 Mitteldeutsche Gebirgslandschaften
- 5.1 Harz und Kyffhäuser
- 5.2 Weserbergland
- 5.3 Hessisches Bergland, Vogelsberg und Rhön
- 5.4 Thüringer Becken, Thüringer Wald und Fichtelgebirge
- 5.5 Vogtland, Erzgebirge und Sächsisches Hügelland
- 5.6 Elbsandsteingebirge und Zittauer Gebirge

6 Westdeutsche Fluß- und Berglandschaften
- 6.1 Niederrheinisches Tiefland
- 6.2 Mittleres Rheintal
- 6.3 Eifel und Ahrtal
- 6.4 Moseltal, Hunsrück und Nahetal
- 6.5 Bergisches Land, Sauerland und Siegerland
- 6.6 Westerwald, Lahntal und Taunus

7 Südwestdeutsche Berg- und Hügelländer
- 7.1 Pfalz und Saarland
- 7.2 Oberrhein-Tiefland
- 7.3 Odenwald und Spessart
- 7.4 Schwarzwald
- 7.5 Schwäbische und Fränkische Alb

8 Ostbayerische Mittelgebirge
- 8.1 Oberpfälzer Wald
- 8.2 Bayerischer Wald

9 Alpen und Alpenvorland
- 9.1 Niederbayern südlich der Donau
- 9.2 Bodensee und Voralpine Seenhügelländer
- 9.3 Schwäbisch-Oberbayerische Voralpen
- 9.4 Allgäu und Allgäuer Alpen
- 9.5 Oberbayern und Bayerische Alpen

Übersicht 7.1: Reise- und Erholungsgebiete oder touristische Makroregionen in Deutschland

7.2 Inlandstourismus in den alten Bundesländern Ende der 1980er Jahre im Überblick

Ende der 1980er Jahre wurde es in der alten Bundesrepublik immer attraktiver, den Jahresurlaub zu splitten. Ein Teil des Urlaubs wurde von einem großen Teil der Bevölkerung im Ausland verbracht, ein kürzerer Teil als Zweit- oder Dritturlaub jedoch im Inland. Diese Entwicklung wurde verstärkt und überlagert durch die Zunahme der Zahl von Zweitwohnsitzen und Ferienwohnungen, die in den Fremdenverkehrsregionen entstanden. Es waren zum großen Teil Erholungssuchende aus vorwiegend städtischen Verdichtungsgebieten. Sie suchten Kontrasträume, die sich wesentlich von der Umgebung in ihrem Alltag unterschieden und einen Erlebnis-Gegensatz vermuten ließen.

So wurden mehr und mehr Gebiete attraktiv, die eine naturnahe Landschaft, Möglichkeiten für Ruhe aber auch vielfältige Freizeitaktivitäten und / oder bioklimatische Reizstufen für einen differenzierten Erholungsurlaub anboten. Dabei muß jedoch herausgestellt werden, daß zunehmend eine Freizeit-Infrastruktur zur Verfügung stehen mußte, die den Urlaubern und Touristen vergleichbare Standards ihrer Herkunftsgebiete boten.

Der Rhythmus der touristischen Nachfrage wurde durch die jahreszeitliche Saisonalität bestimmt. Daraus ergab sich auch die jahreszeitlich stark schwankende Gästezahl.

Der zeitliche Wandel der Freizeitmöglichkeiten und -ansprüche der Gesellschaft hatte die Herausbildung von Fremdenverkehrsregionen zur Folge. Die einzelnen Gebiete wurden bei dieser Entwicklung zu unterschiedlichen Zeiten erfaßt. Somit gab es Ende der 1980er Jahre in der Bundesrepublik Gebiete unterschiedlicher Entwicklungsstadien:

- die Alpen, der Schwarzwald und die Küstenregionen besaßen seit langem eine dominierende Stellung. Diese Räume hatten sich mit der Entwicklung ihrer Infrastruktur auf den Massentourismus eingestellt. Die Grenze der Belastbarkeit wurde jedoch sichtbar.
- Lagebedingt gab es in den Fremdenverkehrsregionen, z. B. dem Mittelrheintal und der Bodenseeregion, zunehmend Nutzungskonflikte. Die Beeinträchtigung der Erholungsmöglichkeiten durch zunehmende Ansprüche von Siedlungs- und Industrieentwicklung, Verkehr und Fremdenverkehr wurde immer größer.
- In einigen Mittelgebirgsregionen, in denen Infrastrukturen zum größten Teil mit Fördermitteln aufgebaut wurden, waren noch Entwicklungen in vollem Gange.

Neben diesen unterschiedlichen Fremdenverkehrsregionen spielten in besonders attraktiven Städten und Großstädten der Tagesausflugsverkehr und Kurzaufenthalte eine Rolle. Sie bildeten mehr und mehr einen Gegenpol zu den traditionellen Räumen. So gab es beispielsweise Mitte der 1980er Jahre in München – dem Spitzenreiter unter den Städten – 2,7 Mio. Gästemeldungen (1985). Die Verweildauer betrug im Durchschnitt 2,1 Tage.

7.3 Tourismus in der DDR Ende der 1980er Jahre im Überblick

Im Gegensatz zur Bundesrepublik Deutschland gab es in der DDR eine stark eingeschränkte Reisefreiheit. Attraktive Reiseziele im Westen konnten nicht aufgesucht werden. Auslandsreisen waren – z. T. auch nur mit Genehmigungen – in die sozialistischen Länder möglich. Die Teilung Deutschlands und Europas machte sich gerade in diesem Bereich belastend bemerkbar. Die Urlaubsgestaltung wurde mit hohem Aufwand von den sozialistischen Massenorganisationen (FDGB, Jugendverband, FDJ) in starkem Maße gelenkt.

Auch in der DDR entwickelten sich im Laufe der Zeit die Fremdenverkehrsregionen in unterschiedlichem Umfang. Es kam zu einem Ausbau besonders der traditionell bedeutsamen Gebiete an der Ostseeküste, im Umland von Berlin und in der Mittelgebirgsregion zwischen Harz und Zittauer Gebirge.

Auch in der DDR kamen neue Gebiete für den Fremdenverkehr hinzu, z. B. die Mecklenburger Seenplatte, die Wälder der Altmoränengebiete und kleinflächig Bergbaufolgelandschaften in der Lausitz mit Restlochseen.

Von den 12,5 Mio. Reisen, die 1986 von DDR-Bürgern durchgeführt wurden, waren 3,5 Mio. Auslandsreisen, die z. T. durch

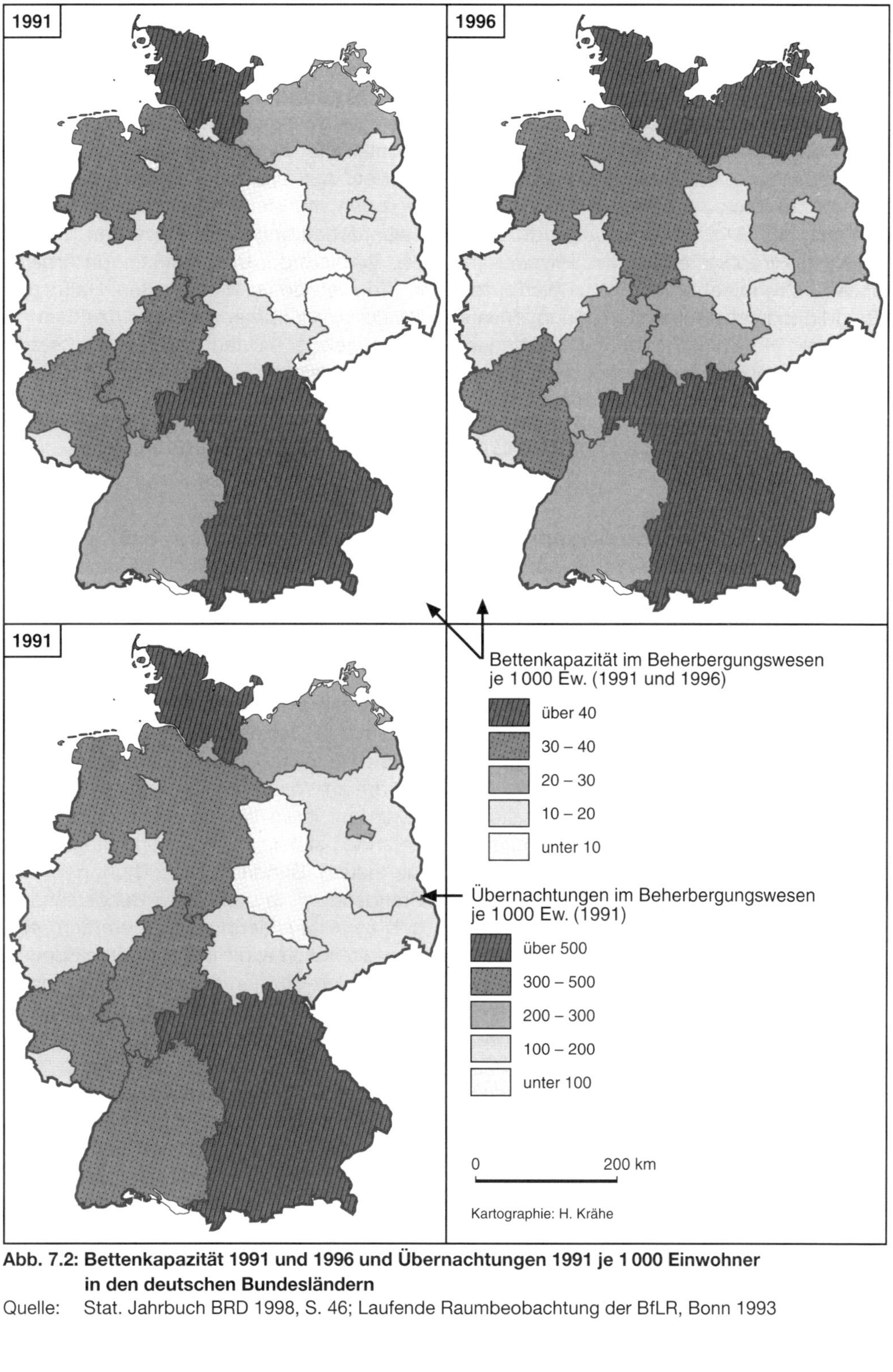

Abb. 7.2: Bettenkapazität 1991 und 1996 und Übernachtungen 1991 je 1 000 Einwohner in den deutschen Bundesländern

Quelle: Stat. Jahrbuch BRD 1998, S. 46; Laufende Raumbeobachtung der BfLR, Bonn 1993

Reisebüros, gesellschaftliche Organisationen oder privat organisiert waren. Die weitaus meisten, nämlich 9,0 Mio. Reisen, waren Inlandsreisen. Davon wurden fast zwei Drittel (6,4 Mio.) durch die Gewerkschaften, FDJ und andere Organisationen vermittelt (Betriebsheime: 3,0 Mio.; Gewerkschaftsheime: 1,8 Mio.; Jugenderholungseinrichtungen: 1,5 Mio.; durch Jugendtourist: 0,1 Mio.). Hinzu kamen 2,6 Mio. Privatreisen, deren Organisation über Reisebüros (0,1 Mio.); durch Zimmervermittlung, private Vermieter, Hotels (0,2 Mio.) und besonders durch Camping verschiedener Stufen (2,3 Mio.) realisiert wurden (Benthien 1990, S. 279).

Ständig steigende Ansprüche an Qualität der Unterbringung, Versorgung und Betreuung waren notwendig. Nicht immer konnte die Nachfrage zufriedengestellt werden. Außerhalb der Fremdenverkehrsregionen mußten Arbeitskräfte für die Saisonarbeit angeworben werden. Gerade das Problem der Beschaffung von Arbeitskräften wurde in der zweiten Hälfte der 1980er Jahre immer größer. Hinzu kam mit zunehmender Urlauberzahl die starke Umweltbelastung.

7.4 Der Tourismus und Fremdenverkehr nach der deutschen Vereinigung im Überblick

Mit dem Fall der Mauer im Herbst 1989 und der deutschen Vereinigung im Oktober 1990 bekamen auch Tourismus und Fremdenverkehr neue Impulse. Nun konnten ungehindert und selbstverständlich innerhalb ganz Deutschlands Fremdenverkehrszentren und -regionen aufgesucht werden. Das hatte zur Folge, daß manche Regionen, z. B. an der Nordsee, in der ersten Hälfte der 1990er Jahre eine vollständige Auslastung der Bettenkapazitäten aufweisen konnten, weil sehr viele Touristen aus den neuen Bundesländern diesen Raum kennenlernen wollten. Und viele Bürger aus den alten Bundesländern nutzten nun die Möglichkeit, Urlaubsziele in den neuen Bundesländern (z. B. Insel Rügen) aufzusuchen. In manchen Räumen reichten oft die Bettenkapazitäten nicht aus. Doch sehr schnell wurde auf diese entstehende Nachfrage reagiert. Der Bauboom setzte ein. Innerhalb kürzester Zeit entstanden – besonders an der Ostseeküste und im Thüringer Wald – neue Hotels und damit Bettenkapazitäten. Doch schon bald war das Angebot größer als die Nachfrage. Der Auslastungsgrad verringert sich seit Mitte der 1990er Jahre ständig. Nicht zuletzt liegt das auch daran, daß zahlreiche private Unterkunftsmöglichkeiten angeboten werden.

Einen ersten Überblick über die Bettenkapazitäten vermittelt Abbildung 7.2 für das Beherbergungswesen für das Jahr 1991. Die beiden alten Bundesländer Schleswig-Holstein und Bayern hatten damals die größte Bettenkapazität pro 1 000 Einwohner. Nordrhein-Westfalen und das Saarland lagen mit ihren Werten weit dahinter und befanden sich in der gleichen Kategorie wie die neuen Bundesländer Thüringen und Brandenburg. In den neuen Bundesländern gab es in Mecklenburg-Vorpommern eine Kapazitätsdichte, die mit dem alten Bundesland Baden-Württemberg verglichen werden konnte. In den neuen Bundesländern Sachsen-Anhalt und Sachsen betrug das Bettenangebot weniger als 10 pro 1 000 Einwohner. Dieses Bettenangebot wurde 1991 in unterschiedlichem Umfang genutzt (Abb. 7.2).

In den 1990er Jahren vollzogen sich weiterhin mit zunehmender Mobilität der Bevölkerung Veränderungen, wie sie in den Abbildungen 7.3 und 7.4 sowie auch in der Tabelle 7.1 für 1997 zum Ausdruck kommen.

Herkunftsland der Gäste	Deutschland insgesamt	Früheres Bundesgebiet	Anteil (%)	Neue Bundesländer
Deutschland	77 732,8	63 471,8	81,65	14 261,2
Ausland	14 891,2	13 833,4	92,90	1 057,8
Europa	10 487,0	9 661,1	92,12	825,9
darunter				
Belgien	571,8	541,6	94,72	30,3
Dänemark	576,6	508,7	88,22	67,8
Frankreich	784,3	729,9	93,06	54,4
Griechenland	98,4	92,2	93,70	6,2
Großbritannien und Nordirland	1 408,7	1 331,6	94,53	77,2
Irland	46,4	43,6	93,97	2,8
Italien	862,1	810,2	93,98	51,9
Luxemburg	82,4	77,6	94,17	4,8
Niederlande	1 806,8	1 697,3	93,94	109,5
Norwegen	219,7	196,5	89,44	23,2
Österreich	636,3	577,3	90,73	59,0
Polen	313,5	264,5	84,37	49,1
Portugal	76,5	68,4	89,41	8,1
Russ. Föderation	248,1	210,3	84,76	37,8
Schweden	618,6	548,6	88,68	69,9
Schweiz	843,8	782,8	92,77	61,1
Spanien	355,6	336,2	94,54	19,3
Tschechische Republik	183,0	158,9	86,83	24,1
Ungarn	130,6	119,2	91,27	11,4
Insgesamt	92 624,0	77 304,9	83,46	15 319,1

Tab. 7.1: Ankünfte in Deutschland nach Herkunftsland der Gäste 1997 (in 1 000)
Quelle: Stat. Jahrbuch BRD 1998, S. 259

7.5 Vom passiven Erholungsurlaub zum aktiven Erlebnisurlaub

7.5.1 Urlaub auf dem Bauernhof

Diese Urlaubsform gewinnt immer mehr an Bedeutung. Die Ursachen für diesen Entwicklungstrend sind vielfältig. Nicht nur der Preisvorteil ist ein wichtiges Kriterium. Wichtig sind auch Ruhe und Naturnähe. Die Erlebniswelt für Kinder spielt eine ebenso große Rolle wie die persönliche Atmosphäre und das Kennenlernen von ländlichen Traditionen.

In den alten Bundesländern spielt Urlaub auf dem Bauernhof schon seit Ende der 1970er Jahre eine Rolle.

Urlaub auf dem Bauernhof nahm in den 1980er Jahren in einigen Regionen stark zu. Mit der deutschen Vereinigung im Oktober 1990 fand diese Urlaubsform auch in den neuen Bundesländern Verbreitung.

Es bestand dort jedoch ein generelles Problem darin, daß wegen der durchweg alten Bausubstanz und der völlig vernachlässigten technischen Infrastruktur erst die Grundlagen geschaffen werden mußten.

In der Bundesrepublik Deutschland gab es im Jahre 1991 rd. 12,7 Mio., 1995 bereits ca. 19,4 Mio. Übernachtungen in dieser Urlaubsform (Abb. 7.5).

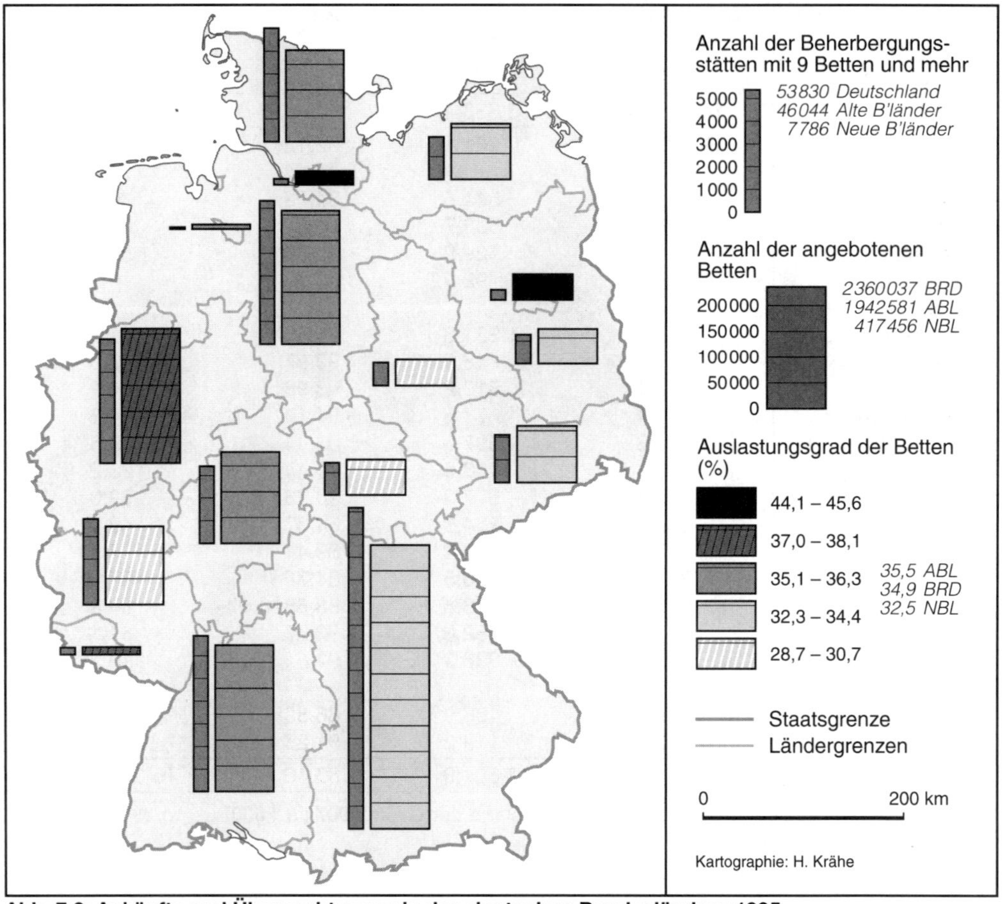

Abb. 7.3: Ankünfte und Übernachtungen in den deutschen Bundesländern 1995
Quelle: Stat. Jahrbuch der BRD 1996

Abb. 7.5: Urlaub auf dem Bauernhof in Deutschland 1991 – 1995
Quelle: Nach Agrarbericht der Bundesregierung 1997, S. 103

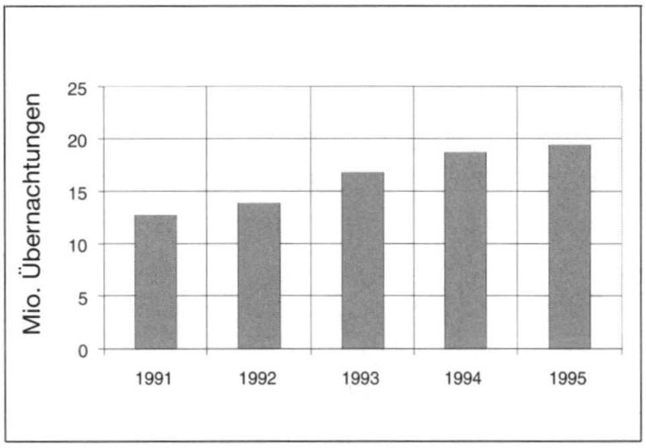

7.5.2 Erlebnistourismus in Freizeit- und Ferienanlagen

Neben dem traditionellen Erholungsurlaub hat sich in den letzten Jahren eine neue Urlaubsform herausgebildet: Der Erlebnisurlaub. Die Verlängerung der Urlaubszeit und die Verkürzung der Wochenarbeitszeit haben vielfach dazu geführt, daß in größeren Bevölkerungsschichten die effektive Arbeitszeit vom wöchentlichen Freizeitvolumen übertroffen wurde (MIELKE 1993, S. 10). Immer mehr nahm der Wunsch zu, die Freizeit auch für ein verlängertes

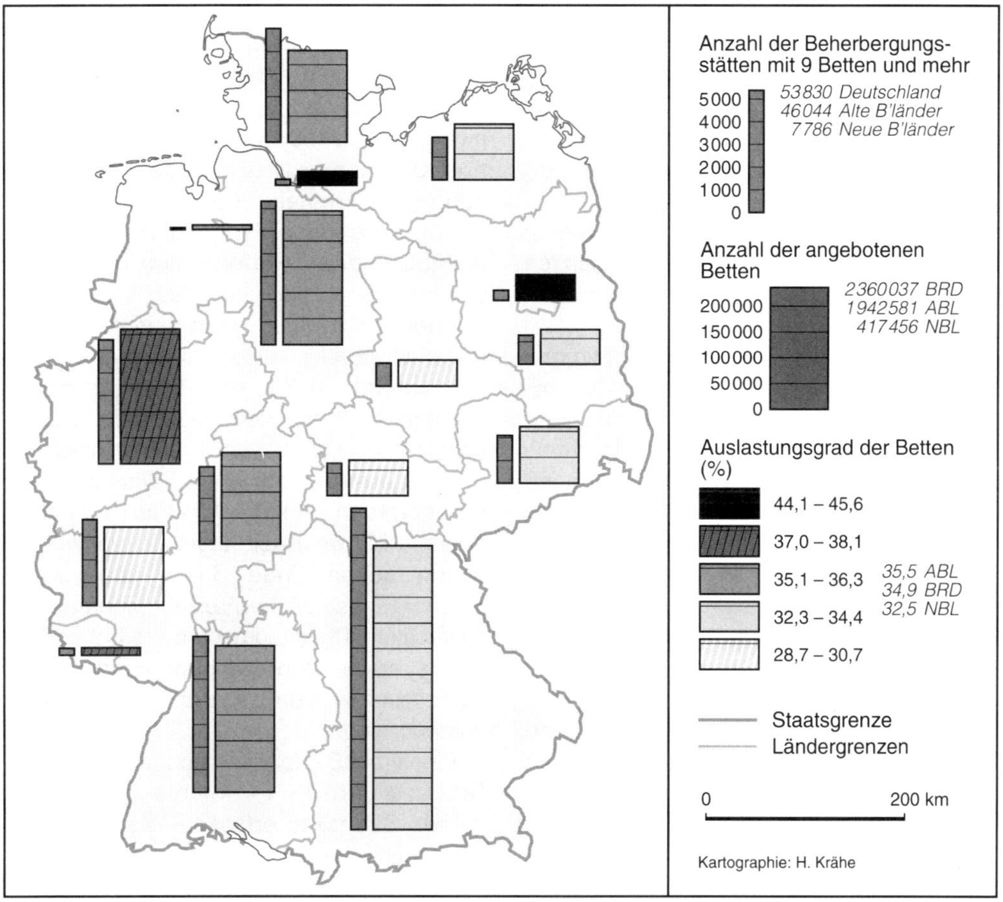

Abb. 7.4: Beherbergungsstätten (9 Gästebetten und mehr) und angebotene Betten in den deutschen Bundesländern 1997 (Juli)

Quelle: Stat. Jahrbuch BRD 1998, S. 258

Wochenende oder einen Kurzurlaub zu nutzen.

Wegen der langen Reisezeiten und der z. T. erheblichen Kosten in wärmere Regionen mit garantiertem Sonnenschein lagen deshalb für Kurzurlauber in den meisten Fällen die Ziele in den Bergregionen Bayerns, den deutschen Mittelgebirgen und an der Nord- und Ostseeküste. Unbeständiges Wetter und fehlende Infrastruktur ließen jedoch manchen Kurzurlaub eher zum Streß- als Erholungsurlaub werden. So mußte denn ein anderes Konzept für einen erfolgreichen Urlaub entwickelt werden.

Schon Ende der 1970er Jahre hatten Touristikmanager in den Niederlanden und Belgien eine neue Form von hochwertigen wetter- und jahreszeitunabhängigen Ferienwohnanlagen mit integrierter Freizeit- und Konsum-Infrastruktur besonders für Kurzurlauber angeboten.

Einen besonderen Namen erwarb sich die niederländische Firma "CENTER PARCS". Ihre Ideen wurden in sehr vielen freizeitorientierten Feriengroßprojekten verwirklicht. Das besondere darin war, daß durch die zusätzliche Einrichtung von attraktiven Spaßbädern und Freizeiteinrichtungen auch Gastronomie- und Versorgungsbetriebe vorhanden waren, die den Wunsch der Feriengäste nach vielfältigen Freizeitangeboten berücksichtigten und außerdem aber auch die Auslastungsquoten der Ferienzentren verbessern halfen. Dabei sind die Freizeit- und Konsumeinrichtungen in einem zentralen überdachten und beheizten Gebäudekomplex "Parc Plaza" zusammengefaßt.

Ferienparcs müssen über eine bestimmte Zahl von Wohnungseinheiten (400 bis 600 WE) verfügen. Die zur Verfügung stehende Fläche sollte 25 ha nicht unterschreiten. Bei Center Parcs hingegen sind Flächen von mehr als 50 ha notwendig (LÜTHJE / LINDSTÄDT 1994, S. 2). Die Center Parcs werden von HERMANN (1990) als Ferienzentren der 2. Generation bezeichnet. STRASDAS (1991) definierte sie folgendermaßen:

"Ferienzentren der 2. Generation sind nach einem einheitlichen Plan gestaltet und (meist) von einer einzigen Gesellschaft betriebene touristische Großprojekte mit einem kompakten Angebot an Unterkünften (typischerweise in Bungalow-Form), Freizeitinfrastruktur, Versorgungseinrichtungen und weiteren Dienstleistungen. Angestrebt wird ein vielfältiges und qualitativ hochwertiges Angebot, das diesen Anlagen funktional einen mehr oder weniger autarken Charakter verleiht. Kennzeichnend ist ein überdachter Zentralkomplex mit einem Erlebnisbad als wichtigster Attraktion, der einen ganzjährigen, wetterunabhängigen Betrieb gewährleistet. Das Angebot richtet sich vor allem an Kurzurlauber. Die Bettenzahlen bewegen sich zwischen 2 000 und 4 000."

Ende der 1980er Jahre wurde die Idee der Ferienparks (also Ferienzentren der 2. Generation) in der Bundesrepublik Deutschland in verschiedenen Wohnanlagen und unterschiedlich ausgestatteten und dimensionierten Freizeiteinrichtungen übernommen. Auch in kleineren Ferienanlagen mit geringeren Bettenkapazitäten wurde schon Ende der 1980er Jahre versucht, zusätzliche Freizeiteinrichtungen zu schaffen. Die Integration eines Schwimmbades sowie von Konsum- und Sporteinrichtungen wurde in zahlreichen Fällen vorgenommen.

Eine erste Bestandsaufnahme gibt es von STRASDAS (1991). Er konnte darin auch bereits Standorte erfassen, die es in den neuen Bundesländern nach der Wiedervereinigung gab bzw. die in Planung waren.

Mit Stichtag vom 1.11.1993 haben LÜTHJE und LINDSTÄDT (1994, S. 28) insgesamt 104 Ferienanlagen ermitteln können.

Abb. 7.6: Herkunft deutscher Gäste in der Bispinger Heide 1998

Quelle: Nach Angaben der Geschäftsleitung im Juni 1998

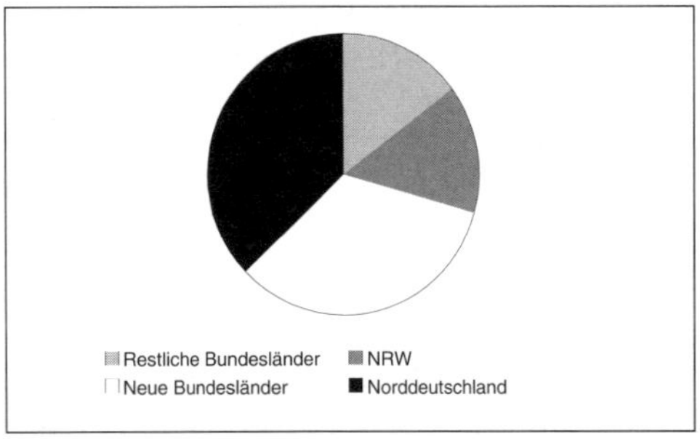

Center Parcs: Das Beispiel Bispingen

Der Park Bispinger Heide liegt im Landkreis Soltau-Fallingbostel inmitten der Lüneburger Heide. Dieser Familienpark wurde im Juli 1995 eröffnet. Auf einer Gesamtfläche von 93 ha entstanden 611 Bungalows, 69 Hotelzimmer und ein Parc Plaza mit Aqua Mundo, einer Badelandschaft inmitten exotischer Pflanzen und Natursteinen mit verschiedenen Wasserrutschen, Wildwasserbahn, Hot Whirlpools, Wellenbad und Kinderplanschbecken.

Der Parc Plaza liegt im Zentrum des Parks und beherbergt mehrere Restaurants, einige Geschäfte und einen Supermarkt, in dem sich die Gäste selbst verpflegen können. Bei der Planung ging man von einer erwarteten Gästezahl von jährlich ca. 300 000 und von einer erwarteten Zahl von Übernachtungen von ca. 1,2 Mio. aus. Von den 600 Arbeitsplätzen waren 1995 75 % Teilzeitarbeitsplätze und 25 % Vollzeitarbeitsplätze. 77 % der Beschäftigten hatten keine Ausbildung. 1998 kamen 38 % aller Besucher aus Norddeutschland (Abb. 7.6).

7.5.3 Campingurlaub

Campingurlaub genießt in Deutschland seit vielen Jahren ungebrochene Popularität. Camping ist zu einer eigenständigen Urlaubsform geworden. Die

Abb. 7.7: Campingplätze und angebotene Stellplätze für Urlaubscamping in den deutschen Bundesländern 1997 (Juli)
Quelle: Stat. Jahrbuch BRD 1998, S. 261

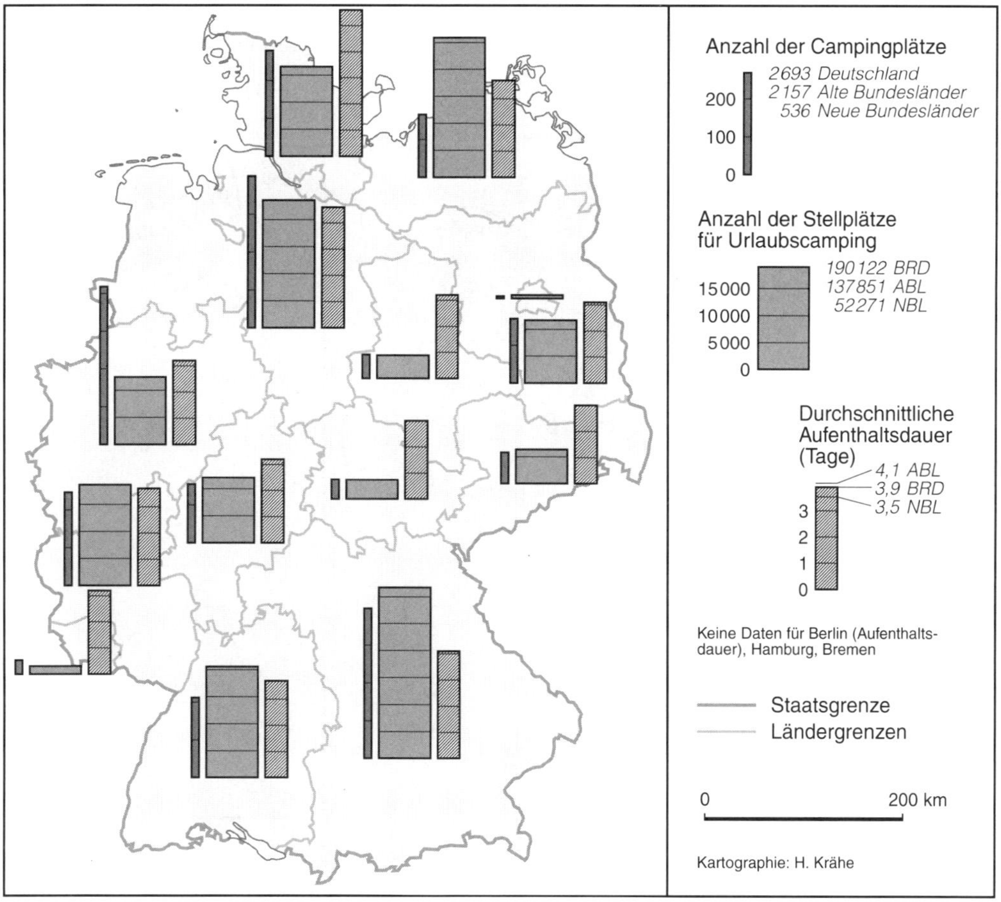

wichtigsten Gründe liegen wohl in der Liebe zur Natur, der Sehnsucht nach ungezwungenem Leben und der Suche nach Gemeinschaft. Diese Urlaubsform ist angesichts luxuriöser Ausstattung von Wohnwagen und Wohnmobilen nicht unbedingt die der sozial Schwächeren.

Ihre Verbreitung zeigt regionale Schwerpunkte für 1997 (Abb. 7.7). In Sachsen-Anhalt und Thüringen war die Zahl der Stellplätze für Urlaubscamping sehr gering, in Bayern, Nordrhein-Westfalen und Niedersachsen jedoch sehr groß.

7.5.4 Städtetourismus

"Städtetourismus ist jede Form des Aufenthaltes von Fremden in einer Stadt, die das Gesamterlebnis Stadt zum hauptsächlichen Ziel hat, ob mit oder ohne Übernachtung" (Städtetourismus. Eine Planungs- und Orientierungshilfe 1991, S. 10).

Es steht außer Frage, daß kulturelle und sportliche Veranstaltungen Magnete für den Städtetourismus sind. Die Vielfalt und die Qualität der Angebote spielen dabei eine große Rolle. Und da auch in diesem Bereich

Abb. 7.8: Städtetourismus in Deutschland 1997 (Rangfolge der 15 bedeutendsten Städte nach Übernachtungen)
Quelle: Stat. Jahrbuch BRD 1998, S. 262

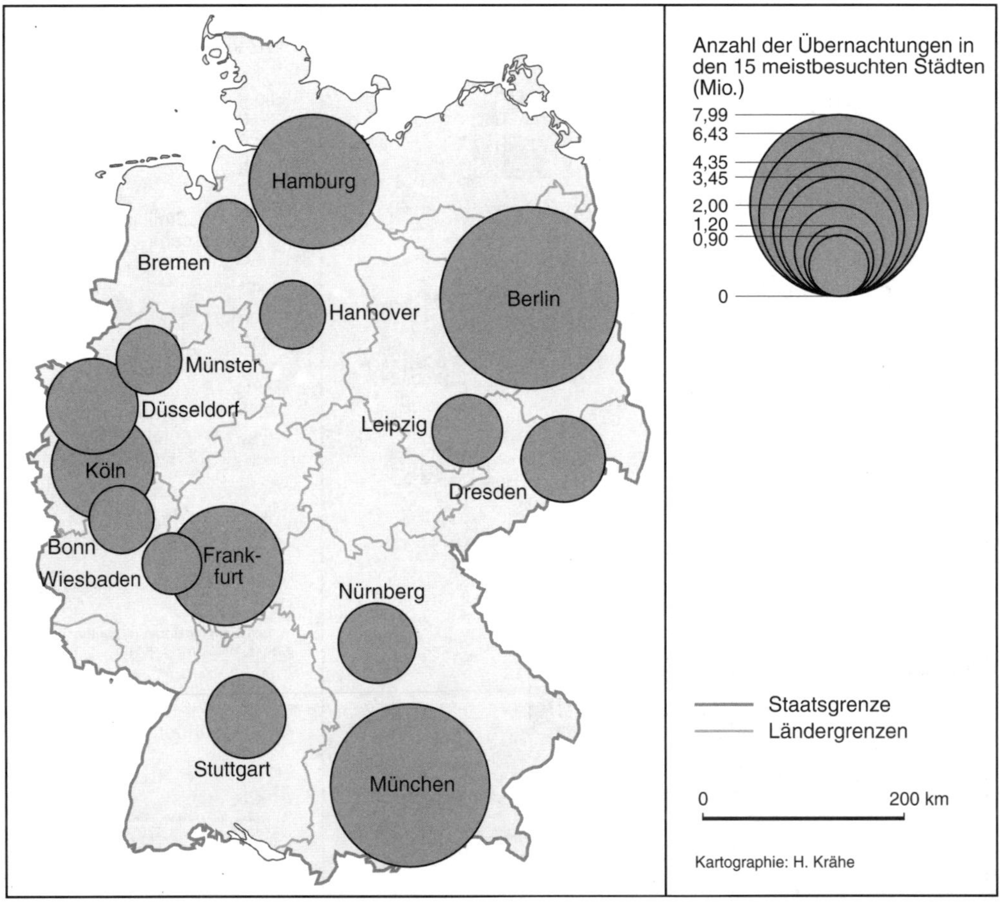

Tab. 7.2: Städtetourismus in Deutschland 1997 (Rangfolge der 15 bedeutendsten Städte nach der Zahl der Ankünfte)
Quelle: Stat. Jahrbuch BRD 1998, S. 262

Stadt	Ankünfte
Berlin	3 448 996
München	3 192 651
Hamburg	2 431 047
Frankfurt am Main	2 006 662
Köln	1 521 923
Düsseldorf	1 214 281
Stuttgart	928 842
Nürnberg	856 997
Dresden	840 711
Hannover	647 201
Leipzig	557 391
Bonn	545 082
Heidelberg	504 363
Bremen	495 555
Freiburg i. Br.	425 294

ein Wettbewerb der Städte untereinander stattfindet, ist es notwendig, daß jede Stadt eine touristische Besonderheit anbietet, d. h. sie muß ein einprägsames Image vermitteln.

Bei der Aufstellung einer Rangfolge der 15 bedeutendsten Städte (Abb. 7.8) wird deutlich, daß mit rd. 3,4 Mio. Ankünften Berlin im Jahre 1997 an der Spitze lag. Mit rd. 3,2 Mio. Ankünften verzeichnete damals aber auch München eine nur etwas geringere Ankunftszahl. Die Hansestadt Hamburg rangierte mit rd. 2,4 Mio. Ankünften an dritter Stelle, Frankfurt am Main mit ca. 2,0 Mio. Ankünften an vierter Stelle (Tab. 7.2).

7.5.5 Touristische Routen in Deutschland

Im innerdeutschen Fremdenverkehr haben Zahl und Bedeutung touristischer Routen in den letzten Jahren stark zugenommen. Nachdem in der Folge des Zweiten Weltkrieges der deutsche Inlandstourismus fast vollständig zusammengebrochen war, wurden Anstrengungen unternommen, um den ins Ausland reisenden neuartige Fremdenverkehrsangebote für den Urlaub in Deutschland anzubieten. So wurde mit der Gründung der "Romantischen Straße" im Jahre 1950 ein wichtiger Schritt getan. Diese "Romantische Straße" hielt man für besonders geeignet, den Kulturreichtum des deutschen Mittelalters in den zahlreichen alten Reichsstädten vorzustellen und damit den Raum, in dem ein wesentlicher Teil der deutschen Geschichte verwurzelt ist.

Mit der Zunahme des motorisierten Individualverkehrs um das Jahr 1960 entstanden zahlreiche beschilderte Routen, die von besonderem touristischen Interesse waren.

Nach der deutschen Wiedervereinigung kamen in den neuen Bundesländern zahlreiche neue touristische Routen hinzu. Von den 1995 existierenden ca. 150 touristischen Routen in ganz Deutschland entstanden 85 % in den letzten 15 Jahren (Touristische Routen in Deutschland 1996, S. 9).

Neben dem Begriff "Touristische Route" werden in der Fachliteratur auch synonym die Begriffe "Ferienroute", "Fremdenverkehrsstraße", "Reiseroute", "Touristikstraße" oder "Urlauberstraße" verwendet. Wesentliche Merkmale sind immer:

- Dauerhaftigkeit,
- genaue Bezeichnung der Route (eindeutige Streckenführung),
- Bundes- und Landstraße (ohne Autobahn),
- Angebot an thematisch abgegrenzten Attraktionen (z. B. Kultur, Landschaft, Gastronomie),
- verkehrslenkende Kennzeichnung (Beschilderung) (Touristische Routen in Deutschland 1996, S. 10).

Eine Touristische Route hat als leitenden inhaltlichen Gedanken ein spezifisches Thema. An verschiedenen Punkten dieser Route kann dieses verfolgt werden. Im Normalfall bezieht sich die Thematik auf die Besichtigung bestimmter Sehenswürdigkeiten oder regionalspezifische landschaftliche oder gastronomische Besonderheiten.

Grundsätzlich können Touristische Routen nach ihrer Ausrichtung und Struktur in drei verschiedene Kategorien eingeteilt werden: Landschaft, Gastronomie und Kulturhistorie (Touristische Routen in Deutschland 1996, S. 16). Im folgenden sind in Tabelle 7.3 und Abbildung 7.9 einige Touristische Routen dargestellt.

Tab. 7.3: Ausgewählte Touristische Routen in Deutschland (vgl. Abb. 7.9)
Quelle: Touristische Routen 1996, S. 75, 77, 79, 80, 86, 97

Nr.	Touristische Route	Verlauf von	Länge (km)	Gründungsjahr	Thematik	Hauptsehenswürdigkeiten
1	Rheingoldstraße	Rhens bis Rheindiebach	80	1982	Landschaft und Kultur	Rhens, Boppard, St. Goar, Oberwesel, Bacharach, Rheindiebach
2	Schwarzwald-Bäderstraße	Pforzheim nach Freudenstadt	270	1970	Landschaft, Kultur, Kurorte	Heilbäder, Baden-Baden
3	Romantische Straße	Würzburg nach Füssen	350	1950	Landschaft, Kultur, Gastronomie	Taubertal, fränkisch-schwäbische Reichsstädte, Pfaffenwinkel, bischöfliche Residenzen, bayerische Märchenschlösser
4	Sächsische Weinstraße	Pirna nach Diesbar - Seußlitz	55	1992	Kunst, Architektur, Flußlandschaft	Historische Stadtkerne von Pirna, Dresden und Meißen, Schloß Pillnitz, historische Weingutsanlage „Hoflößnitz", Schloß Wackerbarth, Karl-May-Museum Radebeul, Porzellanmanufaktur Meißen, Elbweindörfer um Diesbar-Seußlitz, technische Sehenswürdigkeiten (z.B. Raddampferflotte, Schmalspurbahn Radebeul – Radeburg, Elbbrücke „Blaues Wunder")
5	Thüringer Porzellanstraße	Eisfeld durch Südostthüringen zurück nach Eisfeld	305	1992	Porzellanherstellung und deren kulturhistorisches Umfeld, Porzellansammlungen der Thüringer Museen	Porzellanmanufakturen, Museen mit Porzellanausstellungen, Denkmale
6	Reußische Fürstenstraße	Hirschberg nach Bad Köstritz	113	1993	Landschaft, Kultur, Geschichte	Lobenstein, Ebersdorf, Saaletalsperren Bleiloch und Hohenwarthe, Schloß Burgk, Bergkirche Schleiz, Greiz, Nitschareuth, Burgruine Reichenfels, Osterburg Weida, Kloster Mildenfurth, Märchenwald in Wünschendorf, Gera, Schloß Posterstein, Heinrich-Schütz-Haus Bad Köstritz

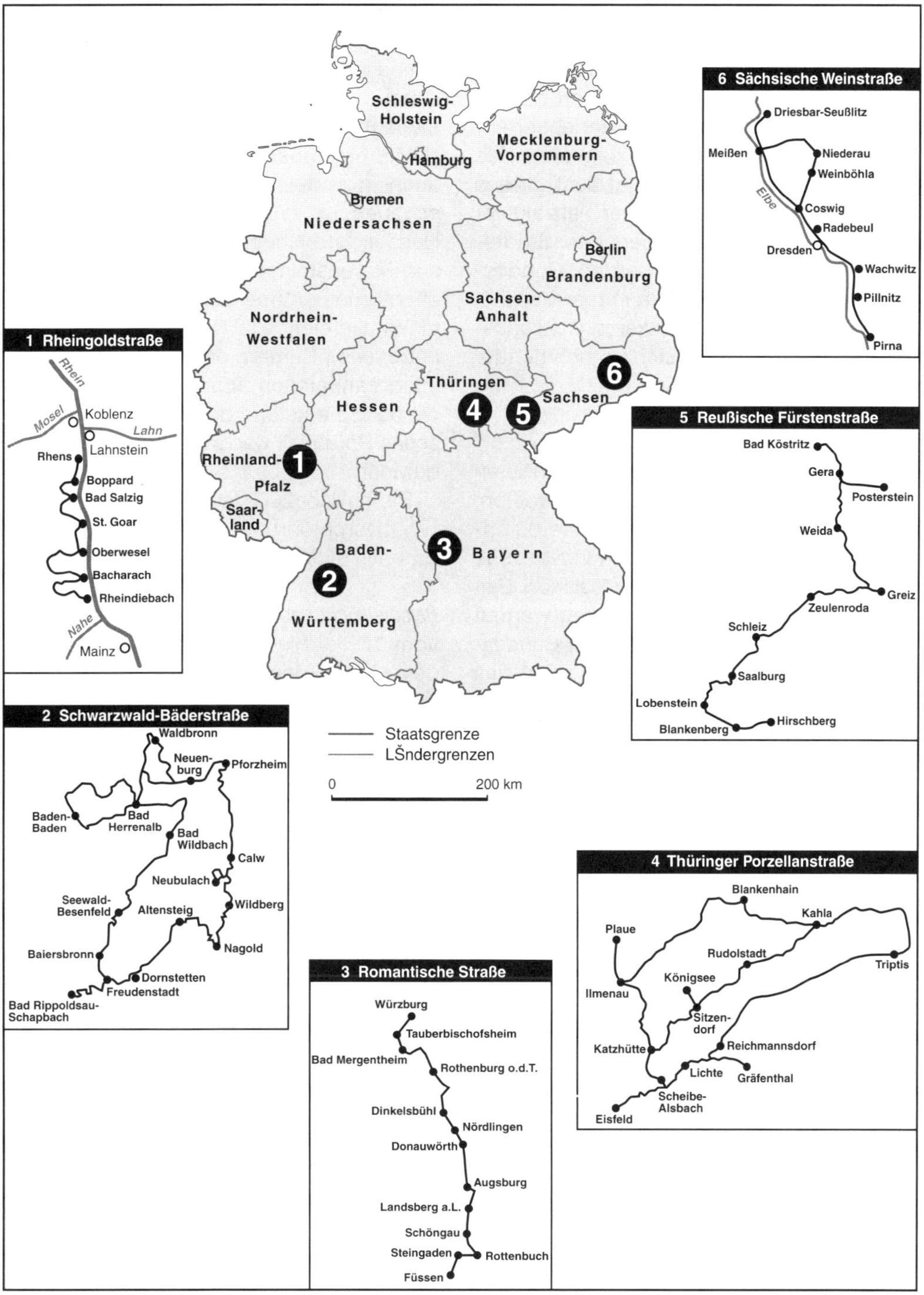

Abb. 7.9: Beispiele für Touristische Routen in Deutschland
Quelle: Touristische Routen 1... 1996, S. 75, 77, 79, 80, 86, 97

7.5.6 Bundesgartenschauen und Landesgartenschauen

Im Bereich des Tourismus und Fremdenverkehrs spielen seit vielen Jahren auch Bundesgartenschauen und Landesgartenschauen eine Rolle. Die zunehmende Mobilität der Bevölkerung hat auch dieses spezifische Angebot immer attraktiver werden lassen. Im Rahmen des Städtetourismus (Kap. 7.5.4) werden Bundes- und Landesgartenschauen immer bedeutsamer. Besonders in Bevölkerungsballungszentren erfreuen sie sich zunehmender Beliebtheit.

Bundesgartenschauen
Bundesgartenschauen haben in den alten Bundesländern bereits seit 1951 Tradition. Sie werden seitdem alle zwei Jahre durchgeführt. Den Anfang machte Hannover 1951 auf einem 20 ha umfassenden Gelände. Seit der deutschen Wiedervereinigung werden auch in den neuen Bundesländern Bundesgartenschauen durchgeführt. Mit Cottbus wurde dort im Jahre 1995 mit dem 55 ha großen Spreepark der Anfang gemacht.

Mit der Ausgestaltung wurde stets versucht, durch die Neugestaltung ehemaliger Gewerbe-, Verkehrs-, Militär- oder Agrarflächen grüne Areale zurückzugewinnen. Den beteiligten Städten bedeutete das immer Gewinn an Erholungsgebieten und Impulse für die Stadtentwicklung. Es gab immer Auftrieb für Wirtschaft, Handel und besonders den Tourismus. Gleiches kann von Landesgartenschauen gesagt werden.

Landesgartenschauen
Was sich auf Bundesebene bei Bundesgartenschauen über viele Jahrzehnte bereits bewährt hatte, wurde erstmals auf Landesebene im Jahre 1980 mit der Landesgartenschau Ulm / Neu-Ulm praktiziert. Mit diesem neuen Schritt in der Grünflächenpolitik begannen in den folgenden Jahren auch in anderen Bundesländern Gartenschauen, so z. B. in Nordrhein-Westfalen, Hessen und Rheinland-Pfalz. Man spricht von Meilensteinen bei der Schaffung neuer öffentlicher Grünbereiche. Man schuf damit einen Bereich, der nicht nur von allen betroffenen Bürgern dieser Städte, sondern auch zahlreichen Touristen angenommen wurde. So entstand damit auch ein touristisches Potential, das ständig an Bedeutung gewinnt.

Bis ins Jahr 2008 laufen bereits Planungen zur Durchführung von Landesgartenschauen in den verschiedenen Ländern.

Beispiel einer Landesgartenschau: OLGA `99
Vom 1. Mai bis 3. Oktober 1999 fand auf dem Gelände der ehemaligen Zeche Osterfeld die Oberhausener Landesgartenschau (OLGA `99) statt. Ein Ereignis, das nicht nur ein klassisches Gartenschaupublikum anspricht, sondern auch junge Erwachsene und Familien. Erstmalig für eine Gartenschau wurde ein Intendant engagiert: Bernhard Paul, der Direktor des Circus Roncalli. Ihm verdankte die OLGA fünf Monate lang jeden Tag ein Programm mit Artisten, Künstlern und Gauklern. Auf Roncallis Historischem Jahrmarkt präsentierte Bernhard Paul seine einzigartige Sammlung nostalgischer Fahrgeschäfte und Jahrmarktswagen. Mit Schiffschaukeln, Pferdekarussellen, Spiegelzelten, Eiswagen und Zuckerwattebuden machte er fast vergessene Träume wieder wahr (nach Angaben der Geschäftsleitung im Juni 1999).

7.6 Tourismustrends in Deutschland

Das Urlaubsverhalten der Deutschen hat sich in den 1990er Jahren grundsätzlich verändert. Mehrere Trends zeigen das an (STEINECKE 1999, S. 1):

- das steigende Anspruchsniveau der Urlauber,
- der Wunsch nach Zusatznutzen,
- der zunehmende Wunsch nach Individualität,
- die große Flexibilität und Kurzfristigkeit,
- die wachsende Preissensibilität,
- die komplexen Motiv- und Aktivitätsbündel,
- die ständige Diversifizierung der Zielgruppen.

Der Grund für diese Verhaltensänderungen liegt in der neuen Generation von Konsumenten, die von Kindesbeinen an reiseerfahren ist. An die touristischen Leistungsträger stellen sie im allgemeinen höhere Ansprüche an Service und Infrastruktur als die vorherige Generation.

Auf diese komplexen Urlaubswünsche müssen sich die Reisebranche und die Anbieter anderer Bereiche der Wirtschaft einstellen.

Mehr noch als bisher wird in Zukunft das Auftreten neuer Wettbewerber die Dynamik des Tourismusmarktes bestimmen. In viel stärkerem Maße als früher wird es notwendig sein, für das touristische Produkt ein klares und attraktives Profil zu haben, um den emotionalen und realen Zusatznutzen zu signalisieren. Bisher war das zumeist in den komplexen "Freizeitwelten" der Fall: Freizeitparks, Ferienparks, Kino-Multiplexe etc. (STEINECKE 1999, S. 45).

Kommunale und regionale Anbieter werden sich deshalb auch in Zukunft nur am Markt behaupten können, wenn eine marktgerechte Umsetzung eines tourismusrelevanten Themas mit unterschiedlichen Einrichtungen, Akteuren und Partnern erfolgt. Diese Methode wird als touristische Inszenierung (STEINECKE 1999, S. 46) bezeichnet. Vor allem im Kulturtourismus gibt es dafür bereits einige Beispiele:

- regionale Festivals (z. B. "Schleswig-Holstein Musik-Festival"),
- Vernetzungen (z. B. Kulturrouten "Wege in die Romanik" in Niedersachsen).

8 Entwicklungsdisparitäten und Entwicklungskonzepte im vereinigten Deutschland

8.1 Regionale Disparitäten in der raumbezogenen Planung und Politik

"Abbau regionaler Disparitäten" hieß vor Jahrzehnten plakativ eine Zielsetzung, die auf den verschiedenen Ebenen raumbezogener Planung und Politik im Vordergrund stand. Mit dieser Zielsetzung sollte bestimmten Vorgaben des Grundgesetzes entsprochen werden, wie dem Sozialstaatsgebot (Art. 20, Abs. 1) bzw. der "Wahrung der Einheitlichkeit der Lebensverhältnisse" (Art. 72, Abs. 2). Ende der 1960er Jahre begann ein Prozeß des Wandels dieser Zielstellungen: aus der Wahrung der "Einheitlichkeit der Lebensverhältnisse" wurde das Ziel der Schaffung "Gleichwertiger Lebensbedingungen" (FÜRST / RITTER 1993, S. 36). Das Gewicht, das der Zielsetzung "Abbau von Disparitäten" beigemessen wurde, hat sich mit der Zeit beträchtlich verändert. Außerdem haben sich die inhaltlichen Schwerpunkte bei der Definition der "Einheitlichkeit" bzw. "Gleichwertigkeit der Lebensverhältnisse" im Laufe der Zeit erheblich verschoben. Beispielsweise ist der "Abbau regionaler Disparitäten" zwischen Ost- und Westdeutschland heute das wichtigste raumplanerische bzw. raumentwicklungspolitische Thema.

Die anfängliche Leitvorstellung (der "Leitbilddiskussion") der 1950er Jahre für die räumliche Ordnung war stark von einem "humanistisch-liberalen Weltbild einer 'sozialen Ordnung'" geprägt (FÜRST / RITTER 1993, S. 14). Die Entwicklung der Wirtschaft war an diesem Leitbild allerdings kaum orientiert. In den Verdichtungsräumen wurden in den 1960er Jahren erste Engpässe für das Wachstum sichtbar, und es kam zu einer Welle der Gründung von "verlängerten Werkbänken" in den ländlich geprägten Räumen. In diesem Zusammenhang war das Zentrale-Orte-Modell zu einem dominierenden raumgestalterischen Konzept ausgebaut worden, mit dem man meinte, regionale Disparitäten abbauen und den Arbeitsmarkt im ländlichen Raum erschließen und absichern zu können.

8.1.1 Entstehung regionaler Förderpolitiken zum "Abbau regionaler Disparitäten"

In der Entwicklung des Ausgleichsgedankens, der mit dem Schlagwort "regionale Disparitäten" verbunden ist, sind seit Ende der 1950er Jahre zwei Entwicklungsrichtungen zu unterscheiden, und zwar – grob gekennzeichnet – eine Regionalförderung der reinen Versorgungsorientierung und eine Förderung, die primär auf den Produktionsbereich orientiert war.

Die Ausrichtung auf den Bereich der Produktion ging aus einer Politik (seit Beginn der 1950er Jahre) hervor, die der Behandlung regionaler bzw. punktueller Notstandslagen gegolten hatte. Sie wandelte sich zu einer industriebezogenen Politik, die zusätzliche außerlandwirtschaftliche Arbeitsplätze in agrarisch bestimmten Gebieten schaffen sollte. Schon 1959 wurde in diesem Zusammenhang mit Hilfe des "Zentrale-Orte-Programms" (später "Bundesausbauorte") eine Konzentration der Förderung im Sinne räumlicher Schwerpunktbildungen vorgenommen.

Die nächste konzeptionelle Neuorientierung dieses Förderansatzes hatte als Auslöser den ersten schwerwiegenden konjunkturellen Einbruch von 1966 / 67. Durch die Einbeziehung monostrukturierter Industriegebiete verschoben sich die Förderpräferenzen zu Lasten der dezentral gelegenen ländlichen Räume. 1969 wurden "Regionale Aktionsprogramme" im Sinne der Zusammenfassung der einschlägigen Maßnahmen von Bund und Ländern entwickelt. Dabei entstand u. a. die Gemeinschaftsaufgabe "Verbesserung der regionalen Wirtschaftsstruktur" (GRW). Zu diesem ausgleichspolitischen Programm der Regionalpolitik gehörten charakteristische Indikatoren, um die Abgrenzung der Fördergebiete langfristig überprüfbar zu gestalten. Die Diskussion über die anzuwendenden Indikatoren und ihre gegenseitige Verrechnung war damals und ist heute noch mit Konflikten verbunden. Einige Indikatoren hatten sich aber schon früh als konsensfähig herausgestellt. Dazu gehörte das 'Bruttoinlandsprodukt' als Maß für den jeweiligen regionalen Wohlstand, die 'Arbeitslosenquote' als Maß für Arbeitsmarktdefizite und schließlich 'Löhne und Gehälter je Beschäftigten' als Maß für die Qualität der Arbeitsplätze. Später trat ein 'Infrastrukturindikator' hinzu.

Neben dieser Förderprogrammatik der regionalen Wirtschaftspolitik wurde dem Versorgungsziel durch eine Raumordnungspolitik entsprochen, die expressis verbis auf die Herstellung oder Wahrung einer "menschengerechten Umwelt" gerichtet war. Mit diesem Ansatz – wie er dann in rahmensetzenden Konzepten und Programmen, z. B. dem Bundesraumordnungsprogramm (BROP) von 1975, zum Ausdruck kam – sollte Tendenzen in der Industriegesellschaft Rechnung getragen werden, wie der arbeitsteiligen Ausdifferenzierung und der räumlichen, der interregionalen funktionsräumlichen 'Arbeitsteilung'. Es sollte – komplementär – eine räumliche Ordnung und Verteilung angestrebt werden, mit der die sozialen Kosten, die mit jenen Tendenzen verbunden waren, verringert werden konnten.

Das rahmensetzende Raumentwicklungskonzept für das BROP von 1975 war das des 'Ausgeglichenen Funktionsraumes', ein "Kompromiß" zwischen dem versorgungsorientierten Zentrale-Orte-Ansatz und dem wachstumsorientierten Entwicklungsschwerpunktkonzept. Der Kerngedanke des Ansatzes war, wirtschaftliche und infrastrukturbezogene Aktivitäten "dezentral zu verdichten" (Basis: Modell der Wachstumspole), gleichzeitig aber Regionen entstehen zu lassen,

- die, konzentriert auf das jeweilige Oberzentrum der Region, einen ausreichend komplexen Arbeitsmarkt bilden würden,
- die alle Daseinsgrundfunktionen in Mindestausstattung in interner funktionsräumlicher Arbeitsteilung beherbergen würden und
- mit denen, durch Kombination von hochwertigem Arbeitsmarkt und hochwertiger Versorgung mit Daseinsfunktionen, die "erzwungene Abwanderung" auf ein Minimum hätte reduziert werden können.

8.1.2 Indikatoren und "Mindeststandards" zur Bestimmung regionaler Disparitäten

Um die Einhaltung von "Mindeststandards" regionaler Versorgung zu gewährleisten bzw. meßbar zu machen, wurden "gesellschaftliche Indikatoren" definiert, und es wurden versuchsweise "Sollwerte" festgelegt, mit denen die Erreichung und Einhaltung besagter Mindeststandards hätten kontrolliert werden können. Die Sollwerte sollten nicht – wie immer wieder polemisch und fälschlich von den Gegnern ausgleichender Raumpolitik behauptet – auf die Herstellung annähernd "gleicher" Verhältnisse in allen Regionen hinauslaufen. Sie sollten lediglich die aus Gründen der Gerechtigkeit wirklich notwendige Mindestversorgung der Bürger kennzeichnen; sie sollten regionale Differenzierungen oberhalb von absoluten Mindestniveaus keinesfalls ausschließen, sondern die regionalen Besonderheiten auf jeden Fall berücksichtigen (vgl. STORBECK 1982, S. 222).

Die normativen Aussagen des BROP sollten sich u. a. an einer "Analyse der raumstrukturellen Ausgangslage" orientieren, die folgende Merkmale aufwies:

- Sie enthielt an erster Stelle eine Infrastrukturanalyse.
- Regionale Unterschiede im erwerbsstrukturellen Bereich wurden über die Werte des Bruttoinlandsprodukts pro Kopf der Wirtschaftsbevölkerung ermittelt sowie anhand der Lohn- und Gehaltssummen je abhängigem Beschäftigten insgesamt sowie im Verarbeitenden Gewerbe und Bergbau ermittelt.
- Es wurden zudem Gebietseinheiten "mit besonderen Schwächen in der Siedlungsstruktur" ausgewiesen.
- Schließlich wurden die regionalen Wanderungsverluste als eine Art zusätzlicher Gesamtindikator für räumliche Strukturschwächen in die Analyse einbezogen.

Interregionale Unterscheidungen mit Bezug auf die Umweltsituation konnten im BROP noch nicht vorgenommen werden.

Seitdem hat nun eine Vervielfältigung der Zahl der einschlägigen Indikatoren stattgefunden – bis hin zum Aufbau eines komplexen Systems Laufender Raumbeobachtung auf der Bundesebene (in der BfLR) und Länderebene. In der Zwischenzeit haben auch große Veränderungen in den Grundauffassungen über die Aufgaben raumbezogener Politik und Administration und deren Ausfüllung Platz gegriffen (vgl. Kap. 8.3).

8.2 Die hauptsächlichen Entwicklungsdisparitäten im Raum der Bundesrepublik Deutschland

8.2.1 Disparitätenmuster "quer" zum Raster der traditionellen Raumkategorien?

Wenn es nach Aussagen der Zukunftsforschung der 1960er und frühen 1970er Jahre gegangen wäre, müßte sich unsere Gesellschaft schon Ende der 1980er Jahre sehr tief im Zustand einer "postindustriellen Gesellschaft" befunden haben. Man sprach vom Übergang in die sogenannte "Dienstleistungsgesellschaft", durchdrungen von einem Ethos sozialer Verantwortung, sozialer Wohlfahrt und von Dienstleistungsidealen. Dieser Optimismus ist heute verflogen. Von einem Verschwinden von Entwicklungsdisparitäten im Raum der Bundesrepublik Deutschland kann nicht die Rede sein (vgl. unten), und dies nicht nur als Folge der Vereinigung der beiden deutschen Teilstaaten. Eine Tertiärisierung von Wirtschaft und Gesellschaft im Zusammenhang mit einer De-Industrialisierung, wie der Hypothese von der "postindustriellen Gesellschaft" implizit, bedeutet keinesfalls ein Absterben der Ordnung des Industrialismus: Die Hinausverlagerung von Industrien in andere, vor allem außereuropäische Länder heißt vielmehr, daß die Wirtschaftsordnung des Industrialismus immer noch nicht ihren Kulminationspunkt erreicht hat. Die von HIRSCH (1985) vorausgesehene Industrialisierung des Tertiären Sektors ist in vollem Gange. Früher als nicht rationalisierbar erscheinende Formen von Dienstleistungs- und Kopfarbeit werden weitgehend apparatisiert und industrialisiert, womit es (wie im Verlauf der vorhergehenden Industrialisierung) zu kräftigen Schüben an 'Freisetzung' von Arbeitskräften kommt. HIRSCH spricht in diesem Zusammenhang von "Hyperindustrialisierung".

Auch die künftigen gesellschaftlichen Entwicklungen werden von den – noch stärker negativen – Rahmenbedingungen im Bereich von Beschäftigung und Arbeitsmarktentwicklung geformt sein und, in diesem Kontext, von einer verstärkten Zweiteilung von Wirtschaft und Gesellschaft (vgl. Kap. 8.3). Diese würde sich wiederum in stärker "dualisierten" Raumstrukturen niederschlagen (vgl. IRPUD 1992). Tendenzen dieser Art zeichnen sich hierzulande inzwischen auch konkret ab (vgl. u. a. BfLR 1997). Von einer größeren räumlichen Ausgeglichenheit – also geringeren räumlichen Disparitäten – wird also in der näheren bis ferneren Zukunft nicht die Rede sein können. Eher scheint das Gegenteil der Fall zu werden.

Dabei verlaufen die Grenzen zwischen den gutgestellten und den immer weiter zurückbleibenden Gebieten nicht mehr nur den traditionellen Trennungslinien siedlungsstruktureller Raumkategorien entlang. Das neue Disparitätsmuster 'schneidet' vielfach die herkömmlich genutzten Raumkategorien: Die neuen Grenzlinien zwischen wirtschaftlichen und sozio-ökonomischen Entwicklungsrichtungen und -geschwindigkeiten verlaufen nun auch zwischen den Regionen ein und desselben Typs, wie auch in den folgenden Kapiteln deutlicher vor Augen geführt werden kann.

Die hauptsächliche Veränderung des Musters der Disparitäten im deutschen Staatsraum rührt aber von der Vereinigung der beiden deutschen Teilstaaten her. Diese Disparitäten werden im folgenden im Vordergrund stehen.

8.2.2 Entwicklung der Ost-West-Disparitäten

Der Entwicklungsstand in den Gebieten der beiden ehemaligen deutschen Teilstaaten ist immer noch höchst unterschiedlich. Das gilt nicht nur für den Abstand des Bruttosozialprodukts pro Einwohner zwischen Ost und West, sondern auch für die Rahmenbedingungen industrieller und gewerblicher Betriebe sowie für deren Zustand. Der Prozeß wirtschaftlicher Transformation ist noch mit einer Reihe spezifischer Probleme behaftet (u. a. die immer noch unausgeglichene Branchenstruktur, die im Schnitt noch geringere Wettbewerbsfähigkeit der Unternehmen, die relativ hohe Arbeitslosigkeit usw.).

Obwohl der Tertiärisierungsgrad z. T. als Maß des Entwicklungsstandes der Wirtschaft verwendet wird, ist für den Wohlstand der Regionen der Sekundäre Sektor, also das Ausmaß industrieller Produktion, nach wie vor eine entscheidende Größe. Im Osten hat der Sekundäre Sektor seit der Wende geradezu dramatische Einbrüche erfahren, die z. T. als 'Deindustrialisierung', d. h. als Verlust der wirtschaftlichen Basis, bezeichnet werden müssen. Neben Thüringen hat sowohl in Sachsen als auch in Sachsen-Anhalt die Zahl der in der Industrie Beschäftigten um mehr als die Hälfte abgenommen; in Brandenburg, Mecklenburg-Vorpommern und (Gesamt-)Berlin sind immerhin noch Rückgänge von rund 40 % zu verzeichnen. Entsprechend ist die Beschäftigung insgesamt im Sekundären Sektor in den neuen Ländern deutlich niedriger als im Westen (wird einmal von den beiden Stadtstaaten Hamburg und Bremen abgesehen). Noch immer entspricht dem eine höhere Beschäftigung im Tertiären Sektor der neuen Länder. Dies ist jedoch nicht mit 'modernen' Wirtschaftsstrukturen gleichzusetzen.

Von den Problemen, die die ökonomische Transformation in Ostdeutschland erschwert haben, sind hauptsächlich folgende zu nennen (vgl. GLOEDE 1996):

- Die ostdeutschen Unternehmungen sahen sich vom ersten Tag der Wiedervereinigung an einem aggressiven Wettbewerbsdruck der westdeutschen und westeuropäischen Wirtschaft ausgesetzt. Es gab kaum die

Chance, die drastische Wettbewerbsschwäche rasch zu überwinden.
- Ein wesentlicher Anteil der ostdeutschen Nachfrage konnte durch eine höhere Auslastung der Produktionskapazität der westdeutschen bzw. westeuropäischen Anbieter befriedigt werden; ostdeutsche Güter wurden zunächst kaum nachgefragt.
- Aufgrund der schrittweisen Tarifannäherung der Ostlöhne an die Westlöhne sowie der weiter bestehenden Wettbewerbsschwäche waren die ostdeutschen Unternehmen nicht besonders als Zweigniederlassungen und Zulieferer westdeutscher Unternehmen gefragt. Hinzu kam, daß sich die Löhne in den östlich und südöstlich benachbarten Ländern auf einem viel niedrigeren Niveau befanden und befinden.

Der enorme Rückstand in der internationalen Wettbewerbsfähigkeit der Regionen kann nicht in kurzer Zeit aufgeholt werden. Somit ist Ostdeutschland als Ganzes im internationalen Vergleich noch auf längere Zeit als eine strukturschwache Region zu betrachten.

Die anfängliche Massenabwanderung ist zwar abgeebbt, aber nicht gestoppt. Dies stellt unter Gesichtspunkten der Verstärkung großräumiger Disparitäten ein besonderes Problem dar. Vor allem junge und qualifizierte Menschen ziehen fort. Damit werden die Entwicklungschancen vieler Regionen in den neuen Ländern auch weiter nachhaltig beeinträchtigt.

In der Gesamtregion Ostdeutschland bestand eines der Hauptdefizite bei den Standortfaktoren in der veralteten und nicht ausreichend leistungsfähigen Infrastruktur, insbesondere der wirtschaftsnahen Infrastruktur. Besonders gravierende Rückstände gab es zum Beispiel auf den Gebieten Telekommunikation, Qualität des Verkehrsnetzes, Abwasserbeseitigung.

Für einen Ausbau der wirtschaftlichen Zusammenarbeit mit nord- und osteuropäischen Staaten sind die Regionen in den neuen Ländern zwar günstig gelegen, doch sind bei der inter- und intraregionalen Erreichbarkeiten über Schiene und Straße noch erhebliche Engpässe festzustellen. Dabei sind es weniger die Netzdichten von Schiene und Straße, die zu schlechten Erreichbarkeiten führen, sondern die qualitativen Mängel. Bedarfsschätzungen für notwendige Infrastrukturinvestitionen in den neuen Bundesländern für den Zeitraum 1991 bis 2005 ergaben einen Gesamtbedarf von annähernd 600 Mrd. DM. Darunter würden allein auf die Verkehrsinfrastruktur gut 300 Mrd. DM entfallen.

Die regionale Arbeitsmarktentwicklung in den neuen Ländern ist – entsprechend zur geschilderten gesamtwirtschaftlichen Entwicklung – immer noch durch Arbeitsplatzeinbußen und regional konzentrierte Beschäftigungskrisen gekennzeichnet. Welche Gruppierung der Arbeitslosen auch immer betrachtet wird – bei Männern und Frauen, in allen Altersgruppen, sowohl bei den Langzeitarbeitslosen als auch bei den Ausländern, Schwerbeschädigten und Angestellten –, überall liegt das Niveau der Arbeitslosigkeit deutlich über dem westdeutschen Vergleichswert. Am spürbarsten fiel dieser Unterschied in bezug auf die Frauenarbeitslosigkeit aus. Bezogen auf 100 erwerbsfähige Frauen (15–<65jährige) zählte man in den neuen Ländern mehr als doppelt so viele arbeitslose Frauen wie im Westen. Selbst in strukturschwachen Regionen des Westens liegt die Arbeitslosenquote meist noch unterhalb des ostdeutschen Niveaus (Abb. 8.1). Im Gegensatz zu den alten Ländern bezogen sich die Arbeitsmarktprobleme in den neuen Ländern längere Zeit etwas stärker auf die ländlichen Räume. Der massive Beschäftigungsabbau in Landwirtschaft und Industrie führte hier zum Wegfall eines Großteils der Arbeitsplätze, die bisher durch die neu entstandenen Arbeitsplätze im Dienstleistungsbereich bzw. im Baugewerbe nicht kompensiert werden konnten.

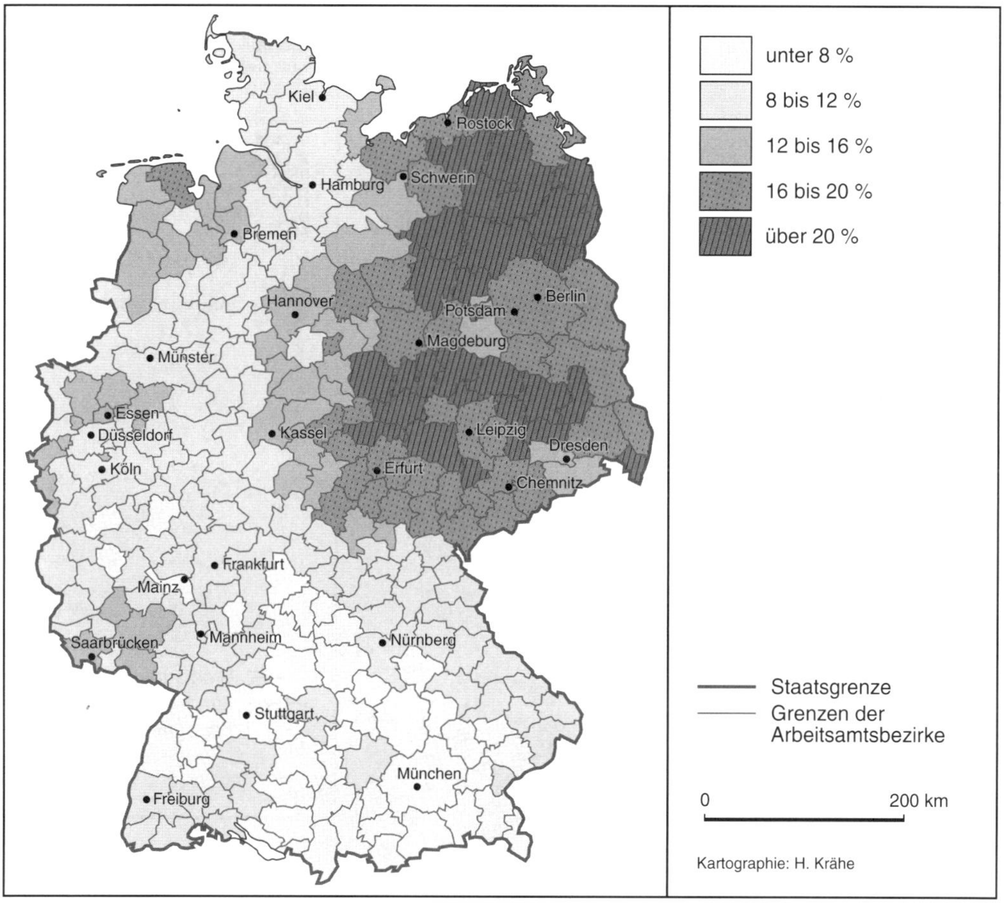

Abb. 8.1: Arbeitslosenquote in Deutschland 1996 – 1998
Quelle: IAB / Nürnberg 1998 – Arbeitsmarktregionen

In Ost wie in West erhöhte sich vor allem die Zahl der älteren Arbeitslosen (55 Jahre und älter). Wurden in den neuen Ländern anfangs noch viele ältere Arbeitnehmer durch die umfangreichen Vorruhestands- und Altersübergangsregelungen aufgefangen, so schlugen die schlechteren Arbeitsmarktchancen dieser Altersgruppen nach dem Auslaufen der arbeitsmarktentlastenden Maßnahmen auch auf den ostdeutschen Arbeitsmarkt durch.

Die Arbeitslosenquoten spiegeln in den neuen Ländern nach wie vor nur einen Teil der gravierenden Arbeitsmarktprobleme wider. Immer noch sind viele Personen auf Kurzarbeit gesetzt, in Arbeitsbeschaffungsmaßnahmen integriert oder an Fortbildungs- und Umschulungsmaßnahmen beteiligt. Ohne derartige arbeitsmarktpolitische Aktivitäten wäre das Ausmaß der Arbeitslosigkeit in den neuen Ländern noch gravierender. Die Langzeitarbeitslosigkeit ist in den neuen Ländern das größte Problem.

Gravierende West-Ost-Disparitäten gibt es – trotz Angleichung – nach wie vor bei den Erwerbseinkommen (wie in Abbildung 8.2 durch die Lohn- und

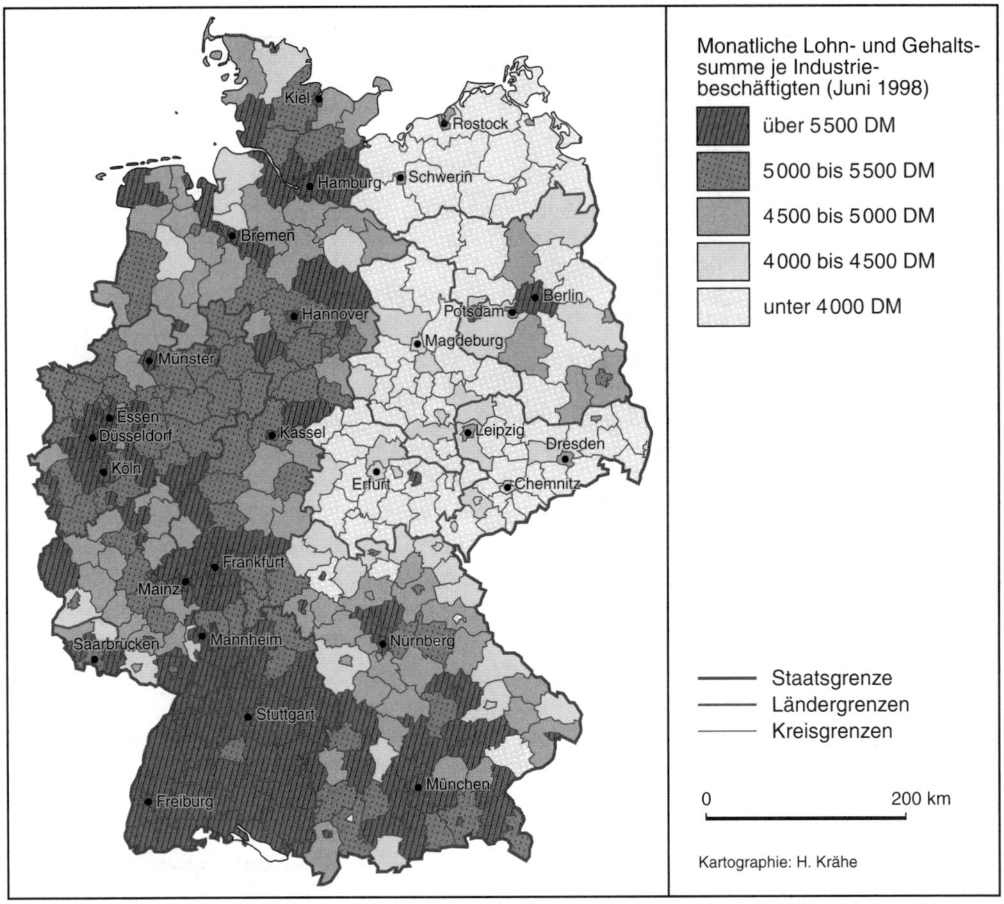

Abb. 8.2: Verdienstmöglichkeiten in der deutschen Industrie 1998
Quelle: Laufende Raumbeobachtung des BBR

Gehaltssumme der sozialversicherungspflichtig Beschäftigten des Sekundären Sektors ausgedrückt). Die Löhne und Gehälter liegen in den alten Ländern immer noch rd. 20 % über denen in den neuen Ländern.

8.2.3 Zusatzproblem: Disparitäten zwischen den Regionen in den neuen Bundesländern selbst

Auch innerhalb der neuen Länder bestehen große Unterschiede in den regionalen Ausgangsbedingungen und Entwicklungsperspektiven. So ist zwar das relativ hohe Qualifikationsniveau als ein besonderes Entwicklungspotential der neuen Länder anzusehen, doch gibt es hierbei beträchtliche räumliche Unterschiede: Das höchste Qualifikationsniveau und breiteste Qualifikationsspektrum wird in den Großstädten und den südlichen industriellen Agglomerationen sowie in den jungen Industriestädten des Nordens und in der Mitte der neuen Länder erreicht.

In engem Zusammenhang mit dem regionalen Ausbildungs- und Wissensstand steht das Forschungs- und Entwicklungspotential, das durch die hochqualifizierten Techniker, Ingenieure und Wissenschaftler in den Hochschulen und in der Wirtschaft verkörpert wird. Das Forschungs- und Entwicklungspotential der neuen Länder ist vor allem in den Regionen mit großen Städten konzentriert (Berlin einschließlich Potsdam, Dresden, Halle, Leipzig, Mittel- und Ostthüringen, Chemnitz – Zwickau – Freiberg sowie Rostock, Magdeburg, Frankfurt / Oder). Mit den qualifizierten Arbeitnehmern und den vorhandenen und entstehenden Einrichtungen des Technologietransfers bestehen dort relativ bessere personelle Voraussetzungen für moderne, innovationsorientierte Produktionen als außerhalb der genannten Regionen.

Ausgeprägte Monostrukturen sind hinderliche Voraussetzungen für die notwendigen Umstrukturierungs- und Umorientierungsprozesse in den neuen Ländern. So werden etliche Regionen in Mecklenburg-Vorpommern, Brandenburg und Sachsen-Anhalt relativ stark einseitig von der Landwirtschaft geprägt. In den Regionen Cottbus und Halle-Bitterfeld dominierten dagegen großindustrielle Monostrukturen.

Bei einer Gesamtbetrachtung der Entwicklungspotentiale und -engpässe in den Regionen der neuen Länder ergibt sich ein klares, aber differenziertes Potentialgefälle von den Großstadtregionen Dresden und Leipzig zu den ländlichen Regionen und Grenzräumen hin.

In den ländlich geprägten Räumen außerhalb der größeren Zentren sind Engpässe vor allem im Bereich Qualifikation / Innovation, bei der Infrastrukturausstattung und Verkehrsanbindung festzustellen. In den ehemaligen Randräumen im Südosten und Westen fallen diese Engpässe mit einer besonders ungünstigen Wirtschaftsstruktur zusammen. In den ländlichen Regionen des Nordens und Nordostens werden die Strukturprobleme zusätzlich von geringer Bevölkerungsdichte sowie der starken Abhängigkeit vom Landwirtschaftssektor geprägt. Ein spezifisches Merkmal der regionalen Beschäftigungsmuster und -trends liegt darin, daß sich auch innerhalb einer Region die Situationen wesentlich unterscheiden können. Viele Kreise weisen gegenüber dem größeren Arbeitsamtsbezirk, dem sie zugeordnet sind, eine wesentlich ungünstigere Beschäftigungssituation auf. Zu diesen Kreisen gehören vorrangig einerseits die Mehrzahl der peripher gelegenen und überwiegend durch die Landbewirtschaftung geprägten Kreise (vorrangig in den Ländern Mecklenburg-Vorpommern und Brandenburg) sowie andererseits Kreise mit altindustrialisierter bzw. monostrukturell ausgerichteter Wirtschaftsstruktur vorrangig in den Ländern Sachsen, Sachsen-Anhalt und Thüringen.

Die offizielle Arbeitslosenquote in den neuen Ländern liegt fast doppelt so hoch wie in den alten Ländern. Die höchsten Arbeitslosenquoten liegen bei 20 v. H.; die niedrigsten bei 10 v. H. Zu den Regionen mit einem weit überdurchschnittlichen Niveau der Arbeitslosigkeit zählen z. B. die Regionen Altmark, Rostock und Schwedt / Eberswalde. In Ostdeutschland, wo die Frauen viel stärker als in Westdeutschland von Arbeitslosigkeit betroffen sind und die Frauenarbeitslosenquote mehr als doppelt so hoch wie im Westen ist, liegen die regionalen Schwerpunkte der Frauenarbeitslosigkeit eindeutig außerhalb der Agglomerationen (vgl. hierzu auch HIRSCHAUER 1997).

Was den Indikator Löhne und Gehälter in bezug auf die neuen Ländern anbelangt, schneiden – bei insgesamt deutlich niedrigerem Niveau als im Westen – die brandenburgischen Kreise im Umland Berlins mit einem höheren Niveau vergleichsweise günstig ab, während die

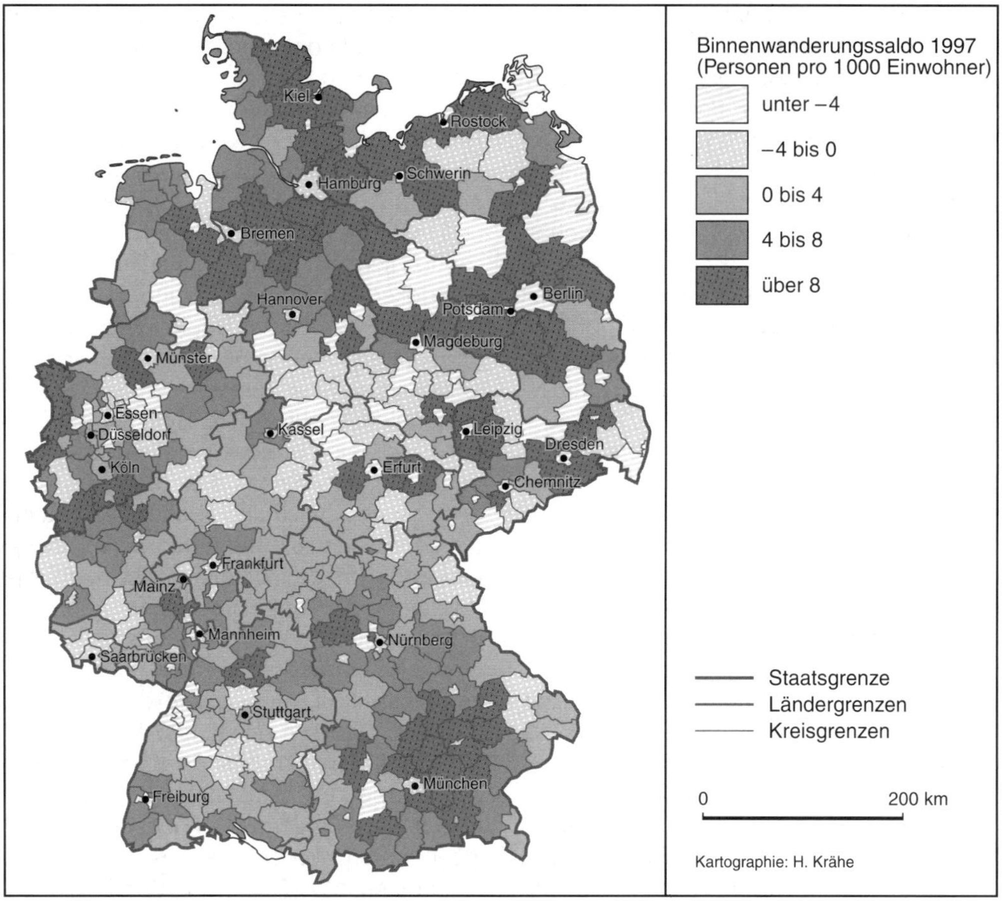

Abb. 8.3: Binnenwanderungssalden in Deutschland 1997
Quelle: Laufende Raumbeobachtung des BBR

niedrigsten Industrieeinkommen in den vom Stellenabbau besonders betroffenen Gebieten Thüringens und Sachsens nachgewiesen werden (Abb. 8.2).

8.2.4 Wanderungen als Indikator der Disparitätenentwicklung

Binnenwanderungssalden werden in der raumbezogenen Wissenschaft und Planungspraxis als ein Maß betrachtet, mit dem über die Tendenzen in der Entwicklung der Wirtschaft bzw. der Arbeits- und Lebensbedingungen betreffender Räume Auskunft gegeben werden kann. Mit Blick auf die Ost-West-Unterschiede der Raumentwicklung (gemessen auf der Ebene der Kreise, vgl. Abb. 8.3), wird deutlich, daß nur im Bereich der neuen Länder negative Wanderungssalden wirklich flächenhaft auftreten. (Die in weit geringerer Zahl auftretenden negativen Salden im Westen sind zudem mehrfach in Kreisen zu finden, in denen Auffanglager für aus dem Ausland Zuwandernde liegen und in denen die Wanderung der Aussiedler nur in Form der

Fortzüge innerhalb Deutschlands bevölkerungsstatistisch dokumentiert wird.)

In den neuen Ländern gibt es allerdings – gemessen an den Gegebenheiten in Westdeutschland – auch eine große Zahl von Kreisen mit höheren Zuwanderungsüberschüssen. Hierbei handelt es sich aber einerseits fast durchweg um Auswirkungen der "nachgeholten Suburbanisierung" zu Lasten der Agglomerationskerne und andererseits vermutlich schon um Auswirkungen einer nun auch hier in landschaftlich besonders attraktiven Gebieten einsetzenden Ruhestandswanderung.

8.2.5 Disparitäten in der Versorgung mit zentralörtlichen Diensten?

Eine Befragung der Raumplanungsinstitutionen der Länder, die das BBR Anfang 1998 zum Thema der Strukturen und Funktionen der jeweiligen Zentrale-Orte-Systeme der Länder durchgeführt hat, ist zu dem Ergebnis gekommen (STIENS / PICK 1999), daß deutliche Unterschiede zwischen den Bundesländern bestehen, was die Differenzierung der Stufigkeit der Zentrale-Orte-Hierarchie (zwischen drei und neun Stufen) sowie die Mindestbevölkerungszahlen für zentralörtliche Verflechtungsbereiche der verschiedenen Stufen anbelangt. Bei der durchschnittlichen Erreichbarkeit von zentralen Diensten, sei es die der Oberzentren oder der Mittelzentren, gibt es ebenfalls – allein schon zwischen den alten Bundesländern – deutliche Unterschiede.

In Abbildung 8.4 sind diese Disparitäten mit Blick auf die Versorgung mit Diensten der Mittelzentren dargestellt. Hierbei schneiden die neuen Länder nicht schlechter ab als die alten Länder. In Thüringen scheint die durchschnittliche Erreichbarkeit von Mittelzentren sogar besonders günstig auszufallen. Eine entsprechende Ungunst auf Seiten von Sachsen-Anhalt gleicht das Erscheinungsbild der neuen Länder aber wieder dem Bundesdurchschnitt an. Doch ist insgesamt festzuhalten, daß manche Länder eher die Tragfähigkeit (d. h. die Träger) der Einrichtungen in den zentralen Orten im Auge gehabt zu haben scheinen, daß aber bei anderen Ländern eher die Erreichbarkeit der Einrichtungen im Vordergrund gestanden zu haben scheint.

Bei der Erreichbarkeit der Einrichtungen oberzentraler Standorte gibt es noch in größeren Gebieten (im Verhältnis zu solchen in Westdeutschland) Defizite. Ausschlaggebend sind hier jeweilige regionale Siedlungsstrukturen, die weithin noch nicht einmal die Ausweisung von "möglichen Oberzentren" gestatteten.

Auf dem Gebiete zentralörtlicher Versorgung ist also in Teilen von interregionalen Disparitäten der Erreichbarkeit auszugehen. Dies mag allerdings als weniger problematisch zu beurteilen sein als das Vorliegen verschiedener allgemeiner räumlicher Disparitäten des sozioökonomischen Bereichs.

8.3 Ausblick auf zu erwartende Raum- und Siedlungsstrukturentwicklungen in Deutschland: Ergebnisse aus BBR-Szenarien

Auf der Basis von aktuellen Modellrechnungen für den Zeitraum bis 2015, durchgeführt im Rahmen der 'Raumordnungsprognose' des Bundesamts für Bauwesen und Raumordnung, wurden vor kurzem Szenarien über die künftige Raum- und Siedlungsstrukturentwicklung in Deutschland entwickelt (BBR 1999). Deren Ergebnisse sollen in verschiedenen Zusammenhängen Verwendung finden,

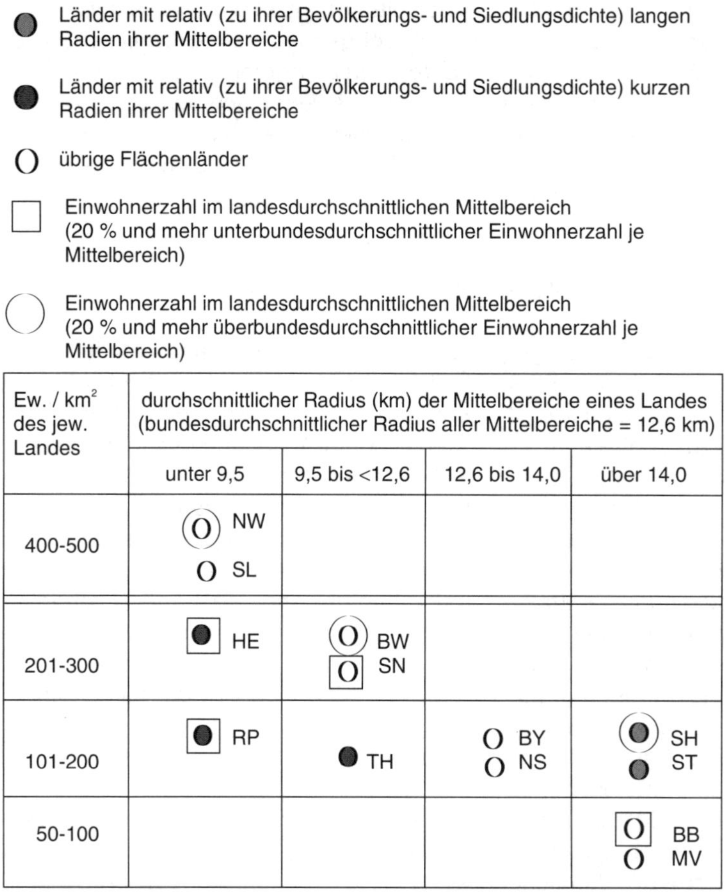

Abb. 8.4: Erreichbarkeit haushaltsbezogener Infrastruktur (Mittelzentren): Disparitäten zwischen den deutschen Flächenländern
Indikator: durchschnittlicher Radius der Mittelbereiche eines Landes
Quelle: STIENS / PICK 1999

u. a. im nächsten Raumordnungsbericht der Bundesregierung. Im folgenden werden einige Ergebnisse aufgeführt, die Auskunft über mittelfristig wahrscheinliche bzw. mögliche Entwicklungen räumlicher Disparitäten geben.

8.3.1 Künftige disparitäre Entwicklungen im Gesamtraum

Die Dynamik der Bevölkerungsentwicklung in Deutschland wird auch künftig aus dem Ausland importiert sein, denn ohne Zuwanderungen würde die Bevölkerung in den nächsten 15 Jahren um annähernd 4 Mio. Menschen abnehmen. Die deutsche Einigung und der eingeleitete Transformationsprozeß haben demographische Strukturbrüche ausgelöst, deren Folgen die Bevölkerungsentwicklung der neuen Länder noch über Jahrzehnte hinweg beeinflussen werden. Ost- und Westdeutschland werden auch auf mindestens mittlere Sicht gegenläufige Entwicklungen zeigen: In Westdeutschland wird die Bevölkerung zunehmen, die Bevölkerung Ostdeutschlands wird dagegen abnehmen. Hauptursache sind die Geburtenrückgänge nach 1989. Die Binnenwanderungsverluste in Richtung Westdeutschland fallen da kaum noch ins Gewicht, zumal sie durch Außenwanderungsgewinne kompensiert werden.

Was die Arbeitsmarktentwicklung in Westdeutschland angeht, wird sie auch künftig durch charakteristische Abweichungen zwischen Süden und Norden geprägt sein. Im Süden stehen die Arbeitsmärkte weiterhin unter deutlich besseren Vorzeichen als im Norden. Dem vergleichsweise geringeren Erwerbspersonenzuwachs steht hier meist eine höhere Beschäftigungsdynamik gegenüber, so daß die Arbeitsmärkte hier vergleichsweise weniger als im Norden belastet werden. In den strukturschwachen westdeutschen Regionen bleiben die gegenwärtigen Arbeitsmarktprobleme in der Regel weitgehend bestehen (die niedersächsischen Regionen an der Nordseeküste sowie nördliches und östliches Ruhrgebiet). In einzelnen Regionen ist sogar eine weitere Verschärfung zu befürchten, indem sich Arbeitskräfteangebot und -nachfrage gegenläufig entwickeln.

In Ostdeutschland wird sich vor allem in den Ländern Thüringen, Sachsen und Sachsen-Anhalt sowie im östlichen Mecklenburg-Vorpommern eine z. T. beachtliche – allerdings nur statistische – Entlastung der regionalen Arbeitsmärkte ergeben. Diese resultiert weniger aus einem Anstieg der Zahl der Arbeitsplätze als vielmehr in erster Linie aus einem Rückgang des Arbeitskräfteangebots. Dahinter stehen individuelle Reaktionsformen auf Arbeitslosigkeit, wie Fernpendeln, Erwerbsverzicht und Rückzug in die stille Reserve.

Infolge dieser regionalen Unterschiede in der Entwicklung von Arbeitskräfteangebot und -nachfrage wird sich auch in den neuen Ländern ein anhaltendes Nord-Süd-Gefälle der Unterbeschäftigung herausbilden. Günstige Perspektiven ergeben sich für einzelne – gemessen am ostdeutschen Durchschnitt – strukturstärkere Regionen (wie Potsdam-Mittelmark, Leipzig, Dresden oder Erfurt), da dort einem sinkenden Arbeitskräfteangebot eine steigende Arbeitskräftenachfrage gegenübersteht. In Regionen wie Cottbus oder der Altmark ist hingegen aufgrund einer stark zurückgehenden Arbeitskräftenachfrage mit einer weiteren Verschärfung der arbeitsmarktpolitischen Problemlagen zu rechnen.

8.3.2 Künftige Disparitäten zwischen Verdichtungsräumen und Städten

Mit Blick auf die Zukunft der wirtschaftlichen Dynamik des deutschen Städtesystems werden die traditionellen harten Standortfaktoren, wie Infrastrukturausstattung und Arbeitskosten, im internationalen Wettbewerb nach wie vor eine wichtige Rolle spielen. Die Stellung von Städten im System der Verdichtungsräume wird vor allem davon abhängen, welche Position ihre Unternehmen auf dem Weltmarkt innehaben. Agglomerationsräume, die internationale Unternehmen ("global players") beherbergen, haben besonders günstige Voraussetzungen. Für die großen Städte und Verdichtungsregionen wird es immer entscheidender werden, an einem der leistungsfähigen Knoten des europäischen und damit letztlich auch weltweiten Verkehrs- und Kommunikationsnetzes zu liegen bzw. schnellen Anschluß an einen solchen Knoten zu haben. Zu qualitativ höchstwertigen Telekommunikationsnetzen besteht heutzutage allerdings schon ein ubiquitärer Zugang. Der technische Fortschritt bei Informations- und Verkehrstechnologien begünstigt eine Intensivierung des arbeitsteiligen Handelns. Die räumlich-funktionale Arbeitsteilung nimmt zu.

Von den spezifischen Entwicklungsstrukturen her wird es zwei Hauptgruppen von Agglomerationsräumen geben:

1. Regionen mit Verdichtungsräumen, die auch auf mittlere Sicht eine hohe Wettbewerbsfähigkeit bei hoher Entwicklungsdynamik aufweisen;
2. Regionen mit Verdichtungsräumen, für die auch künftig modernisierungsbedürftige Strukturen charakteristisch sein werden und / oder defizitäre Bedingungen infolge ungünstiger geograpischer Lage.

Die großen Städte und Verdichtungsräume der heute besonders wirtschaftsstarken Regionen werden auch künftig die Motoren der wirtschaftlichen, gesellschaftlichen und kulturellen Entwicklung sein. Die Leistungs- und Konkurrenzfähigkeit moderner Gesellschaften hängt künftig noch stärker von einem leistungsfähigen Netz international orientierter großstädtischer Zentren ab. In Deutschland wird es zwar auch künftig keine primäre 'global city' geben, die den internationalen Wettbewerb mit anderen Metropolen – wie Paris, London oder New York – allein oder vorrangig bestreiten würde. Diese internationalen Funktionen von 'global cities' oder großen Metropolen können in Deutschland jedoch von den großen Verdichtungsräumen (Berlin, Hamburg, München, Rhein-Main, Köln / Düsseldorf bzw. Rhein-Ruhr, Stuttgart) – also im Rahmen eines interregional polyzentralen, auf Arbeitsteilung und Spezialisierung beruhenden Städtesystems – voll wahrgenommen werden. Die stärkste Entwicklungsdynamik wird nicht nur innerhalb dieser großen Verdichtungsräume, sondern auch in deren Umland und in Korridoren zwischen ihnen zu finden sein.

Ob sich die hochverdichteten Agglomerationsräume weiterhin – gemessen an ökonomischen Kriterien wie Wertschöpfung, Wirtschaftskraft und Einkommen – besonders dynamisch entwickeln, wird auch künftig daran gemessen, inwieweit die zu erwartenden Wertschöpfungs- und Produktionssteigerungen sich in zusätzlichen Arbeitsplätzen niederschlagen. Dies ist nicht sicher. In einigen dieser großen Verdichtungsräumen hoher Wettbewerbsfähigkeit können langfristig auch Wachstumsabschwächungen auftreten, insbesondere im süddeutschen Raum. Hierbei handelt es sich um Stadtregionen mit zwar traditionell erfolgreichen industriewirtschaftlichen Strukturen. Infolge produktzyklisch verursachter Alterungen können sich die Entwicklungsprozesse mittelfristig abschwächen.

Einige dieser Regionen werden zu besonders starken Expansionen tendieren und im europäischen Kontext weitere Metropol-Funktionen zu übernehmen versuchen. Hierzu zählen stark vom Tertiären Sektor geprägte Räume, wie Rhein-Main, Hamburg und Köln / Düsseldorf.

Zur Gruppe von Verdichtungsräumen mit hoher Wettbewerbsfähigkeit werden außerdem mittlere bis kleinere dieser Räume, die moderne Produktionsstrukturen beherbergen und teilweise überdurchschnittlich mit wissenschaftlich-technischen Einrichtungen ausgestattet sind, zählen. Hierzu würden z. B. die Verdichtungsräume Karlsruhe, Hannover und Aachen zu rechnen sein.

Günstige Entwicklungsperspektiven besitzen Verdichtungsräume ferner auch dadurch, daß sie an europäischen Verkehrsachsen liegen. Deren Dynamik gründet – teils oder vor allem – in dem stark wachsenden Bereich interregionaler und internationaler Transport- und Distributionsfunktionen; z. B. die Räume Hamburg, München, Frankfurt am Main, Berlin, Rhein-Ruhr und wiederum auch Hannover und Aachen.

Modernisierungsbedarf werden in Westdeutschland auch weiterhin vor allem hochverdichtete Agglomerationsräume mit bedeutenden Anteilen altindustrieller Strukturen haben (z. B. Saar, Ruhrgebiet, Nürnberg). Dies wird auch weiterhin den konzentrierten Einsatz vielfältiger staatlicher Hilfen erfordern. Mit einem mittelfristigen Abbau der relativ hohen Arbeitslosigkeit, die zu einer Verfestigung sozialer Benachteiligungen und starken Belastung der kommunalen Haushalte führt, ist kaum zu rechnen. Auch die absehbar nicht versiegende Zuwanderung von Ausländern erschwert die Entspannung auf den Arbeitsmärkten dieser Räume. In den ostdeutschen Ländern werden die Verdichtungsräume, die einseitige Wirtschaftsstrukturen und eine starke Ausrichtung auf alte Industrien zeigen, noch lange mit einem schwierigen Umstellungsprozeß zu tun haben.

Unter den Verdichtungsräumen dieses Typs wird es allerdings sowohl in Westdeutschland (z. B. die Verdichtungsräume Bremen, Nürnberg, Braunschweig oder Paderborn) als auch in Ostdeutschland einige geben, die in ihrem jeweiligen regionalen Kontext durchaus überdurchschnittliche Entwicklungschancen besitzen könnten. Hier sind vor allem die Agglomerationsräume Leipzig und Dresden als wieder aufsteigende Handels- und Dienstleistungsstandorte mit innovationsfähigen Industriekernen zu nennen, aber auch Erfurt oder Chemnitz.

8.3.3 Verschärfung regionsinterner Disparitäten

Die räumlichen Entwicklungen werden aber nicht nur von den Raumnutzungsstrukturen bzw. Standortentscheidungen der Betriebe geprägt, sondern auch von den Nutzungsmustern und Wohnstandort- bzw. Mobilitätsentscheidungen der privaten Haushalte. Die Veränderungen der Sozialstrukturen, die zu beobachten sind, wird sich vermutlich intensivieren. Individualisierungsprozesse und Prozesse sozialer Polarisierung, die gleichzeitig stattfinden, drücken sich auch im Raum aus. Diese Prozesse schleichender sozialer Polarisierung und Entflechtung haben, wie inzwischen vielfach beschrieben, innerstädtische Folgeerscheinungen bzw. Segregationen zum Resultat: Der Prozeß der Globalisierung wird zu einer "Homogenisierung" der internationalen Bereiche in den Metropolen, aber gleichzeitig auch zu Zersplitterung bzw. Differenzierungen innerhalb der großen Kernstädte führen. Die in den internationalisierten Vierteln stattfindende Homogenisierung drückt sich z. B. in der Ähnlichkeit der "postmodernen" Architektur der Bürohäuser und Einkaufszentren sowie der Flughäfen aus, begleitet durch weiter rasch steigende Boden- und Mietpreise. Die Nutzung dieses internationalisierten städtischen Raumes ist insbesondere nur noch Menschen bzw. Haushalten mit hohem Einkommen möglich, was u. a. zu einer Entdifferenzierung der Wohnbevölkerung führt. Andere soziale Gruppen werden immer stärker in Stadtgebiete gedrängt, in denen die Boden- bzw. Mietpreise gerade noch bezahlbar sind. Diese relativ zentralen Wohnbereiche werden einerseits der Gefahr ausgesetzt sein, zu verslumen (geringe Investitionen in Wohngebäude sowie Spekulationen). Andererseits droht, daß weitere Wohnnutzungsflächen in Büroflächen überführt werden. Die Verwaltungen dieser großen Städte könnten sich künftig Zielen und Interessen ausgesetzt sehen, die immer stärker divergieren: einerseits auf das Ziel der profitablen Nutzung der Stadt zur Sicherung der Wettbewerbsfähigkeit im Weltsystem der Städte (Schaffung eines "innovativen Milieus", Vorhaltung von Lebensqualität für Führungskräfte); andererseits auf Interessen, die die Stadt als Lebensraum für verschiedene sozialen Gruppen zu erhalten versuchen.

Diese Prozesse gesellschaftsstruktureller Veränderungen, die insbesondere in den besonders dynamischen Agglomerationen stattfinden, werden zudem dazu führen, daß auch der Stadtrand bzw. die 'Zwischenstadt' und auch die dispersionsbetroffenen Gebiete des ländlichen Umlands sich noch stärker nach Einkommensklassen 'ordnen' werden. Da diese Prozesse immer auch räumliche Umstrukturierung bedeuten, wird es in diesen Gebieten mittelfristig auch keinen Stillstand und schon gar keine Trendwende im "Landverbrauch" geben. Weiterhin hohe Bodenpreisunterschiede zwischen Kernstadt und Umland werden das Siedlungswachstum weiter antreiben. In den rein ländlichen Umlandbereichen der westdeutschen Agglomerationen wird die mehr oder weniger disperse Siedlungsentwicklung mithin als ein flächenhafter und flächenverbrauchender Prozeß weiter anhalten – mit dem bekannten Resultat verkehrlicher und ökologischer Probleme.

In den ostdeutschen Agglomerationen wird die Bevölkerung zwar in absoluten Zahlen weiter abnehmen, doch wird der Prozeß der "nachholenden Suburbanisierung" im Umland verstärkt weitergehen.

8.3.4 Künftige Disparitäten in ländlich geprägten Räumen

Überblick

In den ländlich geprägten Räumen Deutschlands wird es zu unterschiedlichen Grundtendenzen der Raumentwicklung kommen: So wird für einige stadtnahe und verstädterte ländliche Gebiete eine starke (ökonomische) Aufwertung erwartet, die zu einer verstärkten Inanspruchnahme von Freiräumen führen wird. In dünner besiedelten und strukturschwachen ländlichen Räumen mit besonderen regionalwirtschaftlichen Friktionen (z. B. Konversion) werden sich die Lebens- und Arbeitsbedingungen weiter verschlechtern (unter der Voraussetzung, daß Raumordnungs- und Regionalpolitik nicht gegensteuern). Außerdem wird der "Rückzug der Landwirtschaft aus der Fläche" zu einer stärkeren Polarisierung in der Flächennutzung führen. Mittelfristig bleiben vor allem in den ländlichen Gebieten in den Grenzregionen zu den benachbarten mitteleuropäischen Staaten starke sozioökonomische Unterschiede bestehen.

Auch für die Städte und Regionen in ländlichen Räumen – d. h. für ihre lokale bzw. regionale Wirtschaft – wird es künftig immer entscheidender sein, nahe an einem der wirtschaftlich leistungsfähigen Knoten des europäischen Netzes von großen Verdichtungsräumen zu liegen bzw. schnellen Anschluß an solche Knotenpunkte zu haben, sonst sind auch solche städtischen Zentralorte der Gefahr ausgesetzt, Einbußen im wirtschaftlichen und sozialen Bereich hinnehmen zu müssen. Solchen Einbußen entgehen sie auch, wenn sie durch Nachbarschaft in funktionale Verbindungen zu den metropolitanen Regionen oder in attraktive Landschaftskontexte der "Freizeitgesellschaft" eingegliedert sind.

Wirtschaftliche bzw. landwirtschaftliche Anpassungsprobleme

Die teilweise ohnehin geringere Wettbewerbsfähigkeit der Wirtschaft in den meisten ländlichen Regionen wird sich in Räumen mit strukturellen Schwächen weiter verringern. Diese strukturellen Schwächen treffen häufig noch mit ungünstigen Erreichbarkeiten oder peripherer Lage und dünner Besiedlung zusammen, in Westdeutschland z. B. an der Nordseeküste, im südlichen Rheinland-Pfalz, in Nordhessen sowie an der Grenze zu Tschechien. In den neuen Ländern werden die Problemstrukturen noch auf länger eine flächendeckende

Erscheinung darstellen. Der Verlust an "Humankapital" wird langfristig die Entwicklungsprobleme dieser Abwanderungsregion weiter verstärken. Die Abwanderungstendenzen werden in den neuen Ländern insbesondere dort anhalten, wo mittelfristig die größten Probleme in der Umstrukturierung bestehen. Dies sind die ländlich geprägten Regionen, die nicht im Blickwinkel von Investoren liegen und in denen aus Gründen zu großer Distanzen eine Kompensation durch Pendeln nicht möglich ist.

Allerdings kann es wirtschaftliche Dynamik auch außerhalb der Verdichtungsräume geben. Hauptsächlich in den alten Ländern zeigen einige geringer verdichtete Gebiete außerhalb der großen Verdichtungsräume eine diversifizierte Wirtschaftsstruktur und günstige Entwicklungsperspektiven auf. Auch andere Gebiete in den geringer verdichteten Regionen außerhalb der großen Verdichtungsräume können eine ökonomische Aufwertung erfahren, und zwar als Folge weiterer Kostensteigerungen sowie von steigendem Raum- und Flächenbedarf im engeren urbanen Bereich und schließlich aufgrund von betrieblicher Flexibilisierung, technologischem Fortschritt und fortentwickelter Telekommunikation, die wirtschaftliche Dispersionsprozesse begünstigen.

Doch können auch Regionen, die heute noch keine ausgeprägten strukturellen Schwächen zeigen, sich Problemen gegenübersehen, die eine günstige Einschätzung der Entwicklungsmöglichkeiten erschweren, wozu z. B. negative Auswirkungen der Konversion oder ungünstiger Erreichbarkeit gehören. Letztere sind mittelfristig nur dann kein Handicap, wenn diese Räume eine besonders große landschaftliche Attraktivität aufzuweisen haben, die zu einem immer bedeutenderen Standortfaktor zu werden scheint.

In der Landwirtschaft ist insgesamt eine stärkere räumliche Polarisierung zu erwarten. Sie wird sich in Gebieten mit guten Produktionsvoraussetzungen konzentrieren. Hier wird dann – bei starker Spezialisierung (z. B. Mastbetriebe, Veredelungsbetriebe, Sonderkulturen) – zwar teils weniger flächenintensiv, aber mit höherer Produktivität gearbeitet. Eine Intensivierung der landwirtschaftlichen Produktion hat noch weitere raumrelevante Auswirkungen: Freisetzung von Arbeitskräften durch höhere Produktivität mit Auswirkungen auf nachgeordnete Betriebe; erhöhtes Transportaufkommen, Zunahme der Umweltbelastung durch Schadstoffeinträge; Beeinträchtigung der Artenvielfalt und der Attraktivität der Kulturlandschaft.

Von der Reform der Agrarpolitik in der Europäischen Union, die das Ziel hat, das Angebot an überschüssigen Agrarprodukten zu verringern, werden die Gebiete intensiver landwirtschaftlicher Nutzung am geringsten betroffen sein. Von der Intensivlandwirtschaft werden künftig noch mehr Belastungen für Wasser, Boden und Luft ausgehen.

Extensivierung und Marginalisierung in der Landwirtschaft werden in erster Linie in Gebieten auftreten, in denen die natürlichen und agrarstrukturellen Voraussetzungen ungünstig sind. In Regionen, die gleichzeitig wirtschaftsschwach sind, werden erhebliche Auswirkungen auf die Raumstruktur durch Veränderungen in der Flächennutzung und durch Verringerung der Möglichkeit des landwirtschaftlichen Nebenerwerbs erwartet. Andere, außerhalb der Nahrungsmittelproduktion liegende Beschäftigungs- und Entwicklungspotentiale – wie gewerbliche Arbeitsplätze, Tourismus, Landschaftspflege, nachwachsende Rohstoffe – treffen in diesen Regionen auf unterschiedliche Voraussetzungen und Chancen. Allerdings wird durch den "Rückzug der Landwirtschaft aus der Fläche" hier auch zuerst die Chance zur Extensivierung und zum Schutz von Naturpotentialen ergriffen.

Die Belastungs- und Entlastungseffekte auf den Arbeitsmärkten der ländlichen Räume werden mithin je nach Region sehr unterschiedlich ausfallen und auch auf unterschiedlichen Problemkonstellationen und -niveaus aufbauen. So werden in den strukturschwachen westdeutschen Regionen die gegenwärtigen Arbeitsmarktprobleme in der Regel weitgehend bestehen bleiben. In einzelnen Regionen (Ostfriesland, Bremerhaven oder der Westpfalz) ist sogar mit einer weiteren Verschärfung zu rechnen, da sich Arbeitskräfteangebot und -nachfrage weiterhin gegenläufig entwickeln werden. In Westdeutschland wird die Arbeitsmarktentwicklung im ländlichen Raum weiterhin durch ein Süd-Nord-Gefälle geprägt sein. Im Norden wird der Druck auf die Arbeitsmärkte vor allem durch die starke Zunahme der Zahl der Erwerbspersonen verursacht. Im Süden werden die Arbeitsmärkte insgesamt gesehen unter einem relativ besseren Vorzeichen stehen.

Verschärfung siedlungsstruktureller Unterschiede

Die geringer verdichteten ländlich geprägten Räume stehen in der Nähe von Verdichtungsräumen mit diesen in besonders engen funktionalen Zusammenhängen. Durch gute Erreichbarkeitsverhältnisse wird diese Kategorie ländlicher Räume auch künftig zum immer weiter ausgreifenden Pendlereinzugsbereich der Verdichtungsräume. Bei gleichzeitig hoher landschaftlicher Attraktivität werden sie bevorzugt als Wohnstandorte und Altersruhesitze, aber auch als Standorte von Unternehmen gewählt.

Bei weniger attraktivem landschaftlichem Umfeld werden diese allerdings mehr noch als heute zu Standorten von Einrichtungen, deren Leistungen in erster Linie für die Stadtregionen erbracht werden: Entsorgungseinrichtungen, Verkehrsachsen, Distributionsfunktionen (flächenintensive Lagerhaltung, Güterverteilung etc.).

In weiten Teilen der ländlichen Räume wird die Siedlungs- und Verkehrsfläche je Einwohner nach dem Jahre 2010 bei mehr als 1 000 m² liegen, also besonders hoch sein. Die hierfür verantwortlichen Faktoren sind dieselben wie heute: Die (Sub-) Urbanisierung der engeren und weiteren Umlandgebiete mit einem starken Zuwachs an Siedlungs- und Verkehrsfläche und häufig starken Zersiedelungstendenzen hält weiter an. Noch weiter vergrößerte Bodenpreisunterschiede zwischen kernstädtischen Bereichen und den benachbarten Räumen treiben das Siedlungswachstum im Zusammenspiel mit einer extensiven Siedlungsflächenerweiterung weiter voran. Die weiter zunehmende Distanz zwischen Wohnort und Agglomerationskern, d. h. die Dispersion der Wohnungsbautätigkeit, führt auch zur verstärkten Umstrukturierung und zur Erhöhung des Flächenbedarfs im Einzelhandel, also zur Nutzung von großflächigen Einzelhandelsstandorten in der Peripherie der Verdichtungsräume. Ausweisung und Erschließung von Gewerbeflächen werden auch künftig durch "stille Subventionierung" gefördert werden.

In einigen landschaftlich attraktiven Gebieten wird der Tourismus eine noch größere regionalwirtschaftliche Rolle spielen: in Küstenregionen, in Mittel- und Hochgebirgen sowie in Seen- und Flußgebieten. In den neuen Ländern sind Erholungspotentiale in nennenswertem Umfang vor allem an der Ostseeküste, in der Mecklenburgisch-brandenburgischen Seenplatte, im Elbsandsteingebirge sowie im Ostharzvorland vorhanden. Sie sind häufig gleichzeitig ausgedehnte Ferienhaus- und Zweitwohnsitzgebiete, die regional zwar das Nachfragepotential erhöhen, für die einheimische Bevölkerung aber auch mit Kostensteigerungen, z. B. bei den Baulandpreisen, verbunden sein werden. Auch in den neuen Ländern werden die vorhandenen Erholungspotentiale mit dem Ausbau der touristischen Infrastruktur zunehmend intensiver genutzt werden. In einigen Regionen besteht die Gefahr, daß die zunehmende Nutzung als Ferienhaus- und Zweitwohnsitzgebiet mit einer Zersiedelung und Übernutzung der Landschaft verbunden ist, die gleichzeitig die vorhandenen Naturpotentiale gefährdet.

Auch außerhalb der engeren Einzugsbereiche der Städte und Verdichtungsräume werden künftig noch mehr Kompensationsleistungen erbracht, z. B. Abfallentsorgung, Energie- und Wasserversorgung. Diese Vermehrung der Kompensationsleistungen bzw. -funktionen birgt die Gefahr (zumal wenn diese gebündelt auftreten), die Standortattraktivität für Gewerbe, aber auch die Erholungsfunktionen und die natürliche Umwelt der betroffenen ländlichen Räume zu beeinträchtigen. In den eher dünn besiedelten ländlichen Räumen werden die Konflikte zwischen den oft "sperrigen" und umstrittenen Infrastruktureinrichtungen und der ansässigen Bevölkerung in der Regel weniger deutlich und heftig ausgetragen als in den Städten und Verdichtungsräumen.

8.4 Programme, Konzepte und Instrumente, speziell zugunsten der Raumentwicklung in den neuen Ländern

Die Sonderproblematik der Raumentwicklung in den neuen Ländern zwingt in der Raumordnungs- und Raumentwicklungspolitik zu für West- und Ostdeutschland unterschiedlichen Zielrichtungen. Dabei wird allerdings darauf geachtet, daß auch die Entwicklung in den westlichen Ländern nicht stehenbleibt, allein schon deshalb, weil Deutschland langfristig seine Position in der Weltwirtschaft und im europäischen Binnenmarkt zu wahren hat. Es muß aber darum gehen, in den neuen Ländern die Entwicklungsdefizite möglichst rasch abzubauen. In den alten Ländern bleiben Anpassungsmaßnahmen erforderlich.

8.4.1 Programme, Konzepte und Instrumente der Raumordnungspolitik des Bundes und der Länder

Das 'Raumordnerische Konzept für den Aufbau in den Neuen Ländern' (1991)

Gleich nach der Wiedervereinigung begann in den zuständigen Ministerien des Bundes und der Länder eine Überprüfung der neuen Raumsituation, und es wurden speziell auch erste Überlegungen darüber angestellt, was aus raumordnungspolitischer Sicht bei der Entwicklung der neuen Länder beachtet werden müßte. Schon Ende 1991 veröffentlichte das Bundesministerium für Raumordnung, Bauwesen und Städtebau einen Orientierungsrahmen speziell für die räumliche Entwicklung in den neuen Ländern und in Berlin ('Raumordnerisches Konzept für den Aufbau in den Neuen Ländern', BMBau 1991). Damit wurden aus raumordnungspolitischer Sicht erste Anhaltspunkte für die von Bund und Ländern im Gebiet der ehemaligen DDR zu treffenden Maßnahmen moderner Entwicklungspolitik gegeben.

Neue Programme der Raumordnung für Gesamtdeutschland

Mit dem 'Raumordnungspolitischen Orientierungsrahmen' (ORA, BMBau 1993a) wurden nach Jahren der raumordnungspolitischen Zurückhaltung erstmals wieder auch Impulse für die räumliche Entwicklung des nun größeren Bundesgebietes insgesamt gegeben. Anschließend wurde darüber hinaus mit dem 'Raumordnungspolitischen Handlungsrahmen' (HARA, MKRO 1995) versucht, die der im ORA formulierten Leitbilder zur gesamträumlichen Entwicklung zu operationalisieren (MEHWALD 1993, KRAUTZBERGER / MEHWALD 1994). Mit diesen Programmen wird auch die Problematik der räumlichen Disparitäten und der künftige Umgang mit ihnen in veränderter Weise angesprochen.

Der 'Raumordnungspolitische Orientierungsrahmen'

Vom Bundesministerium für Raumordnung, Bauwesen und Städtebau erarbeitet und von der Ministerkonferenz für Raumordnung (MKRO) einstimmig beschlossen, zeigt der ORA neue Richtungen bzw. Schwerpunktverlagerungen für die Raumordnungspolitik auf. Zum ersten Mal liegt damit eine raumordnerische Konzeption für die Entwicklung Gesamtdeutschlands vor, wobei die Entwicklung der neuen Bundesländer besondere Berücksichtigung findet. Inhaltlich sind Schwerpunktverlagerungen vorgenommen worden, vor allem in den Bereichen Siedlungsentwicklung und Raumnutzung. Aspekte der Vernetzung und der Entlastung der großen Städte sowie die Stärkung der regionalen Eigenentwicklung stehen im Mittelpunkt. Die Problematik ländlicher Räume erscheint in den Hintergrund gerückt.

Der 'Raumordnungspolitische Handlungsrahmen'

Der HARA von 1995 hatte insbesondere die Aufgabe, die Leitbilder des Orientierungsrahmens zu konkretisieren. Die MKRO hatte diesbezüglich vorrangige Themenschwerpunkte definiert. Klärung inhaltlicher Fragen wurde Vorrang gegeben gegenüber einem in sich geschlossenen "Programm", wodurch ein Eindruck von programmatischer Lückenhaftigkeit bzw. der Einseitigkeit der Schwerpunktsetzungen bei bestimmten Politikbereichen entstehen kann. Es werden handlungsorientierte Maßnahmen behandelt. Im Zusammenhang mit der Anforderung, bestehende Instrumente auf ihre Eignung und Leistungsfähigkeit hin zu überprüfen, werden eine Reihe von Überlegungen zusammengetragen, so zu den Stichworten Effektivität / Effizienz, Flexibilität, Stärkung informeller Instrumente, Ausbau regionaler Entwicklungskonzepte, Abstimmung regionaler Förderkonzeptionen, Ausgleich regionaler Interessen, neue Wege grenzüberschreitender Zusammenarbeit usw..

Verändertes Verständnis von raumbezogener Planung und ihrer Aufgaben

Mit dem ORA und dem HARA soll das traditionelle Verständnis von Raumordnung als eine Form von "Planaufstellung", wissenschaftlich geleitet mit Hilfe von Indikatoren bzw. anhand von Systemen 'Laufender Raumbeobachtung', endgültig überwunden werden. Im Zuge der Beschleunigung des ökonomisch-technologischen Wandels und der fortschreitenden internationalen Arbeitsteilung waren die Grenzen einer nationalen Raumordnungspolitik immer deutlicher sichtbar geworden. Dem Bundesraumordnungsprogramm von 1975 lag noch – bei allerdings anderen Rahmenbedingungen – die Voraussetzung von Steuerungsmöglichkeiten zugrunde. Mit dem ORA wird ein Anspruch auf Steuerung der Raumentwicklung weder direkt noch indirekt mehr erhoben.

Demgegenüber wird in der Stärkung regionaler Akteure, d. h. auch in dezentralen Planungsansätzen, eine zeitgemäßere Antwort auf die Probleme der Steuerungsfähigkeit gesehen. Dieser "Philosophie" entspricht es auch, daß dem Aufbau von städtischen Vernetzungen und der interkommunalen Zusammenarbeit ein besonders hoher Stellenwert für die aktive Gestaltung der räumlichen Entwicklung zugeschrieben wird.

Es wird ferner darauf hingewiesen, daß Entwicklungs- und Ordnungsaufgaben keine strikten Gegensätze darstellen, daß in den alten Ländern die Ordnungsaufgaben tendenziell überwiegen, während in den neuen Ländern vorrangig raumordnerische Entwicklungsaufgaben bestehen. Für die Zukunft wird eine verstärkte Harmonisierung der deutschen Strukturpolitik mit den EG-Strukturfonds sowie dem sog. Kohäsionsfonds gefordert. Damit soll sichergestellt werden, daß die neuen Länder aufgrund ihrer gravierenden Strukturschwäche auch längerfristig Hilfen in breitem Umfang von der EG zur Bewältigung ihrer Entwicklungsprobleme erhalten.

Von besonderem Belang für die Entwicklung der Raumstruktur und damit für den Abbau der großräumigen interregionalen Disparitäten zwischen den Regionen in den neuen Ländern sind die siedlungsstrukturbezogenen Konzepte im ORA. Im Fall ihrer Verwirklichung würden sie in besonderem Maße zur Weiterentwicklung der Raumstrukturen im östlichen Teil Deutschlands beitragen. Dies gilt vor allem etwa für das Beispiel des Konzepts der Städtenetze, mit dem im Westen "Ausbaubedarf", im Osten aber insbesondere "Entwicklungsbedarf" entsprochen werden sollte. Der Ausbau bei der Entwicklung der städtischen Vernetzung und der Kooperation zwischen Städten sollte dazu beitragen, daß Stadtregionen ihre Standortvorteile besser entfalten können, die Nutzung der großräumigen Infrastruktur verbessert wird und zusätzliche Entwicklungsimpulse über die engeren Regionalgrenzen hinaus gegeben werden. Hiermit wurde ausgedrückt, daß in der Bereitschaft auf seiten städtischer Kommunen, verstärkt und vermehrt zu kooperieren statt zu konkurrieren, eine wichtige Voraussetzung für Regionalentwicklung zu sehen sei.

Inzwischen sind aus diesem Grundkonzept der Städtenetze bereits umfangreiche, vom Bund geförderte Projektfelder entstanden.

Veränderungen in der Perzeption von Disparitäten?

Speziell im 'Leitbild Ordnung und Entwicklung' des ORA sind alle jene Gesichtspunkte zusammengetragen, die als allgemeiner Maßstab für die künftige Raumordnung als besonders wichtig angesehen werden. Es wird dort aber erstmals auch darauf hingewiesen, daß durch die großen Unterschiede zwischen dem westlichen und dem östlichen Teil Deutschlands eine Diskussion zur Neubestimmung des Gleichwertigkeitsziels erforderlich sei. So heißt es (BMBau 1993a, S. 21):

- daß "Gleichwertigkeit der Lebens-, Arbeits- und Umweltbedingungen eine situationsabhängige, dynamische Zielrichtung und kein absoluter Maßstab" sei und
- daß "stärker als bisher mit langfristigen Übergangszeiten in den neuen Ländern gerechnet werden müßte, ohne daß damit das Ziel der Gleichwertigkeit aufgegeben" werde,
- daß "bei der Verfolgung des Ziels der Gleichwertigkeit verstärkt nach sachlicher und zeitlicher Prioritätensetzung zu unterscheiden" sei und
- daß "der Staat die Gleichwertigkeit der Lebensverhältnisse nur noch in bestimmten Bereichen – Rechtsordnung sowie Sicherung und Daseinsvorsorge im infrastrukturellen Bereich – unmittelbar sichern" könne.

Außerdem wird hervorgehoben, "daß der Abbau der räumlichen Ungleichheiten sich langfristig nur durch die gezielte Förderung der regionalen Eigenentwicklung erreichen läßt. Hierbei fällt – bei aller staatlichen Verantwortung – den privaten Investitionen die Schlüsselrolle zu. Deshalb müssen die Rahmenbedingungen hier neu geschaffen und die Unterstützungsmaßnahmen fortgeführt werden, um regionale Entwicklungsprozesse in Gang zu setzen, die tendenziell zu einer Angleichung der Lebensverhältnisse führen" (BMBau 1993a, S. 21).

Einsatz neuer Konzepte der Raumordnung: Das Konzept der 'Europäischen Metropolregionen' in Deutschland

In Deutschland zuerst im HARA in die Öffentlichkeit gebracht, wird seit einigen Jahren – vor allem im Rahmen der MKRO (u. a. BMBau 1997) – die Ausweisung und spezifische Förderung von "Europäischen Metropolregionen" in Deutschland diskutiert. Mehrere Länder haben derartige Regionen auch bereits abgegrenzt. In den neuen Ländern liegen zwei Gebiete dieser Raumkategorie, und zwar die "Metropolregion Berlin / Brandenburg" sowie die ("potentielle") "Metropolregion Halle / Leipzig – Sachsendreieck" (BMBau 1997, S. 59, hier Abb. 8.5). Ein wesentliches Kennzeichen soll ihre "gute Erreichbarkeit auf interkontinentaler Ebene" sein. Mit diesem Konzept soll aber außerdem der Disparitätenaspekt berücksichtigt werden, indem damit auch eine aus "nationaler Sicht angemessene räumliche Ausgewogenheit" (HARA 1995, S. 27) anzustreben sei. Dieses Konzept kann unter Umständen – langfristig – auch dazu

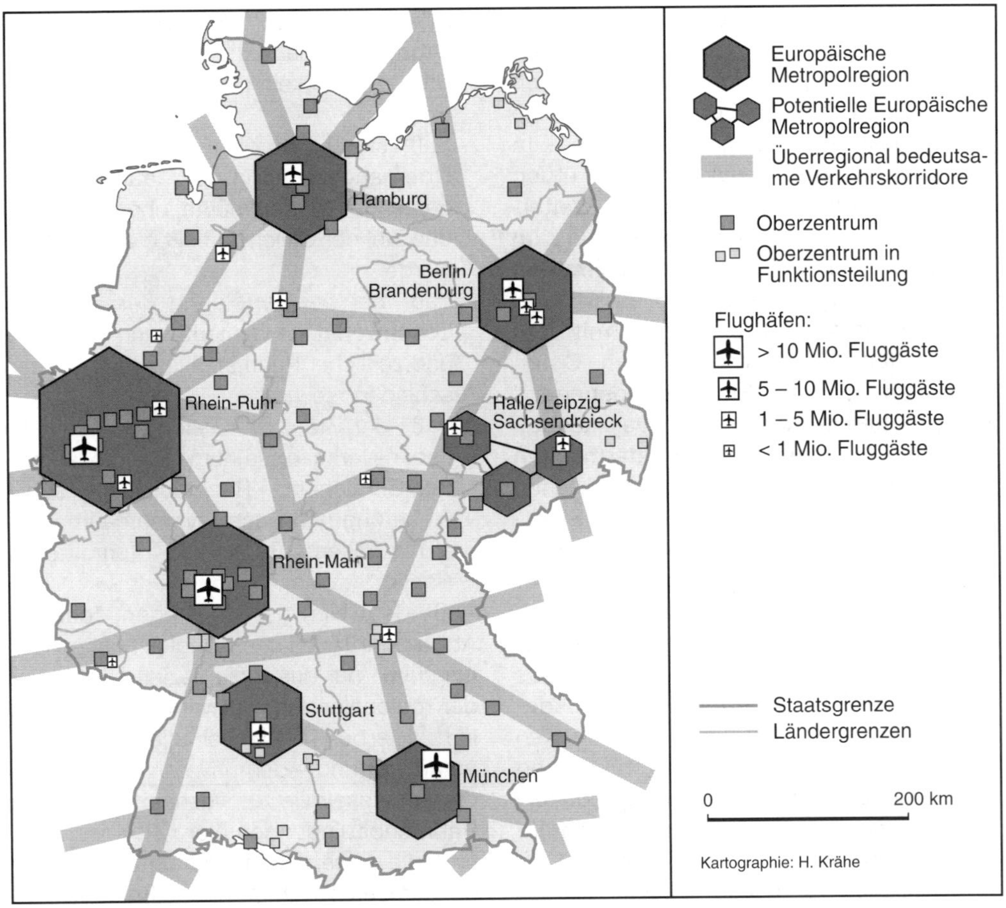

Abb. 8.5: Europäische Metropolregionen in Deutschland

Quelle: Entwurf der Arbeitsgruppe 'Europäische Metropolregionen' der Ministerkonferenz für Raumordnung (MKRO)

beitragen, die Entwicklungsunterschiede zwischen Ost und West zu verringern. Hierzu würde aber unbedingt gehören, die in den neuen Ländern ausgewiesenen Metropolregionen relativ stärker zu fördern als diejenigen in Westdeutschland.

Allerdings könnten mit der Verwirklichung dieser Raumkategorie auch einige als negativ einzuschätzende Veränderungen der räumlichen Disparitäten in Deutschland einhergehen: In den vergrößerten Raummaschen des interurbanen Netzes der deutschen "Europäischen Metropolregionen" können sich später (wie schon u. a. in west- bzw. südwesteuropäischen Ländern) in größerer Zahl "ausgesperrte Regionen" befinden, die – wie CASTELLS (1993) es ausdrückt – dann die "schwarzen Löcher der neuen Regionalpolitik" darstellen werden, mit all den Auswirkungen auch negativer Art auf die künftigen Lebensbedingungen dort.

Die 'Zentrale-Orte-Systeme' der Länder als Ausgleichsinstrument

Damit Prozesse, wie zuletzt im Zusammenhang mit dem Ausbau der Metropolregionen genannt, letztlich nicht eintreten, ist nicht nur seit langem in Westdeutschland, sondern inzwischen auch in Ostdeutschland das Zentrale-Orte-Konzept im Einsatz. Dessen Hauptaufgabe – neben vielen anderen Funktionen (s. u.) – besteht immer noch darin, eine möglichst flächenhafte Versorgung der Bevölkerung zu gewährleisten. Und dies leisten die Zentrale-Orte-Systeme (ZOS) auch, wenn man von kleineren Versorgungsdisparitäten absieht, und das nicht nur im Westen, sondern auch bereits in den neuen Ländern. Wie die schon zitierte Befragung der Raumplanungsinstitutionen der Länder ergeben hat (STIENS / PICK 1999), sind die deutschen Bundesländer durchweg für die Beibehaltung des Zentrale-Orte-Konzepts in der Form eines integrierten Bestandteils des Systems landes- und regionalplanerischer Ziele und Instrumente. Eine Reihe von Ländern sieht im Zentrale-Orte-Konzept zudem einen unverzichtbaren Baustein für eine Siedlungsstrukturplanung, die am Prinzip der Nachhaltigkeit ausgerichtet ist. Doch werden Innovationen und eine Flexibilisierung der Anwendung für nötig erachtet.

Über die bereits angesprochene spezielle Versorgungsfunktion hinaus, dient das ZOS auch in vielfach weiterer Hinsicht als Steuerungsinstrument raumbezogener Planungen und Maßnahmen. In einer Reihenfolge nach Zahl der Nennungen durch die befragten Länderinstitutionen sind folgende anzuführen (STIENS / PICK 1999):

In allen Bundesländern spielte und spielt das ZOS bei der Genehmigung großflächiger Einzelhandelsprojekte eine zentrale Rolle. Mit Hilfe des ZOS wird versucht, Fehlentwicklungen des großflächigen Einzelhandels – etwa die Erosion gewachsener innerörtlicher Zentren – zu verhindern. Die Zulässigkeit von großflächigen Einzelhandelseinrichtungen wird dabei – um den Zielen der Landesentwicklungspläne zu entsprechen – an die Ausweisung als Zentraler Ort gebunden.

Ein weiteres Feld der steuerungspolitischen Anwendung des ZOS besteht im Rahmen der Struktur- und Standortpolitik, beispielsweise bei diversen infrastrukturellen Maßnahmen – wie z. B. dem Bau von Schulen und in der Verkehrsinfrastruktur – oder in der Bauland- und Gewerbeflächenausweisung. Dabei werden (nach interkommunaler Abstimmung) verstärkt in Ober- und / oder Mittelzentren Bauland- und Gewerbeflächen ausgewiesen. Darüber hinaus sollen in ländlichen Räumen mit Verdichtungsansätzen bestimmte zentrale Orte Entlastungsfunktionen für hochverdichtete Räume übernehmen. Mit Blick auf die Gewerbeflächenausweisung muß berücksichtigt werden, daß sich unternehmerische Standortentscheidungen nur bedingt an landesplanerischen Kriterien orientieren. Landesentwicklungspläne sehen in der Regel eine weitgehende Kopplung von Standortentscheidungen an Zentrale Orte vor.

Der Steuerung von Maßnahmen zur Siedlungsentwicklung anhand des ZOS wird ein ähnliches Gewicht wie im voranstehenden Fall zugemessen. Mit dem Grundgerüst des ZOS bemüht sich hier die öffentliche Planung, die Qualität der Siedlungs- und Raumstruktur zu erhalten bzw. weiterzuentwickeln.

Auch liegt in vielen Bundesländern bei der Ausgestaltung des kommunalen Finanzausgleichs ein zentralörtlicher Ansatz vor. Danach erhalten zentrale Orte für die Wahrnehmung zentralörtlicher Aufgaben in ihren Verflechtungsbereichen Zuweisungen für sog. übergemeindliche Aufgaben. Die Art der Festlegung der Zuweisungen ist in den Ländern unterschiedlich. Ein zentralörtlicher Ansatz beim kommunalen Finanzausgleich birgt allerdings das Problem von Aufstufungswünschen in sich, weshalb der Einsatz des ZOS auch kontrovers beurteilt wird.

Ein weiteres verhältnismäßig wichtiges Anwendungsfeld der ZOS als Steuerungsinstrument ist in einigen Bundesländern die Steuerung des Einsatzes von Fördermitteln: Die Fördermittel im Rahmen der "Gemeinschaftsaufgabe zur Förderung der regionalen Wirtschaftsstruktur" sind in diesem Zusammenhang besonders hervorzuheben. Über die Zweckmäßigkeit der Verbindung von Ordnungs- und Förderpolitik bzw. von Raumordnungspolitik und regionaler Strukturpolitik besteht unter den Experten keine einhellige Meinung.

In etlichen Bundesländern war das ZOS bei der Gemeindeverwaltungs- und Kreisgebietsreform von Bedeutung.

Als weitere Anwendungsfelder sind zu erwähnen: die Anwendung bei
- der Entwicklung nachhaltiger Raum- und Siedlungsstrukturen,
- der Entwicklung von Wohn- und Arbeitsstätten nach dem Schwerpunktprinzip,
- der Umsetzung des Leitbildes der dezentralen Konzentration,
- der Hierarchieausweisung für Verkehrsverbindungen.

Vereinzelt fand und findet das ZOS auch Anwendung bei
- der Aufstellung eines Stadtentwicklungskonzeptes,
- Maßnahmen der Behördenverlagerung,
- den Zuweisungen zur Unterbringung von ausländischen Arbeitnehmern und Aussiedlern,
- der Schaffung von Wohneigentum und im Zusammenhang mit Maßnahmen im sozialen Mietwohnungsbau.

Modellvorhaben der Raumordnung: ein neues Mittel persuasiver und kooperationsbezogener Raumplanung

Das aktuell dominante Paradigma der Raumordnungspolitik des Bundes ist das einer "aktions- und projektorientierten Raumordnungspolitik" (GATZWEILER 1999). In diesem Rahmen bilden "Modellvorhaben" ein wichtiges Instrument. Sie dienen der Konkretisierung und Erprobung neuer raumordnungspolitischer Konzepte und Handlungsansätze, wie z. B. die verschiedenen Modellvorhaben der "Regionalkonferenzen".

Mit diesen Modellvorhaben sollen
- über den Einzelfall hinaus gültige, übertragbare Erkenntnisse gewonnen werden,
- Vorbildfunktionen für die Nachahmung in vergleichbaren anderweitigen regionalen Kontexten ausgeübt werden und
- Empfehlungen für Veränderungen staatlicher (gesetzlicher oder finanzieller) Rahmensetzungen ermöglicht werden.

Neben a) dem erwähnten Mittel bzw. Programm der "Regionalkonferenzen", die hier nicht weiter behandelt werden sollen, gibt es weiterhin b) das Programm "Städtenetze", mit dem in 12 Modellvorhaben (Modell-Städtenetze) interkommunale Kooperation praktisch erprobt und dieses gleichzeitig wissenschaftlich begleitet wurde (BfLR 1997, MELZER/LANGOSCH/WITTEKIND 1999). Vier dieser Modellvorhaben liegen teils oder ganz auf dem Gebiet der neuen Länder. In allen Modellvorhaben dieses Förderprogramms 'Städtenetze' zeigt sich ein charakteristisches Handlungsfeld übergreifender Themenstellungen; es sind die Kooperationsthemen:

- politische Außenvertretung, Öffentlichkeitsarbeit und Marketing;
- Wirtschaft, Technologie, Ausbildung;
- Siedlungsentwicklung, Flächenmanagement;
- Verkehr;
- Tourismus.

Hinzu kommt, daß einige Modellvorhaben den Bereich nachhaltige Entwicklung explizit als künftiges Aufgabenfeld definiert haben (ADAM 1998).

Und schließlich gibt es c) das Programm "Regionen der Zukunft", in dessen Rahmen ein Wettbewerb zur Auswahl von 26 Regionen geführt hat, die – vermittels interner interkommunaler Kooperation – als Modellvorhaben eine Regional- bzw. Raum- und Siedlungsentwicklung zu verwirklichen versuchen, mit der die Kriterien von Nachhaltigkeit erfüllt würden (ADAM 1998). Sieben dieser ausgewählten "Regionen der Zukunft" befinden sich auf dem Gebiet der neuen Bundesländer.

8.4.2 Raumentwicklungsbezogene Instrumente aus anderweitigen Politikbereichen

Von anderen Politikbereichen geht, zumindest für die mittlere Zukunft der sozioökonomischen Regionalentwicklung in den neuen Ländern, vermutlich eine weit größere Raumwirksamkeit aus als von den – abgesehen vom Zentrale-Orte-Konzept – eher indikativen Instrumenten der Raumordnungspolitik, die bisher aufgeführt wurden.

Im folgenden werden ausgewählte raumwirksame Maßnahmen derjenigen Bundesressorts gezeigt, die besondere Wirkungen in den neuen Bundesländern entfalten sollen (BMBau 1993b) und die in der Mehrzahl vor allem auch raumspezifisch wirksam werden.

Finanzhilfen an die neuen Länder

Durch das Gesetz zum Ausgleich unterschiedlicher Wirtschaftskraft und zur Förderung des wirtschaftlichen Wachstums in den neuen Ländern (Investitionsförderungsgesetz Aufbau Ost) erhalten die neuen Länder Finanzhilfen nach Artikel 104a Abs. 4 des Grundgesetzes. Durch diese Finanzhilfen werden u. a. folgende strukturverbessernde Investitionen gefördert:

- Maßnahmen zur Verbesserung der wirtschaftlichen Infrastruktur (insbes. Umweltschutz, Energie, Trinkwasser, Verkehr, Gewerbeflächenerschließung, Fremdenverkehr);
- Maßnahmen zur Förderung des Wohnungsbaus;
- Maßnahmen zur Förderung des Städtebaus;
- Maßnahmen zur Förderung des Aus- und Weiterbaus im beruflichen Bereich unter Einschluß der Hochschulen und Fachhochschulen;
- für die wirtschaftliche Entwicklung bedeutsame Maßnahmen zur Förderung kommunaler Investitionen, insbesondere Investitionen zum Aufbau und zur Erneuerung sozialer Einrichtungen;
- Maßnahmen zur Förderung von Wissenschaft, Forschung und Entwicklung.

Beiträge aus dem Bereich der Wirtschaftspolitik

Von diesen Instrumenten gehen die größten Investitions- und Arbeitsplatzeffekte aus. Eine zentrale Rolle bei der Förderung privater Investitionen spielen

- die Investitionszuschüsse der Gemeinschaftsaufgabe "Verbesserung der regionalen Wirtschaftsstruktur",
- die ERP-Kredite sowie
- die steuerlichen Hilfen in Form von Investitionszulagen und Sonderabschreibungen.

Die regionale Strukturpolitik der Bund-Länder-Gemeinschaftsaufgabe zielt auf eine Verbesserung der wirtschaftlichen Standortbedingungen und die Schaffung wettbewerbsfähiger Arbeitsplätze durch Förderung von Investitionen der gewerblichen Wirtschaft und von wirtschaftsnaher kommunaler Infrastruktur in strukturschwachen Regionen. Zur Beurteilung wirtschaftlicher Förderbedürftigkeit werden in der Bund-Länder-Regionalförderung Regionalindikatoren verwendet, mit denen Beschäftigungsprobleme und Arbeitsplatzentwicklung, Einkommenssituation sowie Infrastrukturausstattung in Arbeitsmarktregionen gemessen werden können. Auf dieser Grundlage werden die räumlichen Prioritäten für die regionale Wirtschaftsförderung festgelegt, und zwar in Form publizierter "Gebietskulisse" für diese Förderung.

Die Investitionszulage stellt eine allgemeine Grundförderung mit Rechtsanspruch dar, und zwar für die Anschaffung und Herstellung von bestimmten Wirtschaftsgütern des Anlagevermögens im Fördergebiet. Die Investitionszulage kann mit Mitteln der Gemeinschaftsaufgabe "Verbesserung der regionalen Wirtschaftsstruktur" kumuliert werden.

Aus Mitteln des ERP-Sondervermögens werden zinsgünstige Darlehen zur Verfügung gestellt, und zwar mit dem Zweck der Förderung von Investitionen, die von kleinen und mittleren Unternehmen der gewerblichen Wirtschaft sowie – in den neuen Ländern – auch von Angehörigen der freien Berufe (mit Ausnahme der Heilberufe) vorgenommen werden. Gefördert werden schwerpunktmäßig Investitionen

- im Zusammenhang mit der Gründung einer selbständigen Existenz,
- in regionalen Fördergebieten sowie
- im Bereich des Umweltschutzes.

Eine Förderung nach dem ERP-Regionalprogramm ist nur in Gebieten der Gemeinschaftsaufgabe "Verbesserung der regionalen Wirtschaftsstruktur" möglich. Eindeutiger Schwerpunkt der ERP-Förderung sind die neuen Länder, in denen besonders günstige Konditionen geboten werden.

Regionale Wirtschaftsförderung durch die EU-Strukturfonds schließlich – Fonds für regionale Entwicklung (EFRE), Sozialfonds (ESF), Ausrichtungs- und Garantiefonds für die Landwirtschaft (EAGFL) – hatte und hat die Aufgabe, den Aufholprozeß für Regionen mit Entwicklungsrückstand (Ziel-1-Gebiete) sowie die wirtschaftliche Umstellung in Regionen mit rückläufiger industrieller Entwicklung (Ziel-2-Gebiete) und in ländlichen Regionen (Ziel-5b-Gebiete) finanziell zu unterstützen. Seit Herstellung der deutschen Einheit hat sich das Schwergewicht, mit dem sich die EU und insbesondere das EFRE an der deutschen regionalen Wirtschaftsförderung beteiligt, auf die neuen Länder verlagert. Die neuen Länder sind Fördergebiet der EU-Strukturpolitik "sui generis". Die EU-Strukturfonds befinden sich allerdings auf dem Wege zu einer gravierenden Neugestaltung.

Regionale Flankierung der Konversion

Im Hinblick auf die regionalwirtschaftlichen Folgen von Abrüstung und Truppenverminderung gibt es seit 1991 ein gemeinsames (Bund-Länder-)Förderprogramm. Freiwerdende Flächen und Liegenschaften stellen z. B. ein bedeutsames Potential für die Regionalentwicklung dar. Der Bund unterstützt die Verwirklichung ziviler Anschlußnutzungen in erheblichem Maße durch den verbilligten Verkauf ehemals militärisch genutzter bundeseigener Liegenschaften. Zwecks Förderung von Gewerbe- und Industrieansiedlungen wurden in den neuen Ländern bundeseigene Grundstücke, die als Flächen für gewerbliche und industrielle Ansiedlungen ausgewiesen sind, um bis zu 50 v. H. unter dem vollen Wert veräußert.

Verlagerung von Behördenstandorten
Entscheidungen über Standorte für Behörden und sonstige öffentliche Einrichtungen haben für die räumliche Entwicklung deshalb Bedeutung, weil durch ihren direkten Beschäftigungseffekt als auch durch Investitionen und laufende Sachausgaben zu einer Entwicklungsbeschleunigung beigetragen werden kann. Entscheidungen über Behördenstandorte können Anreize zur Schaffung neuer Arbeitsplätze auch im privatwirtschaftlichen Bereich darstellen.

Bundesverkehrswegeplan
Den steigenden Anforderungen an den Verkehr nach der Herstellung der Einheit Deutschlands wird auch mit der Bundesverkehrswegeplanung entsprochen. Der Aus- und Neubaubedarf des Schienenwegenetzes und der Bundesfernstraßen werden damit gesetzlich festgelegt.

Verkehrswegeplanungsbeschleunigungsgesetz
Mit dem Gesetz zur Beschleunigung der Planungen für Verkehrswege in den neuen Ländern sowie im Land Berlin wurde für die neuen Länder ein befristetes Sonderrecht mit Blick auf die Planungsverfahren eingeführt. (Das Planungsvereinfachungsgesetz bezweckt die Vereinfachung und Beschleunigung der Planungen für Schienenwege, Bundesfernstraßen, Bundeswasserstraßen, Flughäfen, Straßen- und U-Bahnen im gesamten Bundesgebiet.)

8.5 Veränderung des Disparitätenbegriffs erforderlich?

Sowohl die stärkere Ressourcen-, Umwelt- und Naturorientierung in der Gesellschaft als auch die stärker potentialorientierten Aufgabenstellungen (Stichworte "ökologisches Potential", "Umweltpotential") werden zu einem entsprechend stärkeren Engagement auch der raumbezogenen Planung führen müssen. Raumbezogene Politik muß weit mehr als vorher "von der Zukunft her" gedacht werden, es muß weit mehr nach den künftigen Auswirkungen heutiger Handlungen gefragt werden.

8.5.1 Disparität der Räume unserer Nachkommen gegenüber den gegenwärtigen Räumen

Im Zuge der ökologischen Diskussion war endgültig Bewußtsein dafür geweckt worden, daß zukünftige Möglichkeiten – die Möglichkeiten von Zukunft überhaupt – direkt und schwer abänderbar immer abhängiger von heutigen Entwicklungen, Maßnahmen und Entscheidungen sein werden. Es wird von immer mehr Menschen wahrgenommen, daß die "Kolonisierung der Zukunft" fortschreitet: daß der Müll von heute also nicht nur in immer größerer räumlicher Ferne lebenden Völkern überlassen wird, sondern auch den kommenden Generationen hinterlassen wird – bei gleichzeiter Entstehung zunehmender großräumiger Ungleichverteilungen. Hierbei geht es also nicht nur um eine räumliche 'Strategie' der Externalisierung, sondern auch um eine zeitliche, daß heißt intergenerative.

Zukunfts- und gleichzeitig disparitätenorientierte Berichterstattung über räumliche Entwicklungen müßte daher künftig auch dazu dienen, die Befähigung dafür zu entwickeln, kommende Generationen konsequent mit im Auge zu haben und für diese sogar vorzusorgen. Künftige Generationen haben, verglichen mit der heutigen, mit einer Reihe – nur scheinbar trivialer – zusätzlicher Nachteile zu tun, wozu gehört, daß sie machtlos sind, d.h. nicht öffentlich vertreten sind, und daß sie nicht als Individuen kenntlich sind.

8.5.2 Ergänzung unter ökologischen Aspekten erforderlich?

Der Begriff "Regionale Disparitäten" wird heute überwiegend ökonomisch oder sozialpolitisch definiert, d. h. mit Blick auf die Herstellung "gleichwertiger Lebensbedingungen". Unter den angesprochenen ökologischen und intergenerativen Aspekten müßte die Endlichkeit des Naturpotentials unabdingbar mit einbezogen werden. Nur dies ermöglicht letztlich eine sozio-ökonomische Entwicklung, die eine zeitlich unbegrenzte Erhaltung der natürlichen Lebensgrundlagen in Gestalt der Funktionsfähigkeit des Naturhaushaltes garantiert.

Aus dieser Sicht hätte sich die ökonomische Entwicklung – hier als Teil der Sozialsphäre gesehen – am begrenzten natürlichen Ressourcenangebot einer Region und den ebenso begrenzten Abbaukapazitäten der natürlichen Umwelt auszurichten. Diese Idee wird heute vielfach in Zusammenhang mit Überlegungen zur Schaffung regional geschlossener Stoffkreisläufe diskutiert. "Tatsache ist, daß es sowohl in der Ausstattung mit naturräumlich bedingten Ressourcen einerseits als auch mit real existierenden Umweltbelastungen andererseits ganz erhebliche regionale Disparitäten gibt – über die ... jedoch kaum gesprochen wird. Vielmehr wird so getan, als seien alle Teilräume bezüglich ihres naturräumlichen Ausstattungsniveaus als mehr oder weniger gleich anzusehen, lediglich der sozioökonomische Bereich soll im Sinne der gleichwertigen Lebensbedingungen in allen Teilräumen wenigstens auf ein Mindestmaß an Ausstattungsqualität angeglichen werden" (FINKE 1997, S. 5). Es wird vermutlich noch länger dauern, bis das Sozialstaatsprinzip der Herstellung gleichwertiger Lebensbedingungen in geeigneter Weise mit der Leitidee der Nachhaltigkeit verknüpft sein wird.

Gleichwertigkeit der Lebensbedingungen und nachhaltige Raumentwicklung zusammengebracht, würde allerdings auch bedeuten, daß die materiellen Lebensbedingungen und die materiellen Lebensstandards regional nicht nur sehr stark differieren können, sondern daß dieses – unter der Zielsetzung der Nachhaltigkeit – sogar bewußt anzustreben ist. Dies hieße auch, den Menschen in einer Region mit großem Natur- bzw. Naturschutzpotential ggf. sagen zu müssen, daß es aus Gründen der angestrebten Nachhaltigkeit auch zum Zielsystem der Raumordnungspolitik und der jeweiligen Landesentwicklungspolitik gehört, regionale Unterschiede in den sozioökonomischen und in infrastrukturellen Standards hinzunehmen oder gar bewußt zu wollen. Mit dieser Problemstellung würde man sich – im Ost-West-Vergleich – infolge der besonderen Regionalstrukturen und Entwicklungstendenzen dort eher in den neuen Ländern konfrontiert sehen. Es ist kaum anzunehmen, daß die Nachhaltigkeitskriterien jemals von allen Regionen der Bundesrepublik Deutschland erfüllt werden können. Daher müßte aber Regionen, die diese Kriterien erfüllen, ein entsprechender Finanzausgleich gewährt werden.

9 Umweltbelastung und Umweltschutz

9.1 Umweltpolitik in Deutschland

Ende der 1960er Jahre entstand eine Ökologiebewegung, die bereits innerhalb weniger Jahre zu einem wachsenden Umweltbewußtsein führte. Maßnahmen der Umweltkontrolle waren die Folge. Zu dieser Entwicklung hatte ohne Zweifel auch die 1972 veröffentlichte Arbeit über "Die Grenzen des Wachstums" beigetragen (MEADOWS u.a. 1972).

Die dort gegebene Prognose lautete: "Wenn die gegenwärtige Zunahme der Weltbevölkerung, der Industrialisierung, der Umweltverschmutzung, der Nahrungsmittelproduktion und der Ausbeutung von natürlichen Rohstoffen unverändert anhält, werden die absoluten Wachstumsgrenzen auf der Erde im Laufe der nächsten 100 Jahre erreicht."

1972 fand auch die erste Umweltkonferenz der Vereinten Nationen in Stockholm statt. Einen tiefen Schock brachte die sog. Erdölkrise im Jahre 1973, die besonders die Begrenzung der Rohstoffvorkommen verdeutlichte. Als diese die westlichen Länder überraschte, war bereits in Deutschland die Problematik einer umwelt- und naturverträglichen Technologie und Ökologie ein zentrales Thema in der Gesellschafts- und Wirtschaftspolitik (HUCKE 1990).

Das erste Umweltprogramm in der Bundesrepublik Deutschland wurde bereits 1971 verkündet. 1974 entstand in Berlin das Bundesumweltamt. Zu seinen wichtigsten Zielen gehört, das Informationssystem zur Umweltbelastung zu verbessern und die Aufklärung der Bevölkerung zu betreiben.

Zunächst hingen die artikulierten Umweltprobleme mit "hygienischen" Problemen zusammen. Wasserverunreinigung, Abfallbeseitigung und Luftverschmutzung waren jahrelang die Diskussionsschwerpunkte und die darauf ausgerichteten Politiken. Diese direkt wahrgenommenen Probleme beeinträchtigten zumeist direkt den Nahraum und die Regionen.

Mitte der 1970er Jahre führten konjunkturelle Schwierigkeiten in der Industrie zum Einfrieren umweltpolitischer Maßnahmen. Es sollte die Wettbewerbsfähigkeit der deutschen Wirtschaft nicht gefährdet werden. Später wurde dann immer häufiger Umweltschutz im Zusammenhang mit Wettbewerbsfähigkeit diskutiert.

Einen großen Einfluß auf die Fortentwicklung der westdeutschen Umweltpolitik hatten 1986 die Unfälle von Tschernobyl und des Chemiekonzerns Sandoz. 1986 wurde – u. a. als Konsequenz aus der Katastrophe von Tschernobyl – das Bundesministerium für Umwelt, Naturschutz und Reaktorsicherheit gebildet.

In der DDR gab es bereits Anfang der 1970er Jahre das Landeskulturgesetz, nach dem sorgsamer als bisher mit der Umwelt umgegangen werden sollte, doch spielte es vor allem angesichts der sich verschlechternden wirtschaftlichen Gesamtsituation letztlich eine völlig untergeordnete Rolle. Die Umweltbelastungen wurden dort besonders in den 1980er Jahren immer größer. Dafür gab es zahlreiche Gründe:

- zunehmender Einsatz von Rohbraunkohle in Kraftwerken, Industrieanlagen und als Hausbrand;
- nur wenige Filterungs- und Kläreinrichtungen von Industrie- und Haushaltsabwässern;
- weitgehendes Fehlen von Staubfiltern in Kraftwerksanlagen;
- Überdüngung von landwirtschaftlich genutzten Flächen;
- Bodenverdichtung durch den Einsatz schwerer landwirtschaftlicher Maschinen und Geräte (vgl. Kap. 6.2.2).

Frühjahr 1990	Staatsvertrag zur Schaffung der Währungs-, Wirtschafts- und Sozialunion	Im Staatsvertrag zwischen den beiden noch selbständigen deutschen Staaten wird die "Umweltunion" vereinbart
Mai 1990	Erster Umweltbericht des Bundesministeriums für Umwelt (BMU)	Der Umweltbericht 1990 stellt eine erste umfassende Bestandsaufnahme von Umweltsituation und Umweltpolitik in der BRD im Sinne einer Gesamtschau dar. Grundanliegen ist die Vermittlung einer verläßlichen, systematisch angelegten Umweltpolitik, die sich an längerfristigen Zielsetzungen orientiert.
Juli 1990	Umweltrahmengesetz	Am 1. Juli 1990 tritt zugleich mit dem sog. 1. Staatsvertrag in der DDR das Umweltrahmengesetz in Kraft, mit dem die wesentlichen Elemente des bundesdeutschen Umweltrechts übernommen werden. So wird zeitgleich mit der Wirtschafts-, Währungs- und Sozialunion auch die Umweltunion vollzogen. Als Ziel wurde angepeilt, spätestens bis zum Jahre 2000 gleichwertige Umweltbedingungen auf hohem Niveau in ganz Deutschland zu schaffen.
Juli 1990	Deutsche Bundesstiftung Umwelt	Das Gesetz zur Einrichtung der Deutschen Bundesstiftung Umwelt legt u.a. als Fördergebiet innerdeutsche Kooperationsprojekte in der Anwendung von Umwelttechnik fest.
August 1990	Gesetz über die Umweltverträglichkeitsprüfung (UVP)	Das Gesetz, mit dem EG-Recht in nationales Recht umgesetzt wird, tritt in Kraft. Das Gesetz sieht vor, daß umweltrelevante Vorhaben frühzeitig und umfassend auf ihre Verträglichkeit hin untersucht werden. Dazu gehören Kraftwerke, größere Chemieanlagen, Abfallentsorgungsanlagen, Flugplätze, Bundesbahnstrecken, Autobahnen und Bundesstraßen sowie Anlagen der Massentierhaltung.
Oktober 1990	Deutsche Einheit	Mit Inkrafttreten des Einigungsvertrages gilt das bundesdeutsche Umweltrecht sowie das Umweltrecht der EG grundsätzlich in ganz Deutschland. Durch Anpassungsvorschriften wird der besonderen Situation in den neuen Ländern Rechnung getragen.
November 1990	Eckwerte zur ökologischen Sanierung und Entwicklung	Das Bundesumweltministerium legt Eckwerte zur ökologischen Sanierung und Entwicklung der neuen Länder vor, die als Strategiepapier die Wege aus der Umweltkrise aufzeigen und zugleich den Ländern und Kommunen als Entscheidungsträgern eine Hilfestellung geben. Zur Untersuchung regionaler Umweltprobleme (z.B. Chemieregion Leipzig / Bitterfeld, Lausitzer Braunkohleregion) werden Aufträge über Sanierungskonzepte vergeben.
Januar 1991	Aktionsprogramm ökologischer Aufbau	Durch eine Reihe von Sofortmaßnahmen werden akute Gefahren für die Gesundheit der Bevölkerung beseitigt. Durch eine enge Verknüpfung von Arbeitsmarktpolitik und Umweltschutz werden entscheidende Beiträge zur sozialen Flankierung und zukunftsgerechten Bewältigung des Umbruchprozesses geleistet.

Der Umweltschutz war in der DDR-Realität von völlig untergeordneter Bedeutung.

Mit dem Fall der Mauer gab es auch im Bereich der Umweltpolitik einen großen Entwicklungsschub. Es wurden im letzten Jahrzehnt einige bedeutende Gesetze verabschiedet und wichtige Entwicklungen eingeleitet.

9.2 Umweltbelastungen

Bei der Erreichung gleichwertiger Lebensbedingungen spielt die regionale Umweltqualität eine große Rolle.

Dabei sind zwei Aspekte von Bedeutung: einerseits das individuelle Gesundheitsrisiko und andererseits die regionale

Mai 1991	Umweltschutz-Sofortprogramm	Der Bundesumweltminister und Vertreter der neuen Länder unterzeichnen eine Verwaltungsvereinbarung zur Umsetzung eines Umweltschutz-Sofortprogramms. Es ist Teil des Gemeinschaftswerkes Aufschwung Ost und eingebettet in ein umfassendes "Aktionsprogramm ökologischer Aufbau". Die Vereinbarung sieht 800 Mio. DM Umweltfördermittel innerhalb von zwei Jahren vor. Der größte Teil der Mittel geht in Maßnahmen zur Behandlung und Ableitung von Abwasser und zur Sanierung der Trinkwasserversorgung sowie in abfallwirtschaftliche Projekte.
Juli 1994	Umwelt-informations-gesetz	Die gezielte Erhebung, Auswertung und Zugänglichmachung von Umweltinformationen ist Voraussetzung für ökologisch verantwortliches Handeln in Politik und Wirtschaft, aber auch für dessen Begleitung durch eine interessierte Öffentlichkeit. Das Umweltinformationsgesetz, mit dem eine entsprechende EG-Richtlinie umgesetzt wird, begründet im deutschen Recht erstmals ein voraussetzungsloses und verfahrensunabhängiges Zugangsrecht zu Umweltinformationen, die bei den Umweltbehörden vorliegen.
August 1994	Zweiter Umweltbericht des BMU	Der 2. Umweltbericht "Umwelt 1994 – Politik für eine nachhaltige, umweltgerechte Entwicklung" legt die nationale Handlungsstrategie Deutschlands zur Umsetzung der Beschlüsse von Rio dar. Darin wird die Integration des Umweltschutzes in andere Politikbereiche besonders hervorgehoben. In der Verkehrspolitik tritt das Leitbild der umweltschonenden Mobilität an die Stelle der bedarfsgerechten Verkehrswegeplanung, Landwirtschafts- und Raumordnungspolitik bekennen sich zu umweltpolitischen Zielsetzungen.
September 1994	Umweltstatistik-gesetz	Das Gesetz über Umweltstatistik führt zu einem Datenangebot, das ermöglicht, Bezüge zwischen Umweltpolitik und korrespondierenden Bereichen, wie Wirtschafts-, Energie-, Verkehrs- oder Landwirtschaftspolitik, aufzeigen und Aussagen über Zusammenhänge zwischen wirtschaftlichen Aktivitäten und der Umweltsituation zu treffen.
November 1994	Umweltschutz als Staatsziel im Grundgesetz	Umweltschutz wird als Staatsziel im Grundgesetz verankert. In Kraft tritt der neue Artikel 20a mit folgendem Wortlaut: "Der Staat schützt auch in Verantwortung für die künftigen Generationen die natürlichen Lebensgrundlagen im Rahmen der verfassungsmäßigen Ordnung durch die Gesetzgebung und nach Maßgabe von Gesetz und Recht durch die vollziehende Gewalt und die Rechtssprechung."
Dezember 1995	Umweltbetriebs-prüfung (Umwelt-Audit)	Am 15. Dezember 1995 tritt das neue Umweltauditgesetz in Kraft. Gemeinsam mit der EG-Öko-Audit-Verordnung gibt es einen Anreiz zur Einführung betrieblicher Umweltmanagementsysteme, die zu einer kontinuierlichen Verbesserung des betrieblichen Umweltschutzes auf freiwilliger Basis führen sollen. Voraussetzung für die Verwendung des Audit-Zeichens ist die Prüfung durch unabhängige Umweltgutachter und die Registrierung im Standortregister.

Übersicht 9.1:
Ausgewählte Gesetze, Programme und Berichte im Rahmen der Umweltpolitik im vereinigten Deutschland
Quelle: Zehn Jahre Bundesumweltministerium... 1996, S. II – IV

Attraktivität für Investitionsplanung aller Branchen. Luft, Boden und Gewässer sind in manchen Regionen unseres Landes übermäßig hoch belastet, obwohl im letzten Jahrzehnt seit der Wiedervereinigung Deutschlands diese Probleme in großem Umfang entschärft werden konnten.

Sucht man nach den Ursachen für die z. T. sehr schlechten regionalen Umweltqualititäten, dann kann man zur Charakterisierung fast immer energieintensive Produktionsverfahren, hohen Besatz mit Altlastenverdachtsflächen und zumeist fehlende oder ungenügende Entsorgungsinfrastruktur anführen.

9.2.1 Die Luftbelastung

Von der Bevölkerung wird am ehesten die Luftbelastung registriert. Die Belastung der Luft mit Schadstoffen war Ende der 1980er und Anfang der 1990er Jahre auf zwei Großräume konzentriert. Die Schwefeldioxid-Emissionen hatten besondere Schwerpunkte in Industrieräumen mit den Standorten von Kraftwerken und Industrieanlagen in NRW (Raum Bonn, Dortmund, Düsseldorf, Köln) und in den Regionen um Leipzig, Halle/Bitterfeld und Cottbus. In den Regionen Brandenburgs, Sachsen-Anhalts und Sachsens gab es die höchsten Hausbrand-Emissionen. Im Vergleich zum Ruhrgebiet mit 30 µg/m³ wiesen die SO_2-Emissionen in den Städten Brandenburgs, Sachsen-Anhalts und Sachsens mit Jahresmitteln zwischen 60 und 380 µg/m³ wesentlich höhere Werte aus (Raumordnungsbericht 1991, S. 107).

Die Schwefeldioxid- und Staubbelastungen pro Einwohner waren in den neuen Bundesländern etwa fünfzehnmal so hoch wie in den alten Bundesländern. Die Schwefeldioxidemissionen pro Jahr erreichten 320 kg/Ew., die Staubemissionen 135 kg/Ew.

Für die überaus große Belastung in den neuen Bundesländern kann man folgende Gründe nennen:

- In der DDR war der Endenergieverbrauch sehr hoch. Es fehlten Sparanreize.
- Wegen veralteter Technologien war der energetische Wirkungsgrad der Kraftwerke und Heizungsanlagen sehr gering.
- Die stark schwefelhaltige heimische Braunkohle deckte Ende der 1980er Jahre etwa 70 % des Primärenergiebedarfs.
- Weit unter dem in den alten Bundesländern üblichen Stand der Technik oder überhaupt nicht vorhanden waren Staubfilter oder Anlagen zur Rauchgasreinigung (Raumordnungsbericht 1991..., S. 107).

Da jedoch mit der Vereinigung Deutschlands auch in den neuen Ländern für die 278 erfaßten Großfeuerungsanlagen die Großfeuerungsanlagen-Verordnung galt, nahmen in den folgenden Jahren die SO_2- und Staubemissionen aus dem Kraftwerks- und Industriesektor stark ab. Auch die Schließung zahlreicher Betriebe war Grund für die Abnahme der Umweltbelastung.

Schwefeldioxid

Diesen sehr starken Rückgang der Schwefeldioxid-Emissionen verdeutlichen Tabelle 9.1 und Abbildung 9.1. Auch in den Ballungsräumen und ausgewählten Großstädten zeigt

Tab. 9.1: Emissionen nach Emittentengruppen in Deutschland 1990 – 1996
Quelle: Stat. Jahrbuch BRD 1998, S. 712 – 713

	1990	1992	1994	1996
Kohlendioxid (CO_2) insges. (Mio. t)	1 014	927	905	910
Stickoxide (NO_x berechnet als NO_2) insges. (1 000 t)	2 677	2 352	2 032	1 859
Schwefeldioxid (SO_2) insges. (1 000 t)	5 262	3 429	2 587	1 851
Kohlenmonoxid (CO) insges. (1 000 t)	10 916	8 522	7 237	6 710
Ammoniak (NH_3) insges. (1 000 t)	769	662	643	651
Staub insges. (1 000 t)	2 024	837	537	518

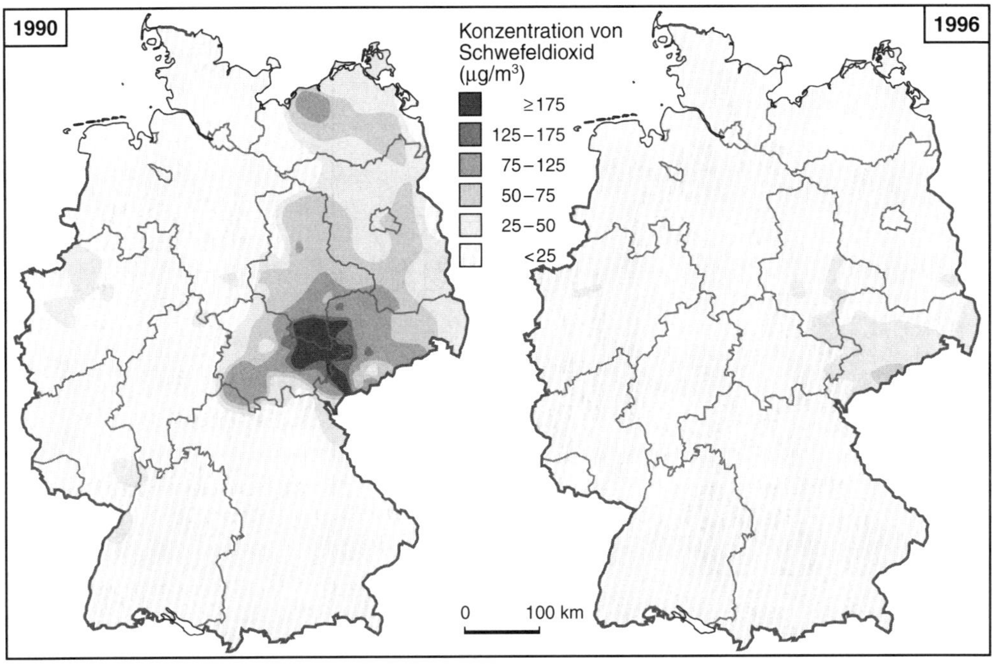

Abb. 9.1: Schwefeldioxidbelastung in Deutschland 1990 und 1996
Quelle: nach Angaben des Bundesumweltamtes

Abb. 9.2: Stickstoffdioxidbelastung in Deutschland 1990 und 1996
Quelle: nach Angaben des Bundesumweltamtes

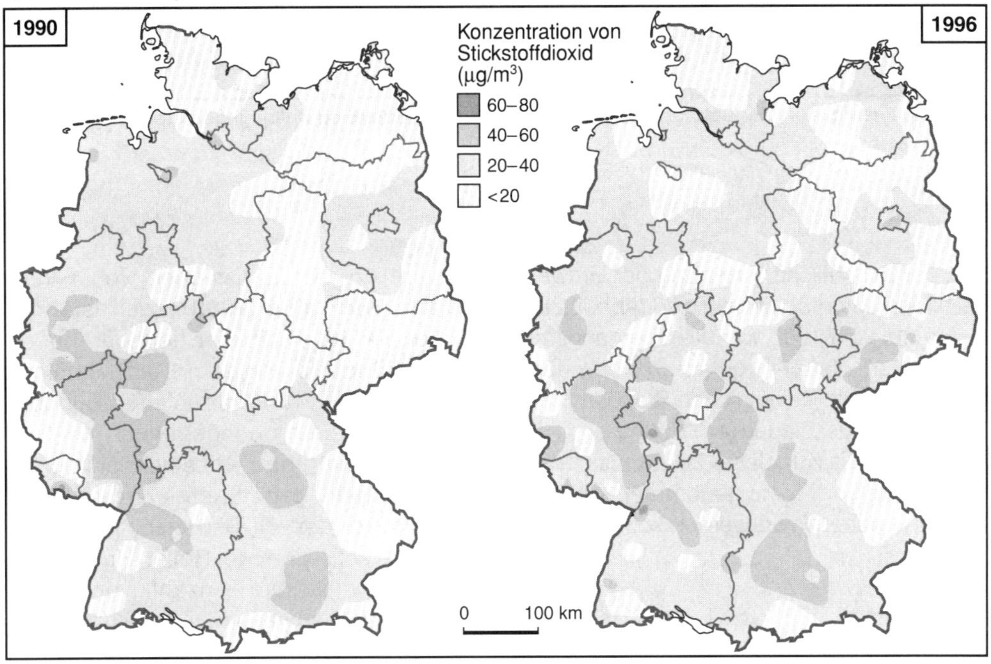

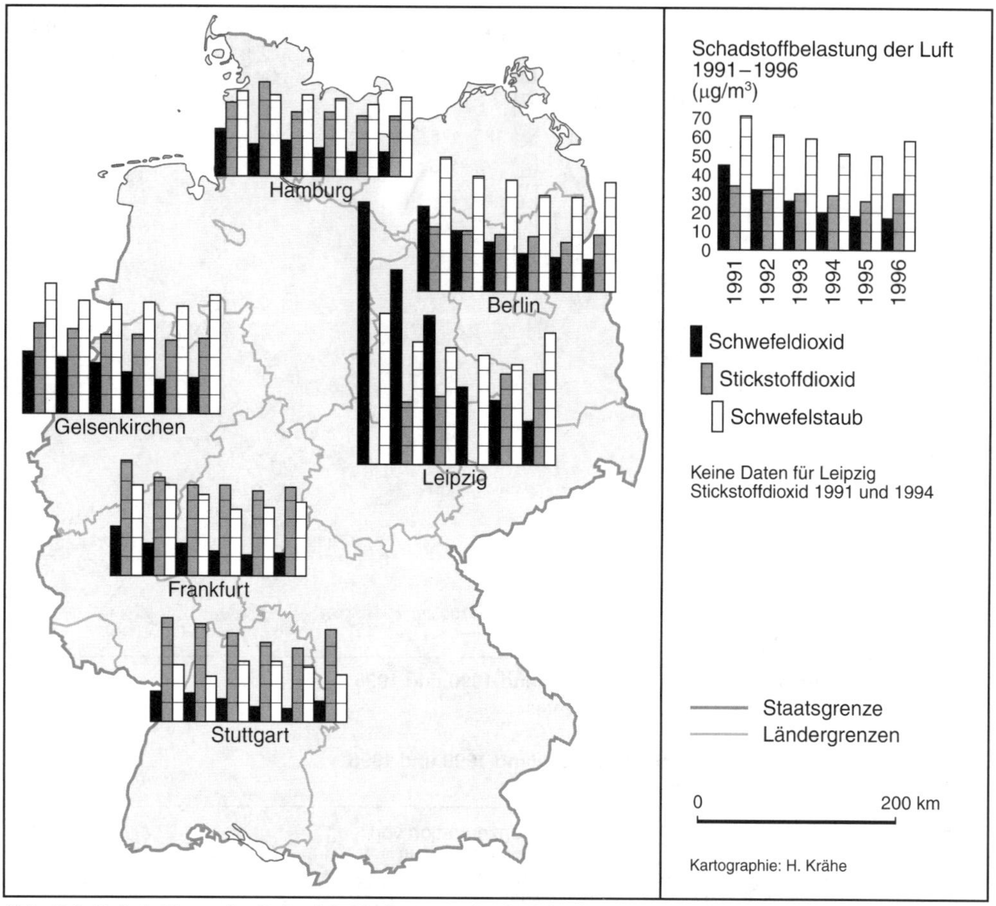

Abb. 9.3: Entwicklung der Schadstoffbelastung der Luft in deutschen Ballungsgebieten und Städten 1991 – 1996

Quelle: Umweltdaten Deutschland 1998, Berlin 1998, S. 26

sich der beachtliche Rückgang der Umweltbelastung durch Schwefeldioxid (Abb. 9.3).

Am 30. Juni 1996 war die Übergangsfrist abgelaufen. Seitdem gelten in den neuen Bundesländer die westlichen Standards der Großfeuerungsanlagenverordnung auch für Altanlagen. Bis zum Jahre 2001 müssen alle Kraftwerke vom Netz genommen werden, die nicht modernisiert werden können.

Stickoxide

Große Unterschiede zwischen den alten und neuen Bundesländern gab es auch hinsichtlich der Emissionen von Stickoxiden. Im Jahre 1988 lagen sie mit 31 kg / Ew. im Raum der heutigen neuen Bundesländer unter dem Durchschnittswert von 47 kg / Ew. in den alten Bundesländern (Raumordnungsbericht 1991..., S. 109). Dafür gab es einen einfachen Grund. Bei der Energieumwandlung spielten in der DDR Heizöl und Gas nur eine sehr geringe Rolle. Hinzu kam die relativ geringe Anzahl von PKW, die zudem überwiegend Zweitaktmotoren aufwiesen, bei denen der Stickoxidausstoß aus technischen Gründen geringer ist.

Der Rückgang der Stickoxidbelastung in den neuen Bundesländern war deshalb in den letzten 10 Jahren nur relativ gering (Tab. 9.1 und Abb. 9.2). Der Grund dafür ist in der starken Zunahme der Anzahl von PKW mit Viertaktmotoren und der entsprechenden Abnahme der Anzahl von PKW mit Zweitaktmotoren sowie der zunehmenden Verwendung von Erdgas zu sehen.

Smog
In den besonders schadstoffbelasteten Regionen der neuen Bundesländer ist es in der Vergangenheit bei gleichzeitig ungünstigen Hochdruckwetterlagen zu kritischen Smog-Situationen gekommen. Die Tallagen im nördlichen Mittelgebirgsvorland in Sachsen und Thüringen waren davon sehr stark betroffen. Auch die industriellen Verdichtungsräume in Sachsen und Sachsen-Anhalt hatten diesbezüglich enorme Probleme (Abb. 9.3). In Erfurt und Leipzig wurde 1988/89 an etwa 20 Tagen Smog-Alarm ausgelöst (Raumordnungsbericht 1991..., S. 107).

Wegen der Deindustrialisierung mancher Räume in den neuen Bundesländern und der notwendig gewordenen Schutzmaßnahmen hat mit der stark reduzierten Umweltbelastung auch die Smog-Gefährdung bis heute stark nachgelassen.

9.2.2 Wasseraufkommen und Abwasserbeseitigung

Die Umweltbedingungen werden in starkem Maße durch das Wasserdargebot in Haushalt und Wirtschaft und die Aufbereitung zur Weiterverwendung geprägt. Die Abwasserreinigung und -beseitigung sind dabei in den letzten Jahren immer mehr ins Blickfeld aller Bevölkerungsgruppen und der Wirtschaft gerückt worden.

Wasseraufkommen, -nutzung und Abwasserbeseitigung weisen in Deutschland große regionale Unterschiede auf (Abb. 9.4). Die Diskrepanzen zwischen den alten und den neuen Bundesländern sind gewaltig. Zunächst wird deutlich, daß Nordrhein-Westfalen und Baden-Württemberg 1995 die jeweils volumenmäßig größten Wasseraufkommen hatten, in Mecklenburg-Vorpommern und Thüringen waren sie am geringsten. Hinzu kamen die Anteile der Fremdgewinnung, die in Nordrhein-Westfalen – aber auch in Sachsen-Anhalt – große Bedeutung hatten. Der Anteil der wassernutzenden Betriebe (Abb. 9. 5) zeigt ebenfalls den großen Unterschied zwischen den alten und den neuen Bundesländern. Für das erfaßte Jahr 1995 muß für die neuen Länder berücksichtigt werden, daß mit der Vereinigung und der Umstrukturierung der Wirtschaft zahlreiche Betriebe aufgegeben wurden. So wurde denn auch dort in den letzten Jahren immer weniger Wasser verbraucht.

Von enormer Bedeutung für die Umweltqualität ist die Abwasserbeseitigung. Erwähnenswert sind diesbezüglich wieder die neuen Bundesländer. Die abflußreichsten Flüsse in den neuen Bundesländern, die Elbe mit Schwarzer und Weißer Elster, Saale, Mulde sowie die Oder mit der Neiße waren Anfang der 1990er Jahre sehr stark belastet. Das war besonders auf den hohen Abwasseranfall infolge der völlig veralteten Produktionstechnologien zurückzuführen. Es fehlten sehr oft Abwasserreinigungsanlagen der Industrie und der Kommunen. Bei weitem nicht ausreichend waren die Anschlußgrade an kommunale und industrielle Kläranlagen. In der Zeit von 1990 bis 1995 wurde die Situation jedoch merklich verbessert. Es entstanden etwa 530 Kläranlagen mit einem Investitionsvolumen von fast 10 Mrd. DM (Jahresbericht der Bundesregierung 1997, S. 722).

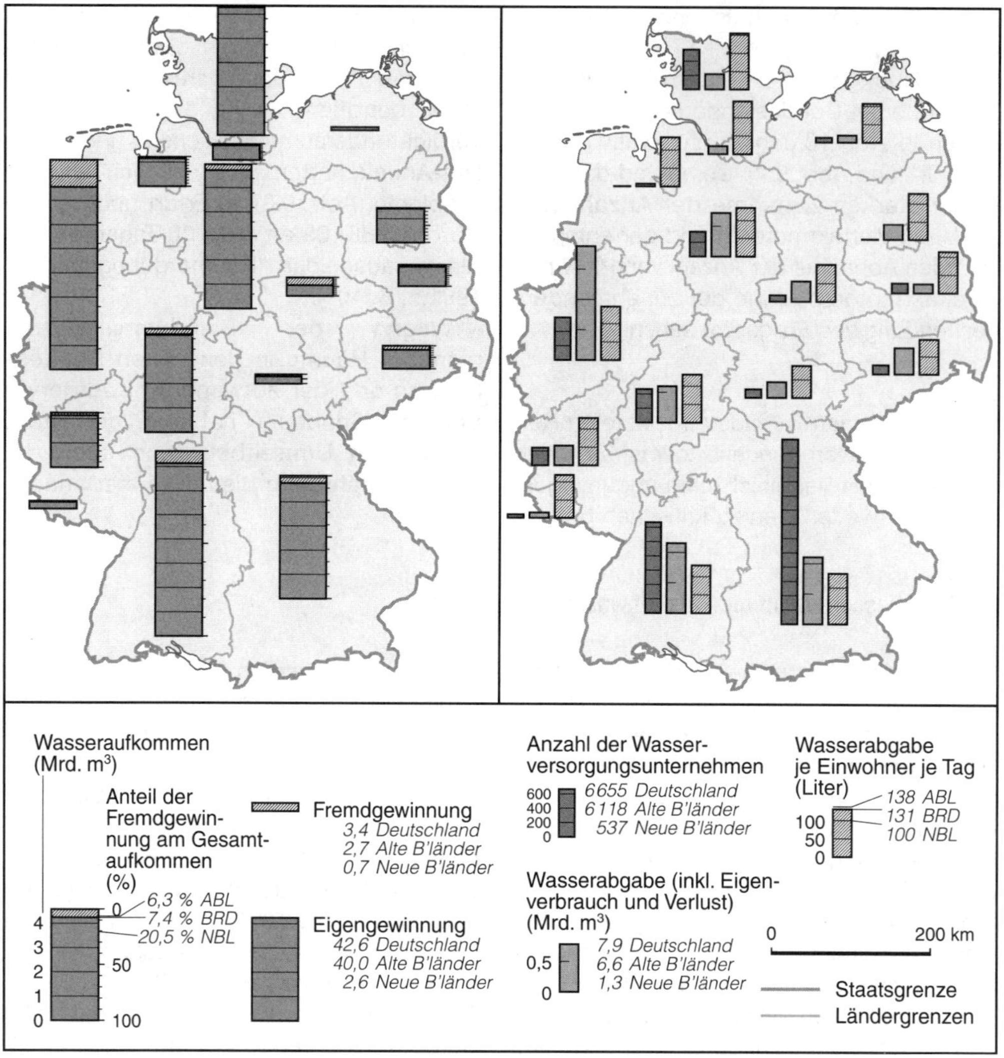

Abb. 9.4: Wasseraufkommen (links) und Wasserabgabe der öffentlichen Wasserversorger (rechts) in Deutschland 1995

Quelle: Stat. Jahrbuch BRD 1998, S. 701 und 703

Den Bevölkerungsanteil mit öffentlicher Wasserversorgung und Abwasserbeseitigung (1995) zeigt Abbildung 9.6. Öffentliche Abwasserbehandlungsanlagen waren in Thüringen zu 32,4 % Kleinkläranlagen. In Sachsen-Anhalt belief sich dieser Anteil auf 15,1 %, im Saarland auf 14,3 %. Dort gab es mit 7,8 % aller Einwohner den höchsten Anteil ohne Anschluß an die Abwasserbehandlung. In Sachsen betrug dieser Anteil 4,8 %.

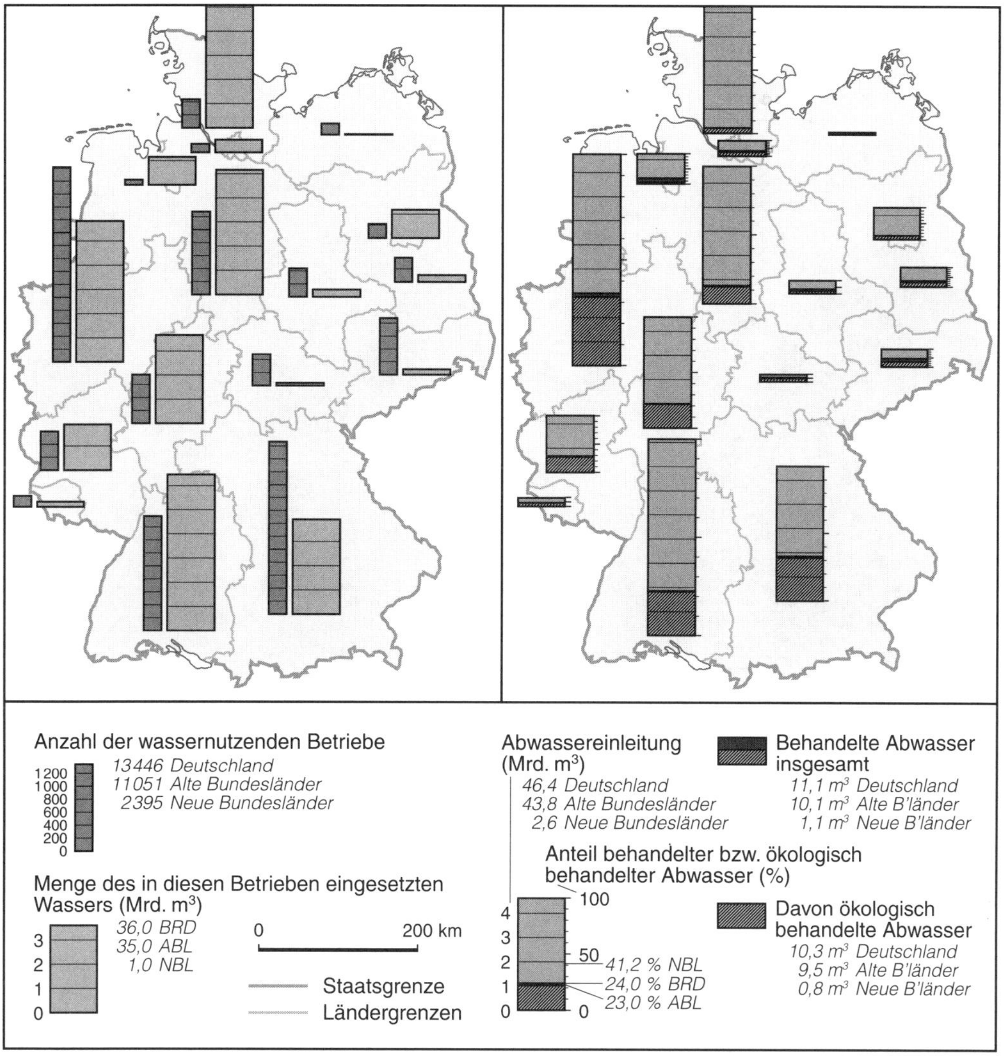

Abb. 9.5: Wassernutzung der Betriebe in Deutschland im Bergbau und Verarbeitenden Gewerbe und bei Wärmekraftwerken für die öffentliche Versorgung; Abwassereinleitung
Quelle: Stat. Jahrbuch BRD 1998, S. 702 und 704

9.2.3 Lärm

Die zunehmende Motorisierung der Bevölkerung hat auch in Deutschland in den letzten Jahrzehnten zu immer stärkerer Lärmbelastung geführt. In besonders hohem Maße war das auf Autobahnen der Fall, die nicht nur einen ständig zunehmenden PKW-, sondern auch einen zunehmenden LKW-Verkehr zu bewältigen hatten. Besonders in unmittelbarer Nachbarschaft zu Autobahnen bedeutet das eine enorme Lärmbelästigung, die jedoch in zunehmendem Maße durch Schallschutzwände in

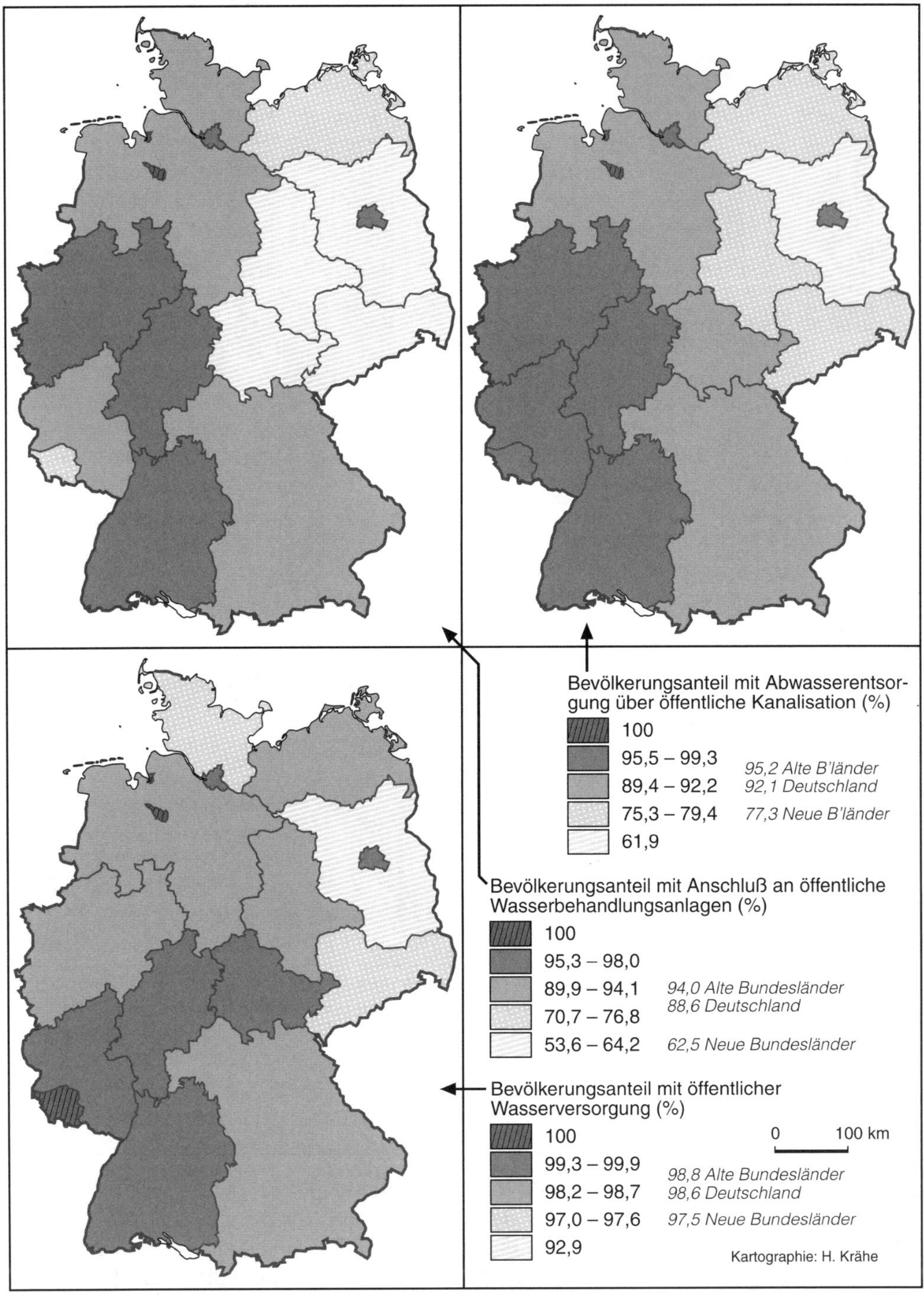

Abb. 9.6: Anschlußgrad der Bevölkerung in Deutschland an die öffentliche Wasserversorgung und Abwasserbeseitigung 1995

Quelle: Stat. Jahrbuch BRD 1998, S. 703

einigen Teilräumen vermindert werden konnte.

Eine weitere wichtige Lärmquelle stellen seit jeher generell die Flughäfen dar. Um den Schutz der Bevölkerung vor Fluglärm zu garantieren, wurde ein Gesetz zum Schutz gegen Fluglärm erlassen.

9.2.4 Bodenbelastungen und Altlasten

Die Einträge aus Abfalldeponien bildeten den Schwerpunkt der Bodenbelastung in den neuen Bundesländern Anfang der 1990er Jahre. Zwar betrug damals das Abfallaufkommen pro Kopf der Bevölkerung mit 180 kg/Jahr noch nicht einmal die Hälfte des Aufkommens in den alten Ländern mit 375 kg/Jahr. In der ordnungsgemäßen Abfallentsorgung gab es jedoch große Engpässe und Probleme. Es existierten um 1990 rd. 11 000 Ablagerungsflächen für Hausmüll, nur 120 davon galten nach westlichem Standard als geordnete Deponien. Rund 1 000 Deponien wurden als kontrollierte Ablagerungen, der Rest als wilde Müllkippen bezeichnet (Raumordnungsbericht 1991..., S. 114).

Um industrielle Abfälle lagern zu können, gab es etwa 2 000 Deponien, davon waren etwa 800 für schadstoffhaltige Abfälle und Schadstoffe und vier für Sondermüll zugelassen. Es gab weiterhin 55 betriebsinterne Verbrennungsanlagen, wovon nur drei Rauchgasreinigungen aufwiesen.

Bodenbelastungen gab es auch im agrarwirtschaftlichen Bereich. Der Einsatz von Mineraldüngern (Stickstoff, Phosphor, Kali und Kalk) in der DDR war wesentlich höher als in der alten Bundesrepublik, obwohl die Erträge z. T. weit darunter lagen. Es kamen dazu die ungeheuren Güllemengen aus den Viehställen. Auch Pflanzenschutzmittel trugen in großem Umfang zur Bodenbelastung bei.

Große Belastungen verursachte im Süden der DDR der Uranerzbergbau in Sachsen und Thüringen. Die Belastung des Bodens in den neuen Bundesländern erfolgte in der Vergangenheit besonders auch durch den Braunkohlenabbau. Das Niederlausitzer Revier um Cottbus und der Raum Halle/Leipzig sind in diesem Zusammenhang zu nennen. Der Braunkohlebergbau verbrauchte in der Zeit von etwa 1950 – 1990 eine Fläche von 128 000 ha. Davon wurden 66 000 ha rekultiviert.

Der Braunkohlenabbau hinterließ Industriebrachen von mehreren 10 000 ha. 260 Tagebaurestlöcher mit rd. 3 Mrd. m^3 Gesamtvolumen wurden in der Vergangenheit als Müllkippen und Deponien genutzt.

Den militärischen Altlasten und ihrer Sanierung widmet dieses Buch wegen ihre besonderen Bedeutung für Deutschland einen gesonderten Abschnitt (Kap. 9.4.2).

9.3 Abfallentsorgung

Angaben zur Abfallentsorgung in Deutschland können den speziellen Statistiken entnommen werden. Die abfallstatistischen Erhebungen umfassen die öffentliche Abfallbeseitigung und die Abfallbeseitigung im Produzierenden Gewerbe und in Krankenhäusern. Angaben werden im dreijährigen Turnus erhoben, für die neuen Länder erstmals für das Berichtsjahr 1990.

Gemäß §1 des Gesetzes über die Vermeidung von Abfällen, Abfallgesetz vom 27. August 1986 (BGBL. I, S. 1410), umfaßt die Abfallbeseitigung das Gewinnen von

Untertage-deponie	Bundesland	Beseitigte Abfallmengen (t)
Herfa-Neurode	Hessen	82 800
Heilbronn	Baden-Württemberg	71 380
Zielitz	Sachsen-Anhalt	9 000
Niederrhein-Borth (ab 1997)	NRW	–
Insgesamt		163 180

Tab. 9.2: Untertagedeponien und die darin beseitigten Abfallmengen in Deutschland 1996

Quelle: Jahresbericht 1997 Umweltbundesamt, S. 271

Stoffen oder Energie aus Abfällen (Abfallverwertung) und das Ablagern von Abfällen sowie die hierzu erforderlichen Maßnahmen des Einsammelns, Beförderns, Behandelns und Lagerns (Stat. Jahrbuch Mecklenburg-Vorpommern 1995, S. 294).

Die Zahl der Deponien ging von 1990 bis 1995 in den neuen Bundesländern stark zurück, zahlreiche Gebietskörperschaften schlossen sich zu leistungsfähigen Entsorgungsverbänden zusammen.

Abb. 9.7: Verwertung bergbaufremder Abfälle in untertägigen Hohlräumen in Deutschland 1996

Quelle: nach Jahresbericht 1997 Bundesumweltamt, S. 271

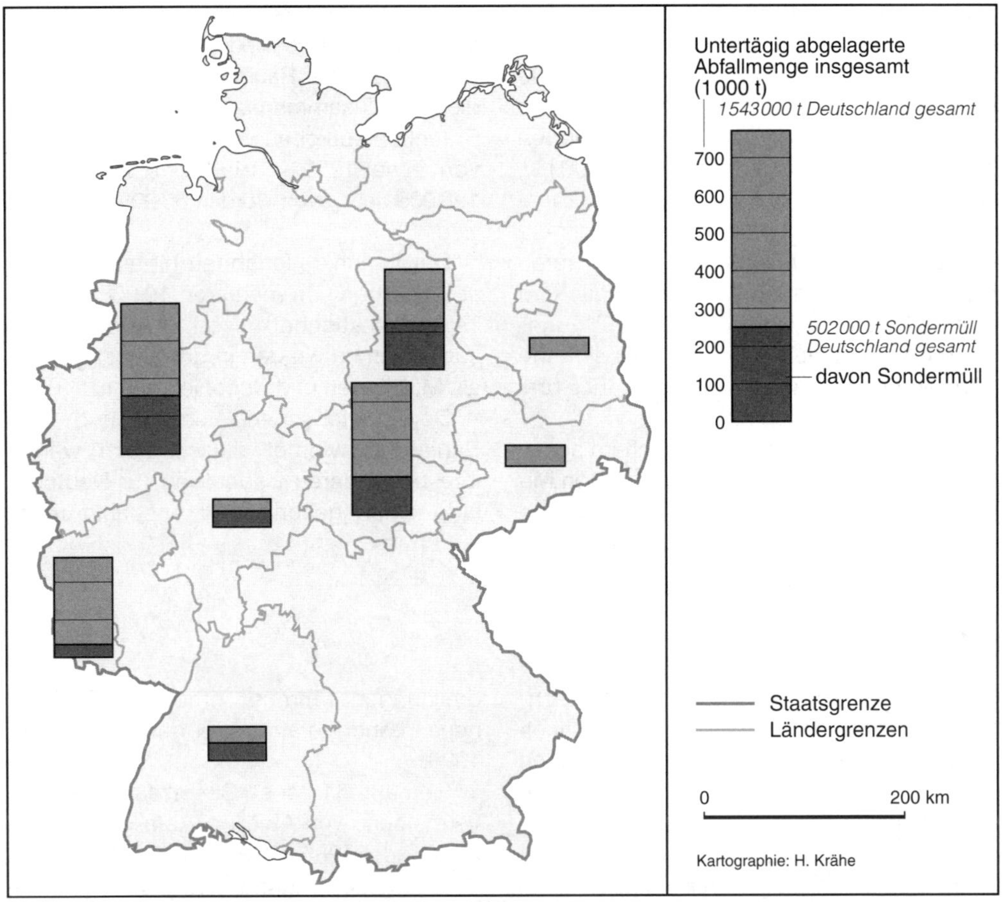

Untertägige Abfallentsorgung
Untertägige Abfallentsorgung, also die Abfallentsorgung in Bergwerke unter Tage, ist ein fester Bestandteil der deutschen Abfallwirtschaft (Abb. 9.7). 1996 gab es drei Untertagedeponien (Tab. 9.2), 1997 kam eine vierte Deponie hinzu.

Es handelt sich bei diesen unter Tage abgelagerten Abfällen um besonders überwachungsbedürftige, sogenannte "Sonderabfälle".

Eine sehr große Bedeutung hat in den letzten Jahren die grenzüberschreitende Abfallbeseitigung erlangt, wobei keineswegs nur die Deutschland direkt benachbarten Länder eine Rolle spielen, sondern auch entferntere Länder (vgl. Tabelle A 5.7.7 im Anhang).

9.4 Erfassung und Sanierung von Altlasten

Unter dem Begriff Altlasten werden Altablagerungen und Altstandorte verstanden, von denen Gefahren für den einzelnen oder die Allgemeinheit ausgehen. Es wird dabei zwischen den zivilen, militärischen und Rüstungsaltlasten unterschieden. Die regionale Verteilung der Altlastenverdachtsflächen in Deutschland im Jahre 1992 zeigt Abbildung 9.8. Ende 1997 gab es in Deutschland etwa 190 000 Altlasten und altlastenverdächtige Flächen. Während sich die Zahl der Altablagerungen wohl kaum noch erhöhen wird, vermuten Experten wegen Neubewertung oder Neuentdeckung in den kommenden Jahren noch eine starke Zunahme der Zahl der altlastenverdächtigen Altstandorte. Ende 1997 wurde eine Gesamtzahl von 240 000 geschätzt.

9.4.1 Erfassung und Sanierung des Braunkohlentagebaus

Der großflächige Braunkohlenabbau und die Braunkohlenveredlung in der ehemaligen DDR haben schwere Schäden in der Umwelt hinterlassen:

- Im Mitteldeutschen und Lausitzer Revier wurden 120 000 ha Landoberfläche in Anspruch genommen.
- Dabei wurde der Wasserhaushalt auf einer Fläche von 300 000 ha tiefgreifend verändert. Durch Absenkung des Grundwasserspiegels entstand ein Grundwasserdefizit von rd. 14,6 Mrd. m^3.
- In über 160 abschließend gestalteten Tagebaurestlöchern befanden sich zudem rd. 750 Ablagerungen von Industrieabfällen.
- Rund 38 500 ha Öd- bzw. Kippenflächen und etwa 100 stillgelegte Industriebrachen standen zur Sanierung an (Jahresbericht der Bundesregierung 1997, S. 724).

Im Rahmen der Braunkohlensanierung wird u. a. durch Versatz mit Schlacken, Sanden, Kompost und Klärschlamm die Oberfläche saniert und damit eine Aufforstung oder landwirtschaftliche Nutzung ermöglicht. Zahlreiche Restlöcher werden geflutet, so daß auf lange Sicht eine Wald- und Seenlandschaft mit hohem Wert für Naturschutz und Erholung entstehen kann. Bis 1997 ist es bereits zu Massebewegungen von 470 Mio. m^3 gekommen. So konnten 20 000 ha einstmals bergbaulich genutzter Fläche in andere Nutzung überführt werden. Es wurden bereits 39 Mio. Bäume gepflanzt, fast 1 000 km Gleisanlagen rückgebaut und etwa 4,3 Mio. m^3 Bauschutt, der zum größten Teil kontaminiert war, entsorgt.

Die Sanierungen sollen noch weit über das Jahr 2000 weitergeführt werden (Jahresbericht der Bundesregierung 1997, S. 724).

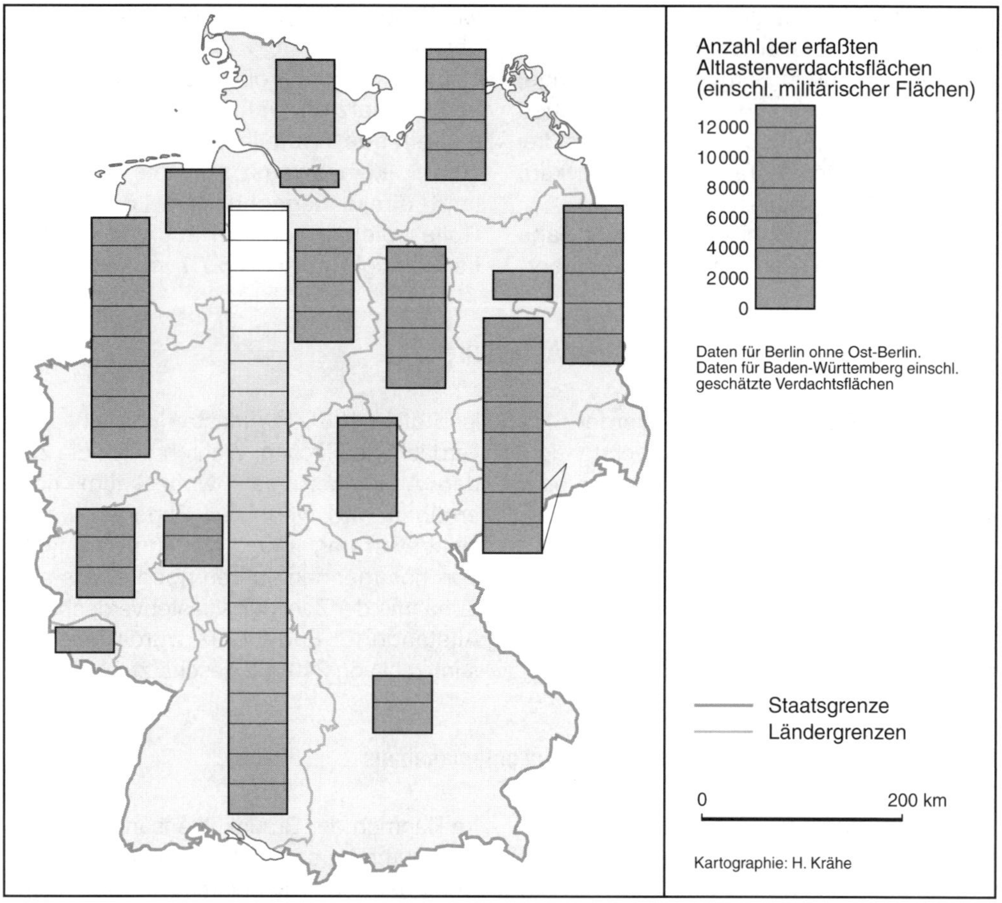

Abb. 9.8: Altlastenverdachtsflächen in Deutschland 1992
Quelle: nach Angaben des Statistischen Bundesamtes

Finanzierung der Braunkohlensanierung
In der Zeit von 1991 bis 1997 wurden in die Braunkohlensanierung, das größte zusammenhängende Umweltprojekt in der Bundesrepublik, bereits ca. 8,1 Mrd. DM investiert.

Um diese Sanierung weiter fortführen zu können, ist am 18. Juli 1997 vom Bund und den vier Braunkohlenländern Brandenburg, Sachsen, Sachsen-Anhalt und Thüringen ein ergänzendes Finanzierungsabkommen für die Jahre 1998 – 2002 mit einem Finanzvolumen von 6 Mrd. DM beschlossen worden.

9.4.2 Erfassung und Sanierung der militärischen und Rüstungsaltlasten

Bereits die in Deutschland vorhandenen 2 157 Standorte von Rüstungsproduktionsstätten des ehemaligen Deutschen Reiches konfrontierten unser Land mit erheblichen Altlastenproblemen (Raumordnungsbericht 1991..., S. 117).

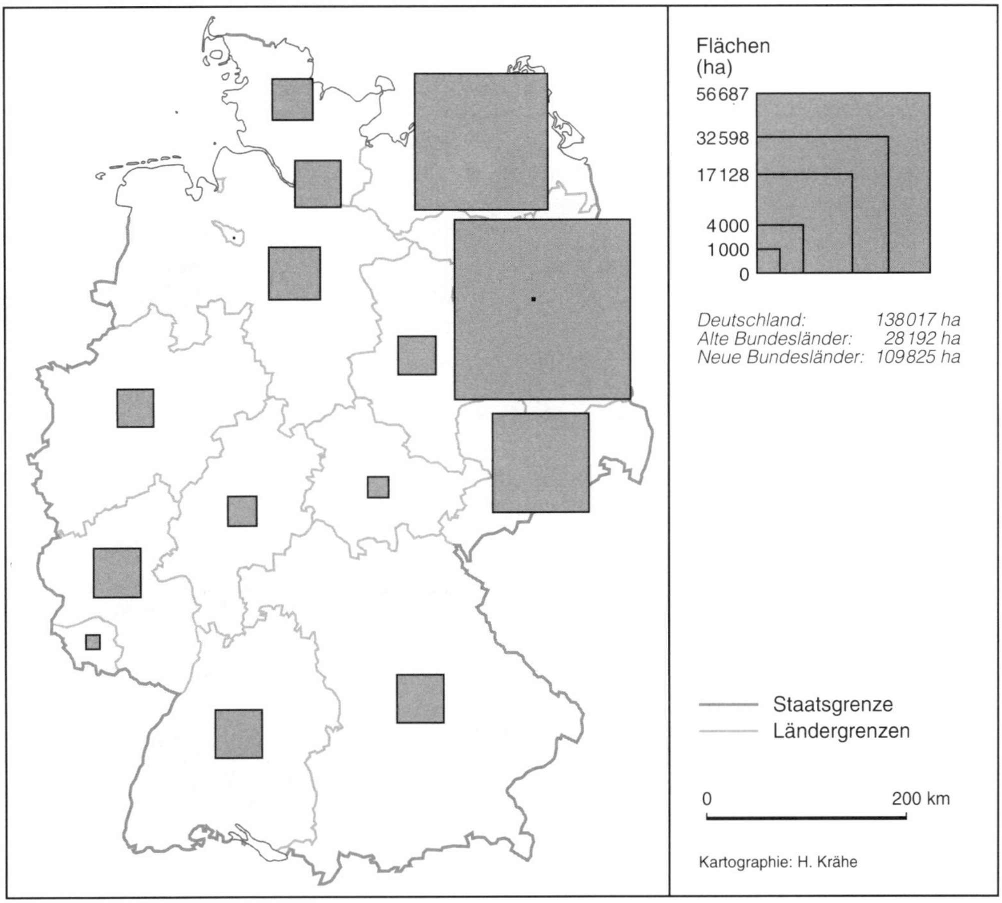

Abb. 9.9: Abgegebene Liegenschaftsflächen der Deutschen Bundeswehr vom 3. 10. 1990 – 16. 6. 1999

Quelle: nach Angaben des Bundesministeriums der Verteidigung vom 16.6.1999

Völlig neue Dimensionen sind mit dem 1994 abgeschlossenen Truppenabzug in den neuen Bundesländern erreicht worden. Dort hatte sich die Fläche der militärisch genutzten Liegenschaften von rd. 1 Mio. ha auf rd. 0,5 Mio. ha (1997), also auf die Hälfte, verringert. Anfang 1997 gab es im Ressortvermögen des Bundesverteidigungsministeriums etwa 2 900 militärische Liegenschaften. Davon sollten jedoch nur 2 660 dauerhaft in Zukunft weiter genutzt werden. Von den 2 900 Liegenschaften wurden 92 fremdgenutzt. Es waren NATO-Anlagen. 150 Liegenschaften sollten nicht mehr militärisch genutzt, sondern abgegeben werden (Abb. 9.9).

Im Altlastenprogramm der Bundeswehr ist auf den rd. 2 900 Liegenschaften z. T. bereits eine Überprüfung auf militärische Altlasten vorgenommen worden. 1997 waren bereits 15 % (= 432) aller Liegenschaften überprüft. Dabei wurden 2 200 Altlastverdachtsflächen registriert. Für 60 Altlastverdachtsflächen wurden bereits Sanierungsmaßnahmen eingeleitet (Jahresbericht der Bundesregierung 1997, S. 725). Einen besonderen regionalen Schwerpunkt stellt das Land Brandenburg dar.

Militärische Konversion

In der DDR wurden sehr große Flächen militärisch genutzt. Nach der Wiedervereinigung Deutschlands und dem Abzug der Alliierten Streitkräfte standen neue Flächen und darauf befindliche Einrichtungen zur zivilen Nutzung zur Verfügung (Abb. 9.10).

Diese militärische Konversion, d. h. zur zivilen Umnutzung freigegebene Militärflächen, die zur Hälfte im Land Brandenburg liegen, umfassen ein Konversionspotential von 1 600 km². Das sind 5,4 % der Landesfläche in Brandenburg (BIRKHOLZ 1998, S. 69). Obwohl sich diese Flächen über das gesamte Landesgebiet Brandenburgs verteilen, gibt es doch einen ausgesprochenen Schwerpunkt südlich von Berlin. Von den rd. 2 000 Gemeinden Brandenburgs war etwa ein Drittel von der militärischen Nutzung durch die dort jahrzehntelang stationierte Sowjetarmee betroffen.

Die außerhalb der Ortschaften befindlichen Liegenschaften waren zum allergrößten Teil Truppenübungs-, Schieß- und Flugplätze, besonders der ehemaligen Sowjetarmee.

Mit ihren militärischen Altlasten bilden sie ein gewaltiges Gefahrenpotential. Auf diesen Flächen wurden etwa 12 000 Altlastenverdachtsflächen festgestellt (BIRKHOLZ 1998, S. 69).

Abb. 9.10: Zivile Nachnutzung von ehemaligen Militärflugplätzen und -objekten in Brandenburg und Sachsen-Anhalt

Quelle: BfLR Bonn 1997

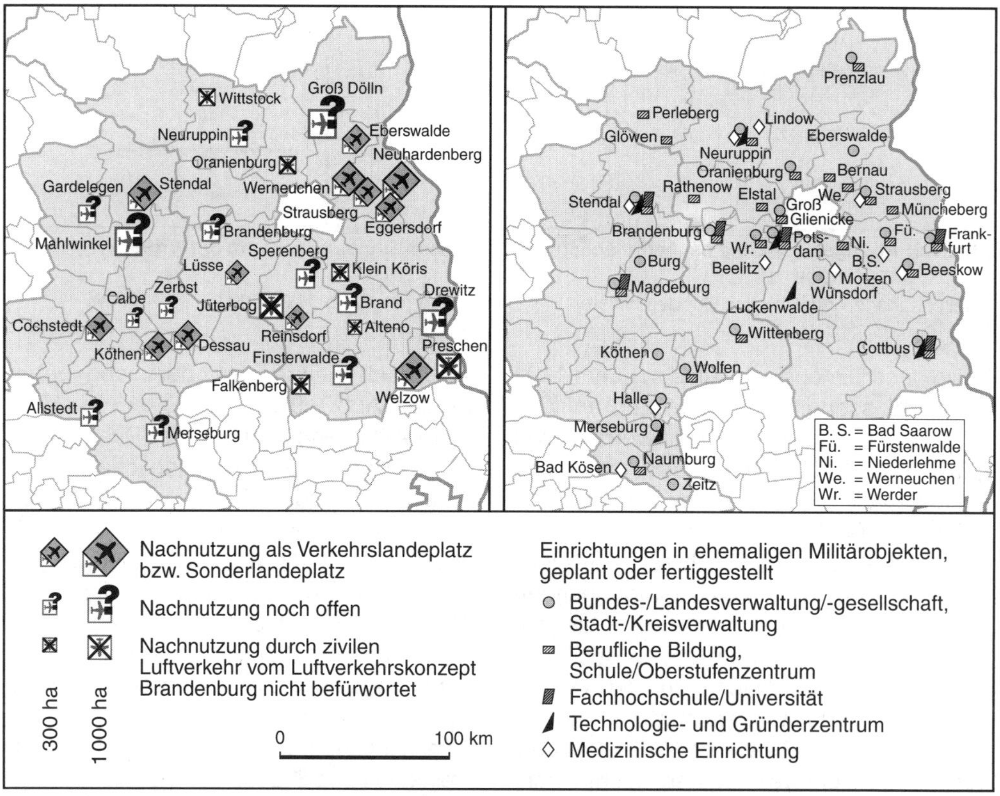

Zu den wichtigsten Aufgaben auf den Konversionsflächen gehören Altlastenerfassung und -beseitigung, besonders Munitionsberäumung und Sondermüllbeseitigung, Abbruch und Räumung von nicht mehr nutzbaren Militärbauten und die Sicherung von nachnutzbaren und sanierungsfähigen Gebäuden. Auf weit über 5 Mrd. DM werden die dafür aufzuwendenden Kosten geschätzt.

Bis 1996 konnten dank finanzieller Unterstützung von EU, Bund und Land 5 500 Wohnungen saniert werden. Zahlreiche instandgesetzte Kasernen werden inzwischen von Landes-, Kreis- und Kommunalbehörden genutzt (Abb. 9.10). Große Truppenübungsplätze, die vorwiegend aus Wald- und Heide bestehen, werden unter Naturschutz gestellt (BIRKHOLZ 1998, S. 69).

9.4.3 Altlasten aus dem Uranerzbergbau

Die Ermittlung der bergbaubedingten Umweltradioaktivität in den neuen Bundesländern ist nach dem Einigungsvertrag Aufgabe des Bundes. Seit 1991 führt das Bundesamt für Strahlenschutz (BfS) das Projekt "Radiologische Erfassung, Untersuchung und Bewertung bergbaulicher Altlasten (Altlastenkataster)" durch. Zunächst wurde eine Gesamtfläche von 1 500 km² in die Untersuchungen einbezogen. Im Laufe der Zeit konnte sie jedoch immer weiter verringert werden bis auf nur noch 40 km². 1997 ging man von ca. 800 – 1 000 Sanierungsmaßnahmen in Einzelprojekten innerhalb der Verdachtsfläche aus (Jahresbericht der Bundesregierung 1997, S. 726).

Sanierung der Uranbergbau-Hinterlassenschaften
Die Bundesregierung stellte für den Zeitraum von 10 – 15 Jahren für diese Sanierungsmaßnahmen insgesamt 13 Mrd. DM zur Verfügung. Zunächst erfolgte eine Umwandlung der ehemaligen Sowjetisch-Deutschen Aktiengesellschaft Wismut in

Abb. 9.11: Uranbergbaugebiete in Sachsen, Sachsen-Anhalt und Thüringen 1990
Quelle: BfLR Bonn 1993

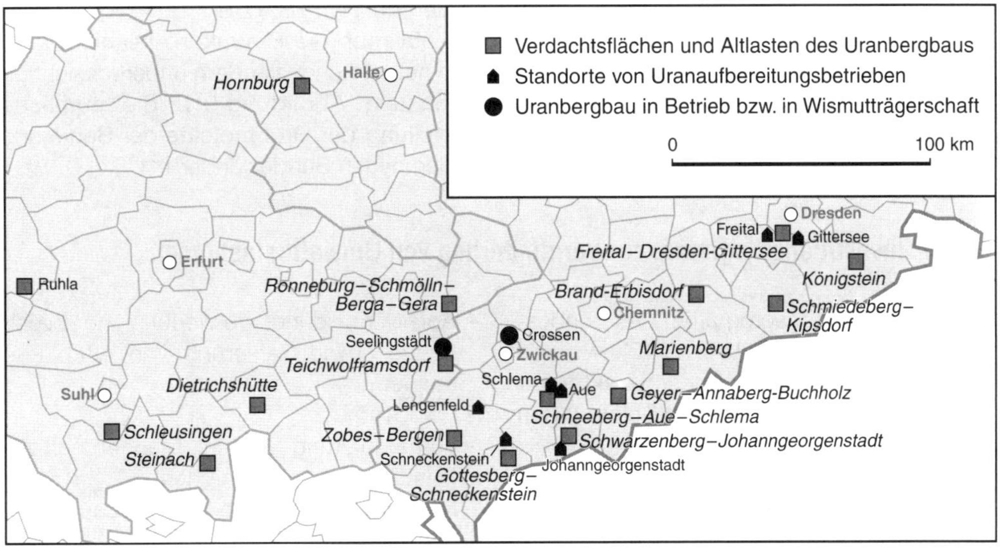

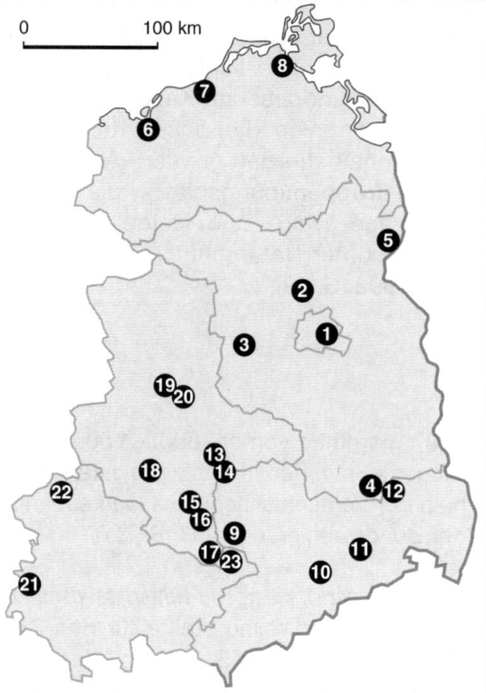

Berlin
1 Region Industriegebiet Spree
Brandenburg
2 Region Kreis Oranienburg
3 Stadt Brandenburg
4 BASF Schwarzheide AG
5 PCK AG Schwedt
Mecklenburg-Vorpommern
6 Werftstandort Wismar
7 Werftstandort Rostock
8 Werftstandort Stralsund
Sachsen
9 Olefinwerke Böhlen-Lippendorf
10 Saxonia AG Freiberg
11 Dresden-Coschütz/Gittersee
12 Lautawerk GmbH
Sachsen-Anhalt
13 Filmfabrik Wolfen
14 Chemie-AG Bitterfeld-Wolfen
15 Buna AG
16 Leuna-Werke AG
17 Hydrierwerk Zeitz GmbH
18 Mansfeld AG
19 Region Magdeburg-Rothensee
20 Erdöl/Erdgas Gommern
Thüringen
21 Kali-Werra AG
22 Kali-Südharz AG
23 Verwaltungs- u. Verwertungsgesellsch. Rositz

Abb. 9.12: Großprojekte der Sanierung in den neuen Bundesländern (ohne Braunkohlesanierung)
Quelle: Jahresbericht der Bundesregierung 1997, S. 723

das bundeseigene Stillegungs- und Sanierungsunternehmen Wismut GmbH. Diesem wurde die Aufgabe übertragen, die Stillegung und Sanierung der eigenen Bergbau- und Aufbereitungsbetriebe vorzunehmen. Die größten Hinterlassenschaften des Uranbergbaus gibt es an den Standorten Ronneburg, u. a., Königstein, Aue (Pöhla), Crossen und Dresden-Gittersee (Abb. 9.11) (Jahresbericht der Bundesregierung 1997, S. 726).

Läßt man die Braunkohlensanierung in den neuen Bundesländern unberücksichtigt, dann zeigt Abbildung 9.12 die räumliche Verteilung der Großprojekte der Sanierung in den neuen Bundesländern.

9.5 Investitionsprogramm zur Verminderung von Umweltbelastungen

In einem Investitionsprogramm des Bundesumweltministeriums (Abb. 9.13) werden Projekte mit Demonstrationscharakter zur Verminderung von Umweltbelastungen gefördert.

Dabei geht es insbesondere um die Gebiete

- Abwasserreinigung / Wasserbau,
- Abfallvermeidung, -verwertung und -beseitigung sowie Sanierung von Altablagerungen,
- Bodenschutz,
- Luftreinhaltung (einschl. Maßnahmen zur Reduzierung von Gerüchen),
- Minderung von Lärm und Erschütterungen,

- Energieeinsparung, rationelle Energieverwendung und Nutzung erneuerbarer Energien (z. B. Sonnen- oder Windenergie),
- umweltfreundliche Energieversorgung und -verteilung und
- Vermeidung von Störfällen (Jahresbericht 1997 Umweltbundesamt, S. 240).

Tab. 9.3:
Mittelverteilung des Programms der deutschen Bundesregierung zur Förderung von Investitionen zur Verminderung von Umweltbelastungen (Übersicht der bewilligten Projekte 1979 – 1997)
Quelle:
Jahresbericht 1997 Umweltbundesamt, S. 240

Umweltbereich	Anzahl	Investitionsvolumen (Mio. DM)	Fördervolumen (Mio. DM)
Luftreinhaltung	370	3 094,5	854,2
Wasserreinhaltung	74	1 450,5	405,5
Bodenschutz / Altlasten	11	95,8	35,7
Abfallwirtschaft	57	769,9	174,2
Lärmminderung	13	33,9	11,7
Energie	20	396,3	111,1
Gesamt	545	5 840,9	1 592,4

Abb. 9.13: Mittelverteilung des Programms des deutschen Bundesumweltministeriums zur Förderung von Investitionen zur Verminderung von Umweltbelastungen (bewilligte Projekte 1979 – 1997)
Quelle: Jahresbericht 1997 Bundesumweltamt, S. 241

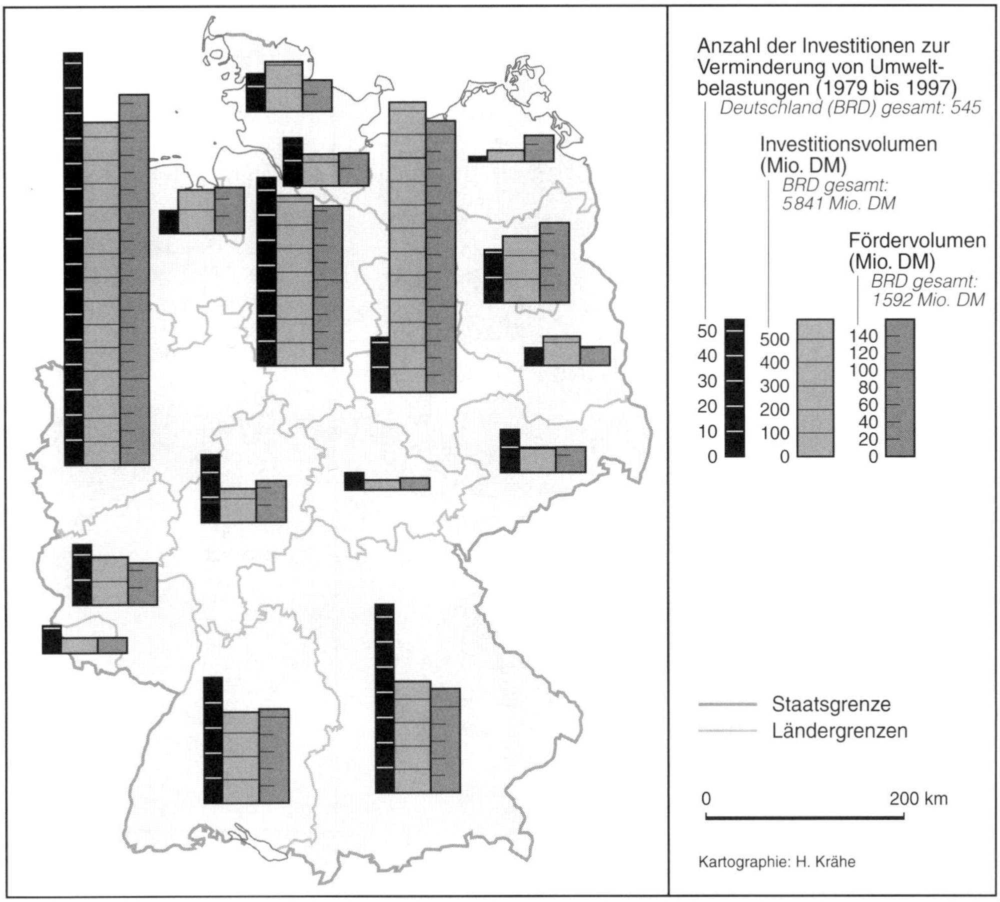

9.6 Waldschäden

Seit dem Jahre 1984 werden die Waldschäden in Deutschland einheitlich nach den zwischen dem Bundesministerium für Ernährung, Landwirtschaft und Forsten und den Forstverwaltungen der Länder getroffenen Vereinbarungen ermittelt (Stat. Jahrbuch BRD 1998, S. 699).

Erstmals wurden 1990 auch auf dem Gebiet der DDR nach den Maßstäben westeuropäischer Länder Waldschadenserhebungen durchgeführt (Daten-Report 5/1992, S. 414). Nach der Waldzustandserhebung von 1990 lag der Anteil der deutlich geschädigten Bäume in den neuen Bundesländern doppelt so hoch wie in den alten Bundesländern.

Als Gründe hierfür waren in erster Linie anzusehen:

- die extrem hohe SO_2-Belastung aus Industrieanlagen und

Abb. 9.14: Waldschäden in den deutschen Bundesländern 1991 und 1997
Quelle: Stat. Jahrbuch BRD 1998, S. 714; Statistisches Bundesamt (Hrsg.) 1992, S. 414

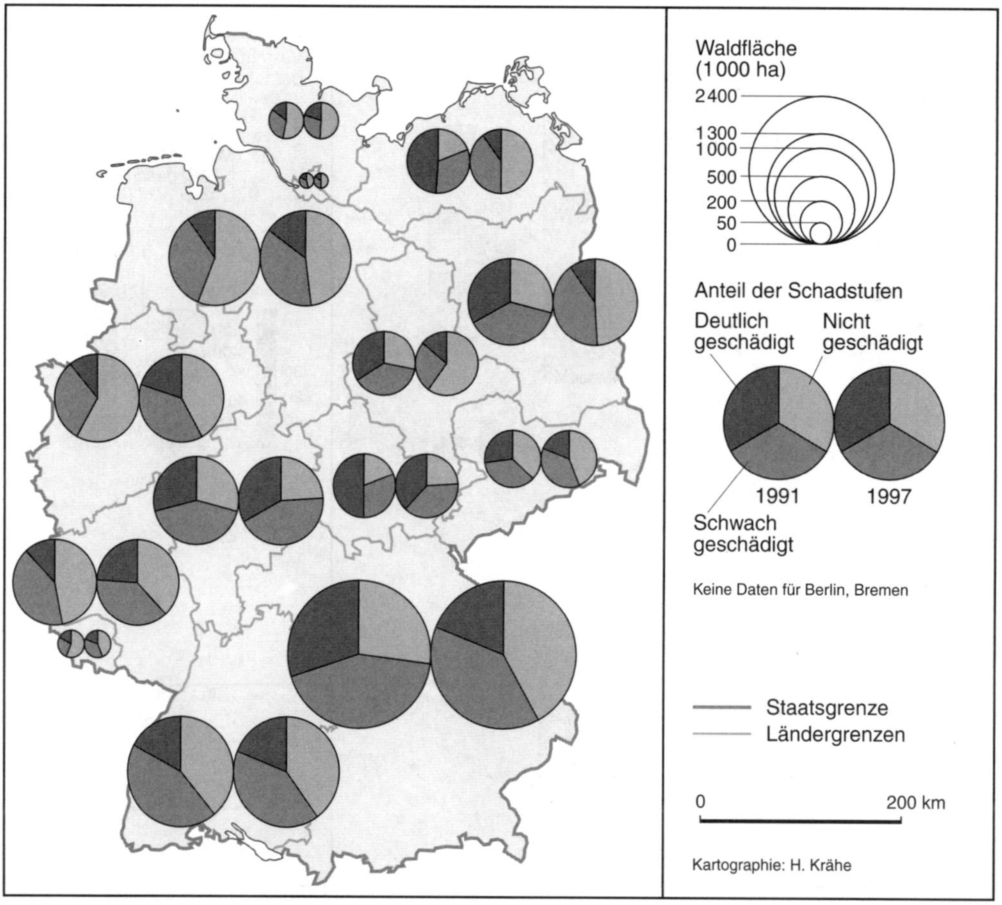

- regional hohe Ammoniak-Belastungen aus landwirtschaftlichen Quellen (vor allem den Großmästereien der Kombinate industrieller Mast).

Vergleicht man die Ergebnisse der Waldschadenserhebung von 1991 mit der von 1997 (Abb. 9.14), dann zeigt sich nur in einigen Ländern eine Verbesserung.

9.7 Schutzgebiete in Deutschland

Den Schutz und den Erhalt der natürlichen Ressourcen regelt das Bundesnaturschutzgesetz (BNatSchuG).

Es gibt in Deutschland mehrere Typen von Schutzgebieten, die im folgenden abgehandelt werden.

Abb. 9.15: Anzahl und Flächenanteile der deutschen Naturschutzgebiete 1990 und 1998
Quelle: Stat. Jahrbuch BRD 1998, S. 721

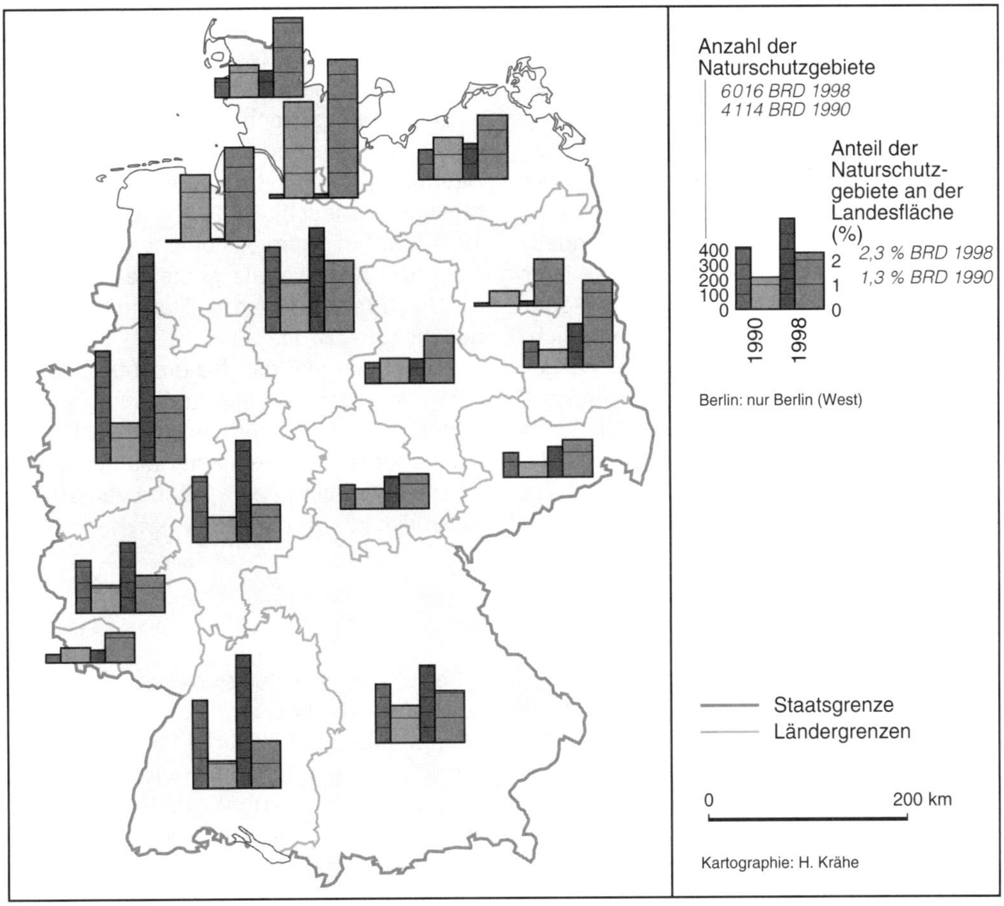

Typ	Anzahl	Fläche (ha)	% der Landesfläche	Bemerkungen
Naturschutzgebiet	5 314	684 503	1,9	ohne Wasserflächen der Nord- und Ostsee
Nationalpark	12	726 502	2,0	Watt- und Wasserflächenanteil ca. 80 %
Biosphärenreservat	13	1 249 141	3,4	
Landschaftsschutzgebiet	ca. 5 893	ca. 8 798 205	ca. 24,6	
Naturpark	68	5 678 766	15,9	

Tab. 9.4: Schutzgebiete in Deutschland 1997
Quelle: Natur in Schutz nehmen, S. 13

9.7.1 Naturschutzgebiete

Diese sind rechtsverbindlich festgesetzte Gebiete. In ihnen ist ein besonderer Schutz von Natur und Landschaft in ihrer Ganzheit oder in einzelnen Teilen zur Erhaltung von Lebensgemeinschaften oder Lebensstätten bestimmter wildwachsender Pflanzen- oder wildlebender Tierarten, aus wissenschaftlichen, naturgeschichtlichen oder landeskundlichen Gründen oder wegen ihrer Seltenheit, besonderen Eigenart oder hervorragender Schönheit erforderlich. Naturschutzgebiete werden von allen ausgewiesenen Flächen am strengsten geschützt.

Auf dem Gebiet der ehemaligen DDR gab es Anfang 1990 825 Naturschutzgebiete, die insgesamt eine Fläche von 111 796 ha (= 0,98 % der Gesamtfläche) ausmachten.

In den alten Bundesländern bestanden damals etwa 3 300 Naturschutzgebiete, die einen Flächenanteil von 1,48 % hatten (Raumordnungsbericht 1991, S. 117). In den neuen Bundesländern änderte sich die Situation jedoch sehr schnell, da mit dem Ministerratsbeschluß der DDR vom 12. 9. 1990 mit dem Nationalparkprogramm der unter Naturschutz gestellte Anteil auf rd. 2,2 % erhöht wurde (Raumordnungsbericht 1991, S. 117).

1998 nahmen die Naturschutzgebiete 2,3 % der Fläche Deutschlands ein (Tab. 9.4 und Abb. 9.15). Zwei Drittel aller Naturschutzgebiete waren kleiner als 50 ha, nur ca. 11 % umfaßten eine Fläche von 200 ha und mehr.

9.7.2 Nationalparke

Bei ihnen handelt es sich um rechtsverbindlich festgesetzte großräumige Gebiete von besonderer Eigenart. Sie erfüllen zum überwiegenden Teil die Voraussetzungen eines Naturschutzgebietes und dienen vornehmlich der Erhaltung eines artenreichen heimischen Pflanzen- und Tierbestandes. "Die Mehrzahl der deutschen Nationalparke sind sog. Ziel-Nationalparke, in denen die Kriterien der ungestörten Naturentwicklung nur z. T. erfüllt werden. Durch besondere Waldpflege sollen z.B. die Wälder der NP wieder in einen naturnahen Zustand zurückgeführt werden". In Deutschland gibt es z. Z. 13 Nationalparke (Tab. 9.5 und Abb. 9.16) mit einer Gesamtfläche von ca. 805 000 ha. Ungefähr 80 % dieser Fläche sind Watt- und Wasserflächen (Naturschutz konkret 1997, S. 5 – 6).

Nr.	Name	Land	Gründungsjahr	Fläche (km²)
1	Bayerischer Wald	Bayern	1970	243
2	Berchtesgaden	Bayern	1978	208
3	Hainich	Thüringen	1997	76
4	Hamburgisches Wattenmeer	Hamburg	1990	117
5	Harz	Niedersachsen	1994	158
6	Hochharz	Sachsen-Anhalt	1990	59
7	Jasmund	Mecklenburg-Vorpommern	1990	30
8	Müritz-Nationalpark	Mecklenburg-Vorpommern	1990	318
9	Niedersächsisches Wattenmeer	Niedersachsen	1986	2 343
10	Sächsische Schweiz	Sachsen	1990	93
11	Schleswig-Holsteinisches Wattenmeer	Schleswig-Holstein	1985	2 730
12	Unteres Odertal	Brandenburg	1995	106
13	Vorpommersche Boddenlandschaft	Mecklenburg-Vorpommern	1990	805

Tab. 9.5: Nationalparke in Deutschland (Stand: 1.1.1998)
Quelle: Stat. Jahrbuch BRD 1998, S. 720

	Land	Gründungsjahr	Kernzone	Pflegezone	Entwicklungszone	Gesamtfläche (ha)
Mittlere Elbe	Sachsen-Anhalt	1979	665	6 337	35 998	43 000
Vessertal-Thüringer Wald	Thüringen	1979	276	2 189	14 777	17 242
Bayerischer Wald	Bayern	1981	10 200	3 100	–	13 300
Alpen- und Nationalpark Berchtesgaden	Bayern	1990	16 982	3 835	25 925	46 742
Schleswig-Holsteinisches Wattenmeer	Schleswig-Holstein	1990	85 275	199 725	–	285 000
Schorfheide-Chorin	Brandenburg	1990	3 500	23 100	102 500	129 100
Rhön[1]	Bayern, Hessen, Thüringen	1991	4 199	67 483	113 257	184 939
Spreewald	Brandenburg	1991	969	8 723	38 771	48 463
Südost-Rügen	Mecklenburg-Vorpommern	1991	349	3 204	19 947	23 500
Hamburgisches Wattenmeer	Hamburg	1992	10 530	1 170	–	11 700
Niedersächsisches Wattenmeer	Niedersachsen	1992	130 000	108 000	2 000	240 000
Pfälzerwald	Rheinland-Pfalz	1992	1 400	51 900	126 500	179 800

Tab. 9.6: Biosphärenreservate in Deutschand 1996
[1] Landesanteile in Bayern (72 802 ha), Hessen (63 564 ha) und Thüringen (ca. 48 573 ha)
Quelle: Bundesamt für Naturschutz

9.7.3 Biosphärenreservate

Diese "sind großräumige Gebiete mit bestimmten Landschaftstypen. Sie sind bisher nur in einigen Bundesländern ausgewiesen und bestehen zum Teil aus Natur- schutz- und Landschaftsschutzgebieten [Tab. 9.6 und Abb. 9.16]. Biosphärenreservate umfassen außerdem wertvolle Kulturlandschaften. In Biosphärenreservaten werden Konzepte für eine dauerhafte natur- und umweltgerechte Entwicklung erprobt und umgesetzt. Sie dienen der Erforschung der Beziehungen von Mensch und Umwelt, der Umweltbeobachtung und -bildung. Innerhalb der Biosphärenreservate gibt

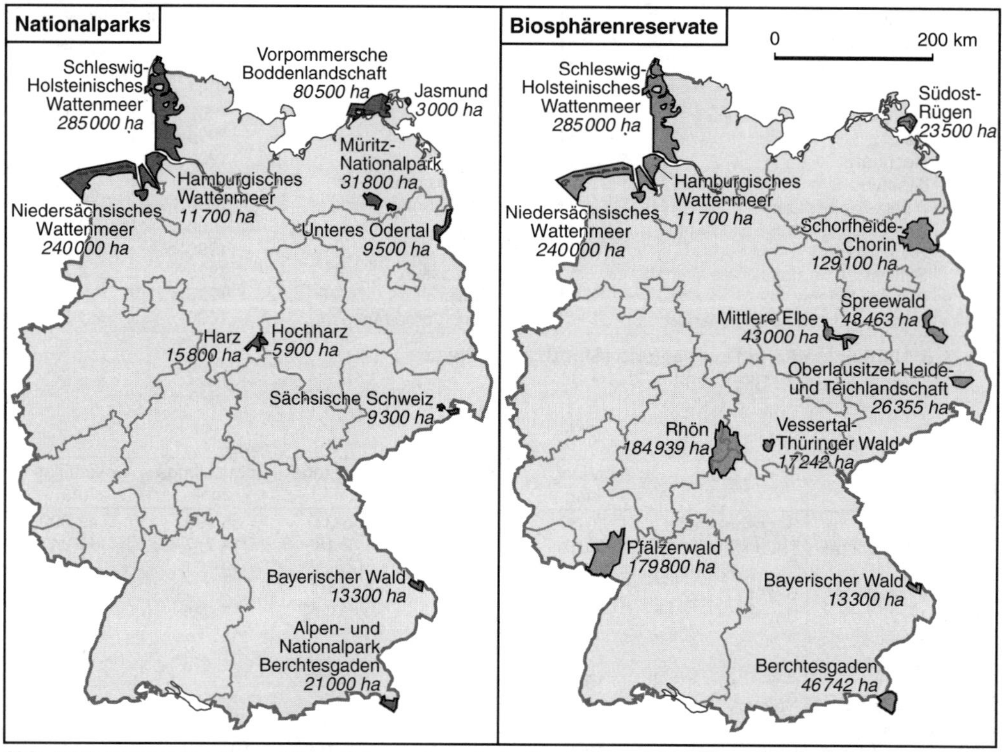

Abb. 9.16: Nationalparks und Biosphärenreservate in Deutschland 1995 bzw. 1996
Quelle: Bundesamt für den Naturschutz (BfN), Bonn 1995; Deutsches Nationalkomitee MAB, Bonn 1996

es drei nach der Stärke menschlicher Eingriffe abgestufte Schutzzonen: Kernzonen, Pflegezonen und Entwicklungszonen" (Natur in Schutzzonen 1997, S. 10 – 11).

Das Prädikat "Biosphärenreservat" wird von der Weltorganisation UNESCO im Rahmen von deren Programm "Mensch und Biosphäre" (MAB) verliehen. Biosphärenreservate dienen dem Erhalt des Ökosystems. Sie umfassen drei Schutzzonen, die abgestuft werden nach der Intensität menschlicher Eingriffe.

9.7.4 Naturwaldreservate

"Naturwaldreservate sind naturnahe Wälder, die gegenwärtig und zukünftig ihrer ungestörten biologischen Entwicklung überlassen werden. Es unterbleibt jegliche forstliche Nutzung und direkte Beeinträchtigung." ... "Naturwaldreservate werden in einzelnen Bundesländern auch als Naturwaldparzellen, Naturwald, Naturwaldzellen, Baumwald oder Wald-Totalreservat bezeichnet und sind meist durch Landesforst-, Landeswald- oder Naturschutzgesetze langfristig gesichert" (Naturschutz konkret 1997, S. 9). Die Anzahl der Naturwaldreservate hat sich in den letzten Jahren ständig erhöht.

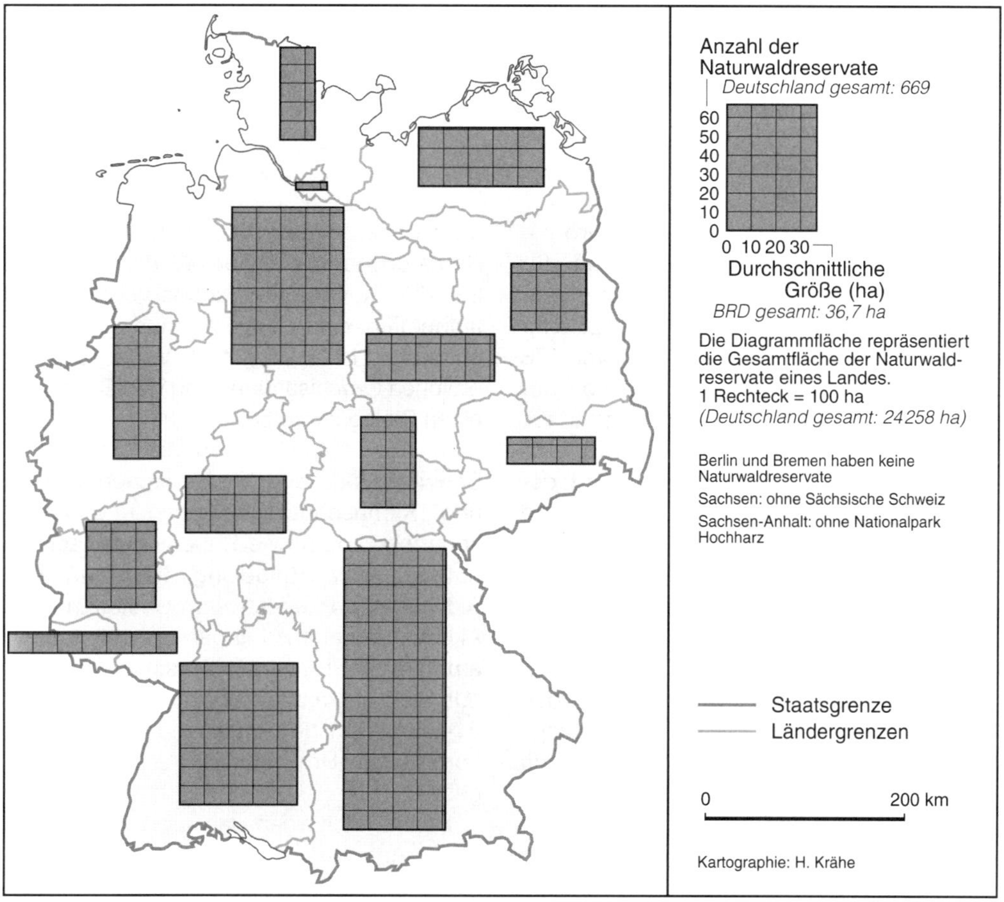

Abb. 9.17: Anzahl und Fläche der deutschen Naturwaldreservate im April 1998
Quelle: Stat. Jahrbuch BRD 1998, S. 721

Gegenwärtig gibt es 669 Naturwaldreservate mit einer Gesamtfläche von 24 598 ha, d. h. einer Durchschnittsfläche von 36,7 ha (Abb. 9.17).

10 Die Lokale Agenda 21 und ihre Umsetzung in der Bundesrepublik Deutschland

10.1 Die Lokale Agenda 21

Im Jahre 1992 fand in Rio de Janeiro die Konferenz der Vereinten Nationen für Umwelt und Entwicklung statt. Auf dieser wurde mit der Agenda 21 ein Aktionsplan für das 21. Jahrhundert vorgestellt und von 178 Staaten der Erde, darunter auch von der Bundesrepublik Deutschland, unterzeichnet. Die Konferenz wurde zum Symbol für eine neue Qualität des Bewußtseins und der Zusammenarbeit in der Umwelt- und Entwicklungspolitik.

Die Besonderheit an diesem Aktionsplan ist, daß die Bereiche ökologische Nachhaltigkeit, soziale Gerechtigkeit und ökonomische Effizienz – trotz vorhandener Zielkonflikte – nicht gegeneinander ausgespielt werden dürfen, sondern daß sie als gleichberechtigte Schwerpunkte in die Entwicklungen mit einbezogen werden müssen. Das Leitbild der "Nachhaltigkeit" wurde zum Prinzip globaler Zukunftsstrategien erklärt. Die Entwicklung und der Fortschritt müssen sich an der dauerhaften Tragfähigkeit der natürlichen Lebensgrundlagen orientieren. Das Rio-Dokument besteht aus 40 Kapiteln und zeigt darin nicht nur Entwicklungsziele, sondern auch Wege zur Erreichung dieser Ziele auf.

Damit die Verantwortung für notwendige Veränderungen für das Überleben der Menschheit nicht nur anonym und auf Regierungsebene bleibt, wurden in Kapitel 28 die Kommunen angesprochen und aufgerufen, eine Lokale Agenda 21 zu erarbeiten und bis 1996 mit der Wirtschaft, den örtlichen Organisationen und den Bürgern in einen Dialog zu treten.

In Deutschland liegen die inhaltlichen Schwerpunkte auf den Bereichen Energie und Klimaschutz, Verkehr- und Landschaftsschutz sowie Bauen und Flächennutzung. Zur Bündelung der vielfältigen Aktivitäten und effektiveren Gestaltung des Aktionsprogramms hat das Umweltbundesamt bereits 1996 das Forschungsprojekt "Umweltwirksamkeit kommunaler Agenda-21-Pläne" an den Internationalen Rat für kommunale Umweltinitiativen (ICLEI) vergeben.

Bereits nach einem Jahr (also 1997) hatten nach Angaben von ICLEI in Deutschland rd. 100 Städte und Gemeinden Initiativen für eine Lokale Agenda ergriffen und sich in einem Netzwerk zusammengeschlossen. Auf Workshops tauschten sie regelmäßig Informationen aus. Nach Abschluß des Projektes Mitte 1998 entstand ein praxisnaher Leitfaden, der den Kommunen helfen sollte, Probleme vor Ort zu lösen.

10.2 Der Begriff "Nachhaltigkeit"

In wenigen Jahren hat sich der Begriff "Nachhaltigkeit" zum zentralen politischen Schlagwort entwickelt. "Nachhaltige Nutzung" oder "Nachhaltigkeit" ist ursprünglich ein Begriff der Forstwirtschaft. Er bezeichnete zunächst eine Waldnutzungsform. Bei dieser wird nur soviel Holz entnommen, wie wieder nachwächst, damit der Waldbestand insgesamt erhalten bleibt. So war zwar die Nutzung gestattet, aber auch gleichzeitig die Substanzerhaltung gefordert. Das wichtigste Motiv für die Forderung nach

Nachhaltigkeit war die Angst vor Holzmangel durch Übernutzung. Bis Ende des 19. Jahrhunderts mußte die wichtigste Nutzfunktion des Waldes, nämlich Holz für die Energieerzeugung bereitzustellen, sichergestellt sein. Als dann fossile Energieträger eingesetzt wurden, verlagerte sich das Interesse an der Dauerhaftigkeit. Nun spielte die Einkommenssicherung durch den Verkauf von Nutzholz eine zunehmende Rolle. Wohlfahrts- und Sozialfunktion des Waldes im öffentlichen Interesse erhielten erst seit dem 20. Jahrhundert ihre Bedeutung.

Wenn heute von nachhaltiger Nutzung aus forstlicher Sicht gesprochen wird, dann meint man damit die Gewährleistung aller Waldfunktionen: Schutz vor Naturgefahren und Emissionen, Produktion hochwertiger Rohstoffe, ökologische Funktionen, Arbeits- und Einkommensfunktion, Landschaftsgestaltung und Erholung. Damit hat sich die Definition im Laufe der Zeit geändert, vom quantitativen Ursprung zur qualitativen Ausgestaltung (BÄTZING / VON DER FECHT 1997, S. 22).

10.3 Nachhaltige Stadtentwicklung

Umwelt- und Entwicklungsprobleme sind in Städten und Kommunen besonders groß. Flächen werden dort intensiv genutzt. Dort konzentrieren sich Güterproduktion, Energie- und Stoffumsätze auf engem Raum.

Als Leitindikator einer nachhaltigen Stadtentwicklung kann die Siedlungsfläche bezeichnet werden. Die Entwicklung der Siedlungsfläche in Deutschland zeigt, daß 1930 80 m^2 auf jeden Einwohner entfielen. Mitte der 1990er Jahre war es ein rund dreimal so hoher Wert. In nur fünfzig Jahren hat sich die versiegelte Fläche verdoppelt. Dieser Anstieg ist noch nicht beendet. Gegenwärtig werden in Deutschland täglich ca. 70 ha Freifläche in Siedlungs- und Verkehrsfläche umgewandelt. Da zukünftig mit einer weiteren Zunahme der Bebauung gerechnet werden muß, kann wohl mit einem Anstieg des Freiflächenverbrauchs bis zum Jahre 2010 auf 100 bis 120 ha täglich gerechnet werden. Die Siedlungs- und Verkehrsflächen in Kernstädten und Verdichtungsräumen können in Einzelfällen schon heute bis zu 75 % betragen. In solchen Kernstädten stößt die Stadterweiterung bereits an ihre Grenzen. Zunehmende Verstädterung führt zu erheblichen Beeinträchtigungen von Natur und Landschaft, d.h. Umweltbelastungen für den Menschen durch Verlust ökologischer und sozialer Freiraumfunktionen (Deutscher Bundestag, 1996 S. 5 ff., 68 ff.).

Bausteine für den Lokale Agenda 21-Prozeß auf kommunaler Ebene

Beim Lokale Agenda 21-Prozeß kann auf kommunaler Ebene auf zahlreiche "Bausteine" zurückgegriffen werden:
- städtebauliche Pläne,
- Landschaftspläne,
- Stadtentwicklungskonzepte,
- Umweltqualitätsberichte,
- Klimaprogramme,
- Umweltverträglichkeitsprüfungen,
- Beschaffungsweisen,
- Ausgleichs- und Ersatzmaßnahmen,
- Bürgerbeteiligung im Rahmen der Bauleitplanung.

Mit der Lokalen Agenda 21 sind diese verschiedenen Ansätze zu systematisieren, zu bündeln und unter dem speziellen Vorsorge- und Nachhaltigkeitsgesichtspunkt zuammenzufassen. In diesen Konzentrationsprozeß müssen auch wirtschaftliche und soziale Fragen, Kooperation zwischen Städten und Regionen, städtepartnerschaftliche Projekte u. a. miteinbezogen werden.

Der Erfolg der Lokalen Agenda 21 hängt davon ab, ob und wie es gelingt, die ökologischen, ökonomischen und sozialen Entscheidungsträger einer Kommune unter dem politischen Leitbild der Nachhaltigkeit zusammenzuführen (Lokale Agenda 21, Manuskript des Bundesministeriums für Umwelt, Naturschutz und Reaktorsicherheit vom Mai 1998, S. 3).

Überblick zur Lokalen Agenda 21 in deutschen Städten
Ständig steigt die Zahl der Städte und Gemeinden, in denen Initiativen mit dem Ziel entstehen, Leitbilder und Aktionsprogramme zur nachhaltigen Entwicklung und deren Umsetzung auf kommunaler Ebene zu erarbeiten.

Nach einer Umfrage im Frühjahr 1997 gab es von 150 befragten Städten bereits 75 %, die an einem Aktionsplan für das 21. Jahrhundert arbeiteten. Für die Hälfte dieser Städte lag bereits ein politischer Beschluß vor, durch den die Aktivitäten in diesem Zusammenhang auf politischer Ebene und in der Verwaltung ein höheres Gewicht hatten. In 59 Städten gab es Agenda-Büros oder Koordinierungsstellen. Nur in 30 Städten wurden jedoch noch zusätzliche Finanzmittel bereitgestellt.

Nach Schätzungen des Internationalen Rates für kommunale Umweltinitiativen (ICLEI) waren im Frühjahr 1998 in Deutschland in 400 bis 500 Kommunen Aktivitäten zur Erarbeitung von Lokalen Agenden 21 im Gange (BMU-Pressemitteilung Nr. 37 / 98 vom 2.6.1998). In den meisten Fällen waren die Umweltämter im Agenda-Prozeß die treibende Kraft. Sozialämter beteiligten sich nur selten. Eine entscheidende Rolle für alle Städte spielte die Öffentlichkeitsarbeit (RÖSLER 1997).

10.4 Das Fallbeispiel Berlin-Köpenick

Zu den ersten örtlichen Gemeinschaften, die sich mit der Aufstellung einer Lokalen Agenda 21 beschäftigt haben, gehört der Berliner Bezirk Köpenick. Das heute weit über die Grenzen Köpenicks hinaus bekannte "Köpenicker Drei-Säulen-Modell" wurde in einem mehrjährigen Prozeß entwickelt und soll hier vorgestellt werden.

10.4.1 Der Weg zu einer Lokalen Agenda 21 in Köpenick

Der Berliner Bezirk Köpenick ist ein Beispiel dafür, daß Impulse aus den "Ökumenischen Versammlungen der Kirchen zu Gerechtigkeit, Frieden und Bewahrung der Schöpfung" neben den Empfehlungen der Agenda-21 von Rio auf lokaler Ebene einen gemeinsamen Diskussionsprozeß von Kirchengemeinden, Kommunalverwaltung und Öffentlichkeit über nachhaltige Entwicklung auslösen können.

Die "Köpenicker Initiativgruppe EINE Welt" traf sich im Sommer 1993 mit dem wichtigsten Anliegen, das Thema "Nachhaltige Entwicklung" auf die Tagesordnung zu bringen. Sie suchte sehr früh die Zusammenarbeit mit dem örtlichen Bezirksamt. So entstanden gemeinsame Aktivitäten, die in die 2. Umwelt- und Naturschutzkonferenz des Bezirkes Köpenick im Oktober 1993 mündeten. Durch Unterstützung des Arbeitsamtes war es möglich, zwei Mitarbeiter / Mitarbeiterinnen für Umwelt und Entwicklung im Umweltamt einzustellen, die mit der Vorbereitung eines Rahmenprogramms für die Lokale Agenda 21 beauftragt wurden.

Eine zentrale Stellung im "Köpenicker Modell" hat das öffentliche "Forum Umwelt und Entwicklung Köpenick". Es handelt sich dabei um eine Interessengemeinschaft

Köpenicker Bürger. Sie kommen aus der Wirtschaft, aus Verbänden, aus Bürgergruppen und Verwaltungen. Alle wollen sie sich in das Anliegen der Agenda 21 einbringen. Im September 1994 kam dieses Forum erstmals zusammen und hat seitdem mehrfach jährlich getagt.

Schon im Oktober 1994 erfolgte ein Beschluß der Bezirksverordnetenversammlung, für Köpenick eine "Lokale Agenda 21" aufzustellen. Im September 1996 stellte dann das Bezirksamt einen ersten Arbeitsentwurf "Lokale Agenda 21" vor. Er enthielt 79 Leitbilder und eine umfassende Dokumentation unterschiedlicher Vorschläge.

Umfangreiche und manchmal sehr kontrovers geführte Diskussionen wurden bei öffentlichen Veranstaltungen der Volkshochschule und in Ortsvereinen geführt. Schülerinnen und Schüler wurden an Projekttagen auf die "Lokale Agenda 21" aufmerksam gemacht. Um alle beteiligten Interessengruppen zu Wort kommen zu lassen, gibt es ein zweimonatlich erscheinendes Informationsblatt "Lokale Agenda Köpenick".

Im Januar 1998 wurde der Bevölkerung ein zweiter Entwurf der Lokalen Agenda 21 vorgestellt und damit ein weiterer umfassender Diskussionsprozeß eingeleitet. Wenn dieser Diskussionsprozeß abgeschlossen ist, wird von der Bezirksverordnetenversammlung ein verbindliches Programm zur nachhaltigen Entwicklung Köpenicks verabschiedet werden.

Der zweite Arbeitsentwurf enthält u. a. Leitbilder, Indikatoren und ein Handlungsprogramm für Stadtplanung, Umweltschutz und Verkehr (nach Angaben des Agenda 21 Büros Köpenick).

10.4.2 Aufgaben und Verantwortlichkeiten der Akteure

Säule I, Lokalbehörde

• Bezirksverwaltung Köpenick / Berlin:

Verantwortlich für die Koordination des Agenda-Prozesses im Bezirksamt sind der Bezirksstadtrat für Jugend und Umwelt und das Umweltamt.

Aufgaben:

- Erarbeitung und Vorlage der Arbeitsentwürfe der Lokalen Agenda 21 (LA 21)
- Einbeziehung / Rückkopplung mit der Öffentlichkeit im Erarbeitungsprozeß
- Umsetzung der Teile der LA 21, die im Verantwortungsbereich der Bezirksverwaltung liegen, Kontrolle der Umsetzung.

• Projektgruppe LA 21:

Sie setzt sich aus Projektmitarbeitern des zweiten Arbeitsmarkts im Umweltamt zusammen.

Aufgaben:

- Öffentlichkeitsarbeit
- Mitarbeit in der abteilungsübergreifenden Arbeitsgruppe und der Leitstelle (LA 21)
- Koordination mit der Senatsverwaltung für Stadtentwicklung, Umweltschutz und Technologie

• Abteilungsübergreifende Arbeitsgruppe:

Mitglieder waren Vertreter verschiedener Abteilungen des Bezirksamts.

Aufgaben:

- inhaltliche Diskussion der Leitbilder der LA 21 im Bezirksamt
- Abstimmung des Entwurfs der LA 21 im Bezirksamt
- Diskussion, Festlegung und Umsetzung von ämterübergreifenden Maßnahmen

Diese abteilungsübergreifende Arbeitsgruppe ist Ende des Jahres 1997 vorerst aufgelöst worden.

Säule II, Öffentlichkeit

• Forum Umwelt & Entwicklung (U&E) Köpenick:

Öffentliche Veranstaltung für alle Gruppen der Bevölkerung.

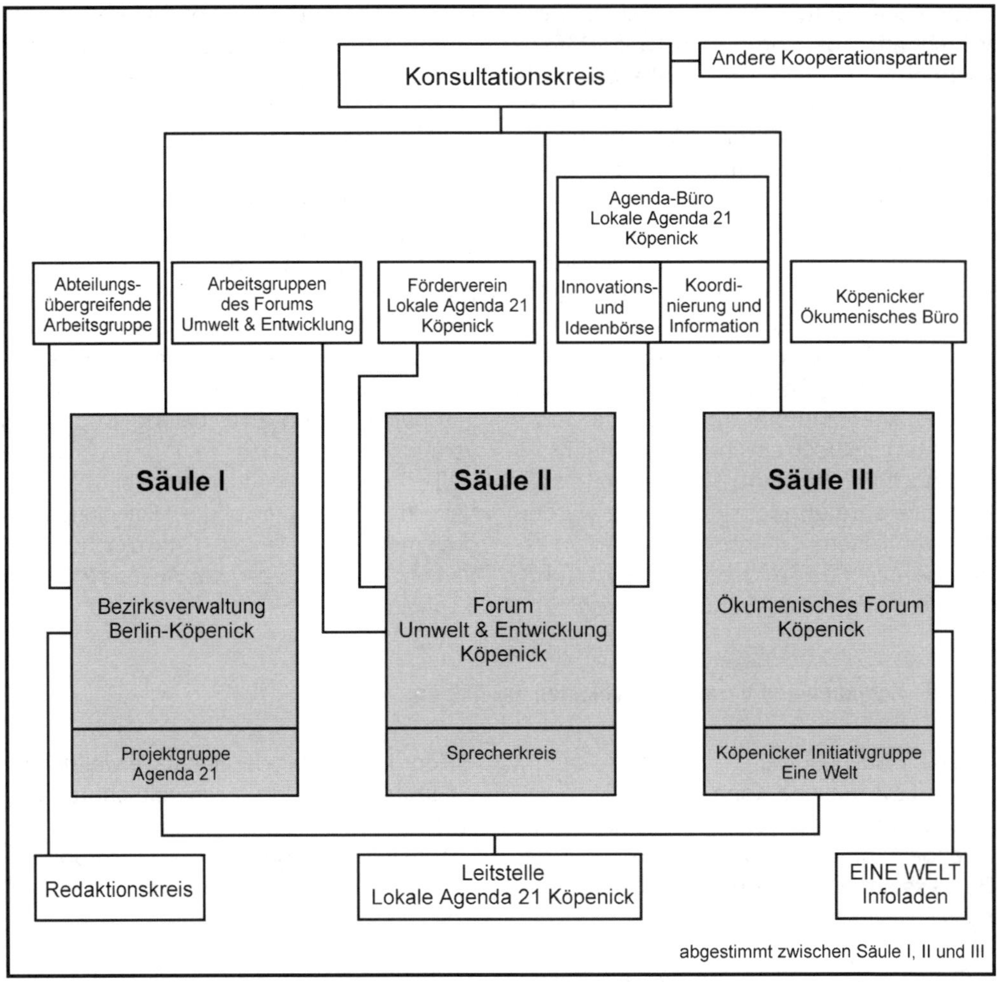

Übersicht 10.1: Lokale Agenda 21 – (Berlin-) Köpenicker Modell

Aufgaben:
- Plattform zum Einbringen von auf den Entwurf der Lokalen Agenda 21 bezogenen Vorschlägen
- Konsultation, Informationsaustausch und Konsensbildung zwischen den Gruppen und Personen.

• Sprecherkreis des Forums Umwelt & Entwicklung:

Mitglieder sind Vertreter aus dem Forum U & E Köpenick.

Aufgaben:
- Planung der Arbeit des Forums und Abstimmung seiner Tätigkeit mit dem Bezirksamt
- Vorbereitung und Auswertung der Sitzungen des Forums
- Planung und Koordinierung der Öffentlichkeitsarbeit des Forums U & E

• Förderverein LA 21 Köpenick:

Es können alle an der LA 21 Interessierten beitreten.

Prozesse	Aufbau einer spezifischen Agenda-Struktur vorzugsweise durch Säule II (Öffentlichkeit) und Säule III (Kirchen) ***- Arbeiten seit Mai 1993 -***	Erarbeitung einer Lokalen Agenda 21 erster u. zweiter Arbeitsentwurf vorzugsweise durch Säule I (Lokalbehörde) ***- Arbeiten seit 1995 -***	Erste Projekte und Durchführung von Maßnahmen für den Agenda-Prozeß in allen drei Säulen ***- Arbeiten seit 1993 -***
Realisierung	Strukturbildung 10 / 97 abgeschlossen Einbindung von Arbeitslosen in den Prozeß	zweiter Arbeitsentwurf liegt 12 / 97 vor mit Leitbildern, Maßnahmen und Indikatoren	
		Aktivitäten ab 1998	
Prozesse mit Realisierung	Anpassung der Struktur beim weiteren Agenda 21-Prozeß	Konsultationsprozeß mit der Bevölkerung über den zweiten Arbeitsentwurf der Lokalen Agenda 21 und Konsensbildung Zeitraum: eineinviertel Jahr 20 % der Bevölkerung sind zu erreichen	Umsetzungsprozeß durch innovative Maßnahmen und Projekte auf der Basis der Leitbilder der Lokalen Agenda 21 für eine nachhaltige Entwicklung; Schaffung von Arbeitsplätzen
Langfristige Strategie		Nachhaltige Stadtentwicklung in allen Bereichen einschließlich neuer Konsum- und Wirtschaftsweisen	

Übersicht 10.2: Der Agenda 21-Prozeß in Berlin-Köpenick ab 1993

Aufgaben:
- Bildungs- und Öffentlichkeitsarbeit
- Förderung von Aktivitäten und Projekten auf dem Gebiet der LA 21 für alle Akteure
- Einwerbung von Fördermitteln und Spenden für entsprechende Projekte

Agenda 21 Büro Köpenick

• Geschäftsstelle für Säule II

Aufgaben:
- organisatorische Arbeiten: Aktualisierung von Adressen und Materialien der Öffentlichkeitsarbeit, Protokolle, Pressearbeit u. a. für die Akteure der Säule II
- Informationssammlung und -verarbeitung zum Forum U & E (z. B. Termine, Projekte, Literatur)
- Innovations- und Ideenbörse zur Vorbereitung von Projekten, Kooperation mit Vertretern der Wirtschaft

• Arbeitsgruppe des Forums U & E:

Ehrenamtlich tätige Mitarbeiter aus der gesamten Bevölkerung, die sich spezifischen Aufgaben zuwenden

Aufgaben:
- Diskussion von Schwerpunktthemen zum Entwurf der LA 21 (Konsultation, Informationsaustausch, Anhörung, Interessensabwägung, Konsensbildung)
- inhaltliche Vor- und Nachbereitung (Inputs) für die Forumssitzungen (insbesondere Themenveranstaltungen)
- Erschließung und Umsetzung von themenspezifischen Projekten

Säule III, Kirchen

• Ökumenisches Forum Köpenick:

Regelmäßige öffentliche Veranstaltungen für alle Köpenicker Kirchengemeinden (Teilnehmer aus freikirchlichen, evangelischen und katholischen Gemeinden im Bezirk).

Aufgaben:
- Stärkung des Dialogs, Austausch und Erfahrungen aus dem "Konziliaren Prozeß für Gerechtigkeit, Frieden und die Bewahrung der Schöpfung"
- Diskussionsplattform für den ökumenischen Austausch zwischen den verschiedenen Kirchengemeinden Köpenicks

• Köpenicker Initiativgruppe Eine Welt (KIGEW):

Evangelische, katholische und freikirchliche Vertreter aus dem Ökumenischen Forum.

Aufgaben:
- Intensivierung des Diskussionsprozesses über die LA 21 und des Konziliaren Prozesses für Frieden, Gerechtigkeit und Bewahrung der Schöpfung in den Kirchen
- inhaltliche Vorbereitung und Durchführung der Ökumenischen Foren
- Förderung von Initiativen in den Köpenicker Kirchengemeinden

• Köpenicker Ökumenisches Büro (KöB)

Aufgaben:
- Umsetzung von Projekten aus der LA 21
- Geschäftsstelle für die Säule III
- organisatorische Vorbereitung der Ökumenischen Foren
- Förderung von Initiativen und Zusammenarbeit in den Köpenicker Kirchengemeinden
- Kontakte zu anderen Säulen, Zusammenfassung der gemeindlichen Zuarbeiten zum Entwurf der LA 21
- Informationsaustausch zwischen KIGEW, Kirchgemeinden und weiteren Interessierten
- Vorbereitung der Sitzungen der KIGEW.

Säulenübergreifende Gremien

• Leitstelle LA 21 (in Vorbereitung):

Sie setzt sich aus dem Leiter des Umweltamtes, den Vertretern der zwei Büros sowie der Projektgruppe LA 21 und bei Bedarf aus weiteren Fachleuten zusammen.

Aufgaben:
- Abstimmung zwischen den Büros der drei Säulen zum Agenda-Text und zur Organisation des Konsultationsprozesses
- Entwicklung und Umsetzung von gemeinsamen Projekten der drei Säulen.

• Konsultationskreis:

Vertretung aller Akteure im Köpenicker Modell

Aufgaben:
- Informationsaustausch und Koordinierung der Aktivitäten der Hauptakteure
- Fragen der Zusammenarbeit der "drei Säulen" im Gesamtprozeß, Grobplanung, Grundzüge der Öffentlichkeitsarbeit
- Vorbereitung des öffentlichen Forums Umwelt & Entwicklung.

• Redaktionskreis:

Der Redaktionskreis setzt sich aus dem Bezirksstadtrat für Jugend und Umwelt sowie Vertretern der anderen zwei Säulen zusammen.

Aufgabe:
- Redaktionelle Arbeit am Informationsblatt "Lokale Agenda Köpenick".

• EINE WELT info LADEN:

Ehrenamtlich im Laden tätige Jugendliche und Mitglieder einer Gemeinde

Aufgaben:
- Informationsvermittlung über die globalen Zusammenhänge der EINEN WELT
- Verkauf von Produkten aus Ländern der Zweiten und Dritten Welt
- Nord-Süd-Zusammenarbeit Köpenick–Swaziland.

(Infobroschüre d. LA 21 Köpenick, Mai 1999)

10.5 Die Lokale Agenda 21 und nachhaltige Entwicklung in ländlichen Gemeinden

Die Erfahrungen großer Städte mit der Lokalen Agenda 21 lassen sich nur sehr begrenzt auf den ländlichen Raum und kleine Kommunen übertragen. In vielen Dörfern gibt es interessierte Bewohner, die sich um langfristige wirtschaftliche, soziale, kulturelle und ökologische Entwicklungen im Dorf kümmern.

Die Lokale Agenda 21 ist aber auch im ländlichen Raum ein interessantes Angebot für bürgerschaftliches Engagement und für Freiwilligenarbeit. Neben der Ableitung genereller Leitlinien, die der Zukunftssicherung der Gemeinde dienen sollen, ist die Erarbeitung von konkreten Maßnahmeprogrammen ein wichtiger Punkt.

Wie im städtischen Bereich existieren auch im ländlichen Bereich bisher eine Reihe von Instrumenten und umfangreiche Erfahrungen, auf die zurückgegriffen werden kann. Zu nennen sind die agrarstrukturelle Entwicklungsplanung, die Verfahren nach dem Flurbereinigungsgesetz und die Dorferneuerung einschließen.

In den Dorfgemeinschaften finden das Dorferneuerungsprogramm und der ländliche Wegebau besonderes Interesse. Das Bestreben der Dorfbewohner ist auf die Erhaltung historisch gewachsener Ortskerne und sinnvolle Nutzung ortsbildprägender Gebäude ausgerichtet. Es geht aber darum, den sich vollziehenden Funktionsverlusten im ländlichen Raum entgegenzuwirken. So gilt es, vorhandene dörfliche Potentiale für den sozialen und ökonomischen Aufschwung zu mobilisieren. Es sind aber auch die Landschaften in die Dörfer mit einzubinden, so daß ein über-

Übersicht 10.3: Möglichkeiten einer nachhaltigen Entwicklung am Beispiel der Gemeinde Diebzig
Quelle: Lokale Agenda 21 – Nachhaltige Entwicklung... 1999, S. 87

Leitlinie	Maßnahme
Innenentwicklung vor Außenentwicklung	Baulückenerschließung, Ausbau von Scheunen, Erhaltung der Hofform
beschränkte neue Flächeninanspruchnahme	vielfältige Umnutzungsmöglichkeiten für dörfliches Handwerk, Gewerbe und Dienstleistungen
flächensparendes ökologisches Bauen	Hof- und Fassadenbegrünung, Niedrigenergiehäuser, Wohnhofformen
Reduzierung der Neuversiegelung	innerörtliche ökologisch orientierte Verkehrswegesanierung, Versiegelungsgrad < 50 %
Ressourcen und Potentiale nutzen	Niederschlagswasser über Rigolen in Teiche, Abwasserkläranlage
Ortsbilderhaltung	umfangreiche dorfgerechte Erneuerung öffentlicher und privater Gebäude, Dorfplatzgestaltung
Dorf als Teil der Landschaft	Ortsdurchgrünung, Ortsrandbepflanzung, ländlicher Wegebau
dörfliche Funktionen wahrnehmen	Dienstleistungen und Gewerbestrukturen, ÖPNV, Arbeitsmarkt
Dorf in der Region	landwirtschaftliche Direktvermarktung, tragfähige Kooperation, Naturerlebnis, Erholung, Bildung, Kultur
Attraktivität und Lebensqualität	Dorfgemeinschaftsleben

lebensfähiges und auf Dauer angelegtes vernetztes System von Lebensräumen entstehen kann.

Es versteht sich von selbst, daß zur Realisierung der Agenda 21 größere Städte über ein Agenda-Büro bessere Möglichkeiten haben, ihre Ziele zu erreichen. Den Kommunen in ländlichen Räumen fehlen oft die finanziellen Mittel. Wesentliche Koordinationsfunktionen können oftmals aber von bestehenden Initiativen übernommen werden.

Das Beispiel Diebzig

Am Beispiel der Gemeinde Diebzig (Landkreis Köthen, Sachsen-Anhalt) sollen die Möglichkeiten einer nachhaltigen Entwicklung aufgeführt werden (Übersicht 10.3).

10.5.1 Nachhaltige Landwirtschaft

Mit der Lokalen Agenda 21, in der gleichwertige ökonomische, ökologische und soziale Aspekte berücksichtigt werden sollen, um eine nachhaltige Entwicklung zu erreichen, geht es nicht nur um städtische und ländliche Räume, sondern auch um einzelne Produktionseinheiten, Standorte und Methoden.

So kann nur eine nachhaltige Landbewirtschaftung und damit eine Versorgung der Bevölkerung mit Lebensmitteln erreicht werden, wenn nicht mehr ausschließlich die Ökonomie im Planungs- und Produktionsprozeß, sondern gleichbedeutend ökologische und soziale Aspekte mit berücksichtigt werden.

"Nachhaltige Landwirtschaft ist eher energie- und ressourcenextensiv und wissens- und arbeitsintensiv. Nachhaltiges Wirtschaften hat das Ziel, die Lebens- und Wirtschaftsgrundlagen zu erhalten und zu entwickeln und dadurch die Chancen zukünftiger Generationen zu sichern. Voraussetzung dafür sind demokratische Systeme, die die gesamte Bevölkerung in die Entscheidungsfindung und Verantwortung einbeziehen, und die gerechte Zugangsmöglichkeiten zu den Ressourcen, zu angepaßten Technologien und zu Finanzierungs- und Absatzmöglichkeiten gewährleisten. Nachhaltige Landwirtschaft ist nicht vereinbar mit gentechnologischen Methoden" (BURDICK 1999, S. 149).

Die Ökologisierung der Bewirtschaftung und die Regionalisierung der Lebensmittelversorgung wird zunehmend von Institutionen und Gremien gefordert, denn ökologischer Landbau mit einer regionalen Versorgung bedeutet Verringerung der Umweltbelastung:

- Bei den weitgehend geschlossenen Stoffkreisläufen sind Material- und Energieinput wesentlich niedriger als bei herkömmlicher Bewirtschaftung. Tierhaltung und Pflanzenbau werden wieder integriert. Die Zahl der Tiere wird infolge eigener Futtergrundlage in eine vernünftige Relation zur eigenen Futterfläche gebracht. Die Basis für die Fütterung bildet die eigene Futtergrundlage. Der Zukauf fremder oder sogar importierter Futtermittel verringert sich. Das bedeutet nicht nur Rückgang des Energie- und Transportaufwandes, sondern auch Rückgang der Transporte für Nahrungsmittel und Tiere.
- Durch Verzicht auf Mineraldünger und Biozide sowie Verzicht auf Zukauf- und Importfuttermittel wird insgesamt der Energieverbrauch in der Landwirtschaft stark reduziert.
- Eine flächendeckend umweltverträgliche Landbewirtschaftung verringert die energiebedingten CO_2-Emissionen. Die reduzierten Stickstoffeinträge verringern die NO_2-Emissionen. Die Rückgänge der Tierbestände reduzieren die Emissionen von Methan und Ammoniak.

Zahlreiche positive Auswirkungen auf Bodenleben und Bodenstruktur gibt es durch Auswertung der Stall-Humuswirtschaft.

Ökologisierung und Regionalisierung in der Land- und Ernährungswirtschaft haben nicht nur ökologische Effekte, sondern sozioökonomische Vorteile:

- Der ökologische Landbau kann mehr Arbeitsplätze schaffen als der konventionelle. So können Wertschöpfung und Arbeitsplätze in der Region geschaffen werden.
- Es werden je Arbeitskraft im ökologischen Landbau höhere Gewinne erzielt als im konventionellen Landbau.
- Die Lebensmittel gelangen schneller und frischer auf den Markt.
- Mit der Direktvermarktung wächst das Vertrauen in die Qualität der Produkte (Burdick 1999, S. 149 – 151).

10.5.2 Fallbeispiel: Anwendung des Nachhaltigkeitsprinzips auf dem Dottenfelder Hof

Am Rande der fruchtbaren Wetterau liegt in etwa 10 km Entfernung nördlich von Frankfurt der Dottenfelder Hof. Hier begann man bereits unmittelbar nach dem Zweiten Weltkrieg nach den Richtlinien des ökologischen Anbauverbandes zu wirtschaften. Entsprechend dieser Richtlinien ist der Dottenfelder Hof ein vielfältiger Gemischtbetrieb. Er verknüpft Tierhaltung und Pflanzenbau optimal miteinander.

In der Feldwirtschaft gibt es eine zwölfgliedrige Fruchtfolge: Weizen – Roggen – Hackfrucht – Weizen – Gerste – Kleegras – Luzernegras. Klee- und Luzernegras verbessern den Boden, binden den Stickstoff und liefern Tierfutter. Die Bodenbearbeitung erfolgt mechanisch. Alles Saatgut im Getreide- und Gemüseanbau wird im Betrieb erzeugt und schon über 30 Jahre lang angebaut. Nur stickstoffsammelnde Leguminosen und deren Wurzelrückstände dienen der Düngung.

Für den Eigenbedarf und den Hofladen wird Feingemüse angebaut: Möhren, Rote Beete, Zwiebeln, Kohl. Handarbeit spielt bei allen Arbeitsvorgängen eine große Rolle. Das trifft auch für den auf knapp 3 ha betriebenen Obstbau zu.

Wie in der Feldwirtschaft, so ist auch die Viehwirtschaft sehr vielfältig. Es gibt keine Spezialisierung. Die Milchwirtschaft ist jedoch der wichtigste Bereich. Die 80 schwarzbunten Milchkühe stehen im Sommer auf Weiden, im Winter in Offenfront-Tieflaufställen auf Stroh, nicht auf Gitterrosten. Anstelle von Zukauf- und Kraftfutter bekommen die Tiere Klee, Gras und Heu. Der heutige stabile Herdenverband der Tiere ist aus dem ursprünglichen Bestand von 1945 entwickelt worden. Die Züchtung erfolgt nicht auf hohe Milchleistung, sondern auf hohe Lebensleistung.

Die anfallenden Abfälle aus der Hauswirtschaft oder aus der Verarbeitung von Gemüse, Kartoffeln und Milch werden in der Schweinehaltung verwertet. Die alte Landrasse, das schwäbisch-hällische Schwein, dominiert. Gruppenhaltung auf Stroh mit Auslauf und Suhle sind üblich. Etwa 400 Hühner werden in großen Freilandgehegen gehalten. Im Winter erfolgt die Tierhaltung im Tiefstall mit Stroheinstreu. Das Futter stammt nur aus dem eigenen Betrieb.

Der größte Teil der landwirtschaftlichen Erzeugnisse wird im eigenen Betrieb verarbeitet und vermarktet. Schon 1968 wurde eine Hofbäckerei in Betrieb genommen, die ursprünglich nur die Selbstversorgung sichern sollte. Gegenwärtig aber ist sie ein landwirtschaftlicher Nebenbetrieb und ein Gewerbebetrieb. Es werden jährlich 60 t Getreide verbacken. 1982 entstand eine Hofkäserei. Alle Erzeugnisse werden vertrieben. Dazu dienen ein eigener Hofladen, drei Marktwagen auf 10 Märkten und der Verkauf über den Naturkostgroßhandel im Frankfurter Raum in mehr als 60 Läden. Ein Dutzend Auszubildende, ebensoviele Praktikanten und mehrere Dutzend Schüler werden Jahr für Jahr mit den Arbeiten der Hauswirtschaft, der Käserei, der Bäckerei und natürlich den Besonderheiten im Pflanzenbau und in der Viehwirtschaft vertraut gemacht. Daneben gibt es seit 1976 eine Außenstelle des Instituts für biologisch-dynamische Forschung aus Darmstadt. So hat auch die Wissenschaft im Dottenfelder Hof ihren Platz. 1975 wurde die Landbauschule Dottenfelder Hof gegründet, in der vierwöchige Einführungskurse abgehalten werden. Seit 1978 gibt es Aufbaukurse, seit 1985 ein landwirtschaftliches Studienjahr für Landwirte und Gärtner.

Durch die hohe Arbeitsintensität und Wertschöpfung durch die Weiterverarbeitung und Direktvermarktung ist es möglich, etwa 60 Menschen zu beschäftigen, die damit eine sinnerfüllende Tätigkeit finden und eine Grundlage für ihren Lebensunterhalt haben.

Ein konventioneller Betrieb dieser Größenordnung (150 ha) wird in Deutschland im allgemeinen von einem Landwirte-Ehepaar und einigen Saisonkräften bewirtschaftet (Burdick 1999, S. 151 bis 152).

10.6 Kommunales Umwelt-Audit als Beitrag zur Lokalen Agenda 21

Am 29. Juni 1993 hat der Rat der EU die Verordnung (EWG) Nr. 1 836/93 über "die freiwillige Beteiligung gewerblicher Unternehmen an einem Gemeinschaftssystem für das Umweltmanagement und die Umweltprüfung" beschlossen. Das ist die rechtliche Grundlage für das Umwelt-Audit. Diese europäischen Vorgaben wurden in Deutschland 1995 mit dem Umweltauditgesetz (UAG) (Bundesgesetzblatt, Teil I, vom 14. Dezember 1995, S. 1 590 – 1 601) umgesetzt. Damit ist in Deutschland ein neues umweltpolitisches Instrument geschaffen worden. Ein Unternehmen oder eine Institution strebt durch freiwillige Selbstverpflichtung eine kontinuierliche Verbesserung des betrieblichen Umweltschutzes an. Hinzu kommt aber auch die Festlegung auf gute Management-Regeln.

Im Bereich des kommunalen Umwelt-Audits hat die Landesanstalt für Umweltschutz des Landes Baden-Württemberg Modellprojekte durchgeführt. Dabei standen Verwaltungen, Stadtwerke und Verkehrsbetriebe im Vordergrund (Hermanns 2000, S. 9 – 10).

11 Neugliederung der Bundesländer als notwendige Strukturveränderung in der dynamisch sich verändernden sozio-ökonomischen Struktur der Bundesrepublik Deutschland

11.1 Vorschläge zur Länderneugliederung seit den 1950er Jahren in der alten Bundesrepublik

Seit Bestehen der Bundesrepublik Deutschland hat es immer wieder Vorschläge zur Neugliederung der Bundesländer gegeben. Entweder wurden diese von den Politikern nicht aufgegriffen, oder sie blieben im Entscheidungsprozeß stecken. Die einzige erfolgreiche Länderfusion erfolgte 1952 mit der Bildung des "Südwest-Staates" Baden-Württemberg. Dagegen wurde das von der Bundesregierung an den ehemaligen Reichskanzler Hans Luther (Luther-Kommission) vergebene Gutachten zur Länderneugliederung, das 1955 vorgelegt wurde, nicht aufgegriffen. Auch die 1972 formulierten Empfehlungen der vom Bundesinnenminister eingesetzten Ernst-Kommission fanden kein Gehör, geschweige denn Berücksichtigung. Im Jahre 1975 kam es in den niedersächsischen Landesteilen Oldenburg und Schaumburg-Lippe zu Volksabstimmungen. Obwohl die notwendige Mehrheit erreicht wurde, blieben die Grenzen doch unverändert. Schließlich ist noch das Scheitern des Zusammenschlusses von Brandenburg und Berlin im Jahre 1996 zu nennen.

Das Thema der Länderneugliederung ist trotz dieser Entwicklungen bis heute immer noch aktuell. Gerade in der gegenwärtigen Situation der immer knapper werdenden Finanzen wird die Länderneugliederung intensiver denn je in wissenschaftlichen Kreisen und in der Öffentlichkeit diskutiert.

11.2 Die Neugliederungsvorschläge von E. Ernst (1993)

Von geographischer Seite ist Anfang der 1990er Jahre, also nach der Vereinigung Deutschlands, die Diskussion verstärkt geführt worden. Mitte 1993 wurden drei Neugliederungsvorschläge von E. Ernst (1993, S. 446 – 458) vorgelegt. Er ging bei seinen Überlegungen davon aus, Länder mit gleichwertiger Wirtschaftskraft und mit einer Bevölkerungszahl von mindestens 6 bis 8 Mio. Einwohnern zu schaffen, um den Finanzausgleich möglichst auszuschalten.

11.2.1 Gliederungsvorschlag A

Nach Auflösung von Sachsen-Anhalt könnte als erstes neues Bundesland Anhalt-Brandenburg entstehen (Abb. 11.1 A). Berlin, große Teile der Altmark, Magdeburg, der Raum um Stendal und um Neubrandenburg müßten eingegliedert werden. Die gesamte Einwohnerzahl würde sich auf etwa 7 Mio. belaufen. Pasewalk und Ueckermünde, also die vorpommerschen Bereiche und der Bereich westlich des Oderhaffs, hätten bei dieser Anbindung an das neue Bundesland eine günstige Voraussetzung in handels-

und verkehrspolitischer Hinsicht, und sie könnten eine Brückenfunktion zwischen Berlin und Szczecin (Stettin) erfüllen. Potsdam könnte als Landeshauptstadt bestehen bleiben.

Ein zweites Bundesland könnte Mecklenburg-Holstein sein und neben Mecklenburg und Schleswig-Holstein auch Hamburg umfassen. Die Elbniederung westlich des Flusses (Land Kehdingen, das Alte Land und Lüneburg) sollten zu diesem Bundesland gerechnet werden. Im Süden sollte mit den damaligen Kreisen Wittstock, Pritzwalk und Perleberg die brandenburgische Prignitz angeschlossen werden. Schwerin sollte die Landeshauptstadt bleiben. Es würde in diesem Raum mit gleichgelagerten Struktur- und Planungsbedingungen an der Küste eine Bevölkerungszahl von etwa 6,5 Mio. geben.

Das dritte Bundesland könnte Niedersachsen-Friesland heißen. Dazu zählten die westlichen Teile des jetzigen Sachsen-Anhalt, die nordwestliche Altmark um Salzwedel und Klötze, Teil des Harzes und östliche Teile des Harzvorlandes um Wernigerode und Halberstadt, darüber hinaus das Eichsfeld mit Heiligenstadt und Worbis. Auch Bremen und Bremerhaven müßten in dieses Bundesland integriert werden. Hannover sollte die Landeshauptstadt bleiben.

Als viertes neues Bundesland könnte Münsterland-Lippe gebildet werden. Den größten Teil würde das heutige Land Nordrhein-Westfalen ausmachen mit den Regierungsbezirken Detmold und Münster. Dazu sollten kommen Dortmund, Hamm und das Bördeland um die Lippe (Kreise Unna und Soest). Münster könnte die Landeshauptstadt werden. Die Gesamtbevölkerung würde 7 Mio. betragen.

Niederrhein-Ruhr könnte das fünfte Bundesland heißen. Es bliebe auf das Ruhrgebiet, den Niederrhein und den Aachen-Köln-Bonner Raum begrenzt. Das Siegerland und Teile der Hocheifel südwestlich von Euskirchen könnten an die neuen Länder Hessen-Nassau bzw. Saarland-Pfalz abgegeben werden. Bei diesem Neuzuschnitt hätte das Land Niederrhein-Ruhr immer noch etwa 11,3 Mio. Einwohner. Düsseldorf könnte Landeshauptstadt bleiben.

Hessen-Nassau (gleichnamige alte preußische Provinz) als sechstes Bundesland müßte die auf den Rhein-Main orientierten Räume um Aschaffenburg und Miltenberg sowie den Raum Montabaur-Diez und den westlichen Hintertaunus eingliedern. Bei dem Zusammenschluß von Thüringen und Sachsen sowie der Teilung von Sachsen-Anhalt sollten Gebietsteile um Schmalkalden, Eisenach und Bad Salzungen an Hessen-Nassau kommen. Auch das Wittgensteiner und Siegener Land sind einzugliedern. Die Bevölkerungszahl liegt bei etwa 7,5 Mio. Mainz-Wiesbaden könnte Landeshauptstadt werden.

Als siebentes neues Bundesland könnte Saarland-Pfalz gebildet werden. Dieses müßte für den Verlust der rheinhessischen und altnassauischen Bereiche Gebiete an der Lahn und im Westerwald bekommen. Aus wirtschaftsstrukturellen und aus landsmannschaftlichen Gründen sollte neben dem Saarland auch der altpfälzische Raum (Rhein-Neckar-Kreis) um Mannheim und Heidelberg angegliedert werden. Hinzugenommen werden müßte weiterhin der baden-württembergische Regierungsbezirk Karlsruhe. Die gesamte Einwohnerzahl würde ca. 7,2 Mio. umfassen. Saarbrücken könnte weiterhin Landeshauptstadt bleiben.

Baden-Württemberg sollte den Rhein-Neckar-Kreis sowie Stadt und Kreis Karlsruhe abtreten. Dieses Bundesland hätte dann immer noch rd. 8,7 Mio. Einwohner, auch wenn noch der Taubergrund um Tauberbischofsheim und Bad Mergentheim an Franken fielen. Es sollten jedoch der Kreis Neu-Ulm, die Stadt Memmingen und der Kreis Lindau (oberschwäbisches Gebiet) zu Baden-Württemberg kommen, in jedem Falle jedoch Neu-Ulm. Stutt-

Abb. 11.1: Vorschläge zur Länder-Neugliederung Deutschlands von E. Ernst (1993)
Quelle: Ernst 1993, S. 446 – 448

gart könnte weiterhin Landeshauptstadt bleiben.

Bei der Bildung des neunten Bundeslandes Franken-Oberpfalz könnten vorwiegend landsmannschaftliche Gesichtspunkte eine Rolle spielen. Es umfaßt die Regierungsbezirke Unterfranken, Oberfranken, Mittelfranken und Oberpfalz mit ca. 5 Mio. Einwohnern. Der strukturell zum Rhein-Main-Gebiet gehörende Raum Aschaffenburg und Miltenberg sollte auch unter raumordnerischen Gesichtspunkten ausgegliedert werden. Hinzu gerechnet werden sollten die Räume um Suhl, Meiningen, Hildburghausen und Sonneberg.

Das zehnte neue Bundesland könnte Bayern-Donau heißen. Trotz Abtretung von Franken könnte es immer noch eines der wirtschaftlich stärksten Länder in Deutschland sein. Auch der Verlust von Neu-Ulm, Memmingen und Lindau könnte diese besondere Stellung nicht beeinträchtigen. Bei der so vorgegebenen Abgrenzung hätte das Bundesland eine Einwohnerzahl von etwa 5,7 Mio. München bliebe weiterhin die Landeshauptstadt.

Thüringen-Sachsen könnte nach diesem Gliederungsvorschlag das elfte Bundesland heißen. Es würde bei dieser Umbildung neben dem jetzigen Land Sachsen große Teile Thüringens und Sachsen-Anhalts umfassen, u. a. die Räume um Halle und Wittenberg. In diesem Bundesland würden 8,3 Mio. Einwohner leben. Obwohl sich Dresden bisher als Landeshauptstadt bewährt hat, könnte evtl. aber auch Leipzig in Frage kommen (ERNST 1993, S. 455 – 457).

11.2.2 Gliederungsvorschlag B

Beim Neugliederungsmodell B (Abb. 11.1 B) werden von E. ERNST neun neue Länder vorgeschlagen. Gegenüber dem Vorschlag A blieben dabei die neuen Länder Anhalt-Brandenburg, Mecklenburg-Holstein, Sachsen-Thüringen, Hessen-Nassau, Baden-Württemberg und Saarland-Pfalz unverändert. Der Regierungsbezirk Detmold und ein großer Teil des Münsterlandes würde an Niedersachsen abgegeben werden müssen. So wäre das heutige Land Nordrhein-Westfalen hinsichtlich der Fläche verkleinert. Es bliebe jedoch immer noch das bevölkerungsreichste Bundesland. Die größten Teile von Franken und Bayern würden zu Franken-Bayern zusammengefaßt. Die alte Grenze zwischen Thüringen und Franken würde wieder anerkannt, d. h., die Kreise Hildburghausen, Sonneberg, Meiningen und Suhl würden wieder dem Land Sachsen-Thüringen zugeordnet (ERNST 1993, S. 457 – 458).

11.2.3 Gliederungsvorschlag C

Im Modell C von E. ERNST (Abb.11.1 C) soll es nur sieben Bundesländer geben. Das Land Anhalt-Brandenburg sollte nach diesem Modell noch um weitere Teile Vorpommerns ergänzt werden. Man könnte dann auch dieses neue Land Brandenburg-Vorpommern nennen. Friesland-Holstein könnte ein zweites großes Bundesland heißen. Die Hafenstädte Bremen, Hamburg, Kiel, Lübeck und Rostock wären mit dem westlichen Mecklenburg und Niedersachsen verbunden. Das heutige Nordrhein-Westfalen sollte nur den Regierungsbezirk Detmold abgeben. Ein viertes neues Bundesland könnte durch das Zusammenfügen von Hessen-Nassau und Saarland-Pfalz zu Hessen-Saar-Pfalz gebildet werden (ERNST 1993, S. 458).

In allen drei Modellen von Ernst treten bei den Länderbezeichnungen Doppelnamen auf. Dieses soll eine Beachtung und Berücksichtigung landsmannschaftlicher Reminiszenzen sein. Bei der Vorstellung seiner Modelle artikuliert der Autor das Anliegen, daß es bei der Neugliederung nicht um bloße Addition von Verwaltungszahlen und auch nicht in erster Linie um Einsparung von Verwaltungskosten durch den Wegfall von Regierungen gehen darf, sondern daß es um eine sinnvolle sozial- und wirtschaftsräumliche Arrondierung von Gebietsteilen gehen muß (ERNST 1993, S. 458). Das ist wohl auch der Grund dafür, daß nach seinen Vorschlägen nicht nur einzelne bisher bestehende Bundesländer zusammengelegt, sondern in beträchtlichem Maße auch Grenzen verschoben werden sollen.

11.3 Die Notwendigkeit einer Länderneugliederung wegen finanzieller Ungleichgewichte

Nicht nur qualitative, sondern auch quantitative Überlegungen spielten bei den Vorschlägen zur Länderneugliederung eine Rolle, die bereits unmittelbar nach der Wende (1990) erstmals vorgestellt und diskutiert und 1997 wieder aufgegriffen wurden.

Der Hintergrund dieser Diskussion ist der Finanzausgleich, der mit der föderalen Struktur der Bundesrepublik verbunden ist. Die Geberländer, also die von diesem Ausgleich negativ betroffenen Länder, fordern eine durchgreifende Reform, um den Nivellierungseffekt zu verringern. Die Nehmerländer hingegen, also die positiv Betroffenen, verweisen auf das Grundgesetz und die Tatsache, daß sich Nehmerländer ja auch in Geberländer und umgekehrt verwandeln können (STRUBELT 1998, S. II), ein Vorgang, der sich in der Geschichte der alten Bundesrepublik im Falle Bayerns ja auch so vollzogen hat.

11.3.1 Der neugeordnete Finanzausgleich

Nach der Herstellung der Einheit Deutschlands wurde die Finanzverfassung in vollem Umfang auf das Gebiet der ehemaligen DDR ausgedehnt. Es sollten von Anfang an für die Finanzen der neuen Länder die gleichen Regelungen gelten wie für die alten Länder. Bis Ende 1994 nahm jedoch der Einigungsvertrag zwei bedeutende Teilbereiche von dieser generellen Regelung aus.

Weil sich die beiden deutschen Staaten unterschiedlich entwickelt hatten und unterschiedliche organisatorische Strukturen entstanden waren, gab es nach der Vereinigung Deutschlands auch zunächst große Unterschiede in der Finanzkraft zwischen den alten und den neuen Ländern. Es kam hinzu, daß in den neuen Bundesländern erst eine neue Steuerverwaltung aufgebaut werden mußte. Deshalb wurden auch im Einigungsvertrag während der Übergangsphase ein gesamtdeutscher Finanzausgleich mit einer Umsatzsteuerverteilung durch Ergänzungsanteile und ein

Tab. 11.1:
Leistungen des Fonds "Deutsche Einheit" an die neuen Bundesländer 1990 – 1994
Quelle:
Die Finanzverteilung ... 1998, S. 26

Jahr	1990	1991	1992	1993	1994
Fonds-leistungen (Mrd. DM)	22,0	35,0	33,9	35,2	34,6

	1991	1992	1993	1994	Σ 1991 – 1994
Sachsen	10 430	10 059	10 440	10 222	41 151
Sachsen-Anhalt	6 295	6 069	6 290	6 166	24 821
Thüringen	5 717	5 519	5 711	5 609	22 556
Brandenburg	5 626	5 458	5 658	5 631	22 373
Mecklenburg-Vorpommern	4 191	4 064	4 216	4 094	16 566
Berlin (Ost)	2 741	2 730	2 890	2 877	11 239
neue Bundesländer insgesamt	35 000	33 900	35 205	34 600	138 705
pro Einwohner der neuen Bundesländer* (1 000 DM)	2 154,21	2 130,05	2 238,65	2 210,62	∅ 2 183,38

Tab. 11.2: Verteilung der Leistungen auf die neuen Bundesländer (einschl. Gemeinden) aus dem Fonds "Deutsche Einheit" 1991 – 1994 (in Mrd. DM)

* Stichtag für Einwohnerzahl: 30.6. des Jahres

Quelle: nach Angaben des Bundesministeriums für Finanzen vom 4.6.1999

Finanzausgleich zwischen alten und neuen Ländern nicht berücksichtigt. Wenn die neuen Bundesländer sofort mit einbezogen worden wären, hätten die zwischen den alten Bundesländern bestehenden Ausgleichsmechanismen unübersehbare Risiken mit sich gebracht und enorme Mehrbelastungen für die Haushalte der alten Länder bedeutet.

So gab es zunächst keinen gesamtdeutschen Finanzausgleich. Aber mit dem Fonds "Deutsche Einheit" wurde ein Finanzierungsinstrument für die neuen Länder und deren Kommunen geschaffen. Die neuen Bundesländer haben über den Fonds "Deutsche Einheit" in der Zeit von 1990 bis 1994 nichtzweckgebundene Leistungen von 160,7 Mrd. DM bekommen (Tab. 11.1). 40 % davon kamen den Kommunen zugute. Die Verteilung der Leistungen auf die neuen Bundesländer und Ostberlin zeigt Tabelle 11.2).

Die mehrfach aufgestockten Fonds wurden aus den Haushalten des Bundes (49,6 Mrd. DM), der alten Bundesländer (16,1 Mrd. DM) und über Kapitalmarktkredite (95 Mrd. DM) finanziert.

11.3.2 Grundzüge der Neuordnung

Im Jahre 1993 wurde das Gesetz zur Umsetzung des Föderalen Konsolidierungsprogramms verabschiedet. Im Mittelpunkt dieser Neuregelung steht die erstmalige vollständige und gleichberechtigte Einbeziehung der neuen Länder in einen gesamtdeutschen Finanzausgleich. Dieses neue Finanzausgleichssystem löste den Fonds "Deutsche Einheit" ab, der für die Übergangszeit bis 1994 galt.

Mit diesem neuen Finanzausgleichssystem werden den neuen Ländern und ihren Gemeinden ab 1995 Transferleistungen im Umfang von rund 50 Mrd. DM zugesichert (Die Finanzverteilung ... 1998, S. 25 – 27). Die Transferleistungen enthalten eine neugeregelte Umsatzsteuerverteilung und einen Länderfinanzausgleich.

Im Jahre 1996 betrug das Gesamtvolumen der horizontalen Umschichtung im gesamtdeutschen Länderfinanzausgleich etwa 12,3 Mrd. DM (Die Finanzverteilung ... 1998, S. 29). Die Zuweisungen aus dem Länderfinanzausgleichssystem zeigt im einzelnen Abbildung 11.2.

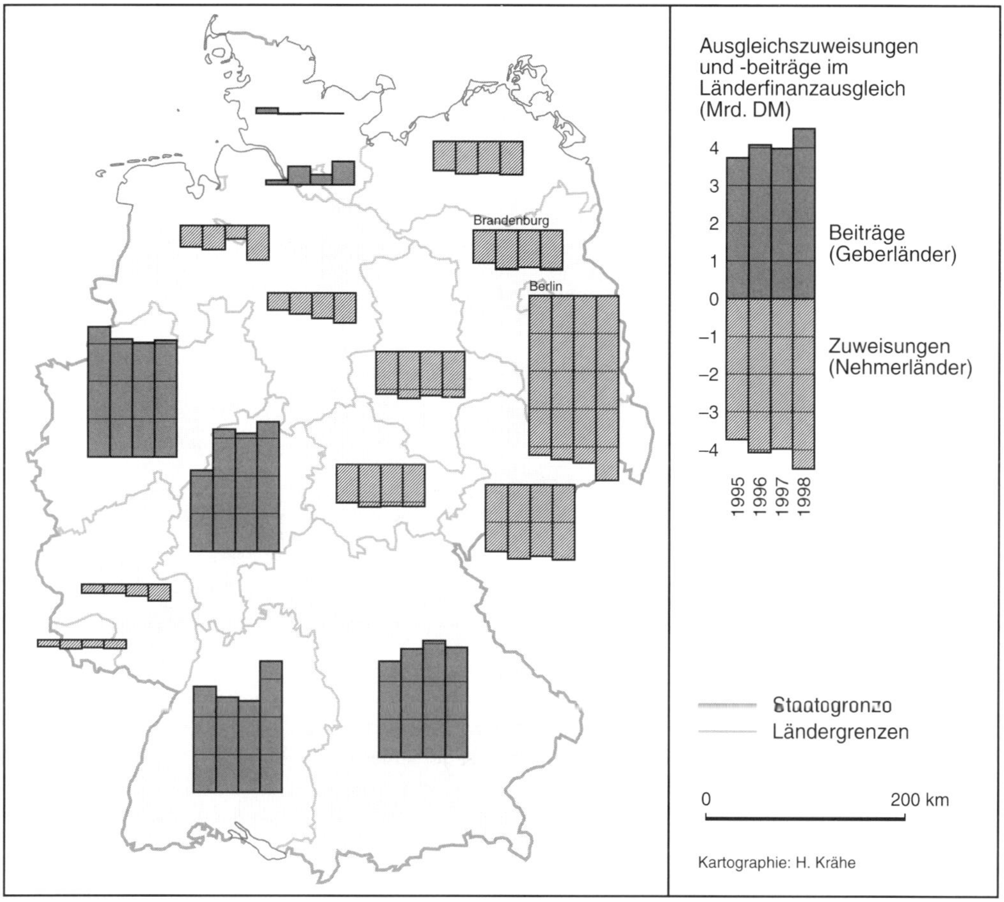

Abb. 11.2: Der Länderfinanzausgleich zwischen den deutschen Bundesländern 1995 – 1998
Quelle: Bund-Länder-Finanzbeziehungen ... April 1999, S. 42

11.3.3 Verteilungsgrundsätze

Die zentrale Meßgröße für die Umverteilung der Mittel unter den Ländern ist die Finanzkraft der Länder, wobei Finanzkraft und Finanzbedarf Berücksichtigung finden. Der Begriff basiert nicht auf der Gegenüberstellung von Einnahmen und Ausgaben.

Grundlage des Finanzkraftvergleichs ist nicht die absolute Höhe der Steuereinnahmen der Länder, sondern diese wird auf die jeweilige Einwohnerzahl der Länder bezogen. Ausgleichspflicht oder Ausgleichsanspruch eines Landes ergeben sich dann daraus, wie die Finanzkraft des einzelnen Landes von der länderdurchschnittlichen Finanzkraft abweicht (Die Finanzverteilung ... 1998, S. 30).

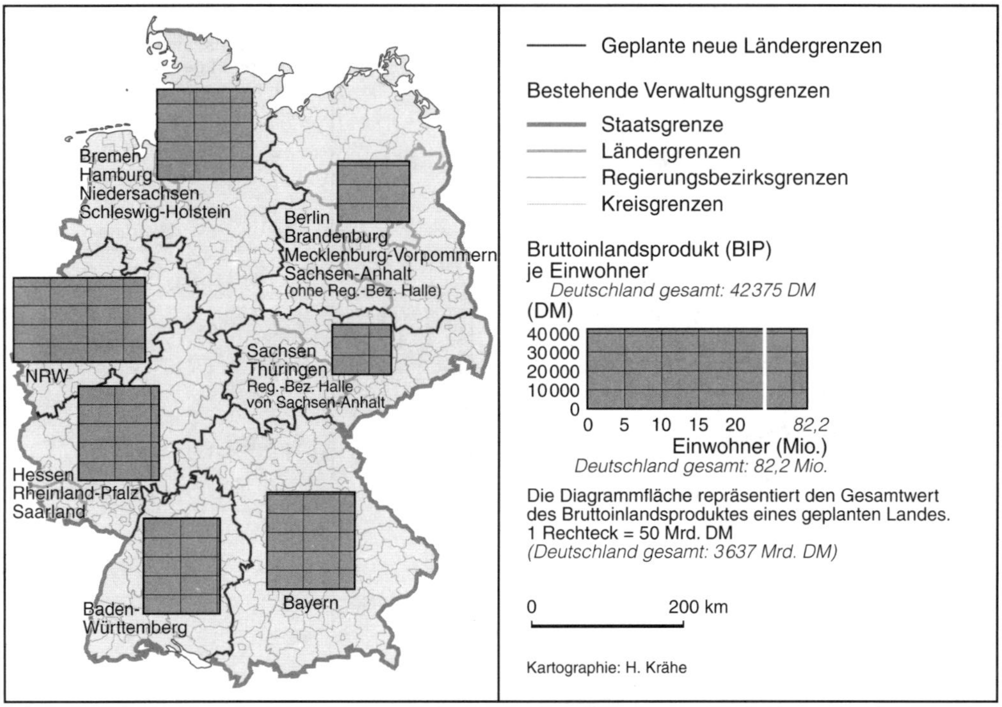

Abb. 11.3: Vorschlag des IWG BONN zur Länder-Neugliederung Deutschlands von 1997 mit Daten zu Bevölkerung und Wirtschaftskraft der neugegliederten Länder
Quelle: OTTNAD / LINNARTZ 1998, S. 651f.

11.4 Folgen der unausgewogenen Ländergliederung

Gemessen an der Fläche und der Bevölkerung ist der gegenwärtige Zuschnitt der Bundesländer sehr unausgewogen. Zu den Folgen für die Stadtstaaten gehört die Tatsache, daß das Ballungszentrum vom Umland durch Landesgrenzen getrennt wird. Das hat Faktorwanderungen (Arbeit, Boden, Kapital) zur Folge, die zu einer ungleichen Verteilung der Wirtschaftskraft führen. Diese wiederum wirkt sich auf die Verteilung staatlicher Einnahmen und Ausgaben aus. Je kleiner ein Wirtschaftsraum ist, desto größer ist meist das Gewicht einzelner Branchen. In Krisenzeiten sind diese Regionen im allgemeinen sehr anfällig.

Kleine Länder haben oft auch eine niedrige Wirtschaftskraft. Dies bedeutet geringe Finanzkraft des Landes. Es kommt dazu, daß kleine Länder vielfach auch nicht in der Lage sind, Leistungen für den Gesamtstaat bereitzustellen. Damit sind Rahmenbedingungen geschaffen, um finanzielle Ausgleichsmaßnahmen treffen zu müssen.

Kleine – und dazu noch ungleichmäßig geschnittene – Länder erschweren darüber hinaus eine sinnvolle Raumordnungs- und Verkehrspolitik. Auf der anderen Seite haben größere Flächenländer im internationalen und europäischen Standortwettbewerb auch größeres ökonomisches Gewicht. Sie sind im Rahmen der Globalisierung und Europäisierung eher wahrnehmbar als kleine Länder oder Stadtstaaten.

11.5 Vorschlag für eine Neugliederung

An eine Neugliederung der Länder sind drei Mindestanforderungen zu stellen. Diese sind bereits in Art. 29, Abs. 1 GG angegeben:

1. Die Länder müssen unter Berücksichtigung wirtschaftlicher Zweckmäßigkeit die Aufgaben erfüllen, die ihnen nach Größe und Leistungsfähigkeit zukommen. Es müssen wettbewerbsfähige Länder geschaffen werden, damit es einen funktionierenden föderalen Wettbewerb geben kann.
2. Es sind landsmannschaftliche Verbundenheit und geschichtliche und kulturelle Zusammenhänge, also historisch gewachsene Grenzen zu berücksichtigen. Dieses Ziel kann am einfachsten erreicht werden, wenn bereits bestehende Länder zusammengefaßt werden. Daß es jedoch auch anders geht, hat das Beispiel Baden-Württemberg gezeigt, bei dem historische Grenzen überwunden werden konnten.

Abb. 11.4: Finanzkraft der deutschen Bundesländer vor und nach der Umverteilung bei bestehender und neuer Gliederung (IWG-Modell von 1997)

Quelle: OTTNAD / LINNARTZ 1998, S. 653

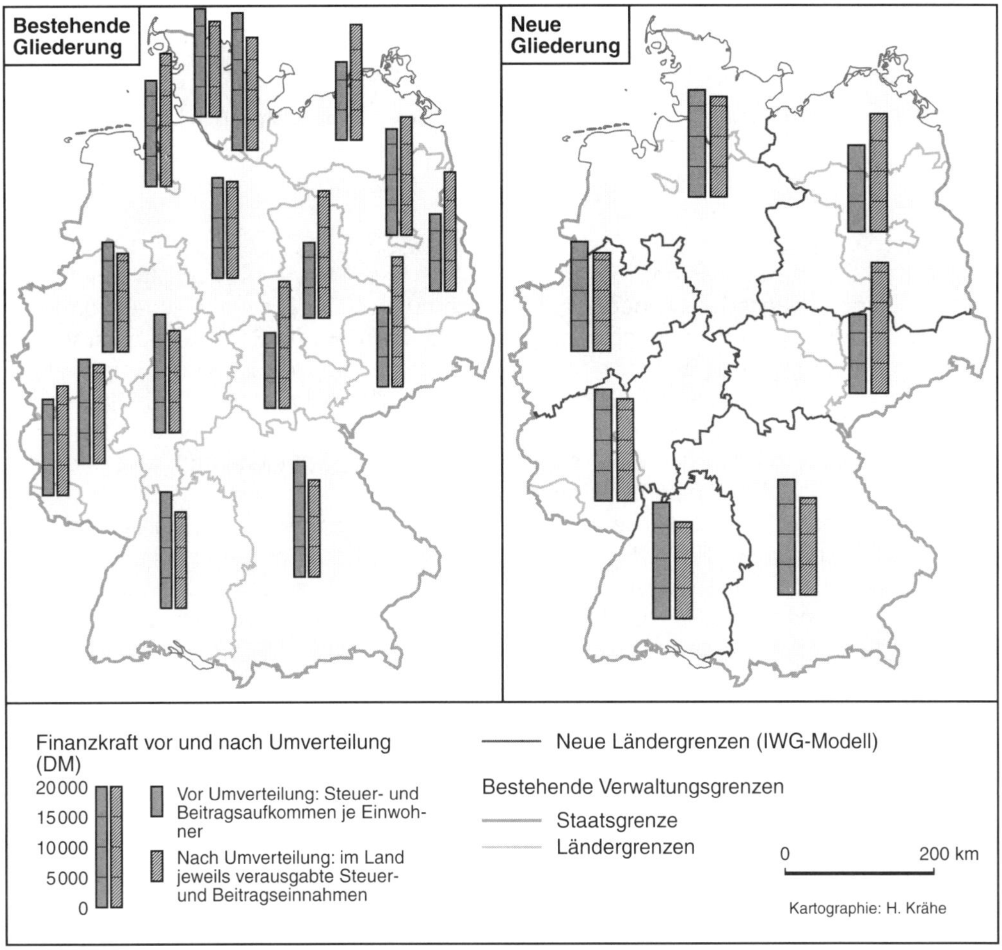

Land	Fläche (km²)	Wohnbevölkerung (Mio.)	Bruttoinlandsprodukt		Erwerbspersonen	Erwerbstätige		Arbeitslose je Erwerbsperson (%)
			absolut (Mrd. DM)	je Ew. (DM)	je Einwohner (%)	(Inland)	Inländer	
Baden-Württemberg	35 741,6	10,4	522,8	50 362	46,4	43,8	42,9	7,6
Bayern	70 545,7	12,1	616,8	51 159	47,5	44,4	44,1	7,1
Hessen+ Rheinland-Pfalz + Saarland	43 536,1	11,1	553,3	49 750	44,4	40,0	40,3	9,3
Nordrhein-Westfalen	34 076,7	18,0	804,1	44 744	44,0	39,5	39,1	11,0
Bremen + Hamburg + Niedersachsen + Schleswig-Holstein	64 507,3	13,0	617,0	47 616	46,0	41,4	40,9	11,0
Berlin + Brandenburg + Mecklenburg-Vorpommern + Sachsen-Anhalt, (ohne Regierungsbezirk Halle)	57 967,6	9,7	313,1	32 329	49,1	40,2	41,1	16,3
Sachsen + Thüringen mit Regierungsbezirk Halle von Sachsen-Anhalt	50 630,7	8,0	210,2	26 333	50,0	40,3	41,4	17,2
Deutschland	357 005,7	82,2	3 637,2	42 375	47,5	43,0	42,9	9,6

Tab. 11.3: Fläche, Bevölkerung und Wirtschaft der neugegliederten deutschen Bundesländer (IWG-Modell) im Jahre 1997

Quelle: OTTNAD / LINNARTZ 1998, S. 652

Im Artikel 29 GG ist weiterhin angegeben,

3. daß bei einer Neugliederung der Länder die Raumordnung und Landesplanung, d.h. die Schaffung einer ausgewogenen Länderstruktur – und damit eine gewisse Mindestgröße – zu berücksichtigen ist. Es ist selbstverständlich, daß eine Neugliederung der Länder einfach und realisierbar sein muß. Darüber hinaus spielen die Kosten eine große Rolle. Sie sollen möglichst gering gehalten werden. Nur dann kann die nach Art. 29 GG erforderliche breite Zustimmung erreicht werden.

Sieben statt 16 Länder

Schon kurz vor der deutschen Vereinigung hat das Institut für Wirtschaft und Gesellschaft (IWG) in Bonn einen Vorschlag zur Länderneugliederung für ganz Deutschland vorgelegt (MIEGEL 1990, S. 29 – 41). In diesem Vorschlag (Abb. 11. 4) gibt es anstelle der 16 Bundesländer nur noch sieben. Dieser Neugliederungsvorschlag beschränkt sich nur auf das Zusammenlegen von Bundesländern. Einzig Sachsen-Anhalt würde geteilt werden. Dort käme der Regierungsbezirk Halle nach Sachsen + Thüringen, die Regierungsbezirke Magdeburg und Dessau nach Berlin + Brandenburg + Mecklenburg-Vorpommern.

Nach diesem Vorschlag würde zwar das West-Ost-Gefälle weiterbestehen, die wirtschaftlichen Unterschiede zwischen den Ländern könnten jedoch deutlich verringert werden. Unter Berücksichtigung der damals gültigen institutionellen Rahmenbedingungen wäre das Ausmaß staatlicher Umverteilung zwischen den Ländern gering.

Wie Tabelle 11.3 entnommen werden kann, gibt es in dem IWG-Modell für 1997 – mit Ausnahme der Arbeitslosenquote – eine relativ ausgeglichene Struktur. So haben Hessen, Rheinland-Pfalz und das Saarland zusammen eine größere Fläche als

Nordrhein-Westfalen. Die Wohnbevölkerung liegt mit 11,1 Mio. jedoch unter NRW mit 18,0 Mio. Im Bruttoinlandsprodukt pro Einwohner liegt dieses neue Bundesland auf etwa gleicher Höhe mit Baden-Württemberg.

11.6 Auswirkungen auf die staatliche Umverteilung

In den zurückliegenden Jahrzehnten hat es massive Umschichtungen von Finanzkraft in der alten Bundesrepublik gegeben. Diese Umschichtung vollzog sich fast immer zwischen denselben Nettozahlern und Nettoempfängern. Es gibt Bundesländer, die dauerhaft – und z. T. in beträchtlichem Umfang – auf Kosten anderer Bundesländer leben.

Zu den größten Nettozahlern gehörten in der Zeit von 1993 – 1995 Baden-Württemberg, Nordrhein-Westfalen, Hessen und Bayern. Wird hier nur der Länderfinanzausgleich betrachtet, dann wird deutlich, daß Hessen mit mehr als 450 DM / Einwohner im Jahre 1995 Länderfinanzausgleich zu zahlen hatte und daß Sachsen und Berlin die bedeutendsten Nehmerländer waren.

Die Finanzkraft vor und nach der Umverteilung ist für 1997 in Abbildung 11.4 (links) dargestellt. Unter den alten Bundesländern waren u. a. das Saarland und Bremen Nettoempfänger. Ein wesentlich ausgeglicheneres Verhältnis würde sich nach einer Neugliederung ergeben (Abb. 11.4, rechts).

Eine Länderneugliederung hätte eine beträchtliche Kosteneinsparung zur Folge. Im Bereich der politischen Führung und der zentralen Verwaltung könnten Personal- und Sachausgaben von über 3 Mrd. DM jährlich eingespart werden (VESPER 1997, S. 8). Umfangreichere Mittel ließen sich darüber hinaus durch intensivere Nutzung der öffentlichen Infrastruktur freisetzen (OTTNAD / LINNARTZ 1998, S. 654).

12 Grenzüberschreitende Zusammenarbeit als notwendige Voraussetzung für ein zusammenwachsendes Europa

12.1 Die Euroregionen an der deutschen Außengrenze

Ein zusammenwachsendes Europa kann nur dann erreicht werden, wenn die benachbarten Länder in allen Lebensbereichen gemeinsame Ziele, insbesondere in den grenznahen Räumen, anstreben.

An der gesamten deutschen Außengrenze sind deshalb auch aus diesem Grunde in den letzten Jahren zahlreiche Regionen abgegrenzt worden, in denen intensive sozioökonomische Verbindungen entstehen und aufgebaut werden. Es sind dies die sogen. Euroregionen, die den Prozeß des Zusammenwachsens intensivieren.

Euroregionen sind freiwillige regionale grenzüberschreitende Zusammenschlüsse von lokalen Gebietskörperschaften in Europa zur grenzüberschreitenden Zusammenarbeit. Es können dabei auch natürliche oder juristische Personen miteinbezogen werden (LINTHOUT 1996).

Ziel dieser grenzüberschreitenden Tätigkeit ist "die Überwindung der staatlichen Grenzen als Barriere für Kooperationen auf sozialem, wirtschaftlichem, infrastrukturellem, technologischem und kulturellem Gebiet sowie im Umweltbereich" (GABBE 1991, S. 174).

Drei Arten von Euroregionen sind zu unterscheiden. Man spricht von Euroregionen an der EU-Binnengrenze, wenn es sich dabei um einen Raum handelt, der Gebiete zweier benachbarter EU-Länder erfaßt, und man spricht von einer Euroregion an der EU-Außengrenze, wenn Gebiete eines EU-Landes und eines Nicht-EU-Landes umschlossen werden. Euroregionen gibt es allerdings auch dort, wo zwei Nicht-EU-Länder zusammentreffen. Das ist z. B. im polnisch-tschechischen Grenzraum der Fall.

Neben der Bezeichnung Euroregion werden synonym auch die Begriffe Europaregion und Euregio verwendet. Einige dieser Regionen sind bereits sehr alt. Sie wurden schon Ende der 1950er Jahre gebildet, wie z. B. die Euregio zwischen Rhein, Ems und Ijssel im deutsch- niederländischen Grenzgebiet (Tab. 12.1). Für die Grenzregion Regio-Rhein-Waal wird das Gründungsjahr 1978 angegeben (JANSEN u. a. 1989, S. 14).

Die Euroregionen im Westen und Süden entstanden jeweils zwischen zwei Ländern mit ähnlichen oder gleichen politischen Systemen und Gesellschaftsstrukturen. Vergleichbare ökonomische, kulturelle und soziale Probleme führte diese Länder relativ früh zur grenzüberschreitenden Zusammenarbeit in der Europäischen Gemeinschaft zusammen, weil Grenzen dort keine unüberwindbaren Hindernisse darstellten.

12.2 Die EUREGIO im Westen Deutschlands

Im Jahre 1958 erfolgte ein erster organisatorischer Zusammenschluß von niederländischen und deutschen Gemeinden, Städten und Kreisen für grenzüberschreitende Zusammenarbeit unter dem Namen EUREGIO. Die Menschen auf beiden Seiten der in früheren Zeiten zufällig und willkürlich gezogenen Grenze sollten einander nähergebracht werden.

Die EUREGIO im Bereich der Flüsse Rhein, Ems und Ijssel besteht auf niederländischer Seite aus den Provinzen Overijssel, Achterhoek, Gelderland und Zuid-Oost Drenthe und auf deutscher Seite aus

Euregio	Gründungs-datum	
Rhein-Waal	21.4.78	D: Kreise Kleve, Wesel, Stadt Duisburg; NL: Reg. Achterhoek, Arnheim-Nijmegen, West-Veluwe-Vallei, Nordost Brabant, Nord Limburg
Arbeitsgemeinschaft Alpenländer	12.10.72	D: Baden-Württemberg, Bayern, CH: Graubünden, St. Gallen, Tessin, A: Vorarlberg, Salzburg, Tirol, I: Bozen, Südtirol, Trient, Lombardei
Pamina	1988	D: Südpfalz, Mittlerer Oberrhein, F: Nord Alsace
Inn-Salzach	1.6.95	A – Oberösterreich: Braunau am Inn, Grieskirchen, Ried, Schärding, D – Bayern: Kreise Altötting, Mühldorf, Passau, Rottal, Traunstein, Kreisfreie Stadt Passau
Maas-Rhein	1976	NL: Provinz Limburg, B: Provinzen Limburg, Lüttich, deutschsprach. Gemeinschaft, D: Regio Aachen
Rhein-Maas-Nord	1978	NL: Provinzen Gewesten, Nord Limburg, Midden Limburg, D: Mönchengladbach, Krefeld, Südteil des Kreises Kleve, Kreis Viersen, Neuss
EUREGIO	1958	NL: Provinzen Drenthe, Overijssel, Gelderland, D: Landkreis Grafschaft Bentheim, Teile der Kreise Emsland und Osnabrück, Kreise Borken, Coesfeld, Steinfurt
Saar-Lor-Lux	1988	F: Region Lothringen, Großherzogtum Luxemburg, D: Bundesländer Saarland, Rheinland-Pfalz, B: Wallonien
Salzburg-Berchtesgadener Land-Traunstein	1995	D: Kreis Berchtesgadener Land, Traunstein, A: Gemeinden der Region Salzburg
Neue-Hanse-Interregio	1991	D: Länder Bremen, Niedersachsen, NL: Teile im Nordosten
Ems-Dollart	28.2.77	
Oberrhein	22.10.75	Frankreich, BRD, Schweiz
Neiße	21.12.91	Polen, BRD, Tschechien (Oberlausitz; Niederschlesien, Nordböhmen)
Elbe-Labe	24.6.92	Tschechien / D: Nordböhmen, oberes Elbtal, Erzgebirge, Sächs. Schweiz
Egrensis	3.2.93	D: Vogtland, Oberfranken, Tschechien: Nordwestböhmen,
Erzgebirge	11.2.93	D / Tschechien: Sächsische und Nordböhmische Gebiete
Bayrischer Wald – Böhmerwald	20.9.93	D: Passau, Bayern, Österreich, Kr. Okres (Tschechien)
Spree-Neiße-Bober	21.9.93	Polen / D: Zielona Gora, Niederlausitz
Viadrina	21.12.93	Polen / D: Wojew. Gorzow, Frankfurt / O.
Pomerania	Dez. 95	Geimdeverb. Skane (Schweden), Kommunalgem. Pomerania e.V. (D), Komm. Zweckverb. d. Gemeinden Westpommerns „Pomerania“ (PL)
Basiliensis	1963	BRD, Frankreich, Schweiz

Tab.12.1: Euroregionen an der Außengrenze Deutschlands
Quelle: nach Angaben der EUREGIO, Gronau

den westmünsterländischen Kreisen Steinfurt, Borken und Coesfeld, dem Landkreis Grafschaft Bentheim sowie einigen Gemeinden des südlichen Emslandes (Abb. 12.1) und hat sich nach anfänglichen Schwierigkeiten inzwischen als Modell für andere Euroregionen mit deutscher Beteiligung entwickelt. Im Laufe der Zeit konnte in diesem Raum der Zusammenschluß von deutschen und niederländischen Verbänden auf der Basis von 105 Gemeinden, Städten und Kreisen erweitert werden. 1995 lebten dort auf mehr als 8 000 km^2 etwa 2 Mio. Menschen: 950 000 Deutsche und ca. 1 Mio. Niederländer (Euregio: Das alltägliche Europa ... 1995, S. 8).

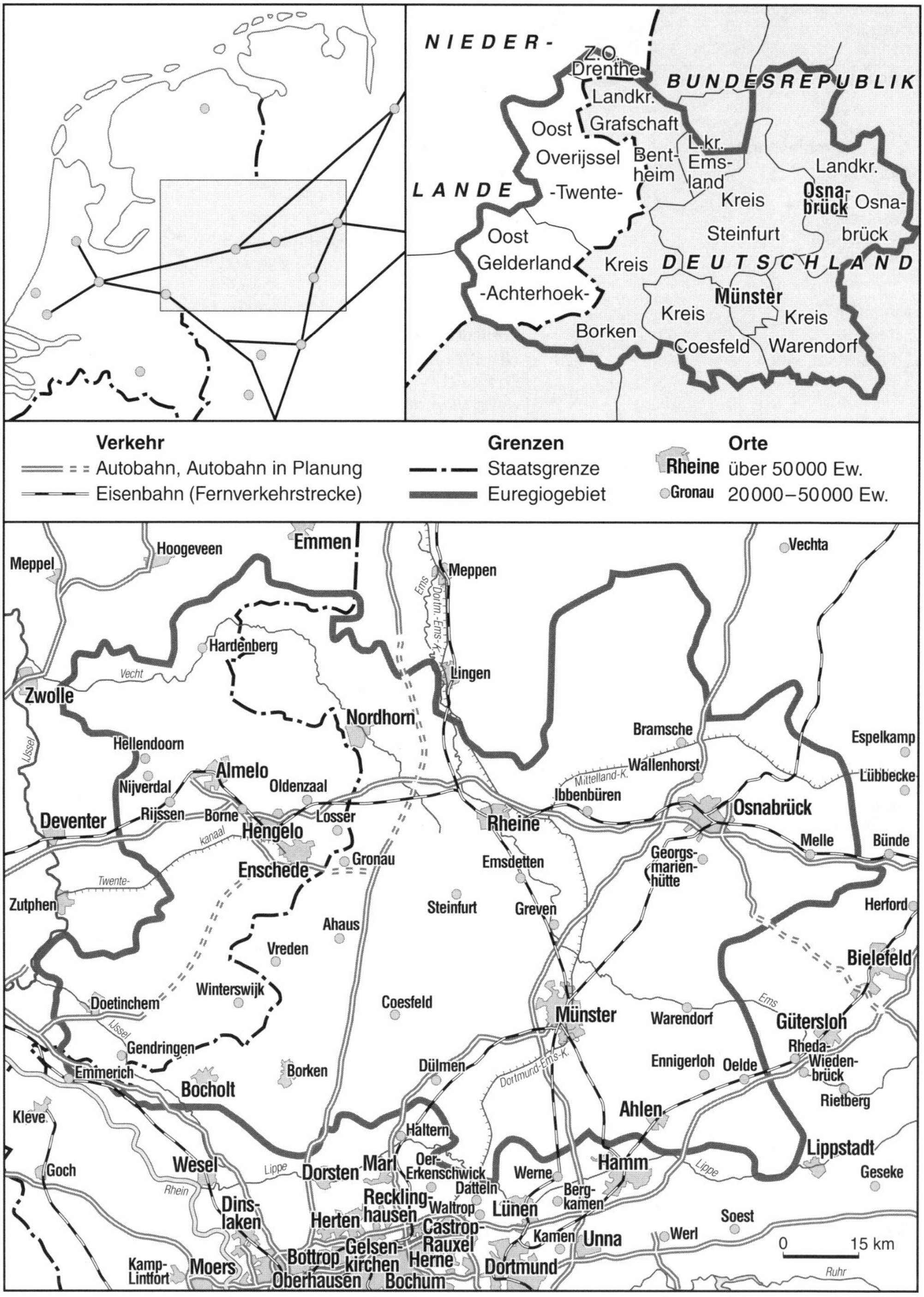

Abb. 12.1: Die EUREGIO
Quelle: nach Angaben der EUREGIO, Gronau

Der EUREGIO-Rat ist das höchste Organ des Zusammenschlusses. In dieser parlamentarischen Versammlung arbeiten z. Z. 60 gewählte Politiker. Sie haben sich in grenzüberschreitenden Fraktionen zusammengeschlossen. Der Hauptausschuß ist die EUREGIO-Arbeitsgruppe. In ihr sind die hohen Verwaltungsbeamten von beiderseits der Grenze vertreten. Vertreter aller gesellschaftlichen Gruppierungen, Organisationen und Instanzen von deutscher und niederländischer Seite arbeiten in Arbeitskreisen und bilden Beiräte. Sie entwickeln gemeinsam Programme und Projekte. Eine besondere Aufgabe auf sozialem und kulturellem Gebiet erfüllt dabei die EUREGIO-Mozer-Kommission. Sie organisiert z. B. Sportfeste, Begegnungen von Jugend, Familien und Senioren und führt Sprachkurse durch.

In der Geschäftsstelle der EUREGIO arbeiten z. Z. 30 Deutsche und Niederländer unter einem Dach.

Die EUREGIO hat umfangreiche und vielfältige grenzüberschreitende Aufgaben zu erfüllen:

- Drehscheibe für alle deutsch-niederländischen Kontakte (mehr als 300 000 Personen jährlich),
- EU-Aktionsprogramme und INTERREG-Programme für die EUREGIO (ca. 110 Mio. DM Fördergelder 1996 – 2001),
- EURO-Info-Center EUREGIO (Informationen für kleine und mittlere Betriebe),
- EU-Sozialschalter EURES und Konsumentenberater,
- Berufsausbildung und Informationen über den Arbeitsmarkt,
- Tourismusentwicklungskonzept sowie Umwelt- und Abfallrecyclingprogramme im agrarwirtschaftlichen Netzwerk,
- Beratung von Pendlern (18 000 Personen pro Jahr) und in alltäglichen Grenzproblemen (Krankenhaus, Feuerwehr, Rettungswesen, Kooperation im Dienstleistungssektor etc.),
- Plattform für Raumordnung und Infrastruktur (Straße, Schiene, Öffentlicher Personennahverkehr),
- kulturelle Zusammenarbeit (Jugendbegegnungen, Seniorenbegegnungen, Familienseminare, Kooperation der Schulen im Sport, in der Musik, Treffen von Fachleuten im öffentlichen Dienst etc.),
- Kooperation der Drogenfachleute, der Polizei, Universitäten, Fachhochschulen, Schulen, Schulaufsichtsbehörden, Sprachunterricht etc.),
- Arbeitsgemeinschaft Europäischer Grenzregionen (Geschäftsstelle) mit dem Zentrum der europäischen Grenzregionen aus dem EU-Pilotprojekt LACE zur Beratung aller europäischen Grenzregionen (Informationsbroschüre EUREGIO 1998).

12.2.1 Die grenzüberschreitenden wirtschaftlichen Hilfsprogramme INTERREG I und II für die EUREGIO

INTERREG I

Obwohl die Euroregionen im Westen Deutschlands schon z. T. sehr lange bestehen, haben sie doch einen bedeutsamen Entwicklungsschub erst Anfang des Jahres 1990 bekommen. Mit der Vorbereitung der Mitgliedsstaaten der EG auf den Binnenmarkt zum 1. Januar 1993 rückten die Probleme der innergemeinschaftlichen Grenzregionen verstärkt in die Interessensphäre der EG-Kommission. Plötzlich wurde klar, daß das Zusammenwachsen der Völker an den Grenzregionen beschleunigt und finanziell unterstützt werden müßte.

Es wurde deshalb am 25. Juli 1990 von der Kommission das INTERREG-Programm verabschiedet. Europaweit wurde dafür ein Finanzvolumen von etwa 1 Mrd. ECU bereitgestellt.

Eines der erfolgreichsten grenzüberschreitenden wirtschaftlichen Hilfsprogramme für die Grenzgebiete der EU ist INTERREG. Dieses Programm hat zum Ziel, schwache Wirtschaftsstrukturen der Grenzgebiete zu verbessern und vielseitiger zu gestalten.

Das INTERREG-I-Programm galt für die Zeit von 1991 – 1993. Während dieser Zeit wurden etwa 60 Mio. DM in die EUREGIO investiert. Davon belief sich die Förderung von der EU auf 24 Mio. DM. Zur Verwirklichung eines INTERREG-Projektes mußten nicht nur die Vorschläge aus der Region kommen, sondern auch mindestens 50 % der Kosten national und regional getragen werden. INTERREG-Projekte mußten immer grenzüberschreitende Bedeutung haben. Das Geld sollte für mehrere Aktionsbereiche bereitgestellt werden. Diese sind Übersicht 12.1 zu entnehmen.

Nr.	Bezeichnung des Aktionsbereiches
1	Netzbildung – Informationsaustausch und Kommunikation
2	Verkehr, Transport, Infrastruktur
3	Erholung und Tourismus
4	Schulung und Arbeitsmarkt
5	Umweltschutz und Landwirtschaft
6	Innovation und Technologietransfer
7	Forschung und Projektmanagement

Übersicht 12.1:
Aktionsbereiche von INTERREG-Projekten
Quelle:
NRW im europäischen Binnenmarkt ... 1993, S. 10

Schon im August 1990 hatten die beteiligten Regierungen von Belgien, den Niederlanden und Deutschland ein gemeinsames Konzept für die operationellen INTERREG-Programme entlang ihrer gemeinsamen Grenze ausgearbeitet. Es wurden den Euroregionen mehrere Aktionsbereiche benannt, für die sie operationelle INTERREG-Programme erstellen mußten.

Für den Aktionsbereich 1 (Netzbildung – Informationsaustausch und Kommunikation) wurden Mittel aus dem INTERREG-Programm für die einzelnen Euregios in unterschiedlichem Umfang bewilligt (Tab. 12.2).

Fünf Aufgabenbereiche sollten mit diesem Finanzvolumen entwickelt und finanziert werden:

- Die Unterschiede in den Verwaltungs- und Rechtssystemen, die nach wie vor das Zusammenwachsen der Regionen verhinderten, sollten überwunden werden.
- Grenzüberschreitende Kooperationen von kleinen und mittleren Unternehmen der gewerblichen Wirtschaft sollten erleichtert werden.

Tab. 12.2: Bewilligte Mittel des INTERREG-Programms für den Aktionsbereich 1 (1 000 ECU)
Quelle: NRW im europäischen Binnenmarkt ... 1993, S. 14
[1] Die Eigenmittel setzen sich zusammen aus Mitteln der Projektträger und der Regionen.
[2] Die für die Euregio Maas-Rhein aufgeführten Daten betreffen nur die deutsch-belgisch-niederländische Grenzregion bzw. das Gebiet der Region Aachen e. V. und nicht das belgisch-niederländische Grenzgebiet. Sie sind daher nur bedingt mit den anderen Daten vergleichbar.

Euregio	Zahl der Maßnahmen	Gesamtkosten	Anteil EG	Anteil NRW/ NS	Anteil NL	Eigenanteil[1]
EUREGIO, Gronau	35	5 645	2 613	293 / 105	452	2 182
Euregio Rhein-Waal, Kleve	7	1 864	837	224 / ----	224	579
Euregio rhein-maas-nord, Mönchengladbach	2	860	430	129 / ----	129	172
Euregio Maas-Rhein, Aachen[2]	9	4 024	1 952	163 / ----	135	1 773
Insgesamt	53	12 393	5 832	809 / ----	940	4 706

- Die Standardisierung von Informationssystemen und des Informationsaustausches sollte weiterentwickelt werden.
- Der wachsende grenzüberschreitende Tourismus stellt neue Anforderungen an den Natur- und Umweltschutz.
- Der schwach entwickelte Dienstleistungssektor sollte gestärkt werden (NRW im europäischen Binnenmarkt ...1993, S. 8).

Von den zahlreichen durchgeführten und realisierten INTERREG-Projekten in der EUREGIO sind im folgenden einige aufgeführt:

- touristischer Rahmenplan für den grenzüberschreitenden Fluß "Vechte",
- grenzüberschreitende Radwege: Haaksbergen – Ahaus, Schoonebeek – Emlichheim und Denekamp – Laagsestraat – Neuenhaus – Lage,
- grenzüberschreitende Kunstroute zwischen Schöppingen – Ahaus – Haaksbergen – Diepenheim,
- grenzüberschreitendes Laserzentrum für praktische industrielle Fertigung in Klein- und Mittelbetrieben unter Federführung der Fachhochschule Münster, Abteilung Steinfurt und der Universität Twente (EUREGIO: Das alltägliche Europa ...1995, S. 36).

INTERREG II

Phase I des INTERREG-Programms war Ende 1993 beendet. Ende 1993 war auch die erste Fünfjahrsphase seit der Reform der Strukturfonds der EG (1989 – 1993) beendet. Für die nun beginnende zweite Programmphase (1994 – 1999) wurden weitere Finanzmittel für weitere Projekte mit dem INTERREG-II-Programm zur Verfügung gestellt.

12.3 Die besondere Grenzsituation im Osten Deutschlands

Es ist zunächst wichtig sich zu erinnern, daß es sich beim Raum an der heutigen Ostgrenze um ein Gebiet handelt, das in den letzten 60 Jahren radikale Veränderungsprozesse über sich ergehen lassen mußte. Man sollte sich vergegenwärtigen, daß der größte Teil des Raumes, der hier im Zusammenhang mit den Euroregionen zur Diskussion steht, damals zum Deutschen Reich gehörte bzw. daß – wie im Sudetenland – mehr als 50 % der Bevölkerung aus Deutschen bestand. Nach der Vertreibung und Zwangsaussiedlung der Deutschen aus diesen Gebieten und der Wiederansiedlungsaktion der polnischen und tschechischen Regierungen ist hier eine Bevölkerung angesiedelt worden, die der deutschen Sprache nicht mächtig war. Es bestanden kaum verwandtschaftliche und familiäre Kontakte, und es war auch nicht der Wunsch vorhanden, grenzübergreifende Kontakte in größerem Umfange zu knüpfen. Es wurde zwar das Grenzgebiet in den letzten 50 Jahren den Neusiedlern zur Heimat, aber sie hatten keine Tradition des Zusammenlebens mit den Deutschen. Und während der Zeit der kommunistischen Regimes verringerte dieser kulturelle und historische Abstand zusätzlich die Motivation für grenzüberschreitende Kontakte. Zwar wurden im Rahmen des Rates für Gegenseitige Wirtschaftshilfe (RGW) mit dem RGW-Komplexprogramm ab 1971 zwischen den sozialistischen Ländern über Arbeitsteilung und Kooperation engere wirtschaftliche Kontakte hergestellt, doch auf den Grenzsaum zwischen der DDR und Polen und der DDR und der Tschechoslowakei wirkte sich das kaum aus.

Auf der anderen Seite, in der Bundesrepublik Deutschland, organisierten sich die Heimatvertriebenen in Verbänden und nahmen großen Einfluß auf die Politik. Ihre Ansprüche bezogen sich auf das "Recht auf

Heimat als eines der von Gott geschenkten Grundrechte der Menschheit" und auf Wiedergutmachung der Vertreibung. Von der östlichen Propaganda wurden diese Wünsche immer als Revanchismus bezeichnet.

So waren der deutsch-polnische und der deutsch-tschechische Grenzraum stets politisch brisante Räume, Räume mit großen Spannungen und mit großem politischen Zündstoff. Es ist klar, daß diese Situation auf oberster Regierungsebene zunächst geklärt werden mußte, bevor an konkrete grenzüberschreitende Zusammenarbeit gedacht werden konnte.

12.3.1 Regierungsabkommen als Grundlage für die Entwicklung grenzüberschreitender Zusammenarbeit

Betrachten wir zunächst die Regierungsabkommen, die zwischen Deutschland und Polen abgeschlossen worden sind.

Deutsch-Polnischer Grenzvertrag
Der erste grundlegende Vertrag ist der deutsch-polnische Grenzvertrag vom 14. November 1990 (BGBL 1991, Teil II, S. 1329 - 1330). Mit diesem wurde der deutsch-polnische Grenzkonflikt gelöst. Es heißt darin in Artikel 2: "Die Vertragsparteien erklären, daß die zwischen ihnen bestehende Grenze jetzt und in Zukunft unverletzlich ist und verpflichten sich gegenseitig zur uneingeschränkten Achtung ihrer Souveränität und territorialen Integrität". In Artikel 3 heißt es weiter: "Die Vertragsparteien erklären, daß sie gegeneinander keinerlei Gebietsansprüche haben und solche auch in Zukunft nicht erhoben werden."

Deutsch-Polnischer Vertrag über gute Nachbarschaft und freundschaftliche Zusammenarbeit
Die zweite wichtige Grundlage ist der deutsch-polnische Vertrag über gute Nachbarschaft und freundschaftliche Zusammenarbeit vom 17. Juni 1991 (BGBL 1991, Teil II, S. 1315 - 1327). Darin heißt es :

Artikel 1
"(1) Die Vertragsparteien werden ihre Beziehungen im Geiste guter Nachbarschaft und Freundschaft gestalten. Sie streben eine enge friedliche und partnerschaftliche Zusammenarbeit auf allen Gebieten an. In europäischer Verantwortung werden sie ihre Kräfte dafür einsetzen, den Wunsch ihrer beiden Völker nach dauerhafter Verständigung und Versöhnung in die Tat umzusetzen."

Artikel 12
"(1) Die Vertragsparteien messen der partnerschaftlichen Zusammenarbeit zwischen Regionen, Städten, Gemeinden und anderen Gebietskörperschaften, insbesondere im grenznahen Bereich, hohe Bedeutung bei."
"(2) Die Vertragsparteien werden diese Zusammenarbeit, insbesondere die Tätigkeit der Regierungskommission für regionale und grenznahe Zusammenarbeit, auf allen Gebieten erleichtern und fördern."

Artikel 13
"Die Vertragsparteien stimmen darin überein, daß in einem zusammenwachsenden Europa die Abstimmung der Raumordnungspolitik der einzelnen Staaten, insbesondere zwischen unmittelbaren Nachbarstaaten, notwendig ist. Sie werden deshalb in der Raumordnung und der räumlichen Planung auf allen Ebenen grenzüberschreitend zusammenarbeiten."

Deutsch-polnische Raumordnungskommissionen als Grundlage für grenzüberschreitende Planungsarbeit

Eine weitere Grundlage für grenzüberschreitende Zusammenarbeit wurde mit Bildung einer Raumordnungskommission geschaffen. Schon am 2. Juli 1992 erfolgte die Einrichtung einer Deutsch-Polnischen Raumordnungskommission, in der das polnische Ministerium für Raumwirtschaft und Bauwesen und das Bundesministerium für Raumordnung, Bauwesen und Städtebau, die Länder Mecklenburg-Vorpommern, Berlin, Brandenburg und Sachsen sowie die vier Wojewodschaften Szczecin (Stettin), Gorzow Wielkopolskie (Landsberg), Zielona Gora (Grünberg) und Jelenia Gora (Hirschberg) eng zusammenarbeiten. Ergebnis dieser Kooperation sind die mit der Entschließung vom 24. 5. 1995 von der Kommission angenommenen "Raumordnerischen Leitbilder für den Raum entlang der deutsch-polnischen Grenze". Damit liegt erstmals eine von beiden Seiten gemeinsam erarbeitete und getragene raumordnerische Entwicklungsvorstellung für den Grenzraum als einheitliches Siedlungsgebiet vor.

Bei diesen raumordnerischen Leitbildern handelt es sich um Visionen für die gewünschte Entwicklung der Städte und Regionen. Es ist keine mit vorgegebenem Finanzvolumen vorbestimmte Entwicklungsplanung für den Grenzraum, vielmehr für Gemeinden, andere öffentliche Stellen und Investoren eine Orientierungshilfe für gewünschte raumordnerische Entwicklungen. Die Umsetzung dieser Leitbilder obliegt den staatlichen Behörden in ihrer eigenen Verantwortung. Die Aussagen der Leitbilder haben keinen rechtsverbindlichen Charakter. Die Leitbilder betreffen drei Themenschwerpunkte:

1. Schutz der Naturpotentiale und Sanierung geschädigter Gebiete,
2. Entwicklung bzw. Förderung einer dezentralen Siedlungsstruktur und
3. Entwicklung der technischen Infrastruktur.

Wesentlich schwieriger, komplizierter und langwieriger war die Klärung grundsätzlicher Fragen zwischen Deutschland und der Tschechischen Republik, obwohl auch hier schon relativ früh Anstrengungen unternommen worden waren.

Deutsch-Tschechoslowakischer Vertrag über gute Nachbarschaft und freundschaftliche Zusammenarbeit

Am 27. Februar 1992 wurde zwischen der Bundesrepublik Deutschland und der Tschechischen und Slowakischen Förderativen Republik ein "Vertrag über gute Nachbarschaft und freundschaftliche Zusammenarbeit" (BGBL 1992, Teil II, S. 463 bis 473) unterzeichnet.

Darin heißt es in Artikel 3:

"(1) die Vertragsparteien bestätigen die zwischen ihnen bestehende Grenze. Sie bekräftigen, daß sie gegenseitig keinerlei Gebietsansprüche haben und solche auch in Zukunft nicht erheben werden.

(2) Sie verpflichten sich, die Souveränität und territoriale Integrität der anderen Vertragspartei uneingeschränkt zu achten.

(3) Sie werden einen Vertrag über die Feststellung, Berichtigung, Vermessung, Vermarkung und Erhaltung der gemeinsamen Grenze auf der Grundlage einer gemeinsamen kartographischen Dokumentation sowie über eine Errichtung einer ständigen Grenzkommission abschließen."

In Artikel 13 kann man weiterhin lesen:

"(1) Die Vertragsparteien unterstützen und erleichtern die bilaterale Zusammenarbeit zwischen Regionen und anderen Gebietskörperschaften, insbesondere im Grenzbereich.

(2) Zu diesem Zwecke wird eine gemischte Kommission gebildet, an der insbesondere Vertreter der grenznahen regionalen und kommunalen Körperschaften sowie der nichtstaatlichen Organisationen beteiligt sind.

(3) Einzelheiten dieser Zusammenarbeit, insbesondere Zusammensetzung und

Aufgabenstellung der gemischten Kommission, werden in einer gesonderten Vereinbarung geregelt.
(4) Die Vertragsparteien fördern die partnerschaftliche Zusammenarbeit und die direkten Kontakte zwischen Städten und Gemeinden."

Der Vertrag vom 27.02.1992 war für die Dauer von 10 Jahren abgeschlossen. Danach sollte er sich um jeweils weitere 5 Jahre verlängern. Weil aber sudetendeutsche Organisationen immer noch Anspruch auf das "Heimatrecht" erhoben, weil der Vertrag die Frage der Rückkehrmöglichkeiten oder Entschädigung der Vertriebenen immer noch nicht endgültig geklärt hatte, konnte der Vertrag noch nicht in Kraft treten.

Deutsch-Tschechische Erklärung über die gegenseitigen Beziehungen und deren künftige Entwicklung.
Am 21. Januar 1997 unterzeichneten Bundeskanzler Dr. Helmut Kohl und der Ministerpräsident der Tschechischen Republik, Prof. Dr. Vaclav Klaus, die Deutsch-Tschechische Erklärung über die gegenseitigen Beziehungen und deren künftige Entwicklung" (BGBL 1997, Teil II).

Darin heißt es u. a.:
"(II) Die deutsche Seite bekennt sich zur Verantwortung Deutschlands für seine Rolle in einer historischen Entwicklung, die zum Münchner Abkommen von 1938, der Flucht und der Vertreibung von Menschen aus dem tschechoslowakischen Grenzgebiet sowie zur Zerschlagung und Besetzung der Tschechoslowakischen Republik geführt hat. Sie bedauert das Leid und das Unrecht, das dem tschechischen Volk durch die nationalsozialistischen Verbrechen von Deutschen angetan worden ist. Die deutsche Seite würdigt die Opfer nationalsozialistischer Gewaltherrschaft und diejenigen, die dieser Gewaltherrschaft Widerstand geleistet haben."
"(III) Die tschechische Seite bedauert, daß durch die nach dem Kriegsende erfolgte Vertreibung sowie zwangsweise Aussiedlung der Sudetendeutschen aus der ehemaligen Tschechoslowakei, die Enteignung und Ausbürgerung unschuldigen Menschen viel Leid und Unrecht zugefügt wurde, und dies auch angesichts des kollektiven Charakters der Schuldzuweisung. Sie bedauert insbesondere Exzesse, die im Widerspruch zu elementaren humanitären Grundsätzen und auch den damals geltenden rechtlichen Normen gestanden haben, und bedauert darüber hinaus, daß es aufgrund des Gesetzes Nr. 115 vom 8. Mai 1946 ermöglicht wurde, diese Exzesse als nicht widerrechtlich anzusehen, und daß infolge dessen diese Taten nicht bestraft wurden."
"(IV) Beide Seiten stimmen darüber überein, daß das begangene Unrecht der Vergangenheit angehört und werden daher ihre Beziehungen auf die Zukunft ausrichten. Gerade deshalb, weil sie sich der tragischen Kapitel ihrer Geschichte bewußt bleiben, sind sie entschlossen, in der Gestaltung ihrer Beziehungen weiterhin der Verständigung und dem gegenseitigen Einvernehmen Vorrang einzuräumen, wobei jede Seite ihrer Rechtsordnung verpflichtet bleibt und respektiert, daß die andere Seite eine andere Rechtsauffassung hat. Beide Seiten erklären deshalb, daß sie ihre Beziehungen nicht mit aus der Vergangenheit herrührenden politischen und rechtlichen Fragen belasten werden."

Wegen der oben behandelten und erläuterten Schwierigkeiten gibt es bis heute immer noch keine deutsch-tschechische Raumordnungskommission, und deswegen liegen entsprechende Ergebnisse über raumordnerische Leitbilder wie bei der Zusammenarbeit zwischen Deutschland und Polen nicht vor.

12.4 Das Interesse der EU an der Entwicklung der Euroregionen im Osten

Das Interesse an einer grenzüberschreitenden Planung und Zusammenarbeit ist nicht nur das Interesse der Nationalstaaten, sondern ganz besonders auch das Interesse der EG bzw. EU. Erinnert sei an die Assoziierungsabkommen und Europaverträge (BGBL, Teil II), die die EG mit Polen und Tschechien abgeschlossen hat. Als dann ernsthaft über eine Osterweiterung der EU diskutiert wurde, erfuhren diese Räume plötzlich Aufmerksamkeit. Spätestens auf dem EU-Gipfel in Essen im Jahre 1994 wurde eine Heranführungsstrategie für die Transformationsländer entwickelt. Und in diesem Zusammenhang spielt auch die grenzüberschreitende Zusammenarbeit eine große Rolle. Man spricht in der Literatur seit dieser Zeit von Scharnieren, die zwei nebeneinanderliegende Räume miteinander verbinden sollten, man spricht von Brücken, die geschaffen werden müssen. Sie sollen dynamische Entwicklungspole darstellen für die Anbindung Ostmitteleuropas an Westeuropa. Seit dieser Zeit werden auch gezielt Finanzmittel bereitgestellt.

12.5 Entstehung und räumliche Entwicklung der Euroregionen an der deutschen Ostgrenze

Die heute im deutsch-polnischen und deutsch-tschechischen Grenzraum bestehenden Euroregionen sind alle in der Zeit von 1991 bis 1993 entstanden. Knapp 6 Mio. Einwohner gibt es in diesem Raum auf einer Fläche von rd. 29 000 km^2 (Abb. 12.2).

Die Euroregion Neiße – Nysa – Nisa erfaßt drei Länder. Im deutschen Teil gehören dazu drei Landkreise: Niederschlesischer Oberlausitzkreis, Löbau – Zittau, Bautzen, dazu kommen die kreisfreien Städte Görlitz und Hoyerswerda. Im polnischen Teil sind es die südlichen und westlichen Teile der Wojewodschaft Dolnoslgskie (Hauptstadt Wroclaw = Breslau) und im Nordwesten drei Gemeinden der Wojewodschaft Lubuskie (Hauptstadt Zielona Gora = Grünberg). Im tschechischen Teil rechnen die Kreise Ceska Lipa (Böhmisch Leipa), Jablonec (Gablonz), Semily (Semil), Liberec (Reichenberg) sowie Gemeinden des Kreises Decin (Tetschen) dazu (Informationsbroschüre der Euroregion 1998).

In jeder Teilregion gibt es ein Sekretariat. Für die Euroregion Neiße ist das in Übersicht 12.2 verdeutlicht.

Im deutsch-tschechischen Grenzraum liegt die kleine Euroregion Elbe / Labe. Sie umfaßt den Raum zu beiden Seiten der Elbe von Litomerice bis Meißen. Die Gründungsmitglieder waren die Stadt Dresden sowie die Kreisverwaltungen sowie die Städte und Gemeinden der Kreise Decin, Teplice, Usti n. L. und Litomerice auf der tschechischen Seite und Dippoldiswalde, Freital, Pirna, Sebitz, Dresden-Land und Meißen auf der deutschen Seite (Informationsbroschüre der Euroregion Elbe / Labe 1997).

Die Euroregion Erzgebirge / Krusne hory liegt zwischen Elbe und Egerland. Sie ist ein Zusammenschluß des sächsischen Grenzgebietes im Erzgebirge mit den Kreisen Annaberg, Freiberg, Mittleres Erzgebirge und Stollberg sowie den Städten und Gemeinden der Kreise Louny, Most und Chomutov im Nordböhmischen Becken (Informationsbroschüre der Euroregion Erzgebirge / Krusne hory 1997).

Weiterhin ist die Euregio Egrensis zu nennen. Sie umfaßt auf der bayerischen Seite Teile Oberfrankens (kreisfreie Städte Bayreuth, Hof; Landkreise Bayreuth, Hof, Kulmbach, Wunsiedel i. F.) und Teile der

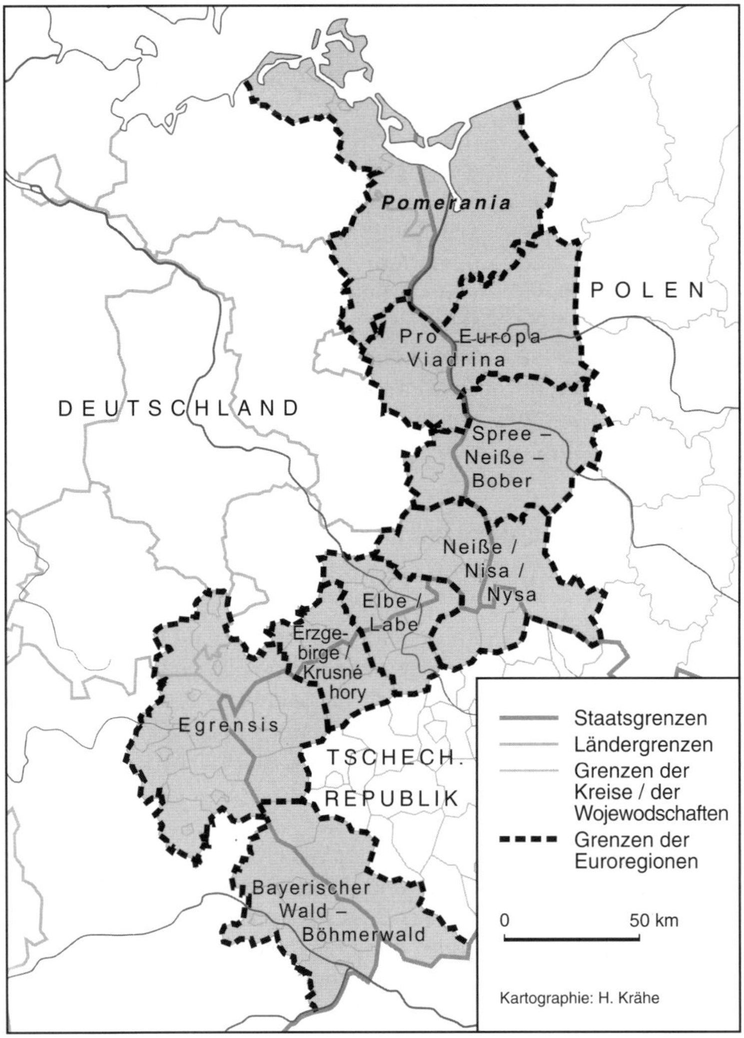

Abb. 12.2: Die Euroregionen an der deutsch-polnischen und deutsch-tschechischen Grenze
Quelle: nach LINTHOUT 1996, Anhang 5

Oberpfalz (kreisfreie Städte Amberg, Weiden; Landkreise Amberg-Sulzbach, Neustadt a. d. W., Tirschenreuth). Auf der sächsischen Seite kommen dazu das Vogtland (kreisfreie Stadt Plauen; Vogtlandkreis) und das Westerzgebirge (Landkreis Aue-Schwarzenberg). Auf thüringischer Seite gehören zur Euregio Egrensis die Landkreise Greiz und Saale-Orla, auf der tschechischen Seite kommen die Kreise Cheb (Eger), Karlovy Vary (Karlsbad), Sokolov (Falkenau) und Tachov (Tachau) hinzu (Informationsbroschüre der Euroregion Egrensis o. J.).

<table>
<tr><td colspan="6">Euroregion Neiße – Nisa – Nysa</td></tr>
<tr><td colspan="2">Kommunalgemeinschaft
Euroregion Neiße,
Sektion BRD e.V.
Sitz: Zittau</td><td colspan="2">Komunalni sdruzeni
Euroregion Nisa – severni
cechy und Kreisämter
von Liberec, Jablonec nad
Nisou, ceska Lipa, Semily
und Decin
Sitz: Liberec</td><td colspan="2">Stowarzyszenie Gmin
Polskich Euroregionu
Nysa
Sitz: Jelenia Gora</td></tr>
<tr><td colspan="6">Euroregion Elbe / Labe</td></tr>
<tr><td colspan="3">Kommunalgemeinschaft Euroregion
Oberes Elbtal / Osterzgebirge e. V.
Sitz: Pirna</td><td colspan="3">Klub Euroregionu Labe
Sitz: Usti nad Labem</td></tr>
<tr><td colspan="6">Euroregion Erzgebirge / Krusne hory</td></tr>
<tr><td colspan="3">Euroregion Erzgebirge e. V.
Sitz: Freiberg</td><td colspan="3">Euroregion Krusne hory
Sitz: Most</td></tr>
<tr><td colspan="6">Euroregion Egrensis</td></tr>
<tr><td colspan="2">Arbeitsgemeinschaft Vog tland /
Westerzgebirge e. V.
Sitz: Plauen</td><td colspan="2">Arbeitsgemeinschaft
Bayern e. V.
Sitz: Marktredwitz</td><td colspan="2">Arbeitsgemeinschaft
Böhmen e. V.
Sitz: Cheb</td></tr>
</table>

Übersicht 12.2: Die kommunalen Zusammenschlüsse in den Euroregionen an der Ostgrenze Deutschlands

Quelle: nach Angaben bei JAEDKE/KUNZMANN 1997, S. 70 – 71

12.6 Organisationsstruktur der Euroregionen im Osten Deutschlands

Die Abgrenzung der Euroregionen erfolgte nicht in erster Linie aufgrund bestehender Regionen, die historisch gewachsen sind und einheitliche Wirtschafts- und Lebensräume darstellen. Es sind eher pragmatische Zweckbündnisse zur Entwicklung der neuen grenzüberschreitenden Zusammenarbeit. Es geht in erster Linie um die Zusammenarbeit zwischen Institutionen in überschaubarem Rahmen. Die räumliche Ausdehnung der Euroregionen ergibt sich aus der Mitgliedschaft einzelner Gebietskörperschaften.

Mit der Gründung von juristischen Personen nach dem jeweiligen nationalen Recht hat man das Problem bei der Institutionalisierung der Kooperation umgangen. Vertragspartner der Euroregion sind die gleichberechtigten "Teilregionen". In Deutschland sind es die Kreise. Sie haben sich in einem privatrechtlich organisierten eingetragenen Verein zusammengeschlossen. Zusätzlich zu diesen kommunalen Gebietskörperschaften können aber auch juristische und natürliche Personen Mitglied der eingetragenen Vereine werden, z. B. Bürgerinitiativen und Banken.

Seit dem Gesetz über die kommunale Selbstverwaltung vom 08. März 1990 (WOLLMANN / HELLSTERN 1994, S. 111 - 126) können in Polen Gemeinden kommunale Zweckverbände gründen (PIATEK 1990, S. 717 - 722). Aber nur die Städte und Gemeinden (also nicht die Zweckverbände, Landkreise gibt es nicht) dürfen institutionelle Mitglieder werden.

Ebenso ist es in der Tschechischen Republik. Es dürfen sich dort zwar tschechische Gemeinden und Städte zu juristischen Personen zusammenschließen (ZICH 1993), aber auch dort muß jede einzelne Gemeinde Mitglied des Partnerverbandes der jeweiligen Euroregion werden.

Die lokalen Gebietskörperschaften, die sich beiderseits der Grenze zusammenschließen, bilden das Gebiet der Euroregion. Für den grenzüberschreitenden Zusammenhalt gibt es eine Rahmenvereinbarung. Darin ist die Gleichberechtigung der Vertragspartner als grundlegendes Prinzip festgelegt. Jeder Vertragspartner stellt eine eigenständige Einheit dar. Diese hat mehrere Organe. Der Rat bildet das höchste beschlußfähige Organ der Euroregion. Zur Vertretung der Euroregion nach außen und zur Ausführung der Rechtsbeschlüsse kann ein Präsidium gebildet werden. Arbeitsgruppen zur Erarbeitung von Vorschlägen für Projekte und Initiativen können in verschiedenen Bereichen gebildet werden. Ein Sekretariat ist zuständig für die Verwaltung, Koordination der Arbeitsgruppen und der laufenden Projekte, ebenso für Information- und Öffentlichkeitsarbeit.

12.7 Aufgabenbereiche der Euroregionen

In den Rahmenvereinbarungen werden für alle Euroregionen die Hauptziele genannt:

1. Integration auf individueller, regionaler und europäischer Ebene,
2. Entwicklung der Grenzregionen.

So geht es also zunächst um das Forcieren der Begegnung der Menschen in den Regionen, um die Anknüpfung grenzüberschreitender Kontakte. Es soll die geographische, psychologische und ideologische Trennung der Bevölkerung, die in den letzten Jahrzehnten vorherrschte, überwunden werden. Dafür sind persönliche grenzüberschreitende Kontakte und ein gutes nachbarschaftliches Verhältnis und internationale Verständigung notwendig.

Das zweite Hauptziel ist die Entwicklung der Euroregion. Sie umfaßt die Bereiche Wirtschaft, Umwelt und Verbesserungen der Lebensbedingungen, außerdem die Entwicklung der grenzüberschreitenden Infrastruktur.

Alle hier behandelten Euroregionen haben thematische Arbeitsgruppen, die inhaltliche Projektvorbereitungen betreiben und Abstimmungen von Initiativen vorbereiten. Es gibt eine Vielfalt von Themen, mit denen sich die Arbeitsgemeinschaften beschäftigen. Es lassen sich drei große Themenkomplexe herausstellen (LINTHOUT 1996, S. 40 – 41):

- die Durchlässigkeit der Grenze und Mobilität: Grenzübergänge, Verkehr, Infrastruktur, Telekommunikation;
- Begegnung der Bevölkerung: Kultur, Jugend, Sport, Denkmalpflege;
- die Entwicklung der Grenzregion: Regionalplanung, Umwelt, Naturschutz und Energie, Landwirtschaft, Wirtschaft und Arbeitsmarkt, Tourismus, Soziales und Gesundheit, Bildung, Aus- und Weiterbildung, Forschung, Brand- und Katastrophenschutz.

Es versteht sich von selbst, daß die Finanzierung der Projekte ein großes Problem darstellt. Dabei muß man außerdem unterscheiden, daß es sog. "weiche" und "harte" Projekte gibt. Sportfeste, Jugendlager, Musikveranstaltungen sind "weiche" Projekte und erfordern relativ geringe finanzielle Mittel. "Harte" Projekte dagegen, z. B. der Bau von Kläranlagen oder der Bau einer neuen Autobahn erfordern nicht nur wesentlich höheren finanziellen Einsatz, sondern auch lange Planungszeit und lange Bauzeit.

12.8 Finanzierungsmöglichkeiten grenzüberschreitender Projekte durch die EU

Für die Finanzierung grenzüberschreitender Projekte stellt die EU Gelder zur Verfügung. Diese wurden aus bisherigen Fonds ausgegliedert bzw. abgezweigt. Für die Schaffung des INTERREG-II-Programms griff man auf die bereits existierenden drei Strukturfonds zurück (Übersicht 12.3). Für die Schaffung des PHARE-CBC-Programms hielt man eine Abzweigung vom Hilfsfonds PHARE für notwendig.

12.8.1 Das INTERREG-II-Programm

Seit 1990 gibt es die Gemeinschaftsinitiative INTERREG, speziell für die Grenzgebiete innerhalb der EU. Von Bedeutung für den hier behandelten Raum an der deutschen Ostgrenze ist jedoch INTERREG-II. Die Gemeinschaftsinitiative gilt für den Zeitraum von 1994 – 1999. Sie soll "die grenzüberschreitende Zusammenarbeit fördern und den Grenzgebieten an den Binnen- und Außengrenzen der EU helfen, die spezifischen Probleme aufgrund ihrer relativen Isolierung in der jeweiligen nationalen Volkswirtschaft und in der EU insgesamt zu überwinden".

Die förderungsfähigen Gebiete liegen entlang der Landesgrenze der EU. Die INTERREG-II-Mittel werden den Bundesländern anhand "Operationeller Programme" zugewiesen, die unter ihrer Koordination vorbereitet und im Sommer 1995 von der Europäischen Kommission verabschiedet worden sind. Tabelle 12.3 stellt die erhaltenen Mittel und die Kofinanzierung je Bundes-

Operationelle Programme	EU-Anteil	Anteil Mitgliedsland	Gesamt
Mecklenburg-Vorpommern	63,1	31,3	94,4
Brandenburg	72,0	47,9	119,9
Sachsen	146,4	68,5	214,9
Bayern	16,8	25,2	42,0
Insgesamt (Mio. ECU)	298,3	162,9	461,2
(Mio. DM)	557,0	305,0	862,0

Tab. 12.3:
Fördermittel der Bundesländer aus dem INTERREG-II-Programm für grenzüberschreitende Zusammenarbeit an den Außengrenzen der EU 1994 – 1999
Quelle: JAEDKE / PIEHL 1995

Übersicht 12.3: Die Finanzierungsfonds für grenzüberschreitende Projekte der EU
CBC = Cross Border Cooperation
Quelle: nach ECKART 1998, S. 15 – 16

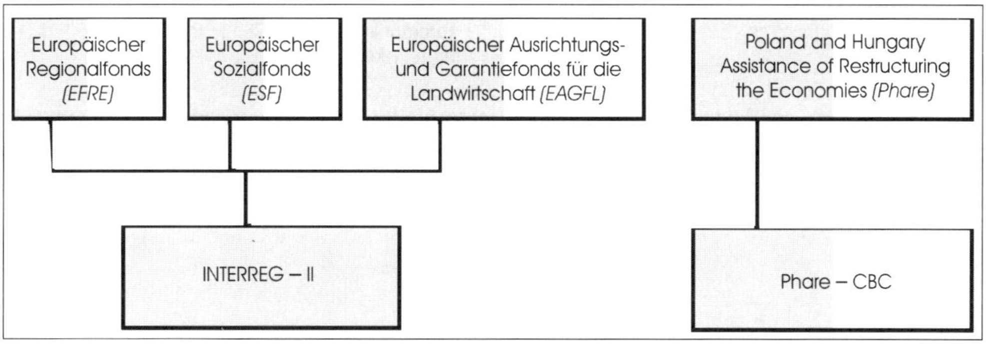

Jahr	Projekte (Auswahl)	Wojewodschaft / Bundesland	Handlungsfeld	CBC	Nationaler Anteil		Gesamt-CBC + nat. Anteil
					absolut	% am Gesamtwert	
1994	Bau von Straße und Grenzübergang Guben – Gubinek	Zielona Gora / Bundesland Brandenburg	Transport / Verkehr	16,00	7,00	30,40	23,00
1995	Modernisierung der Straße Lesna – Miloszowa A4	Jelenia Gora / Sachsen	Transport / Verkehr	1,80	0,60	25,00	2,40
	Abwasserkläranlage "Pomorzany" Szczecin (Stettin)	Szczecin / Mecklenburg-Vorpommern	Umweltschutz	1,00	28,20	96,60	29,20
	Konversion ehem. russischer Militärbasen in der Grenzregion	Zielona Gora / Brandenburg	Wirtschaftliche Entwicklung	0,25	2,95	92,20	3,20
	Deutsch-polnisches Zentrum Umweltschutz "Unteres Odertal"	Szczecin / Mecklenburg-Vorpommern	Menschliche Ressourcen	0,33	0,07	17,70	0,40
	Modernisierung des Heizkraftwerkes Zgorzelec	Jelenia Gora / Sachsen	Kommunale Infrastruktur	2,70	2,33	46,30	5,03
1996	Modernisierung der Straße 117 in Szczecin (Stettin)	Szczecin / Meckl.-Vorpommern Brandenburg	Transport / Verkehr	2,00	0,70	25,90	2,70
	Abwasserkläranlage Gorzow (Landsberg)	Gorzow / Brandenburg	Umweltschutz	1,70	5,25	75,50	6,96
	Wirtschaftszentrum Gorzow (Landsberg)	Gorzow / Brandenburg	Wirtschaftliche Entwicklung	0,42	0,40	48,50	0,28
	Wiederaufforstung in der Wojewodschaft Jelenia Gora (Hirschberg)	Jelenia Gora / Sachsen	Landwirtschaft	0,06	0,02	25,30	0,08
	Ausrüstung des Polnischen Roten Kreuzes im Grenzgebiet	Wojewodschaften (alle)	Menschliche Ressourcen	0,30	0,80	72,70	1,10
	Bau eines Heizsystems in Bogatynia	Jelenia Gora / Sachsen	Kommunale Infrastruktur	1,00	6,20	86,10	7,20
1997	Vorschläge Abwasserkläranlage „Pomorzany" Szczecin (Stettin)	Szczecin / Mecklenburg-Vorpommern	Umweltschutz	2,00	5,79	74,30	7,79
	Bau der Abwasserkläranlage in Cybinka	Zielona Gora / Brandenburg	Umweltschutz	0,60	0,90	60,00	1,50
	Collegium Polonicum in Slubice	Garzow / Brandenburg	Menschliche Ressourcen	6,00	4,80	44,40	10,80
	Gasversorgung in Pyrzyce	Szczecin / Mecklenburg-Vorpommern	Kommunale Infrastruktur	0,55	0,33	37,60	0,87

Tab. 12.4: Projekte der deutsch-polnischen grenzüberschreitenden Zusammenarbeit im Rahmen von PHARE-CBC (Mio. ECU) (Stand: 10. Februar 1997)

Quelle: ECKART 1998, S. 24

Jahr	Projekte (Auswahl)	Distrikt / Bundesland	Handlungsfeld	CBC	Nationaler Anteil		Gesamt-CBC + nat. Anteil
					absolut	% am Gesamtwert	
1994	Modernisierung der Eisenbahnstation Cheb (Eger)	Cheb / Bayern / Sachsen	Verkehrswesen	7,36	16,76	69,50	24,12
	Kläranlage Usti nad Labem (Aussig)	Usti nad Labem / Sachsen	Umwelt	5,76	2,00	25,80	7,76
1995	Elektrifizierung der Eisenbahnstrecke von und nach Cheb	Cheb / Bayern / Sachsen	Verkehrswesen	3,40	1,30	27,70	4,70
	Hochdruckgasleitung Laziste – Volary – Lenora	Prachatice / Bayern	Technische Infrastruktur	1,00	0,35	25,90	1,35
	Kläranlage Liberec (Reichenberg)	Liberec / Sachsen	Umwelt	2,10	0,94	30,90	3,04
	Tourismusinformationssystem (Euroregion Neiße)	Liberec / Sachsen	Wirtschaftliche Entwicklung	0,45	0,13	22,40	0,58
	Kooperation der Hochschulen in der Euroregion Neiße	Liberec / Sachsen	Humanressourcen	0,10	0,05	33,30	0,15
1996	Rekonstruktion Bahnhofsgebäude Zelezna-Rude	Klatovy / Bayern	Verkehrswesen	1,07	0,43	28,70	1,50
	Einführung von Erdgas – Krasna Lipa (Böhmisch Leipa)	Decin / Sachsen	Technische Infrastruktur	0,59	0,71	54,60	1,30
	Kanalisationssystem Purl Nisa	Jablonec (Gablonz) / Sachsen	Umwelt	1,72	0,57	24,90	2,29

Tab. 12.5: Projekte der deutsch-tschechischen grenzüberschreitenden Zusammenarbeit im Rahmen von PHARE-CBC (Mio. ECU) (Stand: 10. Februar 1997)

Quelle: Eckart 1998, S. 26

land dar. Das Bundesland Sachsen hat für die Zeit von 1994 – 1999 von der EU 146,4 Mio. ECU zu erwarten. Allerdings muß Sachsen noch 68,5 Mio. ECU dazugeben, damit die Programme durchgeführt werden können. Kofinanzierung ist dafür der Terminus technicus. Wie zu erkennen ist, stammen diese Mittel zum größten Teil aus dem EFRE-Fonds, einem der drei EU-Strukturfonds. Die von der EU für Sachsen bereitgestellten Mittel in Höhe 146 Mio. ECU verteilen sich schwerpunktmäßig auf Infrastruktur und Umwelt. Mit 73 Mio. ECU sind das 50 %. Auf die Landwirtschaft entfallen 20 %.

Das Antrags- und Genehmigungsverfahren für INTERREG-II-Projekte ist sehr langwierig. Es vollzieht sich zwischen den zuständigen deutschen Akteuren auf lokaler und Landesebene. Die Europäische Kommission und die polnische Seite haben jeweils nur einen Beobachterstatus. Sie werden lediglich über die Befürwortung oder Ablehnung informiert. Die polnische Seite hat kein Mitentscheidungsrecht (Morhard 1995).

12.8.2 Das PHARE-CBC-Programm

Damit auch Polen und Tschechien bei der Realisierung ihrer Projekte finanzielle Hilfe bekommen, kann auf das von der EG 1989 bereits eingerichtete Hilfsprogramm PHARE ("Poland and Hungary Assitance of Restructuring the Economies") zurückgegriffen werden. Es war zunächst nur für Polen und Ungarn vorgesehen. Später wurden auch andere osteuropäische Transformationsländer in dieses Hilfsprogramm miteinbezogen. Aus diesem Hilfsprogramm wird seit 1995 ein Teil abgezweigt. Er steht seit dieser Zeit unter der Bezeichnung PHARE-Cross Border Cooperation (CBC)-Programm zur Verfügung.

Tab. 12.6:
Fördermittel aus dem PHARE-CBC-Programm für Polen für grenzüberschreitende Zusammenarbeit Polen – Deutschland für den Zeitraum 1995 – 1999
Quelle:
Europäische Kommission 1996

Programmsektor	Mio. ECU
Verkehr	143,0
Umwelt	65,0
Versorgungsleistungen	13,0
Wirtschaftsentwicklung	7,8
Landwirtschaft	7,8
Humanressourcen	10,4
Durchführung / Verwaltung	13,0
Insgesamt	260,0

Tab. 12.7:
Fördermittel aus dem PHARE-CBC-Programm für die Tschechische Republik für grenzüberschreitende Zusammenarbeit Tschechien – Deutschland für den Zeitraum 1995 – 1999
Quelle:
Europäische Kommission 1996

Programmsektor	Mio. ECU
Infrastruktur und technische Versorgungsleistungen	21,25
Verkehr	43,00
Umwelt	42,00
Wirtschaftsentwicklung	4,00
Landwirtschaft	3,00
Humanressourcen	2,25
Technische Unterstützung	9,50
Insgesamt	125,00

PHARE-CBC, das Programm zur Förderung grenzüberschreitender Zusammenarbeit, ist also ein Teil des PHARE-Programms zur Förderung des " Prozesses wirtschaftlichen Umgestaltung" und "Stärkung der in ihren Partnerstaaten neu entstandenen demokratischen Gesellschaften" (Europäische Kommission 1994). Polen wurden daraus für den Zeitraum der Jahre 1995 bis 1999 260 Mio. ECU zur Verfügung gestellt (Tab. 12.6). Die Tschechische Republik bekam aus diesem Programm 125 Mio. ECU. Außer für die Bereiche Verkehr, Versorgungseinrichtungen, Infrastruktur und Umweltschutz konnten Gelder auch für Projekte in den Bereichen Wirtschaftsentwicklung, Landwirtschaft und ländliche Gebiete, menschliche Ressourcen und Technische Hilfe bereit gestellt werden.

Spätestens an dieser Stelle wird deutlich, daß die Euroregionen im Osten Deutschlands eine wichtige Brückenfunktion zu erfüllen haben. Denn wenn man die Verteilung der Phare-CBC-Mittel betrachtet, dann kann man erkennen, daß der größte Teil der Gelder in den Verkehrssektor fließt. Für Polen ist das mit 143 Mio. ECU für den Zeitraum 1995 – 1999 mehr als die Hälfte.

Die Antragstellung für Gelder aus PHARE-CBC-Programm verläuft in Polen und Tschechien anders als die Antragstellung für INTERREG-II in Deutschland. PHARE ist ein Programm von Regierung zu Regierung und ein Teil der Außenwirtschaftspolitik der EU. Zielsetzung, Umfang, Mittel und Methoden werden im Dialog zwischen der Europäischen Kommission (Generaldirektion 1, GD 1) und den Partnerländern in mehreren Schritten festgelegt.

Zur Koordinierung der Aktivitäten des polnischen Programms auf der Grundlage der Aktion PHARE-CBC sowie der Maßnahmen der deutschen Operationellen Programme INTERREG-II wurde am 20.12.1994 in Warschau ein "Rahmenabkommen" zwischen dem Projektmanager für das polnische Programm und dem Bundesministerium für Wirtschaft über den Einsatz von Mitteln der EU für grenzüberschreitende Zusammenarbeit im Zeitraum von 1995 – 1999 in Kraft gesetzt. Darin wurde ein "Deutsch-Polnischer Programmierungs- und Monitoring-Ausschuß (1995 – 1999)" mit folgenden Aufgaben eingerichtet.

Er sollte:

"... im Rahmen seiner Tätigkeit die Entwicklungsnotwendigkeiten beobachten, geeignete Maßnahmen und Projekte vorschlagen sowie den Realisierungsstand der angenommenen Programme der grenzüberschreitenden Zusammenarbeit im Rahmen der Aktion PHARE und der Operationellen Programme von INTERREG-II, die diesem Abkommen unterliegen, evaluieren" (MORHARD 1995, S. 40).

12.9 Perspektiven

In der Praxis gestaltet sich die Koordination und Stimulation der grenzüberschreitenden Zusammenarbeit im deutsch-polnischen und deutsch-tschechischen Grenzraum wesentlich schwieriger als es im Optimismus und Enthusiasmus nach der Wende erwartet wurde. Es wurden zunächst nur die Chancen für die Zusammenarbeit infolge von Grenzöffnung und Systemänderung gesehen. Die strukturellen, politischen und psychisch-emontionalen Hemmschwellen für eine Institutionalsierung der grenzüberschreitenden Zusammenarbeit wurden hingegen völlig unterschätzt. Weil ein Rechtsrahmen für rechtsverbindliche grenzüberschreitende Zusammenarbeit auf lokaler Ebene fehlt, sind Euroregionen nur Beratungsgremien ohne Beschlußfassungsrecht. Sie sind weiterhin keine juristische Person. Deshalb haben sie auch kein eigenes Budget. So kann die Euroregion auch kein finanziell-verantwortlicher Projektträger sein. Die Projekte werden nur von einer Seite der Euroregion getragen.

Die EU-Außengrenze ist eine Wohlstandsgrenze und wird das, selbst wenn Polen und die Tschechische Republik in die EU aufgenommen werden, auf längere Sicht auch wohl bleiben.

Das ist leicht einsehbar, wenn man die zur Verfügung gestellten Mittel für den Zeitraum von 1995 – 1999 betrachtet. Große Unterschiede bestehen hinsichtlich der Projektmittelbeantragung. Obwohl sich die beiden Programme ergänzen sollen, gibt es doch viele Probleme. Wenn aber in etwa fünf Jahren Polen und Tschechien Vollmitglieder der EU sein werden, dann werden allerdings die hier behandelten Euroregionen nicht mehr solche an der EU-Außengrenze sein, sondern an den EU-Binnengrenzen. Da ohnehin die Finanzierungsprogramme der EU (INTERREG-II und PHARE-CBC) nur bis Ende 1999 geplant waren, wird dann wohl auch ein auf beiden Seiten gültiges Finanzierungsmodell gelten und werden für die beide Seiten gleiche Entwicklungschancen bestehen.

13 Deutschland im Rahmen der Globalisierung

Bereits in Kapitel 4.1.2 wurden einige Ausführungen über Globalisierung gemacht. Seit etwa Mitte der 1990er Jahre wird nicht nur in der Öffentlichkeit, sondern auch in vielen Bereichen der Wissenschaft über Globalisierung diskutiert. Der Begriff Globalisierung ist inzwischen zu einem Schlagwort geworden. Er hat viele Dimensionen. Meist wird nur die wirtschaftliche Dimension behandelt, dann geht es um Vernetzung von Produktion, Absatz und Finanzierung (BOCK 1997, S. 15).

13.1 Ursachen der Globalisierung

Die Globalisierung ist durch den technischen Fortschritt in starkem Maße begünstigt worden. Mit den modernen Informationssystemen können heute Informationen an jeden Ort übertragen werden. Innerhalb und zwischen Unternehmen ist eine Kommunikation möglich, physische Transporte (z. B. Papier) sind überflüssig geworden. Dienstleistungen können verlagert, Zeitunterschiede übersprungen werden.

Die politische Deregulierung nationaler Märkte hat eine Vernetzung der Märkte zur Folge. Zwei politische Vereinbarungen haben zur Vernetzung der Güter- und Finanzmärkte beigetragen und diese grundlegend verändert: das aus dem Jahre 1944 stammende Abkommen von Bretton Wood und das GATT- (General Agreement on Tariffs and Trade) Abkommen von 1947 und den folgenden Abkommen.

Mit der Ausdehnung der Märkte verbunden, ist die Notwendigkeit, in den Ländern der neuen Märkte zu produzieren, um marktnäher zu sein, aber auch um seine Interessen am Markt zu dokumentieren (FRIEDRICHS 1997, S.5).

Es wird jedoch immer schwieriger, die Produktions-, Service- und Dienstleistungsstandorte eines Unternehmens zu koordinieren und zu kontrollieren, wenn sich die Aktivitäten über viele Länder verteilen. Man spricht von transnationalen Unternehmen (transnational corporations, TNC). Es nimmt außerdem der Bedarf an unternehmensbezogenen Dienstleistungen zu. Da sie selten von den Unternehmen erbracht werden können, werden sie ausgelagert (outsourcing) oder von anderen Firmen eingekauft.

SASKIA SASSEN (1998, S. 90) hält die finanz- und unternehmensbezogenen Dienstleistungen (nicht die Produktion) für den wichtigsten Bereich innerhalb der Globalisierung. Es geht also im wesentlichen um Finanzwesen, Versicherung und Immobilien. "Die zentralen Bestandteile der Kategorie produktbezogene Dienstleistungen sind eine Reihe von Branchen mit gemischten Geschäfts- und Konsummärkten. Dieses sind Versicherungen, Banken, Finanzdienstleistungen, Immobilien, Rechtsberatung, Wirtschaftsprüfung und professionelle Vereinigungen". Die internationalen Finanzströme werden vor allem über Direktinvestitionen gemessen.

13.2 Folgen der Globalisierung

Es gibt zahlreiche und vielfältige Annahmen über die Folgen der Globalisierung. FRIEDRICHS (1997, S. 8 – 10) nennt vier Folgen die genannt werden sollen:

13.2.1 Transnationale Unternehmen (TNC)

Die TNCs werden auch in Zukunft unter einem steigenden Druck der Internationalisierung stehen und zur räumlichen Ausdehnung ihrer wirtschaftlichen Aktivitäten gezwungen sein. Daraus wird sich auch weiterhin die Übernahme lokaler Unternehmen ergeben. Damit wird das wirtschaftliche und politische Gewicht dieser neuen Unternehmen zunehmen.

Das bedeutet aber auch die Entstehung größerer Übersichtlichkeit des Marktes für diese Unternehmen. Auch für die Finanzmärkte wird die Übersichtlichkeit größer werden. Die Unternehmen geraten jedoch in stärkere Abhängigkeit von den Schwankungen des Aktienmarktes und den Interessen der Anleger. Da Kapital weltweit investiert werden kann, entsteht ein internationaler Finanzmarkt. Er ist weitgehend von den Interessen der Produktion abgehoben. Es geht darum, mit Geld Geld zu verdienen.

Die Unternehmen geraten dadurch jedoch unter Druck. Sie werden gezwungen, sich weniger um den Erhalt von Arbeitsplätzen mit lokaler Bindung und an langfristiger Stabilität zu orientieren, sondern mehr an kurzfristiger Rentabilität: Börsennotierungen und Dividenden für Anleger.

13.2.2 Nationale Regierungen

Der weltweite Wettbewerb und die Entwicklungen der TNCs haben Rückwirkungen auf die nationalen Regierungen. Unternehmen und Regierungen verhandeln miteinander und untereinander auf der Weltbühne. Mit dem Ausdruck "Deregulierung" werden die Folgen dieses Verhaltens bezeichnet. Es geht dabei um den Abbau von Handelsbarrieren und die Vereinheitlichung von Handelsbedingungen (Abbau von Schutzzöllen, Abbau von Importquoten).

Der Druck auf die nationalen Regierungen, Unternehmensverbände (als Organisation von TNCs) und Gewerkschaften nimmt zu, die Beschäftigungsbedingungen an den Wettbewerb anzupassen. Das bedeutet Flexibilisierung der Arbeitsbedingungen. So kommt es immer wieder zu Diskussionen in Deutschland über Arbeitszeiten, Löhne, Gehälter, Kündigungsfristen und Lohnfortzahlungen.

Es werden in Deutschland infolge der Globalisierung auch die wohlfahrtsstaatlichen Regelungen zur Disposition gestellt, die in den 1950er, 1960er und 1970er Jahren die großen sozialpolitischen Errungenschaften waren. Soziale Leistungen und soziale Sicherheit werden mehr und mehr zurückgenommen werden müssen.

13.2.3 Beschäftigungs- und Einkommenssektor

Zu den schwerwiegenden Folgen der Globalisierung zählt die Veränderung der Beschäftigungsstruktur, die zu einer Veränderung der Einkommensstruktur führt.

Es werden immer mehr Personen mit sehr hoher Qualifikation oder solche mit sehr geringer Qualifikation nachgefragt. Die Arbeitsleistung der geringer Qualifizierten (Zubereitung von Spezialitäten und Delikatessen, Herstellung dekorativer Gegenstände, von Luxuskleidungsstücken und anderen Konsumgütern, verschiedene Dienstleistungen, wie Reinigung, Reparatur, Botendienste (Sassen 1998, S. 158)) wird benötigt, um den Lebensstil der Hochqualifizierten zu garantieren. In Deutschland spielen u. a. Arbeitsimmigranten in dieser Schattenwirtschaft eine Rolle, die solche Leistungen erbringen.

Im Zuge dieser Polarisierung gibt es eine steigende Arbeitslosigkeit, d. h. Arbeitslosenquote. Es handelt sich dabei in erster Linie um Personen aus dem ehemals produzierenden Gewerbe. Deren Qualifikationen werden nicht mehr nachgefragt. Die strukturelle Arbeitslosigkeit verändert sich auch nicht bei Verbesserung der wirtschaftlichen Bedingungen.

Diese Entwicklung hat auch eine Polarisierung der Einkommen zur Folge.

Durch die Globalisierung geraten die gering qualifizierten Arbeitskräfte des hochindustrialisierten Deutschland unter doppelten Konkurrenzdruck. Dieser kann in der Zuwanderung billiger ausländischer Arbeitskräfte oder der Einfuhr von Gütern und Diensten aus sogenannten Billiglohnländern bestehen. Auf der anderen Seite aber liegt der komparative Vorteil Deutschlands in der Produktion technologie- und forschungsintensiver Produkte. Das bedeutet nicht nur Geld- und Sachkapital, sondern auch hochqualifizierte Arbeit.

Im Zuge der Globalisierung sinkt die Nachfrage nach gering qualifizierten Arbeitskräften, während sie nach hochqualifizierten Arbeitskräften zunimmt. Der Markt für unqualifizierte Arbeitskräfte weist demzufolge ein Überangebot auf. Für hochqualifizierte Fachkräfte hingegen entsteht ein Nachfrageüberschuß. Es kommt zu einer Verschiebung zwischen Angebot und Nachfrage bei un- und hochqualifizierter Arbeit. Das bedeutet Druck auf die Löhne für unqualifizierte Arbeit, während für qualifizierte Arbeit eine Tendenz zur Verteuerung besteht. Daraus zieht MAYER (1999, S. 6) den Schluß, daß die Globalisierung ein Auseinanderdriften der Einkommen zur Folge haben muß, und zwar zugunsten der Besitzer von Sach- bzw. Geld- und Humankapital und zu Lasten gering qualifizierter

Übersicht 13.1: Soziale Bereiche in der Bundesrepublik Deutschland
Quelle: MAYER 1997, S. 31

Leistungen im Unternehmensbereich	Soziale Sicherungssysteme	Umverteilungs- und Ausgleichspolitik
Personenbezogene Arbeitsbedingungen für – Jugendliche – Frauen (u.a. Mutterschutz) – Schwerbehinderte Technische Arbeitsbedingungen – Arbeitsplatz – Arbeitsstätte – Arbeitsgerät – Arbeitsstoff Lohnfortzahlung im Krankheitsfalle Kündigungsschutz Arbeitszeitregelungen – täglich – Wochenarbeitszeit – Urlaub Sonderzahlungen – Weihnachtsgeld – Urlaubsgeld – betriebliche Altersversorgung Aufwand für Mitbestimmungsregeln	Rentenversicherung Krankenversicherung Pflegeversicherung Unfallversicherung Arbeitslosenversicherung Sozialhilfe	Steuerpolitik – Freibeträge – Progression – Präferenzen für Personen, Sektoren, Regionen etc. Familienpolitik – Splitting – Kindergeld etc. Wohnungspolitik – Wohnbauförderung – Wohngeld Vermögenspolitik Bildungspolitik Finanzhilfen – für Unternehmen, Sektoren, Regionen

Arbeit. Die Spreizung der Einkommensverteilung in der Bundesrepublik ist nach Ansicht des Sachverständigenrates bisher noch nicht in ausreichendem Maße erfolgt. Ein Indikator dafür ist die anhaltende Arbeitslosigkeit (HANESCH 1999, S. 6).

Im wesentlichen sind die sozialen Sicherungssysteme des Sozialstaates durch zwei Komponenten charakterisiert. Zum einen wird im Rahmen des nationalen Versicherungssystems für breite Bevölkerungsschichten Vorsorge im Fall von Arbeitslosigkeit, Krankheit und Alter getroffen. Zum anderen sind durch Gesetz oder Tarifvertrag in der primären Einkommensverteilung (Verhältnis von Löhnen und Gewinnen bzw. Lohnstruktur), durch das Steuer- und Transfersystem in der sekundären (als Ergebnis staatlicher Umverteilung von Löhnen und Gewinnen eintretenden) Einkommensverteilung hohe Armutsschranken errichtet (FRANZMEYER 1999, S. 25).

13.2.4 Städte

Die Verlagerungen von Arbeitsplätzen und die Veränderungen in der Beschäftigtenstruktur haben besonders zahlreiche Städte in eine Krise gestürzt. In den 1970er und 1980er Jahren waren es in Deutschland besonders die Städte der Altindustrieregionen (Ruhrgebietsstädte, Saarbrücken), heute stehen fast alle größeren Städte unter einem starken Anpassungsdruck.

Sinkende Transportkosten und das Lohngefälle haben in den letzten Jahrzehnten zu einer Verlagerung der Produktion aus hochindustrialisierten Ländern in solche der Dritten Welt geführt. Diese Verlagerung bedeutete Deindustrialisierung. Alle Städte, besonders die in Altindustrieregionen, sind davon betroffen. Wichtigster Anzeiger für diese Entwicklung ist der Rückgang der Beschäftigtenzahlen im Produzierenden Gewerbe (manufacturing). Beginnend mit Uhren, Textilien und Fotoapparaten, dann Schiffsbau, Automobilindustrie und Computerindustrie, hat dieser Prozeß inzwischen alle Branchen erfaßt. Inzwischen zählt hierzu auch der Sektor der Dienstleistungen (Tab. 13.1).

Anzeichen dieser Probleme sind z.B. sinkende Steuereinnahmen, steigende Belastung durch Sozialhilfe, Privatisierung von städtischen Dienstleistungen und Verkauf städtischen Eigentums.

13.3 Beispiele für den Ablauf des Globalisierungsprozesses

Die Globalisierung von Unternehmen, d. h. die Entwicklung von einem nationalen zu einem internationalen, multi- oder transnationalen und schließlich globalen Unternehmen vollzieht sich in vielen Schritten und über einen längeren Zeitraum durch Direktinvestitionen und Aktivitäten im Ausland. Bei einer Wertschöpfung in wenigstens zwei

Tab. 13.1: Wandel des globalen Wettbewerbs
Quelle: FRIEDRICHS 1997, S. 5

Dekade	Bedingung	Gefährdete nationale Branchen
1960er	Arbeitsintensität	Textilien, Schuhe, einfache Fließbandarbeit
1970er	Kapitalintensität	Automobile, Maschinen, chemische Produkte
1980er	Technologie	Unterhaltungselektronik, Telekommunikation
1990er	Information	Finanzdienstleistungen, Medien, „System“-Firmen

Ländern spricht man von multi- oder transnationalen Unternehmen (GAEBE 1998, S. 105).

Die Direktinvestitionen spielen in diesem Prozeß eine zentrale Rolle. Direktinvestitionen sind Kapitalanlagen im Ausland zur Gründung, Erweiterung oder zum Erwerb von Unternehmen und Betrieben. Nicht immer sind jedoch solche Direktinvestitionen ökonomisch sinnvoll, wenn nämlich in abgeschotteten Märkten die Rahmenbedingungen nicht akzeptabel sind, z. B. durch Zölle, Abgaben und Steuern bei über 300 % der Verkaufspreise liegen, wir das in Asien z. T. der Fall ist (GAEBE 1998, S. 106). Allerdings können die sehr geringen Lohnkosten eine Kompensation bewirken.

Im Jahre 1998, dem Rekordjahr, beliefen sich die Direktinvestitionen westdeutscher Unternehmen im Ausland nach der amtlichen Statistik des Bundeswirtschaftsministeriums auf insgesamt 146 Mrd. DM. Der Zustrom ausländischer Direktinvestitionen nach Deutschland betrug dagegen 1998 nur 35 Mrd. DM. Für Unternehmen aus den neuen Bundesländern spielen bisher Investitionen im Ausland nur eine ganz geringe Rolle. Nur vereinzelt begleiten Industrieunternehmen aus den neuen Bundesländern ihre Exportaktivitäten mit dem Aufbau ausländischer Betriebsstätten. Allerdings ist von dort in allerjüngster Zeit eine verstärkte Gründung von Vertriebsniederlassungen und der Aufbau eines Kundendienstnetzes im Ausland zu beobachten (Produktionsverlagerungen ... 1999, S. 1).

Die Direktinvestitionen werden durch Märkte und Kosten bestimmt. Weltweit operierende Unternehmen, die "global player", versuchen, auf den drei wichtigsten Weltmärkten, den Triademärkten (Nordamerika, Europa, Ost- und Südostasien) Fuß zu fassen und präsent zu sein.

Zu den Vorreitern dieses Entwicklungsprozesses der Globalisierung gehört in Deutschland die Automobilindustrie. Die bekannten Unternehmen verlegten einen Teil ihrer Produktion in ihre wichtigsten Exportländer: BMW nach Spartanburg (South Carolina), Mercedes nach Tuscaloosa (Alabama), VW nach Shanghai und Changchun (STEINBACH 1997, S. 68).

Anfang Mai 1997 eröffnete die Daimler-Benz AG ein neues Forschungszentrum in der südindischen Stadt Bangalore. Es sollte Ende 1998 insgesamt 50 Mitarbeiter haben (Daimler-Benz ... vom 5. Mai 1997). Damit wurde ein Brückenkopf in den indischen Markt geschaffen. Es ist ein Beispiel dafür, daß auch Forschungskapazitäten nicht mehr am Hauptsitz des Unternehmens geschaffen werden, sondern in einer Region der Dritten Welt (FRIEDRICHS 1997, S. 3).

13.3.1 Der Volkswagen-Konzern

Das im Jahre 1938 als Volkswagenwerk GmbH gegründete Unternehmen hat sich bis heute zu einem transnationalen Unternehmen entwickelt. Am 30.9.1999 hatte der Volkswagen-Konzern weltweit 42 Fertigungsstätten und damit einen umfassenden Produktionsverbund (Tab. 13.2). Zehn Werke lagen in Deutschland (Braunschweig, Emden, Hannover, Kassel, Salzgitter, Wolfsburg, Chemnitz und Zwickau / Mosel sowie Ingolstadt und Neckarsulm), 19 in anderen europäischen Ländern, 13 in außereuropäischen Ländern. Hinzu kommen aber auch noch sechs unabhängige Montage-Unternehmen: zwei in Deutschland und jeweils eines in Indonesien, Malaysia, auf den Philippinen und auf Taiwan.

Von den knapp 300 000 Arbeitskräften des VW-Konzerns war der größte Teil in Deutschland beschäftigt.

Die ersten Werksgründungen außerhalb Deutschlands wurden bereits im Jahre 1953 in Brasilien vorgenommen. Damit begann die Globalisierung des Unternehmens.

Heute (30.9.1999) gibt es dort in den fünf Werken des Volkswagenkonzerns insgesamt 29 175 Beschäftigte. Die zweite ausländische Neugründung des Konzerns fand 1956 in Südafrika statt. Seit 1974 gehört das Werk Uitenhage mit heute 5 978 Beschäftigten zu 100 % zum Volkswagen-Konzern. Auch die dritte Neugründung einer Fertigungsstätte gab es außerhalb Europas. Das war 1964 in Puebla in Mexiko. Die erste Neugründung einer Fertigungsstätte in Europa erfolgte erst 1971 in Brüssel (Belgien). Heute sind dort 6 645 Personen beschäftigt. In den 1970er Jahren kam es zu keinen weiteren Neugründungen, weder in Deutschland und Europa, noch außerhalb Europas. 1980 entstanden zwei Werke in Argentinien, 1985 ein Werk in Shanghai (China).

Erst in den 1990er Jahren setzte eine neue Phase umfangreicher Expansion durch Neugründungen und Übernahmen von Fertigungsstätten ein. Ab 1990 gab es im Konzern in zehn Ländern 22 Neugründungen und Übernahmen. Abgesehen von Changchun (China) 1991, Michigan (USA) 1995 und S'dom (Israel) 1996, waren alle Standortneugründungen bzw. Übernahmen auf Europa konzentriert.

Damit in den Fertigungsstätten die unterschiedlichsten Autotypen und -teile produziert werden können, spielt die Beschaffung eine große Rolle. Die Vielfalt der Volkswagenproduktionen benötigt eine enorme Materialfülle: kleinste Schrauben und leistungsfähigste Computer, Rohstoffe, Halbfertigfabrikate, Normteile, Fertigprodukte, vorkomplettierte Module, Hilfsstoffe, Energieträger, Verpackungsmaterial etc.

Der Volkswagen-Konzern kauft weltweit ein. Die Beschaffungsaktivitäten korrespondieren dabei mit der von Volkswagen verfolgten "Plattformstrategie". Das bedeutet: Die Konzentration auf den zunehmenden Einsatz identischer Komponenten bei den verschiedenen Konzernmarken geht einher mit einer deutlichen Internationalisierung der Einkaufsaktivitäten. Immer bedeutsamer wird ein differenzierter Global- and Forward-Sourcing-Prozeß, der die Beschaffung des gesamten Plattformvolumens realisiert. Mit Hilfe von Forward-Sourcing werden Neuteile für neue Projekte und Neuteile für bestehende Modelle abgefragt und für neue Projekte aquiriert. Bei diesem Vorgehen geht es um die Beantwortung folgender Fragen:

- Wer ist der wettbewerbsfähigste Lieferant?
- Wie erhält der Konzern den besten Zugang zu den neuesten Technologien am Markt?
- Wie kann der Bedarf am besten gebündelt werden?
- Wie gewinnt der Konzern die größtmögliche Transparenz am Markt?

Nationale Grenzen spielen bei der Beschaffung keine Rolle mehr. Der Konzern muß mit seinem Einkauf auf allen Absatz- und Beschaffungsmärkten präsent sein. Diesen Zugang hat das Unternehmen durch eigene Tochter- und Beteiligungsgesellschaften und Joint Ventures in aller Welt. Besonders wichtige Beschaffungsmärkte, wie die USA, Japan und Italien, haben keine eigene Produktion von Volkswagen, doch gibt es dort Einkaufsbüros.

Um an dem Wachstum der aufstrebenden Märkte in Asien, Südamerika und Osteuropa teilzuhaben, werden zunehmend diese Märkte auch in den Beschaffungsprozeß integriert. Die Vorteile der lokalen Lieferanten und Fertigungsstätten können dadurch ausgenutzt werden. So wird außerdem größere Markt- und Konsumnähe erreicht.

Beim Einkauf spielt die Internationalisierung eine zunehmende Rolle:

- Wo gibt es die beste Motorblockschraube?
- Wer bietet die qualitativ besten Lösungen für Türverkleidungen oder Scheinwerfer?
- Welcher Partner ist der richtige für komplexe Komponenten, z. B. Klima-

Land	Name des Unter-nehmens	Gründungs- oder Übernahmejahr	Werk	Beschäf-tigte	Produktion
Deutschland	Volkswagen Sachsen GmbH	Gründung 1990; 100 % Volkswagen AG	Chemnitz	700	Motoren, Motorenmontage, Komponenten
			Zwickau / Mosel	6 000	VW Golf A4; VW Passat; Komponenten für den Konzernverbund
Bosnien-Herzegowina	Volks-wagen-Sarajewo d. o. o.	Gründung 1998; 58 % Volkswagen AG; 42 % UNIS Holding	Sarajewo	60	Skoda Felicia
Großbritannien	Rolls-Royce & Bentley Motor Cars Ltd.	seit 1998 100 % Volkswagen AG	Crewe	2 400	Bentley Amage Red Label; Bentley Amage Green Label; Bentley Continental R; Bentley Continental T; Bentley Azure; Bentley Continental SC; Rolls-Royce Silver Seraph
	Cosworth Technology Ltd.	seit 1998 100 % Audi AG	Northampton	938	Zentrale; Entwicklungsabteilung; Motoren- und Antriebssystementwicklung; Motoren- und Fahrzeugwerkstatt; Motorprüfstände
			Wellingborough		Produktion von Zylinderköpfen und Motorblöcken
			Worcester		2 Aluminiumgießereien; Herstellung von Zylinderköpfen und Motorblöcken
Italien	Automobil Lamborghini S.p.A.	seit 1998 100% Audi AG	Sant'Agatha Bolognese	374	Lamborghini Diablo GT 2 WD; Lamborghini Diablo Roadster 4 WD; Lamborghini Diablo SV 2 WD; Lamborghini Diablo VT 4 WD
Polen	Volks-wagen-Poznan Sp.zo.o.	Gründung 1993; 100% Volkswagen AG	Poznan	2 490	Audi A6; Audi A6 Variant; Skoda Felicia Fließheck; Skoda Felicia Combi; Skoda Felicia Pick-up; Skoda Octavia; Skoda Octavia Comt; VW Bora; VW Caddy; VW Passat; VW Passat Variant; VW Polo; VW LT; VW T4
			Polkowice	420	Motoren
Portugal	Auto Europa-Automoveis Lda.	Gründung 1991; seit 1999 100% Volkswagen AG	Setubal / Palmela	4 000	Ford Galaxy; Seat Alhambra; VW Sharan
Spanien	Seat, S.A.	Seit 1990 100 % Volkswagen AG	Barcelona	2 794	Zentrale Verwaltung; Preßwerk
			Martorell	11 359	Seat Arosa; Seat Cordoba; Seat Cordoba Variant; Seat Ibiza; Seat Inca; VW Caddy; VW Polo Classic; VW Polo Variant; Motoren; Technikzentrum; zentrales Ersatzteillager
	Volkswagen Navarra, S.A.	100 % Volkswagen AG	Pamplona	5 406	VW Polo; Motorenmontage
	Gearbox del Prat, S.A.	100 % Seat, S.A.	Prat	1 543	Getriebe; Gießerei; Preßwerk

Land	Name des Unter-nehmens	Gründungs- oder Übernahmejahr	Werk	Beschäf-tigte	Produktion
Slowakische Republik	Volkswagen Slovakia, a.s.	Gründung 1991; 100 % Volkswagen AG	Bratislava	5 807	VW Bora 4 Motion; VW Bora Variant 4 Motion; VW Golf A4; VW Golf A4 Motion; VW Golf A4 Variant 4 Motion; Getriebe; Komponenten für Getriebe
Tschechische Republik	Skoda Auto a.s.	Gründung 1990; 70 % Volkswagen AG; 30 % Tschechische Republik	Kvasiny	1 173	Skoda Pick-up; Skoda Vanplus; VW Caddy Pick-up
			Mlada Boleslav	19 055	Skoda Felicia; Skoda Felicia Combi; Skoda Octavia; Skoda Octavia Combi; Motoren; Motorenmontage
			Vrchlabi	1 395	Skoda Felicia; Skoda Felicia Kombi; Skoda Fun; Skoda Octavia; Skoda Pick-up
Ungarn	Audi Hungaria Motor Kft.	Gründung 1993; 100 % Audi AG	Györ	4 141	Audi TT Coupe; Audi TT Roadster; Motoren
Israel	Dead Sea Magnesium Ltd.	Gründung 1996; 35 % Volkswagen AG, 65 % Dead Sea Works	S'dom	400	Herstellung und Vertrieb von Magnesium
USA	Cosworth Technology Inc.	1995 von Cosworth erworben; 100 % Cosworth Technology	Novi (Michigan)	keine An-gaben	Antriebsstrangsysteme; Motordiagnose
Volksrepublik China	FAW-Volkswagen Automotive Company Ltd.	Gründung 1991; 30 % Volkswagen AG, 10 % Audi AG; 60 % First Automobile Works	Changchun	4 469	Audi A6; VW Jetta; VW Jetta-Facelift; Getriebe; Motorenkomponenten; Motorenmontage

Tab. 13.3: Die ab 1990 neu entstandenen Fertigungsstätten des Volkswagen-Konzerns
Quelle: Angaben der Unternehmensleitung

Tab. 13.2: Anzahl der Werke und Beschäftigten im Volkswagen-Konzern (30.9.1999)

Land	Zahl der Fertigungsstätten	Zahl der Beschäftigten
Deutschland	10	152 988
Andere europäische Länder	19	70 000
Außereuropäische Länder	13	70 235
Insgesamt	42	293 223

Quelle: Angaben des Volkswagen-Konzerns im Dezember 1999

anlagen, oder für ganze, just-in-time zu liefernde Module?

Der Volkswagen-Konzern verfügt über einen internen weltweiten Datenverbund für Anfragen. Die internationalen Lieferanten an den Produktionsstandorten vor Ort spielen eine immer größere Rolle. Der Global Player Volkswagen ist auch ein Global Buyer (Angaben des VW-Konzerns vom Dezember 1999).

13.3.2 Die Bosch-Gruppe

Für eine Vielzahl von Erzeugnissen ist der Name Bosch weltweit ein Begriff: für Kraftfahrzeugausrüstung, für private und öffentliche Kommunikationstechnik, für Elektrowerkzeuge, Thermotechnik, Hausgeräte für Automationstechnik und Verpackungsmaschinen.

Im Jahre 1886 wurde von Robert Bosch in Stuttgart eine kleine Werkstätte für Feinmechanik und Elektrotechnik gegründet. Sie spezialisierte sich bald auf Zündanlagen für Verbrennungsmotoren.

Bosch ist heute ein international operierendes Unternehmen, ein Global Player, der mit seinen vier Unternehmensbereichen Kraftfahrzeugausrüstung, Kommunikationstechnik, Gebrauchsgüter und Produktionsgüter mit weltweit 190 000 Mitarbeitern einen Umsatz von rd. 50 Mrd. DM (1998) erreichte (Angaben des Unternehmens vom Dezember 1999).

Insgesamt hat die Bosch-Gruppe Tochter- und Beteiligungsgesellschaften in 48 Ländern. Mehr als 185 Produktionsstandorte, davon 142 außerhalb Deutschlands, unterstreichen die internationale Ausrichtung des Unternehmens. Weltweit ist Bosch an 37 Gemeinschaftsunternehmen beteiligt (Geschäftsbericht 1998 Bosch, S. 32).

Die Bosch-Gruppe hat den Sitz ihrer Zentrale in Gerlingen bei Stuttgart. Forschungs- und Entwicklungszentren gab es Ende 1999 in Deutschland an 15 Standorten. Die Fertigung von Kraftfahrzeugausrüstung erfolgte an 24 Standorten, die Fertigung von Kommunikationstechnik an 7 Standorten, die Fertigung von Gebrauchsgütern an 12 Standorten und die Fertigung von Produktionsgütern an 8 Standorten. Dazu gab es 12 Vertriebszentren und 6 Standorte für Technische Verkaufsbereiche Kraftfahrzeug-Erstausrüstung.

Außerhalb von Deutschland ist gegenwärtig die Bosch-Gruppe in Europa in 20 Ländern mit 94 Standorten vertreten (Tab. 13.4). In Finnland, Norwegen und Schweden gibt es nur Vertrieb und Kunden-

Tab. 13.4:
Die Bosch-Gruppe in Europa (ohne Deutschland; Stand Ende 1999)
Quelle: Angaben der Unternehmensleitung

Land	Zahl der Standorte	Zahl der Beschäftigten
Belgien	3	2 010
Dänemark	2	1 520
Finnland	1	100
Frankreich	16	10 550
Griechenland	1	510
Großbritannien	8	3 930
Italien	5	2 170
Niederlande	5	1 310
Norwegen	1	150
Österreich	3	1 450
Polen	3	880
Portugal	6	3 760
Russische Föderation	5	2 120
Schweden	1	290
Schweiz	6	2 210
Slowenien	2	300
Spanien	15	7 620
Tschechische Republik	4	2 830
Türkei	4	4 380
Ungarn	3	510
Insgesamt	94	48 600

Land	Zahl der Standorte	Zahl der Beschäftigten
Argentinien	1	230
Australien	2	1 630
Brasilien	7	11 940
China	10	2 100
Indien	4	11 430
Japan	7	4 120
Kanada	1	120
Korea	4	920
Malaysia	2	3 330
Mexiko	5	4 560
Peru	1	270
Singapur	1	260
Südafrika	2	980
USA	45	17 070
Venezuela	1	170
Insgesamt	93	59 130

Tab. 13.5: Die Bosch-Gruppe außerhalb Europas
Quelle: Angaben der Unternehmensleitung im Dezember 1999

Land	Umsatz (Mrd. DM)
USA	6,8
Frankreich	4,3
Großbritannien	2,8
Italien	2,6
Spanien	2,3
Brasilien	1,7
Österreich	1,1
Japan	1,0
Schweden	0,9
Niederlande	0,9

Tab. 13.6: Die wichtigsten Auslandsmärkte der Bosch-Gruppe 1998
Quelle: Bosch heute ...1999, S. 20

dienst, an allen anderen Standorten erfolgt auch Fertigung.

Insgesamt werden an allen europäischen Standorten 48 600 Personen beschäftigt.

Regionale Fertigungsschwerpunkte gibt es in Europa mit Frankreich (16 Standorte, 10 550 Beschäftigte), Spanien (15 Standorte, 7 620 Beschäftigte) und Großbritannien (8 Standorte, 3 930 Beschäftigte). In diesen drei Ländern liegen somit insgesamt 39 Standorte (= 41 % aller europäischen Standorte) und arbeiten mit 22 100 fast die Hälfte aller europäischen Beschäftigten.

Außerhalb von Europa hat die Bosch-Gruppe gegenwärtig in 15 Ländern Standorte für die Fertigung und für den Vertrieb und die Kundenbetreuung (Tab. 13.5). 45 Standorte allein in USA machen von den insgesamt 93 Standorten fast die Hälfte aus. Mit 17 070 Beschäftigten arbeiten dort jedoch nicht einmal ein Drittel der insgesamt 59 130 außereuropäischen Beschäftigten. Für die Bosch-Gruppe noch besonders erwähnenswert sind die 10 Standorte in China, 7 Standorte jeweils in Brasilien und Japan und 5 Standorte in Mexiko (Bosch heute ... 1999, S. 28 – 33).

Bei ihrer Auslandstätigkeit kann die Bosch-Gruppe auf eine lange Tradition zurückblicken. Schon 1898 wurde der erste Schritt auf die Weltmärkte unternommen. Damals wurde die erste Auslandsvertretung in Großbritannien eröffnet. Heute ist Großbritannien mit 2,8 Mrd. DM Umsatz (1998) der drittgrößte Auslandsmarkt des Konzerns (Tab. 13.6).

Ein globaler Entwicklungs- und Fertigungsverbund ermöglicht die Nutzung von Synergien zwischen den Unternehmensstandorten. So sind Komponenten, die mehrere Bosch-Werke des Unternehmens herstellen, für die Endmontage eines Systems in anderen Produktionsstätten bestimmt. Das bedeutet grenzüberschreitende Arbeitsteilung unter Nutzung regionaler Fertigungsvorteile. Ländergrenzen haben für weltweit tätige Unternehmen wie Bosch immer weniger Bedeutung.

Literatur

ACHE, P; BREM, H. J.; KUNZMANN, K. (Institut für Raumplanung der Universität Dortmund) (1992): Auswirkungen des europäischen Binnenmarktes auf die Raum- und Siedlungsstruktur in Westdeutschland. – Bonn (= Schriftenreihe "Forschung" des Bundesministeriums für Raumordnung, Bauwesen und Städtebau, H. 488) (zitiert als "IRPUD")

ADAM, B.: Städtenetze. – In: BfLR (Hrsg.) (1994): Aktuelle Forschungsfelder des Experimentellen Wohnungs- und Städtebaus. Eine Übersicht. (= Materialien zur Raumentwicklung, H. 56), S. 92 – 95, Bonn

ADAM, B. (1998): Der Wettbewerb "Regionen der Zukunft" – regionale Agenden für eine nachhaltige Raum- und Siedlungsentwicklung. In: UVP-Report, H. 4, S. 172 – 175

ADAM, B.; BLACH, A. (1996) : Räumliche Arbeitsteilung in Großstadtregionen – interkommunale und raumordnerische Konfliktkategorien. In: Informationen zur Raumentwicklung, H. 4 / 5, S. 187 – 206

Agrarberichte der Bundesregierung (1974 – 1997): hrsg. v. Bundesministerium für Ernährung, Landwirtschaft und Forsten, Bonn

Agrarpolitische Mitteilungen für die DDR. Freie Verfügbarkeit zum Schutz von landwirtschaftlichem Privateigentum, hrsg. v. BML, Bonn, Nr. 4 / 90 vom 2. August 1990

Agrarpolitische Mitteilungen für die DDR. Garantiemengenregelung auch für die DDR-Landwirtschaft bei Milch, hrsg. v. BML, Bonn Nr. 5 / 90 vom 9. August 1990

Agrarpolitische Mitteilungen für die DDR. Marktorganisationsgesetz. Basis zur Stabilisierung der Agrarmärkte in der DDR, hrsg. v. BML, Bonn Nr. 3 / 90 vom 30. Juli 1990

Agrarpolitische Mitteilungen, hrsg. v. BML, Nr. 1 / 90 vom 20. Juli 1990

Agrarpolitische Mitteilungen. Einzelbetriebliche Investitionsförderung ab 1991, hrsg. v. BML, Bonn, Nr. 15 / 90 vom Dezember 1990

Agrarpolitische Mitteilungen. Flächenstillegungen und Extensivierung zur Entlastung von Märkten und Umwelt. Stabilisierung von Einkommen in der Landwirtschaft, hrsg. v. BML, Nr. 2 / 90 vom 25 Juli 1990

ANDREAE, B. (1983) : Agrargeographie. Strukturzonen und Betriebsformen in der Weltlandwirtschaft, Berlin / New York, 2. Aufl.

Anordnung über die Kreditgewährung an kommunale Einrichtungen vom 15. Januar 1990. In: GBL der DDR, Teil I, Nr. 6, S. 35ff.

Argumente. Situationsbericht 1993 und 1995, hrsg. v. Deutschen Bauernverband, Bonn 1993 und 1995

Argumente, Trends und Fakten zur wirtschaftlichen Lage der deutschen Landwirtschaft 1997, Bonn

Ausländer in Großstädten (1996). In: Ausländer in Deutschland (AiD) H. 2, S. 10

Baden-Württemberg in Wort und Zahl (1996): Monatshefte des Statistischen Landesamtes Baden-Württemberg, 44. Jg., Stuttgart

BAESLER, H.; RIETDORF W. (1995): Wissenschaftliche Grundlagen zur Umsetzung der Regionalplanung im Land Brandenburg. In: Berichte zur deutschen Landeskunde 65, S. 309 – 325

BARTH, U. (1995): Zum Zielerreichungsgrad der regionalen Wirtschaftsförderung in Thüringen, 1990 bis Juni 1994, (START-Forschungsbericht 2) Erfurt

BÄTZIG, W.; VON DER FECHT, T. (1997): Nachhaltigkeit auf Grund sozialer Verantwortung. Erfahrungen aus der traditionellen Berglandwirtschaft als Basis einer nachhaltigen Nutzung heute. In: Agrarbündnis (Hrsg.): Der kritische Agrarbericht, S. 22 – 30

BAUDISCH, R. (1997): Bundeshauptstadt Berlin 1991 bis 1996. In: Berlin. Geschichte in Daten, hrsg. v. I. MATERNA und W. RIBBE, Berlin

BAUERSCHITZ, C.; STIRL A. (1995): Entwicklungstendenzen der chemischen Industrie im Wirtschaftsraum Köln seit Beginn der achtziger Jahre. In: GLÄSSER, E.; VOPPEL G. (Hrsg.): Wirtschaftsgeographische Entwicklungen in Nordrhein-Westfalen (zum 65. Geburtstag von Götz Voppel. Kölner Forschungen zur Wirtschafts- u. Sozialgeographie, Bd. 44), S. 33 – 61, Köln

BAUMEIER, R. (1993): Politik für den Standort Deutschland. Kongreß des Bundesbauministers zum Raumordnungspolitischen Orientierungsrahmen. In: BBauBl, H. 8, S. 617 – 622

BAUMEIER, R. (1994): Städtenetze. Raumordnungspolitische Ziele und Anforderungen an den weiteren Ausbau städtischer und regionaler Vernetzungen. In: Raumforschung und Raumordnung, H. 6, S. 383 – 391

BAUMGARTNER, T.; BORRIES, V.; VON FROSCH, A.; HARMSEN, A.; METTLER, H. P. (1988): NRW 2020. Mikroelektronik, Arbeitsmarkt und Gestaltungsmöglichkeiten. (= Ministerium für Arbeit, Gesundheit und Soziales (Hrsg.): Werkstattberichte: Mensch und Technik, H. 35), Düsseldorf

BBR (= Bundesamt für Bauwesen und Raumordnung), Bonn: Laufende Raumbeobachtung

Beauftragte der Bundesregierung für die Belange der Ausländer in der Bundesrepublik Deutschland (Hrsg.) (1995): Bericht der Beauftragten der Bundesregierung für die Belange der Ausländer über die Lage der Ausländer in der Bundesrepublik Deutschland, Bonn

BECKER, C. (1994): Touristische Straßen: einige grundsätzliche Überlegungen. In: MAIER, J. (Hrsg.): Arbeitsmaterialien zur Raumordnung und Raumplanung, H. 137, Touristische Straßen – Beispiele und Bewertung, S. 1 – 4, Bayreuth

Beirat für Raumordnung (1976): Gesellschaftliche Indikatoren für die Raumordnung. Empfehlung v. 16.6.1976, Bonn

BENTHIEN, B. (1990): Geographie des Erholungswesens und des Tourismus. In: Konrad SCHERF u. a. (Hrsg.): Ökonomische und soziale Geographie der DDR. Gotha

BENTHIEN, B. (1997): Geographie der Erholung und des Tourismus (Perthes Geographie-Kolleg), Gotha

BENTHIEN, B. (1986ff.): Reiseland DDR, Berlin

BERGER, M. (1993): Elektroindustrie. Strukturwandlungen und Entwicklungsperspektiven, Berlin, München

Bericht der Sachverständigenkommission für die Neugliederung des Bundesgebietes (1973): hrsg. v. Bundesministerium des Innern, Bonn

BERNHAUER, E. (1981): 93 Touristikstraßen in Deutschland, II. In: Der Fremdenverkehr und Das Reisebüro, H. 11, S. 14 – 16

Beschluß über die Gründung und Auflösung von Ministerien und zentralen Staatsorganen" vom 21. Dezember 1989. In: GBL d. DDR, T. I, Nr. 26, S. 272 – 273

Beschluß zur Gründung der Anstalt zur treuhänderischen Verwaltung des Volkseigentums (Treuhandanstalt) vom 1. März 1990. In: GBL d. DDR, T. I, Nr. 14, S. 107ff.

BfLR (= Bundesanstalt für Landeskunde und Raumordnung), Bonn 1993 u. 1997

BIRG, H.; FLÖTHMANN, E.-J. (1992): Entwicklung der Familienstrukturen und ihre Auswirkungen auf die Belastungs- und Transferquotienten zwischen den Generationen. Bielefeld, Institut für Bevölkerungsforschung und Sozialpolitik

BIRG, H.; FLÖTHMANN, E.-J. (1993): Bevölkerungsprojektionen für das vereinigte Deutschland bis zum Jahr 2100. Bielefeld

BIRKENHAUER, J. (1984): Das Rheinisch-Westfälische Industriegebiet. Regionen, Genese, Funktionen, Paderborn, u. a.

BIRKHOLZ, K. (1993): Der räumlich-industrielle Wandel in der Region Brandenburg-Berlin. In: Geographische Rundschau 45, S. 564 – 573

BIRKHOLZ, K. (1998): Militärische Konversion – eine Jahrhundertaufgabe im Land Brandenburg. In: Kommunale Entsorgungs- und Umweltproblematik in Ost-Mitteleuropa nach der politischen Wende, hrsg. v. W. ZSILINCSAR, S. 69 – 79, Graz

BIRZER, M; FEINDT, P. H.; SPINDLER, E. A. (1997): Nachhaltige Stadtentwicklung – Konzepte und Projekte, Bonn

BLASCHKE, K. (1990): Alte Länder – Neue Länder. Zur territorialen Neugliederung der DDR. In: Aus Politik und Zeitgeschichte, B 27, S. 39 – 54, Bonn

BLOHM, G. (1969): Produktion und Verbrauch landwirtschaftlicher Erzeugnisse (= Wirtschaft und Gesellschaft in Mitteldeutschland, Bd. 3; hrsg. v. Forschungsbeirat f. Fragen d. Wiedervereinigung Deutschlands b. Bundesminster f. Gesamtdeutsche Fragen), Berlin

BLÜTHMANN, H. (1997): Unternehmen Kahlschlag. In: Die Zeit, Nr. 12 vom 14. März 1997

BMBau (= Bundesministerium für Bauwesen), Bonn 1991

BMI informiert (1996), hrsg. v. Bundesministerium des Inneren, Bonn, 9.1.1996

BOELCKE, W. A. (1992): Die Wirtschaft heute, eine vergleichende Entwicklungsbilanz. In: SCHAAB, M. (Hrsg.): 40 Jahre Baden-Würtemberg, S. 479 – 496, Stuttgart

BOESLER, K.-A. (1969): Kulturlandschaftswandel durch raumwirksame Staatstätigkeit. Abhandlung des 1. Geographischen Instituts der Freien Universität Berlin, Bd. 12, Berlin

BOESLER, K.-A.; BOTT, A.; EBUS, A. (1990): Die Beschäftigungswirkungen von Zulieferverflechtungen und konsumrelevanten Einkommenszahlungen des Kölner Chemiegürtels, Ms., Bonn

BORST, O. (Hrsg.) (1989): Wege in die Welt – Die Industrie im deutschen Südwesten seit Ausgang des 18. Jahrhunderts, Stuttgart

Bosch heute. Informationen 1999 (1999):, hrsg. v. d. Robert Bosch AG, Stuttgart

BRAKE, K. (1991): Dienstleistungen und räumliche Entwicklung. Frankfurt: Strukturveränderungen in Stadt und Region, Oldenburg

BRAKE, K.; KNIELING, J. (1996): Städtenetze. Vernetzungspotentiale und Vernetzungskonzepte (= Materialien zur Raumentwicklung, H. 76), Bonn

BRANDSTETTER, G. (1996): Chronologisches Lexikon der europäischen Integration 1945 – 1995, Wien

BREUSTE, J. (1994): Ökologische Aspekte der Stadtentwicklung Leipzigs. In: Geographische Rundschau 46, S. 508 – 515

BROCK, D.: Wirtschaft und Staat im Zeitalter der Globalisierung. Von nationalen Volkswirtschaften zur globalisierten Wirtschaft. In: Aus Politik und Zeitgeschichte. Beilage zur Wochenzeitung Das Parlament, B33 – 34 / 97, 3. August 1997, S. 12 – 19

BRUNSING, J. (1994): Schienenregionalverkehr im Revier: gestern – heute – morgen. In: Initiativkreis Emscher Region e.V. IBA von Unten: Strukturwandel im Ruhrgebiet. Kongreß-Dokumentation. S. 177 – 189, Essen

BUCHER, H; KOCHS, M.; SIEDHOFF, M. (1991): Wanderungen von Ausländern in der Bundesrepublik Deutschland der 80er Jahre. In: Informationen zur Raumentwicklung, H. 7 / 8, S. 501 – 511

BUCHER, H; KOCHS, M.; SIEDHOFF, M. (1994): Die künftige Bevölkerungsentwicklung in den Regionen Deutschlands bis 2010. In: Informationen zur Raumentwicklung, H. 12, S. 815 – 852

BUCK, H.-J.: Von der staatlichen Kommandowirtschaft der DDR zur sozialen Marktwirtschaft des vereinten Deutschland. Sozialistische Hypotheken, Transformationsprobleme, Aufschwungchancen (= Schriftenreihe Hochschule Wirtschaft, H. 8), Düsseldorf

Bund, Landesverband Berlin (Hrsg.) (1996): Agenda 21 – Auf dem Weg in ein neues Jahrtausend, Berlin

Bund/Miserior (Hrsg.) (1996): Zukunftsfähiges Deutschland. Ein Beitrag zu einer global nachhaltigen Entwicklung. Studie des Wuppertal-Instituts für Klima, Umwelt, Energie, Basel/Boston/Berlin

Bundesforschungsanstalt für Landeskunde und Raumordnung (1992): Laufende Raumbeobachtung. Aktuelle Daten zur Entwicklung der Städte, Kreise und Gemeinden 1989, (Materialien zur Raumentwicklung, H. 7), Bonn

Bundesforschungsanstalt für Landeskunde und Raumordnung (1995): Laufende Raumbeobachtung. Aktuelle Daten zur Entwicklung der Städte, Kreise und Gemeinden 1992/93, (Materialien zur Raumentwicklung, H. 67), Bonn

Bundesforschungsanstalt für Landeskunde und Raumordnung (1995): Trendszenarien der Raumentwicklung in Deutschland und Europa, Bonn

Bundesforschungsanstalt für Landeskunde und Raumordnung (1995): Verkehrlich hochbelastete Räume. Arbeitspapiere 9/1995, Bonn

Bundesforschungsanstalt für Landeskunde und Raumordnung (Hrsg.) (1997): Regionale Disparitäten. (= Informationen zur Raumentwicklung, H. 2, 1997), Bonn

Bundesinstitut für Bevölkerungsforschung beim Statistischen Bundesamt (1996): BiB-Mitteilungen, H. 3 u. 4

Bundesminister für Verkehr (1992): Bundesverkehrswegeplan 1992. Bonn

Bundesminister für Verkehr (Hrsg.) (1988): Vorläufige Richtlinien für Touristische Hinweise an Straßen (RtH 1988), Dortmund

Bundesministerium für Raumordnung, Bauwesen und Städtebau (1991): Raumordnungsbericht 1991 der Bundesregierung, Bonn

Bundesministerium für Raumordnung, Bauwesen und Städtebau (1991): Raumordnerisches Konzept für den Aufbau in den neuen Bundesländern. In: BBauBl, H. 12, S. 791 – 796

Bundesministerium für Raumordnung, Bauwesen und Städtebau (1992): Städtebauliche Auswirkungen. Forschungsvorhaben "Flächenhafte Verkehrsberuhigung", Bonn

Bundesministerium für Raumordnung, Bauwesen und Städtebau (1993): Raumordnungsbericht 1992, Bonn (ROB 1992)

Bundesministerium für Raumordnung, Bauwesen und Städtebau (1993a): Raumordnungspolitischer Orientierungsrahmen. Bonn (auch zitiert als ORA)

Bundesministerium für Raumordnung, Bauwesen und Städtebau (BMBau) (1993b): Baulandbericht, Bonn

Bundesministerium für Raumordnung, Bauwesen und Städtebau (Hrsg.) (1994): Zukunft Stadt 2000. Bericht der Kommission Zukunft Stadt 2000, 2. Aufl., Bonn

Bundesministerium für Raumordnung, Bauwesen und Städtebau (Hrsg.) (1994): Raumordnungsbericht 1993, Bonn

Bundesministerium für Umwelt, Naturschutz und Reaktorsicherheit (Hrsg.) (1997): 5 Jahre nach Rio: Die Aktivitäten der gesellschaftlichen Gruppen für eine nachhaltige Entwicklung in Deutschland. Berichte aus dem Deutschen Nationalen Komitee für Nachhaltige Entwicklung, Bonn

Bundesministerium für Verkehr (1991): Verkehr in Zahlen, 20. Jg., Bonn

Bundesministerium für Verkehr (1993): Verkehrsprojekte "Deutsche Einheit". Projekte, Planungen, Argumente, Bonn

Bundesministerium für Verkehr (1995): Verkehr in Zahlen, 24. Jg., Bonn

Bundesministerium für innerdeutsche Beziehungen (Hrsg.) (1979): DDR-Handbuch, 2. Aufl., Bonn

Bundesraumordnungsprogramm (BROP) (1975). (= BMBau-Schriftenreihe, H. 6.002), Bonn

Bundesumweltministerium und Umweltbundesamt (Hrsg.) (1998): Handbuch

Lokale Agenda 21. Wege zur nachhaltigen Entwicklung in den Kommunen, Bonn u. Berlin

Bundesverband Chemie (Hrsg.) (1995): Zahlen zur Sozialpolitik in der chemischen Industrie, 17. überarb. Aufl., Wiesbaden.

BURDA, M.; FUNKE, M. (1993): Eastern Germany: Can't we be more optimistic? (Humboldt-Universität Berlin, Disc. Paper, Econ. Ser. No. 7), Berlin

BURDICK, B. (1999): Nachhaltigkeit am Beispiel des Dottenfelder Hofes. In: Der Kritische Agrarbericht 1999, hrsg. v. Agrar-Bündnis, S. 149 – 154, Kassel / Rheda-Wiedenbrück / Bramsche

BURKHART, G.; KOHLI, M. (1989): Ehe und Elternschaft im Individualisierungsprozeß: Bedeutungswandel und Milieudifferenzierung. In: Zeitschrift für Bevölkerungswissenschaft, H. 4, S. 405 – 426

BÜRKNER, H. J. (1997): Dynamik des sozioökonomischen Umbruchs in Ostmitteleuropa. Das Beispiel Nordwestböhmen, Kassel

BUTZIN, B. (1995): Gefährdungs- und Entwicklungspotentiale des Ruhrgebietes. In: 49. Deutscher Geographentag, Bochum vom 4. bis zum 9. Oktober 1993, Bd. 1: Umbau alter Industrieregionen, S. 25 – 33, Stuttgart

Der Campingplatz (1992): Leitfaden für Standortfindung, Errichtung, Erweiterung, Modernisierung und Betrieb von Campingplätzen. Eine Planungs- und Orientierungshilfe für qualitätsbewußte Anbieter im Tourismus, hrsg. v. Allgemeinen Deutschen Automobil-Club, München

CARLTON, D. W.; PERLOFF, J. M. (1994): Modern industrial organization, 2nd ed., New York

CASTELLS, M. (1993): Regionale Ungleichheiten im Informationszeitalter. In: LEHNER, F.; SCHMIDT-BLEEK, F.; KILPER, H. (Hrsg.): Regiovision. Neue Strategien für alte Industrieregionen, München

Daimler-Benz / Daimler Chrysler: Geschäftsberichte, Stuttgart, versch. Jahre

Daten zur Natur (1999): hrsg. v. Bundesamt für Naturschutz, Bonn

Daten-Report 5 (1992): Zahlen, Fakten über die Bundesrepublik Deutschland 1991 / 92, hrsg. v. Statistischen Bundesamt, Stuttgart

DDR-Handbuch (1985): hrsg. v. Bundesministerium für innerdeutsche Beziehungen, 3. Aufl., 2 Bd., Köln

DEGE, W. (1991): Das Ruhrgebiet – eine Industrieregion im Wandel. In: BRÜCHER, W., u. a. (Hrsg.): Industriegeographie der Bundesrepublik Deutschland und Frankreichs in den 1980er Jahren, Frankfurt / M., S. 75 – 96

DEGE, W.; KERKEMEYER, S. (1993): Der wirtschaftliche Wandel im Ruhrgebiet in den 80er Jahren. In: Geographische Rundschau 45 S. 503 – 509

DEITERS, J. (1992): Auto-Mobilität und die Folgen. In: Geographie heute 13, H. 102, S. 4 – 12

Deutsch-Tschechische Erklärung über die gegenseitigen Beziehungen und deren künftige Entwicklung (1995): In: Raumordnerische Leitbilder für den Raum entlang der deutsch – polnischen Grenze deutschspr. Zusammenfassung), hrsg. v. Bundesministerium für Raumordnung, Bauwesen und Städtebau, S. 1, Bonn

Deutscher Bundestag (Hrsg.) (1994): Zwischenbericht der Enquente-Kommission Demographischer Wandel. Drucksache 12 / 7876, Bonn

Deutscher Bundestag (Hrsg.) (4.9.1996): Städtebaulicher Bericht 1996 "Nachhaltige Stadtentwicklung". BT-Drucksache 13 / 5490, Bonn

Deutscher Bundestag (Hrsg.) (1997): Konzept Nachhaltigkeit – Fundamente für die Gesellschaft von morgen. Zwischenbericht von morgen. Zwischenbericht der Enquete-Kommission "Schutz des Menschen und der Umwelt" des 13. Bundestages, Bonn

Deutscher Bundestag (Hrsg.) (1998): Zweiter Zwischenbericht der Enquete-Kommission "Demographischer Wandel – Herausforderungen unserer älter werdenden Gesellschaft an den einzelnen und die Politik. Drucksache 13 / 11460, Bonn

Deutscher Fremdenverkehrsverband e. V. (DFV) (Hrsg.) (1981): Die deutschen Ferienstraßen, Fachreihe Fremdenverkehrspraxis, H. 13, 1. Aufl., Frankfurt a. M.

Deutsches Institut für Wirtschaftsforschung (DIW): Wochenberichte 14 / 1996; 27 / 1996; 42 / 1996

DIERCKES, R. (1983): Alternativen im Landbau, Stuttgart

DIW (Deutsches Institut für Wirtschaftsforschung) (1996): Wochenbericht 27

DÖHRN, R. (1989): Der europäische Binnenmarkt – Eine Bestandsaufnahme und Überlegungen zu den Chancen und Risiken für Nordrhein-Westfalen. In: RWI-Mitteilungen

DORBRITZ, J.; GÄRTNER, K. (1995): Bericht über die demographische Lage in Deutschland. In: Zeitschrift f. Bevölkerungswissenschaft, H. 4, S. 339 – 448

DÜNNER, H.-W. (1998): Neue Wege der Binnenschiffahrt aus der Krise – logistisches Konzept auf nationaler und europäischer Ebene. In: Jahrbuch der Güterverkehrswirtschaft, Frankfurt

ECKART, K. (1979): Landwirtschaftliche Kooperationen in der DDR. Eine geographische Untersuchung der Struktur und Entwicklung sozialistischer Landwirtschaftsbetriebe (= Wissenschaftliche Paperbacks Geographie, hrsg. v. E. MEYNEN), Wiesbaden

ECKART, K. (1982): Die Entwicklung der Landwirtschaft im hochindustriealisierten Raum (Fragenkreise Nr. 23559), Paderborn / München

ECKART, K. (1994): Agrarpolitische Rahmenbedingungen und Ergebnisse des Agrarstrukturwandels in den neuen Bundesländern. In: Deutschland Archiv, 27. Jg., S. 926 – 939

Eckart, K. (1998): Agrargeographie Deutschlands. Agrarraum und Agrarwirtschaft Deutschlands im 20. Jahrhundert (= Perthes Geographie Kolleg), Gotha und Stuttgart

Eckart, K.: Euroregionen im Osten Deutschlands. In: Deutsche Studien, H. 148, XXXV. Jahrgang 1998, S. 174 – 198

ECKART, K.; BIRKHOLZ, K. (Hrsg.) (1999): Berlin – Brandenburg, Raum- und Kommunalentwicklung im Spannungsfeld von Metropole, Umland und ländlichem Raum. Berlin (= Schriftenreihe der Gesellschaft für Deutschlandforschung, 67)

ECKART, K. (1995): Nachwachsende Energie- und Industrierohstoffe in Deutschland, Göttingen 1995

ECKART, K.; KOWALKE, H. (1997): Die Euroregionen im Osten Deutschlands (=Schriftenreihe der Gesellschaft für Deutschlandforschung, Bd. 55), Berlin 1997

EICH-BORN, M. (1996): Industriestandort Mecklenburg-Vorpommern. In: Geographische Rundschau 48, S. 517 – 524

Entwicklung der Milchwirtschaft in Ostdeutschland. In European Dairy Magazine 1995, S. 3 – 24

ERNST, E. (1993): Länderneugliederung in Deutschland. Hintergründe und Perspektiven. In: Geographische Rundschau 45, H. 7 – 8, S. 446 – 458

ERNST, W. (1973): Der Auftrag des Grundgesetzes. In: Neugliederung des Bundesgebietes. Schriften der Bundeszentrale für politische Bildung, Bonn, S. 9 – 18

ERNST, W. (1991): Die Alternative: Neugliederung des Bundesgebiets. In: Deutsches Verwaltungsblatt 106, H. 19, S. 1024 – 1031, Köln

ERNST, W. (1993): Länderneugliederung. In: Materialien zur Fortentwicklung des Förderalismus in Deutschland, S. 43 – 57, Hannover

ESCHENBURG, D. (1996): Die Neubaustrecke Köln – Rhein / Main: ein Konzept von heute für den Verkehr von morgen. In: Eisenbahntechnische Rundschau (ETR) 45, H. 9, S. 547/551

EUREGIO und EUREGIO – Kommunalgemeinschaft Rhein-Ems e. V., Geschäftsbericht 1998

Euregio: Das alltägliche Europa in der Praxis, hrsg. v. EUREGIO Gronau Sept. 1995

Europa im Schaubild (1993): hrsg. v. Transcontact Verlagsgesellschaft, Bonn

Europa Ploetz. Basiswissen über das Europa von heute (1993): Würzburg

Die EG-Agrarreform (1994): Wichtige Hinweise für die Anwendung im pflanzlichen Bereich (= Das BML informiert), hrsg. v. BML, Januar 1994, Bonn

Die EG-Agrarreform (1992): Wichtige Hinweise für die Anwendungen im pflanzlichen Bereich, hrsg. v. Bundesministerium für Ernährung, Landwirtschaft und Forsten, Bonn

Die europäische Agrarreform (1995): hrsg. v. Bundesministerium für Ernährung, Landwirtschaft und Forsten, Bonn

Europäische Kommission (Hrsg.) (1994): Leitfaden der Gemeinschaftsinitiativen, 1994 – 1999, Strukturfonds der Gemeinschaften, Luxemburg

Europäische Kommission (Hrsg.) (1994): Was ist PHARE? Eine Initiative der Europäischen Union für die wirtschaftliche Integration mittel- und osteuropäischer Länder, Brüssel

Europäische Kommission (Hrsg.) (1995): PHARE-Jahresbericht 1994, Brüssel

Europäische Kommission (Hrsg.) (1996): Programm über die Förderung der grenzüberschreitenden Zusammenarbeit im Rahmen der Aktion PHARE, Brüssel

Eurostat (Hrsg.) (1994): Asylbewerber und Flüchtlinge: Statistischer Bericht. Bd 1: EG-Mitgliedstaaten. Luxemburg

FAUST, H. (1972): Beispiele industrieller Tierproduktion in der sozialistischen Landwirtschaft in der DDR. In: Zeitschrift für den Erdkundeunterricht 12, S.474 – 479

FEIST, H. (1990): Die Wasserstraße Elbe in der DDR. In: Binnenschiffahrtsnachrichten Nr. 5/90

FERBER, H. P. (1992): EG-Agrarreform: Pflanzliche Produkte und Preisbeschluß 1992/93 (= AID-Informationen, 41. Jg.; Nr. 26 vom 5. Juni 1992), Bonn – Bad Godesberg

Die Finanzverteilung in der Bundesrepublik Deutschland (1998): hrsg. v. Bundesminsterium für Finanzen, Bonn

FINKE, L. (1997): Regionale Disparitäten und nachhaltige Entwicklung. In: Informationen zur Raumentwicklung, H. 1, Bonn

FLEISCHER, F. (1991): Der ostdeutsche Werkzeugmaschinenbau im Strukturwandel, Berlin

Forum Umwelt und Entwicklung (Hrsg.) (1996): Lokale Agenda 21 – Ein Leitfaden, Bonn

FRANK, H. (1990): Größere Länder im vereinigten Deutschland ? In: Zur Diskussion – Zeitfragen im Gespräch (24.8., Deutschlandfunk, G. BECKER 1217/5931)

Frankfurter Institut, Argumente zur Wirtschaftspolitik 46/93, S. 3

FRANZ, P. (Hrsg.) (1996): Suburbanisierung von Handel und Dienstleistungen. Berlin

FRANZMEYER, F. (1999): Kippt die Globalisierung den Sozialstaat ? In: Aus Politik und Zeitgeschichte. Beilage zur Wochenzeitung Das Parlament, B 49/99, 3. Dezember, S. 25 – 31

Freistaat Thüringen – Ministerium für Wirtschaft und Infrastruktur (Hrsg.) (1998): Zweiter Raumordnungsbericht. Erfurt

Freizeit- und Ferienzentren – Umfang und regionale Verteilung (1996) (= Materialien zur Raumentwicklung), hrsg. v. Bundesforschungsanstalt für Landeskunde und Raumordnung, Bonn

FREY, M.; MAMMEY, U. (1996): Germany. Impact of Migration in the receiving Countries (Hrsg. L. A. KOSINSKI), Genf

Friedrich-Ebert-Stiftung (Hrsg.) (1973): Bauern in beiden deutschen Staaten, Bonn – Bad Godesberg

FRIEDRICHS, J. (1997): Globalisierung – ein Begriff und grundlegende Annahmen. In: Aus Politik und Zeitgeschichte. Beilage zur Wochenzeitung Das Parlament, B 33 bis 34 / 97, 8. August, S. 3 – 11

FRIEDRICHS, J.; HÄUERMANN, H.; SIEBEL, W. (Hrsg.) (1986): Süd-Nord-Gefälle in der Bundesrepublik ? Sozialwissenschaftliche Analysen, Opladen

FROESE, H.-J.: Die Binnenschiffahrt der Bundesrepublik Deutschland und der DDR. In: ZfB, Nr. 5, S. 131 – 135

FUCHS, G. (1992): Die Bundesrepublik Deutschland. Stuttgart / Dresden

FÜRST, D.; RITTER, E.-H. (1993): Landesentwicklungsplanung und Regionalplanung, Düsseldorf

FÜRTH, G. (Hrsg.) (1992): Reiseverkehrsgeographie, Melsungen

GABBE, J. (1991): Institutionlle Aspekte der grenzüberschreitenden Zusammenarbeit. In: Grenzüberschreitende Raumplanung. Erfahrungen und Perspektiven der Zusammenarbeit mit den Nachbarn Deutschlands, hrsg. v. Akademie für Raumordnung und Landesplanung, Hannover, S. 174 – 186

GAEBE, W. (1985): Industrieentwicklung in Köln. In: Geographische Rundschau 37, S. 601 – 606

GAEBE, W. (1993): Neue räumliche Organisationsstrukturen in der Automobilindustrie. In: Geographische Rundschau 45, S. 493 – 497

GAEBE, W. (1998): Industrie. In: Wirtschaftsgeographie Deutschlands, hrsg. v. E. KUHLKE, Gotha

GATZWEILER u. a. (1982): Aktuelle Daten und Prognosen zur räumlichen Entwicklung, in Institut für Raumordnung. Bonn

GATZWEILER, H.-P. (1999): Raumordnung als projektorientierte Raumentwicklungspolitik. In: Informationen zur Raumentwicklung, H. 3 / 4, S. 173 – 181

GEHRKE, K. (1993): An der Küste werden weiter Schiffe gebaut. In: Die Wirtschaft, Kombinate. Was aus ihnen geworden ist, Berlin, S. 105 – 118

GEPPERT, K.; SEIDEL, .T; TOEPEL, K. (1994): Strukturelle Anpassungsprozesse in der Region Berlin / Brandenburg. Deutsches Institut für Wirtschaftsforschung (Hrsg.): Beiträge zur Strukturforschung, H. 142

Geschäftsbericht 1998, Robert Bosch AG

Gesetz über die Gründung und Tätigkeit privater Unternehmen und über Unternehmensbeteiligungen vom 7. März 1990. In: GBL der DDR, Teil I, Nr. 17, S. 141ff.

Gesetz über die Privatisierung und Reorganisation des volkseigenen Vermögens (Treuhandgesetz) vom 17. Juni 1990. In: GBL der DDR, Teil I, Nr. 33, S. 300 ff.

Gewerbegesetz der DDR vom 6. März 1990. In: GBL der DDR, Teil I, Nr. 17, S. 136 ff.

GIRARDET, H. (1996): Das Zeitalter der Städte – Neue Wege für eine nachhaltige Stadtentwicklung

GLÄSSER, E.; VOSSEN, K.; WOITSCHÜTZKE, C.-P. (1987): Nordrhein-Westfalen (Klett Länderprofile), Stuttgart.

GLOD, G. (1980): Strukturwandel der Mühlenwirtschaft noch nicht beendet. In: Deutsche Müller-Zeitung, 78, H. 18, S. 313 – 318

GLOEDE, K. (1996): Ziele und Aufgaben der regionalen Wirtschaftspolitik in den neuen Bundesländern. Potsdam (= Univ. Potsdam: Diskussionsbeiträge zur regionalen Wirtschaftspolitik, Nr. IV)

GORING, M., u. a. (1993): Mittel- und langfristige Entwicklungsperspektiven für deutsche Stadtregionen (Studie des Deutschen Instituts für Wirtschaftsforschung) (= Materialien zur Raumentwicklung, H. 58), Bonn (zitiert als DIW)

GRAHL, W. (1996): Entwicklung des Verkehrs und der Verkehrsanlagen im Regierungsbezirk Leipzig. In: Straßenverkehrstechnik 40, H. 5, S. 219 – 225

GRAJEWSKI, R.; SCHRADER, H.; TISSEN, G. (1994): Entwicklung und Förderung ländlicher Räume in den neuen Bundesländern. In: Raumforschung und Raumordnung, H. 4 / 5, S. 270 – 278

GREES, H. (1989): Standort, Verkehr, Umwelt. In: BORST, O., (Hrsg.): Wege in die Welt – Die Industrie im deutschen Südwesten seit Ausgang des 18. Jahrhunderts, S. 129 – 174, Stuttgart

GRENZDÖRFER, J.; SEIFERT, K. D. (Hrsg.): Geschichte der ostdeutschen Verkehrsflughäfen. In: Die deutsche Luftfahrt, Bd. 25, Bonn 1997

GROSCHOFF, K.; HEINRICH, R.; SCHULZE, H.; TIEDE, U.; WIRSING, H. (1976): Industriemäßige Produktionsmethoden in der Landwirtschaft der DDR – Entwicklung der gesellschaftlichen Organisation der Produktion und Arbeitsteilung, Berlin

GROTZ, R. (1971): Entwicklung, Struktur und Dynamik der Industrie im Wirtschaftsraum Stuttgart (Stuttgarter Geographische Studien, 82), Stuttgart

GROTZ, R. (1991): Die Industrie im Wirtschaftsraum Stuttgart. In: BRÜCHNER, W., u. a. (Hrsg.): Industriegeographie der Bundesrepublik Deutschland und Frankreichs in den 1980er Jahren, S. 143 – 174, Frankfurt a. M.

GRÜNBERG, G. (1969): Genossenschaftliche Demokratie breit entwickeln. In: Kooperation 5 / 6

GRÜNBERG, G. (1972): Die Aufgaben der weiten Intensivierung der landwirtschaftlichen Produktion beim Übergang zu industriemäßigen Produktionsmethoden in der Landwirtschaft und Probleme der Entwicklung der Kooperationsbeziehungen, Berlin (O)

Grüner Bericht 1962 (1962): hrsg. v. Bundesministerium für Ernährung, Landwirtschaft und Forsten, Bonn

GRÜNHEID, E.; MAMMEY, U. (1997): Bericht 1997 über die demographische Lage in Deutschland. In: Zeitschrift f. Bevölkerungswissenschaft, H. 4, S. 377 – 480

GRÜNHEID, E.; SCHULZ, R. (1996): Bericht 1996 über die demographische Lage in Deutschland. In: Zeitschrift f. Bevölkerungswissenschaft, H. 4, S. 345 – 439

GUTMANN, G. (1990): "Produktivität und Wirtschaftsordnung: Die Wirtschaft der DDR im Wandel". In: Aus Politik und Zeitgeschichte, Beilage zur Wochenzeitung Das Parlament, Nr. B 33 / 90 vom 10. August 1990, S. 17 – 26

HAAS, H.-D. (1991): München – Zentrum technologieorientierter Industrie im Süden Deutschlands. In: BRÜCHER, W., u.a. (Hrsg.): Industriegeographie der Bundesrepublik Deutschland und Frankreichs in den 1980er Jahren, S. 175 – 198, Frankfurt / M

HÄDE, U. (1996): Finanzausgleich, Tübingen

HAHN, H. (1958): Die Erholungsgebiete der Bundesrepublik. Bonner Geogr. Abh., H. 22, Handbuch der naturräumlichen Gliederung Deutschlands, Bad Godesberg: Bundesanstalt für Landeskunde und Raumforschung, 1953 – 1962

HALSTRICK-SCHWENK, M.; LÖBBE, K.; WENKE, M. (1990): Die sektoralen Wirtschaftsstrukturen der Bundesrepublik Deutschland und der DDR. In: RWI-Mitteilungen

Hamburg in Zahlen (1996): Zeitschrift des Statistisches Landesamtes der Freien und Hansestadt Hamburg, 50. Jg, Hamburg

HANESCH, W. (1999): Der Sozialstaat in der Globalisierung. In: Aus Politik und Zeitgeschichte. Beilage zur Wochenzeitung Das Parlament, B 49 / 99, 3. Dezember, S. 3 – 10

HAUTZINGER, H., u. a. (1996): Verkehrsplanung zwischen Mobilität und Umweltansprüchen. Das Beispiel des Generalverkehrsplanes Baden-Württemberg. In: Straßenverkehrstechnik 40, S. 93 – 102

HAX, H. (1993): Erhaltung industrieller Kerne in den neuen Bundesländern ? In: Wirtschaftsdienst. Zeitschrift für Wirtschaftspolitik, 73, S. 409 – 413

HEIDE, H. J. V. D. (1993): Raumordnungspolitischer Orientierungsrahmen des Bundes. In: Raumforschung und Raumordnung, H. 1, S. 2 – 9

HEIGL, A.; SCHMID, J. (1996): Bevölkerungsentwicklung in Deutschland. In: H. W. JENKIS (Hrsg.): Raumordnung und Raumordnungspolitik, München

HEINEBERG, H.; DE LANGE, N.; MAYR, A. (Hrsg.) (1996): The Rhine Valley. Institut für Länderkunde Leipzig. (Beiträge zur Regionalen Geographie, 41), Leipzig

HEINZE, G. W.; KILL, H. H. (1994): Regionalisierung des ÖPNV als Chance der Raumordnungspolitik. Akademie für Raumforschung und Landesplanung (ARL). (Arbeitsmaterialien, 203), Hannover

HENCKEL, D.; GARBOW, B.; HOLLBACH, B.; NIEMANN, H.; USBECK, H. (1993): Entwicklungschancen deutscher Städte – Die Folgen der Vereinigung (= Schriften des Deutschen Instituts für Urbanistik, Bd. 86), Stuttgart, Berlin, Köln

HERFERT, G. (1997): Struktur und regionale Differenziertheit der Wohnsuburbanisierung in den Großstadtregionen der neuen Länder. In: Regionalbraometer neue Länder. Dritter zusammenfassender Bericht (Bearbeiter ST. MARETZKE), hrsg. v. Bundesforschungsanstalt für Landeskunde und Raumordnung (Materialien zur Raumentwicklung, H. 83), S. 17 – 29, Bonn

HERFERT, G. (1997): Wohnsuburbanisierung in den neuen Ländern. In: Geographie und Schule, H. 109, S. 2 – 12

HERFERT, G.; BURDAK J. (1998): Neuen Entwicklungen an der Perepherie europäischer Großstädte – ein Überblick. In: Europa Regional, H. 2, S. 25 – 43

Herring Baker Harris Deutschland GmbH (1993): Branchentrends und Standortwahl, Standort Deutschland – Standort Berlin, Berlin

HERRMANNS, S.; LAMBRECHT, H.; WAGNER, R.: (1990): Feriengroßprojekte unter UVP-Gesichtspunkten – Das Fallbeispiel "Center-Parc-Bispingen"

HIRSCH, J. (1985): Auf dem Wege zum Postfordismus ? Die aktuelle Neuformierung des Kapitalismus und ihre politischen Folgen. In: Das Argument, H. 151, S. 329 – 341

HIRSCHENAUER, F. (1997): Erwerbsbeteiligung und Arbeitslosigkeit in den west- und ostdeutschen Arbeitsmarktregionen. In: Informationen zur Raumentwicklung 1997, H. 1

HOERSTER, TH. (1969): Die Flurbereinigung – Instrument zur Neuordnung im ländlichen Raum. In: Berichte über Landwirtschaft 47, Bd. XLVII, S. 516 – 530

HOFFMANN, H. (1998): Berlin. Eine politische Landeskunde, hrsg. v. d. Landeszentrale für politische Bildung, Berlin

HOFMEISTER, B., (1990): Berlin (West) – eine geographische Strukturanalyse der zwölf westlichen Bezirke. 2., vollst. überarb. Aufl., Darmstadt / Gotha

HOFMEISTER, B. (1995): Berlin im Umbruch. In: Berichte zur deutschen Landeskunde, 69, S. 365 – 384

HÖHN, CH. (1996): Bevölkerungsvorausberechnungen für die Welt, die EU-Mitgliedsländer und Deutschland. In: Zeitschrift f. Bevölkerungswissenschaft, H. 2, S. 171 – 218

HÖHN, CH. (Hrsg.) (1998): Demographische Trends, Bevölkerungswissenschaft und Poltikberatung. Opladen (Schriftenreihe des Bundesinstituts für Bevölkerungsforschung, Bd. 28)

HÖLTING, V. (1999): Aus der Geschäftsstatistik des Bundesamtes für die Anerkennung ausländischer Flüchtlinge für das Jahr 1998. Der Einzelentscheider-Brief, H. 2, Beilage

HOMMEL, M. (1988): Das Ruhrgebiet im siedlungs- und wirtschaftsgeographischen

Strukturwandel. In: Geographische Rundschau 40, H. 7 – 8, S. 14 – 19

Höpflinger, F. (1987): Wandel der Familienbildung in Europa. Frankfurt, New York

Hucke, J. (1990): Umweltpolitik: Die Entwicklung eines neuen Politikfeldes. In: v. Beyme, K.; Schmidt, M. G. (Hrsg.): Politik in der Bundesrepublik Deutschland, Opladen

Hülsmann, W. (1998): Umweltplanerische Anforderungen an die Lokale Agenda 21 – Strategien auf Bundesebene für eine nachhaltige Kommunalentwicklung, o. O. (unveröffentlichtes Manuskript)

IAB (= Institut für Arbeitsmarkt- und Berufsforschung der Bundesanstalt für Arbeit), Nürnberg 1998 – Arbeitsmarktregionen

ifo Institut für Wirtschaftsforschung (1996): Wirtschaftskonjunktur, 9/96, München

Immler, H. (1971): Agrarpolitik in der DDR, Köln

Immler, H. (1973): Arbeitsteilung, Kooperation und Wirtschaftssystem – Eine Untersuchung am Beispiel der Landwirtschaft in der Bundesrepublik Deutschland und der DDR, Berlin

Informationen aus: Der Bundesminister für Verkehr. Verkehrsnachrichten, Jg. 1995, 1996

Informationsbroschüre der Euregio, Gronau 1998

Informationsbroschüre der Euroregion Bayrischer Wald / Böhmer Wald, o. J.

Informationsbroschüre der Euroregion Egrensis, o. J.

Informationsbroschüre der Euroregion Elbe / Labe, 1997

Informationsbroschüre der Euroregion Erzgebirge / Krusneohori, o. J.

Informationsbroschüre der Euroregion Erzgebirge / Krusnehory 1997

Informationsbroschüre der Euroregion Neiße – Nysa – Nisa, 1998

Institut für Länderkunde Leipzig (Hrsg.) (1997): Atlas Bundesrepublik Deutschland – Pilotband, Leipzig

Institut für Marktforschung (1995): Stand und Perspektiven der absatzwirtschaftlichen Leistungsfähigkeit ostdeutscher Produkte. Teilstudie: Befragung ostdeutscher Hersteller, Leipzig

IRPUD: s. Ache; Brehm; Kunzmann

Jaedke, E.; Phiel, E. (Hrsg.) (1995): Konferenz der Europäischen Union und Polens sowie der Tschechischen Republik (28. Bis 30. September 1995 Frankfurt / Oder – Slubice), Dokumentation, Berlin

Jaerdeke, E.; Kunzmann, B. (Hrsg.) (1997): Zweite Konferenz der Euroregionen zwischen der Europäischen Union und der Tschechischen Republik sowie Polen Dokumentation, Karlovy Vary, 31. November 1996, Berlin

Jäger, H.-U. (1987): Karte "Erholungsgebiete in der DDR und ihre Funktionen (1984)". In: Greifswalder Geogr. Arbeiten

Jahresbericht 1997 des Umweltbundesamtes, Berlin

Jahresbericht der Bundesregierung 1997 (1997): hrsg. v. Presse- und Informationsamt der Bundesregierung, Bonn

Jansen, P. G.; Malchus, V. Fr. v.; Meyer, R. (1989): Grenzüberschreitendes Entwicklungs- und Handlungskonzept der Regio Rhein – Waal (= Ils-Schriften, Bd. 47, hrsg. v. Institut für Land- und Stadtentwicklung des Landes Nordrhein-Westfalen), Dortmund

Jones, P. N.; Wild, T. (1994): Opening the Frontier: Recent Spatial Impacts in the Former Inner-German Border Zone. In: Regional Studies 28, S. 259 – 273.

Jürgensen, H.; Voigt, H.-G. (1965): Produktivitätsorientierte Regionalpolitik als Wachstumsstrategie Hamburgs, Göttingen

KARRENBERG, H.; MÜNSTERMANN, E. (1998): Gemeindefinazbericht 1998. Städtische Finanzen im Zeichen des Steuerverfalls. In: Der Städtetag, S. 143 – 233

KAUFMANN; F.-X. (1990): Zukunft der Familie. München

KEHRER, G. (1980): Entwicklungstendenzen der Standortverteilung der Industrie in der DDR. In: Petermanns Geographische Mitteilungen 124, S. 105 – 109

KEHRER, G.; MARETZKE, S. (1997): Zur Resistenz und Entwicklung regionaler Disparitäten in der ehemaligen DDR. In: Informationen zur Raumentwicklung, H. 1

KEMPER, F.-J., THIEME, G. (1992): Wanderungen in Deutschland. In: Geographie und Schule, S. 21 – 34

KERN, H. (1970): Ein Modell für die wirtschaftliche Entwicklung der Region Unterelbe, Hamburg.

KERN, K.-G., MACHENS, D. (1984): Zur Problematik von Ferienstraßen – dargestellt am Beispiel der Lahn-Ferienstraße. In: Der Städtetag, H. 8, Stuttgart, S. 537 – 538

KIRCHHOFF, P., u. a. (1996): Verkehrsentlastung von größeren Erholungsgebieten. Untersuchung am Beispiel des Landkreises Miesbach (Oberbayern). In: Verkehr und Technik, H. 3, S. 115 – 118

KLEIN, R. (1995): Grenzüberschreitende regionalpolitische Zusammenarbeit im Rahmen von INTERREG und PHARE. In: EUREG 2, S. 48 – 52

KLODT, H.; STEHN, J. (1994): Standort Deutschland: strukturelle Herausforderungen im neuen Europa (= Kieler Studien, 265), Tübingen

KLÖNNE, A.; BOROWCZAK, W.; VOELZKOW H. (1991): Institutionen regionaler Technikförderung. Eine Analyse in Ostwestfalen-Lippe und im östlichen Ruhrgebiet. In: Sozialgeschichtliche Technikgestaltung, Materialien und Berichte, Bd. 29.

KLUGE, U. (1989): Vierzig Jahre Agrarpolitik in der Bundesrepublik Deutschland. Berichte über Landwirtschaft, Zeitschrift für Agrarpolitik und Landwirtschaft, hrsg. v. Bundesministerium für Ernährung, Landwirtschaft und Forsten, N. F., 202, Sonderheft (2 Bd.), Hamburg / Berlin

KÖLLNER, A; JANSEN, S. (1995): Nachwachsende Energie- und Industrierohstoffe. Eine annotierte Bibliographie (Studien zur Wirtschaftsgeschichte und Wirtschaftsgeographie), Weimar

Kommunalverband Ruhrgebiet (KVR) / Kessel + Partner Verkehrskonsults (1995): Ringzug Rhein-Ruhr, Essen / Freiburg

Kommunalverband Ruhrgebiet (KVR) (o. J.): Materialien zum Güterverkehr im Ruhrgebiet, Teil: Eisenbahnverkehr, Essen

Kommunalverband Ruhrgebiet (Hrsg.) (1995): Städte und Kreisstatistik Ruhrgebiet, o. O.

KONTIV = Kontinuierliche Erhebung des Verkehrsverhaltens im Auftrage des Bundesministeriums für Verkehr (seit 1976)

Kooperation. Zeitschrift für die sozialistische Landwirtschaft und Nahrungsgüterwirtschaft (1989): hrsg. v. Ministerium für Land-, Forst- und Nahrungsgüterwirtschaft der DDR, 23. Jg., H. 6, Berlin

KORFF, R. (1991): Die Weltstadt zwischen globaler Gesellschaft und Lokalitäten. In: Zeitschrift für Soziologie, H. 5, S. 357 – 368

KRAKOWSKI, M.; LAU, D.; LUX, A. (1992): Auswirkungen der Wiedervereinigung auf den Industriestandort Deutschland (Wirtschaftspolitische Diskurse der Friedrich-Ebert-Stiftung, Nr. 32), Bonn

KRAMER, M. (1957): Die Landwirtschaft in der Sowjetischen Besatzungzone, Bonner Berichte von Mittel- und Ostdeutschland, Berlin

KRAUTZBERGER, M.; MEHWALD, L. (1994): Raumordnungspolitischer Handlungsrahmen. In: Stadt und Gemeinde, H. 8, S. 338 – 342

KREIBICH, J., (1996): Nachhaltige Entwicklung - Leitbild für die Zukunft von Wirtschaft und Gesellschaft, Weinheim

KRIEGBAUM, H. (1994): Schwächen und Stärken des deutschen Maschinenbaus. In: SIMONS, R.; WESTERMANN, K. (Hrsg.): Wirtschaftsstandort Deutschland. Wettbewerbsfähigkeit, Zukunftschancen, Verteilungsspielräume, S. 167 - 192, Köln

KRÜGER, T. (1991): Ökonomischer Strukturwandel in der Region Hamburg - Theorien und Emperie. In: BUKOLD, S.; THINNES, P. (Hrsg.): Boomtown oder Gloomtown ? Struktureller Wandel einer deutschen Metropole, Hamburg, S. 29 - 70, Berlin

KULKE, E. (1996): Räumliche Strukturen und Entwicklungen im deutschen Einzelhandel. In: Praxis Geographie 26, S. 4ff.

KUMAR, K. (1978): Prophecy and Progress. The Sociology of Industrial and Post-Industrial Society. London

LAGEMANN, B. (1992): Strukturwandel der Landwirtschaft in den neuen Bundesländern. Teil 1: Wandel der betrieblichen Struktur und der Produktionsstruktur. In: RWI-Mitteilungen, 43, S. 61 - 92

Landesbank Berlin (1993): Der Wirtschaftsraum Berlin / Brandenburg - ein europäisches Wachstumszentrum, Wirtschaftsdienst 1 / 93.

Landesumweltamt Brandenburg (Hrsg.) (1996): Berlin - Brandenburg regional ´96, Potsdam

LANDRIEU, J.; ABRAMOWICZ, R. (1986): Regions and Trends in Society. Three Scenarios of the Future. In: Futures, H. 1, S. 9 - 23

LEB (= Landesentwicklungsbericht) (1995): hrsg. v. Wirtschaftsministerium des Landes Baden-Württemberg, Stuttgart

LEDERER, H. W. (1977): Migration und Integration in Zahlen (Mitteilungen der Beauftragten der Bundesregierung für Ausländerfragen), Bonn

LEGLER, H.; GRUPP, H.; GEHRKE, B.; SCHASSE, U. (1992): Materialien zur hegemonialen Position Deutschlands im internationalen Wettbewerb, Karlsruhe, Hannover

LEHMANN, H. (1981): Lohnt sich das Nachsammeln von Kartoffeln auf gerodeten Flächen ? In: Presseinformationen der DDR, Nr. 112 (25. September 1981)

LEUPOLD, B. (1993): Entwicklung der Industrie in Berlin - Brandenburg. In: Geographische Rundschau 45, S. 594 - 599

LICHTBLAU, K.; MEYER, B.; EWERHART, G. (1996): Komplementäres Beziehungsgeflecht zwischen Industrie und Dienstleistungen. In: Wirtschaftstrends 4 / 96, S. 1 - 24

LINDENAU, G.; RÖDER, H.; RÖHRING, A. (1997): Chancen, Probleme und Ergebnisse des Konversionsprozesses in den neuen Bundesländern. Dargestellt am Beispiel von Brandenburg und Sachsen-Anhalt. In: Regionalbarometer neue Länder. Dritter zusammenfassender Bericht, hrsg. v. d. Bundesforschungsanstalt für Landeskunde und Raumordnung, H. 83, Bonn, S. 124 - 138.

LINTHOUT, M.(1996): Perspektiven für die Euroregionen an der Außengrenze der Europäischen Union, Berlin (Manuskript)

LISTON, L. (1993): The Technology Imperative, Düsseldorf.

Lokale Agenda Köpenick (1999). Informationsblatt, hrsg. im Auftrag des Bezirksamtes Köpenick, Abteilung Jugend und Umwelt (zweimonatlich), Nr. 3, 1999

Lokale Agenda 21 - Nachhaltige Entwicklung in ländlichen Gemeinden (1999): In: Ländlicher Raum, 50. Jg., Nr. 2, März / April 1999, S. 84 - 88

Lokale Agenda 21 Köpenick (1998): Erläuterungen zur Struktur des Köpenicker Modells, hrsg. v. Agenda 21-Büro Köpenick, Berlin-Köpenick am 16. Dezember 1998

Lokale Agenda 21 (1998): Manuskript des Bundesministeriums für Umwelt, Naturschutz und Reaktorsicherheit vom Mai 1998

Luftfahrtkonzept 2000 (1994): hrsg. v. Bundesminister für Verkehr, Bonn, 27. Juli 1994

LÜTHJE, K.; LINDSTÄDT, B. (1994): Freizeit- und Ferienzentren – Umfang und regionale Verteilung (= Materialien zur Raumentwicklung, H. 66), Bundesforschungsanstalt für Landeskunde und Raumordnung, Bonn

MAGYAS, E. (1996): Weiterhin hohe Arbeitslosigkeit. Ausländer in Deutschland (AiD), H. 1, S. 7 – 8

MAIER, J.; ATZKERN, H. D. (1992): Verkehrsgeographie, Stuttgart

MAIER, G. (1991): Die Wende in der DDR, 2. Aufl., Bonn

MARETZKE, S.; IRMEN, E. (1999): Die ostdeutschen Regionen im Wandel. Regionale Aspekte des Transformationsprozesses. In: Aus Politik und Zeitgeschichte. Beilage zur Wochenzeitung Das Parlament, B5/99, 29. Januar 1999, S. 3 – 14

MARETZKE, S.; MÖLLER, F.-O. (1993): Wanderungsverflechtungen zwischen den neuen und den alten Ländern im Jahre 1991. In: Geographische Rundschau, H. 3, S. 191 – 195

Marktbeobachtung Güterverkehr. Jahresbericht 1995, hrsg. v. Bundesamt für Güterverkehr, Köln, Mai 1996

Marktbeobachtung Sonderbericht: Werkverkehr, hrsg. v. Bundesamt für Güterverkehr, Köln, August 1998

Marktwirtschaft des vereinten Deutschland. Sozialistische Hypotheken, Transformationsprobleme, Aufschwungchancen (1991): (= Schriftenreihe Hochschule/ Wirtschaft, H. 8), Düsseldorf

Materialien zum Bericht zur Lage der Nation 1987

Materialien zur Raumentwicklung (1992): Laufende Raumbeobachtung. Laufende Beobachtungen zur Entwicklung der Städte, Kreise und Gemeinden, H. 47 1989/90, hrsg. v. d. Bundesforschungsanstalt für Landeskunde und Raumordnung, Bonn

Materialien zur Raumentwicklung (1995): Laufende Raumbeobachtung. Aktuelle Daten zur Entwicklung der Städte, Kreise und Gemeinden, H. 67, 1992/93, hrsg. v. d. Bundesforschungsanstalt für Landeskunde und Raumordnung, Bonn

MAYER, O. G. (1997): Globalisierung und wohlfahrtsstaatliche Aufgaben. In: Aus Politik und Zeitgeschichte. Beilage zur Wochenzeitung Das Parlament, B 33 – 34/97, 8. August 1997, S. 29 – 38

MEADOWS, D. H., u. a. (1972): Die Grenzen des Wachstums. Bericht des Club of Rome zur Lage der Menschheit, Stuttgart

MEADOWS, D. H.; RANDERS, J. (1992): Die Grenzen des Wachstums (aus dem Amerikanischen übertragen von HECK, H.-D.), Stuttgart

MECHELHOFF, J.: Die Binnenschiffahrt an der Schwelle zum 21. Jahrhundert (2. Teil). In: ZfB, Nr. 17/98; Teil 1. In: ZfB, Nr 15 – 16/97

MEHWALD, L. (1993): Bundesraumordnung setzt auf Dezentrale Konzentration und Städtenetze. In: BbauBl 1993, H. 3, S. 156 – 161

MEIER, B. (1973): Die Entwicklung der agrochemischen Zentren in der DDR. In: Internationale Zeitschrift der Landwirtschaft 4, S. 390 – 393

MEIER-HILBERT, G. (1995): Die Entwicklung des Eisenbahnnetzes in Deutschland bis zum Jahre 2000 (Teil I). In: Zeitschrift für den Erdkundeunterricht 47, S. 349 – 357

MELZER, M.; LANGOSCH, R.; WITTEKIND, J. (1999): Endbericht zum Forschungsfeld Städtenetze, Hamburg

MENSING, K. (1991): Konzepte zur Anwendungsförderung der Informations- und Kommunikationstechniken in Kleinbetrieben in Hamburg. In: BUKOLD, S.; THINNES P. (Hrsg.): Boomtown oder Gloomtown ? Struktureller Wandel einer deutschen Metropole, S. 97 – 128, Hamburg, Berlin

MIEGEL, M. (1990): Starke Regionen. In: Wirtschaftswoche 25, S. 39 – 31

MIELKE, B.; SANDER, H.; KOCH, H. (1993): Großflächige Ferienzentren, Teilabschnitt: Sozioökonomische Auswirkungen; Teilabschnitt: Ökologische Auswirkungen

Militärische Konversion – eine Jahrhundertaufgabe im Land Brandenburg (1998): In: Beiträge zum Symposium "Kommunale Entsorgungs- und Umweltproblematik in Ost-Mitteleuropa nach der politischen Wende", hrsg. v. W. ZSILINCSAR, S. 69 – 79 Graz

Ministerium für Stadtentwicklung, Wohnen und Verkehr des Landes Brandenburg (1995): Integriertes Verkehrskonzept, Potsdam

Ministerkonferenz für Raumordnung (1995): Raumordnungspolitischer Handlungsrahmen, Bonn (= MKRO 1995 bzw. in Hinweisen als HARA)

MODROW, H.: Kann diese Regierung eine Regierung des Volkes und der Arbeit sein?" (Regierungserklärung auf der 12. Tagung der Volkskammer am 18. November 1989). In: Neues Deutschland vom 18./19. November 1989, S. 3 – 5

MOHNHEIM R. (1996): Losungen oder Lösungen ? Zum Nachdenken über die Bedeutung "utopischer" Leitbilder für die Innenstädte. In: Rundbrief Geographie. VGDH, H. 136, 7/1996, S. 11/12

MORHARD, B. (1995): Lokale grenzüberschreitende Kooperation in der deutsch-polnischen Grenzregion im Spannungsfeld regionaler, nationaler und europäischer Politik, Berlin

MÜLLER, K. (1999): Räumliche Schwerpunkte der Jungendarbeitslosigkeit. In: Ländlicher Raum 50, Nr. 4, Juli/August 1999

MÜLLER, W. (1994): Regionale Auswirkungen des europäischen Binnenmarktes auf die neuen Bundesländer. In: Raumforschung und Raumordnung, H. 2, S. 87 – 95

Münchener Jahreswirtschaftsbericht 1995 (1996): Veröffentlichung des Referates für Arbeit und Wirtschaft der Landeshauptstadt München, H. 53, München

Nachhaltige Stadtentwicklung, Informationen zur Raumentwicklung (Hrsg.: BfLR), H. 2/3, 1996

Natur in Schutz nehmen (1997): hrsg. v. Bundesamt für Naturschutz, Bonn

Naturschutz konkret (1997): hrsg. v. Bundesamt für Naturschutz, Münster

NEANDER, E. (1992): Nebenerwerbslandwirtschaft in den neuen Bundesländern. In: Landbauforschung Völkenrode, 42, H. 3, S. 169 – 175

Das neue Flurbereinigungsgesetz (1976): hrsg. v. Bundesministerium für Ernährung, Landwirtschaft und Forsten, Münster/Hiltrup

Neue Staaten seit 1991 (1993): In: Von der EG zur Europäischen Union. Arbeitsmaterialien für die politische Bildung, hrsg. v. d. Bundeszentrale für politische Bildung, Bonn

NOLTE, D. (1993): Das "ATLAS"-Projekt – ein Modell zur Sicherung industrieller Kerne in Sachsen. In: NOLTE, D.; TORFAUTE H.: Kahlschlag verhindern – industrielle Kerne erhalten (WSI-Materialien, Nr. 36), S. 40 – 44, Düsseldorf

NOLTE, D.; SITTE, R.; WAGNER, A. (1993): Strukturpolitik in Thüringen – das Konzept "Entwicklung industrieller Zentren". In: WSI-Mitteilungen, H. 6, S. 402 – 405

NORDHOFF, B. (1982): Industriemäßige Agrarproduktion in der Sackgasse. In: Deutschland Archiv 15, S. 487 – 495

NOWODSADECK, E. (1997): Suburbanisierungsprozesse in der Region Berlin – Brandenburg. In: Materialien zur Raumentwicklung, H. 83. Regionalbarometer neue Länder. Dritter zusammenfassender Bericht (Bearbeiter: St. MARETZKE), hrsg. v. d. Bundesforschungsanstalt für Landeskunde, S. 30 – 33, Bonn

NRW im Europäischen Binnenmarkt (1993): Euregio. Grenzüberschreitende Zusammenarbeit in Europa. Bilanz der Zusammenarbeit des Landes NRW mit der EG, Belgien und den Niederlanden im Rahmen des INTERREG-Programms, hrsg. v. Ministerium für Wirtschaft, Mittelstand und Technologie des Landes Nordrhein-Westfalen, Düsseldorf

NUHN, H. (1996): Die Häfen zwischen Hamburg und Le Havre. In: Geographische Rundschau 48, H. 7/8, S. 420 – 428

ORA: s. Bundesministerium für Raumordnung, Bauwesen und Städtebau 1993a

OTTNAD, A.; LINNARTZ, E. (1997): Föderaler Wettbewerb statt Verteilungsstreit. Vorschläge zur Neugliederung der Bundesländer und zur Reform des Finanzausgleichs, Frankfurt a. M.

OTTNAD, A.; LINNARTZ, E. (1997): Sieben sind mehr als sechzehn. Ein Vorschlag zur Neugliederung der Bundesländer. In: Informationen zur Raumentwicklung, hrsg. v. Bundesamt für Bauwesen und Raumordnung, H. 10, S. 647 – 659

OTTNAD, A.; LINNARTZ, E. (1997): Finanzkraft der Länder vor und nach der Umverteilung bei bestehender und neuer Gliederung (IWG-Modell) im Jahr 1997 (unveröffentlichtes Manuskript)

PACYNA, H. (1983): Agrarlexikon, 3. Aufl., Hannover

PETSCHOW, U.; DRÖGE, S. (1999): Globalisierung und Umweltpolitik. Die Rolle des Nationalstaates. In: Aus Politik und Zeitgeschichte. Beilage zur Wochenzeitung Das Parlament, B 23/99, 4. Juni 1999, S. 23 – 31

PFANNENSCHMIDT, M. (1937): Die Industrialisierung in Berlin und in der Mark Brandenburg, Stuttgart, Berlin

PIATEK, S. (1990): Neue Gemeindeverordnung in Polen. In: Die öffentliche Verwaltung 43, H. 17, S. 717 – 722

PIEPER, M. (1994): Das interregionale Standortwahlverhalten der Industrie in Deutschland, Göttingen

PLATZER, H.-W. (1992): Lernprozeß Europa. Die EG und die neue europäische Ordnung, 2. Aufl., hrsg. v. d. Bundeszentrale für politische Bildung, Bonn

POPP, K. (1988): Räumliche Ebenen der Standortwahl mikroelektronischer Betriebe und deren Standortkriterien. Aufgezeigt am Beispiel der Region München. In: Berichte zur deutschen Landeskunde, Bd. 62, S. 85 – 108

PORTER, M. E. (1993): Nationale Wettbewerbsvorteile: erfolgreich konkurrieren auf dem Weltmarkt, Wien

Presse- und Informationsdienst der Bundesregierung (Hrsg.) (1990): Vertrag zwischen der Bundesrepublik Deutschland und der Deutschen Demokratischen Republik über die Herstellung der Einheit Deutschlands (= Einigungsvertrag), Nr. 104 vom 6. September 1990

Presse- und Informationsamt der Bundesregierung (Hrsg.) (1991): Die Vereinigung Deutschlands im Jahre 1990. Verträge und Erklärungen, Bonn

Presse- und Informationsamt der Bundesregierung (Hrsg.) (1996): Sozialpolitische Umschau, Nr. 430, Bonn

Produktionsverlagerungen ins Ausland – Eine Anwort auf Standortprobleme in Deutschland ? Ergebnisse einer Unternehmensbefragung, hrsg. v. DIHT, Bonn, Dezember 1999

Raumentwicklung, H. 5/6, 1993, S. 261ff.

Raumordnungsbericht 1991 der Bundesregierung (1991): hrsg. v. Bundesministerium für Raumordnung, Bauwesen und Städtebau, Bonn-Bad Godesberg

Raumordnungsbericht Berlin und Brandenburg 1998 (1998): hrsg. v. d. Senatsverwaltung für Stadtentwicklung, Umweltschutz und Technologie und v. Ministerium für Umwelt, Naturschutz und Raumordnung des Landes Brandenburg, Potsdam

Regionalbarometer neue Länder (1993): Erster zusammenfassender Bericht (= Materialien zur Raumentwicklung, H. 50), hrsg. v. d. Bundesforschungsanstalt für Landeskunde und Raumordnung, Bonn

RENNER, G.; CZADA,. P. (1992): Vom Binnenmarkt zur Europäischen Union. Arbeitsbuch für Schule und Erwachsenenbildung, Brühl

RICHTER, H.-B.: Probleme der Zuwanderung am Beispiel Berlins. In: Aus Politik und Zeitgeschichte, Beilage zur Wochenzeitung Das Parlament, B 46/97, 7. Nov. 1977, S. 20 – 28

RITTER, W. (1966): Fremdenverkehr in Europa, Leiden

RITTER, W.; FROWEIN M. (1988): Fremdenverkehrsgeographie, Bad Homburg

ROHR, H.-G. v., (1971): Industriestandortverlagerungen im Hamburger Raum (Hamburger Geographische Studien, 25), Hamburg

RÖSLER, C. (Hrsg.) (1997): Städte auf dem Weg zur Lokalen Agenda 21. Dokumentation des 2. Erfahrungsaustausches. DIFU-Reihe Umweltberatung für Kommunen, Berlin

ROST, D.; WISSING, P. (1992): Die Umstrukturierung der Kooperationen Oßmannstedt (Thüringen), Rietnordhausen (Harzvorland) und Dahne (Brandenburg). In: Fallbeispiele zu Umstrukturierungen von ehemaligen LPGen (= Landwirtschaftl. Rentenbank Schriftenreihe, Bd. 5), Frankfurt a. M.

RÜBENSAM, E. (1975): Aufgaben zur erweiterten Reproduktion der Bodenfruchtbarkeit unter den Bedingungen des Übergangs zu industriemäßigen Produktionsmethoden. In: Kooperation 3, S. 114 – 118

RÜMPFE, H. (1971): Zusammenarbeit von 33 LPG in der ZGE "Schweinemast" Hoyerswerda-Kühnicht – ein Beispiel für die Lösung der Entwicklungsprobleme der LPG Typ I. In: Tierzucht, S. 365 – 369

RUTZ, W. (1995): Die Gliederung der Bundesrepublik Deutschland in Länder. Ein neues Gesamtkonzept für den Gebietsstand nach 1990, hrsg. v. Deutschen Institut für Föderalismusforschung, Baden-Baden

RUTZ, W.; SCHERF, K.; STRENZ, W. (1993): Die fünf neuen Bundesländer. Historisch begründet, politisch gewollt und künftig vernünftig ? Darmstadt

Sächsisches Staatsministerium für Umwelt und Landwirtschaft (1999): Landesentwicklungsbericht 1998, Dresden

Sachstandsbericht Verkehrsprojekte Deutsche Einheit (Stand: Februar 1999) (1999): hrsg. v. Bundesministerium für Verkehr, Bau und Wohnungswesen, Bonn

SAEGER, J. (1997): Der Öko-Atlas, 2. Aufl., Neuausgabe, Bonn

SAHNER, H. (1994): Der Dienstleistungssektor in der DDR und in den neuen Bundesländern. Zur Moderniserung der ostdeutschen Sozialstruktur. In: Gegenwartskunde, S. 527 – 554

SAHNER, H. (1999): Zur Entwicklung ostdeutscher Städte nach der Wende: Nicht nur "dem Tod von der Schippe gesprungen". In: Aus Politik und Zeitgeschichte, Beilage zur Wochenzeitung Das Parlament, B5/99, 29. Januar 1999, S. 26 – 37

SAILER-FLIEGE, U. (1998): Die Suburbanisierung der Bevölkerung in Mittelthüringen. In Zeitschrift für Wirtschaftsgeographie, H. 2, S. 97 – 116

SASSEN, S. (1998): The Mobility of Labour and Capital. A Study of International Investment and Labor Flow, Cambridge

SASSEN, S.: Metropolen des Weltmarktes. Die neue Rolle der Global Cities, Frankfurt a. Main, New York 1996 (Originalausgabe in englischer Sprache 1988)

SASSEN-KOOB, S. (1990): Growth and Informatization at the Core. In: SMITH, M. P.; FEAGIN, J. R. (Eds.): The Capitalist City. Global Restructuring and Community Politics, S. 138 – 154, London

SCHÄFER, B. (1989): Die Bedeutung einer Ferienstraße für den Fremdenverkehr eines Landes, dargestellt am Beispiel der Romantischen Straße, unveröff. Diplomarbeit, München

SCHÄFERS, B. (1997): Politischer Atlas Deutschland. Gesellschaft, Wirtschaft, Staat, 2. akt. u. verb. Ausgabe, Bonn

SCHAMP, E. W. (1995): The German Automobil Produktion System Going European. In: HUDSON, R.; SCHAMP, E. W., (Eds.): Towards a New Map of Automobile Manufacturing in Europe, S. 93 – 116, Berlin

SCHENCK, U. (1991): Hamburg und sein Umland. In: BUKOLD, S.; THINNES, P. (Hrsg.): Boomtown oder Gloomtown ? Struktureller Wandel einer deutschen Metropole. Hamburg, S. 71 – 96, Berlin

SCHERF, K.; VIEHRIG, H. (Hrsg.) (1995): Berlin und Brandenburg auf dem Weg in eine gemeinsame Zukunft (Perthes Länderprofile), Gotha

SCHLIEBE, K. (1985): Raumordnung und Raumplanung in Stichworten. Unterägeri

SCHLIEBE, K.; WÜRDENMANN G. (1990): Peripherie und Zentren rücken dichter zusammen. Wie das Großprojekt "Schienenschnellverkehr" die Lageverhältnisse im Bundesgebiet ändert. In: Informationen zur Raumentwicklung, H. 4/5, S. 223 – 244

SCHLIEBNER, H. (1975): Kreisbetrieb für Landtechnik Luckau: Wie wir die spezialisierte Instandsetzung organisieren. In: Kooperation 12, S. 557 – 560

SCHMIDT, G. (1996): Straßenverkehr 1993, 1994 und 1995: weiterhin geringe Zunahme. In: Straßenverkehrstechnik 40, H. 6, S. 253 – 256

SCHMIDT, H. (1994): Leipzig zwischen Tradition und Neuorientierung. In: Geographische Rundschau 46, H. 9, S. 500 – 507

SCHNIEDEWIND, T. (1996): Tarifgestaltung deutscher Verkehrsverbünde. Teil II. In: Verkehr und Technik, H. 10, S. 535 – 539

SCHÖLLER, P. (1965): Neugliederung, Prinzipien und Probleme der politisch-geographischen Neuordnung Deutschlands und das Beispiel des Mittelrheingebietes. In: Forschungen zur Deutschen Landeskunde, Bd. 150, Bad Godesberg

SCHÖLLER, P. (1982): Bundesstaatliche Ordnung – Deutsche Länder – Hauptstadtfragen. In: Geographische Rundschau 32, H. 4, S. 134 – 139

SCHÖNKNECHT, R. (1990): Binnenschiffahrt in der DDR. In: Binnenschiffahrts-Nachrichten Nr. 3/90

SCHRADER, M. (1995): Altindustrielle Regionen im Wandel – Hemmnisse und Chancen des Ruhrgebiets nach EU-Integration und Ostöffnung. In: GLÄSSER, E.; VOPPEL, G. (Hrsg.): Wirtschaftsgeographische Entwicklungen in Nordrhein-Westfalen (zum 65. Geburtstag von Götz Voppel. Kölner Forschungen zur Wirtschafts- u. Sozialgeographie, Bd. 44), S. 209 - 231, Köln

SCHRÖDER, G. (Hrsg.) (1991): Lexikon der Tourismuswirtschaft, Hamburg

SCHROIFF, F. J. (1984): Das Binnenschifffahrts-Verkehrssystem, Hannover

SCHUHMANN, M.; BAETHGE-KINSKY, V.; KUHLMANN, C.; KURZ, C.; NAUMANN, U. (1994): Trendreport Rationalisierung, Berlin.

SEDLACEK, P. (1996): Deindustrialisierung, Arbeitsmarkt und Industriepolitik in Thüringen. In: Geographische Rundschau 48, H. 1, S. 12 – 17.

SEELE, G. (1993): Alte und neue Konzepte der Länderneugliederung. In: Landkreis 63, S. 113 – 118, Köln

SEIDENFUS, H.: Logistikstandort Binnenhafen: In: ZfB Nr. 19 / 98

SEIFERT, H. (1980): Die Mühlenwirtschaft in den EG-Ländern: In: Deutsche Müller-Zeitung 78, H. 23, S. 398 – 402

Senat der Freien und Hansestadt Hamburg (1991): Leitlinien der Hamburger Wirtschaftspolitik, Hamburg

Senatsverwaltung für Stadtentwicklung, Umweltschutz und Technologie Berlin / Ministerium für Umwelt, Naturschutz und Raumordnung des Landes Brandenburg (1998) (Hrsg.): Raumordnungsbericht, Berlin / Potsdam

Senatsverwaltung für Stadtentwicklung, Umweltschutz und Technologie Berlin / Ministerium für Umwelt, Naturschutz und Raumordnung des Landes Brandenburg (1998) (Hrsg.): Gemeinsam planen für Berlin und Brandenburg, Berlin / Potsdam

Senatsverwaltung für Verkehr und Betriebe des Landes Berlin (1995): Verkehrsplanung für Berlin. Materialien zum Stadtentwicklungsplan Verkehr, Berlin

SINZ, M.: Raumordnungspolitischer Orientierungsrahmen. Neue Leitbilder für die räumliche Entwicklung in Deutschland. In: BfLR-Mitteilungen 1993, H. 1, S. 1 – 4

SOMMER, B. (1994): Die Entwicklung der Bevölkerung bis 2040. Ergebnis der achten koordinierten Bevölkerungsvorausberechnung. In: Wirtschaft und Statistik, H. 7, S. 497 – 503

SPIELMANN, H. O. (1989): Agrargeographie in Stichworten (Hirts Stichwortbücher), Unterägeri

SPINDLER, F. (1984): Agrarpolitik durch Reform der Agrarpreise in der DDR (= Analysen und Berichte Nr. 7 / 1984), Bonn

Städtetourismus. Eine Planungs- und Orientierungshilfe für Klein- und Mittelstädte (1991): hrsg. v. Allgemeinen Deutschen Automobil-Club e. V., München

STEINBACH, J. (1997): Die wirtschaftliche und soziale Situation Deutschlands unter den Einflüssen der Wiedervereinigung, europäischer Integration und Globalisierung. In: GW-Unterricht 68, S. 59 – 68

STEINECKE, A.; WACHOWIAK, H. (1980): Kulturstraßen als innovative Produkte – das Beispiel der grenzüberschreitenden Kulturstraße "Straße der Römer" an der Mosel. In: MAIER, J. (Hrsg.): Arbeitsmaterialien zur Raumordnung und Raumplanung, H. 137, Touristische Deutschlandreisen unter besonderer Berücksichtigung der Strategie der Marktsegmentierung, Dissertation, Mannheim

STEINECKE, A. (1999): Thematisierung und Inszenierung. Aktuelle Trends im Tourismus. In: Amusement T und M – 2 / 99

STEINECKE, A. (1999): Tourismus und Konsumkultur. Kundenbedürfnisse – Schauplätze – Werthaltungen. In: Tourismus als Wirtschaftsfaktor, hrsg. v. P. SCHELL, Münster

STEINECKE, A.; QUACK, H.-D. (1998): Globalisierung und Kirchturmdenken: Chancen und Herausforderungen deutscher Zielgebiete im internationalen Tourismus. In: Der Landkreis. Zeitschrift für Kommunale Selbstverwaltung 68, Aug. / Sept.

STIENS, G . (1992): Großräume und Regionen unter dem Druck neuer Zeitregimes. In: Raumforschung und Raumordnung, H. 6, S. 295 – 302

STIENS, G. (1993): Kommende Veränderungen der städtischen Siedlungsstruktur der Bundesrepublik Deutschland. Eine Auswertung jüngster raumwissenschaftlicher Trendermittlungen. In: Informationen zur Raumentwicklung, H. 12, S. 988 – 919

STIENS, G. (1995): Städtevernetzung. Anknüpfungspunkte, Konzepte, Erfordernisse (= Materialien zur Raumentwicklung, Bd. 71), Bonn

STIENS, G. (1996): Szenarien veränderter Zentralitätsstrukturen des städtischen Siedlungssystems. Mögliche Auswirkungen neuer siedlungsstruktureller Leitbilder und Konzepte der Raumordnung. In: Informationen zur Raumentwicklung, H. 12

STIENS, G. (1997): Der Begriff 'Regionale Disparitäten' im Wandel raumbezogener Planung und Politik. Mit einem Blick auf neue Trends in den Rahmenbedingungen. In: Informationen zur Raumentwicklung, H. 1

STIENS, G.; PICK, D. (1998): Die Zentrale-Orte-Systeme der Bundesländer. Aktuelle Strukturen und Steuerungsfunktionen. In: Raumforschung und Raumordnung, H. 5/6, S. 421 – 434

STORBECK, S. (1982): Ziele und Konzeptionen für die Raumordnung und Landesplanung. In: ARL (Hrsg.): Grundriß der Raumordnung, S. 201 – 231, Hannover

STRASDAS, W. (1991): Ferienzentren der 2. Generation, Abschlußbericht, Hannover

STREK, W. R. (1994): Zukunftschancen der chemischen Industrie. In: SIMONS, R.; WESTERMANN, K. (Hrsg.): Wirtschaftsstandort Deutschland. Wettbewerbsfähigkeit, Zukunftschancen, Verteilungsspielräume, S. 193 – 224, Köln

STROHMEIER, K. P. (1993): Pluralisierung und Polarisierung der Lebensformen in Deutschland. Aus Politik und Zeitgeschichte, Beilage zur Wochenzeitschrift Das Parlament, B 17/93, S. 11 – 17

STRUBELT, W. (1998): Länderneugliederung – eine Notwendigkeit oder nur ein "running gag" des politischen Alltags ? In: Neugliederung der Bundesrepublik Deutschland, hrsg. v. Bundesamt für Bauwesen und Raumordnung, H. 10, S. I – V

SUBMEIER, R. D. (1990): BRD- und DDR-Binnenflotte in statistischer Gegenüberstellung. In: Binnenschiffahrts-Nachrichten, Nr. 11/90, S. 286 – 287

SUKOPP, H. (Hrsg.) (1990): Stadtökologie – Das Beispiel Berlin, Berlin

TETSCH, F. (1994): Gemeinschaftsaufgabe "Verbesserung der regionalen Wirtschaftsstruktur" am Scheideweg. In: Stadt und Gemeinde, H. 8, S. 331 – 337

Thüringer Ministerium für Wirtschaft und Verkehr (TMWV) (Hrsg.) (1993): Jahreswirtschaftsberichte 1991/92 u. 1992/93, Erfurt

TIETZE, W.; BOESLER, K. A.; KLINK, H. J.; VOPPEL, G. (Hrsg.) (1990): Geographie Deutschlands. Bundesrepublik Deutschland. Staat – Natur – Wirtschaft, Berlin/Stuttgart

TIMM, H. (1949): Zusammengefaßte Hauptergebnisse einer Untersuchung über Hamburgs Wirtschaftsstruktur und Entwicklung mit Folgerungen für die Investitionspolitik, Hamburg

Touristische Routen in Deutschland. Eine Informations- und Orientierungshilfe (1996): hrsg. v. Allgemeinen Deutschen Automobilclub, München, und Deutschen Fremdenverkehrsverband, Bonn, Bonn

Umweltbericht 1998 (1998): hrsg. v. Bundesministerium für Umwelt, Naturschutz und Reaktorsicherheit, Drucksache 13/10735 vom 20.5.1998, Bonn

Umweltbundesamt (Hrsg.) (1997): Daten zur Umwelt – Der Zustand der Umwelt in Deutschland (Ausgabe 1997), Berlin

Umweltbundesamt (Hrsg.) (1997): Nachhaltiges Deutschland – Wege zu einer dauerhaft umweltgerechten Entwicklung, Berlin

Umweltdaten Deutschland 1998 (1998): hrsg. v. Umweltbundesamt Berlin und Statistischen Bundesamt Wiesbaden

Umweltprobleme der Landwirtschaft, Sondergutachten März 1985, Berlin

USBECK, H. (1998): Suburbanisierung in Thüringen – Abschlußbericht für das

Thüringer Ministerium für Wirtschaft und Infrastruktur (Auszüge), Engelsdorf

Verband der Automobilindustrie (Hrsg.) (1996): Produzieren am Standort Deutschland, Frankfurt a. M.

Verband der chemischen Industrie (1994): Chemiewirtschaft in Zahlen, Ausgabe 1994, Frankfurt a. M.

Die Vereinigung Deutschlands im Jahre 1990 (1991): Verträge und Erklärungen (= Reihe Berichte und Dokumentationen), hrsg. v. Presse und Informationsamt der Bundesregierung, Bonn

Verkehrsentwicklungsplanung für die Region Berlin, 2. Zwischenbericht, März 1993. Berlin 1993

Verkehrsinfrastrukturinvestitionen des Bundes in den neuen Bundesländern (Stand: Februar 1999), hrsg. v. Bundesministerium für Verkehr, Bau und Wohnungswesen

Verordnung über die Gründung und Tätigkeit von Unternehmen mit ausländischer Beteiligung in der DDR vom 25. Januar 1990. In: GBL der DDR, Teil I, Nr. 4, S. 16ff.

Verordnung zur Umwandlung von volkseigenen Kombinaten, Betrieben und Einrichtungen in Kapitalgesellschaften vom 1. März 1990. In: GBL der DDR, Teil I, Nr. 14, S. 107ff.

Vertrag über die Schaffung einer Währungs-, Wirtschafts- und Sozialunion. In: Pressemitteilung des Presse- und Informationsamtes der Bundesregierung, Nr. 206/90 vom 18. Mai 1990

Vertrag zwischen der Bundesrepublik Deutschland und der Republik Polen über die Bestätigung der zwischen ihnen bestehenden Grenze vom 17.1.1990. In: Bundesgesetzblatt 1991, Teil II, S. 1 329 – 1 330

Vertrag zwischen der Bundesrepublik Deutschland und der Republik Polen über gute Nachbarschaft und freundschaftliche Zusammenarbeit vom 17.11.1990. In: Bundesgesetzblatt 1991, Teil II, S. 1 315 – 1 327

Vertrag zwischen der Bundesrepublik Deutschland und der Tschechischen und Slowakischen Föderativen Republik über gute Nachbarschaft und freundschaftliche Zusammenarbeit vom 17.11.1990. In: Bundesgesetzblatt 1992 Teil II, S. 463 – 473

VESPER, D. (1997): Neugliederung der Bundesländer und Auswirkungen auf den Länderfinanzausgleich. Gutachten im Auftrag des IWG Bonn, Berlin

VIEWEG, H-G.; HILPERT, H. G. (1993): Japans Herausforderung an den deutschen Maschinenbau, München.

VOIGT, D.; BELITZ-DEMIRIZ, H.; MECK, S. (1990): Die innerdeutschen Wanderungen und der Vereinigungsprozeß. In: Deutschland-Archiv, H. 5, S. 732 – 746

Von der demokratischen Bodenreform zum sozialistischen Dorf (1965): Berlin

VOPPEL, G. (1990): Die industrielle Struktur. In: BOESLER, K.-A., u. a. (Hrsg.): Geographie Deutschlands, Bd. 1. Die Bundesrepublik Deutschland, S. 440 – 502, Berlin, Stuttgart

VOPPEL, G. (1993): Bundesrepublik Deutschland, Nordrhein-Westfalen (= Wissenschaftliche Länderkunden, Band 8/VI), Darmstadt

WAGENER, F. (1972): Ziele der Raumordnung nach Plänen der Länder. (= Mitteil. d. Inst. f. Raumordnung, H. 71), Bonn

WALOSSEK, W. (1996): Verkehrsentwicklungsplan im Raum Halle-Leipzig. In: Praxis Geographie 26, H. 6, S. 22 – 27

WEIBERT, W. (1985): Die Industrieumsiedlungen in Schleswig-Holstein im Zeitraum 1970 – 1980, Kiel

WEISS, W. (Hrsg.) (1996): Mecklenburg-Vorpommern. Brücke zum Norden und Tor zum Osten (Perthes Länderprofile), Gotha

WENDT, H. (1991): Die deutsch-deutschen Wanderungen – Bilanz einer 40jährigen Geschichte von Flucht und Ausreise. In: Deutschland-Archiv, H. 4, S. 386 – 395

WENDT, H. (1991): Geburtenhäufigkeit in beiden deutschen Staaten – zwischen Konvergenz und Divergenz. In: Zeitschrift f. Bevölkerungswissenschaft, H. 3, S. 251 – 280

WENDT, H. (1992): Zur Entwicklung der Geburtenhäufigkeit im geeinten Deutschland: zwischen Assimilation und regionaler Divergenz. In: Informationen zur Raumentwicklung, H. 9 / 10, S. 681 – 690

WENDT, H. (1993): Familienbildung und Familienpolitik in der ehemaligen DDR. (Materialien zur Bevölkerungswissenschaft, Sonderheft 22), Wiesbaden

WENDT, H. (1993 – 94): Wanderungen nach und innerhalb von Deutschland unter besonderer Berücksichtigung der Ost-West Wanderungen. In: Zeitschrift f. Bevölkerungswissenschaft, H. 4, S. 517 – 540

WENDT, H. (1994): Von der Massenflucht zur Binnenwanderung. Die deutsch-deutschen Wanderungen vor und nach der Vereinigung. In: Geographische Rundschau, H. 3, S. 136 – 140

WENDT, H. (1995): Asylbewerber in Deutschland. In: Geographische Rundschau, H. 7 – 8, S. 443 – 446

WENDT, H. (1997): The former German Democratic Republic: The Standardized Family. In: Family Life and Family Policies in Europe, S. 114 – 154, Oxford

WENDT, H. (1997): Zuwanderung und Asyl in Deutschland – vor dem Hintergrund demographischer Entwicklungen. In: Zeitschrift f. Bevölkerungswissenschaft, H. 2 / 3, S. 311 – 318

WIENERT, H. (1993a): Kohle und Stahl unter anhaltendem Veränderungsdruck. In: DÜRR, H.; GRAMKE, J. (Hrsg.): Erneuerung des Ruhrgebietes. Regionales Erbe und Gestaltung für die Zukunft, Paderborn

WIENERT, H. (1993b): Schwerster Einbruch der Nachkriegszeit ? Zyklische und strukturelle Elemente der gegenwärtigen Krise der westdeutschen Stahlindustrie. In: RWI-Mitteilungen.

WIRTH, P. (1996): Nachhaltige Erneuerung ländlicher Räume in den neuen Bundesländern. Ein ganzheitliches Innovationskonzept. In: Raumforschung und Raumordnung, H. 5, S. 334 – 344

Wirtschaftsatlas neue Bundesländer (1994): Gotha

Wirtschaftsdienst 1996 / VI

Wirtschaftsministerium des Landes Baden-Württemberg: Landesentwicklungsbericht (LEB) 1994 (1994): Stuttgart

WOHLERS, E. (1994 / 95): Auswirkungen der Wiedervereinigung auf die Standortqualität Deutschlands. In: KANTZENBACH, E.; MAYER, G. (Hrsg.): Deutschland im internationalen Standortwettbewerb, S. 91 – 108, Baden-Baden

WOITSCHÜTZKE, C.-P. (1996): Verkehrsgeographie, Köln

WOLLKOPF, H.-F. (1994): Agrarstruktur in Deutschland zwischen 1960 und 1992 (Beiträge zur Regionalen Geographie. Bd. 36), Leipzig

WOLLMANN, H.; HELLSTERN, G. (1994): Systemwandel und Städtebau in Mittel- und Osteuropa. In: Stadtforschung aktuell 46, S. 111 – 126 und 147 – 163, Basel

WOMACK, J. P.; JONES, D. T.; ROOS, D. R. (1991): Zweite Revolution in der Automobilindustrie: Konsequenzen aus der weltweiten Studie aus dem Massachussets Institute of Technology, Frankfurt a. M.

WÜRDEMANN, G. (1990): Stadt-Umland. Verkehr ohne Grenzen. In: Informationen zur Raumentwicklung, H. 4 / 5

Zehn Jahre Bundesumweltministerium – Wegmarken der Umweltpolitik 1986 bis 1996 (1996): In: Umwelt 6, hrsg. v. Bundesministerium für Umwelt, Naturschutz und Reaktorsicherheit, S. I – XXIV

Zentralverband Elektrotechnik- und Elektronik-Industrie (Hrsg.) (1996): Fakten, Analysen, Prognosen, Quartalsbericht Juni ´96, Frankfurt a. M.

ZICH, F. (1993): Euroregions along the Czech German and Czech Austrian Borders, Prag

ZIMM, A. (1959): Die Entwicklung des Industriestandortes Berlin, Berlin

ZIMMERMANN, M. (1997): Lokale Agenda 21 – Ein kommunaler Aktionsplan für die zukunftsbeständige Entwicklung der Kommune im 21. Jahrhundert. In: Aus Politik und Zeitgeschichte, B 27/97, S. 25 – 38

ZOELLNER, H. (1992): Agrarreform im Rindfleischsektor (= AID-Information 41, Nr. 36 vom 28. August 1992

Statistiken

Agrarbericht der Bundesregierung. Agrar- und ernährungspolitischer Bericht der Bundesregierung. Materialband (einschließlich Buchführungsergebnisse), Bonn, Jahrgänge 1971 bis 1991

Bodennutzungshaupterhebungen, hrsg. v. Statistischen Bundesamt Wiesbaden, Jahre 1971 bis 1995

Dezember-Viehzählungen, hrsg. v. Statistischen Bundesamt Wiesbaden, Jahre 1971 bis 1990

Ernteberichterstattung der DDR 1979, hrsg. v. d. Staatlichen Zentralverwaltung für Statistik, Berlin (O)

Ernteermittlung 1987 (d. DDR), hrsg. v. d. Staatlichen Zentralverwaltung für Statistik, Berlin

Statistisches Bundesamt (Hrsg.) (1992): Datenreport 1992, Bonn

Statistisches Bundesamt (Hrsg.) (1994): Bevölkerung und Erwerbstätigkeit, Fachserie 1, Reihe 1, Gebiet und Bevölkerung

Statistisches Bundesamt (Hrsg.) (1995ff.): Statistisches Jahrbuch 1995, 1996, 1997 u. 1998 für die Bundesrepublik Deutschland, Stuttgart

Statistisches Bundesamt (Hrsg.) (1994): Datenreport 1994, Bonn

Statistisches Bundesamt (Hrsg.) (1995): Im Blickpunkt: Ausländische Bevölkerung in Deutschland, Statistisches Bundesamt, Stuttgart

Statistisches Bundesamt (1996): Statistisches Jahrbuch für die Bundesrepublik Deutschland 1996

Statistisches Jahrbuch der Bundesrepublik Deutschland 1991 (1991): Wiesbaden

Statistisches Jahrbuch der DDR, hrsg. v. Zentralamt für Statistik der Deutschen Demokratischen Republik, Berlin (O), Jahrgänge 1955 bis 1989

Statistisches Jahrbuch für das vereinte Deutschland 1991, hrsg. v. Statistischen Bundesamt, Wiesbaden

Statistisches Jahrbuch über Ernährung, Landwirtschaft und Forsten, Jahrgänge 1973 bis 1996, hrsg. v. Bundesministerium für Ernährung, Landwirtschaft und Forsten, Münster/Hiltrup 1973 – 1996

Verzeichnis der Abbildungen

Verzeichnis der Tabellen

Verzeichnis der Übersichten

Verzeichnis der Abkürzungen

ABL	Alte Bundesländer
AK	Arbeitskraft
ATLAS	Ausgesuchte Treuhandunternehmen, vom Land angemeldet zur Sanierung
BASF	Badische Anilin- und Sodafabriken
BBR	Bundesamt für Bauwesen und Raumordnung
BfLR	Bundesforschungsanstalt für Landeskunde und Raumordnung
BMBau	Bundesministerium für Bauwesen
BMI	Bundesministerium des Innern
BMWi	Bundesministerium für Wirtschaft
BROP	Bundesraumordnungsprogramm

CBC	Cross-Border-Cooperation
DIW	Deutsches Institut für Wirtschaftsforschung
DSK	Deutsche Stadtentwicklungsgesellschaft
EAGFL	Europäischer Ausgleichs- und Garantiefonds für die Landwirtschaft
EFRE	Europäischer Fonds für regionale Entwicklung
EG	Europäische Gemeinschaft
eG	Eingetragene Genossenschaft
ERP	European Recovery Program
ESF	Europäischer Sozialfonds
EU	Europäische Union
EWG	Europäische Wirtschaftsgemeinschaft
FuE	Forschung und Entwicklung
(B)GBl	(Bundes-) Gesetzblatt
GFK	Gemeinschaftliches Förderkonzept
GG	Grundgesetz
GmbH	Gesellschaft mit beschränkter Haftung
GV	Großvieheinheit
HARA	Raumordnungspolitischer Handlungsrahmen
IAB	Institut für Arbeitsmarkt- und Berufsforschung der Bundesanstalt für Arbeit
IfO	Institut für Wirtschaftsforschung
KfL	Kreisbetrieb für Landtechnik
KG	Kommanditgesellschaft
KIM	Kombinat industrieller Mast
KLV	Kombinierter Ladungsverkehr
KONTIV	Kontinuierliche Erhebung des Verkehrsverhaltens
LEB	Landesentwicklungsbericht
LPG	Landwirtschaftliche Produktionsgenossenschaft
MOE	Mittel – Ost – Europäische Länder
NBL	Neue Bundesländer
OECD	Organization for Economic Cooperation and Development (Organisation für wirtschaftliche Entwicklung und Zusammenarbeit)
ORA	Raumordnungspolitischer Orientierungsrahmen
PCK	Petrochemisches Kombinat
PHARE	Poland and Hungary Assistance for Restructuring Economies
RGW	Rat für Gegenseitige Wirtschaftshilfe
SED	Sozialistische Einheitspartei Deutschlands
TACIS	Technical Assistance to the Community of Independent States (Hilfsprogramm für die Gemeinschaft unabhängiger Staaten)
ThürNN	Thüringer NeugliederungsgesetzS
VdEH	Verein deutscher Eisenhüttenleute
VEB	Volkseigener Betrieb
VEG	Volkseigenes Gut
VKSK	Verband der Kleingärtner, Siedler und Kleintierzüchter
WE	Wohneinheit
ZEUS	Zukunftsorientierte Entwicklung und Umstrukturierung der Standorte

Sachregister

Deutschland

Fakten, Zahlen, Übersichten*

* Die Fülle des für Deutschland vorhandenen umfangreiche Datenmaterials würde den Rahmen dieses Buches sprengen. Deshalb beinhaltet der Anhang dieses Bandes entgegen der sonst für die Reihe üblichen Verfahrensweise nur den eigentlichen Buchtext ergänzendes, dort nicht aufgenommenes Text- und Datenmaterial.

Quellen für den Anhang soweit nicht anders erwähnt: Stat. Jahrbuch BRD 1999

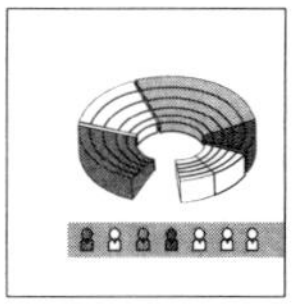

1 Staat und Territorium

Bundesrepublik Deutschland

Amtliche Sprache: Deutsch

Währung:
1 DM (Deutsche Mark) = 100 Pfennige

Fläche: 357 021 km^2

Bevölkerungszahl (1997): 82 057 000

Hauptstadt: Berlin

Lage im Gradnetz:
Nördlichster Punkt:
Gemeinde List, Landkreis Nordfriesland, Schleswig- Holstein – 8°24'44" ö. L.; 55°03'33" n. Br.
Südlichster Punkt:
Gemeinde Oberstdorf, Landkreis Oberallgäu, Bayern – 10°10'46" ö. L.; 47°16'15" n. Br.
Östlichster Punkt:
Gemeinde Deschka, Niederschlesischer Oberlausitzkreis, Sachsen – 15°02'37" ö. L.; 51°16'22" n. Br.
Westlichster Punkt:
Gemeinde Selfkant, Landkreis Heinsberg, Nordrhein-Westfalen – 5°52'01" ö. L.; 51°03'09" n. Br.

Größte Ost-West-Ausdehnung:
640 km (Luftlinie)
Größte Nord-Süd-Ausdehnung:
876 km (Luftlinie)

Quelle: nach Angabe der beteiligten Landesvermessungsämter

Staatsform
Nach dem Grundgesetz vom 23.5.1949 ist die Bundesrepublik Deutschland nach ihrer Staatsform ein föderativer (Bundesstaat), ein demokratischer, parlamentarischer und sozialer Rechtsstaat.

Nach dem Beitritt der Deutschen Demokratischen Republik zur Bundesrepublik Deutschland am 3. Oktober 1990 gibt es die Länder Baden-Württemberg, Bayern, Berlin, Brandenburg, Bremen, Hamburg, Hessen, Mecklenburg-Vorpommern, Niedersachsen, Nordrhein-Westfalen, Rheinland-Pfalz, Saarland, Sachsen, Sachsen-Anhalt, Schleswig-Holstein und Thüringen. Sie sind Gliedstaaten des Bundesstaates. Sowohl der Bund als Ganzes als auch die Länder sind "Staaten" mit eigener Staatsgewalt, eigenem Staatsvolk und eigenem Staatsgebiet. Dem Bund kommt die höchste Gewalt zu. Bundesrecht bricht Landesrecht (Art. 31GG). Der Bund kann im Wege der Verfassungsänderung die Kompetenz der Länder beschneiden und auf sich übertragen.

Die Bundesrepublik Deutschland ist ein demokratischer Staat. Alle Staatsgewalt geht vom Volke aus und wird von ihm durch Wahlen und Abstimmungen ausgeübt (Art. 20GG).

Die Bundesrepublik Deutschland ist ein parlamentarischer Staat. Nicht nur die Gesetzgebung liegt ausschließlich in der Hand der repräsentativen Legislativ-Organe. Auch Regierung und Verwaltung sind dem Willen der Volksvertretung unterworfen.

Das Staatsoberhaupt der Bundesrepublik Deutschland ist der Bundespräsident. Er wird von der Bundesversammlung für fünf Jahre gewählt und kann einmal wiedergewählt werden. Die Bundesversammlung besteht aus allen Abgeordneten des Bundestages und einer gleichen Zahl von Mitgliedern, die von den Länderparlamenten nach den Grundsätzen der Verhältniswahl gewählt werden.

Die Abgeordneten des Bundestages werden alle vier Jahre gewählt. Das Bundeswahlgesetz sieht für die Wahl der 656 Abgeordneten eine personalisierte Verhältniswahl vor. Bundestag und Bundesrat sind die gesetzgebenden Organe der Bundesrepublik Deutschland. Hauptaufgaben des Bundestages sind neben der Gesetzgebung die Wahl des Bundeskanzlers und die Kontrolle der Bundesregierung. Die Arbeit des Bundestages vollzieht sich nicht nur im Plenum, sondern vor allem in Ausschüssen. Durch den Bundesrat wirken die Länder bei der Gesetzgebung und Verwaltung des Bundes und in Angelegenheiten der Europäischen Union mit.

Die Bezeichnung sozialer Rechtsstaat enthält die Verpflichtung, über die institutionellen Sicherungen hinaus eine Ordnung zu schaffen, die den sozialen Frieden wahrt und allen ein menschenwürdiges Dasein sichert.

Verwaltungsaufbau
Das Grundgesetz kennt fünf verschiedene Verwaltungstypen:

1. die Regelform der Ausführung von Bundesgesetzen durch die Länder als eigene Angelegenheit (Art. 84GG),
2. die Ausführung von Bundesgestzen durch die Länder nach Weisung des Bundes (Auftragsangelegenheiten; Art. 85, 108GG);
3. die Ausführung von Bundesgesetzen durch den Bund selbst (Bundeseigene Verwaltung, Art, 86-90GG);
4. die Ausführung von Bundesgesetzen durch bundesmittelbare Körperschaften oder Anstalten des öffentlichen Rechts (z.B. Bundesanstalt für Angestellten-Versicherung);
5. die Ausführung von Landesgesetzen durch die Länder selbst.

Verwaltungsgliederung
Die Länder Baden-Württemberg, Bayern, Hessen, Niedersachsen, Nordrhein-Westfalen, Rheinland-Pfalz, Sachsen und Sachsen-Anhalt sind in Regierungsbezirke, diese in Landkreise und kreisfreie Städte gegliedert.

Beim Saarland sowie in Schleswig-Holstein, Thüringen, Mecklenburg-Vorpommern und Brandenburg fehlt die Mittelinstanz der Regierungsbezirke. Diese Bundesländer gliedern sich nur in Landkreise und kreisfreie Städte.

Von den Städten mit Landescharakter haben Hamburg und Berlin eine gestufte Verwaltung (Hamburg: unter dem Senat die Kreisverwaltungen, Ortsämter und Ortsdienststellen; Berlin: unter dem Senat die Bezirksverwaltungen), während Bremen nur über eine Gemeindeverwaltung für die beiden selbständigen Gemeinden Stadt Bremen und Bremerhaven verfügt (Stat. Jahrbücher BRD 1998 u. 1999).

Partei	1949	1953	1957	1961	1965	1969	1972	1976	1980	1983	1987	1990	1994	1998
SPD	131	151	169	190	202	224	230	214	218	193	186	239	252	298
CDU	115	191	215	192	196	193	177	190	174	191	174	268	244	198
CSU	24	52	55	50	49	49	48	53	52	53	49	51	50	47
F.D.P.	52	48	41	67	49	30	41	39	53	34	46	79	47	43
GRÜNE	–	–	–	–	–	–	–	–	–	27	42	8	49*	47*
Sonstige	80	45	17	–	–	–	–	–	–	–	–	17**	30**	36**
Insgesamt	402	487	497	499	496	496	496	496	497	498	497	662	672	669

Tab. A 1.1: Sitzverteilung im Deutschen Bundestag 1949 – 1998 * B90/Grüne; ** PDS

Land	Fläche[1] (km²)	Bevölkerung[2]	Bevölkerungsdichte[2] (Ew. / km²)	Regierungsbezirke	Kreise insgesamt	Kreise kreisfreie Städte	Kreise Landkreise	Gemeinden[3]
Baden-Württemberg	35 752	10 396 610	291	4[4]	44	9	35	1 111
Bayern	70 548	12 066 357	171	7	96	25	71	2 056
Berlin	892	3 425 759	3 842	–	1	1	–	1
Brandenburg	29 476	2 573 291	87	–	18	4	14	1 498
Bremen	404	673 883	1 667	–	2	2	–	2
Hamburg	755	1 704 731	2 257	–	1	1	–	1
Hessen	21 114	6 031 705	286	3	26	5	21	426
Mecklenburg-Vorpommern	23 170	1 807 799	78	–	18	6	12	1 096
Niedersachsen	47 612	7 845 398	165	4	47	9	38	1 032
Nordrhein-Westfalen	34 079	17 974 487	527	5	54	23	31	396
Rheinland-Pfalz	19 853	4 017 828	202	3	36	12	24	2 305
Saarland	2 570	1 080 790	420	–	6	–	6	52
Sachsen	18 413	4 522 412	246	3	29	7	22	779
Sachsen-Anhalt	20 447	2 701 690	132	3	24	3	21	1 295
Schleswig-Holstein	15 771	2 756 473	175	–	15	4	11	1 130
Thüringen	16 172	2 478 148	153	–	22	5	17	1 053
Deutschland	357 028	82 057 379	230	32	439	116	323	14 197
alte Bundesländer				26	328[5]	91[5]	237	8 513
neue Bundesländer				6	112	26	86	5 685

Tab. A 1.2: Deutschland und seine Bundesländer (Verwaltungsgliederung am 31.12.1998)
Quelle: Stat. Jahrbuch 1998, 1999 der BRD

[1] Ergebnis der Flächenerhebung 1997 nach Art der tatsächlichen Nutzung (Stichtag 31.12.1996)
[2] 31.12.
[3] einschl. der bewohnten gemeindefreien Gebiete
[4] außerdem 12 Regionalverbände
[5] einschl. der Angaben für Berlin

2 Landesnatur

Die Bundesrepublik Deutschland gliedert sich geographisch von der Nord- und Ostsee bis zu den Alpen im Süden in das Norddeutsche Tiefland, die Mittelgebirgsschwelle, das Südwestdeutsche Mittelgebirgsstufenland, das Süddeutsche Alpenvorland und die Bayerischen Alpen.

Das Norddeutsche Tiefland ist ein von den nordischen Vereisungen überformtes Flachland. Es besteht in Schleswig-Holstein, Nordost-Mecklenburg-Vorpommern und Nordbrandenburg aus dem durch die glazialen Serien reich gegliederten Jungmoränenland mit den seen- und moorreichen Grundmoränenplatten, Endmoränen, Sandern und den anschließenden Urstromtälern. Daran schließt sich nach Südosten das seenarme, durch seine Heiden und breite und feuchte Niederungen der Urstromtäler geprägte Altmoränenland an. Vor dem Fuß der Mittelgebirgsschwelle liegen fruchtbare Lößbörden, in die klimatisch begünstigte Tieflandsbuchten eingreifen. Im einzelnen sind das die Niederrheinische, die Westfälische und die Sächsisch-Thüringische Bucht. Die Bundesrepublik Deutschland hat im Norden des Tieflandes Anteil an den Marschen der Nordseeküste. Diese reichen bis zum Geestrand. In Schleswig-Holstein ist die Ostseeküste im Westen durch Förden stark gegliedert. In Mecklenburg-Vorpommern nimmt die Ostseeküste im Osten den Charakter einer Bodden- und Ausgleichsküste an. In der Nordsee sind die Ostfriesischen Inseln (z. B. Borkum, Norderney), die Nordfriesischen Inseln (z. B. Amrum, Föhr, Sylt) und Helgoland die wichtigsten Inseln. In der Ostsee müssen als die bedeutendsten Inseln Rügen, Usedom und Fehmarn genannt werden.

Die Mittelgebirgsschwelle ist von großer Mannigfaltigkeit. In ihr gibt es mehrere geologisch-tektonische Zonen zu untergscheiden. Da ist das Rheinische Schiefergebirge mit den Hauptteilen Hunsrück, Eifel, Taunus, Westerwald, Bergisches Land zu nennen. Zu erwähnen sind das Sauerland mit Rothaargebirge, das Hessische Bergland, das Weser- und Leinebergland und der Harz weiter östlich, der sich mit dem Brocken bis in eine Höhe von 1 142 m NN erhebt. Es rechnen zur Mittelgebirgsschwelle ferner die Rhön, der Bayerische Wald, der Oberpfälzer Wald, das Fichtelgebirge, der Frankenwald, der Thüringer Wald und das Erzgebirge.

Die Mittelgebirgsschwelle trennt den Norden vom Süden Deutschlands, wobei das Durchbruchstal des Mittelrheins zwischen Bingen und Bonn und der Leinegraben mit der Fortsetzung in der Hessischen Senke als natürliche Leitlinien für den Nord-Süd-Verkehr dienen.

Das Südwestdeutsche Mittelgebirgsstufenland umfaßst die Oberrheinische Tiefebene mit den Randgebirgen Schwarzwald, Odenwald und Spessart. Es zählen weiterhin dazu der Pfälzer Wald mit Haardt und das Schwäbisch-Fränkische Stufenland.

Das Süddeutsche Alpenvorland ist den Alpen breit vorgelagert und umfaßt die Schwäbisch-Bayerische Hochebene mit ihren Hügeln und großen Seen im Süden (z. B. Chiemsee). Dazu gehören die weiten Schotterebenen, das Unterbayerische Hügelland und die Donauniederung. Die mittlere Höhe des Raumes liegt bei etwa 500 m NN. Die weit ins Vorland vorgedrungenen pleistozänen Alpengletscher mit ihren Schmelzwässern haben über den tertiären Sedimenten Moränen und Schotter abgelagert. Es kommt in den nördlichen Randzonen aber auch Löß vor.

Zwischen dem Bodensee und Salzburg umfaßt der Alpenanteil Deutschlands nur einen schmalen Anteil des Faltengebirgssystems. Auf eine aus Sandsteinen aufgebaute und mattenreiche Voralpenzone folgen Ketten, die zu den Nördlichen Kalkalpen gehören. Dazu zählen u. a. die Allgäuer Hochalpen, die Nordtiroler Kalkalpen (zwischen Fernpaß und Tiroler Ache mit dem Wettersteingebirge (Zugspitze 2 962 m NN, höchster Punkt Deutschlands). Zu nennen sind auch die Salzburger Kalkalpen im Berchtesgadener Land (Watzmann 2 713 m NN mit dem Königssee).

Für das Klima Deutschlands ist die Lage in der gemäßigten Zone mit häufigem Wetterwechsel bestimmend. Charakteristisch sind Niederschläge zu allen Jahreszeiten. Ein allmählicher Übergang vom mehr ozeanischen zum mehr kontinentalen Klima macht sich vom Nordwesten nach Osten und Südosten fortschreitend bemerkbar. Weder die Tagesschwankungen noch die jahreszeitlichen Temperaturunterschiede sind extrem. Die durchschnittliche Jahrestemperatur liegt bei etwa 9°C.

Der Süden Deutschlands gehört hydrographisch zum Einzugsgebiet der Donau. Die Gebiete nördlich und nordöstlich der Mecklenburger Seenplatte zählen zum Wassereinzugsgebiet der Ostsee. Alle übrigen Landschaften werden durch Rhein, Ems, Weser und Elbe zur Nordsee entwässert.

Berg	Höhe (m NN)	Gebirge bzw. Landschaft
		Alpen / Nördliche Kalkalpen:
Zugspitze	2962	Wettersteingebirge
Höllentalspitze	2745	Wettersteingebirge
Watzmann	2713	Berchtesgadener Alpen
Hochfrottspitze	2649	Allgäuer Hochalpen
Mädelegabel	2645	Allgäuer Hochalpen
Alpspitze	2628	Wettersteingebirge
Hochkalter	2607	Berchtesgadener Alpen
Hochvogel	2592	Allgäuer Hochalpen
Östliche Karwendelspitze	2537	Karwendelgebirge
Hoher Göll	2522	Berchtesgadener Alpen
Westliche Karwendelspitze	2384	Karwendelgebirge
Soiernspitze	2257	Karwendelgebirge
Hoher Ifen	2229	Hinterer Bregenzer Wald

Tab. A 2.1: Höchste Berge Deutschlands

Insel	Fläche (km^2)	Kreis
Borkum	30,7	Leer
Norderney	26,3	Aurich
Langeoog	19,7	Wittmund
Spiekeroog	18,2	Wittmund
Juist	16,4	Aurich
Sylt	99,2	Nordfriesland
Föhr	82,9	Nordfriesland
Nordstrand	50,4	Nordfriesland
Pellworm	37,4	Nordfriesland
Amrum	20,4	Nordfriesland
Nordmarsch-Langeneß	11,6	Nordfriesland
Fehmarn	185,4	Ostholstein
Poel	34,3	Nordwestmecklenburg
Rügen	930,0	Rügen
Ummanz	19,6	Rügen
Hiddensee	16,7	Rügen
Usedom	373,0	Ostvorpommern

Tab. A 2.2: Ausgewählte Inseln Deutschlands mit mehr als 10 km^2 Fläche

Fluß	Länge insgesamt (km)	Länge dar. schiffbar	Einzugsbereich (km^2)
Donau*	647	387	78178
Rhein*	865	778	105934
Neckar	367	201	13558
Main	524	384	27208
Lahn	245	148	5947
Mosel	242	242	9387
Ems	371	238	12649
Weser	440	440	41094
Fulda	218	109	6947
Werra	292	89	1417
Aller	211	117	14446
Leine	247	112	6006
Elbe*	700	700	98046
Saale	427	124	23737
Havel	343	243	24273
Spree	382	147	10100

Tab. A 2.3: Bedeutendste Flüsse Deutschlands
*deutscher Anteil

See	Fläche (km²)	Größte Tiefe (m)	Mittlere Tiefe (m)	Spiegelhöhe (m NN)	Kreis (Land)
Bodensee	571,5*	254	85	395	Konstanz u. Bodenseekreis (Baden-Württemberg), Lindau / Bodensee (Bayern)
Müritz	110,3	31	6	62	Müritz (Mecklenburg-Vorpommern)
Chiemsee	79,9	73	26	518	Traunstein (Bayern)
Schweriner See	60,6	51	13	38	Schwerin u. Nordwestmecklenburg (Mecklenburg-Vorpommern)
Starnberger See	56,4	128	53	584	Starnberg (Bayern)
Ammersee	46,6	81	38	533	Landsberg a. Lech (Bayern)
Plauer See	38	24	8	62	Parchim und Müritz (Mecklenburg-Vorpommern)
Kummerower See	32,2	26	8	0,3	Demmin (Mecklenburg-Vorpommern)
Steinhuder Meer	29,1	3	2	37	Hannover (Niedersachsen)
Großer Plöner See	29	60	16	21	Plön und Ostholstein (Schleswig-Holstein)
Schaalsee	23,3	72	17	35	Ludwigslust (Mecklenburg-Vorpommern), Hzgt. Lauenburg (Schleswig-Holstein)
Selenter See	22,4	36	13	37	Plön (Schleswig-Holstein)
Kölpinsee	19,9	28	4	62	Müritz (Mecklenburg-Vorpommern)
Tollensesee	17,8	33	17	15	Neubrandenburg (Mecklenburg-Vorpommern)
Walchensee	16,1	190	81	799	Bad Tölz-Wolfratshausen (Bayern)
Krakower See	15,3	29	8	48	Güstrow (Mecklenburg-Vorpommern)

Tab. A 2.4: Deutsche Seen mit einer Spiegelfläche von mehr als 15 km²
* einschl. österreichischer und schweizerischer Anteil

Tab. A 2.5: Größte Talsperren Deutschlands mit Stauvermögen von mehr als 100 m³
(ohne Hochwasserrückhaltebecken und Speicherwerke)
* E= Energiegewinnung, Er= Erholung, H= Hochwasserschutz, N= Niedrigwasseraufhöhung oder Betriebswasserversorgung, T= Trinkwasserversorgung, Z= Zuschusswasser für die Schiffahrt

Talsperre (Vorfluter / Wasserlauf / Flußgebiet)	Stauraum (Mio. m³)	Jahr der Fertigstellung	Zweckbestimmung*	Kreis (Land)
Bleiloch (Saale / Elbe)	215	1932	H, E, N	Saale-Orla-Kreis (Thüringen)
Schwammenauel (Rur / Maas)	202,6	1959	T, I, N, H, E	Aachen und Düren (Nordrhein-Westfalen)
Edersee (Eder – Fulda / Weser)	202	1914	N, H, E, Z	Waldeck-Frankenberg (Hessen)
Hohenwarte (Saale / Elbe)	182	1941	H, E, N, Er	Saalfeld-Rudolstadt (Thüringen)
Bigge (Bigge – Lenne – Ruhr / Rhein)	171,8	1965	H, E	Olpe (Nordrhein-Westfalen)
Forggensee (Lech/Donau)	165	1953	E, H, Er	Ostallgäu (Bayern)
Großer Brombachsee (Brombach – Rednitz – Regnitz – Main / Rhein)	145	1997	N, H, Er	Weißenburg-Gunzenhausen (Bayern)
Möhne (Möhne – Ruhr / Rhein)	134,5	1913	N, H, E, Er	Soest (Nordrhein-Westfalen)
Rappbode (Rappbode-Bode – Saale / Elbe)	109,1	1959	T, H, E	Wernigerode (Sachsen-Anhalt)
Schluchsee (Schwarza – Wutach / Rhein)	108	1932	E	Breisgau-Hochschwarzwald (Baden-Württemberg)
Sylvensteinsee (Isar / Donau)	104	1959	H, N, E, Er	Bad Tölz-Wolfratshausen (Bayern)

Land	Nationalparke	Biosphärenreservate	Naturschutzgebiete	Naturparke	Feuchtgebiete von internat. Bedeutung	Naturwaldreservate
Baden-Württemberg	–	–	711	3 545	11	42
Bayern	450	1 328	1 459	21 455	320	62
Berlin	–	–	17	–	–	–
Brandenburg	105	2 341	1 037	5 717	123	11
Bremen	–	–	15	–	–	–
Hamburg	117	117	43	–	124	1
Hessen	–	636	323	6 204	2	12
Mecklenburg-Vorpommern	1 154	627	631	1 825	325	16
Niedersachsen	2 521	2 969	1 375	7 953	2 533	38
Nordrhein-Westfalen	–	–	1 020	10 011	268	14
Rheinland-Pfalz	–	1 798	299	4 589	3	13
Saarland	–	–	31	1 033	–	8
Sachsen	93	264	270	1 495	–	5
Sachsen-Anhalt	86	2 219	386	990	14	13
Schleswig-Holstein	2 730	2 855	393	1 960	2 990	7
Thüringen	76	658	232	–	...	11
Deutschland	7 332	15 811	8 242	66 777	6 712	250

Tab. A 2.6:
Naturschutzflächen in Deutschland 1999 (in km²)

Tab. A 2.7: Klimadaten ausgewählter Stationen in Deutschland (Z = Beobachtungsdauer)
Quelle: MÜLLER 1980

Tab. A 2.7.1: List (Sylt) – Lage: 55°01'N / 8°25'E; Höhe: 16 m NN; Klimatyp nach Köppen: Cfb

	Einheit	Jan.	Febr.	März	April	Mai	Juni	Juli	Aug.	Sept.	Okt.	Nov.	Dez.	Jahr	Z
Mittl. Temperatur	°C	0,8	0,4	2,3	6,4	10,8	14,2	16,4	16,6	14,2	10,0	5,9	3,0	8,4	30
Mittl. Max. d. Temperatur	°C	2,5	2,3	4,5	9,1	14,0	17,1	19,2	19,4	16,7	12,2	7,6	4,7	10,8	30
Mittl. Min. d. Temperatur	°C	– 1,2	– 1,6	0,0	3,8	7,8	11,4	13,9	14,1	11,8	7,9	4,0	1,1	6,1	30
Absol. Max. d. Temperatur	°C	8,6	10,4	13,9	21,4	25,1	29,6	31,6	28,6	24,5	19,7	13,1	10,4	31,6	24
Absol. Min. d. Temperatur	°C	– 21,2	– 21,0	– 15,0	4,0	1,3	4,8	9,1	9,5	4,9	– 1,2	– 4,8	– 8,0	– 21,2	24
Mittl. Relative Feuchte	%	88	88	85	81	78	77	79	81	81	85	88	90	83	10
Mittl. Niederschlag	mm	48	35	31	34	40	42	65	88	79	76	60	53	651	30
Max. Niederschlag 24 h	mm	20	21	24	20	32	60	104	101	38	38	40	27	104	70
Tage m. Niederschlag > 0,1 mm		17	13	12	12	10	11	13	15	16	17	18	18	172	30
Sonnenscheindauer	h	55	75	136	203	251	256	241	207	181	107	48	31	1 791	30
Potentielle Verdunstung	mm	4	3	14	37	74	98	112	101	74	45	21	10	593	
Mittlere Windgeschwindigkeit	m / s	7,4	6,5	6,8	6,1	6,4	6,2	6,7	6,3	6,6	6,7	6,9	7,6	6,7	30
Vorherrschende Windrichtung		W	W	E	NW	NW	W	W	W	W	W	SE	SE		30

Tab. A 2.7.2: Greifswald – Lage: 54°06'N / 13°27'E; Höhe: 2 m NN; Klimatyp nach Köppen: Cfb

	Einheit	Jan.	Febr.	März	April	Mai	Juni	Juli	Aug.	Sept.	Okt.	Nov.	Dez.	Jahr	Z
Mittl. Temperatur	°C	- 1,0	- 0,6	2,4	7,1	12,3	16,1	18,1	17,7	14,4	9,2	4,5	1,0	12,0	30
Mittl. Max. d. Temperatur	°C	2,3	2,3	6,2	11,3	16,4	20,1	22,0	21,6	18,5	12,6	6,9	3,4	8,3	23
Mittl. Min. d. Temperatur	°C	- 2,3	- 3,2	- 0,6	3,2	7,5	10,9	13,2	13,0	10,0	6,0	2,2	- 0,5	4,9	23
Absol. Max. d. Temperatur	°C	11,8	15,2	21,4	25,9	30,3	33,7	33,8	32,5	30,3	22,8	15,8	13,5	33,8	30
Absol. Min. d. Temperatur	°C	- 22,8	- 27,2	- 18,5	- 10,6	- 3,2	2,5	5,0	5,2	1,2	- 3,6	- 8,1	- 17,4	- 27,2	30
Mittl. Relative Feuchte	%	87	85	82	77	74	74	77	79	80	83	89	90	81	20
Mittl. Niederschlag	mm	40	33	30	39	45	55	69	55	59	51	36	41	553	30
Max. Niederschlag 24 h	mm	18	22	25	27	34	39	68	52	43	31	23	20	68	30
Tage mit Niederschlag > 0,1 mm		17	15	12	14	12	13	15	14	15	15	15	16	173	23
Sonnenscheindauer	h	50	66	136	181	268	270	252	221	181	112	51	46	1834	30
Potentielle Verdunstung	mm	0	0	14	39	78	106	121	104	71	40	15	4	593	40
Mittl. Windgeschwindigkeit	m/s	5,8	5,5	6,0	5,8	5,3	4,9	4,4	4,4	4,6	4,9	5,1	5,8	5,3	30
Vorherrsch. Windrichtung		SW	SW	W	W	NE	W	W	SW	SW	SW	SW	SW		30

Tab. A 2.7.3: Essen – Lage: 51°24'N / 6°58'E; Höhe: 154 m NN; Klimatyp nach Köppen: Cfb

	Einheit	Jan.	Febr.	März	April	Mai	Juni	Juli	Aug.	Sept.	Okt.	Nov.	Dez.	Jahr	Z
Mittl. Temperatur	°C	1,5	1,9	5,3	8,9	13,1	16,0	17,5	17,3	14,6	10,0	5,8	2,8	9,6	30
Mittl. Max. d. Temperatur	°C	3,7	4,6	9,1	13,2	17,6	20,7	22,1	22,0	18,9	13,6	8,2	4,8	13,2	30
Mittl. Min. d. Temperatur	°C	- 1,1	- 0,8	1,9	4,7	8,2	11,2	13,4	13,2	10,8	6,9	3,4	0,5	6,0	30
Absol. Max. d. Temperatur	°C	13,8	19,4	23,2	28,9	34,3	32,6	35,1	35,0	33,0	27,2	19,8	16,7	35,1	65
Absol. Min. d. Temperatur	°C	- 24,0	- 20,4	- 12,5	- 6,3	- 2,6	1,0	4,4	3,9	0,3	- 7,6	- 11,0	- 16,0	- 24,0	65
Mittl. Relative Feuchte	%	85	83	76	70	69	72	76	79	78	82	84	80	78	10
Mittl. Niederschlag	mm	73	63	47	61	63	75	86	90	66	67	72	66	829	30
Tage mit Niederschlag > 0,1 mm		19	17	14	16	14	14	17	16	15	17	19	19	197	30
Sonnenscheindauer	h	40	61	119	173	212	204	179	171	150	98	53	34	1494	10
Potentielle Verdunstung	mm	4	8	23	46	85	106	118	103	72	42	19	8	634	40

Tab. A 2.7.4: Berlin-Dahlem – Lage: 52°28'N / 13°18'E; Höhe: 51 m NN; Klimatyp nach Köppen: Cfb

	Einheit	Jan.	Febr.	März	April	Mai	Juni	Juli	Aug.	Sept.	Okt.	Nov.	Dez.	Jahr	Z
Mittl. Temperatur	°C	- 0,6	- 0,3	3,6	8,7	13,8	17,0	18,5	17,7	13,9	8,9	4,5	1,1	8,9	30
Mittl. Max. d. Temperatur	°C	1,7	2,9	7,8	13,5	19,1	22,3	23,8	23,3	19,5	13,0	6,9	3,1	13,1	30
Mittl. Min. d. Temperatur	°C	- 3,5	- 3,1	- 0,3	3,8	7,9	11,1	13,3	12,6	9,3	5,3	1,9	- 1,4	4,7	30
Absol. Max. d. Temperatur	°C	13,0	16,7	25,1	30,9	33,2	35,0	37,8	36,6	34,2	26,5	19,5	15,4	37,8	62
Absol. Min. d. Temperatur	°C	- 21,0	- 26,0	- 16,5	- 6,7	- 2,9	1,4	5,7	4,7	- 0,5	- 9,5	- 13,5	- 20,2	- 26,0	62
Mittl. Relative Feuchte	%	84	82	73	68	66	70	74	77	80	83	87	88	78	10
Mittl. Niederschlag	mm	43	40	31	41	46	62	70	68	46	47	46	41	581	30
Max. Niederschlag 24 h	mm	32	22	27	27	36	53	46	125	40	36	34	20	125	30
Tage mit Niederschlag > 0,1 mm		17	15	12	13	12	12	14	14	12	14	16	15	166	30
Sonnenscheindauer	h	56	78	151	193	239	244	242	212	194	123	50	36	1818	10
Potentielle Verdunstung	mm	0	0	16	45	88	110	125	105	72	39	13	2	615	
Mittl. Windgeschwindigkeit	m/s	3,5	3,5	3,8	3,3	3,1	3,0	2,9	2,8	2,8	2,9	3,3	3,3	3,2	20
Vorherrsch. Windrichtung		W, SW	W SW	NW, SW	NW, SW	NW, SE	NW, W	NW, W	W, NW	NW, SE	SE	SE	SE, W		

Tab. A 2.7.5: Brocken – Lage: 51°48'N / 10°37'E; Höhe: 1 142m NN; Klimatyp nach Köppen: Dfb

	Einheit	Jan.	Febr.	März	April	Mai	Juni	Juli	Aug.	Sept.	Okt.	Nov.	Dez.	Jahr	Z
Mittl. Temperatur	°C	-4,6	-4,7	-2,0	1,2	5,7	9,1	10,8	10,7	7,9	3,6	-0,3	-3,0	2,9	30
Mittl. Max. d. Temperatur	°C	-1,9	-2,5	0,8	3,7	9,1	12,3	13,7	13,5	10,7	6,0	2,2	-0,5	5,6	18
Mittl. Min. d. Temperatur	°C	-6,5	-7,1	-4,4	-1,7	2,9	6,2	8,1	8,0	5,4	1,5	-2,1	-4,7	0,5	18
Absol. Max. d. Temperatur	°C	14,0	12,0	12,9	20,3	22,6	24,4	27,3	27,8	24,4	19,5	15,1	12,9	27,8	30
Absol. Min. d. Temperatur	°C	-25,9	-28,4	-17,0	-11,3	-10,5	-2,8	-0,1	0,0	-4,5	-10,3	-15,2	-24,8	-28,4	30
Mittl. Relative Feuchte	%	90	89	83	85	81	82	86	87	87	90	90	92	87	18
Mittl. Niederschlag	mm	158	126	94	105	96	115	143	117	105	122	115	126	1 422	30
Max. Niederschlag 24 h	mm	154	53	49	82	30	124	75	75	63	60	66	69	154	30
Tage mit Niederschlag > 0,1 mm		24	21	19	19	18	17	20	20	19	22	21	23	243	18
Sonnenscheindauer	h	56	63	112	122	170	181	160	156	128	83	45	48	1 324	30
Potentielle Verdunstung	mm	0	0	0	10	63	84	97	85	59	29	0	0	427	
Mittl. Windgeschwindigkeit	m/s	14,2	14,2	11,3	11,3	8,8	8,8	9,0	9,0	10,4	12,0	12,9	13,3	11,3	30
Vorherrsch. Windrichtung		SW	W	W	W	SW	W	W	W	SW	SW	SW	SW		30

Tab. A 2.7.6: Dresden – Lage: 51°07'N / 13°41'E; Höhe: 246 m NN; Klimatyp nach Köppen: Cfb

	Einheit	Jan.	Febr.	März	April	Mai	Juni	Juli	Aug.	Sept.	Okt.	Nov.	Dez.	Jahr	Z
Mittl. Temperatur	°C	-1,2	-0,7	3,2	8,2	13,0	16,5	18,1	17,8	14,4	9,1	4,3	0,4	8,6	30
Mittl. Max. d. Temperatur	°C	1,8	3,0	8,0	13,7	18,6	22,3	23,6	23,4	19,7	13,4	7,5	3,3	13,2	25
Mittl. Min. d. Temperatur	°C	-3,6	-3,4	-0,2	3,8	7,6	11,3	13,4	12,9	9,8	5,3	2,1	-1,7	4,8	25
Absol. Max. d. Temperatur	°C	14,1	16,6	20,8	28,7	31,7	34,0	36,6	36,8	33,0	25,6	19,1	13,2	36,8	30
Absol. Min. d. Temperatur	°C	-23,8	-27,0	-14,7	-5,8	-3,3	5,3	6,8	5,3	1,0	-6,7	-9,4	-20,3	-27,0	30
Mittl. Relative Feuchte	%	81	79	75	70	69	69	72	72	79	82	82	83	75	25
Mittl. Niederschlag	mm	38	36	37	46	63	68	109	72	48	52	42	37	648	30
Max. Niederschlag 24 h	mm	26	47	30	41	70	48	114	62	37	33	37	31	114	30
Tage mit Niederschlag > 0,1 mm		16	15	14	14	15	13	15	13	13	13	14	14	169	25
Sonnenscheindauer	h	61	71	129	166	225	230	227	214	167	117	60	54	1 721	30
Strahlungsmenge	Ly/d	68	121	218	323	421	441	408	365	271	168	74	48	244	30
Potentielle Verdunstung	mm	1	2	16	41	85	109	122	106	70	37	13	3	605	
Mittl. Windgeschwindigkeit	m/s	5,8	5,5	5,1	5,1	4,2	3,8	4,2	4,0	4,4	4,9	5,1	5,3	4,9	30
Vorherrsch. Windrichtung		W, SW	W	W	W	W	W	W	W	W	W, SW	W	W, SW		30

Tab. A 2.7.7: Zugspitze – Lage: 47°23'N / 10°59'E; Höhe: 2 960 m NN; Klimatyp nach Köppen: ET

	Einheit	Jan.	Febr.	März	April	Mai	Juni	Juli	Aug.	Sept.	Okt.	Nov.	Dez.	Jahr	Z
Mittl. Temperatur	°C	-11,6	-11,6	-9,5	-6,9	-2,5	0,5	2,5	2,4	0,6	-3,2	-7,0	-10,0	-4,7	30
Mittl. Max. d. Temperatur	°C	-9,2	-9,2	-7,0	-4,2	0,3	3,3	5,3	5,0	3,0	-0,9	-4,8	-7,7	-2,2	30
Mittl. Min. d. Temperatur	°C	-14,0	-13,9	-11,8	-9,2	-4,9	-1,8	0,4	0,3	-1,5	-5,2	-9,1	12,2	-6,9	30
Absol. Max. d. Temperatur	°C	1,6	5,8	4,7	8,4	14,7	16,0	17,9	16,5	17,2	10,8	5,5	3,8	17,9	71
Absol. Min. d. Temperatur	°C	-34,6	-35,6	-28,2	-23,8	-18,2	-12,5	-8,7	-9,9	-14,7	18,2	-25,9	-31,1	-35,6	71
Mittl. Relative Feuchte	%	74	73	75	80	85	89	87	86	81	72	70	72	79	10
Mittl. Niederschlag	mm	175	160	146	169	169	191	209	179	142	134	134	138	1946	30
Max. Niederschlag 24 h	mm	61	65	49	69	72	62	91	103	64	52	63	72	103	30
Tage mit Niederschlag > 0,1 mm		18	17	18	20	21	21	20	20	17	14	15	17	218	30
Sonnenscheindauer	h	116	120	164	163	170	136	167	171	178	176	136	118	1 815	10
Potentielle Verdunstung	mm	0	0	0	0	0	0	77	67	0	0	0	0	144	40
Vorherrsch. Windrichtung		NW	NW	NW	NW	NW	NW	NW	NW	NW	NW	NW	NW		25

Beobachtungsstation	Höhe (m NN)		Nov.	Dez.	Jan.	Febr.	März	April	Mai	Juni	Juli	Aug.	Sept.	Okt.	Jahr	Dez.–März Frosttage[1]	Dez.–März Eistage[2]	Mai–Aug. Sommertage[3]
List auf Sylt	16	T (°C)	4,6	2,9	3,4	5	4,9	7,3	12,4	14,6	15	15,5	13,9	9,6	9,1	26	4	1
		N (mm)	87	66	53	31	36	39	43	46	61	82	76	79	699			
Greifswald	2	T (°C)	4,5	1,3	– 0,7	– 0,5	2,1	6,2	11,1	15,8	16,7	16,5	13,3	9	7,9	71	26	11
		N (mm)	46	46	38	28	33	39	51	55	64	55	53	44	552			
Lübeck-Blankensee	9	T (°C)	5	1,9	0,1	0,2	2,8	6,4	11,1	15,1	16,4	16,2	13,5	9,5	8,2	65	19	9
		N (mm)	58	57	48	34	38	41	47	56	67	70	50	46	612			
Hannover-Langenhagen (Flughafen)	55	T (°C)	5	2	0,5	0,7	3,7	7,7	12,3	15,8	17	16,6	13,5	9,4	8,7	67	19	22
		N (mm)	52	55	47	37	40	48	59	70	75	69	48	44	644			
Potsdam	81	T (°C)	4,1	0,8	– 1	– 0,3	3,3	7,9	12,9	16,7	17,9	17,4	13,9	9,1	8,6	76	24	34
		N (mm)	45	50	42	35	34	45	55	70	63	66	49	41	595			
Leipzig-Schkeuditz (Flughafen)	144	T (°C)	4,5	1,4	– 0,5	0,1	3,4	7,8	12,5	16,4	17,8	17,3	13,8	9,2	8,6	71	23	31
		N (mm)	35	35	31	29	33	40	49	66	63	60	45	43	529			
Frankfurt am Main (Flughafen)	112	T (°C)	4,8	1,7	0,5	1,7	5	9,2	13,6	17,1	18,6	17,9	14,5	9,4	9,5	66	15	54
		N (mm)	59	54	44	40	43	47	55	74	67	74	49	49	655			
Trier-Petrisberg	265	T (°C)	4,7	1,8	0,8	1,9	5	8,5	12,6	15,8	17,4	16,7	14	9,5	9,1	61	16	29
		N (mm)	73	73	54	54	53	45	67	70	71	78	60	56	754			
Regensburg	366	T (°C)	3	– 0,6	– 2,2	– 0,6	3,4	8	12,6	16,3	17,7	16,9	13,4	8,1	8	86	31	34
		N (mm)	44	47	41	40	38	44	59	87	77	75	49	42	644			
Freiburg i. Br.	269	T (°C)	5,7	2,5	1,5	2,9	6,5	10,1	14,3	17,5	19,5	18,8	15,8	10,6	10,5	56	15	39
		N (mm)	74	55	62	57	58	72	92	124	99	108	69	63	933			

Tab. A 2.8:
Mittlere Lufttemperaturen und Niederschläge an ausgewählten deutschen Beobachtungsstationen zum Vergleich

(Durchschnitt aus den Wasserwirtschaftsjahren (Nov. – Okt.) 1951 – 1980, für Lübeck-Blankensee Duchschnitt von Travemünde)

T – Lufttemperaturmittel, in 2m Höhe über dem Erdboden gemessen, die Tagesmittel sind berechnet nach der Formel (7h + 14h + 2 x 21h) : 4

N – Niederschlagsmittel

[1] Frosttag: Tiefsttemperatur in 2 m Höhe weniger als 0°C;

[2] Eistag: Höchsttemperatur weniger als 0°C;

[3] Sommertag: Höchsttemperatur mindestens 2 – 5°C

3 Landesgeschichte

Chronik

1870
Der Norddeutsche Bund erhält durch Reichstagsbeschluß am 9.12.1870 den Namen "Deutsches Reich".
1871
Am 18.1.1871 wird im Schloß von Versailles König Wilhelm I von Preußen zum Deutschen Kaiser proklamiert und damit die eigentliche Reichsgründung als ein Bund der deutschen Fürsten und Hansestädte vollzogen.
Am 10.5.1871 setzt Otto von Bismarck im Frankfurter Frieden die Abtretung des Elsaß und Lothringens durch, die zu einem Reichsland vereinigt werden.

1871 – 1918 Das Neue Deutsche Reich
1878
Auf dem Berliner Kongreß wird Otto von Bismarck zum "ehrlichen Makler" zwischen England, Österreich und Rußland.
1883
Bismarck schließt mit Rußland den Rückversicherungsvertrag, der die deutsche Neutralität bei einem österreichischen Angriff auf Rußland, die russische bei einem französischen Angriff auf Deutschland sichern soll.
1888
Im "Dreikaiserjahr" am 9.3.1888 stirbt Kaiser Wilhelm I.; der todkranke Friedrich III. regiert nur 99 Tage; am 15.6. besteigt Wilhelm II. 29jährig den Thron.
1890
Am 20.3.1890 zwingt Wilhelm II. Bismarck zum Rücktritt.
1898
Die soziale Frage verschärft sich. Der Ausdehnung des deutschen Handels in der Welt und dem Erwerb überseeischer Kolonien entspricht der Wunsch, die Flottenrüstung des Reiches nachzuholen. In der Türkei dringt der deutsche wirtschaftliche Einfluß vor (Bagdadbahn).
1900
Am 17.10.1900 wird Graf (1905 Fürst) Bernhard von Bülow Kanzler.
1906
Fürst von Bülow löst den Reichstag auf.
1907
Bei den Neuwahlen schließen sich alle Konservativen und liberalen Parteien gegen das Zentrum zu einem Block zusammen, der die Errichtung eines Reichskolonialamtes bewilligt.
1911
Der neue Kanzler Th. v. Bethmann-Hollweg setzt eine Verfassung für Elsaß-Lothringen durch.
1912
Bei den Reichstagswahlen vom Januar wird die Sozialdemokratie stärkste Partei.
1913
Mittels einer Wehrvorlage im Reichstag wird eine Aufstockung des Heeres auf 780 000 Mann von allen bürgerlichen Parteien beschlossen.
1914-1918
Die Ermordung des österreichisch-ungarischen Thronfolgers am 28.6.1914 eröffnet eine überstürzte politische Entwicklung. Es treten bald Gegensätze in der Frage der Kriegsziele und in der Frage einer demokratischen Umgestaltung des Staatslebens auf. Nach großen Erfolgen auf allen Kriegsschauplätzen führt der französische Widerstand, der Druck der englischen Blockade und schließlich das Eingreifen der Vereinigten Staaten zum Zusammenbruch der Mittelmächte sowie zur Niederlage Deutschlands, obwohl Rußland nach der Oktoberrevolution 1917 aus dem Krieg ausscheidet. Bethmann Hollweg tritt zurück. Die Novemberrevolution 1918 stürzt die Dynastien. Die Republik wird ausgerufen.

1919-1945 Weimarer Republik, Nationalsozialismus
1919
Die von der Nationalversammlung beschlossene Weimarer Verfassung wandelt das Deutsche Reich in eine parlamentarische Demokratie um. Friedrich Ebert wird der erste Reichspräsident. Im Versailler Vertrag verliert Deutschland Elsaß-Lothringen, Danzig, alle

Schutzgebiete und das Memelland. Westpreußen, Posen und einen Teil Oberschlesiens hat es an Polen abzutreten. Hohe Reparationen müssen bezahlt werden.
1923
Die Besetzung des Ruhrgebietes durch die Franzosen verzögert den Wiederaufbau. Dieser wird ferner durch Streiks, Aufstände und durch die Inflation erschwert.
1924
Durch den Dawesplan verlagert sich das Reparationsproblem vom politischen auf das finanzielle Feld. Der Widerstand der Rechtsparteien und -gruppen gegen die Weimarer Republik und deren Politik ist von Anfang an sehr stark.
1925
Nach dem Tod von Friedrich Ebert wird Feldmarschall von Hindenburg Reichskanzler. Außenminister Stresemann und der französische Außenminister Briand schließen mit Großbritannien und Frankreich den Locarno-Vertrag ab, der den Eintritt Deutschlands in den Völkerbund und die Räumung der besetzten Gebiete vorbereitet.
1929
Die Weltwirtschaftskrise und die daraus sich ergebende Massenarbeitslosigkeit unterbrechen die allmählich einsetzende Stabilisierung nach der Inflation.
1932
Die innere Opposition gegen die Weimarer Republik wächst. Es erstarken die radikalen Links- und Rechtsparteien (Kommunisten, Nationalsozialisten). Es kommt zu einer Staatskrise, gegen die die staatstragenden Parteien der Weimarer Republik nur noch mit Ausnahmebestimmungen angehen können.
1933
Adolf Hitler wird von Hindenburg zum Reichskanzler ernannt und durch das Ermächtigungsgesetz zunächst parlamentarisch gedeckt. Die Nationalsozialisten bauen die demokratische Republik zum Führerstaat um.
1934
Die Länder werden durch Reichsstatthalter zentralistisch ausgerichtet.
1933-1936
Das Reich tritt aus dem Völkerbund aus. Die entmilitarisierten Rheinlande werden wieder von deutschen Truppen besetzt.
1938
Unter Hitler wird der Anschluß Österreichs an das Deutsche Reich vollzogen. Die sudetendeutschen Gebiete der Tschechoslowakei werden aufgrund des Münchener Abkommens mit dem Reich vereinigt.

1939–1945 Der Zweite Weltkrieg
endet mit der bedingungslosen Kapitulation des nationalsozialistischen „Dritten Reiches“.

1945–1949 Deutschland vor der Gründung der beiden deutschen Staaten
1945
Konferenz von Jalta: Annahme der Londoner Protokolle über die Aufteilung Deutschlands in Besatzungszonen und die Übernahme der Regierungsgewalt durch die Alliierten (4.–11.2.); Unterzeichnung der bedingungslosen Kapitulation der deutschen Wehrmacht in Reims bzw. Berlin-Karlshorst (7./9.5.); Übernahme der "obersten Regierungsgewalt" in Deutschland durch die Alliierten; Einteilung Deutschlands in Besatzungszonen und Verwaltungsgebiete, Aufteilung Berlins in Sektoren, Bildung des Alliierten Kontrollrates (5.6.); Einrichtung der Sowjetischen Militäradministration (SMAD) in der Sowjetischen Besatzungszone (SBZ) (9.6.); Gründungsaufruf der KPD in Berlin und Neukonstituierung der SPD durch Otto Grotewohl in Berlin (11.6.); Gründung der rheinischen CDU in Köln und der CDU in Berlin (26.6.); Abzug der angloamerikanischen Truppen aus den westlichen Teilen der SBZ (Sachsen, Thüringen, Mecklenburg), Einrücken der Westalliierten in Berlin (1.–3.7.); Bildung von fünf Ländern in der SBZ nach Verfügung der SMAD (9.7.); Konferenz von Potsdam: Zusammenkunft der Staats bzw. Regierungschefs der drei Mächte USA, UdSSR, Großbritannien; gemeinsame Mitteilung über die Dreimächtekonferenz von Berlin (Potsdamer Abkommen), Festlegung wirtschaftlicher und politischer Grundsätze zur Behandlung Deutschlands (17.7.–2.8.); erste Sitzung des Alliierten Kontrollrates in Berlin, eine französische Kommission übernimmt die Verwaltung des abgetrennten Saargebietes (30.8.); Verordnungen der Länder bzw. Provinzialverwaltungen zur Durchführung einer Bodenreform in der SBZ (3.–11.9.); Bildung der Länder Bayern, Württemberg-Baden und Groß-Hessen in der Amerikanischen Zone (19.9.); Einigung des Alliierten Kontrollrates auf einen Plan zur Ausweisung der deutschen Bevölkerung aus der Tschechoslowakei, Ungarn und Polen in die vier Besatzungszonen (insgesamt 6,65 Mio.) (20.11.).

1946
Reparationslieferungen aus der US-Zone an die UdSSR eingestellt (25.5.); Bildung des Landes Nordrhein-Westfalen (21.6.). Die Provinz Schleswig-Holstein erhält Landesstatus (23.8.); Gemeinde- und Kreistagswahlen in der Britischen und Französischen Zone (15.9.-13.10.); Gründung des Landes Niedersachsen (1.11.). Das Saarland wird in das französische Wirtschaftsgebiet einbezogen (22.12.).
1947
Inkrafttreten des Bizonen- (Britische und Amerikanische Besatzungszone) Abkommens (1.1.); Auflösung des Landes Preußen (25.2.); Landtagswahlen in der Französischen Zone (außer Saargebiet) (18.5.); Einrichtung des Frankfurter Wirtschaftsrates als zentrale Verwaltungsinstanz der Bizone (10.6.); Einsetzung der "Deutschen Wirtschaftskommission" (DWK) als oberstes Verwaltungsorgan in der SBZ durch die SMAD (14.6.). Die Provinzen Brandenburg und Sachsen-Anhalt werden zu Ländern erklärt. Die SBZ setzt sich nun aus fünf Ländern zusammen (21.7.); Vereinbarungen zwischen deutschen Verwaltungseinrichtungen über Ausweitung des Handels zwischen der Bizone und der SBZ (= Berliner Abkommen).
1948
Streiks im Ruhrgebiet und in der Bizone wegen mangelhafter Ernährungslage (Jan. / Febr.); Gründung der Demokratischen Bauernpartei (DBD) (29.4.) und der Nationaldemokratischen Partei Deutschlands (NDPD) (25.5.); Währungsreform in den Westzonen (23.6.). Die SMAD verhängt eine Blockade über die Westsektoren Berlins (24.6.); Währungsreform in der SBZ (24.-28.6.). Die USA richten eine Luftbrücke nach Berlin ein (26.6.). Annahme des Zweijahresplanes durch die DWK (21.7.); Die Bizone wird durch Anschluß der Französischen Besatzungszone zur Trizone erweitert (1.8.); Gründung der Freien Universität Berlin (West) (22.9.).
1949
Gründung des Rates für Gegenseitige Wirtschaftshilfe (RGW) in Warschau (25.1.); Beendigung der Blockade Berlins am 12.5. (4.5.); Bonn als vorläufige Hauptstadt der künftigen Bundesrepublik (10.5.). Das Grundgesetz wird feierlich in Bonn verkündet (23.5.); Inkrafttreten der Verfassung durch die Provisorische Volkskammer; Gründung der Deutschen Demokratischen Republik (DDR) (7.10.).

1949-1990 Die Bundesrepublik Deutschland
1949
Verkündung des Grundgesetzes: Konstituierung der Bundesrepublik Deutschland (23.5.); Wahlen zum ersten Deutschen Bundestag; die Bundesversammlung wählt Theodor Heuss (FDP) zum Bundespräsidenten (12.9.). Konrad Adenauer wird Bundeskanzler (15.9.); Gründung des Deutschen Gewerkschaftsbundes (DGB) in München (12.-14.10.); Gründung des Bundesverbandes der Deutschen Industrie (BDI) (19.10.); Rekonstituierung des Deutschen Industrie- und Handelstages (DIHT) (27.10.); die Bundesrepublik wird Mitglied der Organisation für europäische wirtschaftliche Zusammenarbeit (OEEC) (31.10.); Entscheidung des Bundestages für Bonn als Sitz der Bundesorgane (3.11.).
1950
Berlinhilfe-Gesetz zur Förderung der wirtschaftlichen Entwicklung Berlins (7.3.); Gesetz über den sozialen Wohnungsbau (28.3.); die Ausgabe der Lebensmittelkarten wird eingestellt (31.3.); Berlin (West) erhält eine Verfassung als Land der Bundesrepublik unter Berücksichtigung alliierter Vorbehaltsrechte (4.8.); erste Volkszählung in der Bundesrepublik (13.9.); Konstituierung des Bundesgerichtshofs in Karlsruhe (8.10.).
1951
Einrichtung des Bundesgrenzschutzes (16.3.); Unterzeichnung des Vertrages über die Gründung der Europäischen Gemeinschaft für Kohle und Stahl (EGKS) (18.4.); Aufnahme der Bundesrepublik in den Europarat als vollberechtigtes Mitglied (2.5.); die Bundesrepublik tritt dem Zoll- und Handelsabkommen GATT bei (1.10.); Schaffung des Landes Baden-Württemberg aus den Ländern Württemberg-Baden und Württemberg-Hohenzollern beschlossen (9.12.).
1952
Einrichtung der Bundesanstalt für Arbeitsvermittlung und Arbeitslosenversicherung (ab 1969 Bundesanstalt für Arbeit (1.5.); die Bundesrepublik tritt dem Internationalen Währungsfonds (IWF) bei (2.8.); das Lastenausgleichsgesetz tritt in Kraft (1.9.); erstmalige Ausstrahlung eines deutschen Fernsehprogramms (25.12.).
1953
Bundesvertriebenengesetz regelt die wirtschaftliche und soziale Eingliederung der Ver-

triebenen und Flüchtlinge (19.5.); Wahlen zum zweiten Deutschen Bundestag (6.9.).
1955
Beitritt der Bundesrepublik zur Westeuropäischen Union (7.5.); Beitritt zur NATO (9.5.; der erste Heimkehrertransport aus der Sowjetunion trifft im Grenzdurchgangslager Friedland ein (7.10.); Vereinbarung zur Anwerbung von Arbeitskräften mit Italien (20.12.).
1956
Grundsatzerklärung im saarländischen Landtag über die Angliederung des Saarlandes an die Bundesrepublik(31.1.); Angliederung des Saarlandes an die Bundesrepublik mit Frankreich vereinbart (politisch zum 1.1.1957; wirtschaftlich zum 1.1.1960); Einführung der allgemeinen Wehrpflicht (21.7.); Verbot der Kommunistischen Partei Deutschlands (KPD) (17.8.); 45-Stunden-Woche bei vollem Lohnausgleich von der IG-Metall erwirkt; Beginn der 5-Tage-Woche im Metallbereich (1.10.).
1957
Das Saarland wird Land der Bundesrepublik (1.1.); Unterzeichnung der Römischen Verträge durch die Außenminister der sechs EGKS-Staaten, Verträge zur Gründung der Europäischen Wirtschaftsgemeinschaft (EWG) und der Europäischen Atomgemeinschaft (Euratom) (25.3.); Gesetz über die Gleichberechtigung von Mann und Frau im Bereich des Bürgerlichen Rechtes wird verkündet (18.6.); Wahlen zum dritten Deutschen Bundestag (15.9); Willy Brandt wird Regierender Bürgermeister von Berlin (West) (3.10.); das erste deutsche Kernkraftwerk (Versuchsreaktor) geht in Garching bei München in Betrieb (31.10.).
1959
Der Bundestag verabschiedet das Berlinhilfegesetz (19.3.); Privatisierung von Teilen des Bundesvermögens beginnt mit der Ausgabe von Preußag-Aktien (24.3.); Heinrich Lübke wird zum 2. Bundespräsidenten gewählt (1.7.); Atomgesetz zur friedlichen Nutzung der Kernenergie (18.12.).
1960
Anwerbung von Gastarbeitern mit Spanien und Griechenland vereinbart (29./30.3.); Privatisierung des Volkswagenwerkes vom Bundestag gebilligt (29.6).
1961
Wahlen zum 4. Deutschen Bundestag (17.9.); Vereinbarung über die Anwerbung von Gastarbeitern mit der Türkei (30.10.).
1962
EWG-Ministerrat beschließt gemeinsame Agrarordnung (14.1.); Ausfuhrverbot für Pipeline-Röhren in die Sowjetunion (Röhren-Embargo) (18.12.).
1963
Vertrag über deutsch-französische Zusammenarbeit (Elysee-Vertrag) unterzeichnet (22.1.); Handelsabkommen mit Polen unterzeichnet, Errichtung einer deutschen Handelsvertretung in Warschau (7.3.); Gründung des Deutschen Entwicklungshilfedienstes (DED) (24.6.); Beitritt der Bundesrepublik zum Atomteststoppabkommen(19.8.); Konrad Adenauer tritt vorzeitig von seinem Amt als Bundeskanzler zurück (15.10.), Ludwig Erhard wird Bundeskanzler (16.10.).
1964
Vereinbarung über die Anwerbung von Gastarbeitern mit Portugal (17.3.); die EWG-Staaten einigen sich auf die Harmonisierung der Getreidepreise (15.12.).
1965
Raumordnungsgesetz (8.4.); Aufenthaltsregeln für Ausländer in der Bundesrepublik (28.4.); Wahlen zum 5. Deutschen Bundestag (19.9).
1966
Rücktrittserklärung Bundeskanzler Erhards (30.11.); Kurt Georg Kiesinger (CDU) wird Bundeskanzler(1.12.).
1967
Einführung der 40-Stunden-Woche in der Metallindustrie (1.1.); Konrad Adenauer stirbt im Alter von 91 Jahren (19.4.); Fusionierung von EGKS, EWG und EURATOM (1.7.); erstes Farbfernsehprogramm in der Bundesrepublik (25.8.).
1968
Umsatzsteuergesetz tritt in Kraft; Einführung der Mehrwertsteuer (1.1.); Einführung von Zulassungsbeschränkungen an wissenschaftlichen Hochschulen (Numerus clausus) (27.3.);
1969
Der Deutsche Bildungsrat spricht sich für Schulversuche mit Gesamtschulen aus (30./31.1.); Bundesjustizminister Heinemann (SPD) wird Bundespräsident (5.3.); Arbeitsförderungsgesetz (AFG) verabschiedet; Regelungen für Arbeitsmarkt und Beschäftigungspolitik (13.5.); Lohnfortzahlungsgesetz im Krankheitsfalle für den Zeitraum von 6 Wochen, Gleichstellung von Arbeitern und Angestellten (12.6.); Berufsbildungsgesetz (14.8.); Wahlen zum 6. Deutschen Bundestag (28.9).

1970
Drei Abkommen über die Lieferung von sowjetischem Erdgas gegen Großröhren aus der Bundesrepublik unterzeichnet (1.2.); aktives Wahlalter auf 18 Jahre, passives Wahlalter auf 21 Jahre herabgesetzt (31.7.).
1971
Erste Umsiedler aus Polen treffen in der Bundesrepublik ein (31.1.); Inkrafttreten des Bundesausbildungsförderungsgesetz (Bafög) (1.9.); Bundesregierung verabschiedet Umweltprogramm (29.9.).
1972
Ratifizierung der Ostverträge (17.5.); die Bundesrepublik und Polen nehmen diplomatische Beziehungen auf (14.9.).
1973
Die EG wird durch den Beitritt Großbritanniens, Dänemarks und Irlands zur "Gemeinschaft der Neun" (1.1.); die Bundesrepublik wird 134. Mitglied der UNO (18.9.); Erdgaslieferungen aus der Sowjetunion beginnen (1.10.); Anwerbestopp für Gastarbeiter (23.11.); Aufnahme diplomatischer Beziehungen zwischen der Bundesrepublik und der Tschechoslowakei (11.12.) und mit Bulgarien und Ungarn (21.12.).
1974
Der Bundestag verabschiedet das Bundes-Immissionsschutzgestz (18.1.); aufgrund der Spionage-Affäre Guillaume erklärt Bundeskanzler Willi Brandt seinen Rücktritt (6.5.); Walter Scheel (FDP) wird Bundespräsident, Helmut Schmidt Bundeskanzler (16.5.); Gesetz über die Errichtung eines Umweltbundesamtes (19.6.); Vertrag zwischen der Bundesrepublik Deutschland und der Sowjetunion über sowjetische Erdgaslieferungen bis zum Jahre 2000 (5.9.).
1976
Jugendarbeitsschutzgesetz wird beschlossen (13.1.); Mitbestimmungsgesetz für Großunternehmen mit über 2 000 Beschäftigten (4.5.); Wahl zum 8. Deutschen Bundestag (3.10.); Protest von ca. 20 000 Bürgern gegen das geplante Atomkraftwerk Brokdorf; Helmut Schmidt wird erneut zum Kanzler gewählt, Fortführung der sozial-liberalen Koalition (15.12.);
1977
Bundesdatenschutzgesetz wird verkündet; Einsetzung eines Bundesbeauftragten für den Datenschutz (27.1.); Rentensanierungsgesetz und Krankenversicherungskostendämpfungsgesetz verabschiedet (13.5.).
1979
40 000 Bürger protestieren in Hannover gegen die geplante Atommüll-Deponie Gorleben (31.3.); Karl Carstens (CDU) wird Bundespräsident (25.6.); 100 000 Bürger protestieren gegen Kernenergie (14.10.).
1980
"Die Grünen" konstituieren sich in Karlsruhe als Bundespartei (13.1.); Helmut Schmidt wird erneut Bundeskanzler der sozial-liberalen Koalition (5.11.).
1981
Griechenland wird 10. Mitglied der EG (1.1.); Richard von Weizsäcker wird Regierender Bürgermeister von Berlin (11.6.).
1982
Nach einem konstruktiven Mißtrauensvotum im Deutschen Bundestag tritt Helmut Kohl die Nachfolge von Helmut Schmidt als Bundeskanzler an (1.10.).
1983
Vorgezogene Wahlen zum 10. Deutschen Bundestag (6.3.); Helmut Kohl wird zum Bundeskanzler gewählt (29.3.).
1984
Eberhard Diepgen wird Bürgermeister von Berlin (West) (9.2.); Umweltschutz wird erstmals in eine Landesverfassung aufgenommen (Bayern) (5.4.); Richard von Weizsäcker wird Bundespräsident (23.5.).
1985
Erstes privates Satellitenfernsehen in der Bundesrepublik (SAT1) (1.1.).
1986
Einrichtung eines Umweltministeriums (3.6.); Bundestag verabschiedet neues Asylrecht (13.11.).
1987
Wahl zum 11. Deutschen Bundestag (25.1.); Helmut Kohl wird als Bundeskanzler in seinem Amt bestätigt (11.3.).
1988
Ruhrgebietskonferenz in Bonn mit Vertretern des Bundes, der Landesregierung und des Landtages von NRW sowie den Vorsitzenden von Gewerkschafts- und Wirtschaftsverbänden über Strukturmaßnahmen für das von der Stahl- und Kohlekrise betroffene Ruhrgebiet (24.2.).

1949–1989 DDR

1949

Beginn des Zweijahresplanes (1.1.); Gründung der DDR (7.10.); Interzonen-Handelsabkommen zwischen DDR und Bundesrepublik (8.10.); Wilhelm Pieck wird Präsident der DDR (11.10.), Otto Grotewohl Ministerpräsident (12.10.); Austausch diplomatischer Vertreter zwischen der UdSSR und der DDR.

1950

Unterzeichnung des Grenzvertrages mit Polen (Görlitzer Vertrag) über die Oder-Neiße-Grenze zwischen Polen und der DDR (6.7.); 1. Tagung des ZK der SED, Walter Ulbricht wird 1. Sekretär der Partei (25.7.); Die DDR wird in den RGW (= Comecon) aufgenommen (29.9.).

1951

Beginn des ersten Fünfjahresplanes (1.1.); neue Vereinbarung über innerdeutschen Handel (= Berliner Abkommen) abgeschlossen (20.9.); Institut für Gesellschaftswissenschaften beim ZK der SED eröffnet (21.12.).

1952

2. Parteikonferenz der SED beschließt planmäßige Errichtung der Grundlagen des Sozialismus in der DDR (9.–12.7.); Gesetz über die Abschaffung der Länder und Neugliederung der DDR in 14 Bezirke und 217 Kreise (23.7.).

1953

Ministerrat beschließt Erhöhung der Arbeitsnormen um 10% (28.5.); Regierung verkündet Neuen Kurs (11.6.); Streiks und Demonstrationen von Berliner Bauarbeitern gegen Normerhöhung (16.6.); Volksaufstand in Ostberlin und der DDR von Sowjettruppen niedergeschlagen (17.6.); Sowjetunion erläßt ab 1.4.1954 Reparationen; diplomatische Vertretungen werden zu Botschaften erhoben (20.–22.8.).

1955

ZK der SED beschließt Aufstellung bewaffneter Streitkräfte (15.5.); Grotewohl macht in der Volkskammer vier neue Vorschläge zur Annäherung beider deutscher Staaten (12.8.).

1956

Volkskammer beschließt Schaffung einer "Nationalen Volksarmee"(NVA) und eines Ministeriums für Nationale Verteidigung (18.1.); Vertreter der LDPD und der FDP beraten in Weimar Probleme der Wiedervereinigung Deutschlands und der Zusammenarbeit der beiden Parteien (4.–6.10.).

1958

Abschaffung der Lebensmittelkarten (28.5.).

1959

Volkskammer beschließt Gesetz über LPG (3.6.), Kreis Eilenburg erster vollgenossenschaftlicher Kreis (12.12.); Siebenjahrplan von der Volkskammer beschlossen, neues Staatswappen und neue Staatsflagge mit Hammer und Zirkel (1.10.).

1960

Volkskammer beschließt Gesetz über die Bildung des "Nationalen Verteidigungsrates", (10.2.); Wilhelm Pieck stirbt (7.9.); DDR führt Visumpflicht für Westberliner ein (15.9.); Bundesrepublik kündigt Interzonenhandel (30.9.).

1961

Abriegelung Westberlins, Bau der Mauer (13.8.); Gesetz zur Verteidigung der DDR von der Volkskammer angenommen (20.9.); Ulbricht-Interview mit der "Prawda": Massenflucht brachte der DDR einen Schaden von 30 Mrd. Mark (30.12.).

1962

Volkskammer beschließt Gesetz über die allgemeine Wehrpflicht (24.1.); Volkskammer verabschiedet Zollgesetz, das DDR zu selbständiger Zolleinheit erklärt (28.3.); Ulbricht erklärt Vorrang der ökonomischen Aufgaben vor der deutschen Frage (15.12.).

1963

DDR errichtet Grenzgebiet mit entsprechenden Sicherungen zwischen DDR und Westberlin (21.6.); Protokoll zur Ausgabe von Passierscheinen für Westberliner zu Verwandtenbesuchen in Ostberlin unterzeichnet (17.12.).

1964

Vertrag über Freundschaft, gegenseitigen Beistand und Zusammenarbeit zwischen der UdSSR und der DDR unterzeichnet (12.6.); Ausgabe neuer Banknoten (1.8.); Ministerrat gestattet Besuchsreisen von Rentnern in die Bundesrepublik Deutschland (9.9.); Grotewohl stirbt (21.9.); Willi Stoph wird Vorsitzender des Ministerrates und Stellvertreter des Vorsitzenden des Staatsrates (24.9.); DDR-Regierung setzt mit Wirkung vom 1.12. den Zwangsumtausch von DM-Beträgen in Ostmark für Reisende aus Westdeutschland und Westberlin fest (25.11.);

1965

Auf der 9. ZK-Tagung erhebt Ulbricht für die SED und DDR Anspruch auf Führung der deutschen Nation, er verlangt von der Bundesrepublik 120 Mrd. Mark Schadensersatz für Reparationsleistungen der DDR und für die Verluste durch Massenflucht (26.–28.4.); Ulbricht

schlägt dem Bundeskanzler eine gemeinsame Wirtschaftskommission vor (1.8.); 3. Passierscheinabkommen für Westberliner (25.11.).
1966
Erstes Atomkraftwerk der DDR in Rheinsberg nimmt Betrieb auf (9.5.).
1967
"Staatssekretariat für Gesamtdeutsche Fragen" wird in für "westdeutsche Fragen" umbenannt (2.2.); Gesetz über Staatsbürgerschaft der DDR (20.2.); Einführung der 5-Tage-Arbeitswoche (28.8.); Volkskammer beschließt Ausarbeitung einer sozialistischen Verfassung, Umbildung der Deutschen Notenbank in Staatsbank der DDR, Umbenennung der Währung in "Mark der DDR" (abgekürzt: M) (1.12.).
1968
Die neue Verfassung tritt in Kraft (9.4.); Paß- und Visazwang im Reise- und Transitverkehr zwischen der DDR und der Bundesrepublik wird eingeführt, Erhöhung des Zwangsumtausches (11.6.).
1969
Aufnahme diplomatischer Beziehungen mit Irak, Kambodscha, Sudan, Syrien, Nordvietnam, Südjemen, Ägypten (30.4.–10.7.); Ulbricht fordert von der BRD völkerrechtliche Anerkennung der DDR (12.12.).
1970
Bundeskanzler Brandt und Ministerpräsident Stoph treffen sich in Erfurt (19.3.); DDR-Außenhandelszentrum in Paris gegründet (7.5.); Beginn der Gespräche über Vertrag zwischen beiden deutschen Staaten (27.11.).
1971
Starke Behinderungen des Berlin-Verkehrs durch die DDR (27.–30.1.); die DDR richtet die ersten 10 Telefonleitungen zwischen Ost- und Westberlin ein (der Telefonverkehr war in Berlin im Mai 1952 von der DDR abgebrochen worden) (31.1.); Ulbricht tritt als erster Sekretär der SED zurück, Nachfolger wird Erich Honecker, der in seiner Deutschland-Erklärung auf scharfe Abgrenzung der DDR von der Bundesrepublik besteht (3.5.); Honecker wird Vorsitzender des Nationalen Verteidigungsrates (24.6.); Unterzeichnung des Transitabkommens nach Westberlin zwischen der DDR und der Bundesrepublik (tritt am 3.6.1972 in Kraft) (17.12.).
1972
Unterzeichnung des Verkehrsvertrages zwischen der DDR und der Bundesrepublik (26.5.); DDR nimmt zu 20 Staaten diplomatische Beziehungen auf (7.–28.12.); Unterzeichnung des Grundlagenvertrages zwischen der Bundesrepublik und der DDR (21.12.).
1973
DDR nimmt zu 13 Staaten diplomatische Beziehungen auf (5.–21.1.); DDR lehnt Wiedergutmachungszahlungen an Israel in jeder Form ab (8.3.); Ulbricht stirbt (1.8.); DDR wird 133. Mitglied in der UN (18.9.).
1974
Protokoll über Errichtung Ständiger Vertretungen zwischen der DDR und der BRD unterzeichnet (14.3.); Sportabkommen mit der Bundesrepublik unterzeichnet (8.5.); Aufnahme diplomatischer Beziehungen mit USA (4.9.); DDR reduziert Zwangsumtauschsatz für die DDR und für Ostberlin, Jugendliche sind wieder befreit (26.10.); neue Swingvereinbarung (zinsloser Überziehungskredit im Handel) Bundesrepublik – DDR, Erhöhung auf 850 Mio. Verrechnungseinheiten; DDR hebt per 20.12. Zwangsumtauschpflicht auch für Rentner auf (11.12.).
1975
Neue Verkehrsvereinbarung zwischen Bundesrepublik und DDR über den Ausbau der Transitstrecken nach Berlin (19.12.).
1976
Vier Abkommen über den Post- und Fernmeldeverkehr mit der Bundesrepublik unterzeichnet (30.3.); Ausbürgerung Wolf Biermanns (16.11.) als Beginn einer Kampagne gegen Künstler und andere Regimekritiker.
1977
Honecker verteidigt die Intershop-Läden als Devisenbringer und kündigt Ausbau der Exquisitläden an (26.9.).
1978
Einführung des Wehrunterrichts (1.9.); Vereinbarungen mit Bonn über Bau einer Autobahn Berlin–Hamburg, langfristige Festlegung der Transitpauschale (Verkehrspaket) (16.11.).
1979
DDR-Bürger müssen konvertierbare Währung in Wertschecks der DDR-Banken eintauschen (16.4.); neue Verkehrsvereinbarung mit der Bundesrepublik (3.10.).
1981
Klaus Bölling tritt die Nachfolge von Günther Gaus als Leiter der Ständigen Vertretung der Bundesrepublik bei der Regierung der DDR an (1.2.); Bundeskanzler Schmidt und die Bundesminister Egon Franke und Graf Lambsdorff auf Einladung Honeckers zu einem "Arbeitsbesuch" in der DDR (11.–13.2.).

1982
Hans Otto Bräutigam wird anstelle Böllings Ständiger Vertreter der Bundesrepublik bei der Regierung der DDR in Ostberlin (24.5.).
1983
Erich Honecker empfängt den Regierenden Bürgermeister von Berlin, Dr. Richard von Weizsäcker, im Schloß Niederschönhausen; es ist die erste Begegnung des DDR-Staatsratsvorsitzenden mit einem offiziellen Vertreter Westberlins (15.9.); der Senat von Berlin übernimmt von der Reichsbahn der DDR das S-Bahn-Streckennetz auf seinem Territorium (30.12.).
1984
Sechs DDR-Bürger erzwingen ihre Ausreise nach Westberlin durch Flucht in die US-Botschaft in Ostberlin (20.–22.1.); die DDR beginnt mit dem Abbau der Selbstschußanlagen an der innerdeutschen Grenze (30.11.); im Jahre 1984 erteilen die DDR-Behörden außergewöhnlich viele Ausreisegenehmigungen: 40 900 (1983: 11 300; 1982: 13 200; 1985: 24 900) (31.12.).
1985
Johannes Rau, Ministerpräsident von NRW, zu einem Informationsgespräch in der DDR (9.–12.1.) von Honecker empfangen (11.1.); die DDR hat entlang der innerdeutschen Grenze alle Bodenminen entfernt (1.11.).
1986
Kulturabkommen zwischen der Bundesrepublik und der DDR in Ostberlin unterzeichnet (6.5.); erste innerdeutsche Städtepartnerschaft zwischen Saarlouis und Eisenhüttenstadt (6.10.).
1987
Erich Honecker zu offiziellem Arbeitsbesuch in der Bundesrepublik; Honecker trifft u. a. mit Bundespräsident Richard von Weizsäcker und Bundeskanzler Helmut Kohl zusammen; Honecker und Kohl unterzeichnen ein Abkommen über Informations- und Erfahrungsaustausch auf dem Gebiet des Strahlenschutzes, über Zusammenarbeit im Umweltschutz, in Wissenschaft und Technik (7.–11.9.).
1988
Neuregelung im Transitverkehr von der Bundesrepublik und der DDR unterzeichnet (5.10).
Deutschland in der Wende-Zeit (1989/90)
Ungarische Grenzsoldaten schneiden erste Löcher in den Grenzzaun zu Österreich (2.5.); Kommunalwahlen in der DDR mit ungewöhnlich hoher Zahl von Nein-Stimmen (7.5.); die Zahl von DDR-Bürgern, die in die Bonner Botschaften in Budapest, Ostberlin, Prag und Warschau flüchten, steigt (Juli); um Mitternacht öffnet Ungarn seine Grenze für die DDR-Flüchtlinge: die Massenflucht von Zehntausenden DDR-Bürgern über Ungarn und Österreich beginnt (11.9.); Bundesaußenminister Genscher verkündet in Prag den Flüchtlingen die bevorstehende Ausreise in den Westen; mit Sonderzügen der DDR-Reichsbahn fahren rd. 5 500 DDR-Bürger aus Prag und etwa 800 aus Warschau über DDR-Gebiet in die Bundesrepublik (30.9.);
zehntausende von DDR-Bürgern demonstrieren für eine demokratische Erneuerung des Sozialismus und werden vor allem in Ostberlin von der Polizei niedergeknüppelt (6./7./8.10.); nach Massenprotesten wird Staats- und SED-Chef Honecker nach 18 Jahren abgelöst, Egon Krenz wird neuer SED-Chef (18.10.); zum erstenmal erlaubt die DDR ihren Bürgern die direkte Ausreise aus der DDR in die Bundesrepublik (3.11.); mehr als eine Million DDR-Bürger demonstrieren in Ostberlin für Reformen. Es ist die größte Protestveranstaltung in der Geschichte der DDR (4.11.); die DDR-Regierung unter Ministerpräsident Stoph tritt zurück (7.11.); das gesamte SED- Politbüro muß gehen, mit diesem Schritt übernimmt das höchste Machtorgan die Verantwortung für die Krise in der DDR (8.11.); 28 Jahre nach dem Mauerbau öffnet die DDR ihre Grenzen nach Westberlin und zur Bundesrepublik (9.11.); Hans Modrow wird zum neuen Regierungschef gewählt (13.11.); Bundeskanzler Helmut Kohl stellt sein "Zehn-Punkte-Programm zur Überwindung der Teilung Deutschlands und Europas" vor (28.11.); das amtierende Politbüro unter Egon Krenz und das Zentralkomitee der SED müssen zurücktreten (3.12.), Egon Krenz legt sein Amt als Staatspräsident nieder (6.12.); bei ihrem ersten Treffen in Dresden vereinbaren Modrow und Bundeskanzler Kohl Verhandlungen über eine deutsch-deutsche Vertragsgemeinschaft (19.12.); das Brandenburger Tor in Berlin wird geöffnet (22.12.), Bundesbürger dürfen erstmals ohne Visum und Zwangsumtausch in die DDR einreisen (24.12.).
1990
Die Volkskammer verabschiedet ein neues Reisegesetz, das allen Bürgern Reisefreiheit zusichert (11.1.); die Regierung beschließt volle Gewerbefreiheit mit ausländischer Betei-

ligung (25.1.); Modrow legt einen Drei-Stufen-Plan zur deutschen Einheit vor, er schlägt einen neutralen Status für das vereinigte Deutschland mit Regierungssitz in Berlin vor (1.2.); Bundeskanzler Kohl und Bundesaußenminister Genscher reisen in die UdSSR, Gorbatschow gibt sein Einverständnis zur Einheit Deutschlands (10. / 11.2.); die Außenminister der Bundesrepublik Deutschland und der DDR sowie der vier Siegermächte des Zweiten Weltkrieges einigen sich in Ottawa auf das weitere Vorgehen bei der Einigung Deutschlands gemäß der Formel "Zwei plus Vier" (14.2.); der Ministerrat beschließt die Umwandlung der Kombinate in Kapitalgesellschaften (1.3.); Volkskammerwahl in der DDR; die CDU gewinnt die Wahlen mit großem Vorsprung vor der SPD (18.3.); Lothar de Maiziere (CDU) wird von der Volkskammer zum neuen Ministerpräsidenten gewählt (12.4.); Bund und Länder einigen sich darauf, für die DDR bis 1994 aus einem "Fonds Deutsche Einheit" insgesamt 115 Mrd. DM bereitzustellen (16.5.); mit der Unterzeichnung des Staatsvertrages zur Wirtschafts-, Währungs- und Sozialunion durch die Finanzminister der beiden deutschen Staaten wird ein entscheidender Schritt auf dem Weg zur deutschen Einheit getan (18.5.); der Ostberliner Magistrat und der Westberliner Senat kommen zu ihrer ersten gemeinsamen Sitzung seit 42 Jahren zusammen (12.6.); Bundestag, Bundesrat und DDR-Volkskammer stimmen dem Staatsvertrag zwischen der Bundesrepublik Deutschland und der DDR sowie einer Entschließung über die endgültige Anerkennung der Oder-Neiße-Grenze zu (21. / 22.6.). Die Wirtschafts-, Währungs- und Sozialunion zwischen den beiden deutschen Staaten tritt in Kraft, die DM wird in der DDR als Zahlungsmittel eingeführt (1.7.); Verabschiedung des Ländereinführungsgesetzes (22.7.). Die Volkskammer beschließt mit der erforderlichen Zweidrittelmehrheit den Beitritt der DDR zur Bundesrepublik Deutschland nach Artikel 23 des Grundgesetzes zum Oktober 1990 (23.8.); in Ostberlin unterzeichnen Bundesinnenminister Schäuble für die Bundesrepublik Deutschland und Staatssekretär Krause für die DDR den deutsch-deutschen Einigungsvertrag (31.8.); in Moskau wird das Zwei-plus-Vier-Abkommen ("Vertrag über die abschließende Regelung in bezug auf Deutschland") unterschrieben, das dem vereinigten Deutschland die volle Souveranität zugesteht (12.9.); das Bundesverfassungsgericht erklärt die im Einigungsvertrag erfolgte endgültige Festlegung der deutsch-polnischen Grenze (Oder-Neiße-Grenze) für rechtens (18.9.), Bundestag, Bundesrat und Volkskammer stimmen mit jeweils Zweidrittelmehrheiten dem Einigungsvertrag zu (19. – 21.9). Nach 45jähriger Dauer wird der Besatzungsstatus Berlins beendet (2.10.); in der Nacht vom 2. auf den 3. Oktober wird die deutsche Einheit vollzogen, der 3. Oktober wird zum nationalen Feiertag erklärt (3.10.).

Das vereinigte Deutschland seit dem 3.Oktober 1990

1991

"Gemeinschaftswerk Aufschwung Ost" beschlossen (8.3.1991), es ist auf zwei Jahre angelegt und umfaßt ein zusätzliches finanzielles Gesamtvolumen von 24 Mrd. DM, jeweils 12 Mrd. DM für 1991 und 1992; Verabschiedung des Verkehrsplanungsbeschleunigungsgesetzes (16.12.) um die Planungs- und Durchführungszeiten von Neu- und Ausbaustrecken in den neuen Bundesländern zu verkürzen.

1992

Erster Gesamtdeutscher Bundesverkehrswegeplan verabschiedet

1995

Erste Stufe der Pflegeversicherung tritt in Kraft (1.4.).

1996

Zweite Stufe der Pflegeversicherung tritt in Kraft (1.7.).

Quellen:

WEBER, H. (1988): Kleine Geschichte der DDR, 2. erw. Auflage, Köln

Brockhaus-Lexikon (1968): 17., völlig neubearb. Aufl. des Großen Brockhaus, Vierter Bd., Wiesbaden

WEIDENFELD, W. / ZIMMERMANN, H. (1989): Deutschland-Handbuch. Eine doppelte Bilanz 1949 – 1989 (= Schriftenreihe Studien zur Geschichte und Politik, Bd. 275, hrsg. v. d. Bundeszentrale für politische Bildung), Bonn

SPITTMANN, I. / HELWIG, G. (Hrsg.) (1990): Chronik der Ereignisse in der DDR, Köln

Bundesminister für innerdeutsche Beziehungen (Hrsg.) (1990): Informationen Nr. 17/1989–2/1990 (Chronik), Bonn

MAIER, G. (1991): Die Wende in der DDR, Bundeszentrale für politische Bildung, Bonn

4 Bevölkerung und Siedlungen

Zum grundlegenden Informationsbedarf für fast alle Bereiche von Staat, Wirtschaft und Gesellschaft gehören Daten über Struktur und Entwicklung der Bevölkerung.

Die Bevölkerungsstatistik zählt auch in Deutschland wegen der großen Bedeutung zu den traditionsreichsten Arbeitsgebieten der amtlichen Statistik.

4.1 Siedlungen

Gemeindegrößen-klasse	Zahl der Gemeinden	Anteil an der Wohn-bevölkerung (%)
unter 100	235	1,6
100 – 200	848	5,9
200 – 500	2 892	20,2
500 – 1 000	2 660	18,6
1 000 – 2 000	2 381	16,7
2 000 – 3 000	1 241	8,7
3 000 – 5 000	1 284	9
5 000 – 10 000	1 244	8,7
10 000 – 20 000	848	5,9
20 000 – 50 000	479	3,4
50 000 – 100 000	107	0,8
100 000 – 200 000	44	0,3
200 000 – 500 000	27	0,2
500 000 u. mehr	12	0,1

Tab. A 4.1.1:
Gemeinden und ihre Bevölkerung in Deutschland nach Gemeindegrößenklassen (31.12.1997)

Gemeinde	Land	Einwohner-zahl (1 000)
Berlin	Berlin	3 446,6
Bremen	Hansestadt Bremen	548,1
Dortmund	Nordrhein-Westfalen	595
Düsseldorf	Nordrhein-Westfalen	571,2
Duisburg	Nordrhein-Westfalen	530,9
Essen	Nordrhein-Westfalen	611
Frankfurt a. M.	Hessen	646,8
Hamburg	Hansestadt Hamburg	1 706,8
Hannover	Niedersachsenl	522,1
Köln	Nordrhein-Westfalen	965
München	Bayern	1 216,5
Stuttgart	Baden-Württemberg	585,5
zum Vergleich neue Bundesländer		
Leipzig	Sachsen	446,5
Dresden	Sachsen	459,2

Tab. A 4.1.2:
Deutsche Gemeinden mit mehr als 500 000 Einwohnern (30.6.1997)

4.2 Bevölkerung

Land	1961	1970	1980	1985	1987	1990	1991	1992	1993	1994	1995	1996	1997
Baden-Württemberg	7 759	8 895	9 233	9 254	9 286	9 726	9 899	10 074	10 196	10 250	10 295	10 345	10 387
Bayern	9 515	10 479	10 899	10 963	10 903	11 343	11 526	11 676	11818	11 890	11 954	12 016	12 056
Berlin	3 261	3 206	3 045	3 056	3 260	3 420	3 439	3 455	3471	3 477	3 471	3 467	3 445
Brandenburg	2 635	2 652	2 657	2 660	2 665	2 591	2 562	2 544	2546	2 535	2 539	2 547	2 563
Bremen	706	723	695	663	660	679	683	684	684	682	680	679	676
Hamburg	1 832	1 794	1 650	1 586	1 593	1 640	1 661	1 677	1699	1 705	1 707	1 708	1 707
Hessen	4 814	5 382	5 589	5 532	5 508	5 717	5 796	5 878	5950	5 972	5 994	6 018	6 031
Mecklenburg-Vorpommern	1 926	1 928	1 941	1 956	1 971	1 933	1 908	1 873	1852	1 837	1 828	1 820	1 814
Niedersachsen	6 641	7 082	7 246	7 205	7 162	7 340	7 427	7 523	7616	7 679	7 746	7 796	7 831
Nordrhein-Westfalen	15 902	16 914	17 044	16 686	16 712	17 243	17 423	17 590	17722	17 783	17 847	17 914	17 963
Rheinland-Pfalz	3 417	3 645	3 639	3 619	3 631	3 734	3 789	3 852	3904	3 938	3 963	3 986	4 010
Saarland	1 073	1 120	1 068	1 048	1 056	1 070	1 075	1 080	1085	1 084	1 084	1 083	1 083
Sachsen*	5 491	5 420	5 182	5 075	5 032	4 796	4 722	4 664	4624	4 596	4 575	4 556	4 536
Sachsen-Anhalt	3 308	3 221	3 084	3 027	3 008	2 890	2 849	2 809	2788	2 769	2 750	2 732	2 714
Schleswig-Holstein	2 317	2 494	2 605	2 614	2 554	2 614	2 636	2 662	2687	2 701	2 717	2 732	2 750
Thüringen	2 731	2 757	2 727	2 723	2 718	2 626	2 591	2 552	2538	2 525	2 511	2 497	2 485

Tab. A 4.2.2: Bevölkerungsstand und -veränderung in Deutschland und den deutschen Bundesländern
* einschl. der auf Berichtigung von Gemeindeergebnissen beruhenden Zu- bzw. Abnahme

	Bevölkerung am Jahres anfang	Überschuß der Geborenen (+) bzw. Gestorbenen (–) (1000)	Zuzüge (+) bzw. Fortzüge (–)	Bevölkerungs-zunahme (+) bzw. -abnahme (–)* (1000)	(je 1000 Ew.)	Bevölkerung am Jahresende insgesamt (1000)	männl.	weibl.
Deutschland 1993	80 974,6	–98,8	+462,3	+363,5	+4	81 338,1	39 518,5	41 819,6
1994	81 338,1	–115,1	+314,9	+200,5	+2	81 538,6	39 645,0	41 893,6
1995	81 538,6	–119,4	+397,9	+278,6	+3	81 817,5	39 842,8	41 992,7
1996	81 817,5	–86,8	+282,2	+194,7	+2	82 012,2	39 954,8	42 057,3
davon (1996):								
Baden-Württemberg	10 319,4	+15,7	+39,4	+55,1	+5	10 374,5	5 076,7	5 297,8
Bayern	11 993,5	+6,0	+44,3	+50,4	+4	12 043,9	5 876,7	6 167,1
Berlin	3 471,4	–8,2	–4,5	–12,7	–4	3 458,8	1 673,1	1 785,7
Brandenburg	2 542,0	–12,5	+24,9	+12,4	+5	2 554,4	1 257,2	1 297,2
Bremen	679,8	–1,5	–0,5	–2,0	–3	677,8	326,6	351,1
Hamburg	1707,9	–3,6	+3,7	+0,1	+0	1 708,0	823,9	884,1
Hessen	6 009,9	–1,0	+18,4	+17,4	+3	6 027,3	2 949,8	3 077,5
Mecklenburg-Vorpommern	1 823,1	–7,6	+1,7	–5,9	–3	1 817,2	895,3	921,9
Niedersachsen	7 780,4	–1,9	+36,6	+34,7	+4	7 815,1	3 815,6	3 999,6
Nordrhein-Westfalen	17 893,0	–6,1	+60,7	+54,7	+3	17 947,7	8 715,2	9 232,5
Rheinland- Pfalz	3 977,9	–2,8	+25,5	+22,6	+6	4 000,6	1 957,2	2 043,4
Saarland	1 084,4	–2,6	+2,4	–0,2	–0	1 084,2	525,6	558,6
Sachsen	4 566,6	–28,8	+8,5	–20,9	–5	4 545,7	2 191,3	2 354,4
Sachsen-Anhalt	2 738,9	–16,5	+1,2	–15,3	–6	2 723,6	1 320,6	1 403,1
Schleswig-Holstein	2 725,5	–2,5	+19,4	+16,8	+6	2 742,3	1 339,3	1 403,0
Thüringen	2 503,8	–13,2	+0,6	–12,7	–5	2 491,1	1 210,7	1 208,4

← **Tab. A 4.2.1: Bevölkerung Deutschlands nach Ländern 1961 – 1997 (Durchschnitt, in 1 000)**
(Früheres Bundesgebiet: errechnet aus Vierteljahres- bzw. Monatsdurchschnitten; 1972 – 1985 Fortschreibungsergebnisse auf der Basis der Volkszählung vom 27.5.1970, ab 1989 Fortschreibungsergebnisse auf der Basis der Volkszählung vom 25.5, 1987; Neue Länder und Berlin-Ost: 1961 bis 1987 Stand 30.6., ab 1989 Jahresdurchschnitt; die Ergebnisse für 1990 basieren auf der Fortschreibung eines Abzugs des früheren "Zentralen Einwohnerregisters" zum 3.10.1990, gilt zugleich als Jahresdurchschnitt.)

* Stand 31.12.1960

Tab. A 4.2.3: Bevölkerungsbewegung zwischen den alten und neuen Bundesländern 1990 – 1998
Quelle: http://www.Statistik-bund.de

	Fortzüge von den neuen Ländern und Berlin-Ost in das frühere Bundesgebiet	Fortzüge vom früheren Bundesgebiet in die neuen Länder und Berlin-Ost
1990	395 343	36 217
1991	249 743	80 267
1992	199 170	111 345
1993	172 386	119 100
1994	163 034	135 774
1995	168 336	143 063
1996	166 007	151 973
1997	167 789	157 348
1998	182 478	151 750

Tab. A 4.2.4: Eheschließungen, Lebendgeborene und Gestorbene in Deutschland 1950 – 1997

	Eheschließungen	Lebendgeborene	Gestorbene	Überschuß der Geborenen (+) bzw. Gestorbenen (–)	Nichtehelich Lebendgeborene	Gestorbene Säuglinge im 1. Lebensjahr	Gestorbene Säuglinge in den ersten 7 Lebenstagen	Totgeborene je 1 000 Lebend- und Totgeborene
	je 1 000 Einwohner				je 1 000 Lebendgeborene			
1950	11,0	16,3	10,9	5,4	105,6	60,2	•	21,8
1955	8,8	15,8	11,3	4,5	92,1	43,7	•	19,4
1960	9,5	17,3	12,0	5,3	75,6	35,0	19,7	15,5
1965	8,2	17,5	12,0	5,5	57,8	24,0	•	12,3
1970	7,4	13,5	12,6	0,9	72,3	22,3	15,2	10,3
1975	6,7	9,9	12,6	– 2,6	84,5	18,8	11,2	7,8
1980	6,3	11,0	12,1	– 1,1	118,9	12,6	6,4	5,7
1985	6,4	10,5	12,0	– 1,5	162,2	9,1	4,0	4,4
1990	6,5	11,4	11,6	– 0,2	153,2	7,1	2,7	3,5
1993	5,5	9,8	11,1	– 1,2	148,1	5,8	2,4	3,1
1994	5,4	9,5	10,9	– 1,4	153,9	5,6	2,4	4,0
1995	5,3	9,4	10,8	– 1,5	160,6	5,3	2,4	4,4
1996	5,2	9,7	10,8	– 1,1	170,5	5,0	2,3	4,5
1997	5,2	9,9	10,5	– 0,6	179,6	4,8	2,2	4,3

	Zuzüge			Fortzüge		
	insgesamt	davon aus		insgesamt	davon nach	
		europ. Ländern	außereurop. Ländern		europ. Ländern	außereurop. Ländern
1980	767,8	614,2	153,7	466,3	381,0	85,2
1985	511,6	349,0	162,6	456,6	342,0	114,6
1987	645,3	495,6	149,7	430,7	320,0	110,6
1989	1 185,5	999,9	185,6	581,0	427,7	153,3
1991	1199,0	985,9	197,1	596,5	440,9	141,3
1992	1 502,2	1 163,5	325,9	720,1	562,6	138,9
1993	1 277,4	942,5	325,5	815,3	642,5	154,4
1994	1 082,6	755,9	314,1	767,6	552,6	187,9
1995	1 096,0	762,8	319,4	698,1	505,3	168,9
1996	959,7	644,4	304,0	677,5	499,6	169,2
1997	840,6	553,8	276,1	747,0	569,0	172,2

Tab. A 4.2.5: Außenwanderungen zwischen Deutschland und dem Ausland 1980–1997 (in 1 000 Personen)

	insgesamt	darunter mit türkischer Staatsangehörigkeit	
	Anzahl	Anzahl	Anteil (%)
1994	61 709	19 590	31,7
1995	71 981	31 578	43,9
1996	86 356	46 294	53,6
1997	82 913	42 240	50,9
1998	106 790	59 664	55,9

Tab. A 4.2.6: Einbürgerungen von Ausländern nach Deutschland 1994–1998
Quelle: http://www.statistik-bund.de

	Männer				Frauen			
	insgesamt	ledig	verwitwet	geschieden	insgesamt	ledig	verwitwet	geschieden
1985	29,8	26,6	56,8	38,9	26,7	24,1	48,3	35,6
1990	31,1	27,9	56,9	40,5	28,2	25,5	47,3	37,1
1992	32,1	28,8	57,7	42,0	29,3	26,4	47,1	38,5
1993	32,5	29,2	58,8	42,4	29,7	26,8	48,6	38,8
1994	32,8	29,4	58,9	42,7	30,0	27,1	48,6	39,0
1995	33,2	29,7	59,3	43	30,3	27,3	48,9	39,3
1996	33,4	30,0	60,0	43,2	30,6	27,6	49,1	39,4
1997	33,7	30,3	59,7	43,4	30,9	27,8	48,8	39,6

Tab. A 4.2.7: Durchschnittliches Heiratsalter in Deutschland 1985–1997 nach dem bisherigen Familienstand der Ehepartner in Deutschland

	insgesamt	Nichtigkeit der Ehe	Aufhebung der Ehe	absolut	Anteil (je 10 000 Ew.)
Früheres Bundesgebiet					
1980	96 351	54	75	96 222	15,6
1990	123 041	42	130	122 869	19,4
1996	153 443	35	610	152 798	22,5
1997	161 937	51	621	161 265	23,7
Deutschland insgesamt					
1993	156 646	34	187	156 425	19,3
1994	166 496	48	396	166 052	20,4
1995	170 000	45	530	169 425	20,7
1996	176 203	39	614	175 550	21,4
1997	188 483	54	627	187 802	22,9

Tab. A 4.2.7: Gerichtliche Ehelösungen (rechtskräftige Urteile) in Deutschland 1980–1997

Tab. A 4.2.8: Geschiedene Ehen 1997 nach Ehedauer und Antragsteller in Deutschland

[1] Ermittelt als Differenz zwischen Eheschließungsjahr und Berichtsjahr, z.B. 1997: Ehedauer 0= Eheschließung 1997, 1= Eheschließung 1996

[2] Summe der 1997 geschiedenen Ehen, die eine Ehedauer von 0 bis 25 Jahren verzeichneten, bezogen auf jeweils 10 000 geschlossene Ehen

Ehedauer in Jahren[1]	Geschiedene Ehen insgesamt	davon Antragsteller			je 10 000 geschlossene Ehen
		Mann	Frau	beide	
0	78	33	40	5	2
1	1 527	535	895	97	36
2	5 539	1 962	3 284	293	129
3	8 715	2 910	5 319	486	198
4	10 869	3 495	6 781	593	246
5	12 439	3 923	7 798	718	274
6	12 743	3 964	8 033	746	281
7	13 095	3 961	8 440	694	254
8	12 405	3 611	8 100	694	234
9	10 980	3 306	7 110	564	205
10	10 065	3 043	6 456	566	192
11	8 725	2 572	5 684	469	171
12	7 511	2 308	4 782	421	151
13	6 970	2 152	4 392	426	140
14	6 165	1 967	3 840	358	124
15	5 640	1 834	3 457	349	116
16–20	22 363	7 515	13 540	1 308	458
21–25	15 432	5 847	8 798	787	294
26 u. mehr	16 541	7 188	8 444	909	•
insges.	187 802	62 126	115 193	10 483	3 504[2]

	Insgesamt	darunter Angehörige* d. evangelischen Kirche	d. römisch-katholischen Kirche	d. evangelischen Freikirche	d. jüdischen Religionsgesellschaft	d. islamischen Religionsgesellschaften	anderer Religionsgesellschaften	keiner Religionsgesellschaft
Baden-Württemberg	9 286 387	3 782 142	4 203 133	71 536	3 005	273 192	285 968	530 403
Bayern	10 902 643	2 603 200	7 329 061	24 438	5 282	215 228	170 425	495 019
Berlin (West)	2 012 709	972 396	256 897	17 124	5 671	127 491	48 272	521 563
Bremen	660 084	402 401	65 914	5 384	289	24 357	10 087	99 041
Hamburg	1 592 770	800 354	136 859	14 005	1 531	61 885	34 808	434 192
Hessen	5 507 777	2 847 964	1 674 449	52 533	6 208	170 640	121 809	497 187
Niedersachsen	7 162 103	4 670 838	1 401 390	63 994	1 521	103 376	106 121	674 569
Nordrhein-Westfalen	16 711 845	5 879 579	8 260 295	99 463	7 216	573 280	333 842	1 105 481
Rheinland-Pfalz	3 630 823	1 351 952	1 977 800	17 203	738	58 302	44 750	149 262
Saarland	1 055 660	228 656	767 824	2 601	331	9 916	11 818	26 779
Schleswig-Holstein	2 554 241	1 873 090	158 382	19 954	527	33 285	35 386	378 764
Früheres Bundesgebiet	61 077 042	25 412 572	26 232 004	388 235	32 319	1 650 952	1 203 286	4 912 260

Tab. A 4.2.9: Bevölkerung Deutschlands am 25.5.1987 nach Religionszugehörigkeit und Ländern (Ergebnis der Volkszählung 1987)

* ohne die Fälle "ohne Angabe"

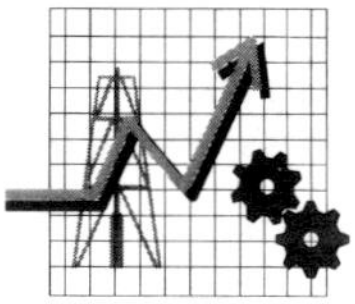

5 Wirtschaft

Wirtschaftsstruktur
Die Wirtschaftsstruktur eines Landes läßt sich vor allem nach zwei Klassifikationsmerkmalen kennzeichnen: sektorale und regionale Merkmale. Die sektorale Struktur einer Wirtschaft kommt u. a. in den Anteilen der einzelnen Wirtschaftsbereiche an der gesamten Produktion einer Volkswirtschaft zum Ausdruck. Nach dem klassischen Strukturmodell wird die Wirtschaft in drei Bereiche, den primären, den sekundären und den tertiären Sektor unterteilt. Der primäre Sektor umfasst die Bereiche Land- und Forstwirtschaft sowie Tierhaltung und Fischerei, der sekundäre Bereich beinhaltet alle warenproduzierenden Gewerbezweige und zu dem tertiären Sektor gehören alle Dienstleistungsbereiche, wie Handel, Banken und Versicherungswesen, Transport- und Nachrichtenverkehr, sämtliche Dienstleistungen u. a.

Die Wirtschaftsordnung
Die Wirtschaftsordnung der Bundesrepublik Deutschland wird als "Soziale Marktwirtschaft" bezeichnet. Das bedeutet Verbindung von "Freier Marktwirtschaft" mit dem Staat, der den ordnungs- und wirtschaftspolitischen Rahmen sichert. Er wirkt außerdem sozial ausgleichend.

Die Basis ist das Grundgesetz, in dem zwar kein bestimmtes Wirtschaftssystem festgelegt ist, in dem es aber zahlreiche normative Bestimmungen gibt, die man als Rahmenbedingungen betrachten kann. Dazu zählt z. B. die Garantie des Privateigentums, die Gewerbefreiheit, das Recht auf freie Wahl des Arbeitsplatzes etc.

Die Volkswirtschaftliche Gesamtrechnung
Den umfassendsten Überblick über das wirtschaftliche Geschehen liefern die Volkswirtschaftlichen Gesamtrechnungen (VGR). Sie fügen das statistische Material aus fast allen Bereichen zu einem geschlossenen Gesamtbild zusammen.

Damit das Bild überschaubar bleibt, wird unter Berücksichtigung des Kreislaufgedankens, in der VGR die Vielzahl der Wirtschaftseinheiten und der wirtschaftlichen Vorgänge zu Gruppen zusammengefaßt. Die Abgrenzung der Zusammenfassung der wirtschaftlichen Vorgänge wird so vorgenommen, daß ein überschaubares Bild entsteht über drei Bereiche:

1. Produktion, Verteilung und Verwendung der Güter,
2. Entstehung, Verteilung, Umverteilung und Verwendung der Einkommen und
3. Vermögensbildung und ihre Finanzierung.

Als zentrale Größen werden in der Entstehungsrechnung die Bruttowertschöpfung und das Bruttoinlandsprodukt, in der Verwendungsrechnung der private Verbrauch und der Staatsverbrauch, die Bruttoinvestitionen und der Außenbetrag sowie in der Verteilungsrechnung das Einkommen aus unselbständiger Arbeit u. a. berechnet (Datenreport 1997, S. 250 bis 252).

Umweltschutz
Weil die Bedrohung der natürlichen Lebensgrundlagen durch Umweltverschmutzung vor Ländergrenzen nicht halt macht, hat die EU auf der Grundlage ihres Umweltaktionsprogramms von 1973 zahlreiche Umweltschutzrichtlinien erlassen. Danach sind alle Mitgliedsstaaten verpflichtet, diese Richtlinien – mit festgelegten Mindesanforderungen – in nationales Recht umzusetzen. Das war z. B. die im Juni 1985 getroffene Entscheidung über die Einführung schadstoffarmer Autos. Daneben gibt es auf EU-Ebene zahlreiche internationale Abkommen, die den Gewässerschutz, die Luftreinhaltung und die Abfallwirtschaft zum Inhalt haben.

Um Umweltschutzmaßnahmen statistisch beschreiben zu können, sind monetäre Größen notwendig, z. B. über Ausgaben für Umweltschutz oder den Wert von Umweltschutzeinrichtungen.

5.1 Gesamtwirtschaftliche Kennwerte

	Bruttoinlandsprodukt			Bruttonationaleinkommen (Bruttosozialprodukt)			Volkseinkommen					
	in jeweiligen Preisen	in konstanten Preisen		in jeweiligen Preisen		in konstanten Preisen			Arbeitnehmerentgelt (Bruttoeinkommen aus unselbständiger Arbeit)		Bruttolöhne und -gehälter	
	insgesamt		je Erwerbstätigen	insgesamt	je Einwohner	insgesamt	insgesamt	je Einwohner	insgesamt	Anteil am Volkseinkommen	insgesamt	monatlich je Arbeitnehmer
	Mrd. DM	Mrd. DM	DM	Mrd. DM	DM	Mrd. DM	Mrd. DM	DM	Mrd. DM	%	Mrd. DM	DM
1991	2 938,0	3 346,0	88 600	2 955,7	36 700	3 369,0	2 282,8	28 500	1 650,6	72,3	1 348,1	3 290
1992	3 155,2	3 421,0	92 100	3 170,6	39 100	3 440,7	2 430,3	30 200	1 787,6	73,6	1 461,2	3 630
1993	3 235,4	3 383,8	92 500	3 248,8	39 900	3 399,6	2 456,2	30 300	1 829,5	74,5	1 499,9	3 800
1994	3 394,4	3 463,2	95 000	3 380,6	41 700	3 449,6	2 547,9	31 300	1 874,7	73,6	1 522,3	3 880
1995*	3 523,8	3 523,8	96 700	3 505,2	43 200	3 505,2	2 659,0	32 600	1 941,2	73	1 570,9	4 020
1996*	3 586,8	3 550,4	98 200	3 570,9	43 800	3 536,5	2 705,3	33 000	1 964,6	72,6	1 586,0	4 090
1997*	3 675,8	3 612,6	100 700	3 658,6	44 800	3 598,1	2 766,0	33 700	1 970,2	71,2	1 580,3	4 120
1998*	3 799,4	3 694,0	102 600	3 768,6	46 300	3 666,1	2 848,3	34 700	1 999,8	70,2	1 605,9	4 180

Tab. A 5.1.1: Bruttoinlandsprodukt, Bruttonationaleinkommen, Volkseinkommen in Deutschland 1991 – 1998 (1991 – 1998 in Preisen von 1995) *vorläufiges Ergebnis

	1991	1993	1995*	1997*	1998*
Baden-Württemberg	440,12	458,66	492,11	520,36	546,3
Bayern	489,52	531,19	576,41	614,97	643,08
Berlin	119	140,12	151,73	154,81	155,77
Berlin-West	96,88	106,24	113,65	115,76	116,07
Berlin-Ost	22,11	33,88	38,08	39,05	39,7
Brandenburg	35,78	55,33	68,09	75,72	77,76
Bremen	35,18	36,58	38,49	40,34	42,01
Hamburg	109,2	122,81	132,57	141,25	146,41
Hessen	286,34	310,29	326,77	340,91	353,09
Mecklenburg-Vorpommern	24,21	35,99	45,03	47,91	48,4
Niedersachsen	260,38	281,55	300,39	315,75	331,43
Nordrhein-Westfalen	666,91	714,18	768,03	799,51	826,88
Rheinland-Pfalz	133,52	139,71	150,85	156,04	160,98
Saarland	38,12	39,65	43,26	43,92	45,68
Sachsen	59,93	93,07	115,5	124,08	125,33
Sachsen-Anhalt	35,2	55,84	66,59	69,71	71,43
Schleswig-Holstein	91,42	99,65	107,27	113,79	117,07
Thüringen	28,76	49,1	59,72	64,93	66,47
Deutschland insgesamt	2 853,6	3 163,7	3 442,8	3 624,0	3 758,1
Früheres Bundesgebiet	2 647,6	2 840,5	3 049,8	3 202,6	3 329,0
Neue Länder und Berlin-Ost	206	323,2	393	421,4	429,1

Tab. A 5.1.2: Bruttoinlandsprodukt in Deutschland nach Bundesländern 1991 – 1998 (in Mrd. DM)

* vorläufiges Ergebnis

Wirtschaftsbereich[1]	1991	1992	1993	1994	1995[2]	1996[2]	1997[2]	1998[2]
Land- und Forstwirtschaft, Fischerei	38,48	39,12	38,54	40,80	42,31	44,53	44,68	45,51
Produzierendes Gewerbe ohne Baugewerbe	840,47	848,72	802,18	819,02	835,52	838,39	865,55	911,95
Baugewerbe	164,31	195,06	203,94	221,62	222,42	211,69	202,86	190,01
Handel, Gastgewerbe und Verkehr	489,62	517,53	530,84	559,72	586,41	584,03	597,5	610,55
Finanzierung, Vermietung und Unternehmensdienstleister	679,25	757,52	822,6	860,45	907,21	961,27	1008,76	1060,9
Öffentliche und private Dienstleister	563,87	624,44	655,44	686,42	720,63	738,08	747,49	761,63
insgesamt	2 776,00	2 982,39	3 053,54	3 188,03	3 314,50	3 377,99	3 466,84	3 580,55

Tab. A 5.1.3: Bruttowertschöpfung in Deutschland 1991 – 1998 (in jeweiligen Preisen, in Mrd. DM)
[1] Klassifikation der Wirtschaftszweige Ausgabe 1993 (WZ 93) [2] vorläufiges Ergebnis

	1991	1992	1993	1994	1995[1]	1996[1]	1997[1]	1998[1]
Bruttoanlageinvestitionen	766,58	800,91	765,14	795,77	790,57	783,13	788,22	802,15
Ausrüstungsinvestitionen	315,16	301,81	256,22	251,27	253,91	258,27	268,37	295,50
Maschinen und Geräte[2]	233,56	229,85	201,38	196,72	196,02	198,87	200,15	...
Fahrzeuge	81,60	71,96	54,84	54,55	57,89	59,40	68,22	...
Staat	11,92	12,95	11,06	9,85	10,23	9,97	8,28	8,62
Übrige Sektoren	303,24	288,86	245,16	241,42	243,68	248,30	260,09	286,88
Bauinvestitionen	428,05	473,69	482,10	515,48	506,02	491,22	482,86	464,46
Wohnbauten	214,68	237,3	247,95	276,9	277,68	276,58	276,71	266,82
Nichtwohnbauten	213,37	236,39	234,15	238,58	228,34	214,64	206,15	197,64
Hochbau (Nichtwohngebäude)	137,84	151,17	149,43	149,71	145,2	136,59	129,93	124,15
Tiefbau (sonstige Bauten)	75,53	85,22	84,72	88,87	83,14	78,05	76,22	73,49
Staat	72,24	79,47	77,27	77,07	67,10	64,80	56,09	51,54
Übrige Sektoren	141,13	156,92	156,88	161,51	161,24	149,84	150,06	146,10
Sonstige Anlageinvestitionen	23,37	25,41	26,82	29,02	30,64	33,64	36,99	42,19
Nutztiere und Nutzpflanzungen	-1,16	-0,40	-0,16	-0,08	0,00	0,08	-0,24	0,04
Immaterielle Anlageinvestitionen[3]	24,53	25,81	26,98	29,10	30,64	33,56	37,23	42,15
Vorratsveränderungen und Nettozugang an Wertsachen	15,09	-9,61	-13,12	-3,94	11,37	2,12	19,98	59,94
Bruttoinvestitionen insgesamt	781,67	791,30	752,02	791,83	801,94	785,25	808,2	862,09

Tab. A 5.1.4: Bruttoinvestitionen in Deutschland 1991 – 1998 (in Mrd. DM)

[1] vorläufiges Ergebnis
[2] einschl. Textilien, Bekleidung, Holz-, Leder-, Kunststoff-, Glas-, Keramik- und Eisenwaren, Verlagserzeugnisse
[3] einschl. Grundstücksübertragungskosten für unbebauten Grund und Boden

Tab. A 5.2.2: Besitz- und Eigentumsverhältnisse bei den landwirtschaftlichen Betrieben in Deutschland (Ergebnisse der Agrarberichterstattungen 1989 und 1997 sowie vorläufige Ergebnisse der Landwirtschaftszählung 1999 (jeweils repräsentativ) →

Quelle: Stat. Bundesamt

* Gesamtzahl der Betriebe und gesamte LF sind nur teilweise mit anderen Veröffentlichungen vergleichbar, da nur Betriebe mit selbstbewirtschafteter LF einbezogen wurden, Betriebe ohne LF hier gänzlich fehlen und die LF sich nur auf selbstbewirtschaftete LF bezieht

	1991	1992	1993	1994	1995	1996	1997	1998
Land- und Forstwirtschaft, Fischerei	1 538	1 308	1 206	1 153	1094	984	968	977
Produzierendes Gewerbe ohne Baugewerbe	11 215	10 350	9 617	9 117	8 889	8 623	8 433	8 409
Baugewerbe	2 759	2 878	2 989	3 128	3 185	3 075	2 937	2 836
Handel, Gastgewerbe und Verkehr	9 000	9 007	8 962	8 915	8 860	8 806	8 743	8 760
Finanzierung, Vermietung und Unternehmensdienstleister	3 560	3 756	3 889	4 048	4 167	4 286	4 393	4 550
Öffentliche und private Dienstleister	9 687	9 856	9 923	10 104	10 232	10 375	10 385	10 467
Insgesamt	37 759	37 155	36 586	36 465	36 427	36 149	35 859	35 999

Tab. A 5.1.5: Beschäftigte nach Wirtschaftsbereichen in Deutschland 1991 – 1998 (Durchschnitt in 1 000)

5.2 Landwirtschaft

Tab. A 5.2.1: Zahl der landwirtschaftlichen Betriebe in Deutschland nach Größenklassen 1989 u. 1998/99

	Früheres Bundesgebiet			Neue Länder		Deutschland
Betriebsgröße von ... bis unter ... ha LF	1989	1998	1999	1998	1999	1998
unter 2 ha	18 357	86 028	33 126	6 197	2 409	92 225
2 – 10	226 696	155 556	139 409	9 467	9 302	165 023
10 – 20	136 592	84 977	83 391	3 697	3 719	88 674
20 – 30	83 565	54 826	49 572	1 693	1 778	56 519
30 – 50	76 496	62 507	61 194	1 883	1 938	64 390
50 – 100	38 579	51 333	51 932	2 449	2 475	53 782
100 – 200	6 486	12 890	13 511	2 643	2 715	15 533
200 – 500	6 486	1 760	1 908	2 745	2 884	4 505
500–-1 000	6 486	121	129	1 456	1 467	1 577
1 000 u. mehr	6 486	16	19	1 645	1 621	1 661
zusammen	568 414	423 986	401 065	27 678	27 899	451 664

	Früheres Bundesgebiet			Neue Länder	
	1989	1997	1999	1997	1999
Zahl der Betriebe (1 000)					
Betriebe					
– mit selbstbewirtschafteter eigener LF	615,6	450,7	387,6	23,3	21,2
– mit unentgeltlich zur Bewirtschaftung erhaltener LF	16,1	20,1	21,1	2,8	2,7
– mit gepachteter LF	394,9	310,7	295,6	19,9	20,2
– von familienfremden Personen	363,4	286,0	272,2	18,4	18,9
– von Familienangehörigen	77,2	81,0	78,3	4,1	4,2
Betriebe insgesamt*	665,1	504,0	431,1	32,0	29,1
darunter – Betriebe ohne eigene LF	47,6	50,4	43,3	8,6	7,6
– Betriebe mit eigener LF überhaupt	617,5	453,6	387,8	23,4	21,5
Anteil der Betriebe mit Pachtflächen an den Betrieben insgesamt (%)	59,4	61,6	68,6	62,0	69,3
Fläche der Betriebe (1 000 ha LF)					
– selbstbewirtschaftete eigene LF	7 229,9	5 927,2	5 661,8	427,2	515,7
– unentgeltlich zur Bewirtschaftung erhalten	49,7	89,0	96,4	67,2	54,7
– gepachtete LF	4488,8	5 606,6	5 810,0	5 064,3	5 015,6
– von familienfremden Personen	3 705,1	4 698,2	4 939,1	4 998,9	4 943,8
– von Familienangehörigen	783,7	908,4	870,9	65,5	71,8
selbstbewirtschaftete LF insgesamt	11 768,4	11 622,9	11 568,3	5 558,8	5 585,9
darunter – Pachtfläche ohne eigene LF	945,1	1 232,4	•	1 748,0	•
– eigene LF überhaupt	7 718,9	6 375,8	6 162,3	482,0	573,6
Pachtflächenanteil (%)	38,1	48,2	50,2	91,1	89,8

Tab. A 5.2.4: Arbeitskräfte in der deutschen Landwirtschaft 1991 – 1999 ⟶

(repräsentative Ergebnisse der Agrarberichterstattung bis 1997 für landwirtschaftliche Betriebe mit 1 ha LF und mehr und der Agrarstrukturerhebung / Landwirtschaftszählung 1999 mit 2 ha LF und mehr oder jeweils auch Betrieben mit weniger als o.g. LF, wenn festgelegte Mindestgrößen ausgewählter Tierkategorien oder Spezialkulturen erreicht bzw. überschritten werden)

	Betriebsgröße von ... bis ... ha LF								
	2–10	10–20	20–30	30–50	50–100	100–200	200–500	500–1 000	1 000 u. mehr
	Zahl der Betriebe								
Baden-Württemberg	26 631	13 574	7 363	8 138	6 026	1 424	135	6	0
Bayern	52 344	37 936	22 915	22 197	11 079	1 706	226	16	3
Brandenburg	2 080	884	441	520	567	638	650	340	407
Hessen	10 149	5 848	3 091	3 568	3 341	1 033	125	6	0
Mecklenburg-Vorp.	1 077	576	298	352	451	566	813	441	379
Niedersachsen	15 309	9 445	5 763	11 375	14 570	4 520	741	36	13
Nordrhein-Westf.	17 529	9 251	6 554	9 519	7 739	1 436	139	11	0
Rheinland-Pfalz	10 871	4 807	2 184	3 170	3 350	1 038	106	3	0
Saarland	609	304	154	248	309	202	24	0	0
Sachsen	2 881	1 153	535	499	655	523	369	215	262
Sachsen-Anhalt	1 145	462	254	327	476	637	752	325	299
Schleswig-Holstein	5 586	2 062	1 479	2 871	5 388	2 122	410	51	3
Thüringen	2 115	643	249	239	325	350	300	146	274
Stadtstaaten	385	165	70	109	131	31	2	0	0
	Fläche der Betriebe (1 000 ha)								
Baden-Württemberg	137,8	197,8	181,9	314,0	409,2	182,5	35,4	3,7	0,0
Bayern	294,2	562,5	567,3	847,4	726,3	219,7	61,1	11,1	4,6
Brandenburg	10,0	12,8	10,7	20,0	41,0	92,1	202,6	247,7	710,1
Hessen	52,9	85,5	76,4	138,0	230,0	135,0	32,5	3,8	0,0
Mecklenburg-Vorp.	5,3	8,3	7,3	13,7	32,5	83,7	259,8	310,9	638,6
Niedersachsen	76,3	140,9	144,7	446,1	1 027,3	587,3	199,2	21,6	17,6
Nordrhein-Westf.	86,1	135,8	161,8	369,7	520,5	182,7	37,6	7,3	0,0
Rheinland-Pfalz	53,6	69,2	54,2	123,3	235,7	136,1	26,1	1,6	0,0
Saarland	3,2	4,7	3,8	9,9	22,1	26,7	6,0	0,0	0,0
Sachsen	13,8	16,6	13,1	19,1	46,9	73,9	114,5	156,4	462,6
Sachsen-Anhalt	5,3	6,7	6,3	12,8	34,9	94,2	238,9	230,0	543,7
Schleswig-Holstein	27,0	30,1	37,1	115,5	387,4	278,5	116,3	33,8	3,9
Thüringen	10,0	9,0	6,1	9,3	24,2	49,8	93,1	107,9	495,4
Stadtstaaten	1,7	2,4	1,7	4,2	8,8	4,0	0,5	0,0	0,0

Tab. A 5.2.3:

Zahl der landwirtschaftlichen Betriebe* in den deutschen Bundesländern nach Größenklassen 1998

(vorläufig, neue Länder und Baden-Württemberg allgemeine, übrige Länder repräsentative Ergebnisse)

Quelle: Stat. Bundesamt

* Betriebe, die über eine Mindestgröße an Erzeugungseinheiten verfügen (einschl. Betriebe ohne LF), außerdem Betriebe, die für den geltenden Erfassungsbereich von 1 bis unter 2 ha LF auskunftspflichtig waren

	Familienarbeitskräfte einschließlich Betriebsinhaber			Familienfremde Arbeitskräfte				Arbeitskräfte	Betriebliche Arbeitsleistung
	zusammen	davon Vollbeschäftigt	davon Teilbeschäftigt	Ständige Arbeitskräfte zusammen	davon Vollbeschäftigt	davon Teilbeschäftigt	Nichtständige Arbeitskräfte	insgesamt	insgesamt
	1 000 Personen								1 000 AK-Einheiten
1991	1 370,4	359,9	1 010,5	403,7	307,2	96,5	104,6	1 878,7	1 018,3
1992	1 331,1	340,1	991,0	240,3	201,2	39,1	90,9	1 662,3	846,7
1993	1 269,7	322,4	947,3	208,7	174,0	34,7	98,0[1]	1 576,4	792,2
1995	1 147,1	289,2	857,9	178,1	146,8	31,3	84,6	1 409,8	698,4
1996[2]	1 098,2	277,4	820,8	173,6	143,0	30,6	82,7	1 354,5	671,7
1997[3]	1 042,0	255,8	786,2	193,1	151,3	41,8	80,6	1 315,7	650,4
1998[2]	1 089,5	•	•	193,0	•	•	78,5	1 261,0	621,0
1999[4]	940,3	231,3	709,0	195,1	150,3	44,8	299,2	1 434,5	648,3

[1] Erhebungszeitraum zum verbesserten Nachweis der Saisonarbeitskräfte auf ein Jahr (bisher 4 Wochen im April) erweitert, Angaben mit den Vorjahren nicht vergleichbar
[2] geschätzt
[3] Zahlen für Familien- und familienfremde Arbeitskräfte ab 1997 z.T. nicht vergleichbar, Arbeitskräfte in Personengesellschaften werden nun den familienfremden Arbeitskräften zugerechnet, da nur Einzelunternehmen als Familienunternehmen geführt werden und damit über Familienarbeitskräfte verfügen können
[4] vorläufige Angaben

Tab. A 5.2.5:
Kaufwerte für landwirtschaftliche Grundstücke in Deutschland 1991–1997

	Veräußerungsfälle	Veräußerte Fläche der landw. Nutzung	Kaufsumme	Durchschn. Kaufwert je Hektar veräußerte Fläche der landw. Nutzung insgesamt
	Anzahl	ha	1 000	DM
Früheres Bundesgebiet				
1991	28 511	42 855	1 399 311	32 652
1993	25 734	41 193	1 226 775	29 781
1994	24 532	41 018	1 235 646	30 124
1995	25 421	40 338	1 298 007	32 178
1996	26 796	42 734	1 361 155	31 852
1997	26 511	42 636	1 372 395	32 189
Neue Länder				
1991	3 087	14 363	104 901	7 304
1993	4 276	22 876	190 370	8 322
1994	4 027	23 689	177 709	7 502
1995	5 218	30 914	218 247	7 060
1996	5 812	35 542	230 100	6 474
1997	6 917	41 878	265 408	6 338

Tab. A 5.2.6:
Kaufwerte für landwirtschaftliche Grundstücke in Deutschland nach Bundesländern 1997

	Veräußerungsfälle	Veräußerte Fläche der landw. Nutzung	Kaufsumme	Durchschn. Kaufwert je Hektar veräußerte Fläche der landw. Nutzung insgesamt
	Anzahl	ha	1 000	DM
Baden-Württemberg	5 230	4 442	170 888	38 467
Bayern	5 108	7 534	376 781	50 012
Brandenburg	563	3 095	15 318	4 949
Hessen	2 248	1 928	57 488	29 812
Mecklenburg-Vorpommern	2 732	25 597	141 063	5 511
Niedersachsen	4 991	14 475	367 552	25 391
Nordrhein-Westfalen	2 589	4 834	222 141	45 956
Rheinland-Pfalz	4 821	3 474	65 550	18 868
Saarland	485	209	4 259	20 365
Sachsen	428	1 701	15 330	9 010
Sachsen-Anhalt	1 555	7 679	58 664	7 640
Schleswig-Holstein	1 039	5 739	107 737	18 773
Thüringen	1 639	3 806	35 033	9 204

Land	1975	1979	1985	1987	1989	1991	1993	1995	1997
Deutschland insgesamt	–	–	–	–	–	276	279	287	294
Baden-Württemberg	206	226	299	309	334	324	331	327	335
Bayern	236	302	399	417	434	449	439	425	432
Brandenburg	–	–	–	–	–	/	94	106	112
Hessen	183	206	237	242	255	272	255	252	258
Mecklenburg-Vorpommern	–	–	–	–	–	/	137	156	167
Niedersachsen	252	318	428	443	443	486	487	491	491
Nordrhein-Westfalen	285	351	458	441	499	498	526	544	545
Rheinland-Pfalz	250	270	343	359	349	347	339	344	337
Saarland	109	140	228	164	169	164	154	157	158
Sachsen	–	–	–	–	–	/	149	162	173
Sachsen-Anhalt	–	–	–	–	–	/	227	241	254
Schleswig-Holstein	290	374	472	485	498	491	479	480	492
Thüringen	–	–	–	–	–	/	153	174	184
Früheres Bundesgebiet	245	296	387	396	419	425	425	423	426
Neue Länder und Berlin-Ost	–	–	–	–	–	131	150	167	176

Tab. A 5.2.7: Pachtzins für landwirtschaftliche Grundstücke in Deutschland nach Bundesländern 1975–1997 (in DM/ha)

Ergebnisse der Agrarberichterstattung (Repräsentativergebnis) – Landwirtschaftliche Betriebe in einer Abgrenzung nach der Hauptproduktionsrichtung (HPR) mit 1 ha landwirtschaftlich genutzter Fläche (LF) und mehr; unterhalb 1 ha LF (einschl. Betriebe ohne LF) nur landwirtschaftliche Betriebe deren natürliche Erzeugniseinheiten mindestens dem durchschnittlichen Wert der jährlichen Markterzeugung von 1 ha LF entsprechen. – Betriebe mit Angabe des Jahrespachtentgeltes. – Ohne Pachtungen von Eltern, Ehegatten und sonstigen Verwandten und Verschwägerten des Betriebsinhabers/der Betriebsinhaberin. – Der Nachweis ist jeweils auf die selbstbewirtschaftete Fläche bezogen. – 1975 bis 1989 einschl., ab 1991 ohne "geschlossene Hoftpacht".

5.3 Bergbau und Verarbeitendes Gewerbe

Tab. A 5.3.1: Betriebe, Beschäftigung und Umsatz im Bergbau und Verarbeitenden Gewerbe Deutschlands 1991–1997 (Betriebe von Unternehmen mit im allgemeinen 20 und mehr Beschäftigten, einschl. Handwerk)

	Betriebe[1]	Beschäftigte insgesamt	Beschäftigte Arbeiter/-innen	Beschäftigte Inhaber/-innen u. Angestellte	Geleistete Arbeitsstunden	Lohnsumme	Gehaltssumme	Umsatz[2] insgesamt
	Anzahl	1 000			Mio.	Mio. DM		
1991	54 338	9 274	6 246	3 027	9 369	243 420	187 195	2 046 172
1992	53 797	8 275	5 517	2 759	8 615	244 404	196 301	2 048 592
1993	52 134	7 541	4 947	2 595	7 574	226 850	194 163	1 920 095
1994	51 011	7 039	4 582	2 457	7 177	219 112	190 633	1 988 530
1995[3]	47 919	6 778	4 373	2 405	6 886	220 290	193 976	2 073 667
1996[3]	47 322	6 520	4 168	2 352	6 483	215 263	196 067	2 079 295
1997[3]	46 033	6 311	4 021	2 290	6 283	210 694	193 952	2 186 204

[1] Durchschnitt errechnet aus 12 Monaten
[2] ohne Umsatzsteuer
[3] Gliederung der Daten nach der Klassifikation der Wirtschasftszweige, Ausg. 1993 (WZ 93)

Kennziffer (Maßeinheit)	1989	1990	1991	1992	1993	1994	1995	1996	1997
Produktion[1]	ca.	ca.							
(Mrd. DM)	290[2]	200[2]	96,6	92,2	98,1	114,9	128,3	131,7	137
(%; 1989 = 100)	100	66	33	31	34	39	44	45	47
Beschäftigte									
(1 000 Pers.)	3 100[3]	2 500[3]	1 759	934	736	671	618	588	563
(%; 1989 = 100)	100	81	57	30	24	22	20	19	18
Arbeitsproduktivität									
(Produktion pro Beschäftigten									
in 1 000 DM)	94,2	78,0	54,9	99,5	133,3	171,2	207,6	224	243,3
(%; 1989 = 100)	100	83	58	106	142	182	220	238	258
Betriebe (Anzahl)	3 374[4]	•[5]	7 112	6 375	6 353	6 952	6 632	6 878	6 755
durchschnittliche Betriebsgröße									
(Beschäftigte / Betrieb)									
*Ostdeutschland	919 / 952[6]	•[5]	247	146	116	97	93	85	83
Westdeutschland	159	159	159	155	148	145	149	147	146
Export									
(Mrd. DM)	41,1	38,1	18,0	13,8	11,9	13,1	15,2	16,1	20,3
(%; 1989 = 100)	100	93	43	34	29	32	37	39	49
Exportquote = Anteil des Exports									
am Umsatz (%)									
*Ostdeutschland	14	19,5	18,6	14,8	12,1	11,7	11,8	12,2	14,8
*Westdeutschland	35	33	26,8	26,8	26,9	28,4	29,5	30,0	33,1
Industrialisierungsgrad (Industrie-									
beschäftigte je 1 000 Ew.)									
*Ostdeutschland	194	164	111	60	47	43	40	38	37
*Westdeutschland	115	116	117	112	104	97	93	89	87

Tab. A 5.3.2: Daten zur Entwicklung der Industrie (Bergbau und Verarbeitendes Gewerbe) in den alten und neuen Bundesländern Deutschlands 1997

1 1989 / 90 = industrielle Warenproduktion (DDR), danach Umsatz

2 nach Berechnungen von Kehrer, in: Kehrer, G.: (2000): Industriestandort Ostdeutschland. Eine raumstrukturelle Analyse der Industrie in der DDR und in den neuen Bundesländern, S. 135 – 136, Berlin

3 ohne Beschäftigte in Energie- und Wasserwirtschaft, Angaben gerundet

4 die 3 374 selbständigen Betriebe schlossen rd. 19 300 Produktionsstätten ein, die teilweise mehr als 1 000 Beschäftigte zählten

5 keine Angaben möglich, die Auflösung der Kombinate und Aufspaltung der Betriebe bewirken die erhebliche Zunahme der Anzahl der Betriebe

6 952= einschl. Energie- und Wasserwirtschaft

Quelle: Statistisches Jahrbuch der DDR 1990; Statistische Jahrbücher der Bundesrepublik 1991 bis 1998; Datenreport 1997; Statistisches Bundesamt, Bonn 1997; weitere diverse Publikationen

Land	Beschäftigte (1 000)			Besatz[1] Industriebeschäftigte je 1 000 Ew.			Dichte[2] Industriebeschäftigte pro km²		
	1989	1991	1997	1989	1991	1997	1989	1991	1997
Sachsen	1129	603	205	230	128	44	61	33	11
Sachsen- Anhalt	608	355	103	203	125	39	30	17	5
Thüringen	602	331	107	222	128	43	37	20	7
Brandenburg	441	226	91	166	105	36	15	9	3
Mecklenburg-Vorpommern	231	108	44	117	47	24	10	5	2
Berlin	360	256	127	107	74	37	404	288	143
darunter:									
Berlin-Ost	176	90	21	137	70	15	437	223	52
Berlin-West	184	166	106	91	77	46	378	341	218
Ostdeutschland	3 371	1919	677	181	107	38	31	18	6
zum Vergleich									
Westdeutschland	6 898	7 359	5 662	111	116	89	28	30	23
darunter:									
Baden-Württemberg	1 425	1 547	1 210	150	154	117	40	43	34
Schleswig-Holstein	167	182	143	65	68	52	11	12	9
Hamburg	139	137	106	88	82	62	184	181	140

Tab. A 5.3.3: Industriebeschäftigte, Industriebesatz und Industriedichte der ostdeutschen Länder 1989 – 1997
Quelle:
KEHRER, G.: (2000): Industriestandort Ostdeutschland. Eine raumstrukturelle Analyse der Industrie in der DDR und in den neuen Bundesländern,S. 169, Berlin 2000

5.4 Baugewerbe

	Betriebe	Beschäftigte							Lohn-	Gehalts-summe
		insgesamt	tätige Inhaber/-innen	Kaufm. u. Techn. Angestellte einschl. Auszubildender	zusammen	Übrige Beschäftigte: Facharbeiter/-innen	Fachwerker/-innen u. Werker/-innen	gewerblich Auszubildende		
	Anzahl (1 000)								Mill. DM	
1992	–	1 301,1	47,9	201,1	1 052,1	752,9	236,1	63,1	45 368	11 937
1993	–	1 342,7	48,9	209,0	1 084,8	763,6	252,6	68,5	47 759	13 241
1994	–	1 405,2	50,9	220,4	1 133,8	791,9	265,6	76,4	51 789	14 402
1995	73 853	1 411,8	52,8	227,0	1 132,0	783,1	263,4	85,6	51 597	15 068
1996	75 365	1 311,7	53,4	220,4	1 037,8	727,0	222,6	88,3	47 393	14 772
1997	77 055	1 221,3	55,1	213,1	953,2	666,5	201,8	84,9	43 749	14 325

Tab. A 5.4.1: Betriebe, Beschäftigung und Umsatz im Baugewerbe Deutschlands 1992 – 1997
(Vorbereitende Baustellenarbeiten, Hoch- und Tiefbau)
Quelle: Stat. Jahrbuch BRD 1998 , S. 218

5.5 Außenhandel

Tab. A 5.5.1: Deutscher Außenhandel (in Mio. DM) mit Gütern der Land- und Ernährungswirtschaft nach Ländergruppen (vorläufig; ausgenommen Roh- und Halbwaren für die übrige Wirtschaft)

Ländergruppen	Einfuhr (–) / Ausfuhr (+)-Überschuß			
	1995	1996	1997	1998
Insgesamt	– 30 038	– 29 564	– 30 913	– 30 303
davon EU	–18 332	– 18 129	– 17 385	– 16 694
Drittländer	– 11 706	– 11 435	– 13 527	– 13 609
darunter MOEL[1]	+ 2 130	+ 3 024	+ 3 669	+ 2 801
darunter assoz. MOEL[2]	– 101	+ 213	+ 106	+ 431
USA	– 1 746	– 2 026	– 1 768	– 1 716
Entwicklungsländer[3]	– 11 268	– 11 505	– 14 512	– 13 582
zum Vergleich				
Mittelmeerdrittländer[4]	– 532	– 790	– 975	– 583
ASEAN[5]	– 1 087	– 1 261	– 1 505	– 1 721
MERCOSUR[6]	– 2 525	– 2 774	– 3 808	– 37 00
OPEC[7]	– 494	– 552	– 575	– 81

[1] einschließlich Rußland, neue unabhängige Staaten, Albanien und Nachfolgestaaten Jugoslawiens

[2] Polen, Ungarn, Tschechische Republik, Slowakei, Rumänien, Bulgarien, Estland, Lettland, Litauen, Slowenien

[3] Entwicklungsländer einschl. Malta, Ceuta u. Melilla, Türkei, Südafrika, China, Nordkorea, Mongolei und Vietnam

[4] Ceuta u. Melilla, Gibraltar, Malta, Türkei, Albanien, Nachfolgestaaten Jugoslawiens, Marokko, Algerien, Tunesien, Libyen, Ägypten, Zypern, Libanon, Syrien, Israel, Westjordanland / Gazastreifen, Jordanien

[5] Indonesien, Malaysia, Philippinen, Singapur, Thailand, Vietnam, Brunei

[6] Brasilien, Paraguay, Uruguay, Argentinien

[7] Algerien, Libyen, Nigeria, Gabun =1995 – 1997, Venezuela, Irak, Iran, Saudi-Arabien, Kuwait, Katar, Vereinigte Arabische Emirate, Indonesien, Ecuador = 1995 u. 1996

Tab. A 5.5.2: Deutscher Außenhandel (in Mio. DM) mit Gütern der Land- und Ernährungswirtschaft nach EU-Mitgliedstaaten (ausgenommen Roh- und Halbwaren für die übrige Wirtschaft)

Ursprungs-bzw.	1995	1996	1997	1998
Bestimmungsländer	Eingänge- (–) / Versendungen- (+) Überschuß			
Belgien / Luxemburg	– 1 278	– 1 360	– 1 088	– 851
Dänemark	– 2 243	– 2 167	– 2 221	– 1 716
Griechenland	– 124	– 131	– 105	– 91
Spanien	– 2 601	– 2 999	– 3 123	– 3 106
Frankreich	– 3 618	– 3 362	– 3 913	– 3 724
Irland	– 1 832	– 1 702	– 1 648	– 1 684
Italien	– 851	– 940	– 957	– 921
Niederlande	– 8 676	– 8 565	– 7 654	– 8 319
Österreich	+ 1 331	+ 1 448	+ 1 533	+ 1 615
Portugal	+ 56	+ 132	+ 156	+ 187
Finnland	+ 139	+ 185	+ 165	+ 271
Schweden	+ 302	+ 337	+ 329	+ 487
Vereinigtes Königreich	+ 1 062	+ 995	+ 1 141	+ 1 158
EU	– 18 332	– 18 129	– 17 385	– 16 694

5.6 Tourismus

Baden-Württemberg	
Mittlerer Neckar	1912,3
Südlicher Schwarzwald	1844,6
Nördlicher Schwarzwald	1563,2
Bayern	
München und Umgebung	3653,2
Nürnberg und Umgebung	1212,5
Bayerischer Wald	988,7
Brandenburg	
Fläming	326,7
Spreewald	312,7
Oder-Spree	274,7
Hessen	
Main und Taunus	3063,1
Odenwald - Bergstraße - Neckertal	1162,2
Kassel-Land	597,2
Mecklenburg-Vorpommern	
Vorpommern	844,4
Mecklenburgische Ostseeküste	821,2
Rügen / Hiddensee	598.8
Niedersachsen	
Hannover - Hildesheim - Braunschweig	1558,5
Nördliche Lüneburger Heide	1019,1
Harz	962,4
Nordrhein-Westfalen	
Niederrhein - Ruhrland	4420,1
Teutoburger Wald	1533,5
Sauerland	1571,3
Rheinland-Pfalz	
Pfalz	1115,9
Mosel-Saar	1051,9
Eifel-Ahr	946,7
Saarland	
Nordsaarland	144,4
Sachsen	
Stadt Dresden	840,7
Erzgebirge	769,6
Sächsisches Burgen- und Heideland	566,9
Sachsen-Anhalt	
Harz und Harzvorland	572,5
Magdeburg, Elbe-Börde-Heide	462,9
Halle, Saale, Unstrut	448,0
Schleswig-Holstein	
Ostsee	1766,7
Nordsee	936,9
Thüringen	
Thüringer Wald	1034,4
Saaleland	622,4
Thüringer Kernland	458,1

Tab. A 5.6.1: Die jeweils drei wichtigsten Reisegebiete in den Bundesländern Deutschlands, ohne Stadtstaaten (Anzahl der Ankümfte 1997 in 1 000)
Quelle: Stat. Jahrbuch BRD 1998, S. 259 - 260

5.7 Umweltschutz

	Öffentlicher u. privater Sektor	Nur öffentlicher Sektor
Vereinigte Staaten	1,6	0,7
Japan[1]	1,1	0,9
Deutschland (West)[2]	1,4	0,8
Frankreich	1,4	1,0
Italien	0,9	0,5
Vereinigtes Königreich	0,3	0,4
Kanada	1,1	0,7
Australien	0,9	0,6
Österreich[2]	1,7	1,0
Dänemark	0,9	0,6
Finnland[3]	1,1	0,6
Griechenland	0,8	0,5
Ungarn	0,7	0,3
Island	•	0,3
Niederland	1,8	1,3
Norwegen[4]	1,2	•
Polen	1,2	0,3
Protugal	0,7	0,6
Spanien	0,5	0,5
Schweden	1,2	0,8
Schweiz	1,6	1,0

Quelle: OECD, Enviromental Indicators, 1998

Tab. A 5.7.1:
Ausgaben für Umweltsanierung und Umweltschutz in ausgewählten Ländern (in % des BIP, Mitte der 1990er Jahre o. im letzten verfügbaren Jahr
(Die Zahlen sind nicht unbedingt miteinander vergleichbar, da es im Hinblick auf Methodik und Erfassungsbereich Unterschiede zwischen den einzelnen Ländern gibt. Der Erfassungsbereich der Daten weicht in den einzelnen Ländern von Jahr zu Jahr ab. generell waren die Veränderungen im Beobachtungszeitraum (1985 bis 1997) recht moderat, wobei es einige Ausnahmen gibt, die u. a. auf Umstellungen bei der Datenerfassung und nicht unbedingt auf Änderungen bei den Umweltsanierungs- und Umweltschutzausgaben zurückzuführen sein könnten)

[1] für die laufenden Ausgaben des Unternehmenssektors sind keine Daten verfügbar

[2] diese Daten sind wegen abweichender Definitionen und Methodologien nicht mit anderen Daten vergleichbar; die OECD-Schätzungen für Umweltsanierungs- und Umweltschutzausgaben des öffentlichen und privaten Sektors lauten 1,7 % des BIP

[3] einschließlich einer Schätzung für die Umweltsanierungs- und Umweltschutzausgaben des öffentlichen Sektors

[4] Schätzungen des OECD-Sekretariats für 1990

Tab. A 5.7.2: Kostenseite des Umweltschutzes in den alten Bundesländern 1975 – 1995 (in Mrd. DM; in jeweiligen Preisen)
Quelle: Umweltbericht 1998, BMU (1998)

	1975	1980	1985	1990	1994	1995
Umweltschutz-Anlagevermögen des Staates[1]	72	124	165	220	305	316
Umweltschutz-Anlagevermögen des Produzierenden Gewerbes[2]	22	35	51	83	105	107
Umweltschutzinvestitionen Staat	4,7	8,1	6,8	10,4	10,8	10,6
Umweltschutzinvestitionen Produzierendes Gewerbe	2,5	2,7	5,6	7,2	4,8	4,2
Laufende Umweltausgaben Staat	3,0	4,7	6,4	9,3	13,5	13,5
Laufende Umweltausgaben Produzierendes Gewerbe	3,2	5,2	7,9	11,2	14,0	14,8
Anteil der Umweltausgaben am BIP (%)	1,3	1,4	1,5	1,6	1,5	1,4

[1] Öffentliches Umweltanlagevermögen 1995: 91 % Gewässerschutz, 7 % Abfallbeseitigung
[2] Privates Umweltanlagevermögen 1995: 55 % Gewässerschutz, 29 % Abfallbeseitigung

	Alte Bundesländer		Änderungen (%)	Neue Bundesländer		Änderungen (%)	Deutschland		Änderungen (%)
	1990	1995	1990 / 1995	1990	1995	1990 / 1995	1990	1995	1990 / 1995
Verbrennungsbedingte Emissionen:									
Energieerzeugung und -umwandlung	275,6	276,7	0,4	163,9	96,5	- 41,1	439,4	373,2	- 15,1
Industrie	120,7	111,5	- 7,6	49,0	15,3	- 68,7	169,7	126,8	- 25,3
Verkehr	138,8	144,6	4,1	19,8	26,2	32,1	158,6	170,7	7,6
Haushalte	138,8	157,2	13,3	59,4	28,8	- 51,5	198,2	186,1	- 6,1
Kleinverbraucher, Gewerbe	45,5	41,4	- 9,0	24,3	9,5	- 60,8	69,8	50,9	- 27,1
andere (einschl. Militär)	12,9	10,2	- 21,2	7,7	2,3	- 70,7	20,6	12,5	- 39,6
Industrieprozesse	22,0	22,0	0,2	5,6	3,2	- 42,5	27,5	25,2	- 8,4
Internationaler Luftverkehr	11,1	13,5	22,2	0,5	0,3	- 32,8	11,6	13,9	19,8
Insgesamt	708,8	722,1	1,9	305,4	172,3	- 43,6	1014,2	894,5	- 11,8

Tab. A 5.7.3: Kohlendioxidemissionen in Deutschland 1990 – 1995 (Mio. t)
Quelle: nach Angaben des Bundesumweltamtes

Tab. A 5.7.4: Entwicklung der Hausmüllverbrennung in Deutschland 1980–2000
* unter Einbeziehung der neuen Bundesländer

	Anzahl der Anlagen	Abfalldurchsatz (1 000 t/a)	Angeschlossene Einwohner (1000 Ew.)	Angeschlossene Einwohner (% der Gesamtbevölkerung)	Durchschn. Durchsatz je Anlage (1 000 t/a)
1980	42	6 343	17 730	28,9	151
1985	46	7 877	20 630	33,7	171
1990*	48	9 200	21 600	27,4	191
1995*	52	10 870	23 820	29,5	202
2000*	60	12 000	32 000	40,0	200

Quelle: Umweltpolitik. Bericht der Bundesregierung an den Deutschen Bundestag. Sechster Immissionsschutzbericht der Bundesregierung, hrsg. v. Bundesministerium für Umwelt Naturschutz und Reaktorsicherheit, Bonn, o. J., S. 159

Tab. A 5.7.5:
Entwicklung der Sonderabfallverbrennungsanlagen in Deutschland 1965–1995
Quelle:
Umweltpolitik. Bericht der Bundesregierung an den Deutschen Bundestag. Sechster Immissionsschutzbericht der Bundesregierung, hrsg. v. Bundesministerium für Umwelt Naturschutz und Reaktorsicherheit, Bonn o.J., S. 159

	Anzahl der Anlagen-standorte	Anzahl der Verbrennungs-einheiten	Theor. Verbrennungs-kapazität (t/a)
1965	3	4	68 000
1970	10	15	222 000
1975	13	22	382 000
1980	21	34	620 000
1985	23	38	740 000
1990	30	51	1 010 000
1993	30	52	1 044 000
1995	32	55	1 120 000
2000 voraussichtl.			ca.
	35	59	1 300 000

Tab. A 5.7.7: Grenzüberschreitende Abfallverbringung aus Deutschland 1995 u. 1996 (in t) Quelle: Umweltbundesamt

Bestimmungsland	1995	1996
Belgien	216 195	185 151
Bulgarien	–	138
China	496	924
Dänemark	50 710	55 697
Estland	–	1 945
Finnland	556	2 722
Frankreich	247 897	209 241
Großbritannien	34 498	41 701
Indien	3 661	1 216
Israel	35	39
Italien	2 484	112 791
Kanada	1256	216
Kasachstan	676	584
Korea, Süd	–	193
Kroatien	8 284	19 598
Litauen	935	–
Luxemburg	22 694	58 222
Malaysia	–	309
Mexiko	–	440
Niederlande	167 253	175 938
Norwegen	12 564	13 728
Österreich	8 192	6 480
Polen	18 831	14 699
Portugal	1 212	610
Rumänien	–	93
Schweden	37 393	42 710
Schweiz	29 745	25 014
Slowakei	22 907	27 972
Slowenien	1 459	–
Spanien	31 995	44 008
Tschechische Republik	108 460	94 086
Ukraine	110	234
Ungarn	44 089	49 221
USA	23 114	34 149
Weißrußland	1 812	–
Insgesamt	1 099 543	1 220 078
davon Verwertung	938 642	1 107 895
davon Beseitigung	160 901	112 183
Gefährliche Abfälle nach Baseler Übereinkommen	740 272	821 718

Tab. A 5.7.6: Grenzüberschreitende Abfallverbringung nach Deutschland 1995 u. 1996 (in t) Quelle: Umweltbundesamt

Versandland	1995	1996
Australien	122	34
Ägypten	–	56
Belgien	23 663	13 011
Brasilien	–	32
Bulgarien	–	11
Dänemark	831	9 563
Estland	3	20
Finnland	537	527
Frankreich	17 755	15 922
Griechenland	700	65
Großbritannien	1 376	3 902
Hongkong	140	1
Irland	657	675
Israel	80	154
Italien	7 472	12 486
Japan	403	431
Jordanien	–	103
Kanada	–	2 037
Korea, Süd	–	24
Luxemburg	4281	42 137
Neuseeland	–	17
Niederlande	47 061	105 104
Norwegen	905	214
Österreich	44 223	37 132
Pakistan	30	–
Polen	1 144	1 317
Portugal	–	36
Rußland	5	883
Schweden	827	1 114
Schweiz	81 333	90 847
Slowakei	–	40
Slowenien	685	766
Spanien	–	–
Südafrika	1 085	1 443
Tschechische Republik	2 229	1 252
Ukraine	55	1 592
Ungarn	2 079	2 080
USA	2 850	2 106
Weißrußland	10	–
Insgesamt	280 936	347 134
davon Verwertung	211 744	253 564
davon Beseitigung	69 129	93 570
Gefährliche Abfälle nach Baseler Übereinkommen	241 053	253 553

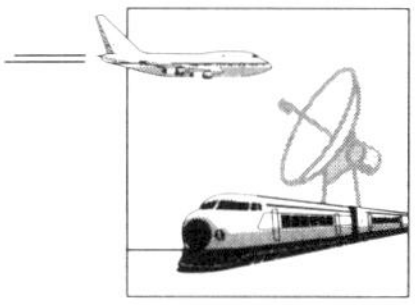

6 Verkehr und Kommunikation

Ohne parallele oder vorangegangene technische Innovationen im Verkehr und ohne massive Investitionen in die Verkehrsinfrastruktur wäre die wirtschaftliche Entwicklung Deutschlands, das Ausmaß der heutigen internationalen Arbeitsteilung und der wirtschaftlichen Verflechtungen mit anderen Volkswirtschaften, die Ausbreitung transnationaler Unternehmen (Globalisierung), das Entstehen eines Tourismus- und Freizeitgewerbes undenkbar gewesen.

Weil die deutsche Einheit und die politischen und wirtschaftlichen Umwälzungen in Osteuropa und die Einführung des Gemeinsamen Marktes in der EU auch zur Liberalisierung der Verkehrsmärkte geführt hat, ist es auch zu einem Wachstumsschub im Güter- und Personenverkehr gekommen.

Im Verlaufe der letzten Jahrzehnte ist die über lange Zeit vorherrschende positive Grundeinstellung zum Verkehr einer kritischen Haltung gewichen. Im Mittelpunkt der Kritik steht der unaufhaltsam wachsende Straßenverkehr. Hinzu kommen immer mehr Diskussionen um Belastungen des Raumes durch Flächenverbrauch für Verkehrsinfrastruktur, durch hohen Energieverbrauch, Lärm, Schadstoffausstoß, Verkehrsunfälle etc.

6.1 Straßenverkehr

	insgesamt	Krafträder	Personenkraftwagen und »M 1«-Fahrzeuge	Kraftomnibusse einschl. Obusse	Lastkraftwagen			Zugmaschinen
					zusammen	davon mit Normalaufbau	davon mit Spezialaufbau	
Früheres Bundesgebiet								
1989	34 704,3	1 378,5	29 755,4	70,2	1 345,3	1 246,5	98,8	1 749,2
1990	35 748,3	1 413,7	30 684,8	70,4	1 388,5	1 284,8	103,7	1 756,5
1991	36 529,4	1 480,5	31 321,7	69,6	1 440,1	1 332,5	107,6	1 754,7
1992	37 465,5	1 596,4	32 007,0	69,9	1 549,1	1 437,2	111,9	1 750,5
1993	38 325,7	1 752,0	32 652,0	71,4	1 590,1	1 476,4	113,7	1 743,5
Deutschland								
1994	46 545,2	2 083,3	39 765,4	88,5	2 113,8	1 970,1	143,7	1 898,3
1995	47 486,3	2 267,4	40 404,3	86,3	2 215,2	2 068,5	146,7	1 899,6
1996	48 341,7	2 470,5	40 987,5	85,0	2 273,5	2 123,8	149,6	1 899,9
1997	49 019,1	2 716,8	41 372,0	84,0	2 315,5	2 160,0	149,5	1 900,2
1998	49 586,5	2 925,8	41 673,8	83,3	2 370,6	2 200,7	149,9	1 902,6
1999	49 763,2	3 007,2	41 716,7	84,0	2 414,8	2 264,4	150,4	1 905,1

Tab. A 6.1.1: Zugelassene und zulassungsfreie Kraftfahrzeuge mit amtlichem Kennzeichen in Deutschland (in 1 000) 1989 – 1999 (Stichtag 1.7.)

	1.1.1995	1.1.1998	1.7.1999
Insgesamt	39 917 577	41 326 876	42 323 672
Baden-Württemberg	5 331 131	5 487 322	5 636 945
Bayern	6 204 807	6 472 149	6 703 137
Berlin	1 223 236	1 190 875	1 194 143
Brandenburg	1 181 980	1 271 356	1 314 955
Bremen	289 138	287 843	285 408
Hamburg	713 738	711 012	748 278
Hessen	3 168 852	3 276 180	3 359 270
Mecklenburg-Vorpommern	728 996	833 968	854 892
Niedersachsen	3 901 440	4 105 802	4 194 980
Nordrhein-Westfalen	8 690 454	8 928 133	9 063 178
Rheinland-Pfalz	2 075 440	2 154 198	2 211 742
Saarland	569 333	587 283	599 003
Sachsen	2 055 289	2 146 331	2 201 553
Sachsen-Anhalt	1 194 515	1 247 995	1 274 024
Schleswig-Holstein	1 372 561	1 431 868	1 456 801
Thüringen	1 148 917	1 194 162	1 225 361

Tab. A 6.1.2:
Bestand an Personenkraftwagen in Deutschland nach Bundesländern 1995 – 1999
Quelle: Verkehr aktuell 02 / 2000, S. 60

	1992	1994	1996	1998
Insgesamt	7 761,3	7 866,2	7 753,4	7 683,6
Baden-Württemberg	796,4	826,4	871,0	860,6
Bayern	1 029,2	1 074,7	1 095,9	1 091,6
Berlin	993,9	930,9	784,2	738,9
Brandenburg	181,4	173,0	177,3	174,0
Bremen	115,7	112,4	109,2	136,3
Hamburg	372,4	388,8	388,0	337,7
Hessen	460,4	460,1	430,9	454,5
Mecklenburg-Vorpommern	148,6	148,6	148,1	138,8
Niedersachsen	497,4	513,2	509,2	493,5
Nordrhein-Westfalen	1 669,9	1 813,6	1 815,1	1 840,1
Rheinland-Pfalz	227,1	247,9	244,2	260,8
Saarland	72,7	77,3	81,3	99,3
Sachsen	549,1	485,0	485,5	428,4
Sachsen-Anhalt	213,0	225,2	222,8	216,9
Schleswig-Holstein	176,9	182,0	177,6	200,5
Thüringen	209,1	207,0	213,1	211,6

Tab. A 6.1.4:
Fahrgäste (in 1 000) im Buslinienverkehr in Deutschland nach Bundesländern 1992 – 1998
Quelle: Verkehr aktuell 02 / 2000, S. 46 – 47

	1980	1990	1992	1994	1996	1998
Früheres Bundesgebiet						
Polizeilich erfaßte Unfälle						
mit Personenschaden	379 235	340 043	325 301	314 381	294 454	302 089
mit Getöteten	11 911	7 089	6 599	6 162	5 561	5 116
mit Verletzten	367 324	332 954	318 702	308 219	288 893	296 973
mit nur Sachschaden	1 305 369	1 670 532	1 599 037	1 420 691	1 415 498	1 416 089
dar. schwerwiegende Unfälle mit Sachschaden	•	•	187 629	181 500	85 001	83 478
Neue Länder und Berlin-Ost						
Polizeilich erfaßte Unfälle						
mit Personenschaden	33 437	49 307	70 161	78 373	78 628	75 168
mit Getöteten	1 859	2 732	2 939	2 691	2 337	1 931
mit Verletzten	31 578	46575	67 222	75 682	76 291	73 237
mit nur Sachschaden	•	•	390080	457 373	480 990	464 303
dar. schwerwiegende Unfälle mit Sachschaden	•	•	60 992	77232	34 179	25 394

Tab. A 6.1.3: Unfälle, Verunglückte und Unfallbeteiligte im deutschen Straßenverkehr 1980 – 1998

Tab. A 6.1.5: Güterumschlag (in t) im Wagenladungsverkehr in Deutschland nach Bundesländern 1992–1998
Quelle: Verkehr aktuell 02/2000, S. 14–15

	1992	1994	1996	1998
Insgesamt	627 554	565 429	522 753	507 244
Baden-Württemberg	36 120	32 012	31 173	32 634
Bayern	50 065	47 632	43 903	47 629
Berlin	9 449	8 847	11 793	8 637
Brandenburg	41 387	30 682	33 854	28 352
Bremen	14 332	11 580	10 205	10 846
Hamburg	22 666	22 108	21 487	22 861
Hessen	18 263	16 873	15 462	16 124
Mecklenburg-Vorpommern	11 960	8 345	9 132	7 744
Niedersachsen	55 122	54 284	44 595	44 795
Nordrhein-Westfalen	213 611	206 115	186 399	181 848
Rheinland-Pfalz	13 530	11 976	10 177	11 397
Saarland	31 903	32 198	28 026	31 133
Sachsen	46 922	33 487	28 534	18 828
Sachsen-Anhalt	39 843	29 720	31 388	29 036
Schleswig-Holstein	6 080	6 909	6 235	6 565
Thüringen	16 231	12 661	10 390	8 818

6.2 Schienenverkehr

	Einheit	1992	1994	1997
Unternehmen	Anzahl	101	100	115
Betriebsanlagen				
Eigentumsstreckenlänge	km	44 467	45 942	44 823
dar. elektrifiziert	km	16 729	18 076	19 088
eingleisig	km	3 452	4 016	4 342
mehrgleisig	km	13 277	14 060	14 746
Gesamtgleislänge	km	90 899	•	84 166
dar. elektrifiziert	km	42 818	•	35 655
Betriebslänge	km	43 977	44 512	42 168
Bahnhöfe	Anzahl	5 873	5 853	5 620
Gleisanschlüsse	Anzahl	14 467	13 204	8 736
Personalbestand	Anzahl	436 535	337 340	256 596
Beamte/Beamtinnen und Angestellte	Anzahl	248 326	202 830	233 225
Arbeiter/Arbeiterinnen	Anzahl	164 169	113 854	7 231
Auszubildende	Anzahl	24 040	20 643	16 140
Fahrzeugbestand				
Triebfahrzeuge	Anzahl	15 268	14 443	13 357
Elektrische Lokomotiven	Anzahl	3 921	3 739	3 770
Diesellokomotiven	Anzahl	7 669	6 721	5 314
Elektrische Triebwagen	Anzahl	2 744	2 920	3 052
Dieseltriebwagen	Anzahl	779	1 029	1 221
Fahrzeuge für die Personenbeförderung				
Reisezugwagen	Anzahl	17 578	14 768	14137
Steuer- und Beiwagen	Anzahl	2 184	1 630	2 236
Gepäckwagen	Anzahl	1 584	492	559
Güterwagen				
Bahneigene Wagen	Anzahl	281 982	199 264	150 649
dar. gedeckte Güterwagen	Anzahl	106 720	73 509	42 706
offene Güterwagen	Anzahl	93 118	66 443	49 034
Verkehrsleistungen				
Beförderte Personen	Mill.	1 564	1 570	1 855
Geleistete Personenkilometer	Mill.	57 240	61 962	64 027
Beförderte Güter	1 000 t	380 177	336 754	321 578

Tab. A 6.2.1: Infrastruktur, Fahrzeugbestände, Personal und Verkehrsleistungen der Eisenbahnunternehmen in Deutschland 1992–1997

6.3 Binnenschiffahrt

Kanal	Verbindung	Eröffnungsjahr	Länge (km)	Schleusen/ Schiffshebewerke (Anzahl)	Tragfähigkeit je Schiffseinheit (bis ... t)
Mittellandkanal	Bergeshövede – Rothensee bei Magdeburg	1938	321,3	2 / 1	1 000[2]
Dortmund-Ems-Kanal[2]	Dortmund – Emden, Borsumer Schleuse	1899	269,0	15 / 1	1 500[3]
Main-Donau-Kanal	Bamberg – Kelheim	1992[4]	171,0	16	1 500
Elbeseitenkanal (Nord-Süd-Kanal)	Artlenburg – Edesbüttel	1976	115,2	1 / 1	1 500
Nord-Ostsee-Kanal	Brunsbüttel – Kiel-Holtenau	1895	98,7	2	Seeschiffe
Oder-Spree-Kanal	Eisenhüttenstadt – Dahme	1935	83,7	5	1 000
Oder-Havel-Kanal	Hohensaaten (Oder) – Oranienburg	1914	82,8	1 / 1	1 000
Küstenkanal	Dörpen (Ems) – Oldenburg (Oldenburg)	1935	69,6	2	1 500
Elbe-Lübeck-Kanal	Lauenburg / Elbe – Lübeck	1900	62,0	7	1 000
Wesel-Datteln-Kanal	Wesel – Datteln	1929	60,2	6	3 600
Elbe-Havel-Kanal	Niegripp (Elbe) – Plaue (Havel)	1936	56,4	3	1 000
Datteln-Hamm-Kanal	Datteln – östlich Hamm	1915	47,1	2	1 500
Rhein-Herne-Kanal	Duisburg-Ruhrort – Henrichenburg	1914	45,6	5 / 1	1 500[3]
Teltowkanal	Potsdam-Babelsberg – Berlin-Grünau	1906	37,8	1	1 000
Havelkanal	Paretz (Havel) – Niederneuendorf	1952	34,9	1	1 000

Tab. A 6.3.1: Schiffahrtskanäle in Deutschland 1998 (mit einer Länge von über 30 km und einer Tragfähigkeit von mindestens 650 t

[1] auf ausgebauten Strecken: 2 100 t

[2] benutzt streckenweise die Ems

[3] auf ausgebauten Strecken: 3 600 t

[4] 1972 Abschnitt Bamberg – Nürnberg (72 km, 7 Schleusen); 1985 Abschnitt Nürnberg – Roth (22 km, 3 Schleusen); 1987 Ausbau bis Hilpoltstein (12 km); 1989 Abschnitt Kelheim (Donau) – Riedenburg (18 km, 2 Schleusen)

6.4 Flugverkehr

	1992	1993	1994	1995	1996	1997	1998
Insgesamt	86 125	92 747	99 590	108 101	110 993	118 384	123 894
Frankfurt am Main	30 805	31 767	34 376	37 401	38 022	39 613	42 063
München	11 798	12 469	13 198	14 561	15 366	17 575	19 043
Düsseldorf	12 076	12873	13 794	14 920	14 183	15 338	15 609
Hamburg	6 779	7 241	7 565	8 065	8 074	8 512	8 944
Berlin (Tegel)	6 595	6 963	7 243	8 168	8 260	8 606	8 792
Stuttgart	4 674	5 059	5 458	5 041	6 326	6 735	7 070
Köln / Bonn	3 419	3 785	3 888	4 645	5 112	5 220	5 305
Hannover	2 995	3 295	3 762	4 096	4 282	4 667	4 718
Nürnberg	1 627	1 775	1 812	2 137	2 137	2 332	2 435
Leipzig	1 010	1 429	1 806	1 978	2 052	2 133	1 973
Berlin (Schönefeld)	1 374	1 539	1 798	1 821	1 746	1 868	1 829
Bremen	1 149	1 260	1 325	1 446	1 546	1 579	1 688
Dresden	977	489	1 424	1 598	1 603	1 621	1 616
Münster / Osnabrück	398	1 103	601	845	962	1 042	1 192
Berlin (Tempelhof)	832	284	1 023	752	704	873	941
Saarbrücken	277	162	272	342	354	366	382
Erfurt	71		246	261	265	304	295

Tab. A 6.4.1: Ein- und Aussteiger (in 1 000) auf ausgewählten deutschen Flughäfen 1992 – 1998
Quelle: Verkehr aktuell 02/2000, S. 56 – 57

6.5 Post- und Nachrichtenwesen

	Einheit	1995	1996	1997	1998
Kundeneinrichtungen					
Postfilialen	Anzahl	17 000	16 000		
Postagenturen	Anzahl	3 000	4 000		
Sendungsmengen					
Briefpost (National)	Mio-	19 100	19 556	20 023	20 036
Frachtpost (National)	Mio.	596	541	544	1 509
Internationale Post (Brief- und Frachtpost)	Mio.	1 005	1 137	1 132	1 176
Mitarbeiter/-innen					
Beamte/-innen	Anzahl	127 650	113 380	106 821	97 815
Angestellte	Anzahl	27 034	25 130	26 664	27 555
Arbeiter/-innen	Anzahl	147 419	142 338	139 522	133 121
Nachwuchskräfte/ Auszubildende	Anzahl	5 285	4 103	4 531	4 851
Insgesamt	Anzahl	307 388	284 889	270 817	260 520

Tab. A 6.5.1: Deutsche Post A.G. 1995–1998

Quelle: Deutsche Post. Wachstum in globalen Märkten. Geschäftsbericht 1998, S. 29, 40, 48, 77; Deutsche Post A.G.: Geschäftsbericht 1996, S. 28, 43

	Einheit	1996	1997
Kundeneinrichtungen			
T-Punkte (ehem. Telekom Läden)	Anzahl	416	455
Telefondienste			
Telefonanschlüsse	Mio.	44,2	45,2
davon			
Standardanschlüsse analog	Mio.	39,0	37,8
ISDN-Kanäle im Betrieb	1 000	5 203,4	7 341,3
Öffentliche Münz- und Kartentelefone	1 000	164,1	160,8
Telefonverbindungen im In- und ins Ausland	Mrd.	52,1	54,2
Mobilkommunikation			
Anschlüsse im C-Netz	1 000	532	467
Anschlüsse im D1-Netz	1 000	2 156	3 276
Eurosignal-Kunden	1 000	114	87
Scall-Kunden	1 000	539	560
Cityruf-Kunden	1 000	339	280
CHEKKER-Kunden	1 000	97	116
Modacom-Kunden	1 000	15	24
Büro- und Datenkommunikation			
T-Online-Kunden	1 000	1 353,9	1 919,0
T-Online-Anrufe	Mio.	310,1	492
Datex-P-Anschlüsse	1 000	81,4	95,3
Datex-P-Einwahlzugänge	1 000	63,4	55,5
Frame Link Plus-Anschlüsse	1 000	0,6	2,4
Breitbandkabelnetz			
Angeschlossene Haushalte	Mio.	16,7	17,3
Anschließbare Haushalte	Mio.	24,9	25,6

Tab. A 6.5.2: Deutsche Telekom A.G. 1996 u. 1997

7 Soziales, Gesundheit, Bildung und Kultur

Soziale Sicherung
Die heutige Form der sozialen Sicherung in Deutschland hat eine lange Entwicklung hinter sich. Im Jahre 1881 wurde von Otto von Bismarck der Grundstein gelegt mit der Gesetzgebung zur Krankenversicherung der Arbeiter, dem Unfallversicherungsgesetz und dem Gesetz über die Invaliditäts- und Altersversicherung.

Die weitere Entwicklung ist durch die beiden Weltkriege mit tiefgreifenden sozialen Umwälzungen geprägt. Das Sozialstaatsgebot des Grundgesetzes war für den Ausbau der sozialen Sicherung von besonderer Bedeutung. Ein sehr großer Teil der Ausgaben der öffentlichen Haushalte fließt heute in die soziale Sicherung, d. h. auch in die Sozialversicherungsträger und die Bundesanstalt für Arbeit.

Bis Mitte der 1990er Jahre bestand das Sozialsystem aus Renten-, Kranken- und Unfallversicherung, Arbeitsförderung, Kinder- und Erziehungsgeld.

Seit Anfang 1995 ist das Sozialsystem um einen weiteren Bereich ergänzt worden. Neben den gesetzlichen Systemen Kranken-, Renten-, Arbeitslosen- und Unfallversicherung gibt es nun die Pflegeversicherung. Sie bietet Schutz vor den finanziellen Folgen der Pflegebedürftigkeit und ist eine Pflichtversicherung. Die erste Stufe der Pflegeversicherung trat im April 1995 in Kraft. Sie gewährt Leistungen für die ambulante häusliche Pflege. Die zweite Stufe trat am 1. Juli 1996 in Kraft. Damit haben auch in Heimen lebende pflegebedürftige Personen Anspruch auf staatliche Pflegeleistungen. Damit der Beitrag von Seiten der Arbeitgeber gewährleistet wird, verzichten in den meisten Bundesländern die Arbeitnehmer seit 1995 auf einen gesetzlichen Feiertag pro Jahr (Datenreport 1997, S. 204).

Medizinische Versorgung
Die medizinische Versorgung hat sich in den letzten Jahrzehnten ständig verbessert. 1970 kamen nach Angaben der Bundesärztekammer im Durchschnitt auf einen Arzt 615 Ew., 1995 nur noch 299 Ew. Bei Zahnärzten verringerte sich die zu betreuende Einwohnerzahl im o. g. Zeitraum von 2 027 auf nur noch 1 350.

Im Jahre 1995 übten 41 % aller Ärztinnen und Ärzte ihren Beruf in freier Praxis aus, 48 % in Krankenhäusern. Mitte der 1990er Jahre waren mehr als 1 Mio. Personen in Krankenhäusern, Vorsorge- oder Rehabilitationseinrichtungen beschäftigt.

Museen
Einen bedeutenden Faktor im kulturellen Leben stellen die Museen und ähnlichen Einrichtungen unterschiedlicher Fachgebiete und Trägerschaften dar. Den größten Zuspruch unter den Besuchern finden Volks- und Heimatkundemuseen und Kunstmuseen.

Theater
In der Spielzeit 1996/97 gab es in 122 Gemeinden in Deutschland 152 Theaterunternehmen mit 666 Spielstätten.

Die öffentlichen Theater erhalten zur Deckung ihrer laufenden Kosten seit jeher Zuschüsse, insbesondere von Ländern und Städten. Der Anteil der Ausgaben, den sie aus eigenen Einnahmen, also im wesentlichen aus dem Kartenverkauf finanzieren können, wird immer geringer. Machten die eigenen Betriebseinnahmen 1969/70 noch 26 % aus, betrug das Einspielergebnis 1993/94 nur noch 13,2 %. In der Spielzeit 1996/97 lag der Zuschuß je Besucher im Durchschnitt bei 166,89 DM.

Die 44 442 Veranstaltungen der 205 Privattheater (Spielstätten) hatten 1996/97 rund 11,6 Mio. Besucher.

7.1 Gesundheits- und Sozialwesen

Jahr Kassenart	Kassen	Mitglieder			Pflichtmitglieder[1]		Freiwillige		Rentner/-innen	
	Anzahl	ins- gesamt	männl.	weibl.	männl.	weibl.	männl.	weibl.	männl.	weibl.
		1 000	1 000	1 000	1 000	1 000	1 000	1 000	1 000	1 000
Kassen insgesamt										
1996	637	50 824	25 785	25 039	15 710	14 082	4 267	1 715	5 807	9 242
1997	556	50 847	25 797	25 050	15 594	13 985	4 331	1 782	5 872	9 283
1998	483	50 684	25 699	24 985	15 428	13 840	4 363	1 838	5 908	9 307
davon 1998:										
Ortskrankenkassen	17	20 613	10 736	9 878	6 907	4 361	845	488	2 983	5 029
Betriebskrankenkassen	389	5 782	3 423	2 359	1 950	1 157	612	158	860	1 044
Innungskrankenkassen	42	3 197	2 231	966	1 775	646	207	73	249	248
Landwirtschaftliche Krankenkassen	20	650	460	191	247	29	24	14	189	147
See-Krankenkasse	1	49	38	11	19	2	10	1	9	8
Bundesknappschaft	1	1 142	614	529	171	36	21	8	422	485
Ersatzkassen für Arbeiter	6	1 118	795	322	592	230	112	28	91	64
Ersatzkassen für Angestellte	7	18 132	7 403	10 729	3 767	7 380	2 532	1 066	1 105	2 283

Tab. A 7.1.1: Krankenkassen und ihre Mitglieder in Deutschland
Quelle: Bundesministerium für Gesundheit, Bonn

[1] einschl. Studierender, ohne Rentner/ innen

Tab. A 7.1.2: Anzahl der Krankenhäuser, Betten und Patientenbewegung in deutschen Krankenhäusern 1992–1997

	Krankenhäuser			Patientenbewegung	
	insgesamt	Betten		durchschnittliche Verweildauer	Bettenauslastung
	Anzahl	Anzahl	je 10 000 Ew.	Tage	%
1992	2 381	646 995	80,3	13,9	83,6
1993	2 354	628 658	77,4	13,2	82,8
1994	2 337	618 176	75,9	12,7	82,1
1995	2 325	609 123	74,6	12,1	81,7
1996	2 269	593 743	72,5	11,4	80,2
1997	2 258	580 425	70,7	11	80,7

Tab. A 7.1.3: Ärztliches und nichtärztliches Personal in deutschen Krankenhäusern 1992–1997

	Insgesamt	darunter						
		Hauptamtliche Ärzte/ Ärztinnen u. Zahnärzte/ Zahnärztinnen	Pflegedienst	Medizinisch-technischer Dienst	Funktionsdienst	Wirtschafts-, Hauspersonal, Technischer Dienst	Verwaltungspersonal	Schüler u. Schülerinnen
1992	1 133 050	99 673	399 915	143 302	91 303	182 285	70 074	87 370
1993	1 134 690	100 082	405 848	143 776	92 682	176 095	69 717	85 896
1994	1 146 779	102 425	417 272	143 727	94 036	171 262	69 329	87 109
1995	1 161 863	104 552	429 183	150 493	95 511	166 489	70 457	88 841
1996	1 150 857	106 243	427 271	151 998	95 769	159 689	70 449	89 186
1997	1 133 409	107 752	420 306	152 177	96 139	151 567	69 538	88 270

Jahr Land	Einrichtungen insgesamt Anzahl	Betten Anzahl	Betten je 10 000 Ew.	Patientenbewegung: Fallzahl Anzahl	Fallzahl je 10 000 Ew.	Pflegetage 1 000	durchschnittliche Verweildauer Tage	durchschnittliche Bettenauslastung %
1992	1 209	149 910	18,6	1 574 891	195,4	48 833	31	89
1993	1 245	155 631	19,2	1 632 218	201,1	50 469	30,9	88,8
1994	1 329	172 675	21,2	1 764 518	216,7	55 069	31,2	87,4
1995	1 373	181 633	22,2	1 895 887	232,2	58 820	31	88,7
1996	1 404	189 888	23,2	1 916 531	234	57 839	30,2	83,2
1997	1 387	188 869	23	1 575 454	192	42 972	27,3	62,3
1997 nach Ländern								
Baden-Württemberg	241	31 594	30,4	269 701	259,6	7 208	26,7	62,5
Bayern	342	38 182	31,7	303 137	251,4	8 089	26,7	58
Brandenburg	29	5 272	20,6	51 269	200	1 248	24,3	64,9
Hessen	145	22 079	36,6	168 001	278,5	4 927	29,3	61,1
Mecklenburg-Vorpommern	44	7 377	40,7	61 001	336,4	1 600	26,2	59,4
Niedersachsen	167	19 813	25,3	180 267	230,2	4 771	26,5	66
Nordrhein-Westfalen	142	21 957	12,2	187 169	104,2	5 317	28,4	66,3
Rheinland-Pfalz	69	8 752	21,8	66 578	166	2 070	31,1	64,8
Saarland	22	3 444	31,8	27 376	252,9	871	31,8	69,3
Sachsen	39	8 242	18,2	71 714	158,1	1 957	27,3	65,1
Sachsen-Anhalt	16	2 913	10,7	23 672	87,2	606	25,6	57
Schleswig-Holstein	86	12 289	44,7	110 477	401,7	2 839	25,7	63,3
Thüringen	41	6 548	26,4	52 034	209,4	1 341	25,8	56,1
Berlin, Bremen, Hamburg	4	407	0,7	3 062	5,3	128	41,8	86,1

Tab. A 7.1.4: Anzahl der Vorsorge- oder Rehabilitationseinrichtungen in Deutschland, Betten und Patientenewegung in Vorsorge- oder Rehabilitationseinrichtungen

	Insgesamt	davon nach Art des Trägers: öffentliche Träger	freigemeinnützige Träger	privatgewerbliche Träger
Zahl der Einrichtungen				
Alteneinrichtungen	8 078	854	4 651	2 573
Behinderteneinrichtungen	2 913	148	2 480	285
Einrichtungen insgesamt	10 991	1 002	7 131	2 858
Zahl der verfügbaren Plätze				
Altenwohnheimplätze	40 593	4 660	28 742	7 191
Altenheimplätze	99 641	15 126	74 118	10 397
Altenpflegeheimplätze	363 878	51 902	217 526	94 450
Plätze in Alteneinrichtungen insgesamt	656 432	88 258	429 609	138 565
Behindertenplätze	134 959	8 402	113 506	13 051
Plätze insgesamt	791 391	96 660	543 115	151 616
Früheres Bundesgebiet				
Alteneinrichtungen	6 984	665	3 872	2 447
Plätze in Alteneinrichtungen	557 539	66 546	364 283	126 710
Neue Länder				
Alteneinrichtungen	1 094	189	779	126
Plätze in Alteneinrichtungen	98 893	21 712	65 326	11 855

Tab. A 7.1.5: Alten- und Behinderteneinrichtungen in Deutschland 1997
Quelle: Bundesministerium für Familie, Frauen und Jugend, Bonn

7.2 Kultur

	Musikschulen				Lehrer und Lehrerinnen		
	insgesamt	davon mit			insgesamt	hauptberuflich beschäftigt	nebenberuflich
		kommunalen Trägern	eingetragenem Verein als Träger	sonstigen Trägern			
Deutschland	976	673	294	12	34 878	11 763	23 115
Baden-Württemberg	214	134	77	3	7 166	2 718	4 448
Bayern	215	149	65	1	4 704	1 735	2 969
Berlin	23	23	–	–	2 300	318	1 982
Brandenburg	28	26	2	–	1 092	354	738
Bremen	2	2	–	–	141	33	108
Hamburg	2	1	1	–	391	157	234
Hessen	64	12	52	–	2 348	611	1 737
Mecklenburg-Vorpommern	21	19	2	–	697	291	406
Niedersachsen	80	41	39	–	2 588	948	1 640
Nordrhein-Westfalen	169	138	30	1	6 842	2 503	4 339
Rheinland-Pfalz	44	34	8	2	1 719	480	1 239
Saarland	7	5	2	–	268	47	221
Sachsen	34	29	5	–	1 822	640	1 182
Sachsen-Anhalt	29	28	1	–	899	325	574
Schleswig-Holstein	19	4	10	5	1 005	243	762
Thüringen	28	28	–	–	896	360	536

Tab. A 7.2.1: Musikschulen, Lehrer und Lehrerinnen in Deutschland 1998 nach Bundesländern

Land Bibliotheksart	Bibliotheken	Bestand an Bänden und Dissertationen am 31.12.
	Anzahl	1 000
Deutschland	1 172	258 151
nach Ländern		
Baden-Württemberg	152	29 013
Bayern	152	37 715
Berlin	88	29 500
Brandenburg	35	2 479
Bremen	15	3 291
Hamburg	43	7 877
Hessen	94	24 866
Mecklenburg-Vorpommern	23	5 826
Niedersachsen	96	20 371
Nordrhein-Westfalen	211	38 610
Rheinland-Pfalz	62	16 860
Saarland	10	2 047
Sachsen	66	19 778
Sachsen-Anhalt	49	6 981
Schleswig-Holstein	31	5 640
Thüringen	45	7 297
nach Bibliotheksarten		
Nationalbibliotheken	8	33 896
Regionalbibliotheken	38	19 183
Universitätsbibliotheken	78	126 592
Hoch-/Fachhochschulbibliotheken	177	16 531
Spezialbibliotheken	871	61 949

← **Tab. A 7.2.2: Wissenschaftliche Bibliotheken in Deutschland 1998**

Tab. A 7.2.3: Museen und Ausstellungen in Deutschland nach Bundesländern und Trägern 1997

Land	Museen	Ausstellungen	Besuche
	Anzahl	1 000	
Deutschland	4 274	8 766	92 686
nach Ländern			
Baden-Württemberg	753	996	13 148
Bayern	714	1015	17 231
Berlin	116	327	7 058
Brandenburg	170	464	2 808
Bremen	22	59	923
Hamburg	37	98	2 184
Hessen	335	690	4 568
Mecklenburg-Vorpommern	98	327	2 391
Niedersachsen	443	856	6 794
Nordrhein-Westfalen	482	1 318	12 609
Rheinland-Pfalz	285	385	4 274
Saarland	49	113	383
Sachsen	275	859	7 670
Sachsen-Anhalt	173	470	2 860
Schleswig-Holstein	161	346	3 263
Thüringen	161	443	4 522

Museumsart	Museen							Besuche
	insgesamt	davon mit mehr als ... bis ... Besuchen						
		bis 10 000	10 000–20 000	20 000–50 000	50 000–100 000	100 000–500 000	mehr als 500 000	1 000
Volks- und Heimatkundemuseen	2 003	1619	178	144	41	21	–	18 099
Kunstmuseen	453	219	76	97	29	32	–	14 439
Schloß- und Burgmuseen	198	49	37	60	24	24	4	12 368
Naturkundliche Museen	208	108	28	38	18	14	2	6 716
Naturwissenschaftliche und technische Museen	473	275	75	68	27	25	3	13 612
Historische und archäologische Museen	253	133	29	43	16	28	4	12 565
Kulturgeschichtliche Spezialmuseen	582	414	73	57	23	15	–	8 439
Sonstige museale Einrichtungen	104	22	19	27	19	15	2	6 448
Insgesamt	4 274	2 839	515	534	197	174	15	92 686

Tab. A 7.2.4: Museen in Deutschland nach Museumsarten sowie Zahl der Besuche 1997

Land	Gemeinden mit Theatern	Theaterunternehmen		Veranstaltungen am Ort	Gastspiele nach außerhalb	Besuche der eigenen und fremden Veranstaltungen am Ort (einschl. geschlossener Veranstaltungen)			
		insgesamt	Spielstätten			insgesamt	Opern u. Ballette	Opern u. Musicals	Schauspiele
	Anzahl	Anzahl	Anzahl	Anzahl	Anzahl	1 000	1 000	1 000	1 000
Deutschland	122	152	666	64 637	7 148	20 651	6 530	2 956	5 966
Baden-Württemberg	14	14	78	7 179	973	2 392	847	264	781
Bayern	15	19	72	6 916	511	2 924	1016	434	1 042
Berlin	1	9	27	4 575	153	1 914	673	508	339
Brandenburg	6	8	31	3 227	284	469	49	33	101
Bremen	2	2	10	993	21	349	128	68	87
Hamburg	1	3	12	1 378	85	896	373	112	350
Hessen	6	8	34	3 386	258	1 259	377	184	346
Mecklenburg-Vorpommern	8	7	41	2 842	265	493	90	57	92
Niedersachsen	9	10	45	4 302	568	1 454	422	131	556
Nordrhein-Westfalen	21	25	94	9 480	780	3 590	1 322	415	1 112
Rheinland-Pfalz	5	5	21	1 605	213	617	180	102	189
Saarland	1	1	5	608	21	218	69	48	61
Sachsen	12	17	72	7 118	834	1 901	547	333	412
Sachsen-Anhalt	10	14	65	5 287	1 590	764	99	78	134
Schleswig-Holstein	3	3	17	1 636	153	549	123	79	159
Thüringen	8	7	42	4 105	439	862	215	110	203

Tab. A 7.2.5: Theater in Deutschland nach Bundesländern 1996 / 97 – Anzahl*, Veranstaltungen und Besuche

* einschließlich Konzertsäle und Freilichtbühnen öffentlicher Theater

Land	Betriebs-zuschuß je Besuch	Theaterorchester Orchester	Theaterorchester Mitglieder	Kulturorchester Orchester	Kulturorchester Mitglieder	Kulturorchester Konzerte	Privattheater Spielstätten	Privattheater Plätze	Privattheater Veranstaltungen	Privattheater Besuche
	DM	Anzahl					Anzahl			
Deutschland	166,89	69	5 075	55	4 075	5 041	205	62 110	44 442	11 642 496
Baden-Württemberg	154,98	6	491	10	478	600	33	11 637	7 405	1 637 048
Bayern	137,47	8	570	4	365	338	39	6 917	6 557	842 800
Berlin	196,48	5	477	2	192	204	20	6 815	4 479	852 778
Brandenburg	213,35	2	131	3	196	371	2	1 144	411	21 694
Bremen	178,57	1	53	1	99	30	4	617	1 210	219 725
Hamburg	170,87	–	–	2	192	145	27	10 857	7 215	3 083 024
Hessen	170,3	5	377	–	–	–	8	3 062	2 546	767 014
Mecklenburg-Vorpommern	199,55	3	275	1	75	246	2	440	427	27 906
Niedersachsen	146,87	6	371	1	54	106	7	1168	1 285	124 780
Nordrhein-Westfalen	164,73	5	329	15	1 312	804	52	17 066	10 543	3 759 069
Rheinland-Pfalz	136,11	3	190	2	173	122	3	799	801	114 987
Saarland	197,49	1	82	–	–	–	2	599	207	18 208
Sachsen	190,18	10	715	7	540	1432	3	545	833	136 615
Sachsen-Anhalt	162,68	6	374	3	142	382	–	–	–	–
Schleswig-Holstein	149,87	3	200	–	–	–	1	45	94	2 810
Thüringen	203,95	5	440	4	257	261	2	399	429	34 038

Tab. A 7.2.6: Theater in Deutschland nach Bundesländern 1996 / 97 – Betriebszuschüsse, Orchester und Besuche

Tab. A 7.2.7: Filmbesuch in Deutschland 1991 – 1997
Quelle: Spitzenorganisation der Filmwirtschaft

Jahr	Filmbesuch Insgesamt	Filmbesuch je Einwohner	Durchschn. Eintrittspreis	Einnahmen Bruttoeinnahmen	Einnahmen Filmabgabe	Einnahmen Nettoeinnahmen
	Mio.	Anzahl	DM	Mio. DM		
1991	119,9	1,5	8,18	980,6	21,6	959,0
1992	105,9	1,3	8,42	891,4	19,8	871,7
1993	130,5	1,6	8,97	1 170,0	24,7	1 145,3
1994	132,8	1,6	9,25	1 228,0	27,0	1 201,0
1995	124,5	1,5	9,51	1 183,4	26,4	1 157,0
1996	132,9	1,6	9,89	1 314,2	29,3	1 284,8
1997	143,1	1,7	10,26	1 468,6	31,7	1 436,9

Tab. A 7.2.8: Jugendherbergen in Deutschland 1998 Quelle: Deutsches Jungendherbergswerk, Detmold

Land	Anzahl-	Betten-	Übernachtungen insgesamt	Land	Anzahl-	Betten-	Übernachtungen insgesamt
Deutschland	604	77 625	10 055 784	Niedersachsen	100	11 464	1 504 739
Baden-Württemberg	71	9 962	1 131 553	Nordrhein-Westfalen	82	11 360	1 510 794
Bayern	87	10 238	1 432 838	Rheinland-Pfalz	40	5 498	809 000
Berlin	3	749	194 051	Saarland	6	718	91 836
Brandenburg	13	1 331	161 740	Sachsen	34	3 726	450 734
Bremen	2	340	52 448	Sachsen-Anhalt	17	2 150	226 651
Hamburg	2	608	129 040	Schleswig-Holstein	43	6 480	838 299
Hessen	40	6 159	725 932	Thüringen	31	2 745	296 056
Mecklenburg-Vorpommern	33	4 097	500 073				

Verzeichnis der Tabellen im Anhang

Bildanhang

Foto 1: Deutschland im politischen Wandel – Berlin, Potsdamer Platz, die Mauer 1962

Am 13.8.1961 ließ die DDR-Führung alle Straßen- und Bahnlinien nach Westberlin abriegeln. Es entstand entlang der Sektorengrenze eine provisorische, scharf bewachte Absperrung. Wenig später begann der Bau der Mauer quer durch Berlin.

Foto 2: Deutschland im politischen Wandel – Blick vom Brocken ins nördliche Harzvorland

Schon vor dem Zweiten Weltkrieg war der Harz ein beliebtes und bedeutendes Fremdenverkehrsgebiet. Die innerdeutsche Grenze trennte dieses heute wiedervereinigte Gebirge. Im Mittelgrund ist der ehemalige Schutzstreifen noch gut sichtbar.

Foto 3: Deutschland im politischen Wandel – 9. Nov. 1989, hunderttausende aus Ost und West fallen sich an der Mauer vor dem Berliner Brandenburger Tor in die Arme

Am Abend des 9. Nov. 1989 verkündete der Berliner SED-Chef Schabowski auf einer Pressekonferenz fast beiläufig den Beschluß, die Mauer zu öffnen, die jahrzehntelang die Stadt geteilt hatte. Es begann ein Sturm der Ostberliner nach Westberlin, der alle Grenzkontrollen unmöglich machte. Tausende besetzten selbst die Mauer vor dem Brandenburger Tor.

Foto 4: Deutschland – Landschaft u. Landnutzung; westliche Ostseeküste bei Heiligenhafen

Das um 1250 planmäßig angelegte Heiligenhafen erhielt noch im 13. Jahrhundert lübisches Recht. Die Stadt entwickelte sich zu einem bekannten Ostseebad. Dem langgestreckten Strandsee sind Nehrungsinseln (Graswarder, Steinwarder) vorgelagert.

Foto 5: Deutschland – Landschaft u. Landnutzung; Norddeutsches Tiefland im Spreewald

Die Fahrt von Lübbenau auf dem traditionellen Flachkahn zum sorbischen Museumsdorf Lehde ist eine besondere touristische Attraktion in diesem von zahlreichen Fließen der Spree durchzogenen Niederungsgebiet, bekannt auch durch seinen Gurkenanbau.

Foto 6: Deutschland – Landschaft u. Landnutzung; Mittelgebirgsraum, kontinentale Tiefenbohrung Windischeschenbach in der Oberpfalz

In diesem Erdbebengebiet war eine Bohrung bis 15 000 m Tiefe geplant. Bei 9 100 m mußte sie abgebrochen werden. Man erhoffte sich neue Erkenntnisse zum Bau der Erdkruste und zur Erdbebenvorhersage.

Foto 7: Deutschland – Landschaft u. Landnutzung; Hochgebirge Alpen, der Watzmann im Nationalpark Berchtesgadener Land

Von Berchtesgaden hat man bei klarem Wetter einen hervorragenden Blick auf den Watzmann. Dieser Bergstock mit einer Höhe von über 2 700 m besteht aus Gesteinen der Trias (Dolomit, Dachsteinkalk).

Foto 8: Deutschland – Landschaft u. Landnutzung; Talsperre Eibenstock (Westerzgebirge) mit Blick nach Süden zum Auersberg (1 018 m NN)

Diese Talsperre an der Zwickauer Mulde wurde 1974–1984 zur Trinkwasserversorgung und Abflußregulierung erbaut (Wasserfläche bei 538 m NN). Der Auersberg überragt deutlich die Hochflächen.

Foto 9: Deutschland – Landschaft u. Landnutzung; Kalktagebau der Harz Kalk GmbH bei Elbingerode, Unterharz

In der Bauwirtschaft zur Zementherstellung, als Zuschlagstoff für den Hochofenprozeß bei der Gewinnung von Roheisen und in der Zuckerindustrie spielt Kalk (im Harz devonzeitlich) eine sehr große Rolle

Foto 10: Deutschland – Landschaft u. Landnutzung; Hof Böge im Münsterland am westlichen Stadtrand von Telgte

Flächenmäßig relativ große landwirtschaftliche Betriebe sind im Münsterland typisch. Die Einzelhöfe – meist als Vollerwerbsbetriebe geführt – liegen sehr oft in ihren arrondierten Wirtschaftsflächen.

Foto 11: Deutschland – Landschaft u. Landnutzung; Industriegasse im Neckartal bei Stuttgart

Aus dem „Herzen des schwäbischen Musterländles" entwickelte sich besonders seit dem Zweiten Weltkrieg ein über Deutschland hinaus bekannter Wirtschaftsraum, dessen hohe Dynamik durch Wissenschaft und Hochtechnologie bestimmt wird.

Foto 12: Deutschland – Siedlungen, Wohnen, Leben; dörfliches Siedlungsbild bei Isny im Allgäu

Das Alpenvorland ist bis in die Gegenwart ein Raum mit dominierender Landwirtschaft und entsprechenden Wohn- und Wirtschaftsgebäuden geblieben. Auf zahlreichen Höfen wird „Urlaub auf dem Bauernhof“ angeboten.

Foto 13: Deutschland – Siedlungen, Wohnen, Leben; Neubaugebiet am Dorfrand in Südwestdeutschland

Besonders nach dem Zweiten Weltkrieg entstanden vor allem an den Rändern der dörflichen Siedlungen oft ausgedehnte Neubaugebiete. Die dörfliche Enge ließ innerhalb der Ortskerne nur Um- oder geringfügige Ausbauten zu.

Foto 14: Deutschland – Siedlungen, Wohnen, Leben; Kleinstadt mit mittelalterlichem Grundriß, Duderstadt im unteren Eichsfeld, Südostniedersachsen

Duderstadt, in einem fruchtbaren Talgebiet gelegen, kam 1816 mit dem Untereichsfeld an Hannover. 1945 – 89 war seine Entwicklung durch die nahegelegene innerdeutsche Grenze stark beeinträchtigt.

Foto 15: Deutschland – Siedlungen, Wohnen, Leben; Gründerzeitliche Blockbebauung am Rande der Leipziger Innenstadt

Im Zuge der Industrialisierung (Ende des 19. / Anfang des 20. Jh.) entstanden in den sächsischen Großstädten Wohngebiete mit einer hohen Bebauungsdichte für die rasch wachsende Arbeiterbevölkerung.

Foto 16: Deutschland – Siedlungen, Wohnen, Leben; Münster-Mecklenbeck, Stadtrandsiedlung, Gewerbegebiet und Verkehrskreuz am Großstadtrand

Nach dem Zweiten Weltkrieg entstanden an zahlreichen Großstadträndern umfangreiche Neubaugebiete. Zunehmende Verkehrsdichte erforderte eine Verbesserung der Verkehrsinfrastruktur, oft auch für die Entwicklung von Gewerbegebieten.

Foto 18: Deutschland – Siedlungen, Wohnen, Leben; Hansestadt Lübeck, wiederaufgebauter historischer Kern einer kleineren deutschen Großstadt

Auch Lübeck wurde im Zweiten Weltkrieg stark zerstört. Der historische Kern wurde jedoch sehr schnell wieder aufgebaut. Zu den Sehenswürdigkeiten zählen nicht nur das Holstentor, sondern auch die sieben Kirchen, die das Stadtbild prägen.

Foto 17: Deutschland – Siedlungen, Wohnen, Leben; Hoyerswerda, Neubaugebiet in sozialistischer Großplattenbauweise

Die „Sozialistische Wohnstadt“ Hoyerswerda in Sachsen entstand seit den 1950er Jahren für Arbeitskräfte des Gaskombinates Schwarze Pumpe, damals 75 000 Ew.

Foto 19: Deutschland – Siedlungen, Wohnen, Leben; Sorbische Mädchen in Trachten

Die Sorben (Wenden) sind eine nationale Minderheit in der Lausitz. Ihre Kultur, die Bräuche und Traditionen haben bis heute speziell an Fest- und Feiertagen überlebt

Foto 20: Deutschland – Energiewirtschaft; neues Kraftwerk „Schwarze Pumpe" bei Spremberg, Südbrandenburg, im Aufbau

Die Niederlausitz hatte in der Energiewirtschaft der DDR eine dominierende Stellung. Bei der Neuorganisation der Energiewirtschaft wurde dieser Standort an der brandenburgisch-sächsischen Grenze erhalten.

Foto 21: Deutschland – Wirtschaft, ökologischer Umbau; Windkraftanlage Marschweg der Stadtwerke Norden, Emsland, hinter Rapsfeld

Windturbinen zur Elektroenergieerzeugung wurden in den letzten Jahren in Deutschland immer bedeutsamer. Ende 1999 gab es bereits 7 500 Anlagen, die knapp 1,5 % des Strombedarfes erzeugten.

Foto 22: Deutschland – Grundstoffindustrie; Hochofenwerk in Duisburg, Ruhrgebiet

Obwohl die Eisen- und Stahlindustrie im gesamten Ruhrgebiet seit Mitte der 1970er Jahre schrumpft, konnte sich der Standort Duisburg, in dessen Gesamtwirtschaft dieser Industriezweig eine sehr große Rolle spielt, bis heute erhalten.

Foto 23: Deutschland – Automobilindustrie; VW-Werk in Zwickau-Mosel, neue Industriebauten an einem Standort mit alter Tradition

Der Neubau des VW-Autowerkes Mosel ist eine der größten Industrie-Investitionen in den neuen Bundesländern. Dort sind inzwischen über 36 000 Arbeitsplätze geschaffen worden.

Foto 24: Deutschland – expandierende neue Industriebranchen; Neubau des Siemens Microelectronics Center in Dresden

Mit Auflösung der alten Kombinatsstrukturen der DDR verschwanden zahlreiche Branchen und Betriebsstandorte. Gleichzeitig setzte aber auch ein Prozeß der Erneuerung ein. Moderne Industrien entstanden.

Foto 25: Deutschland – Hafenwirtschaft; Blick über den Hamburger Hafen mit Containerfrachtern auf die Innenstadt

Im Containerumschlag steht Hamburg nach Rotterdam auf Platz 2 in Europa. Rund 280 Liniendienste, davon mehr als 100 Container- und Roll-on-roll-off-Dienste bieten jährlich ca. 7 000 Abfahrten in alle Welt.

Foto 26: Deutschland – ökologische Probleme; Waldsterben im Kammgebiet des Osterzgebirges

SO_2-Emissionen aus dem Nordböhmischen Becken bewirkten hier, nachdem 10 Jahre vorher die ersten Schäden sichtbar waren, in den 1970er Jahren großflächiges Absterben der Fichtenforsten. Wiederaufforstung berechtigt zu gedämpftem Optimismus.

Foto 27: Deutschland – ökologische Probleme und ihre Bewältigung; Kläranlage Bottrop, Ruhrgebiet

Der Bau dieser und zweier weiterer Anlagen hat seit Mitte der 1990er Jahre die Wasserqualität der als Abwasserkanal des Ruhrgebietes geltenden Emscher entscheidend verbessert, so daß die Geruchsbelästigungen im Unterlauf faktisch bedeutungslos wurden.

Foto 28: Deutschland – Verkehr u. Tourismus; Abflughalle Flughafen Frankfurt am Main

Innerhalb des deutschen und internationalen Luftverkehrswesens nimmt dieser Flughafen einen der ersten Plätze ein. Sowohl im Fracht- als auch im Passagierverkehr hat Frankfurt am Main internationale Bedeutung.

Foto 29: Deutschland – Verkehr u. Tourismus; Hauptbahnhof von Hannover

Im deutschen Eisenbahn- und Autobahnnetz bildet Hannover einen zentralen Verkehrsknoten. Für die Entwicklung des Messewesens und des Städtetourismus ist dies eine wichtige Voraussetzung. Durch die Weltausstellung EXPO 2000 erfuhr die Stadt zusätzlichen Bedeutungsgewinn.

Foto 30: Deutschland – Verkehr u. Tourismus; Wintersport im Mittelgebirgsraum, hier Klingenthal / Mühlleithen im Vogtland

Am Nordhang des Übergangs zum Erzgebirge ist bereits seit 1920 der Fremdenverkehr (speziell Skitourismus) die wichtigste Einnahmequelle. Mühlleithen ist eines der Zentren.

Foto 31: Deutschland – Verkehr u. Tourismus; Heidelberg mit Neckarbrücke, Altstadt und Schloß, ein Zentrum des deutschen Städtetourismus

Die architektonisch reizvolle ehemalige kurpfälzische Residenz am Austritt des Neckars in die Rheinebene wurde auch international wegen ihrer schönen Umgebung und des milden Klimas zu einer der bekanntesten deutschen Städte.

Deutschland: EU-Förderung • Messewesen • Binnenschifffahrt / Flugverkehr • Arbeitsmarkt

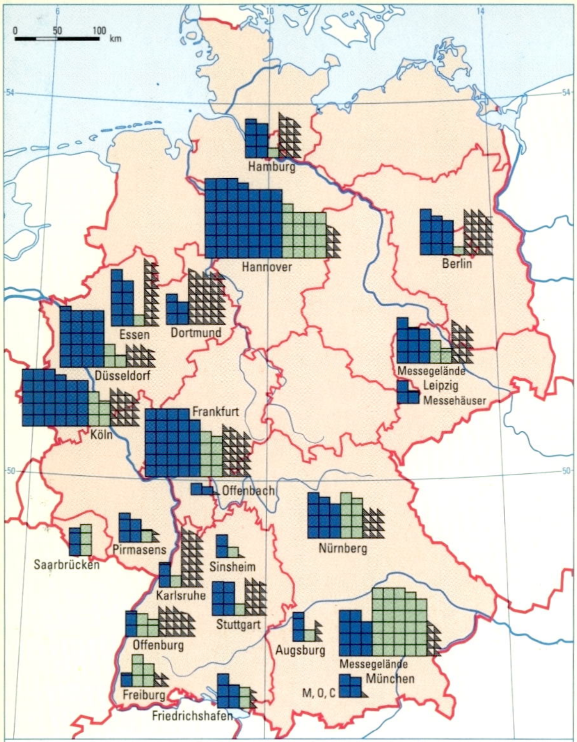

Messestandorte Ausstellungs- und Kongresskapazitäten (Stand: 1.1.1997)
1 Quadrat = 10 000 m² Ausstellungsfläche (brutto); 1 Dreieck = 1 000 Sitzplätze
Hallen — Freigelände — Sitzplätze in Kongressräumen
Staatsgrenzen — Ländergrenzen

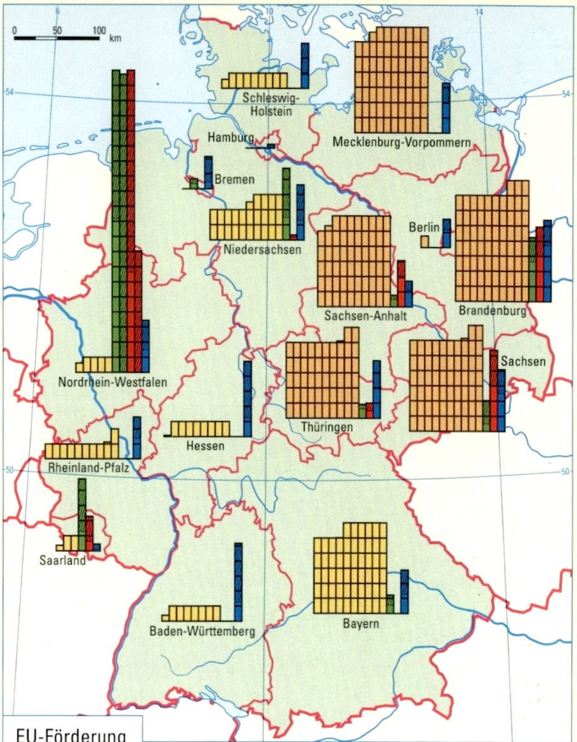

EU-Förderung
Finanzielle Förderungsprogramme mit Beteiligung der EU in den Bundesländern 1994–1999: 1 Rechteck = 10 Mio. €
Strukturfonds der EU Ziel-1- bzw. Ziel-5b-Gebiete *Deutschl. gesamt: 4 367 Mio. €*
RESIDER II *ges.: 601 Mio. €*
RECHAR II *ges.: 450 Mio. €*
KONVER II *ges.: 489 Mio. €*
Anteil nicht von der EU
Staatsgrenzen — Ländergrenzen

Binnenschifffahrt
Transportmenge in 1000 t/Tag: 5–20, 20–50, 50–100, 100–300, über 300
50 größere Binnenhäfen (Güterumschlag in 1000 t/Tag)
schiffbarer Fluss oder Kanal über 600 t Tragfähigkeit

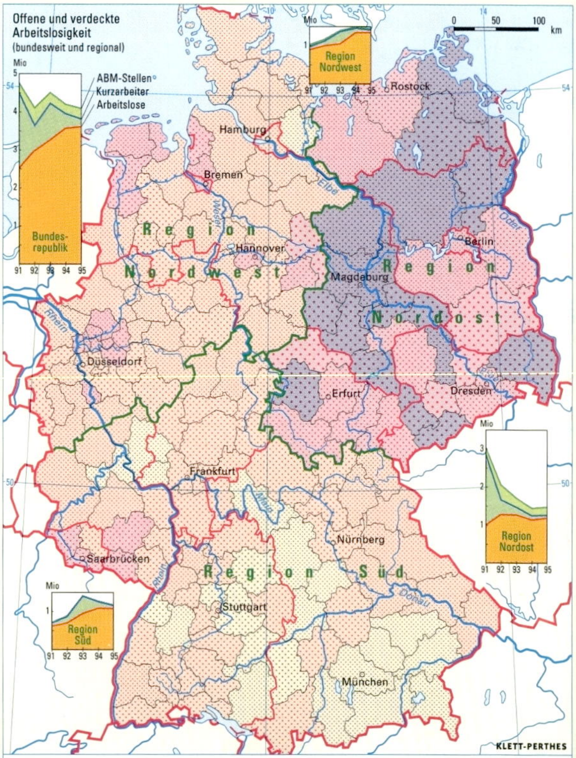

Arbeitsmarkt im Wandel
Die Phase zwischen 1991 und 1995, nach dem höchsten Stand der Arbeitslosigkeit
Arbeitslosenquote 1995: 4–7 %, 7–12 %, 12–17 %, 17–22 %
Anstieg der Quote 1991–95: 1–3, 3–7, 7–12 (in Prozentpunkten)